Willi Dickhut
Was geschah danach?

Willi Dickhut

# Was geschah danach?

## Zweiter Tatsachenbericht eines Solinger Arbeiters ab 1949

Verlag Neuer Weg

Willi Dickhut
Was geschah danach?
1990
Neuer Weg Verlag und Druck GmbH
Kaninenberghöhe 2, 4300 Essen 1
Gesamtherstellung: Neuer Weg Verlag und Druck GmbH
Kaninenberghöhe 2, 4300 Essen 1
ISBN 3-88021-205-8

# Inhalt

# Vorwort

Als 1979 mein Buch »So war's damals . . ., Tatsachenbericht eines Solinger Arbeiters 1926—1948« erschien, fragte mich ein Journalist, ob ich jetzt die Fortsetzung des Buches in Angriff nehmen würde. Ich äußerte Bedenken, denn es stellten sich mir die folgenden Fragen: Ist die Bürokratie in der Sowjetunion, in der DDR und in den anderen ehemals sozialistischen Ländern schon so entartet, daß sie den Marxismus-Leninismus restlos preisgegeben und den Revisionismus eindeutig zur führenden Ideologie des Staates, der Wirtschaft und der Kultur verankert hat? Und hat sie den Sozialismus restlos liquidiert und in einen Kapitalismus neuen Typs, den bürokratischen Kapitalismus, verwandelt? Können die Bürokraten so korrupt geworden sein, daß sie kein Gefühl mehr für die werktätigen Massen, ihre Sorgen und Nöte aufbringen können?

Obwohl ich bereits 1971 mit der Erstellung des Buches »Die Restauration des Kapitalismus in der Sowjetunion« begonnen und den **objektiven Nachweis** über die Verwandlung des Sozialismus in einen bürokratischen Kapitalismus erbracht hatte, tauchten bei der Beurteilung des **subjektiven Faktors** Bedenken auf. Es waren doch ehemalige Kommunisten, die den Sozialismus verraten hatten. Neulich fragte mich ein VVN-Kamerad: »Wie ist so etwas nur möglich? Honecker war doch auch ein Widerstandskämpfer gegen den Faschismus und wurde verfolgt, und jetzt ist er so korrupt.« Daß sich bei Honecker und allen Bürokraten die Denkweise verändert hat — von der proletarischen Denkweise zur kleinbürgerlichen Denkweise — ist vielen unverständlich, und doch ist gerade dies der entscheidende Grund für ihren Verrat am Sozialismus. Der Kleinbürger strebt stets danach, in die kapitalistische Klasse aufzusteigen. Die kleinbürgerliche Bürokratie in den ehemals sozialistischen Ländern verwandelte sich auf der Grundlage ihrer Machtposition in eine neue Klasse, die den Sozialismus aufgegeben und in einen bürokratischen Kapitalismus verwandelt hat.

Dieser neue Typ von Kapitalismus eignet sich den Mehrwert aus der Produktion an, er beutet so die werktätige Bevölkerung aus und unterdrückt sie in raffinierter Art und Weise. Die Korruption greift um sich: Die entarteten Bürokraten wohnen in Villenvierteln, kaufen in nur für sie bestimmten Läden ein, vergnügen sich in abgeschirmten Jagdrevieren, legen Konten bei Banken im In- und Ausland an usw.

Auch in der KPD der Bundesrepublik entwickelte sich eine Bürokratie mit einer kleinbürgerlichen Denkweise. In finanzieller Abhängigkeit von der SED unterwarf sie sich deren Befehlen. Sie gab den Marxismus-Leninismus auf und machte den Revisionismus zur Grundlage ihrer Politik. Die Führung der KPD (und heute der DKP) wich jeder ideologisch-politischen Diskussion aus und ersetzte sie durch Intrige und Verleumdung. Auch ohne die politische Macht in den Händen zu haben, sind KPD bzw. DKP bürokratisch entartet.

Ich habe keine Veranlassung, über diese Bürokraten den Mantel der christlichen Nächstenliebe zu breiten und werde deshalb Roß und Reiter nennen. Meine Erlebnisse in der alten KPD verpflichten im Interesse des Aufbaus einer wirklich marxistisch-leninistischen Partei zur schonungslosen Entlarvung jeglicher bürokratischer Erscheinung: Wehret den Anfängen!

Solingen
November 1990
Willi Dickhut

# I

# Die Kaderarbeit im Landesverband Nordrhein-Westfalen

## Verschärfung der innenpolitischen Situation

Schon bald nach dem Ende des II. Weltkriegs zeichnete sich ab, daß alle Bestrebungen zur Wiedervereinigung der beiden Teile Deutschlands von den westlichen Besatzungsmächten sabotiert bzw. behindert wurden. Am 17. und 18. März 1948 fand in Berlin der zweite Volkskongreß statt. Hier wurde ein aus 400 Mitgliedern bestehender Volksrat gewählt, der einen Aufruf zum »Volksbegehren für die Einheit Deutschlands« erließ. Ich war damals Kreissekretär der KPD in Remscheid. In einer dreiwöchigen Kampagne sammelten die KPD-Genossen fast 22 000 Unterschriften; jeder dritte Remscheider Wähler unterschrieb für das Volksbegehren.

Doch die Würfel waren bereits gefallen und die Spaltung Deutschlands beschlossene Sache. Bereits am 7. April 1948 kündigte der Chef der britischen Militärregierung, General Robertson, im nordrhein-westfälischen Landtag die Spaltung Deutschlands an. Damit verschärfte sich auch die Haltung der Militärregierung gegen die Kommunisten noch mehr. Denn von der KPD ging der entschiedenste Widerstand gegen die Spaltung Deutschlands aus.

In meinem Buch »So war's damals ...« berichtete ich zum Schluß, daß nach der Kommunalwahl im Oktober 1948 **Major Fletcher**, der britische Stadtkommandant in Remscheid, überraschend in unser Parteibüro kam. Er berichtete mir, daß auf einer Konferenz der Kommandanten darüber diskutiert worden sei,

»*... ob die Militärregierung die KPD verbieten solle oder nicht. Sie wären aber zu dem Ergebnis gekommen, das Verbot der KPD der zukünftigen deutschen Regierung zu überlassen ...*

*Ein Jahr danach wurde die Bundesregierung gebildet, mit Konrad Adenauer an der Spitze. Der kalte Krieg hatte begonnen, die Remilitarisierung war geplant, die Spaltung Deutschlands vertieft, die Reaktion marschierte. Die entschiedensten Gegner der Bourgeoisie, die entschiedensten Kämpfer für die deutsche Einheit, für Frieden und Sozialismus, die Kommunisten, standen der Reaktion im Wege.*

*Zwei Jahre später, 1951, beantragte die Adenauerregierung beim Bundesverfassungsgericht das Verbot der KPD. Die Kommunisten sollten wieder in die Illegalität gezwungen werden.«* (S. 562)

Wenn auch die Militärregierung auf das schmutzige Geschäft eines KPD-Verbots verzichtete, so wollte sie die KPD doch mundtot machen, indem sie ihre Zeitungen zunächst beschränkt auf einige Monate, dann endgültig verbot. So wurde im Mai 1948 dem »Westdeutschen Volks-Echo« einfach die Lizenz entzogen, was einem Dauerverbot gleichkam. Nachdem 1948 die **»Freiheit«** schon einmal für drei Monate verboten war, wurde ihr im Oktober 1948 für immer die Lizenz entzogen. Das hier abgebildete Faksimile der »Freiheit« vom 8. Oktober 1948 zeigt die letzte Ausgabe. Auf der Titelseite steht die Mitteilung, daß die erst seit dem 15. September 1948 erschienene »Neue Volkszeitung« von der Militärregierung für drei Monate verboten sei.

Die KPD ließ sich jedoch durch die Verbotsmaßnahmen der Militärregierung nicht einschüchtern. So erschien am 3. Januar 1949 die erste Nummer der Zeitung **»Freies Volk«**. Jupp Schappe aus Ratingen wurde ihr Chefredakteur.

Es war offensichtlich, daß sich die innenpolitische Situation verschärfte. Deshalb war es notwendig, neue Kader in der KPD heranzuziehen und zu entwickeln. Von der Landesleitung berufen, übernahm ich Anfang 1949 die Leitung der **Personalpolitischen Abteilung (PPA).** Die PPA hatte damals zwei Hauptaufgaben: Erstens die Organisierung der Kaderschulung und -pflege sowie die Vorbereitung des zweckmäßigen Einsatzes der Genossen entsprechend der Fähigkeiten in Theorie und Praxis. Zweitens die Durchführung von Untersuchungsverfahren bei irgendwelchen Vergehen und Stärkung der revolutionären Wachsamkeit gegenüber Feinden und Schädlingen. Bedingt durch die Entwicklung der innenpolitischen Lage und sonstige Widersprüche schwoll die Arbeit der Abteilung an. Eine Teilung in Kaderabteilung und Kontrollkommission wurde notwendig, wobei ich die Leitung der Kaderabteilung übernahm. Doch bevor dieser Schritt im Dezember 1949 vollzogen wurde, mußte ich eine wichtige Untersuchung durchführen. **Jupp Schappe** wurde mein erster Untersuchungsfall.

Einzelpreis 20 Pfennig | Erscheinungstage: Montag, Dienstag, Freitag | Freitag, 8. Oktober 1948

# Freiheit

DAS BLATT DES SCHAFFENDEN VOLKES

Nr. 75 Jahrgang 31 — VERÖFFENTLICHT UNTER ZULASSUNG NR. 9 DER MILITÄRREGIERUNG

## Die Kräfte des Friedens sind stärker

**Hugo Paul: Wir führen den Kampf um die Rechte und die Freiheit des deutschen Volkes – Die KPD läßt sich nicht einschüchtern – Einheit Deutschlands, Frieden und Abzug der Besatzungstruppen**

**Düsseldorf, 7. 10. 48. (Eig. Meldung.) Am Schluß der heutigen Landtagssitzung hatte unser Berichterstatter Gelegenheit, den 1. Vorsitzenden des Landesvorstandes Nordrhein-Westfalen der KPD, Hugo Paul, um eine Stellungnahme zu bitten zu der gegenwärtigen außen- und innenpolitischen Lage. Hugo Paul faßte seine Meinung in folgenden grundsätzlichen Äußerungen zusammen: „Die Welt ist mit Spannung geladen. Die reaktionär-imperialistischen Elemente haben ein Interesse an der Verschärfung der weltpolitischen Situation. Sie betreiben eine Politik gegen die Lebensinteressen ihrer Völker und schrecken nicht davor zurück, den Frieden zu gefährden. Unfähig, ihrer wirtschaftlichen Schwierigkeiten Herr zu werden und getrieben von der unersättlichen Gier nach neuen Absatzmärkten, Rohstoffquellen und Profitmöglichkeiten sind sie bereit, alles auf eine Karte zu setzen, selbst auf die Gefahr hin, daß ihr kapitalistisches System unter den Trümmern eines 3. Weltkrieges begraben würde."**

Jedoch die zunehmenden sozialen Kämpfe in allen kapitalistischen Ländern erschweren den reaktionären Kriegstreibern die Durchführung ihrer Pläne. Gerade der Augenblick zeigt, wie das werktätige Volk Frankreichs im heroischen Kampf gegen die eigene kapitalistische Klasse die nationale Unabhängigkeit seines Landes und damit zugleich den Frieden der Welt verteidigt. Die Werktätigen aller kapitalistischen Länder und die Völker der sozialistischen Sowjetunion und der Volksdemokratien wollen und verteidigen den Frieden. Die Kräfte des Friedens und des sozialen Fortschritts sind nach dem zweiten Weltkrieg erheblich stärker geworden und werden im Feuer des sozialen und kolonialen Freiheitskampfes ständig an Kraft gewinnen.

Deutschland, und insbesondere unsere Heimat an Rhein und Ruhr, ist ein Brennpunkt in diesem internationalen Spannungsfeld. Die soziale Lage der Werktätigen erfährt durch den großkapitalistischen Kurs der Frankfurter Politiker eine ständige Verschlechterung.

**Diese Frankfurter Politik ist gekennzeichnet durch den Raub der Spargroschen, Abbau der Sozialleistungen, Eintreibung neuer Massensteuern, durch Lohnraub und Preiswucher.** Die Schwächsten unseres Volkes, unsere Alten, Kinder und Frauen, sind am schwersten betroffen. Niemand empfindet bedrückender als die deutsche Jugend die Trostlosigkeit ihres Daseins. Auf dem Boden dieses Zustandes versuchen in- und ausländische Reaktionäre die deutsche Jugend aufs neue gegen die fortschrittlichen Völker aufzuhetzen, um sie dann als Söldner zu mißbrauchen.

Trotz des Ernstes der Situation sehe jedoch ich die Lage für das werktätige Volk und für die Kräfte des Friedens zuversichtlich. Denn ich bin gewiß, daß das werktätige Volk im Westen Deutschlands den ihm aufgezwungenen Kampf um sein Leben aufnehmen und erfolgreich führen wird.

Wo auch die Werktätigen um ihre Lebensrechte kämpfen werden, stehen die Kommunisten an ihrer Spitze. In der Verteidigung der Interessen aller Schaffenden und der nationalen Einheit unseres Vaterlandes wird sich die Kommunistische Partei Deutschlands heute sowenig wie in der Vergangenheit einschüchtern lassen.

Wir führen den Kampf um die Rechte und die Freiheit des deutschen Volkes in brüderlicher Verbundenheit mit den Sozialisten aller Länder. Die Kräfte des Friedens und des sozialen Fortschritts in der Welt sind stärker als die Elemente des Krieges und der Reaktion. Für das deutsche Volk und den Frieden der Welt sehe ich nur einen Ausweg: **Kampf für die Sicherung des Lebens des schaffenden Volkes, Wiederherstellung der Einheit Deutschlands, Schaffung einer fortschrittlichen demokratischen Republik, Abschluß eines gerechten Friedensvertrages und Abzug sämtlicher Besatzungstruppen."**

### Was bekämpft die KPD?

Wucher und Preistreiberei
Die Ausbeutung der schaffenden Menschen
Die Aufspaltung Deutschlands
Militarismus und Kriegshetze
Die Vormachtstellung der Industrieherren und Junker

### Was will die KPD?

Mitbestimmungsrecht der Werktätigen
Entschädigungslose Enteignung der Kriegsverbrecher und Naziaktivisten
Eine demokratische Schulreform
Bodenreform im Interesse der Heimatlosen und Flüchtlinge
Einen Friedensvertrag für Deutschland und Abzug aller Besatzungstruppen
Eine demokratische, deutsche Republik

### Den Volksfeinden und Spaltern zum Trotz Wählt Kommunisten!

### Franco, der Lehrmeister

Madrid, 6. Oktober. (AP.) General Franco könnte den führenden Persönlichkeiten der alliierten Streitkräfte gegenüber „einige sehr aktuelle und wertvolle Feststellungen treffen, und diese täten gut daran, sie zur Kenntnis zu nehmen", erklärte der frühere Vorsitzende der Demokratischen Partei der Vereinigten Staaten, James A. Farley, am Mittwoch in Madrid. Indem er die Unterhaltung mit dem spanischen Staatschef als „äußerst angenehm und interessant" bezeichnete, meinte Farley, er habe aus Francos „klugen Beobachtungen auf allen besprochenen Gebieten viel lernen" können.

### Hauptstadt der Mandschurei eingenommen

Schanghai, 8. Oktober. (dpd.) Tschangtschun, die mandschurische Hauptstadt, ist jetzt von den chinesischen Regierungstruppen geräumt worden, wie am Mittwoch aus dem chinesischen Verteidigungsministerium in Nanking verlautete.

### In England: Friedenswille

London, 6. Oktober. (dpd-Reuter.) Der britische „Nationale Friedensrat" forderte Außenminister Bevin in einem Telegramm auf, sich für die Annahme des sowjetischen Vorschlags zur Atomkontrolle einzusetzen und, diesen zur Grundlage weiterer Bemühungen um die Verhütung eines Atomkrieges zu machen. Der „Nationale Friedensrat" ist eine überparteiliche Organisation, die von rund 40 britischen Friedensgesellschaften gebildet wird.

### Demonstrationen gegen Anwerbung

London, 5. Oktober. (AP-dpd.) Die britische Kampagne zur Anwerbung von Freiwilligen für die Territorialarmee wurde am Dienstag zum dritten Male innerhalb von zwei Tagen durch Zwischenrufe und durch die Verteilung einer großen Zahl pazifistischer Flugblätter unterbrochen.

Am Montag waren anläßlich einer Versammlung, auf der der britische Verteidigungsminister Alexander sprach, 12 Personen verhaftet worden.

### Neuer Abrüstungsvorschlag

Paris, 7. Oktober. (AP.) Der stellvertretende sowjetische Außenminister Wyschinski beschuldigte am Donnerstag in der Sitzung des Politischen Ausschusses der Vereinten Nationen die Westmächte, sie hätten die Abrüstung während der vergangenen 20 Jahre verhindert. Wyschinski fordert, die „Großen Vier" sollten ihre Streitkräfte sofort um ein Drittel reduzieren.

Wyschinski warf einen sowjetischen Antrag auf Verbot der Atombomben und auf sofortige Reduzierung der Streitkräfte und der Bewaffnung um ein Drittel in die Debatte.

## Nehmt den Junkern das Land!

**Für 350 000 Bodenbewerber fordert als einzige Partei die KPD: Entschädigungslose Enteignung des Großgrundbesitzes**

**Düsseldorf, 7. Oktober. (Eigener Bericht.) In Anbetracht der Tatsache, daß über 350 000 Bodenbewerber dringend auf die Zuteilung von Land warten, hatte die Fraktion der KPD erzwungen, daß noch vor der Wahl der Landtag zusammentritt, um dieses wichtige Gesetz in 2. Lesung zu beraten. Die CDU hatte im Einvernehmen mit der SPD beabsichtigt, diese Tagung erst nach der Wahl stattfinden zu lassen.**

Im Namen der KPD forderte Hugo Paul die Enteignung des Grundbesitzes über 100 ha, bzw. über einen Einheitswert von 130 000 Mark. Auch der Besitz der Großindustrie und Zechen soll ebenfalls mit herangezogen werden. Hugo Paul bezeichnete es als Hohn, daß man angesichts der Millionen Flüchtlinge und Ausgebombten noch wagt, von einer Entschädigung derjenigen zu sprechen, die als Urheber unserer Not anzusehen sind.

Junker und Adel hätten dem Nationalsozialismus zur Macht verholfen. Die Enteignung der Großgrundbesitzer sei deshalb nicht nur eine wirtschaftliche, sondern auch eine politische Notwendigkeit. In der Ostzone hätte man bereits vor kurzem den dritten Jahrestag der demokratischen Bodenreform festlich begehen können. Aber auch in unserem Lande warten die Bodenbewerber auf eine endliche Erfüllung ihrer berechtigten Forderungen. Nicht den Klein- und Mittelbauern ist das Land abzunehmen, sagte Hugo Paul, sondern den politisch Verantwortlichen. In der Ostzone seien 7136 Großgrundbesitzer enteignet worden. Weit über 2 Mill. ha Land konnten dort an 528 572 Bodenbewerber zur Verteilung gelangen.

Im Landtag Nordrhein-Westfalen würden seit einem Jahr alle möglichen Tricks und Kniffe angewendet, um jede wirksame Reform zu verhindern. Der Abgeordnete Müller (CDU) erklärte sogar, er glaube kaum, daß die englische Militärregierung ihre Verordnung 103, mit welcher sie eine Bodenreform fordert, ernst genommen habe. Diesen Eindruck hätte er jedenfalls nach einem Gespräch mit einem englischen Großgrundbesitzer.

CDU- und FDP-Sprecher redeten von der Heiligkeit der Verträge und von der gefährdeten Rechtssicherheit. Mit dieser Argumentation verteidigten sie die Großgrundbesitzer, die, um eine bevorstehende Bodenreform zu verhindern, in den letzten drei Jahren ihren Besitz an Verwandte und Bekannte aufgeteilt hatten. Ernährungsminister Lübke mußte zugeben, daß die Junker nahezu drei Viertel des gesamten Großgrundbesitzes verschoben haben. Der Ernährungminister wurde aufgefordert, Namen bekanntzugeben, er antwortete ausweichend: Der Name tut nichts zur Sache. Man erfuhr in dieser Landtagssitzung, daß Graf Spee seinen Besitz in 32 Teile aufgeteilt hat und von neugeborenen Säuglingen bis zu alten Tanten seiner Sippschaft je 600 Morgen zugeteilt habe. Der Fürst von Wittgenstein, der über 52 000 Morgen verfügt, hat diesen Besitz in 24 Teile zerlegt, um der Bodenreform zu entgehen.

Im Verlaufe der Diskussion wurde Ernährungsminister Lübke von dem Abgeordneten Schabrod gefragt, warum die Schaffung von Neubauernstellen und Siedlungen denn in der Ostzone möglich sei. Worauf der Ernährungsminister antworten muß: „Die Möglichkeiten in der Ostzone stehen uns hier aus politischen und gesetzlichen Gründen nicht zur Verfügung."

Die heutige Landtagssitzung zeigte erneut, daß allein die Kommunistische Partei konsequent die Interesse der Flüchtlinge, Landarbeiter und landarmen Bauern wahrnimmt und darüber hinaus durch die Beseitigung des Großgrundbesitzes die Voraussetzungen für eine Friedenspolitik zu sichern sucht.

## Alle Förderkörbe stehen still

**500 000 französische Bergarbeiter und Eisenbahner streiken gegen Teuerung**

**Paris, 6. Oktober. (dpd-AP-Eigener Bericht.) Gegen die ständige Verteuerung der Lebenshaltung durch Preissteigerungen und Steuererhöhungen der Regierung Queuille und der Nichtbewilligung ihrer Forderungen streiken rund 335 000 Grubenarbeiter Frankreichs. Die Streikbewegung hat nun auch auf die französischen Eisenbahnen und Häfen übergegriffen. Bisher sind mehr als eine halbe Million französischer Arbeiter im Ausstand. Dieser Streik überschattet nicht nur ganz Frankreich, sondern hat darüber hinaus internationale Bedeutung. In Paris eingetroffene Informationen aus Washington sprechen davon, daß bei einer längeren Dauer des Streiks der Administrator für den europäischen Hilfsplan, Paul Hoffman, den Sonderbotschafter Harriman beauftragen würde, sich einzuschalten.**

### Saarkumpels sind keine Streikbrecher

Saarbrücken, 6. Oktober. (Eig. Bericht) Die Delegierten des Industrieverbandes Bergbau der saarländischen Einheitsgewerkschaft befaßten sich auf ihrer Tagung insbesondere mit dem Streik ihrer französischen Kollegen. Die saarländischen Bergarbeiter setzten einen Ausschuß ein, der die Verbindung mit den französischen Gewerkschaften herstellen und die lohnpolitischen Forderungen koordinieren soll. Die Saarkumpels stellten sich voll und ganz an die Seite ihrer französischen Kollegen und beschlossen, Kohle von der Saar darf während des französischen Bergarbeiterstreiks nicht als Streikbrecherkohle nach Frankreich geliefert werden. Den Betriebsräten wurde der Auftrag erteilt, auf allen Gruben die Garantien zu schaffen, daß dieser Beschluß befolgt wird.

Die von der Saarregierung als „Kaufkrafterhöhung" angeordnete Lohnerhöhung um 15% wurde von den Delegierten nicht anerkannt. Die Delegierten beschlossen, falls eine Reihe gewerkschaftlicher Forderungen nicht bis zum 10. Oktober erfüllt werden, würden die Saarbergarbeiter 24 Stunden streiken. Dieser Proteststreik wird von allen anderen Verbänden als Einheitsgewerkschaft unterstützt werden.

### Deutsche Streikbrecherkohle?

Düsseldorf, 6. Oktober. „Der Bergarbeiterstreik in Frankreich wird auch für uns seine Auswirkungen zeigen", erklärte Ministerialrat Seidel vom Wirtschaftsministerium auf einer Pressekonferenz in Düsseldorf. Infolge der fehlenden Kohlenförderung in Frankreich müsse Deutschland mehr Kohle nach Frankreich exportieren. Seidel betonte, der Kohlenexport richte sich nicht nach der Moskauer Gleitskala, sondern nach den jeweils politischen Bedingungen.

### Eine neue Belastung

Frankfurt, 6. Oktober. (AP.) Der Zweizonenverwaltungsrat, der gestern unter seinem Vorsitzenden, Oberdirektor Dr. Pünder tagte, beschloß, dem Wirtschaftsrat einen Gesetzesvorschlag zu unterbreiten, der vorsieht, dem Magistrat der Stadt Berlin monatlich eine Finanzhilfe von etwa 20 Mill. DM zu gewähren. Wie ein Sprecher des Verwaltungsrates auf einer Pressekonferenz heute morgen ausführte, sieht dieser Plan folgende Einzelheiten vor:

1. Für jede Haushaltsstammkarte wird beim Abholen der Lebensmittelkarte ein monatlicher Beitrag von 0,50 DM erhoben.

2. Alle Lohnempfänger, die nicht lohnsteuerpflichtig sind, sollen monatlich 0,50 DM bezahlen.

3. Alle Lohn-, Einkommen- und Körperschaftssteuerpflichtigen sollen monatlich 0,50 DM für jedes angefangene Hundert ihres Bruttoeinkommens bezahlen.

Der Verwaltungsrat beschloß weiter, den Direktor für das Post- und Fernwesen zu ermächtigen, Sonderbriefmarken mit einem Zuschlag für Berlin aufzulegen.

### Kriegsgefangene kehren zurück

Wiesbaden, 7. Oktober. (dpd.) 16 000 in den Westzonen beheimatete deutsche Kriegsgefangene werden am 8. November aus jugoslawischer Kriegsgefangenschaft zurückerwartet.

### Entziehung der Lizenz der „Freiheit"

Dies ist die letzte Ausgabe der „Freiheit", welche unter der gegenwärtigen Lizenz erscheint. Die Lizenz ist auf Befehl der Militärregierung entzogen worden.

Die Militärregierung teilte uns mit, daß diese Maßnahme ergriffen wurde wegen Verstoßes gegen § 2 der Verordnung Nr. 40 der Militärregierung, welche besagt, daß die deutsche Presse sich freihalten muß von der Veröffentlichung oder Wiedergabe von Artikeln, welche Gerüchte verbreiten, die zum Ziele haben, die Einheit der Alliierten zu untergraben oder welche Mißtrauen und eine feindliche Haltung des deutschen Volkes gegen eine Besatzungsmacht hervorruft.

In der Ausgabe der „Freiheit" vom 1. Oktober 1948 wurde eine Rede des Herrn Pieck zitiert, in der die Andeutung zur Erscheinung kam, daß die Westmächte die Einigungsversuche zerstörten und daß sie einen Krieg gegen die Sowjetunion planten. Er enthielt ferner einen boshaften Angriff auf die Vereinigten Staaten von Amerika.

Die „Freiheit" wurde bereits einmal in diesem Jahre für einen Zeitraum von drei Monaten verboten und wurde mehrfach verwarnt wegen Überschreitung der Verhaltungsvorschriften, welche zusammen mit einer Zeitungslizenz herausgegeben werden.

Vorbereitungen werden daher getroffen, daß andere Zeitungen im Lande Nordrhein-Westfalen ihre Auflage vergrößern dürfen. Auf diese Weise wird die Anzahl der Zeitungen, die der Öffentlichkeit zur Verfügung stehen, trotz der Entziehung unserer Lizenz, nicht vermindert werden.

### Verboten

**Dortmund, 7. Oktober. (Eig. Meldung.) Die Kommunistische Partei Deutschlands, Bezirksleitung Ruhrgebiet, teilt mit:**

**Heute gegen 17 Uhr wurde die der KPD nahestehende „Neue Volkszeitung", die erst seit dem 15. September 1948 erscheint, von der britischen Militärregierung für einen Monat verboten. Mitten im Wahlkampf ist die Kommunistische Partei des Ruhrgebietes damit ohne jede Publikationsmöglichkeit.**

### Streik um den Lohn

**Goch, 7. Oktober. (Eigene Meldung.) Die Belegschaft der Vlinderko-Werke, Goch, beschloß bis Montag mittag 14 Uhr in den Streik zu treten, weil die 15prozentige Lohnerhöhung für Arbeiterinnen über zwanzig Jahre nur 0,55 DM beträgt. Die Arbeiter haben Löhne von 70, 75, 86 und 89 Pfg. Die Arbeiterschaft hat beschlossen, den Lohnabzug nicht anzuerkennen. Die Gewerkschaftsvertreter sind beauftragt, morgen mittag erneut Lohnverhandlungen zu führen.**

### Verschwundene Beweisstücke

München, 6. Oktober. (AP.) Die aus Menschenhaut verfertigten Lampenschirme und andere Gegenstände, die in dem Prozeß gegen Ilse Koch, die Frau des Kommandanten des ehemaligen Konzentrationslagers Buchenwald, eine Rolle gespielt hatten, sind spurlos verschwunden. Mitglieder des amerikanischen Gerichts zur Aburteilung von Kriegsverbrechen, das in München gegen Frau Koch und 30 weitere Angeklagte verhandelte, erklärten, die Gegenstände seien vor dem Buchenwald-Prozeß nach Nürnberg zur Verwendung im Hauptkriegsverbrecherprozeß gebracht worden. Später seien sie niemals zurückgekehrt, und es lägen auch keine Spuren vor, die man verfolgen könne.

### 300 Rüstungsbetriebe bleiben

Berlin, 5. Oktober. (dpd.) Der amerikanische Militärgouverneur für Deutschland, General Clay, sagte am Dienstag in einem vom Rundfunk im amerikanischen Sektor Berlins verbreiteten Interview mit einem amerikanischen Pressevertreter, daß die Demontage von etwa 300 früheren deutschen Rüstungsbetrieben in der britischen und französischen Zone gegenwärtig aufgehalten werde. Die Fortsetzung der Demontage hänge von dem Ergebnis einer Untersuchung über den Nutzwert der Betriebe für Westdeutschland und den Wiederaufbau Europas ab. Die Untersuchung werde gegenwärtig von einer ERP-Kommission geführt und dauere an. Deutsche Proteste gegen Demontage würden ohne Wirkung bleiben.

General Clay sagte weiter, der Aufbau des westdeutschen Staates mache „zufriedenstellende Fortschritte". Er werde trotz sowjetischer Opposition weitergeführt.

„In Potsdam wurde als erste Aufgabe der Alliierten in Deutschland die Zerstörung des deutschen Rüstungspotentials beschlossen. Diese Aufgabe ist von den Russen durchgeführt worden. Im Januar 1947 führte eine Kommission aller vier Besatzungsmächte im Namen des Alliierten Kontrollrates eine Besichtigung der sowjetischen Zone durch. Aus ihrem Bericht, der von den englischen, amerikanischen, französischen und russischen Vertretern unterschrieben wurde, ging hervor, daß sie sich von der Zerstörung aller Rüstungsanlagen überzeugt hatten."

Gordon Schaffer: „Ein Engländer bereist die russische Zone".
Titel der Orignalausgabe: „Russian Zone".

## Nazi-Methoden in West-Berlin

**Sozialistische Zeitungen verbrannt — Berlin wird kahlgeschlagen**

**Berlin, 7. Oktober. Durch die ständigen Hetzreden der CDU- und SPD-Redner in Berlin, sowie die verstärkte antikommunistische Kampagne der Berliner britisch, amerikanisch und französisch lizenzierten Presse glaubt eine Reihe faschistisch eingestellter Aktivisten in Berlin, nunmehr zu offenen Nazi-Methoden übergehen zu können.**

Am 5. Oktober haben im britischen Sektor in der Nähe des Bahnhofes Zoo eine Gruppe solcher Provokateure einige hundert Exemplare der „Täglichen Rundschau" und der Zeitung „Neues Deutschland" auf der Straße verbrannt. Auch im französischen Sektor, am S-Bahnhof Gesundbrunnen, kam es zu ähnlichen Zwischenfällen. Selbstverständlich wurde keiner der Täter verhaftet. Am hellichten Tag auf offener Straße konnten diese Dinge geschehen. Zeitungen, die den Frieden predigen, die für Demokratie und Sozialismus eintreten, werden verbrannt und die Schreiberlinge und Hetzer, die solche Dinge propagieren, reden von Freiheit und Demokratie. Vor 15 Jahren wurden in Berlin schon einmal Zeitungen und Bücher auf dem Scheiterhaufen verbrannt. Derselbe Geist, dieselben Menschen hatten auch diesmal diese bübische Tat vollbracht. Die Westzeitungen in Berlin aber hetzen weiter.

Trotzdem die Möglichkeit besteht, im sowjetischen Sektor Brennmaterial einzukaufen, wurde beschlossen, in den Berliner Westsektoren zwei Drittel der Wälder und die Hälfte der Bäume in den Straßen und in den Parks für Brennholzzwecke zu fällen. Vom Oktober bis zum Januar werden 350 000 cbm Holz in den Westsektoren gefällt.

Am 6. Oktober hat die amerikanische Militärregierung in Berlin den Berliner Philharmonikern verboten, im Berliner Rundfunk, im Deutschlandsender und in Konzerten der sowjetischen Besatzungszone aufzutreten.

In einer Betriebsrätevollversammlung des Berliner Magistrats sprach der Vorsitzende des Freien Deutschen Gewerkschaftsbundes Bernhard Schlimme. Nur in der sowjetischen Besatzungszone sei das Mitbestimmungsrecht der Werktätigen voll verwirklicht worden. Schlimme verlangte die Wiederherstellung der Einheit der Berliner Verwaltung, die Zurückziehung der West-D-Mark und die sofortige Freilassung des Gewerkschaftsfunktionärs Paul Laßberg, der von einem amerikanischen Gericht wegen seiner Betätigung für den Freien Deutschen Gewerkschaftsbund zu fünf Monaten Gefängnis verurteilt worden ist. (Eig. Bericht)

Einzelpreis 20 D-Pfg.

# FREIES VOLK

mit Sonntags-Sport

VOLKSZEITUNG FÜR DAS RHEINISCH-WESTFÄLISCHE INDUSTRIEGEBIET

JAHRGANG 1 — NR 1 | ERSCHEINT DREIMAL WÖCHENTLICH | SRO | MONTAG, 3. JANUAR 1949

## Der Sieg wird unser sein!

### Große Feier in der Düsseldorfer Rheinhalle zum 30jährigen Bestehen der KPD — Max Reimann: „Wer Hitlers Sowjethetze fortsetzt, wird wie er zugrunde gehen"

**Düsseldorf, 2. Januar 1949. (Eigenbericht.) Stürmischen Beifall erhielt der Vorsitzende der Kommunistischen Partei Deutschlands, Max Reimann, als er vor annähernd 8000 Personen das Rednerpult anläßlich der Feier zum 30jährigen Bestehen der Kommunistischen Partei bestieg und unter den Hochrufen der Versammelten ausrief: „Es lebe unsere Partei!"**

**Die große Rheinhalle war festlich mit Bildern von Rosa Luxemburg, Klara Zetkin, Karl Liebknecht, Ernst Thälmann, Lenin, Marx und Engels geschmückt. Riesige Transparente an der Balkonbrüstung des Saales zeigten die Inschriften: „Wir sind da, wir bleiben da und der Sieg wird unser sein", sowie: „Verjagen wir aus unseren Reihen Zweifel über unsere Stärke."**

Am Schluß seiner Festansprache gedachte Max Reimann der Veteranen der Kommunistischen Partei, die in unermüdlicher, oft 30jähriger politischer Arbeit das Banner des Sozialismus hochgehalten haben. Mehr als 20 000 Männer und Frauen in den Westzonen sind Mitglieder unserer Partei seit ihrer Gründung, erklärte Max Reimann. Im Namen des Parteivorstandes überreichte er der 87jährigen Genossin Emma Ackermann aus Remscheid, die seit 1905 Mitglied der Arbeiterbewegung ist und der KPD seit ihrer Gründung angehört, und dem Genossen Robert Deppert aus Bielefeld, der seit 1896 der Sozialistischen Arbeiterbewegung angehört und als Funktionär der KPD unter dem Hitler-Regime 6 Jahre im Zuchthaus gesessen hat, zwei Ehrenurkunden, durch die auch alle anderen Veteranen der Partei gewürdigt wurden.

Aus dem kleinen Bund der Kommunisten im Jahre 1848 sei der heutige siegreiche Vormarsch der Arbeiterklasse gegen den Imperialismus hervorgegangen, erklärte Max Reimann. Man könne ohne Übertreibung feststellen, daß dieser Imperialismus heute nicht nur im Zurückweichen, sondern auf dem Wege der endgültigen Vernichtung ist. **„Unsere Feinde stehen auf verlorenem Posten", rief der Redner aus, „weil sie sich einer zum Untergang verurteilten Gesellschaftsordnung verschrieben haben. Wir werden die Sieger von morgen sein, weil wir das Neue, Zukünftige und Lebensfähige verkörpern."**

Trotz einer veränderten Situation, ständen heute vor der Partei die gleichen Aufgaben wie 1918, das heißt Frieden, Freiheit, soziale Sicherheit und Wohlstand für das Volk zu schaffen. Heute wie vor 30 Jahren stände die Kommunistische Partei im kompromißlosen Kampf gegen den Imperialismus. In seinem Gruß an Wilhelm Pieck, den er mit einem Gelöbnis an die französische, belgische, holländische und luxemburgische werktätige Bevölkerung verband, versprach Max Reimann, **daß die Kommunistische Partei alles tun werde, um zu verhindern, daß die Hände der deutschen Arbeiter nochmals zur Herstellung von Waffen mißbraucht werden.** Die Forderungen der KPD seien: Schaffung einer einheitlichen deutschen, demokratischen Republik, Abschluß eines sofortigen Friedensvertrages und Abzug aller Besatzungstruppen.

Seit 1918 versuchten deutsche Reaktionäre in maßloser Hetze, die KPD zu verleumden, sie stehe im Dienst der Sowjetunion. Die Geschichte habe jedoch gezeigt, daß die Kommunistische Partei, indem sie für gute Beziehungen zur Sowjetunion eintritt, die nationalen Interessen des gesamten Volkes verteidigt. **Diejenigen aber, die heute Hitlers Erbe in der Sowjethetze angetreten haben, werden wie Hitler daran zugrunde gehen.**

Heute würden die sozialdemokratischen Führer in Westdeutschland ein großes Geschrei erheben, weil die Bedingungen des Ruhrstatuts bekanntgeworden sind. Die Politiker in Westdeutschland müßten jedoch einsehen, daß derjenige, der die Londoner Empfehlungen anerkannt, das Besatzungsstatut gewünscht und die Spaltung Deutschlands gefördert, auch faktisch das Ruhrstatut vorbereitet hat. **Wer sich aber bereit erkläre, unter den Bedingungen des Ruhrstatuts einen westdeutschen Staat zu errichten, der dürfe sich nicht wundern, wenn er von seinem eigenen Volk als Quisling betrachtet wird.**

Große soziale Spannungen und Auseinandersetzungen ständen bevor, erklärte Max Reimann. Er forderte die arbeitende Bevölkerung auf, sich für diese Kämpfe jetzt schon zu wappnen. Das deutsche Volk müsse gemeinsam mit der Kommunistischen Partei für die Einheit des Vaterlandes, für eine gesamtdeutsche demokratische Republik kämpfen. „In brüderlicher Verbundenheit mit den Völkern der Sowjetunion", rief Max Reimann am Schluß seiner Rede aus, „mit den friedliebenden Völkern der ganzen Erde, eng verbunden mit den Menschen aller Rassen und aller Sprachen, die für Demokratie und Fortschritt kämpfen, wird die Kommunistische Partei Deutschlands die deutsche werktätige Bevölkerung zum Siege über ihre Feinde führen."

Kurz nachdem Max Reimann die alten Mitglieder der Partei geehrt hatte, trat Hugo Paul, der Vorsitzende des Landesvorstandes Nordrhein-Westfalen, an das Rednerpult und forderte die Versammelten unter tosendem Beifall auf, nicht zu vergessen, daß der Vorsitzende der Kommunistischen Partei selbst ein Veteran der sozialistischen Arbeiterbewegung sei, der uns in der Führung der Partei noch lange erhalten bleiben möge.

In seiner Begrüßungsansprache hatte Hugo Paul des 73jährigen Geburtstages von Wilhelm Pieck, des Vorsitzenden der SED, am 3. Januar gedacht. Die Versammlung nahm folgendes Begrüßungstelegramm an den unermüdlichen Kämpfer der deutschen Arbeiterbewegung an:

„Lieber Genosse Wilhelm Pieck!

Wir senden Dir von unserer Landesfeier der KPD Nordrhein-Westfalen die herzlichsten Grüße zu Deinem 73. Geburtstag. Dein ganzes Leben war der Herstellung der Einheit der Arbeiterklasse und der Sache des Sozialismus gewidmet. Wir erblicken in Dir den verkörperten Willen der Arbeiterklasse, der Lehre von Marx, Engels, Lenin und Stalin, dem Sozialismus in ganz Deutschland zum Siege zu verhelfen. Du bist uns ein leuchtendes Vorbild. Wir versprechen Dir, alle unsere Kraft für unser gemeinsames Ziel, den Sozialismus, einzusetzen. Wir habe den Wunsch, daß Du noch lange Jahre der deutsche Arbeiterklasse und dem werktätigen Volke im Kampfe für die Einheit Deutschlands, für Frieden und Sozialismus vorangehen mögest."

Im Laufe des Festes schilderte eine eindrucksvolle Dokumenten-, Gedicht- und Liederfolge den opferreichen dreißigjährigen Kampf der Kommunistischen Partei Deutschlands für die Verwirklichung des Sozialismus.

### Gruß des Parteivorstandes

Der Vorstand der Kommunistischen Partei Deutschlands begrüßt das Erscheinen der Zeitung „Freies Volk" und spricht die Hoffnung aus, daß die Zeitung der werktätigen Bevölkerung den richtigen Weg zur Schaffung der Einheit Deutschlands weisen wird. Gerade jetzt, nach der Veröffentlichung des Ruhrstatuts der westlichen Alliierten, soll die Zeitung die Bevölkerung über die Folgen dieses Statuts aufklären und das unveräußerliche Recht des Volkes auf Besitz der Kohlengruben und Grundstoffindustrien verwirklichen helfen. Im Kampf um gerechten Lohn muß die Zeitung „Freies Volk" den Werktätigen Hilfe und Führung sein, damit in den kommenden großen sozialen Auseinandersetzungen die Gerechtigkeit über die Willkür einer kleinen Unternehmerclique und ihren Verbündeten siege. Gemäß der hundertjährigen Tradition der sozialistischen Arbeiterpresse möge die Zeitung „Freies Volk" stets unerschrocken die nationalen Interessen des Volkes wahren.

Im Auftrage:
Max Reimann

> Telegramm Deutsche Post
> Eingang in Düsseldorf 12.25 Uhr.
> 9215 Praha 15063/15063 155-149 31-12 0955
> Kommunistische Partei Deutschlands
> Klosterstraße
> Düsseldorf.
>
> Zum 30. Tage der Begründung der Kommunistischen Partei Deutschlands senden wir Euch brüderliche Grüße. Wir neigen uns in tiefer Ehrfurcht vor dem Andenken ihrer Begründer Karl Liebknecht, Rosa Luxemburg, Klara Zetkin, Franz Mehring und ihrem großen Führer Ernst Thälmann, der von den Hitlerbanditen ermordet wurde. Die Kommunistische Partei Deutschlands war in Deutschland die einzige Kraft, welche die Fahne des Internationalismus hoch hielt und welche schwere Opfer im Kampf gegen den ärgsten Feind der Menschlichkeit, den Hitlerfaschismus, brachte. Die folgerichtige Politik der Sowjetunion für eine demokratische und friedliche Lösung der Frage Deutschlands ist der einzige sichere Weg zur Schaffung eines einheitlichen, demokratischen Deutschlands. Die Kommunistische Partei der Tschechoslowakei verfolgt mit größter Sympathie den Kampf für die Einheit der deutschen Arbeiterklasse, den die KPD in enger Verbundenheit mit der SED führt. Euer Kampf ist die Voraussetzung für die Entstehung eines einheitlichen, wahrhaft demokratischen Deutschlands.
>
> Kommunistische Partei der Tschechoslowakei.

## Die Ruhrzechen gehören dem Volk

### Eine Erklärung des Landesvorstandes der KPD

**Düsseldorf, 2. Januar. (Eig. Bericht.) „Seit drei Jahren wird dem Verlangen des deutschen Volkes nach Abschluß eines Friedensvertrages nicht entsprochen", heißt es in einer Erklärung des Landesvorstandes der KPD zum Ruhrstatut.**

Es heißt dann weiter in dieser Erklärung: „Die Führer der bürgerlichen Parteien und der Sozialdemokratie, die den Marshallplan bejahen und die Politik der Westmächte unterstützen, tragen ein gerütteltes Maß Schuld an dieser Entwicklung. Das Ruhrstatut hat unsere Befürchtungen übertroffen.

Die Westmächte — unter Führung der USA — haben das Ruhrgebiet, das industrielle Herz Deutschlands, aus dem deutschen Wirtschaftskörper herausgelöst. Die Kohle- und Stahlwirtschaft wird dem deutschen Volk für unabsehbare Zeit entzogen. Selbst über eine 25jährige Besatzungszeit hinaus, wie sie der frühere Außenminister der USA, Byrnes, vorsah, soll das Ruhrgebiet weiterhin der Ruhrbehörde unterstellt sein. Die von den Westmächten einseitig errichtete Ruhrbehörde mit ihren Privilegien und Immunitäten ist die wirkliche Regierung Westdeutschlands.

Auf Grund des Statuts kann jederzeit die Ruhrbehörde die Erzeugung von Kohle und Stahl regulieren und drosseln. Die Kohle- und Stahlindustrie an Rhein und Ruhr wird zur Durchsetzung der Marshallplanpolitik benutzt. Jede politische und wirtschaftliche Maßnahme einer kommenden westdeutschen Regierung in Angelegenheiten des Verbrauchers und Exportes, des Transportes, der Preise, der Quoten, Zölle usw. unterliegen der Prüfung, Billigung und Entscheidung der Ruhrbehörde. Durch Anwendung des Statuts wird jede Möglichkeit einer Konkurrenz deutscher industrieller Fertigwaren auf den kapitalistischen Märkten ausgeschlossen.

Die Ruhrbehörde hat die ausländischen Interessen und das ausländische Eigentum in der Kohle- und Stahlindustrie zu schützen und zu sichern. Diese Garantie bezieht sich sowohl auf bereits investiertes als auch auf noch anzulegendes Auslandskapital.

Die Eigentumsfrage wurde im Statut nicht berührt. Die berechtigten Forderungen der Arbeiterschaft auf Überführung der Grundstoffindustrien in Volkseigentum, die Verwirklichung des vom Landtag Nordrhein-Westfalen beschlossenen „Gesetzes zur Sozialisierung der Kohlenwirtschaft" wird beiseitegeschoben. Das internationale Finanzkapital wird an der Ruhr zum herrschenden Faktor.

Alle Erklärungen der Ruhrbehörde werden offiziell in Englisch und Französisch abgefaßt werden, nur im Bedarfsfalle sollen die Dokumente in deutscher Sprache erscheinen.

Die Kommunistische Partei Deutschlands, Landesvorstand Nordrhein-Westfalen, erklärt:

Das Ruhrstatut ist ein schwerer Schlag gegen die Lebensinteressen des deutschen Volkes und gegen die wirtschaftliche und politische Einheit Deutschlands. Die neuen Maßnahmen an der Ruhr geben den Völkern keine Sicherheit, garantieren nicht den Frieden, sondern machen das Ruhrgebiet zu einem Streitobjekt unter den Völkern und zu einem dauernden Gefahrenherd.

Das Ruhrstatut wird aus sozialen und nationalen Interessen unseres Volkes von der Kommunistischen Partei Deutschlands niemals anerkannt werden. Das deutsche Volk will weder ein Ruhr- noch ein Besatzungsstatut. Es verlangt den Abschluß eines Friedensvertrages und den baldigen Abzug der Besatzungstruppen. Die Kommunistische Partei Deutschlands wird die Gefahren des Ruhrstatuts dem Volke aufzeigen und nicht nachlassen, in der Mobilisierung der Massen gegen die deutschen und internationalen Monopolherren für die Überführung der Schlüsselindustrie in die Hände des Volkes.

Die Kohlengruben und Stahlwerke an Rhein und Ruhr gehören dem deutschen Volke. Das Ruhrgebiet gehört als untrennbarer Teil zu einer einheitlichen deutschen Republik."

Landesvorstand der KPD Nordrhein-Westfalen.
I. A.: Hugo Paul.

## Ungarns Kirche wünscht Abkommen

### Generalvikar Monsignore Vitz besucht Staatspräsident Szakasits

**Budapest, 1. Januar. (dpd.) Der Generalvikar des Erzbistums Budapest Monsignore Vitz, teilte dem ungarischen Staatspräsidenten Szakasits am Sonnabend mit, die römisch-katholische Kirche Ungarns sei bereit, ein Abkommen mit der Regierung abzuschließen. Der Generalvikar fügte hinzu, er spreche im Namen der katholischen Kirche.**

In seiner Erwiderung stellte Präsident Szakasits fest, die ungarische Regierung sei immer bereit gewesen, in ähnlicher Weise zu einem Abkommen mit der katholischen Kirche zu kommen, wie es bei den lutherischen, kalvinistischen und jüdischen Glaubensgemeinschaften geschehen sei.

Der Erklärung des erzbischöflichen Generalvikars wird in Budapest angesichts der für Dienstag vorgesehenen Konferenz zwischen den katholischen Bischöfen und Ministerpräsident Dobi besondere Bedeutung beigemessen. Auf dieser Konferenz sollen im Zusammenhang mit der Verhaftung des Kardinalerzbischofs Mindszenty „noch ungeklärte Fragen zwischen Kirche und Staat in Ungarn" geregelt werden. (Nach Reuter.)

#### Beweise gegen Mindszenty

Das ungarische Innenministerium veröffentlichte am Freitag unter anderem Faksimileauszüge aus Mindszentys Briefwechsel mit dem früheren und jetzigen amerikanischen Gesandten in Budapest, Schönfeld und Chapin, aus denen hervorgeht, daß Mindszenty die Rückgabe der Stephanskrone an Ungarn verhindern wollte. Die USA-Regierung hatte die Krone, die sich seit Kriegsende in Deutschland befand, im März dem Vatikan übergeben lassen und die ungarische Forderung auf Rückgabe abgelehnt.

Die ungarische Regierung erklärt, Kardinal Mindszenty habe die Stephanskrone im Ausland sicherstellen wollen, um sie nach Ende eines für die Westmächte erfolgreichen dritten Weltkrieges Otto von Habsburg aufs Haupt zu setzen. — Die jetzt und künftig veröffentlichten Dokumente würden jeden überzeugen, daß es sich im Fall Mindszenty nicht um religiöse Verfolgung handelt." (Nach Reuter.)

### General Markos zuversichtlich

Belgrad, 2. Januar. (dpd) In einem Neujahrsbefehl an seine Truppen erklärte der Führer der griechischen Aufständischen, General Markos: „Die wichtigste Aufgabe der demokratischen Armeen im neuen Jahr ist es, sich auf große Offensiven vorzubereiten, die die entscheidende Wendung in Griechenland bringen müssen."

Markos beglückwünschte die Aufständischen zu den im vergangenen Jahr erzielten Erfolgen und forderte sie zur Fortsetzung des Kampfes gegen die „Monarcho-Faschisten" auf, in deren Reihen „Auflösung und Panik" herrsche.

Die Regierungstruppen hätten in den Kämpfen während des vergangenen Jahres 97 000 Mann verloren. 179 Panzerwagen, 106 Kampfflugzeuge und 185 Lokomotiven seien von den Aufständischen vernichtet worden.

### China: Kampf bis zum Sieg

**Nanking, 1. Januar. (dpd.) „Die Kommunistische Partei Chinas ist entschlossen, den Kampf um die Befreiung des Landes bis zum letzten durchzuführen und alle Manöver der Kuomintang zunichte zu machen", hieß es in einer Botschaft des chinesischen kommunistischen Rundfunks zum Neujahrstag.**

In einer Rundfunkerklärung umriß die Kommunistische Partei Chinas am Samstag ihre Pläne für das neue Jahr: Errichtung einer demokratischen chinesischen Republik, Bildung einer Zentralregierung, der unter Führung der Kommunisten alle demokratischen Parteien angehören sollen, und Erhöhung der landwirtschaftlichen und industriellen Produktion stehen als Hauptpunkte auf dem kommunistischen Jahresprogramm für 1949.

Zu den „Friedensfühlern" der Nanking-Regierung bemerkte der kommunistische Sender, nachdem der Feind auf dem Schlachtfeld geschlagen sei, wolle er den Krieg nun auf politischer Ebene weiterführen. Nach namentlicher Aufführung von 43 „nationalchinesischen Kriegsverbrechern" heißt es in der Rundfunkbotschaft abschließend: „Marschall Tschiangkaischek [illegible] einen Kompromiß mit ihnen schließen und auf ihre Absetzung verzichten wird."

Tschiangkaischek erklärte am Freitag in einer Neujahrsbotschaft, er sei zum Rücktritt bereit, wenn der Wunsch der Kommunisten, eine friedliche Lösung des Bürgerkrieges herbeizuführen, wirklich ernsthaft ist.

## Ruhrstatut in der öffentlichen Meinung

### Unter der Botmäßigkeit des Auslandes? — General Robertson sagte zum Ruhrstatut: „Nur mäßige Einschränkungen"

**Düsseldorf, 2. Januar. (Eig. Bericht — dpd.) Die Veröffentlichung des Ruhrstatuts hat in der gesamten deutschen Öffentlichkeit große Erregung und zum Teil heftige Kritik hervorgerufen. Der erste Vorsitzende der deutschen Wirtschaftskommission, Walter Rau, erklärt: „Durch das Ruhrstatut werden die entscheidenden Grundstoffindustrien und die gesamte westdeutsche Wirtschaft in völliger Abhängigkeit gebracht.**

Eine separate westdeutsche Regierung wird unter diesen Bedingungen von vornherein unter der Botmäßigkeit des Auslandes stehen, ohne die Möglichkeit zu haben, im Interesse des deutschen Volkes eine selbständige Politik zu treiben.

#### „Verhüllte Gebietsabtrennung"

Der Prorektor der Universität Hamburg, der Völkerrechtler Prof. Dr. Laun, definierte im „Hamburger Abendblatt" in einem Artikel zum Ruhrstatut unter der Überschrift „Verhüllte Gebietsabtrennung" den Begriff „internationale Kontrolle". Es heißt darin:

„Internationale ‚Kontrolle' heißt im westlichen [illegible] sondern ‚Beherrschung'. Es handelt sich nach Artikel 29, Ziffer 6, um eine Art von verhüllter Gebietsabtretung an sechs Mächte auf eine unbestimmt lange Zeit, die auch 50 Jahre und noch länger dauern könnte, und niemand kann sagen, ob und wie Deutschland dann seine einmal abgegebenen Rechte im Ruhrgebiet wieder zurückerhalten wird."

Der Vorstand des Freien Deutschen Gewerkschaftsbundes der Sowjetzone forderte in einer Stellungnahme zum Ruhrstatut, daß sofort eine internationale Gewerkschaftskonferenz einberufen wird. Diese Konferenz solle Maßnahmen beschließen, um „den Zugriff auf das deutsche Ruhrgebiet zu verhindern".

#### „Keine Demokratie unter Besatzungsregime"

„Die Deutschen würden, wenn sie erst einmal den vollen Text des Besatzungsstatuts schwarz auf weiß sehen, die unausweichliche Schlußfolgerung ziehen, daß es unmöglich ist, eine demokratische [illegible]." Mit diesen Worten kritisierte der bekannte amerikanische Kommentator Walter Lippmann in der „New York Herald Tribune" die alliierte Deutschlandpolitik. Weiter heißt es in dem Bericht: „Die Deutschen würden erkennen, daß sie selbst keine echte Macht haben, sondern daß diese bei ihren Besiegern liegt." Lippmann schließt daraus, daß es völlig unsinnig sei, zu erwarten, die neue deutsche Regierung werde die Verantwortung für die Lösung der deutschen Frage übernehmen. Die vorzeitige Errichtung einer demokratischen Regierung unter „entwürdigenden Umständen" werde zweierlei Folgen zeitigen, nämlich erstens werde die Idee der Demokratie bei den Deutschen in Mißkredit geraten und zweitens werden die Alliierten in den Strudel der deutschen Leidenschaften geraten, wenn sie Deutschland zwar nicht mehr zu regieren, aber doch seine Geschicke zu bestimmen versuchen werden.

Demgegenüber erklärte der britische Militärgouverneur, General Robertson, er glaube, daß das Ruhrstatut von den Deutschen zu tragisch genommen werde. Seinerzeit seien sehr einschneidende Maßnahmen für die Zukunft des Ruhrgebietes erhoben worden. Er glaube, es müsse eine Genugtuung sein, daß jetzt eine Regelung getroffen worden ist, die der deutschen Souveränität so sehr mäßige Einschränkungen auferlege.

„Als ungesetzlich und ungültig" wurde das Ruhrstatut in einer Sendung des Moskauer Rundfunks bezeichnet, weil die sechs Westmächte eine Verletzung internationaler Abkommen begangen haben. Sie versuchen, sich das Recht anzumaßen, über das künftige Schicksal Deutschlands zu entscheiden und das Ausmaß und den Charakter seiner wirtschaftlichen Entwicklung zu bestimmen."

Von links nach rechts: Max Reimann bei seiner Rede in der Düsseldorfer Rheinhalle zum dreißigjährigen Bestehen der KPD. Kopf an Kopf die 8000 Teilnehmer, von denen nur die Hälfte Sitzplätze fanden. Einer der Veteranen, die auf dieser Feier geehrt wurden: der 79jährige Anton Kolz aus Dortmund. Er gehört der KPD seit ihrer Gründung an.

# Das jugoslawische Kuckucksei und die ideologischen Differenzen

Um den Charakter meiner ersten Untersuchung zu verstehen, ist es notwendig, einiges zur Vorgeschichte zu kennen. Während des II. Weltkriegs wurde die Kommunistische Internationale aufgelöst, um der Schaffung einer breiten antifaschistischen Volksbewegung in Europa kein Hindernis zu sein. Nach Beendigung des Krieges entstanden in einigen Ländern Osteuropas Volksdemokratien unter Führung der kommunistischen Parteien als Übergangsform zum Sozialismus. Um die Interessen gegenseitig abzustimmen,

»*. . . wurde ein Informationsbüro aus Vertretern der Kommunistischen Partei Jugoslawiens, der Bulgarischen Arbeiterpartei (Kommunisten), der Kommunistischen Partei Rumäniens, der Kommunistischen Partei Ungarns, der Polnischen Arbeiterpartei, der Kommunistischen Partei der Sowjetunion, der Französischen Kommunistischen Partei, der Kommunistischen Partei der Tschechoslowakei und der Italienischen Kommunistischen Partei gebildet. In der 1947 von Vertretern dieser Parteien auf einer Konferenz in Warschau angenommenen Resolution hieß es: ›Die Konferenz konstatiert, daß das Fehlen von Verbindungen zwischen den an der gegenwärtigen Konferenz teilnehmenden kommunistischen Parteien in der jetzigen Lage ein schwerer Mangel ist. Die Erfahrung hat gezeigt, daß eine solche Isoliertheit der kommunistischen Parteien falsch und schädlich ist. Die Notwendigkeit des Erfahrungsaustauschs und der freiwilligen Koordinierung der Aktionen der einzelnen Parteien ist besonders akut geworden unter den heutigen Verhältnissen, wo nach dem Kriege die internationale Lage sich kompliziert hat und die Isolierung der kommunistischen Parteien für die Arbeiterklasse schädlich werden kann.‹* « (»Die Kommunistische Internationale«, S. 654)

Weder die Sozialistische Einheitspartei (SED) noch die KPD waren Mitglied dieses Informationsbüros, erkannten jedoch die Führungsrolle der KPdSU bedingungslos an. Schon bald kam es unter den Mitgliedern des Informationsbüros zu Widersprüchen. Als erstes traten

Tito (vorn) und Stalin (hinten rechts) 1945 in Moskau

sie zwischen dem Bund der Kommunisten Jugoslawiens und der KPdSU offen zutage. Jugoslawien sah den Balkan als eigenes Interessengebiet an, was die Außenpolitik der Sowjetunion empfindlich berührte. Im Verlauf des Jahres 1948 verschärften sich diese und andere Widersprüche erheblich. So stellte Tito beispielsweise die Behauptung auf, daß die Sowjetunion Jugoslawien »ausbeute«, seine Industrialisierung »verhindere« und Jugoslawien seiner Unabhängigkeit »berauben« wolle.

Tatsache war, daß sich in Jugoslawien die Bürokratie zu einer neuen Klasse entwickelt hatte, die den Kapitalismus im eigenen Land restaurierte. Dieser Verrat der Tito-Clique führte dazu, daß die Werktätigen Jugoslawiens immer rechtloser, immer mehr unterdrückt und ausgebeutet wurden. Außenpolitisch entwickelte sich Jugoslawien immer mehr zu einem bloßen Anhängsel des US-Imperialismus. Das war die »Unabhängigkeit«, die Tito vorschwebte. Heuchlerisch wurde diese Entwicklung gerechtfertigt mit der Losung, Jugoslawien müsse »auf eigenem Wege zum Sozialismus« kommen.

Bei einer Beratung des Informationsbüros im Juni 1948 in Rumänien wurde eine Resolution zur Entwicklung des Bundes der Kommunisten Jugoslawiens verabschiedet, in der die Entwicklung in Jugoslawien heftig kritisiert wird.

**Milovan Djilas,** einer der führenden Kommunisten und Minister der damaligen jugoslawischen Regierung, fuhr mit einer Delegation nach Moskau, um den Bruch mit Moskau zu vermeiden. Doch seine Mission war vergebens. Noch im selben Jahr wurde der offene Bruch vollzogen. Jugoslawien trat als »nationaler Kommunismus« in die Nachkriegsgeschichte ein.

Im folgenden kritisierte Djilas die Bürokratie in der Partei- und Staatsführung und schrieb sogar ein Buch mit dem Titel »Die neue Klasse« über diese bürokratische Entwicklung.

*»Diese neue Klasse, die Bürokratie, oder genauer gesagt, die politische Bürokratie, trägt alle Merkmale früherer Klassen, und einige neue, die nur ihr eigen sind. Auch ihr Ursprung weist besondere Merkmale auf, obwohl er im wesentlichen den Anfängen anderer Klassen ähnlich war.«* (S. 44)

Diese Kritik paßte der jugoslawischen Führung nicht. Anfang 1954 schloß man Djilas aus dem Zentralkomitee der Partei aus. Ein Jahr später, 1955, stellte ihn die Tito-Clique vor ein Gericht, das ihn wegen feindlicher Propaganda zu drei Jahren verurteilte. Auch später wurde Djilas noch mehrmals ins Gefängnis gesteckt. Das hinderte ihn nicht daran, offen zu schreiben, was er unter der »neuen Klasse« verstand.

*»Die Gesellschaft, die aus den kommunistischen Revolutionen oder den Kriegshandlungen der Sowjetunion hervorgegangen ist, wird von den gleichen Gegensätzen zerrissen wie andere Gesellschaftsformen.*

*Sie hat sich nicht zur menschlichen Brüderlichkeit und Gleichheit hin entwickelt, im Gegenteil: es bildet sich in der Parteibürokratie eine privilegierte Schicht, die ich — im Einklang mit den marxistischen Ansichten — die ›neue Klasse‹ nannte.«* (»Die unvollkommene Gesellschaft«, S. 17)

Die SED und die KPD stellten sich hinter die Außenpolitik der Sowjetunion. Das nahm der Bund der Kommunisten Jugoslawiens zum Anlaß, zu versuchen, die KPD zu zersetzen und eine neue Partei durch Anhänger bzw. Sympathisanten zu organisieren.

Eines Tages, im Herbst 1949, erhielten zahlreiche Genossen der KPD und auch Nichtmitglieder jugoslawische Literatur (Bücher und Broschüren) in deutscher Sprache ins Haus geschickt. Die PPA führte eine Untersuchung durch, um festzustellen, wer dahintersteckte. Wir zweifelten nicht daran, daß **Wolfgang Leonhard** seine Hand im Spiel hatte. Im März 1949 hatte er sich, damals Dozent an der SED-Parteihochschule »Karl Marx«, heimlich nach Belgrad abgesetzt. Über ein Jahr blieb er in Jugoslawien, bevor er sich dann in Westdeutschland niederließ. Er war den jugoslawischen Kommunisten behilflich bei der Erstellung von Propagandamaterial (Übersetzung und eigene Schriften) in deutscher Sprache. Das hat er später in seinem Buch »Die Revolution entläßt ihre Kinder« selbst bestätigt. Bei seiner Ankunft in Belgrad wurde er gefragt:

»*›Nun, Genosse Leonhard, wie hast du dir hier in Jugoslawien deine Tätigkeit vorgestellt?‹*

*›Ich würde zunächst gern die Ursachen und den Verlauf des Konflikts zwischen der jugoslawischen Partei und dem Kominform zusammenhängend für die oppositionellen Genossen in Deutschland darstellen. Die bisherigen Materialien behandeln Einzelprobleme, über die unsere Genossen nur wenig wissen. Es ist daher manchmal schwer für sie, sich ein Bild zu machen.‹*

*›Gut, schreib das. Wir werden es hier in Jugoslawien auf Deutsch drucken.‹* « (S. 551)

Das Ergebnis seiner Tätigkeit hatten wir nun vor uns. Aber wer hatte den Jugoslawen die vielen Adressen vermittelt? Was waren die Empfänger für Leute? Es galt, möglichst viele von ihnen zu erfassen.

Deshalb forderten wir unsere Genossen an der Basis auf, das Material und die Anschrift des Empfängers an die PPA abzuliefern. So stellte sich bald heraus, daß sich alle diese Empfänger, unter ihnen viele Parteilose, an einem Wettbewerb der Zeitung »Freies Volk« beteiligt hatten. Über diese Teilnehmer gab es eine Liste, und zwar nur ein einziges Exemplar. Diese Liste hatte der Chefredakteur, Jupp Schappe, in seinem Schreibtisch eingeschlossen. Er bestritt, diese Liste den Jugoslawen in die Hände gespielt zu haben. Statt dessen beschuldigte er einen Mitarbeiter, der früher einmal den Brandler-Leuten nahestand. Die Nachforschungen ergaben aber schnell die Haltlosigkeit dieser Verdächtigung. Unser Verdacht gegen Jupp Schappe dagegen verstärkte sich, als wir feststellten, daß er im Konzentrationslager Buchenwald mit Jugoslawen gemeinsam politisch tätig war. Es lag nahe, daß der Kontakt zwischen ihm und den Jugoslawen nach der Befreiung aus dem Konzentrationslager bestehen blieb oder wieder aufgenommen wurde.

Noch während die Untersuchung lief, fand in Ratingen eine Mitgliederversammlung der Partei statt, an der Ludwig Becker als Referent der Landesleitung teilnahm. Er leitete die Abteilung Wirtschaft und besaß keinerlei Erfahrung in Untersuchungsangelegenheiten. In der Versammlung forderte er Jupp Schappe heraus. Dieser reagierte heftig und veröffentlichte sofort am nächsten Tag ein Flugblatt, das sich gegen die Parteileitung richtete. Daraufhin wurde er ausgeschlossen. Es war also keineswegs so, wie Manfred Buder anläßlich der Ehrung von Jupp Schappe durch die VVN (Vereinigung der Verfolgten des Naziregimes) in »Unsere Zeit« vom 16. Juli 1989 schrieb:

*»Links blieb er auch dann, als seine Partei, die KPD, ihm nach den Worten von Professor Jupp Schleifstein (DKP) ›bitteres Unrecht zufügte‹ und ihn als Chefredakteur des Zentralorgans ›Freies Volk‹ wegen ›Titoismus‹ ablöste und ausschloß.«*

»Bitteres Unrecht?« Nein, so war es nicht. Das Untersuchungsverfahren war korrekt und loyal und der Ausschluß im Februar 1950 gerechtfertigt. Wer etwas anderes behauptet, der lügt.

Die Jugoslawen wollten die KPD zersetzen, zuerst durch ihr politisches Material, dann direkt. Als Wolfgang Leonhard noch Lehrer an der Parteihochschule war, hatte er als Assistent einen jungen Mann, der sich **Stambula** nannte. Dieser setzte sich ebenfalls nach Belgrad ab, wo er von der jugoslawischen Parteiführung beauftragt wurde, Gruppen in der KPD zu organisieren, um die Partei von innen zu zersetzen. Dafür wurden ihm monatlich 500 DM bezahlt. Das war damals im Vergleich zu den Gehältern der Kreissekretäre viel Geld. Wir hatten von seinem Treiben sogleich Kenntnis bekommen und spielten Katz und Maus mit ihm, indem wir kleine Gruppen zusammenstellten, um ihn auszuhorchen. Das war nicht schwer, denn Stambula war unerfahren und hatte keine Ahnung vom Parteiaufbau. Nachdem wir alles, was wir von ihm wissen wollten, auf diese Weise erfahren hatten, beendeten die Gruppen ihre Arbeit. Als Stambula deshalb auch nichts mehr vorzuweisen hatte, ließen ihn die Jugoslawen fallen.

Auch ein Versuch Jupp Schappes, eine neue Partei aufzubauen, scheiterte. Damit war das jugoslawische Intermezzo in der BRD zu Ende.

Nicht jedoch auf internationaler Ebene. Bereits im **November 1957** fand in Moskau die **erste Beratung von Vertretern der kommunistischen Arbeiterparteien** statt, die sich gegen den modernen Revisionismus und Dogmatismus richtete. In der dort verabschiedeten gemeinsamen Erklärung hieß es:

*»Große Bedeutung gewinnt in der gegenwärtigen Etappe die Verstärkung des Kampfes gegen die opportunistischen Strömungen in der proletarischen und kommunistischen Bewegung. Die Beratung betont die Notwendigkeit, Revisionismus und Dogmatismus in den Reihen der kommunistischen und Arbeiterparteien entschlossen zu überwinden. Wie in der Vergangenheit, so tragen Revisionismus und Dogmatismus in der proletarischen und kommunistischen Bewegung auch gegenwärtig internationalen Charakter. Dogmatismus und Sektierertum erschweren die Entwicklung der Theorie des Marxismus-Leninismus und seine schöpferische Anwendung auf die sich verändernden konkreten Verhältnisse, setzen an die Stelle des Studiums der konkreten Situation Zitate und Buchstabengelehrtheit, führen zur Loslösung der Partei von den Massen. Eine Partei, die sich sektiererisch abgekapselt*

*und von den breiten Massen losgelöst hat, kann die Sache der Arbeiterklasse nie zum Siege führen . . .*

*Der moderne Revisionismus ist bemüht, die große Lehre des Marxismus-Leninismus in Verruf zu bringen, er erklärt sie für ›veraltet‹, behauptet, sie habe heute ihre Bedeutung für die gesellschaftliche Entwicklung verloren. Die Revisionisten sind bestrebt, die revolutionäre Seele des Marxismus-Leninismus auszumerzen und den Glauben der Arbeiterklasse und des schaffenden Volkes an den Sozialismus zu erschüttern.«*

Das traf maßgeblich auf den Bund der Kommunisten Jugoslawiens zu. Die Tito-Clique führte in den Betrieben die »Arbeiterselbstverwaltung« ein. Hinter diesem gut klingenden Namen verbarg sich ein System der verstärkten Ausbeutung. Das Ganze war ein hinterhältiges Betrugsmanöver. In der **Erklärung der Vertreter der kommunistischen und Arbeiterparteien vom Dezember 1960** in Moskau wurden die Führer des Bundes der Kommunisten Jugoslawiens des modernen Revisionismus beschuldigt.

*»Die kommunistischen Parteien haben die jugoslawische Spielart des internationalen Opportunismus, die einen konzentrierten Ausdruck der ›Theorien‹ der modernen Revisionisten darstellt, einmütig verurteilt. Die Führer des Bundes der Kommunisten Jugoslawiens, die den Marxismus-Leninismus verrieten, indem sie ihn für veraltet erklärten, haben der Erklärung von 1957 ihr antileninistisches, revisionistisches Programm entgegengestellt, ihr Land vom sozialistischen Lager losgerissen, es von der sogenannten Hilfe der amerikanischen und anderen Imperialisten abhängig gemacht und damit die Gefahr heraufbeschworen, daß das jugoslawische Volk seiner im heroischen Kampf erzielten revolutionären Errungenschaften verlustig geht. Die jugoslawischen Revisionisten betreiben eine Wühlarbeit gegen das sozialistische Lager und die kommunistische Weltbewegung. Unter dem Vorwand einer blockfreien Politik entfalten sie eine Tätigkeit, die der Einheit aller friedliebenden Kräfte und Staaten Abbruch tut. Die weitere Entlarvung der Führer der jugoslawischen Revisionisten und der aktive Kampf dafür, die kommunistische Bewegung wie auch die Arbeiterbewegung gegen die antileninistischen Ideen der jugoslawischen*

*Revisionisten abzuschirmen, ist nach wie vor eine unerläßliche Aufgabe der marxistisch-leninistischen Parteien.«*

Josip Tito

Die Verurteilung der revisionistischen Tito-Clique war richtig und notwendig und trug die Handschrift der Kommunistischen Partei Chinas unter der Führung von Mao Tsetung. Aber waren die meisten anwesenden Vertreter nicht ebenfalls Opportunisten und Revisionisten? Hatte nicht Chruschtschow bereits 1956 auf dem XX. Parteitag der KPdSU den modernen Revisionismus verkündet? Die Tagung der kommunistischen und Arbeiterparteien konnte nur mühsam die offenen Widersprüche verdecken; der Kampf zweier Linien trat in den Vordergrund.

Tito setzte seine Erwartungen auf den westlichen Imperialismus, vor allem auf den amerikanischen. Seit sich der Konflikt mit der Sowjetunion verschärft hatte, erhielt Jugoslawien laufend Kriegsmaterial von den USA. Im Oktober 1963 reiste Tito nach Washington, um von Präsident Kennedy noch mehr Wirtschafts- und Militärhilfe auf der Grundlage der »Meistbegünstigungsklausel« zu erhalten. »Die Welt« vom 18. Oktober 1963 berichtete über diese Reise:

John F. Kennedy

***»Gespräch mit Kennedy über wirtschaftliche Probleme***

*Washington, 17. Oktober (UPI-dpa)*

*Präsident Kennedy hat am Donnerstag den jugoslawischen Staatspräsidenten Tito zu einem Informationsgespräch im Weißen Haus empfangen. Tito wurde bei seiner Ankunft in Washington mit 21 Salutschüssen und allen militärischen Ehren begrüßt.*

*In einer kurzen Ansprache betonte Kennedy die Wichtigkeit einer grundlegenden Verständigung ›über Ozeane und Philosophien‹ hinweg. ›Dies ist eine schwierige und gefahrvolle Welt, in der wir leben‹, sagte der Präsident. Tito erwiderte, die Freundschaft mit dem amerikanischen Volk sei die Grundlage der jugoslawischen Politik.*

*Nach Ansicht politischer Beobachter dürften während der Gespräche zwischen Kennedy und Tito die amerikanische Wirtschafts- und Militärhilfe für Jugoslawien stehen.* ***Belgrad hat bisher rund 10 Milliarden Mark von den Vereinigten Staaten erhalten.*** *Jugoslawien möchte vor allem von den USA die* ***Meistbegünstigungsklausel*** *wieder erhalten, die der Kongreß dem Lande im letzten Jahre verwehrt hatte . . .«*

Trotz dieser Anbiederung an den US-Imperialismus fuhr Chruschtschow im gleichen Jahr nach Belgrad und begrüßte Tito mit den Worten »teurer Genosse Tito«. Welch ein Wandel! Der Revisionismus kennt keine Prinzipien. Er tritt in den verschiedensten Formen auf, aber eins haben alle Variationen gemeinsam: Ablehnung und Bekämpfung des Marxismus-Leninismus.

Der bisherige Hauptwiderspruch zwischen der KPdSU und dem Bund der Kommunisten Jugoslawiens trat mehr und mehr in den Hintergrund. Dafür waren die ideologisch-politischen Differenzen zwischen der KPdSU und der KP Chinas unter Führung Mao Tsetungs seit dem XX. Parteitag der KPdSU ständig angewachsen und bildeten nun den bestimmenden Widerspruch. 1963 brach der **Konflikt zwischen Moskau und Peking** offen aus. Die Auseinandersetzungen nahmen üble Formen an.

Als zum Beispiel der chinesische Delegierte Wu Hsiu-Tschuan auf dem **VI. Parteitag der SED im Januar 1963,** auf dem auch Chruschtschow eine lange Rede mit offener und versteckter Kritik an Albanien und China gehalten hatte, das Wort ergriff, wurde er niedergebrüllt. Ein Trampel- und Pfeifkonzert setzte ein, um ihn am Weitersprechen zu hindern.

Was war hier passiert? Von seiten unserer Partei gab es keinerlei Aufklärung über die Vorfälle und Hintergründe. Doch etwa im März

1963 bekam ich aus Paris, ohne Angabe eines Absenders, die Nummer 1 der »**Peking Review**« in deutscher Sprache. Sie enthielt die vollständige Rede des chinesischen Delegierten auf dem VI. Parteitag der SED. Einleitend hieß es dort:

*»Mit großem Bedauern stellen wir fest, daß dem Auftreten unseres Genossen Wu Hsiu-Tschuan auf dem VI. Parteitag der SED in Berlin nicht das Verständnis gezeigt wurde, wie sich das dem Vertreter einer großen Bruderpartei aus dem sozialistischen Lager gegenüber geziemt. Zu unserem großen Erstaunen scheinen nun auch in der Deutschen Demokratischen Republik die Titogruppe und ihre Komplizen das Haupt zu erheben, die unter dem Mäntelchen des Marxismus-Leninismus die Einheit des sozialistischen Lagers preisgeben wollen.*

*Diese Gruppen dienen ihrem Herrn in verschiedener Weise:*

1. *sympathisieren sie unter den sozialistischen Ländern mit dem sogenannten jugoslawischen Weg. Das ist der Weg, nach dem sich sozialistische Länder ›friedlich‹ zu kapitalistischen Ländern ›entwickeln‹.*
2. *versuchen sie unter den asiatischen, afrikanischen und lateinamerikanischen Völkern, die den Kampf um die nationale und demokratische Revolution führen, eine sogenannte Politik der ›positiven Koexistenz‹ zu propagieren — eine Politik, die den Unterschied zwischen dem Feind und uns selbst verwischt.*

*Auch in Berlin haben wir die Zungen moderner Revisionisten sprechen hören, Zungen, die stets als ihre Parole den Widerstand gegen den Dogmatismus auszugeben pflegen. Aber ihr sogenannter Widerstand gegen den Dogmatismus bedeutet in Wirklichkeit Widerstand gegen die marxistisch-leninistischen Theorien über den Klassenkampf, über Staat und Revolution, über den Imperialismus, über die proletarische Revolution und die Diktatur des Proletariats sowie über die Volksrevolution in kolonialen und halbkolonialen Ländern. Sie wenden sich genau gegen das Herzstück des Marxismus-Leninismus und den revolutionären Geist des Marxismus-Leninismus.«*

Dann folgte der Abdruck der Rede. Sie war sachlich und gab nach meinem Empfinden keinerlei Anlaß, in derartiger Form wie geschehen zu reagieren. Hauptsächlich waren es wohl zwei Stellen der Rede, die die SED-Führung in Rage gebracht und den tobenden Protest ausgelöst hatten.

*»Als auf dem XXII. Parteitag der KPdSU, der vor mehr als einem Jahr stattfand, zum ersten Male öffentlich und namentlich eine andere Bruderpartei, die albanische Partei der Arbeit, angegriffen wurde, nahm die Delegation der KP Chinas gerade deshalb bereits damals entschieden dagegen Stellung. Bereits damals wiesen wir darauf hin, daß diese Handlungsweise ›nicht der Einheit dient und auch nicht zur Lösung der Probleme beiträgt. Es kann nicht als eine ernsthafte marxistisch-leninistische Haltung angesehen werden, die Streitigkeiten zwischen Bruderparteien und Bruderländern vor dem Feinde bloßzulegen . . .‹ «*

Vor allem als die jugoslawische Frage behandelt wurde, war ein solches Getöse ausgebrochen, daß der chinesische Delegierte nicht weitersprechen konnte. Hier der Text der betreffenden Stelle:

*»Die modernen Revisionisten, die durch die jugoslawische Tito-Clique — die Verräter der Arbeiterklasse — vertreten werden, unterwarfen sich dem Druck des Imperialismus und dienen willig dem Imperialismus. Sie spielen bei der Unterminierung der internationalen Geschlossenheit der Arbeiterklasse eine Rolle, die die Sozialdemokratie nicht zu spielen vermag. Unter Mißbrauch der Bezeichnung ›kommunistische Partei‹ und der Fahne eines sozialistischen Staates sowie unter dem Deckmantel des Marxismus-Leninismus betrügt die Tito-Clique die revolutionären Völker, zersetzt ihren Kampfgeist, sabotiert den revolutionären Kampf der unterdrückten Völker und Nationen und unterminiert die sozialistischen Länder durch den Export des sogenannten ›jugoslawischen Weges‹, der in den Kapitalismus ausartet. Sie unterwühlt auch unter der Maske der ›blockfreien Politik‹ die Solidarität zwischen den sozialistischen Staaten und denjenigen Staaten, die eine friedliche und neutrale Politik durchführen. Die Tito-Clique ist heute ein Sondertrupp des amerikanischen Imperialismus zur Verwirklichung seiner konterrevolutionären Globalstrategie. Wie in der Moskauer Erklärung bereits darauf hingewiesen wurde, hat die jugoslawische Tito-Clique ›den Marxismus-Leninismus verraten‹, sie*

*›betreibt eine Wühlarbeit gegen das sozialistische Lager und die kommunistische Weltbewegung‹, ›entfaltet eine Tätigkeit, die der Einheit aller friedliebenden Kräfte und Staaten Abbruch tut‹.«*

Für mich war diese Nummer der »Peking Review« vor allem auch deshalb so wichtig, weil sie eine Adresse enthielt, an die man sich wenden konnte: Guozi Shudian P.O. Box 399, Peking, China.

Ich wollte mehr über die Auseinandersetzungen und den Standpunkt Chinas wissen. Deshalb bat ich um Zusendung von schriftlichem Material in deutscher Sprache und bestellte die »Peking Review«. Zunächst bekam ich zahlreiche kleine Broschüren. Erst am 22. September 1964 erschien die erste Nummer der **»Peking Rundschau«**, die mir von nun an regelmäßig zugeschickt wurde.

PEKING
RUNDSCHAU
DEUTSCHE AUSGABE DER
PEKING REVIEW
北京周报
(BEIJING ZHOUBAO)
WOCHENSCHRIFT MIT NACHRICHTEN UND
KOMMENTAREN AUS CHINA
22. September 1964, Band 1, Nr. 1

Die Nummer 1 enthielt folgenden Hinweis an die Leser:

***»An unsere Leser***

*Die Peking Review (englische Ausgabe) wurde im März 1958 gegründet. Ihre Aufgabe ist es, den Lesern die Ansichten und die Haltung der Volksrepublik China in bezug auf gegenwärtige internationale Ereignisse zu erklären und die Verhältnisse im sozialistischen Auf-*

*bau Chinas zu schildern, um das Verständnis und die Freundschaft zwischen dem chinesischen Volk und den Völkern der Welt zu festigen. Infolge der schnellen Entwicklung der internationalen Lage wollen immer mehr Ausländer den Standpunkt Chinas und die chinesischen Verhältnisse kennenlernen. Unter diesen Verhältnissen konnte die englische Ausgabe allein diese Aufgabe nicht mehr erfüllen. Deshalb haben wir im März 1963 eine französische und spanische und im August eine japanische Ausgabe hinzugefügt. Im Januar 1964 erschien dann die indonesische Ausgabe.*

*Nun wird die deutsche Ausgabe herausgebracht. Wir hoffen, daß dadurch die Verständigung und die Freundschaft zwischen den Völkern Chinas und der deutschsprachigen Gebiete gefördert wird.*

*Die Peking Rundschau ist eine autorisierte und gegenwartsnahe Zeitschrift, in der der Standpunkt Chinas wiedergegeben und die chinesischen Verhältnisse dargestellt werden.*

*Die Mithilfe der Leser ist eine der wichtigen Bedingungen, daß diese Zeitschrift zufriedenstellend ausfällt. Wir möchten Sie daher herzlich bitten, uns Ihre Kritik und Vorschläge mitzuteilen, damit wir unsere Zeitung ständig verbessern können.«*

Mit großem Interesse studierte ich das chinesische Material. Eine Kernauseinandersetzung betraf die Rolle der Ideologie in der sozialistischen Gesellschaft. Auf dem VI. Parteitag der SED hatte Chruschtschow den ideologischen Kampf als »Fluchen« abgetan und einseitig die Festigung der ökonomischen Macht in den Mittelpunkt gestellt.

*»Manche Leute, die sich als Marxisten betrachten, sagen, im Kampfe gegen den Imperialismus komme es nicht darauf an, vor allem die ökonomische Macht der sozialistischen Länder zu steigern . . ., sondern haben irgendein neues . . . Mittel gefunden . . . Diese Leute glauben, daß endlose Flüche gegen den Imperialismus gerade das richtige Mittel darstellen, den sozialistischen Ländern zu helfen . . . Deshalb muß man den Imperialismus nicht mit Flüchen bekämpfen; man muß den Wettstreit mit dem Imperialismus, mit dem Kapitalismus auf ökonomischer Grundlage führen.«*

Die Chinesen dagegen betonten: Ohne eine **feste ideologische Grundlage** kann man die Staatsmacht nicht erobern. Ohne **ständige ideologische Arbeit** ist die sozialistische Gesellschaft nicht lebensfähig! Zum Verständnis der Bedeutung der ideologischen Arbeit will ich hier einen Auszug aus einem Artikel in der »Peking Rundschau« Nummer 5 vom 20. Oktober 1964 bringen:

*»Der ideologischen Arbeit den Vorrang einräumen*

*Die historische Erfahrung hat bewiesen, daß die proletarische Partei nach der Machtergreifung zwecks Durchführung der sozialistischen Revolution und des sozialistischen Aufbaues nach wie vor der Propagierung der revolutionären Ideen, d. h. der ideologischen Arbeit, den Vorrang einräumen muß.*

*Erstens, die sozialistische Revolution und der sozialistische Aufbau ist eine ureigene Angelegenheit der Volksmassen . . .*

*Zweitens, unter den sozialistischen Verhältnissen bleibt der Klassenkampf nach wie vor bestehen; insbesondere an der politischen und ideologischen Front ist er ausgesprochen kompliziert und scharf. Die Gründung eines vollkommen neuen sozialistischen Systems erfordert die Säuberung der Denkweise der Menschen von den ihr noch anhaftenden Überbleibseln der alten Ideen und Traditionen sowie die Herbeiführung eines vollständigen Bruches mit ihnen. Ohne den Sieg der sozialistischen Revolution an der ideologischen und politischen Front wird das Proletariat außerstande sein, den Sieg des Sozialismus zu gewährleisten und eine kapitalistische Restauration zu vermeiden . . .*

*Wenn sich nur eine günstige Gelegenheit dazu bietet, können die alten Ideen, sowohl kapitalistische als auch feudalistische, in den Köpfen gewisser Menschen wiederbelebt werden. Manchmal entspricht es mehr der Gewohnheit und ist natürlicher für solche Leute, daß sie sich die Aufführung eines alten Theaterstückes mit schädlichen Ideen ansehen und die Gedanken über diese Ideen wieder wachrufen, als daß sie eine neue Denkweise oder Ansicht akzeptieren. Demzufolge können sie sich in den Verhältnissen eines komplizierten Klassenkampfes, insofern es die einfachen Menschen — und insbesondere die ehemaligen Kleinproduzenten — anbelangt, die sozia-*

*listische und die kommunistische Ideologie nur unter bestimmten Bedingungen, und zwar wenn die Erziehung im Sinne der proletarischen Ideologie energisch durchgeführt wird, aneignen. Sie können aber auch die bürgerliche Ideologie unter anderen Bedingungen akzeptieren, nämlich wenn die Erziehung im Sinne der proletarischen Ideen gelockert oder völlig aufgegeben wird . . .*

*Unter den sozialistischen Verhältnissen bleibt deswegen als wichtiger und entscheidender Faktor die ideologische Führung der Partei und der Staatsmacht des Proletariats sowie die von ihnen durchgeführte Erziehung bestehen. Man muß sich nach wie vor auf den Marxismus-Leninismus als eine allmächtige geistige Waffe stützen. In einem gewissen Sinne ist eine solche ideologische Erziehung gegenwärtig noch viel wichtiger als zu jeder anderen Zeit in der Vergangenheit . . .*

*Die Negierung des Weiterbestehens des Antagonismus zwischen der bürgerlichen und der proletarischen Ideologie in der sozialistischen Gesellschaft und die Verbreitung des Unsinns über die sog. Ideologie des ›gesamten Volkes‹, d. h. der klassenlosen oder der über den Klassen stehenden Ideologie, ist nichts anderes als vorsätzlicher Betrug. Es ist ein Versuch, die herrschenden Positionen und Führung des Marxismus-Leninismus, die Ideologie des Proletariats im stillen abzuschaffen und zur ideologischen Herrschaft der Bourgeoisie zurückzukehren, wodurch die Bedingungen der Restauration des Kapitalismus geschaffen werden . . .*

*Ohne eine richtige Lösung der Beziehungen unter den Menschen herbeizuführen, wird es nicht möglich sein, eine gute wirtschaftliche Arbeit zu leisten. Die leitenden Organe verschiedener Stufen müssen demzufolge ihre Arbeit auf die Massen und die Wirklichkeit orientieren, sie müssen mit den Massen und der Wirklichkeit in enger Verbindung stehen, ihre Arbeit schnell, konkret und rechtzeitig sowohl unter den Massen, als auch in der unteren Organisation und an den Frontlinien der Produktion erfüllen. Sie müssen den bornierten Praktizismus und den Bürokratismus aller Art überwinden, sie dürfen sich nicht mit der alleinigen Herausgabe von administrativen Verordnungen zufriedengeben und dabei die ideologische Arbeit vernachlässigen sowie Unordentlichkeit in ihrem Arbeitsstil zulassen . . .*

*Eine gute Verwirklichung der ideologischen Arbeit bedeutet, kurz gefaßt, die Offenbarung der Kräfte des Menschen in der sozialistischen Gesellschaft. Die Macht des sozialistischen Systems beruht im Endeffekt auf dieser Basis sowie auf dem Enthusiasmus der breiten Massen für den Sozialismus. Wenn wir imstande sind, die Kraft der Menschen und die Begeisterung der Massen für den Sozialismus vollständig zur Geltung kommen zu lassen, dann werden die Positionen unserer Revolution und unseres Aufbaues stets unüberwindlich bleiben . . .«*

## Die Tätigkeit in der Kammer für Haftentschädigung

Als ich die Leitung der Personalpolitischen Abteilung übernahm, hatte ich mich über die vielen Bescheinigungen gewundert, die sorgfältig in Ordnern abgeheftet waren. Der Grund war folgender: Die Landesregierung bereitete sich auf die Auszahlung einer **Haftentschädigung für die Opfer des Naziregimes** vor. Neben den Zeiten für Gefängnis oder Zuchthaus, der sogenannten Schutzhaft, illegalem Untertauchen oder Emigration mußte der Antragsteller nach Möglichkeit für all das Zeugen beibringen, die die Angaben bestätigen konnten. Vor allem verlangte die Landesregierung eine Bescheinigung der Landesleitung der Parteien. Nachdem ich die Leitung der PPA übernommen hatte, war ich für das Unterzeichnen dieser Bescheinigungen verantwortlich.

In der zweiten Jahreshälfte 1949 wurde die Kammer für Haftentschädigung bei der Landesregierung gebildet. Sie war aus je einem Vertreter der etablierten Parteien KPD, SPD, CDU, FDP und Zentrum sowie einem Vertreter der Landesregierung zusammengesetzt. In diesem Fall war der Regierungsvertreter ein SPD-Mitglied namens Pennekamp. Ich wurde als Vertreter der KPD von der Landesleitung vorgeschlagen und von der Regierung am 29. September 1949 ernannt.

Alle Mitglieder der Kammer waren Antifaschisten und bestrebt, den Opfern des Faschismus die Entschädigung von 150 DM monatlich für die Dauer der Haft usw. zuzubilligen. Das war jedoch nicht immer möglich. Manche Fälle waren ganz offensichtlich faul, andere einfach ungenügend belegt.

Die Grundlage für die Tätigkeit der Kammer für Haftentschädigung war das Gesetz über die Entschädigung für Freiheitsentziehung aus politischen, rassischen und religiösen Gründen.

Der Antragsteller wurde zur Überprüfung seines Falles zur entsprechenden Sitzung der Kammer eingeladen und nach Einzelheiten befragt. In den meisten Fällen ging das glatt über die Bühne. Wenn die Mehrheit der Kammer für den Antrag entschied und der Regierungsvertreter keinen Einspruch erhob, so war die Entschädigung genehmigt.

Der Innenminister
des Landes Nordrhein-Westfalen
**Abteilung V/1**

Düsseldorf, den **29. September** 19**49**

Herrn Willi Dickhut

in Solingen-Ohligs

Ulmen Str. No. 10

**Betr.: Mitglieder der Kammer für Haftentschädigung.**

**Auf Vorschlag der Landesleitung der** K.P.D.
**habe ich Sie zum Mitglied – ~~Stellvertreter~~ – der Kammer für Haftentschädigung ernannt und übersende Ihnen hiermit Ihre Ernennungsurkunde.**

**Im Auftrage:**
Singer
**(Singer)**

Eines Tages jedoch drohte die Glaubwürdigkeit unserer Partei erschüttert zu werden. Der Genosse Köster aus Kleve wurde eingehend nach seinen Haftzeiten befragt und ob er dies durch Zeugen bestätigen lassen könne. Jedoch konnte er keine zufriedenstellenden Angaben machen. Er wurde aus dem Sitzungszimmer gewiesen, und dann wurde ich mit Fragen bestürmt: »Sagen Sie mal, Herr Dickhut, Sie haben doch die Bescheinigung unterzeichnet. Wie ist es möglich, daß auf dieser Bescheinigung Haftzeiten vermerkt sind, die der Antragsteller nicht nachweisen kann?« Mir wurde sofort klar, daß unsere bisherigen Bescheinigungen, etwa 7 000, hinfällig, zumindest unglaubwürdig werden würden, wenn es mir nicht gelang, auch in diesem Fall den Nachweis einwandfrei zu bringen. Auf die Fragen der Kammermitglieder antwortete ich lächelnd: »Wir verlassen uns nicht nur auf das, was die Antragsteller sagen, sondern lassen uns auch von anderen Zeugen die Angaben bestätigen.« »Können Sie den Nachweis bis zur nächsten Sitzung (vierzehn Tage später) erbringen?« Ich sagte das zu.

Jetzt begann ein Rennen mit der Zeit. Anhand der Bescheinigungen forschten wir nach, wer mit dem Klever Antragsteller zur gleichen

## Gesetz über die Entschädigung für Freiheitsentziehung aus politischen, rassischen und religiösen Gründen.

**Vom 11. Februar 1949.**

Druckgenehmigung NRW/RGO/1505/22 vom 19. 4. 1949.

Der Landtag hat folgendes Gesetz beschlossen, das die Zustimmung des Gebietsbeauftragten erhalten hat:

Mit Rücksicht auf den allgemeinen Rechtsgrundsatz, daß für ungerechtfertigte Freiheitsentziehung eine Entschädigung zu gewähren ist, wird folgendes Gesetz erlassen:

§ 1

Wer in der Zeit vom 30. Januar 1933 bis zum 8. Mai 1945 wegen seiner politischen Überzeugung, seiner Rasse, seines Glaubens oder seiner Weltanschauung länger als sechs Monate der Freiheit beraubt wurde und deswegen durch einen Kreissonderhilfsausschuß gemäß der Zonenanweisung HQ 20/2900 und den hierzu ergangenen Richtlinien als politisch, rassisch oder religiös Verfolgter anerkannt ist, erhält, gleichviel, ob die Freiheitsentziehung innerhalb oder außerhalb des Landes Nordrhein-Westfalen verhängt oder vollzogen wurde, eine Entschädigung nach Maßgabe des § 2 dieses Gesetzes, sofern er am 1. Januar 1948 seinen ständigen Wohnsitz im Lande Nordrhein-Westfalen hatte, es sei denn, daß der Antragsteller nach diesem Zeitpunkt aus der Emigration zurückgekehrt ist und vor der Emigration seinen Wohnsitz im Gebiete des Landes Nordrhein-Westfalen hatte oder in seinem Gebiet als Flüchtling Aufnahme gefunden hat.

§ 2

Die Entschädigung nach diesem Gesetz stellt nur einen Ausgleich für die erlittene Freiheitsentziehung dar.

§ 3

1. Die Höhe der Entschädigung für die nach § 1 Berechtigten beträgt für jeden Monat der Freiheitsentziehung 150 DM. Jeder angefangene Monat wird voll angerechnet.

2. Die Auszahlung wird durch die Durchführungsbestimmungen im Rahmen der jeweils haushaltsmäßig bereitgestellten Mittel geregelt mit der Maßgabe, daß die Leistungen auf Grund dieses Gesetzes in längstens vier Haushaltsjahren, beginnend mit dem Haushaltsjahr 1948, zu bewirken sind.

3. Der Antragsteller ist berechtigt, Auszahlung bis zur vollen Höhe der Entschädigung zu verlangen, wenn er nachweist, daß er die Summe zu Zwecken eines angemessenen Wohnungsbaues verwendet.

§ 4

Als Freiheitsentziehung im Sinne dieses Gesetzes gelten auch

a) Inhaftnahme durch die NSDAP, ihre Gliederungen oder eine andere von ihr beauftragte Stelle,
b) Zuweisung zu einer Wehrmachtsstrafeinheit, insbesondere zu einem Bewährungs- oder Strafbataillon (z. B. 999 und 500),
c) Ghetto-Aufenthalt,
d) Einweisung in ein Zwangsarbeitslager,
e) illegales Leben, um sich nationalsozialistischer Verfolgung aus den im § 1 genannten Gründen zu entziehen.

§ 5

Eine Entschädigung auf Grund dieses Gesetzes wird nur auf Antrag gewährt. Der Antrag ist innerhalb einer Ausschlußfrist von sechs Monaten, welche mit Inkrafttreten dieses Gesetzes beginnt, bei der für den Wohnsitz des Antragstellers zuständigen Wiedergutmachungs- und Betreuungsstelle zu stellen.

Für Antragsberechtigte, die als Kriegsgefangene, Emigranten und Flüchtlinge bei Inkrafttreten dieses Gesetzes nicht zur Stellung des Antrages in der Lage sind, beginnt die Ausschlußfrist mit dem Zeitpunkt der Heimkehr bzw. der Niederlassung im Lande Nordrhein-Westfalen.

§ 6

Ansprüche aus diesem Gesetz sind vor Stellung des Antrages nicht vererblich und können nicht gepfändet werden; sie sind nur mit Zustimmung des zuständigen Ministers abtretbar und verpfändbar.

§ 7

Im Falle einer über den Bereich des Landes hinausgehenden Regelung der Materie dieses Gesetzes gelten die vom Land auf Grund dieses Gesetzes bewirkten Leistungen als Vorauszahlungen.

§ 8

Die zur Durchführung dieses Gesetzes erforderlichen Bestimmungen werden durch den Innenminister und, soweit erforderlich, durch die Landesregierung im Einvernehmen mit dem zuständigen Ausschuß des Landtages erlassen.

Düsseldorf, den 11. Februar 1949.

Die Landesregierung des Landes Nordrhein-Westfalen.

| Der Ministerpräsident: | Der Innenminister: |
| --- | --- |
| Arnold. | Dr. Menzel. |

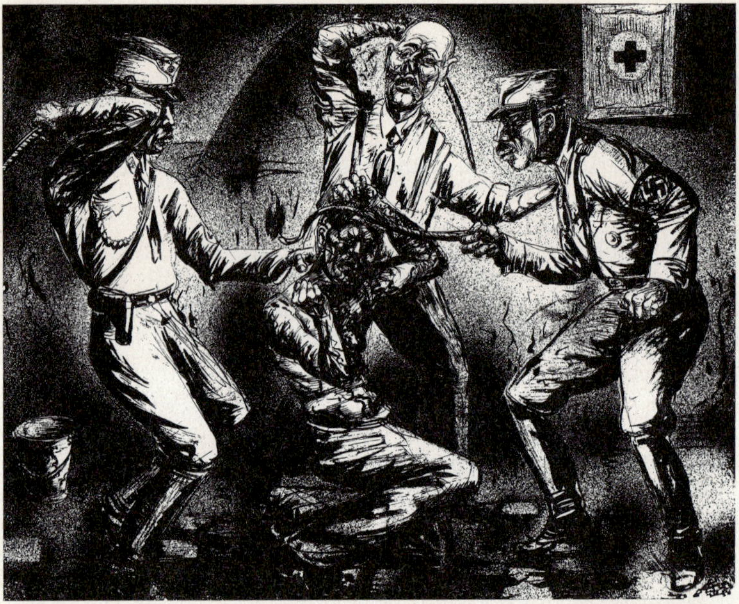

Diese Zeichnung wurde dem Buch »Schlegelkeller« von Karl Schwesig entnommen.

Zeit im gleichen Gefängnis gewesen war. Diejenigen wurden sofort aufgesucht. Und tatsächlich, einer von ihnen konnte sich erinnern, mit dem Klever Genossen im Gefängnis gesessen zu haben.

Als ich bei der nächsten Sitzung die Bescheinigung vorlegte, kamen die anderen Kammermitglieder aus dem Staunen nicht heraus. Was mußte die KPD doch für einen Apparat haben, daß sie solch konkrete Angaben machen konnte. Die Kammer beschloß mit Mehrheit, dem Antragsteller Köster aus Kleve die Haftentschädigung zuzubilligen.

Doch damit war die Angelegenheit noch nicht zu Ende. Es mehrten sich Beschwerden, was **Dr. Frenkel, Leiter des Landesamtes für Wiedergutmachung und KPD-Mitglied,** veranlaßte, den folgenden Rundbrief an die »Ämter für Wiedergutmachung« der Kreis- und Stadtverwaltungen zu schicken:

*»Düsseldorf, den 27. April 1950*
***Erlaß Nr. 16/50***
*Betr. Haftentschädigung*

1. *In der letzten Zeit häufen sich die Fälle, in denen die Vertreter des öffentlichen Interesses deswegen Beschwerde gegen die Entscheidung der Haftentschädigungsausschüsse einlegen, weil sie Bedenken wegen der Rechtmäßigkeit der Anerkennung haben.*

   *Ein derartiges Vorgehen ist m. E. darauf zurückzuführen, daß die Leiter der Ämter für Wiedergutmachung entgegen den klaren Weisungen, die ich erteilt habe, die Akten nicht prüfen, bevor sie sie den Haftentschädigungsausschüssen vorlegen. Wenn bei dieser vorgeschriebenen Vorprüfung Zweifel bezüglich der Anerkennung entstehen, ist es Pflicht des Leiters des Amtes für Wiedergutmachung, die Anerkennungsakte dem Kreissonderhilfsausschuß oder evtl. der Bezirksberufungskammer zwecks sofortiger Überprüfung vorzulegen. In den Fällen, in denen die Bezirksberufungskammer bereits entschieden hat, müssen die Akten der Landesberufungskammer vorgelegt werden. Die Entscheidungen der Landesberufungskammer sind nur dann zur Nachprüfung vorzulegen, wenn sich diese Maßnahme durch neue Tatsachen ... rechtfertigt.*
2. *Die mir vorgelegten Anträge auf Haftentschädigung lassen sehr oft die notwendige Sorgfalt vermissen. Ich sehe mich immer wieder gezwungen, Anträge und Beschlüsse zurückzusenden, weil sie Formfehler enthalten. Die hierdurch entstehende Mehrarbeit ist so groß, daß sie den reibungslosen Ablauf der Auszahlung der Haftentschädigungen empfindlich stört.*

*Ich bitte daher nochmals, darauf zu achten, daß mit größter Sorgfalt alle Formvorschriften beachtet werden.*

*Im Auftrage:*
*gez. Frenkel«*

Wenn auch die Kammer für Haftentschädigung in diesem Fall nicht unmittelbar betroffen war, so spitzten sich doch auch hier die Widersprüche zu. Das veranlaßte mich, an Dr. Rüberg, Landtagsabgeordneter der FDP, zu schreiben. Ich achtete ihn wegen seiner positiven Mitarbeit im Interesse der Opfer des Naziregimes. Doch in der letzten

Zeit war er so beschäftigt gewesen mit anderen Aufgaben, daß er nicht an den Kammersitzungen teilnehmen konnte.

*»Solingen-Ohligs, den 1. Juni 1950*
*Sehr geehrter Herr Doktor!*

*Die letzten Sitzungen der Kammer für Haftentschädigung geben mir Veranlassung, Sie auf eine Entwicklung aufmerksam zu machen, die die einheitliche Rechtsprechung in der Kammer gefährden könnte.*

*Sie haben in dem Kleinen Ausschuß des Landtages an der Durchführungsbestimmung mitgearbeitet und sind der Auffassung, daß der Ausdruck Machtbereich nicht so eng ausgelegt werden dürfte. Auf dieser Grundlage waren wir uns vor Monaten grundsätzlich einig, daß auch das illegale Leben im Ausland vor der Besetzung durch deutsche Truppen dann anerkannt werden müßte, wenn die politischen Voraussetzungen dafür gegeben sind und das Beweismaterial ausreichend vorhanden ist. In diesem Sinne wurden die Fälle Volz, Wascher, Lehnert und die Internierung Vespers in Schweden positiv entschieden. In letzter Zeit wurde gegen meine Stimme in einigen Fällen entgegengesetzt entschieden.*

*Kennzeichnend ist besonders der Fall Becker, Mitglied des Landesvorstands der KPD, der ablehnend behandelt wurde, obwohl die politischen Voraussetzungen und das Beweismaterial noch konkreter waren, als das im Falle Wascher bei der Beschlußfassung vorliegende. Becker wird Klage beim Verwaltungsgericht erheben und es wird dabei die gegensätzliche Rechtsprechung zum Ausdruck kommen.*

*Ich mache Sie auf diese neuerliche Entwicklung in der Kammer aufmerksam, weil ich es sehr begrüßen würde, wenn Sie wieder in der Kammer mitarbeiten würden, damit eine einheitliche Rechtsprechung gewahrt bleibt. Ich teile Ihnen dieses vertraulich mit und bitte um Ihre Meinung.*

*Hochachtungsvoll*
*Dickhut«*

Dr. Rüberg antwortete prompt:

Dr. Aloys Rüberg
berat. Volkswirt und Steuerberater

Mitglied des Landtages
des Landes Nordrhein-Westfalen

(21b) Iserlohn, den 1o. Juni 195o

Büro: Langestraße 43 Fernruf 4773
Wohnung: Heinrichsallee 66 Fernruf 2938

Herrn
Willi Dickhut,

Solingen - Ohligs
=====================
Ulmenstrasse 1o

Sehr geehrter Herr Dickhut!

Ich danke Ihnen für Ihr Schreiben vom 1. ds.Mts.. Ich freue mich, dass Sie mich über die Vorgänge in der Haftentschädigungskammer unterrichtet haben. Ihnen ist bekannt, dass ich mich immer für eine einheitliche Rechtssprechung in der Kammer eingesetzt habe und ich glaube auch, dass sie unter meinem Vorsitz immer eingehalten worden ist. Bezüglich des Begriffs Machtbereich ist die Kammer unter meinem Vorsitz stets für eine nicht zu enge Auslegung eingetreten. Von diesem Grundsatz darf meiner Ansicht nach auch nicht abgewichen werden.

Ich hoffe, dass ich nach den Wahlen wieder in der Kammer wie früher mitarbeiten kann. Leider war ich ja durch die Ereignisse im Landtag und durch den Wahlkampf an einer Teilnahme verhindert.

Mit den besten Grüssen
Ihr

(Dr.Rüberg)

In der Tat waren die Fälle besonders kompliziert, bei denen es um illegales Leben im westlichen Ausland ging. Der Kammer lag eine Begutachtung vor, die als Richtlinie gelten konnte. Ich bringe hier nur die erste und letzte Seite des insgesamt siebenseitigen Textes, um die Schwierigkeiten bei der Beurteilung und Entscheidung deutlich zu machen.

***»Illegales Leben***

*Hier: Illegales Leben von politisch Verfolgten in den westlichen Ländern vor der Besetzung durch deutsche Truppen bei Beginn des Krieges.*

*Das Gesetz über die Entschädigung für Freiheitsentziehung aus politischen, rassischen oder religiösen Gründen vom 11. Februar 1949 setzt im § 4e illegales Leben, um sich nationalsozialistischen Verfolgungen aus den in § 1 benannten Gründen zu entziehen, der Freiheitsentziehung gleich.*

*Die 1. DVO vom 12. Mai 1949 zum Gesetz sagt . . ., daß Freiheitsentziehung als vollzogen gilt, wenn sie innerhalb des deutschen Machtbereiches erfolgt ist. Hierzu gehören auch diejenigen Gebiete, in denen die nationalsozialistische Herrschaft die Hoheitsgewalt unmittelbar oder mittelbar oder durch militärische Besetzung ausübte, z. B. auch das gesamte französische Festland, Italien, Rumänien und die nordafrikanische Küste.*

*Aus den Anträgen für Haftentschädigung . . . ist ersichtlich, daß die Antragsteller, soweit sie aus politischen Gründen über die deutschen Grenzen ins Saargebiet, nach Holland, Belgien, Frankreich und auch in die Schweiz flüchteten, ihr Leben aus diesen Gründen als illegales bezeichneten und aufgrund des Gesetzes dafür Entschädigungsansprüche geltend machten. Die Antragsteller betrachteten diese Länder als zum deutschen Machtbereich gehörig, in denen sie Gefahr liefen, verhaftet und den deutschen Behörden übergeben zu werden.*

*Aus den ersten Beschlüssen der Haftentschädigungsausschüsse zu diesen Tatbeständen geht hervor, daß die Ausschüsse diese Ansicht teilten und zu Gunsten der Antragsteller entschieden . . . Die Kammer . . . legt heute bei der Urteilsfindung die nachfolgenden Maßstäbe an: Der Antragsteller muß nachweisen,*

*1. daß er den Tatbestand des Hochverrats erfüllt hat und aus diesem Grunde in das Ausland flüchtete,*

*2. daß er jenseits der deutschen Grenze den Tatbestand des Hochverrats in fortgesetzter Handlung erfüllt hat.*

*Hier geht die Kammer von der gewonnenen Erkenntnis aus, daß der angeführte Tatbestand kaum jemals allein, sondern immer nur in Verbindung mit einer politischen Organisation sich vollzogen haben kann. Der Antragsteller muß daher nachweisen, daß er Mitglied einer solchen Partei war ...*

*5. daß sich infolge des geführten Kampfes sein Leben unter Bedingungen vollzogen hat, die denen der Haft gleichkamen. Seine Lebensweise muß so eingeschränkt gewesen sein, daß er bildlich gesprochen den ›abgeschlossenen Raum‹ mit sich herumgetragen hat.«*

Den CDU-Scharfmachern, die Rückendeckung bei der reaktionären Adenauerregierung fanden, paßte weder, daß der Leiter des Landesamtes für Wiedergutmachung, Dr. Frenkel, ein Kommunist war, noch daß die Kammern weitgehend aus ehrlichen Antifaschisten zusammengesetzt waren. Sie versuchten, die Arbeit der Kammer für Haftentschädigung empfindlich zu stören. Von dem CDUler Lütsches inspiriert, schrieb das kurzzeitige Mitglied der Kammer, Bernhard Haak, am 9. Mai 1950 einen vier Seiten langen Brief an den Landesinnenminister und beschwerte sich über die Arbeit der Kammer. Auszüge dieses Briefes gebe ich hier wieder:

*»Wenn ich mir als Mitglied der Kammer für Haftentschädigung der politisch Verfolgten erlaube, Ihnen, sehr geehrter Herr Minister, meine persönliche Ansicht über den Wert der von dieser Kammer gefällten Entscheidungen zu unterbreiten, so geschieht dieses in der Absicht, hiermit der Allgemeinheit zu dienen, die ja die Millionen, die für Haftentschädigungszwecke bereits gezahlt worden sind und weiterhin noch gezahlt werden, aufbringen muß, und die ein unbedingtes Recht darauf besitzt, daß vollste Gewähr dafür gegeben wird, daß jeder in Betracht kommende Fall mit äußerster Sorgfalt geführt wird.*

*Diese unbedingt notwendige Sorgfalt habe ich bereits in der ersten Kammersitzung, an der ich teilnahm, vermißt ...*

*Es handelt sich ja schließlich um Millionenbeträge, die aus Steuergeldern des Volkes aufgebracht werden müssen und über deren Höhe in der Presse bereits heftige Vorwürfe erhoben worden sind . . .*

*Nach meiner Auffassung läßt die Kammer für Haftentschädigung diese Sorgfalt vermissen, von einer äußersten Sorgfalt gar nicht zu sprechen.*

*Dafür folgendes Beispiel:*

*Der zweite zur Entscheidung stehende Fall betraf einen Herrn Dietrich Köster aus Kleve. Köster ist Mitglied der KPD und hat 9 kriminelle Vorstrafen.*

*Der Vertreter des Landesinteresses hatte gegen den Beschluß des Haftentschädigungsausschusses Beschwerde eingelegt, da er die beigebrachten Bescheinigungen — und zwar mit Recht — nicht als vollgültige Beweise ansah, da sie lediglich auf Angaben des Antragstellers beruhten und hinsichtlich des Entlassungstages kein ausreichender Beweis beigebracht worden war. Zur Kammersitzung hatte Köster zwei weitere eidesstattliche Erklärungen eingereicht, die besagten, daß Köster in der Zeit vom 28. 2. 1933 bis 14. 9. 1933 im Gefängnis in Kleve war.*

*Zunächst sei mir gestattet, meine Auffassung über den Wert von eidesstattlichen Erklärungen dahin zu präzisieren, daß ich sie im Hinblick auf die heutige Moral nur sehr, sehr gering als Beweismittel ansehe, besonders wenn es sich um größere Geldsummen handelt.*

*Wenn sie aber, wie im vorliegenden Fall, aus dem Bekanntenkreis eines 9mal vorbestraften Mannes stammen, stehe ich ihnen mit äußerster Skepsis gegenüber . . .*

*Auffallend mußte der Kammer auch gewesen sein, daß diese Zeugen sogar nach einem Zeitraum von 17 Jahren noch derartig positive Angaben machen konnten.*

*Nach meiner Auffassung, die auch von Herren aus Juristen-Kreisen geteilt wird, hat die Kammer in diesem wesentlichen Punkt versagt! Gegen meine Stimme wurde dem Haftentschädigungsantrag des Herrn Köster für die Dauer der von ihm angegebenen Zeit von der Kammer entsprochen.*

*Daraufhin erklärte ich meinen sofortigen Austritt aus der Kammer, da ich in der kurzen Zeit schon zu der Überzeugung gelangt war, daß sie, sei es aus Unkenntnis, Indolenz oder aus anderen Gründen in keiner Weise geeignet ist, außer den Interessen der Nazi-Verfolgten auch noch die Interessen des Staates, des Geldgebers, wirklich zu vertreten . . .*

*Wenn man weiter bedenkt, daß diese Millionen zum größten Teil in die Hände von Mitgliedern einer Partei gelangt sind, die den Landesverrat auf ihre Fahnen geschrieben hat, und daß diese Partei von jedem der betreffenden Mitglieder einen zehnprozentigen Zoll verlangt, der dann zur Unterminierung unserer jungen Demokratie verwandt wird, so muß ich mit tiefem Ernst sagen, daß eine Kammer, die durch ihre, gelinde gesagt, juristische Nonchalance* (Nachlässigkeit — W. D.), *mit der sie Entscheidungen trifft, eine schwere Schuld auf sich geladen hat!*

*Da die Angelegenheit nach meiner Auffassung von eminent wichtiger Bedeutung ist, erlaube ich mir anzugeben, was, von meinem Standpunkt aus gesehen, jetzt das Gebot der Stunde ist:*

1. *Sofortige juristische Prüfung meiner Eingabe und für den Fall, daß man meiner Ansicht beipflichtet,*
2. *Stornierung des § 2 der Durchführungsverordnung vom 12. Mai 1949, wonach der Entschädigungsausschuß aus je einem Vertreter der in Nordrhein-Westfalen bestehenden politischen Parteien bestehen soll.*
3. *Im Anschluß hieran sofortige Auflösung der Kammer für Haftentschädigung und Übertragung ihrer Funktionen auf eine neu gebildete Kammer, die aus Juristen zusammengesetzt ist.*
4. *Juristische Überprüfung sämtlicher bis heute zur Auszahlung gekommenen Fälle, um festzustellen, ob die in der Presse erhobenen Vorwürfe, daß Riesenbeträge zu Unrecht ausbezahlt wurden, berechtigt sind und, bejahendenfalls, sofortige Ergreifung von Sicherungsmaßnahmen.*
5. *Keine weiteren Auszahlungen, bevor die von der Kammer bereits genehmigten, aber noch nicht zur Auszahlung gekommenen Fälle juristisch überprüft worden sind . . .*

*Daß durch eine solch rein fachmännische Bearbeitung der noch ausstehenden Fälle Unsummen gespart werden können, kann wohl als feststehend betrachtet werden. Jede Einsparung ist aber im Interesse der Landesfinanzen dringend notwendig . . .*

*Genehmigen Sie, sehr geehrter Herr Innenminister, den Ausdruck meiner vorzüglichen Hochachtung*

*Ihr sehr ergebener*
*gez. B. Haak«*

Es ging dem Briefschreiber und seinen CDU-Hintermännern überhaupt nicht in erster Linie um die angeblich einzusparenden Millionen, sondern um die Auflösung der Kammern in der bestehenden Form. Statt Antifaschisten aus verschiedenen Parteien sollten bürgerliche Juristen über die Haftentschädigungen entscheiden.

Der Brief von B. Haak war der **erste organisierte Vorstoß der CDU**, und sein Austritt aus der Kammer sollte ein Druckmittel sein. Ein paar Wochen später folgte der **zweite Vorstoß**, diesmal durch den CDU-Landtagsabgeordneten Lütsches. In einem Brief an Dr. Lüders vom Bundesinnenministerium heißt es:

*»Betr. Haftentschädigung im Lande Nordrhein-Westfalen*
*Sehr geehrter Herr Dr. Lüders!*

*Bei der Verabschiedung des Haftentschädigungsgesetzes hat der Landtag von Nordrhein-Westfalen m. E. seine Sorgfaltspflicht verletzt. Der anliegende Bericht ist, mit seiner Anlage, sicherlich geeignet, Ihre Aufmerksamkeit zu erlangen.*

*Ich bitte, hiervon auch Herrn Bundesinnenminister Dr. Dr. h. c. Gustav Heinemann Kenntnis zu geben.*

*Mit vorzüglicher Hochachtung«*

Als Anlage schickte er die folgende Stellungnahme mit:

***»Haftentschädigung im Lande Nordrhein-Westfalen***

*Aufgrund des Gesetzes für Freiheitsentziehung . . . wird den Antragsberechtigten eine Entschädigung von 150,— DM je Haftmonat vergütet . . .*

*Das Gesetz weist sehr große Mängel auf. Es eröffnet Betrügereien Tor und Tür. Der Landtag von Nordrhein-Westfalen ist bei seiner Entscheidung den Intentionen* (Plänen — W. D.) *des kommunistischen Ministerialdirigenten Dr. Marcel Frenkel erlegen.*

*Ein praktisches Beispiel für die mangelhafte Handhabung des Gesetzes bildet die Beschwerde des Vorsitzenden des Bundes der Verfolgten des Naziregimes, Ortsverband Duisburg, Bernhard Haak, die diesem Berichte in Abschrift beiliegt ...*

*Ich mache meiner eigenen Partei, das heißt der Fraktion der CDU des Landtages von Nordrhein-Westfalen zum Vorwurf, daß sie mich bei der Vorbereitung des Gesetzes nicht ein einziges Mal zu Rate gezogen hat, obschon sie wußte, daß ich genauer Kenner der Materie war ...*

*Ich halte es für dringend gebeten, daß der Landtag von Nordrhein-Westfalen einen* **Ausschuß von nicht-kommunistischen Juristen** *unter Hinzuziehung von nicht-kommunistischen Verfolgten des Naziregimes ins Leben ruft, der sich der Mühe unterzieht, etwa 5 000 Anträge von kommunistischen Naziverfolgten nachzuprüfen ...«*

Dieses war auch ein Angriff direkt auf Dr. Frenkel. Er schickte den Kammermitgliedern die Briefe von Lütsches und Haak als Kopie mit der Bitte um Stellungnahme zu.

**Der Innenminister**
des Landes Nordrhein-Westfalen
— Abt. V. —
Landesamt für Wiedergutmachung

Düsseldorf, den 12.Juli 1950

Herrn
Willi Dickhut

Düsseldorf
Klosterstr.144

**In der Anlage überreiche ich Ihnen zwei Fotokopien einer Eingabe des Herrn Peter Lütsches, Düsseldorf, mit der Bitte um Stellungnahme. Ich beziehe mich auf die seinerzeit von Frau Plappert gemachte Mitteilung bezüglich des Ausscheidens des Herrn Haak.**

**Im Auftrage:**

**(Dr.Frenkel)**

Frau Plappert, SPD, war die Vorsitzende der Kammer für Haftentschädigung. Sie übernahm die Ausarbeitung einer Stellungnahme der Kammer, in der die üble Rolle der beiden CDU-Scharfmacher treffend gekennzeichnet wurde. Ich möchte hier den einheitlichen Willen der Kammermitglieder hervorheben, solch üblen Intriganten ihr Handwerk zu legen, deren Ziel es war, die von den Parteien ernannten Kammermitglieder durch Juristen zu ersetzen. Dieser Plan war mißlungen.

*»Duisburg, den 10. August 1950*
*Kammer für Haftentschädigung*

***Betr.: Eingabe der Herren Lütsches und Haak gegen die Kammer für Haftentschädigung***

*Zu der den einzelnen Mitgliedern der Kammer für Haftentschädigung zugeleiteten Photokopien der Eingaben der Herren Haak und Lütsches nimmt die Kammer wie folgt Stellung:*

*Einer Kritik an den Bestimmungen des Gesetzes und den daraus gezogenen Folgerungen enthält sich die Kammer, da ihre Mitglieder von ihren Parteien lediglich beauftragt wurden, dieses Gesetz anzuwenden. Für Bestimmungen und Charakter des Gesetzes ist der zu seiner Bildung berufene Sonderausschuß des Landtages verantwortlich, in dem alle Parteien vertreten waren. Die Kammer hat daher beschlossen, es jedem ihrer Mitglieder zu überlassen, ob es sich hinsichtlich der politischen Gesichtspunkte, die in den beiden Eingaben angesprochen wurden, mit seiner Partei in Verbindung setzen will.*

*Herr Haak war am 9. Mai, als er seine Eingabe an den Herrn Innenminister des Landes NRW ›als Mitglied der Kammer für Haftentschädigung‹ abfaßte, bereits nicht mehr Mitglied dieser Kammer. Er war vielmehr — wie aus der gleichen Eingabe hervorgeht — bereits nach anderthalbstündiger Mitgliedschaft und Tätigkeit bei der Kammer am 3. Mai ausgeschieden. Er hat im Augenblick seines Erscheinens zu dieser ersten und einzigen Sitzung der Kammer, bei der er zugegen war, weder vom Haftentschädigungsgesetz, viel weniger von der Verordnung Nr. 165 oder der Zonenanweisung 2900 Kenntnis gehabt. Die Arbeitsweise der Kammer nach Anhören von 2 Beschwerdefällen beurteilen zu wollen, dürfte kaum möglich sein. Daher muß die Kammer mit aller Entschiedenheit den Vorwurf des Herrn Haak zurückweisen, sie lasse die gebotene Sorgfalt oder äußerste Sorgfalt vermissen.*

*Die Behauptung des Herrn Haak, die Kammer hätte bei dem Falle Köster sein Verlangen nach Einholen einer Bestätigung aus Zeitmangel nicht berücksichtigt, ist eine Entstellung. Die Kammer hat vielmehr auf eine solche Bestätigung verzichtet, weil 1. den Herren aus ihrer Praxis bereits bei der überwiegenden Mehrzahl der Orte bekannt ist, ob noch Unterlagen vorhanden oder ob sie durch Kriegseinwirkung vernichtet worden sind, 2. die Ämter für Wiedergutmachung verpflichtet sind, von sich aus alle erreichbaren amtlichen Unterlagen beizubringen, und 3. gerade im Falle Kleve auf Grund eines bereits entschiedenen Falles bekannt war, daß die entsprechenden Akten in Kleve vernichtet waren. Diese Tatsachen wurden Herrn Haak im Laufe der Beratung mitgeteilt.*

*Die neun kriminellen Vorstrafen des Antragstellers haben keine Zweifel an der Anerkennung begründen können, nachdem sich die Kammer gerade mit dieser Frage eingehend beschäftigt und sowohl den Charakter der Strafen als auch die seit dem letzten Straffall vergangene Zeit und nicht zuletzt die zweimalige Überprüfung durch den zuständigen Kreissonderhilfsausschuß in Betracht gezogen hatte. Damit entfallen auch Bedenken gegen die beigebrachten eidesstattlichen Erklärungen (im ganzen acht!) von Mitgefangenen, unter anderem dem seinerzeit diensthabenden Polizeiwachtmeister.*

*Zu der grundsätzlichen Arbeit der Kammer ist zu sagen, daß sie sich lediglich an das Gesetz und seine Durchführungsbestimmungen gehalten hat und auch hält, indem bei der Gewährung einer Entschädigung an politisch, rassisch oder religiös Verfolgte keinerlei unterschiedliche Behandlung der Angehörigen der verschiedenen Parteien vorgesehen ist . . .*

*Sowohl aus Kreisen der Verfolgten als auch von verfolgten Mitgliedern der Kammer wurde bei Zweifelsfällen immer wieder betont und psychologisch begründet, daß gerade die mit der Verhaftung und Verfolgung in Zusammenhang stehenden Daten ihnen als besonders markant im Gedächtnis haften geblieben sind. Es kann also im Hinblick darauf in einem Einzelfalle kein begründeter Zweifel geäußert werden, wenn ein Verfolgter ein exaktes Datum nennt.*

*Die Entscheidungen und die Arbeitsweise der Kammer sind in ganz wesentlichem Maße von den Erfahrungen einer nunmehr neunmonatlichen Tätigkeit getragen. Gerade weil die Kammer sich bei ihren Beratungen einer außerordentlichen Sorgfalt befleißigt und demzufolge nicht mehr als durchschnittlich zehn Beschwerdefälle je Sitzung zu bearbeiten vermag, mußte sie sich Vorwürfe hinsichtlich der schleppenden Erledigung der vorliegenden Fälle gefallen lassen.*

*Zusammenfassend und abschließend stellt die Kammer fest, daß — ohne auf die politischen Zusammenhänge und Folgerungen der beiden Eingaben einzugehen — die gegen die Arbeitsweise der Kammer durch Herrn Haak erhobenen Vorwürfe schärfstens zurückgewiesen werden müssen, da sie einmal unsachlich sind und zum zweiten auf keinerlei Kenntnis der Materie oder Erfahrungen aus eigener Arbeitspraxis beruhen.*

*Kammer für Haftentschädigung*

Etwa drei Monate später mußte sich die Kammer erneut gegen den Versuch wehren, ihr einen »juristischen Berater« vorzusetzen. Die Erfahrung der Kammer hatte gezeigt, daß viele Fälle so kompliziert waren, daß sie juristisch nicht gelöst werden konnten. Man konnte doch den Opfern des Faschismus nicht gerecht werden, indem man sie in Paragraphen »einzäunte«. Die Kammer lehnte deshalb den Vorschlag eines juristischen Beraters ab und begründete dies in einem Brief an den Innenminister:

*»Düsseldorf, den 23. November 1950*

***Betr.: Juristischer Berater bei der Kammer für Haftentschädigung***

*Bezug: Ihr Vorschlag, unterbreitet vom stellvertretenden Leiter der Abteilung V/1 des Innenministeriums, Herrn Dr. Goldfarb*

*Die Kammer für Haftentschädigung hat in einer Sitzung am 21. November 1950 zu Ihrem Vorschlag, einen Juristen Ihres Ministeriums als Berater zu den mündlichen Verhandlungen und Beratungen der Kammer zu delegieren, Stellung genommen und nach eingehender*

*Aussprache beschlossen, den Vorschlag aus grundsätzlichen Erwägungen als unvereinbar mit dem Gesetz und dem Willen des Gesetzgebers abzulehnen. Sie ist der Auffassung, daß die Mitwirkung des Ministeriums bei der Urteilsfindung durch die Person des Vertreters des Landesinteresses gewährleistet ist. Sie ist jedoch nicht der Ansicht, daß der formelle Fehler, der dem Gesetzgeber bei der Abfassung der 1. Durchführungsverordnung scheinbar unterlaufen ist, nämlich die Person des Vertreters des Landesinteresses bei der Kammer für Haftentschädigung gesetzlich zu verankern, nun korrigiert werden soll in einer Form, die dem Willen des Gesetzgebers direkt entgegensteht.*

*Die Kammer vermag zudem nicht einzusehen, inwieweit ein Nur-Jurist bei den Beratungen fördernd wirken könnte. Zur Beurteilung der Tatbestände, auf die die Vorschriften des Gesetzes vom 12. Februar 1949 in Anwendung kommen, ist logisches Denken, charakterliche Festigkeit, gesundes Einfühlungsvermögen und vor allem genaueste Kenntnis der mannigfaltigen Situationen erforderlich, in der sich die Verfolgungen bzw. die Arten der Haft vollzogen haben können. Diese notwendigen Kenntnisse sind nicht durch noch so viele juristische Prädikate zu erlangen. Die wenigen, in der 1. DVO angeführten verfahrensrechtlichen und prozessualen Vorschriften hat sich die Kammer in dem Jahr ihrer Tätigkeit zu eigen gemacht.*

*Unberührt von der Ablehnung Ihres Vorschlages obliegt nach der Überzeugung der Kammer gesetzlich die Zahlungspflicht dem Lande NRW, vertreten durch seinen Innenminister, in den Fällen, in denen ein Beschwerdeführer im Verwaltungsstreitverfahren gegenüber der Kammer obsiegt, ebenso die Pflicht zur Tragung der Kosten. Die Kammer bittet Sie, sehr geehrter Herr Minister, diese Frage umgehend einer Klärung zuzuführen, anderenfalls sie sich gezwungen sieht, ihre Tätigkeit solange auszusetzen.*

*In Würdigung der Person des Vertreters des Landesinteresses erklärt die Kammer, daß mit Herrn Pennekamp, der dieses verantwortliche Amt seit Bestehen der Kammer ausübt und an der Klärung der grundsätzlichen Fragen maßgeblich beteiligt war, jede Gewähr gegeben ist, wie sie im Interesse des Landes NRW gefordert werden muß.*

*Zum Schluß stellt die Kammer noch mit Bedauern fest, daß Sie, sehr geehrter Herr Minister, es versäumt haben, nach dem lateinischen Sprichwort ›audiatur pars altera‹* (auch der andere Teil soll gehört werden — W. D.), *die Kammer zu dieser Angelegenheit zu hören, ehe Sie einen solchen Vorschlag der Kammer unterbreiten ließen.*
*gez. Emilie Plappert, Franz Palm, Willi Dickhut, Mieke Kehren, Augustin Flossdorf«*

# II

# Die Kaderabteilung der KPD und die Kaderabteilung »West« der SED

## Die SED bestimmt über die KPD

Im Herbst 1950 wurde ich in die **Kaderabteilung des Parteivorstands der KPD** berufen. Bis Ende des Jahres blieb ich noch Mitglied der Kammer für Haftentschädigung. Doch dann wurde es mir zu viel und ich schied aus der Kammer aus, damit ich mich ganz auf die neue Aufgabe konzentrieren konnte.

Kurz bevor ich meine neue Tätigkeit begann, noch war ich Leiter der Kaderabteilung der Landesleitung NRW, bekamen wir den Auftrag, für den Parteivorstand die Personalakten (Fragebogen, Lebenslauf, Charakteristik) der Sekretariatsmitglieder der Landesleitung zusammenzustellen. Nichts leichter als das — glaubten wir. Doch es gab unvorhergesehene Schwierigkeiten. Immer wieder forderten wir den Redakteur Kurt Lichtenstein auf, seine Unterlagen abzugeben. Vergebens. Schließlich wurde ich es leid und wandte mich schriftlich an das Sekretariat: Ein solches Vorgehen sei nur dadurch zu erklären, daß der Genosse etwas zu verbergen hätte. Und so war es auch. Im Spanischen Bürgerkrieg war er an der Ebro-Front desertiert und darum aus der Kommunistischen Partei ausgeschlossen worden. Das hatte er bisher verschwiegen. Jetzt wurde er seiner Funktion enthoben. Daraufhin trat er aus der KPD aus und kurze Zeit später in die SPD ein. Hier wurde er Redakteur der SPD-Zeitung. In dieser Aufgabe wurde er eines Tages illegal über die DDR-Grenze geschickt. Welchen Auftrag er hatte, entzieht sich unserer Kenntnis. Als er beim Übergang auf Wachtposten der DDR-Polizei stieß, versuchte er zu fliehen und wurde dabei erschossen.

Es begann nun meine Arbeit in der Kaderabteilung des Parteivorstands der KPD.

Im zentralen Parteihaus in Düsseldorf gab es für die Kaderabteilung einige Zimmer. Hier waren tätig: Ferdi, der Abteilungsleiter, Paul aus Hamburg und ich als Mitarbeiter sowie Margot, die Stenotypistin. Wegen ihres wasserstoffsuperoxydgebleichten Haares wurde sie von Walter Fisch, Parteivorstandsmitglied, immer das »blonde Gift« genannt. Außerdem stand uns ein Fahrer mit einem Dieselwagen zur Verfügung, weil fast immer einer von uns unterwegs war.

Die Abteilung unterstand dem Organisationssekretär des Parteivorstandes, damals Otto Kloock. Neben vier weiteren Genossen gehörte er zu den Spätheimkehrern aus sowjetischer Kriegsgefangenschaft. Nach ihrer Rückkehr, 1949, wurden sie auf Anweisung der SED (Paul Verner) direkt in den Parteivorstand übernommen. Das war ein grober Verstoß gegen den Demokratischen Zentralismus, leider nicht der einzige in der kommenden Zeit. Zwar waren die Genossen in der Gefangenschaft ideologisch-politisch auf der Grundlage des Marxismus-Leninismus geschult worden. Aber es fehlte ihnen ja völlig die Praxis, um den Aufgaben im Parteivorstand gewachsen zu sein. So war einer von ihnen, Jupp Angenfort, vor dem Krieg bei der katholischen Jugend gewesen und übernahm nun die FDJ (Freie Deutsche Jugend). Ein anderer, dem der Bereich Agitation und Propaganda unterstand, war so feige, daß er kurz vor dem Parteiverbot der KPD, 1956, schnell aus der Partei austrat. Wieder ein anderer, der mit Finanzen zu tun hatte, unterschlug einige zehntausend Mark. Und Otto Kloock, ein unangenehmer Genosse, wurde 1953 wegen unmoralischem Verhalten fristlos entlassen.

Die SED-Zentrale hatte eine Kaderabteilung für ihre Mitglieder und **die Kaderabteilung »West«,** die eng mit der Kaderabteilung der KPD zusammenarbeitete. Leiter der Kaderabteilung »West« war damals Walter Hähnel, sein Mitarbeiter war Adolf Pöffel. Beides waren bescheidene und zuverlässige Genossen. Die Kaderabteilung »West« unterstand **Paul Verner,** Sekretariatsmitglied des ZK der SED und Leiter der »Gesamtdeutschen Abteilung«. Hier wurden alle wichtigen Beschlüsse für die finanziell von der SED abhängige KPD gefällt. Oft ohne wirkliche Kenntnis der Lage in der BRD und über die Köpfe der Genossen hinweg.

Alle wichtigen Akten der KPD lagerten bei der Kaderabteilung »West«. Nur die unmittelbar zu bearbeitenden Unterlagen wurden im Parteihaus der KPD von uns behandelt und vorübergehend außerhalb, im Haus eines alten Ehepaares, untergebracht. Diese Ablage wurde von unserer Stenotypistin Margot bedient. In zwei Koffern lagerten die Akten auf dem Dachboden des kleinen Siedlungshauses. Es war ein idealer Platz, leider aber nicht vor Verrat gesichert. Doch davon später.

Paul Verner
Das Foto entstammt der Broschüre des Verfassungsschutzes »›Edith Ede‹ schreibt an ›xkx Jan‹« mit dem beigefügten Text: »Hinter xkx Jan steht mit bürgerlichem Namen Paul Verner, der als Leiter der Gesamtdeutschen Abteilung des Zentralkomitees der SED und enger Vertrauter Ulbrichts in Wirklichkeit der Chef der Kommunisten in der Bundesrepublik ist. Der aus bürgerlichem Haus stammende ehemalige Journalist stellt mit seinen aalglatten Umgangsformen, hinter denen sich ein eiskalter Verstand verbirgt, einen neuen Typ des kommunistischen Apparatschicks dar.«

## Die ideologisch-politische Erziehung der Kader

Die Hauptaufgabe unserer Abteilung war die ideologisch-politische Erziehung der Kader. Uns standen mehrere Parteischulen zur Verfügung: die Wilhelm-Florin-Schule in Heidenoldendorf bei Detmold sowie je eine Schule in Duisburg und Neuwied. Für die Ausbildung der Jugend gab es eine Schule in Hirsau im Schwarzwald. Und außerdem durften wir einige Schulen der SED benutzen, jedoch nie gemeinsam mit SED-Mitgliedern. Alle Schüler mußten vorher geprüft werden. Entsprechend ihrem ideologisch-politischen Niveau wurde vorgeschlagen, ob sie an vierzehntägigen Lehrgängen, Einmonats- oder Dreimonats-Lehrgängen teilnehmen sollten. Dazu vereinbarte die Kaderabteilung mit den Landesleitungen Termine zur Prüfung der von ihr vorgeschlagenen Genossen. Mit den Vorschlägen übermittelten uns die Landesleitungen folgende Unterlagen: **Fragebogen** und handgeschriebener **Lebenslauf,** ausgefüllt durch den zum Studium Vorgeschlagenen, dazu die **Charakteristik der Ortsgruppenleitung** über ihn. Diese Unterlagen mußten wir vorher gründlich studieren und bei der Prüfung zur Hand haben.

Wir teilten die Prüfungen in die Nordtour und die Südtour auf. Ich übernahm die Südtour, die fast eine Woche dauerte. Franz, unser Fahrer, holte mich nachts um 24 Uhr zu Hause ab und fuhr ohne Halt bis nach München durch, während ich im Wagen schlafen konnte. Um 9 Uhr begann die Prüfung der Genossen des Landesverbands Bayern. Sie dauerte den ganzen Tag. Als die ersten Genossen die Fragerei durch mich hinter sich hatten, wollten die anderen von ihnen wissen, was ich denn so gefragt hätte. Sie wollten sich mit ihren Antworten darauf einstellen, wurden aber enttäuscht, denn die Fragen waren doch jeweils andere. Nach Beendigung der Prüfung fuhren wir am gleichen Abend weiter nach Stuttgart. Hier blieben wir zwei Nächte, weil ich nach der Prüfung der Württemberger Genossen abends noch eine Besprechung mit dem Leiter der Landeskaderabteilung Württemberg hatte. Früh am Morgen des dritten Tages ging die Fahrt dann durch das romantische Höllental nach Freiburg. Die Landesleitung Baden sollte aufgelöst und Baden und Württemberg zu einem Landesverband zusammengelegt werden. Die Prüfung in Baden wurde

*„Fragebogen" für die Kaderüberprüfung*

# FRAGEBOGEN

| | |
|---|---|
| 1. Name, Vorname<br>(Rufname unterstreichen) | |
| 2. Geburtstag und -ort, Bezirk | |
| 3. Staatsbürgerschaft, Nationalität, Religion | |
| 4. Erlernter Beruf<br>jetziger Beruf<br>Eigentumsverhältnisse<br>(Haus, Grundstück usw.) | |
| 5. a) Wohnadresse vor Februar 1933<br>b) jetzige Wohnadresse | |
| 6. Name der Eltern und Geschwister sowie ihre politische Einstellung | |
| 7. Beschäftigung und Eigentum der Eltern (Haus. Größe des Besitzes) | |
| 8. a) Welche Schulen besucht?<br>b) Wieviele Klassen?<br>c) Welche Fremdsprachen? | |
| 9. Verheiratet? (Mädchenname)<br>Beruf und Wohnadresse des Ehegatten | |
| 10. Vorname und Alter der Kinder | |
| 11. Warst Du verhaftet oder gerichtlich verurteilt? Wann, durch welches Gericht, weshalb, wielange und wo im Gefängnis, Zuchthaus, KZ? Was war der Grund der Entlassung? Hast Du eine Erklärung abgegeben? (Welche?) | |
| 12. Warst Du im Ausland? Wann und wo? In welcher Eigenschaft?<br>Wo warst Du organisiert?<br>Wo hast Du gearbeitet? | |

| | |
|---|---|
| 13. Seit wann Mitglied der KPD?<br>Welche Funktion in der Partei?<br>(In welcher Einheit der Partei?)<br>Welcher Partei oder Organisation vor Eintritt in die KPD angehört? | |
| 14. a) Mitglied der Gewerkschaft?<br>Welcher? Seit wann?<br>b) Funktionen | |
| 15. a) Mitglied sonstiger Massenorganisationen?<br>Welcher? Seit wann?<br>b) Funktionen | |
| 16. Welche Betriebsfunktionen?<br>(Betriebsrat, Vertrauensmann etc.) | |
| 17. Welche Kurse, Schulen, Konferenzen hast Du besucht?<br>Wann und wo? (Art der Schulung oder Tagung?) | |
| 18. a) Welche Zeitungen hast Du vor 1933 gelesen?<br>b) Welche Zeitungen liest Du heute<br>c) Welche wissenschaftlichen und andere Bücher hast Du gelesen? (Titel und Verfasser)<br>(Wenn die Rubrik nicht ausreicht, allgemeine Angabe des Wissensgebietes) | |
| 19. a) An welcher illegalen antifaschistischen Arbeit hast Du nach 1933 teilgenommen?<br>b) Bei welcher illegalen Organisation oder Gruppe?<br>c) welchen Decknamen hast Du geführt? | |
| 20. a) Welcher NS-Organisation (NSDAP, SA, SS, HJ, DAF, NSV usw.) hast Du angehört?<br>b) Welche Funktion? | |
| 21. a) Warst Du zur Wehrmacht eingezogen?<br>b) In welchem Truppenteil?<br>c) Dienstgrad<br>d) Warst Du wehrunwürdig? | |
| 22. a) In Kriegsgefangenschaft?<br>b) Wann und wo?<br>c) In welchem Lager?<br>d) Welche Tätigkeit hast Du dort ausgeübt?<br>e) Hast Du dort Kurse oder Schulen besucht? | |
| 23. Für welche Funktionen (Aufgabengebiete) interessierst Du Dich besonders? | |

| 24. Arbeitsstellen (letzter Arbeitsplatz vor 1933 bis heute) | Ort | Firma, Branche | Beruf | von | bis |
|---|---|---|---|---|---|
| | | | | | |
| | | | | | |
| | | | | | |
| | | | | | |
| | | | | | |
| | | | | | |
| | | | | | |
| | | | | | |
| | | | | | |
| | | | | | |
| | | | | | |
| | | | | | |

**Jetzige Arbeitsstelle**
**Augenblickliches Monatseinkommen netto**

**25. Ergänzungen zu den einzelnen Fragen:**

jedoch trotzdem durchgeführt. Noch am gleichen Tag fuhren wir weiter nach Mainz, dem Sitz der Landesleitung Rheinland-Pfalz. Hier waren zur Prüfung auch Genossen aus dem Saarland hinzugezogen worden. Zum Schluß unserer Tour wurden noch die Genossen aus dem Landesverband Hessen geprüft, und ab ging es nach Hause.

Jetzt begann die schwierigste Aufgabe: die Aufstellung einer Beschlußvorlage für das Sekretariat des Parteivorstandes. Es galt, die Prüfungen sorgfältig auszuwerten. Denn für alle geprüften Genossen mußten wir entsprechend ihrem ideologisch-politischen Niveau, ihren Erfahrungen in der Praxis, der Teilnahme an früheren Schulungen, ihren besonderen Fähigkeiten usw. einen Vorschlag machen, welche Schulungsmaßnahme für sie die geeignete wäre. Nach dem Beschluß der Vorlage durch das Sekretariat, wobei noch Änderungen vorgenommen werden konnten, war es dann unsere Aufgabe, die Aufteilung der Genossen auf die verschiedenen Schulen vorzunehmen.

Warum konnte die Kaderabteilung nicht gleich selbst den Beschluß fällen, welcher Genosse nun vierzehn Tage, einen Monat oder gar drei Monate zur Schulung geschickt werden sollte? Zum einen war sie keine gewählte Leitung, sondern unterstand als ausführendes Organ, wie alle anderen Abteilungen auch, der jeweiligen Leitung. Und zum zweiten hatte die Kaderabteilung ja eine genaue Kenntnis über alle wichtigen Kader, über ihr theoretisches Wissen und ihre praktischen Erfahrungen, ihre besonderen Charaktereigenschaften und Fähigkeiten, aber auch ihre persönlichen Schwächen und Fehler. All diese Kenntnisse gaben und geben einer Kaderabteilung eine gewisse Einflußmöglichkeit, die, falsch angewandt, gefährlich werden könnte. Deshalb ist es unbedingt richtig und auch notwendig, daß die Kaderabteilung kein Beschlußrecht hat.

Die Namen eines Teils der Genossen, die eine dreimonatige Schulung absolvieren sollten, übermittelten wir der Kaderabteilung »West« der SED. Hier wurde entschieden, wer von diesen Genossen an welcher Schule in der DDR den Lehrgang mitmachen sollte. Wie sah ein solcher Dreimonats-Lehrgang aus? Dazu auf den folgenden Seiten ein Auszug aus dem Plan der Wilhelm-Florin-Schule.

Am Ende eines Dreimonats-Lehrganges führten der Schulleiter, der Leiter der Kaderabteilung »West« und ich eine Abschlußprüfung

Parteivorstand der KPD
Abt. Parteischulung und Parteierziehung

## Lehrplan des Dreimonats-Lehrganges auf der »Wilhelm-Florin-Schule« in Heidenoldendorf bei Detmold vom 21. April 1951 bis zum 2. August 1951

| | | | |
|---|---|---|---|
| *April* | | | |
| Sa. | 21. | 19.00 | Eröffnung |
| So. | 22. | | frei |
| Mo. | 23. | 8.00—11.00 | *Marx und Engels – die Begründer des wissenschaftlichen Sozialismus. Drei Quellen und drei Bestandteile des Marxismus* |
| | | 11.00—13.00 | Selbststudium |
| | | 15.00—18.30 | *Lenin und Stalin – die genialen Fortsetzer des Werkes von Marx und Engels* |
| Di. | 24. | 8.00—13.00 | Selbststudium |
| | | 15.00—18.30 | Selbststudium |
| Mi. | 25. | 8.00— 9.00 | Selbststudium |
| | | 9.00—13.00 | Seminar |
| | | 15.00—18.30 | *Methodik des Lernens* |
| Do. | 26. | 8.00—11.00 | *Die vier Grundzüge der marxistischen Dialektik* |
| | | 11.00—13.00 | Selbststudium |
| | | 15.00—16.00 | Selbststudium |
| | | 16.20—18.30 | Seminar |
| Fr. | 27. | 8.00—11.00 | *Die drei Grundzüge des marxistischen philosophischen Materialismus* |
| | | 11.00—13.00 | Selbststudium |
| | | 13.00—16.00 | Selbststudium |
| | | 16.00—18.30 | Seminar |
| Sa. | 28. | 8.00—11.00 | *Der historische Materialismus, I. Teil* |
| | | 11.00—13.00 | Selbststudium |
| | | 15.00—18.30 | *Der historische Materialismus, II. Teil* |
| So. | 29. | | frei |
| Mo. | 30. | 8.00—13.00 | Selbststudium |
| | | 15.00—18.30 | Seminar |
| *Mai* | | | |
| Di. | 1. | | *Maifeier* |
| Mi. | 2. | 8.00—11.00 | *Die marxistisch-leninistische Lehre von den Klassen und vom Klassenkampf* |
| | | 11.00—13.00 | Selbststudium |
| | | 15.00—16.00 | Selbststudium |
| | | 16.20—18.30 | Seminar |
| Do. | 3. | 8.00—11.00 | *Die Entstehung und das Wesen des Staates* |
| | | 11.00—13.00 | Selbststudium |
| | | 15.00—16.00 | Selbststudium |
| | | 16.20—18.30 | Seminar |
| Fr. | 4. | 8.00—11.00 | *Die proletarische Revolution und die Diktatur des Proletariats – die Weiterentwicklung der marxistisch-leninistischen Lehre vom Staat durch den Gen. Stalin* |
| | | 11.00—13.00 | Selbststudium |
| | | 15.00—16.00 | Selbststudium |
| | | 16.20—18.30 | Seminar |

Lehrplan des Dreimonats-Lehrganges der „Wilhelm-Florian-Schule“

| | | | |
|---|---|---|---|
| Sa. | 5. | 8.00—18.30 | *Wiederholung, Übungen* |
| So. | 6. | | frei |
| Mo. | 7. | 8.00—12.00 | *Ware – Wert – Geld* |
| | | 12.00—13.00 | Selbststudium |
| | | 15.00—17.00 | Selbststudium |
| | | 17.00—18.30 | Konsultation |
| Di. | 8. | 8.00— 9.00 | Selbststudium |
| | | 9.00—12.00 | Seminar |
| | | 12.00—18.30 | *Kapital und Mehrwert – Arbeitslohn und Arbeitstag* |
| Mi. | 9. | 8.00—13.00 | Selbststudium |
| | | 15.00—18.30 | Seminar |
| Do. | 10. | 8.00—11.00 | *Der Akkumulationsprozeß des Kapitals und die Verelendung des Proletariats im Kapitalismus*<br>*Die Krisen im Kapitalismus* |
| | | 11.00—13.00 | Selbststudium |
| | | 15.00—18.30 | Selbststudium |
| Fr. | 11. | 8.00—10.00 | Selbststudium |
| | | 11.00—13.00 | Seminar |
| | | 15.00—18.30 | Wiederholung |
| Sa. | 12. | 8.00—18.30 | *Wiederholung, Übungen* |
| So. | 13. | | *Pfingsten* |
| Mo. | 14. | | *Pfingsten* |
| Di. | 15. | 8.00—11.00 | *Deutschland – ökonomisch-geographische Übersicht* |
| | | 11.00—13.00 | Seminaristische Besprechung |
| | | 15.00—18.30 | *Der Große Deutsche Bauernkrieg* |
| Mi. | 16 | 8.00—11.00 | *Die bürgerliche Revolution von 1848 und der Verrat der deutschen Bourgeoisie* |
| | | 11.00—13.00 | Selbststudium |
| | | 15.00—16.00 | Selbststudium |
| | | 16.20—18.30 | Seminar |
| Do. | 17. | 8.00—11.00 | *Die Entwicklung der deutschen Arbeiterbewegung vom Bund der Kommunisten bis zur Aufhebung des Sozialistengesetzes* |
| | | 11.00—13.00 | Selbststudium |
| | | 15.00—16.00 | Selbststudium |
| | | 16.20—18.30 | Seminar |
| Fr. | 18. | 8.00—11.00 | *Der Imperialismus als höchstes Stadium des Kapitalismus – die allgemeine Krise des Kapitalismus (I. Teil)* |
| | | 11.00—13.00 | Selbststudium |
| | | 15.00—18.30 | Selbststudium |
| Sa. | 19. | 8.00—11.00 | *Der Imperialismus . . . (II. Teil)* |
| | | 11.00—13.00 | Selbststudium |
| | | 15.00—18.30 | Seminar |
| So. | 20. | | frei |
| Mo. | 21. | 8.00—11.00 | *Die Geschichte der deutschen Arbeiterbewegung von 1890 bis zum Ausbruch des ersten Weltkrieges* |
| | | 11.00—13.00 | Selbststudium |
| | | 15.00—16.00 | Selbststudium |
| | | 16.20—18.30 | Seminar |
| Di. | 22. | 8.00—11.00 | *Die Geschichte der deutschen Arbeiterbewegung in der Periode des ersten Weltkrieges und der Novemberrevolution* |
| | | 11.00—13.00 | Selbststudium |
| | | 15.00—16.00 | Selbststudium |
| | | 16.20—18.30 | Seminar |

durch, um festzustellen, für welche Funktion der Schüler am besten befähigt war. Auch hierüber wurde für das Sekretariat der KPD eine Beschlußvorlage zusammengestellt.

Kurz nach der letzten Prüfung in Freiburg fand in Lörrach eine Landesdelegiertenkonferenz statt, in der Willi Mohn vom Parteivorstand die Auflösung Südbadens als selbständiger Landesverband der KPD und den Anschluß an Württemberg begründete. Ich gab einige Kaderangelegenheiten und den Einsatz des Genossen Bruno R. als Instrukteur des Parteivorstandes bekannt. Eigentlich war vorgesehen worden, ihm als Unterstützung den Genossen **Schröder** zur Seite zu stellen. Doch bei der Überprüfung seiner Personalakte hatte uns etwas in seiner Vergangenheit stutzig gemacht. Aus seinem Lebenslauf ging nämlich nicht klar hervor, welchem Truppenteil er im II. Weltkrieg angehört hatte und wo er im Einsatz gewesen war. Wir führten eine Besprechung mit ihm durch und sagten ihm auf den Kopf zu, daß er bei der Waffen-SS gewesen sei. Nach langem Hin und Her bestätigte er, bei der **»Leibstandarte Adolf Hitler«** gedient zu haben. Diese Truppe war in Jugoslawien eingesetzt und hat dort schreckliche Greueltaten gegenüber der Zivilbevölkerung verübt, was Schröder jedoch vehement bestritt. Ich zeigte ihm ein Foto: An den Ästen eines Baumes hingen ein paar Männer, und darunter standen ein paar grinsende SS-Männer, auf deren Ärmelstulpen deutlich »Leibstandarte Adolf Hitler« zu lesen war. Seine Antwort lautete: »Ich gehörte einer anderen Gruppe an, die keine Greueltaten begangen hat.« Möglich oder nicht, er wurde sofort aus der Partei ausgeschlossen.

Die Adenauer-Regierung war noch kein Jahr am Ruder, und schon hatte sie den reaktionären Kurs, den sie eingeschlagen hatte, verschärft: Der »kalte Krieg« begann, und Adenauer sprach von der »Befreiung der Brüder und Schwestern im Osten«. Der legale Weg über die Grenze zur DDR wurde vom Bundesgrenzschutz jetzt schärfer kontrolliert. Auf diese Situation mußten wir uns einstellen. Damals hatten die Personalausweise noch kein Bild, das galt es auszunutzen. Die Genossen besorgten mir den Ausweis von einem Mann, der ein harmloser Kleinbürger war und keine Ahnung davon hatte, daß sein

Ausweis inzwischen den Besitzer gewechselt hatte. Die Daten dieses Ausweises mußte ich auswendig lernen, um schlagfertig auf mögliche Fragen antworten zu können. Einmal kam einem Grenzer während der Zugkontrolle bei Helmstedt irgend etwas nicht geheuer vor. »Einen Moment, bitte«, sagte er und nahm meinen Ausweis mit. Ich trat in den Gang und sah ihn zirka sechs Meter weiter bei einem anderen Grenzer mit einem dicken Buch in der Hand stehen. »Aha«, dachte ich, »das Fahndungsbuch, da könnt ihr lange suchen.« Tatsächlich, der Grenzbeamte kam zurück und gab mir schweigend den Ausweis.

Ein anderes Mal sollte eine Gruppe von 25 Genossinnen und Genossen illegal über die Grenze gebracht werden. Das Ziel der meisten von ihnen war ein Dreimonats-Lehrgang an einer Schule in der DDR. Von der Kaderabteilung der KPD fuhr ich mit. Mit dem Bus ging es quer durch den Harz, durch Braunlage und weiter in Richtung Hohengeiß. Die jetzt zu sehende, leicht ansteigende Straße war schon die Grenze. Etwa hundert Meter vom Ort entfernt hielt der Bus, und wir erhielten die Anweisung, linkerhand in den Wald zu laufen. Dort würde uns die Volkspolizei in Empfang nehmen. Einige der Genossen hatten nur »Polizei« verstanden und wichen den Volkspolizisten aus, die Mühe hatten, sie wieder einzufangen. Ich mußte laut lachen und dachte an das Kinderspiel »Wer hat Angst vor'm schwarzen Mann?« »Niemand!« hatten die Genossen zwar nicht gerufen, aber sie waren doch losgestürmt, die Kette der Fänger zu durchbrechen. Als alle wieder beisammen waren, ging es auf zum nächsten Posten der Volkspolizei. Hier stand ein Bus bereit, der uns ohne Aufenthalt nach Ost-Berlin brachte.

## Als Leiter der Kaderabteilung der KPD

Eine neue Prüfungstour war fällig, und wie üblich machte ich die Südtour. Als ich die Prüfung in Mainz beendet hatte, dachte ich: »Morgen noch nach Hessen, dann kann ich mal ausruhen.« Aber es kam anders. Unerwartet traf mein Mitarbeiter Paul in Mainz ein. Aufgeregt berichtete er: »Du mußt sofort zurückfahren. Ferdi ist abgesetzt und darf das Büro nicht mehr betreten. Du sollst die Leitung der Kaderabteilung übernehmen.« Ich war schockiert und empört über die Art und Weise, wie man Ferdi behandelte. Auf der Rückfahrt berichtete Paul, daß keiner vom Parteivorstand wußte, was die Ursache sein könnte für diese plötzliche Aktion. Am nächsten Tag wurde ich aufgefordert, die Leitung der Kaderabteilung zu übernehmen, doch ich lehnte rundweg ab. Ich suchte Ferdi in seiner Wohnung auf. Er war sehr niedergeschlagen und konnte sich das alles auch nicht erklären. Innerhalb von drei Wochen sollten wir seinen Umzug in die DDR organisieren. Ich wurde bedrängt, die Leitung wenigstens so lange zu übernehmen, bis ein geeigneter Genosse gefunden wäre, der mich ablösen sollte. Unter dieser Bedingung stimmte ich zu. Doch der Organisationssekretär Otto Kloock, der dafür verantwortlich war, ließ mich hängen und kümmerte sich nicht um Ersatz.

Erst nachdem wir mehrere Funktionäre, alles Genossen, die während der faschistischen Diktatur in westlicher Emigration waren, nach Ost-Berlin lotsen mußten, dämmerte mir, was mit Ferdi los sein könnte. Denn nachdem am 24. August 1950 das »Neue Deutschland« eine Erklärung des ZK und der Zentralen Kontrollkommissionen zu den Verbindungen ehemaliger deutscher politischer Emigranten zu Noel Field, Leiter des Unitarian Service Committee, veröffentlicht hatte, wurden mit allen KPD-Mitgliedern, die in der sogenannten Westemigration waren, Kadergespräche in Ost-Berlin geführt. Oft folgte dann, nicht immer verständlich, der Beschluß, daß die KPD-Mitglieder ihrer Funktion enthoben und in die DDR beordert wurden. Und Ferdi war in Dänemark in der Emigration gewesen. Das Uniterian Service Committee war eine humanitäre Organisation, die auch vielen Kommunisten die Flucht aus von Deutschland besetzten Gebieten ermöglichte. 1949 wurde Field plötzlich verhaftet, und man zwang ihn in Ungarn, Agententätigkeit für den amerikanischen Geheimdienst zu gestehen. Von nun an war jede Bekanntschaft mit ihm bereits gefährlich. Die damaligen Vorfälle wurden von der DKP in den siebziger und achtziger Jahren dazu benutzt, eine fortlaufende Verleumdungskampagne gegen mich zu führen. Gewisse Vorfälle wurden aufgegriffen, aber entstellt, verlogen und verzerrt dargestellt. So verbreitete zum Beispiel Max Oppenheimer:

»*Während des Krieges war ich nach London emigriert und dort illegal für die KPD tätig. In der Schlußphase des Krieges wurden ich und andere KPD-Genossen mit Billigung der Partei von den Amerikanern zu Fallschirmspringern für einen Einsatz in Deutschland ausgebildet. Wir sollten auf deutschem Gebiet abgesetzt werden und dort bis zum Einmarsch der Alliierten illegal tätig sein. (Sabotage, Kontakt mit Widerstandsgruppen . . .) Zu einem solchen Einsatz in Deutschland ist es aber nicht mehr gekommen.*

*Nach dem Krieg habe ich zunächst in Stuttgart gewohnt. In dieser Zeit wurde von der KPD, für die ich weiterhin tätig war, gegen mich und alle anderen Kameraden, die während des Krieges Kontakt mit Amerikanern hatten, eine Untersuchung eingeleitet. Zu diesem Zweck mußte ich mich zusammen mit den anderen Genossen nach Ost-Berlin begeben, wo die Untersuchung stattfinden sollte. Dabei wurden wir von einem führenden Genossen der KPD/West begleitet.*

*Das Untersuchungsverfahren in Berlin nahm einen dramatischen Verlauf. Da nicht alle Umstände, die zu der Kontaktaufnahme zu den Amerikanern während des Krieges führten, aufgeklärt werden konnten, drohte uns quasi eine Internierung in Ost-Berlin, bis wir über allen Verdacht erhaben sein würden. Unter den maßgeblichen Genossen, die für ein Festhalten in Ost-Berlin plädierten, tat sich besonders Willi Dickhut hervor. Das nehme ich gerade ihm sehr übel, da er uns vor der Reise nach Ost-Berlin nicht darüber aufgeklärt hatte, was uns eventuell dort erwarten könnte. Wir waren so völlig unvorbereitet. Das Verhalten von Willi Dickhut war charakterlich nicht in Ordnung, weil er das ihm von uns entgegengebrachte Vertrauen mißbrauchte.*«

Da ich annahm, daß Max Oppenheimer in Unkenntnis des wahren Verlaufs persönlich verärgert war, schrieb ich ihm folgenden Brief:

*»16. 12. 1985*

***Werter Kamerad Oppenheimer!***

*Ich bin seit der Gründung (1946) Mitglied der VVN und schreibe an Dich auch als Mitglied der VVN. Mir wurde beiliegender Bericht einer Besprechung in Deiner Wohnung im März dieses Jahres übermittelt. Was Du schilderst, kann sich nur während meiner Tätigkeit als Verantwortlicher der Kaderabteilung des Parteivorstands der KPD 1951 abgespielt haben. Unsere Kaderabteilung stand in enger Verbindung mit der Kaderabteilung ›West‹ beim ZK der SED (nicht zu verwechseln mit der Kaderabteilung der SED, mit der wir nichts zu tun hatten). Wir von der Kaderabteilung der KPD mußten alle wichtigen Kaderangelegenheiten mit der Kaderabteilung ›West‹ im Parteihaus der SED-Zentrale abwickeln und bekamen auch von dort Anweisungen, die für uns bindend waren, auch wenn wir über den konkreten Inhalt keine Information erhielten. Als eines Tages ein Genosse aus Süddeutschland, der in amerikanischer Emigration war, von einem CIA-Agenten auf der Straße angesprochen wurde, bekamen wir von der SED-Zentrale über die Kaderabteilung ›West‹ die Anweisung, alle Genossen, die in westlicher Emigration gewesen waren, zur Überprüfung nach Ost-Berlin zu überweisen, ohne daß uns Näheres mitgeteilt worden wäre. Diese Sicherheitsmaßnahme zog bestimmte Folgerungen nach sich, so wurden mehrere Genossen zur Übersiedlung in die DDR aufgefordert. Zum Beispiel wurde Paul Meuter aus Solingen, der in der Schweiz in der Emigration gewesen war, als Kulturdezernent der Stadt Dresden eingesetzt. Auch der Leiter unserer Kaderabteilung, Ferdi Schindler, der nach Dänemark emigriert war, wurde plötzlich abgesetzt und mußte wenige Wochen später übersiedeln, ohne daß ihm die geringste Erklärung gegeben wurde. Auch ich, sein Nachfolger, weiß bis heute noch nicht, welche Gründe da genau vorgelegen haben.*

*Es wurden auch solche Genossen betroffen, die nicht in westlicher Emigration, sondern im Gefängnis eingesperrt gewesen waren, wie z. B. Hans Jennes, den Du ja als Präsidiumsmitglied der VVN kennst. Er wurde plötzlich seiner Funktion als Landesvorsitzender der KPD in NRW enthoben und entlassen, ohne ihn oder auch mich über die Gründe zu informieren. Später wurde er ohne weitere Erklärung wieder eingesetzt. Es gab noch weitere Fälle ähnlicher Art. Proteste meinerseits blieben ohne Wirkung. Du bist jedenfalls im Irrtum: 1. daß ich über Kaderangelegenheiten, die in der SED-Zentrale entschieden wurden, näher informiert worden wäre; 2. daß ich während der Untersuchung für ein ›Festhalten‹ der Genossen plädiert hätte, zumal die Überprüfungen durch die Kontrollkommission durchgeführt wurden; 3. daß ich Euer bzw. Dein Vertrauen mißbraucht haben sollte.*

*Ich erwarte eine Korrektur Deiner falschen Annahme. Falls Du noch Fragen hast, gebe ich wahrheitsgemäß Antwort.«*

Max Oppenheimer hat nie geantwortet, aber noch Jahre später geisterte es in der DKP herum, ich sei als Mitglied der Kontrollkommission verantwortlich gewesen für die »ungerechtfertigten Maßnahmen« gegen ehemalige Westemigranten. Als wenn die Verleumder nicht wüßten, daß ich damals Leiter der Kaderabteilung war.

Die Arbeit der Kaderabteilung beinhaltete auch die Kaderpflege. Zum Beispiel bekamen altbewährte Genossen einen Urlaubsplatz in der DDR vermittelt. Dazu waren einige Formalitäten zu erledigen. Als ich eines Tages wieder einmal aus Ost-Berlin zurückkehrte, berichtete Margot, daß der Genosse X aus Mannheim reisefertig bei ihr gestanden habe, um seinen Urlaub in der DDR anzutreten. Es habe ihm aber ein Formular gefehlt, weshalb sie ihn wieder nach Hause geschickt habe. Ich glaubte, nicht recht zu hören. »Was hast du gemacht? Fortgeschickt? . . .« Ich stauchte sie zusammen. »Weißt du überhaupt, was du da angerichtet hast? Der Genosse hat sein Leben lang gekämpft und gelitten. Und du wagst es, einen solchen verdienstvollen Genossen zu behandeln wie einen dummen Jungen!«

Beim Sekretariat des Parteivorstands beantragte ich die Versetzung Margots. Eine Genossin mit einer kleinbürgerlichen Denk- und Arbeitsweise, aufgedonnert in ihrem Aussehen und arrogant in ihrem Benehmen, war für die Kaderarbeit untauglich, mochte sie technisch auch eine noch so gute Stenotypistin sein. Sie wurde in die Redaktion der Zeitung »Freies Volk« versetzt. Aber war einer solchen Genossin überhaupt noch zu trauen? Ich bekam ein ungutes Gefühl.

Durch das Ausscheiden von Ferdi fehlte ein Genosse in der Kaderabteilung. Es wurde uns als Mitarbeiter Heinrich Müller zugeteilt, der als hauptamtlicher Gewerkschaftssekretär der IG Metall, Verwaltungsstelle Solingen, tätig gewesen war. Jetzt war er sozusagen arbeitslos, denn durch ein taktisch äußerst ungeschicktes Verhalten wurden die Kommunisten (und sie bildeten damals die Mehrheit) aus der Ortsverwaltung entfernt und aus der IG Metall ausgeschlossen. Eine Überprüfung, ob er als Kaderfunktionär überhaupt geeignet war, gab es nicht. Ich teilte meinen Mitarbeitern meine Bedenken, daß Margot aus Wut unsere Ablage verraten könnte, mit und schlug vor, daß Heinrich sofort eine neue Ablagestelle, möglichst in Düsseldorf, besorgen solle. Drei Wochen suchte er, ohne etwas zu finden. Ich selbst war in dieser Zeit wieder öfter in der DDR. Die Dreimonats-Lehrgänge gingen zu Ende, und ich mußte mit dem Leiter der Kaderabteilung »West« die Parteischulen aufsuchen, um gemeinsam mit dem Schulleiter den zukünftigen Einsatz der westdeutschen Genossen vorzubereiten. Diese Arbeit nahm mich voll in Anspruch, an die Ablage dachte ich nicht mehr.

Zwischen unserer Kaderabteilung im Parteihaus Düsseldorf und der Kaderabteilung »West« in der SED-Zentrale in Ost-Berlin bestand nicht nur ein schriftlicher Verkehr über den Parteiweg, sondern in bestimmten Abständen mußte der Leiter der Kaderabteilung der KPD auch zur Kaderabteilung »West«, um gemeinsam Kaderangelegenheiten zu behandeln. Nachdem ich die Leitung der Kaderabteilung übernommen hatte, pendelte ich also in kürzeren oder längeren Abständen regelmäßig über die Grenze. Der Grenzübergang war illegal und wurde durch eine besondere Organisation, die »Verkehrsabteilung« des ZK der SED, vorbereitet. Ich fuhr bis zu einem verabredeten Ort im Harz, wo mich ein Grenzgänger abholte, der jede Stelle der Grenze kannte und mich zum nächsten Posten der Volkspolizei brachte. Ein Anruf an die SED-Zentrale, und ich wurde mit dem PKW abgeholt. Die Rückfahrt verlief ähnlich.

Einmal wurde ich früh um vier Uhr an einer Straße Richtung Helmstedt abgesetzt. Ich marschierte los über die Grenze zum Bahnhof, ohne daß jemand vom Bundesgrenzschutz zu sehen war.

Solches Glück hatte ich aber nicht immer. Eines abends brachte mich ein SED-Genosse im Dunkeln über die Halden zur Grenze. Hier verabschiedete er sich: »Gehe querfeldein auf die Lichter von Helmstedt zu. Wenn du auf die Straße dahinten kommst, achte auf den rechts stehenden Bauwagen. Da sitzen manchmal Grenzer. Du weißt ja, was du auf ihre Fragen antwortest.« Er zog sich zurück und verschwand im Dunkeln. Ich wartete noch etwas, bevor ich losging. Nach zirka 200 Metern kam ich an die Straße, und schon tauchten auch die dunklen Umrisse des Bauwagens auf. Da leuchtete wie ein Glühwürmchen die Glut einer Zigarette auf. Eine Stimme aus dem Dunkeln ertönte: »Halt, kommen Sie mal her!« Zwei Grenzer mit einem Schäferhund erwarteten mich. Ich mußte meinen Ausweis vorzeigen, den einer der beiden mit der Taschenlampe beleuchtete. Dann ging die Fragerei los. Vor allem wollten sie wissen, ob mich jemand herübergeschleust hätte, was ich natürlich verneinte. Wie ich denn den Weg hierher gefunden hätte? Da war ich nicht verlegen um eine Antwort: »Ich habe einen Einwohner von drüben gefragt, und der gab mir den Rat, bis zur Dunkelheit zu warten und dann geradewegs auf die Lichter von Helmstedt zuzugehen.« Der Grenzer mit dem Polizeihund ging, um das Gelände abzusuchen. Nach ungefähr zwanzig Minuten kam er wieder. Ein einziges Wort: »Nichts!« Die Grenzer ließen mich gehen und wünschten mir sogar gute Reise.

Daß es auch anders ging, sollte ich bald danach zu spüren bekommen. Ich wurde in einem kleinen Grenzort nördlich von Helmstedt abgesetzt. Zwischen dem Örtchen und der Grenze verlief ein Waldweg. Ein Volkspolizist ging mit mir bis zirka 100 Meter an die Grenze heran. »Geh nur den Weg geradeaus, aber rechne damit, daß die westdeutschen Grenzer dich empfangen.« »Die werden mich schon laufenlassen.« Nach 50 Metern auf westdeutschem Gebiet begegneten mir zwei Grenzer. Die übliche Fragerei, aber dann doch etwas anderes als sonst: »Wir müssen Sie mitnehmen!« Mit dem Wagen ging es kreuz und quer bis zu einem kleineren Ort zwischen der Grenze und Braunschweig, der jedoch einen größeren Polizeiposten hatte. Ich mußte alles auspacken, was ich in den Taschen hatte. Der diensthabende Offizier verhörte mich. »Woher kommen Sie?« »Aus Magdeburg, dort habe ich meine kranke Schwester besucht.« »Wie sind Sie an die Grenze gekommen?« »Jemand hat mich bis zum Grenzort mitgenommen.« »Sind Sie keinem Volkspolizisten begegnet?« »Nein.« Und dann lauernd: »Wußten Sie nicht, daß hier Sperrgebiet ist?« »Sperrgebiet?« Ich war echt überrascht. Mich ausgerechnet hier über diese Stelle an der Grenze zu schleusen, war ein Fehler. Denn die westdeutschen Grenzer waren davon überzeugt, daß hier niemand ungesehen von der Volkspolizei über die Grenze kommen konnte. Deshalb hatte sie mein Auftauchen auch mißtrauisch gemacht.

Der Offizier durchsuchte meine Brieftasche und fand im Rückenfach ein paar Geldscheine in Ost-Mark. »Wenn ich meine Schwester demnächst wieder einmal besuche, kann ich die Scheine gut brauchen.« Als er mich endlich entließ, war inzwischen Abend geworden. »Wie komme ich jetzt nach Braunschweig?« »Das ist Ihre Sache.« »Bestellen Sie wenigstens ein Taxi, sonst bekomme ich den Interzonenzug nicht.« Das tat er dann auch. Ich bat den Taxifahrer, schneller zu fahren und erreichte noch knapp den Zug, eine Minute vor der Abfahrt.

Pannen gab es auch auf unserer Seite. Einmal wollten wir zu dritt über die Grenze: der Leiter der Kaderabteilung NRW, Robert S., seine Frau und ich. Die beiden wollten in Thüringen ihren Urlaub verleben. Unser Fahrer Franz brachte uns nach Osterode im Harz, wo wir in einem bestimmten Gasthaus warteten. Folgendes war vereinbart: Würde ein Gast kommen, sich an einen der wenigen Tische setzen und dann mit einem roten Kugelschreiber zu schreiben beginnen, so sollte einer von uns ihn wie folgt ansprechen: »Guten Tag, Herr Müller, wir haben uns lange nicht gesehen, wie geht es Ihnen?«

Würde die Antwort lauten: »Guten Tag Herr Fischer, mir geht es gut, Ihnen auch?«, so war das dann der Grenzgänger, der uns über die Grenze bringen sollte. Während wir noch warteten, kam ein Mann herein, setzte sich an einen Tisch und bestellte sich etwas. Er sah aus wie ein Vertreter, der seinen Geschäften nachging. Er zog einen Schreibblock und einen Kugelschreiber aus der Tasche und begann, sich Notizen zu machen. Der Kugelschreiber war rot. Aha, dachten wir, und ich ging an seinen Tisch, um mein Sprüchlein aufzusagen. Erstaunt schaute der Mann auf: »Das muß ein Irrtum sein, ich heiße nicht Müller.« »Ach, entschuldigen Sie, Sie sehen meinem Bekannten aber ähnlich.« Fehlanzeige! Nach einer halben Stunde war uns klar, daß man uns versetzt hatte. Ein Glück, daß wir Franz nicht sofort zurückgeschickt hatten, so konnte er uns gleich wieder mitnehmen.

Zwei Tage später bekam ich die Adresse eines Genossen, der in Schöningen wohnte. Als wir bei ihm eintrafen, führte er uns an die Straße, die direkt zur Grenze führte. »Geht geradeaus bis ans Ende, da ist ein Posten des Bundesgrenzschutzes. Auf der anderen Seite ist ein Posten der Volkspolizei. Unsere Grenzer werden euch schon rüber lassen.« Auch ein Trost! Am Ende der Straße stand tatsächlich ein Holzhäuschen, in das wir eintreten mußten. Die übliche Fragerei, dann fragte ein älterer Grenzer: »Ja meinen Sie denn, die da drüben würden Sie gehen lassen?« »Ach, das sind doch auch nur Menschen.« »Die meisten, die rübergehen, werden am nächsten Morgen wieder abgeschoben.« »Vielleicht haben wir mehr Glück.« Er öffnete die Sperre, und wir gingen die 50 Meter bis zum Posten der Volkspolizei. Ich sagte, wer ich bin und daß ich zur Kaderabteilung »West« wolle. Sie telefonierten mit der SED-Zentrale, die grünes Licht gab. »Wartet hier, ihr werdet abgeholt.« Die Grenzer auf der anderen Seite werden sich gewundert haben, als wir am nächsten Morgen ausblieben.

Am einfachsten war das Überqueren der Grenze bei Hohengeiß, wo die Straße die Grenze bildete. Ein Genosse brachte mich mit dem PKW bis zum Ort. Hier trennte nur ein Drahtzaun die Straße vom DDR-Gebiet. An einer Stelle war der Zaun durch einen mächtigen Findling, einen abgerundeten Felsblock, der in der Eiszeit hierher verschleppt wurde, unterbrochen. Zwischen Felsblock und Zaunpfahl war eine Lücke, durch die man sich hindurchzwängen konnte, und schon war man auf DDR-Gebiet. Mein Begleiter erklärte mir: »Geh einfach diesen Weg weiter, und du wirst auf Grenzposten der Volkspolizei stoßen.« Und so war es auch. Sie sorgten dafür, daß ich abgeholt und in die SED-Zentrale gebracht wurde.

# Falsche Behandlung der Kader und falsche Kaderpolitik

Zu den Hauptaufgaben einer Kaderabteilung gehören Kaderentwicklung und Kaderpflege.

Als Südbaden parteimäßig noch ein eigener Landesverband war, gehörte die schon ältere Genossin Käthe Seifried aus Freiburg der Landesleitung der KPD an. Sie war auch Abgeordnete des Landtags und lebte von den Diäten, weil sie sonst kein Einkommen hatte. Ende März 1951 bekamen wir über die Kaderabteilung »West« vom Sekretariat der SED, Paul Verner, die Anweisung, Käthe Seifried mitzuteilen, sie sei aller Funktionen enthoben. Kein Wort der Begründung. Wir führten die Anweisung durch in Erwartung eines Berichts, was mit der Genossin los war. Auch Walter Hähnel von der Kaderabteilung »West« wußte nichts und konnte auch nichts in Erfahrung bringen. Es hieß nur: »Abwarten!« Monat um Monat verging, bis der Brief von Käthe Seifried ankam (siehe Seite 76/77). Beim nächsten Aufenthalt in Ost-Berlin erklärte ich eindeutig: »Wenn ich jetzt nicht reinen Wein eingeschenkt bekomme, mache ich nicht mehr mit.« Da dauerte es plötzlich nur ein paar Stunden, bis mir das Ergebnis mitgeteilt wurde: »Es liegt **nichts** vor.« Ich war erschüttert über eine so frivole Kaderpolitik und fuhr selbst nach Freiburg, um mit der Genossin zu sprechen und die finanzielle Lage zu regeln.

Eine solche Kaderpolitik widersprach völlig den Richtlinien über die Durchführung von Überprüfungen der Kader. Treffend wies der Genosse **Hermann Matern,** damals der **Leiter der Zentralen Kontrollkommission der SED,** auf eine falsche Kaderpolitik hin:

*»Die Personalabteilungen* (bei uns Kaderabteilungen — W. D.) *oder auch verantwortliche Leitungen von wichtigen Organen betreiben eine seelenlose Behandlung von Menschen. Sie sehen nur Akten, sortieren die Gefangenschaft, sehen die Emigration, und allein das genügt, um eine Ablehnung auszusprechen — das Schlimmste ist, daß sich dann keine Stelle um die Genossen kümmert . . . Sie laufen*

*monatelang herum, kommen in materielle Not und werden in eine Basis für den Feind gedrängt ... Die bis jetzt praktizierte Methode der schematischen unkonkreten Behandlung von Menschen schafft Unsicherheit und führt nicht zur Entlarvung von Agenten. Wir dürfen nicht vergessen, daß jede Personalakte einen lebenden Menschen bedeutet.«*

Käthe Seifried
Freiburg/Brg.
Haslacherstr.89

den lo.Juli 1951

An den
Parteivorstand der KPD
Kaderabteilung

D ü s s e l d o r f
\- - - - - - - - - - -

Werte Genossen!

Volle lo Wochen sind nun verstrichen seit ich Euer Schreiben vom 2.[illegible].51, unterzeichnet von Genosse Diekhut, erhalten habe, in dem Ihr mich gebeten, noch auf konkrete Mitteilung zu warten, da mein weiterer Einsatz in der Partei noch nicht geklärt ist.
Auch Genosse Walter Fisch hat mir am 5. oder 6.April anlässlich einer kommunal-politischen Tagung in Freiburg erklärt, als ich ihm eröffnete, dass ich mich bemühen wollte, irgend eine Arbeit in dem Betrieb Rhodiaseta zu bekommen um dort die notwendige politische Arbeit zu leisten, 1. kommst Du nicht in den Betrieb rein und 2. stehst Du dem Parteivorstand zur Verfügung und musst seine Entscheidung abwarten.
Somit bin ich nun seit 14 Wochen ohne Arbeit und ohne jedes Einkommen, abgesehen von DM 72.-- Fürsorge, die ich mir beschaffen musste, um wenigstens meine Beiträge für die Partei, Gewerkschaft, DFD und noch einige Massenorganisationen, Zeitungen und Miete zahlen zu können. *
Diese Sachlage zwingt mich in diesem Zusammenhang, die finanzielle Frage nunmehr geregelt zu wissen. Seit meiner Rückkehr am 1.April 51 bin ich ohne jede geldliche Unterstützung, und da ich nach Eurer Bestätigung zur Verfügung des PV stehe, bin ich auch nicht in der Lage eine andere Beschäftigung anzunehmen. Die LL Südbaden hat diese Sache in mir unverständlicher Weise behandelt und auch von Seiten des PV wurde diesbezüglich nichts geregelt.

* DFD = Demokratischer Frauenbund Deutschlands (KP-Tarnorganisation)

Da ich bis heute auch noch krank bin, und zudem in Südbaden als bekannte Funktionärin der Partei keine Arbeit bekomme, befinde ich mich in einer sehr prekären Lage und bitte Euch diese Sache ordnungsgemäss zu erledigen, wie dies nach den Beschlüssen der Partei geregelt werden muss.
Dazu kommt noch, dass die lange Zeit meines Abwartens bis zur Klärung meines weiteren Einsatzes negativen Elementen Anlass gab zu Klatsch, üblen Verleumdungen und wirklich schädigenden Aeusserungen. Schon aus diesem Grunde darf ich Euch bitten die Ueberprüfung meiner Angelegenheit bildigst zu klären.
Zu meiner Niederlegung des Landtagsmandats, darf ich noch bitten, mir den Grund Eures Beschlusses mitzuteilen, denn, obwohl ich Beschlüsse des PV zu respektieren weiss, muss man mir doch den Grund sagen, weswegen man mich zur Ausübung der Funktion nicht mehr für geeignet hält.

Werte Genossen, ich darf Euch nun bitten, die Klärung meiner Angelegenheit, die weitere Verwendung sowie die finanzielle Seite innerhalb einer Woche zu regeln, da ich tatsächlich vollkommen verschuldet bin und dieser Zustand für mich als jahrelange Funktionärin der Partei untragbar ist.
Ihr wisst genau so gut wie ich, dass die als konsequente Kämpfer bekannten Genossen keine Arbeit bekommen und mir nichts anderes übrig bliebe, wie hausieren zu gehen. Es ist aber nicht der Wille und die Zielsetzung der Partei, dass die Genossen, die mit aller Konsequents im Klassenkampf standen und Erfahrungen sammelten, nun, wo jede Kraft im Kampf um den Frieden gebraucht wird, ohne zwingenden Grund, wie unter den Nazis von Tür zu Tür ziehen müssen, um der Bevölkerung irgend etwas aufzuschwatzen.
Der Parteivorstand wurde nicht beauftragt, wahllos die alten Funktionäre zu entfernen. Nur das, was alt, morsch, faul und feindlich ist.
Kühn sollen die neuen und jungen Kader gefördert werden. Aber die Aufgabe des PV besteht nach Stalin nicht darin:

> "sich entweder auf die alten oder auf die neuen Kader zu orientieren, sondern darin, auf die Koordinierung, die Vereinigung der alten und jungen Kader zu einem gemeinsamen Orchester der leitenden Arbeit der Partei und des Staates Kurs zu halten."
> )Gen. Stalin, Rechenschaftsbericht an den XVIII Parteitag.)

Jedes Mitglied der Partei trägt die Verantwortung für das was in der Partei geschieht, deshalb schreibe ich so und nicht anderst.

Zum Schlusse habe ich noch eine Bitte Genossen. Ich habe in Berlin bei Erika Buchmann am Tage meiner Rückreise nach Freiburg DM 5.-- für Porto geliehen, vollkommen ahnungslos noch, dass ich nicht sofort wieder eingesetzt würde, sonst hätte ich mir das Geld nicht geborgt.
Gebt bitte der Genossin Erika das ~~beiliegende~~ Geld zurück. Es ist in meiner Familie, von der 4 Geschwister schon 20 bis 40 Jahre treu der KPD dienen, nicht üblich, Schulden zu machen oder unehrenhaft zu handeln.
Ihr habt mich wirklich in ein sehr zweifelhaftes Licht gebracht und zwar nach allen Seiten.
Es wird Zeit, dass Ihr die Situation klärt.

Mit sozialistischem Gruss!

Käthe Seifried

Das traf auch auf den Fall der Käthe Seifried zu. Leider war dies nicht der einzige Fall des Verstoßes gegen die Regeln der Kaderpflege. Eines Tages erhielt der Parteivorstand der KPD vom Sekretariat des ZK der SED, Paul Verner, den Befehl, Hans Jennes, den Landesvorsitzenden der KPD NRW, zu entlassen. Er sollte in einem Düsseldorfer Großbetrieb Arbeit aufnehmen. Als Facharbeiter, Hans war Schlosser, war das nicht weiter schwierig. Um so schwieriger war es, herauszubekommen, was die Ursache dieser Maßnahme war. Monate vergingen. Weder wir noch die Kaderabteilung »West« konnten irgend etwas in Erfahrung bringen. Etwa ein halbes Jahr war vergangen, als ich im Treppenhaus des Parteihauses Hans Jennes begegnete. »Was machst du denn hier?« »Ich helfe Jupp B. aus Wuppertal, Büroartikel zu verkaufen.« »Bist du nicht mehr im Betrieb tätig?« »Meinst du etwa, ich ließe mich im Betrieb kaputtmachen?« Ich wunderte mich über solch eine kleinbürgerliche Einstellung. Ich fragte Hans, ob er sich Gedanken gemacht habe, was hinter seiner Funktionsenthebung stecken könne. »Ich vermute Paul Verner«, war seine knappe Antwort. Diese Vermutung lag tatsächlich nahe. Beide Fälle, der von Käthe Seifried und der von Hans Jennes, begannen mit Funktionsentzug ohne Einleitung eines Untersuchungsverfahrens und ohne Überweisung an die Zentrale Kontrollkommission. **Die Arroganz und die Willkür, mit denen hier Kaderangelegenheiten behandelt wurden, mußten sich eines Tages rächen.**

Im Fall von Hans Jennes erfuhr Walter Hähnel dann doch noch etwas: Als Hans während der faschistischen Diktatur im Gefängnis saß, hatte seine Frau ein Gesuch an die Gestapo geschrieben, Hans zu entlassen. Als keine Reaktion kam, reichte sie später noch mal ein Gesuch ein, diesmal mit Erfolg. Die Frage war nun: Hat Hans der Gestapo irgendwelche Zugeständnisse gemacht oder nicht? So berechtigt auch eine Untersuchung zur Klärung dieser Frage war, so unberechtigt war die Art und Weise und die lange Dauer der Untersuchung. Die Ausschaltung der Zentralen Kontrollkommission und der Kaderabteilung der KPD war sowohl ein Verstoß gegen den Demokratischen Zentralismus als auch die Kaderpflege. Ebenso plötzlich, wie der Funktionsentzug gekommen war, und ebenso ohne Begründung kam die Wiedereinsetzung von Hans Jennes als Landesvorsitzender der KPD.

Verstöße gegen die Kaderpflege richteten sich nicht nur gegen Funktionäre der KPD, sondern auch gegen SED-Funktionäre. Selbst in der Zentrale wurde intrigiert. Als ich wieder einmal die Kaderabteilung »West« aufsuchte, war Adolf Pöffel nicht da. Walter Hähnel teilte mir mit, Adolf müsse zu Hause bleiben und abwarten. Es hieß, der Leiter der Kaderabteilung der SED habe gegen ihn intrigiert, es spiele da Adolfs Emigration nach Frankreich eine Rolle. Wie die Sache ausgegangen ist, weiß ich nicht.

Mit Paul Verner vom ZK der SED hatte ich selbst auch unerfreuliche Begegnungen. Am 29. November 1951 stellte die Bundesregierung beim Bundesverfassungsgericht in Karlsruhe den Antrag auf das Verbot der KPD. Dabei stützte sie sich auf den Artikel 21,2 des Grundgesetzes, der besagte, daß *»Parteien, die nach ihren Zielen oder nach dem Verhalten ihrer Anhänger darauf ausgehen, die freiheitliche demokratische Grundordnung zu beeinträchtigen oder zu beseitigen oder den Bestand der Bundesrepublik zu gefährden«*, verfassungswidrig sind. Begründet wurde die Verfassungsfeindlichkeit der KPD vor allem damit, daß die KPD »in der revolutionären Praxis« die Theorie des Marxismus-Leninismus ausübe, was auf die Errichtung der »Diktatur des Proletariats« nach dem Vorbild der Sowjetunion und dem Nahziel der Zustände in der Sowjetischen Besatzungszone ausgerichtet sei.

Das Politbüro der SED glaubte an eine schnelle Durchführung des Prozesses und drängte auf eine zügige Vorbereitung der Illegalität der KPD.

Eines Tages wurde ich zu einem bestimmten Treffpunkt in Düsseldorf bestellt. Zwei Männer stellten sich vor mit den Namen Fred und Alex. Es waren Walter Hähnel von der Kaderabteilung »West« und Paul Verner vom Sekretariat der SED. Ich fand das Spielchen im Grunde lächerlich und überflüssig. Wir drei kannten uns doch durch enge Zusammenarbeit und sollten uns jetzt mit den Decknamen selbst was vormachen. Den Verfassungsschutz konnten wir so nicht täuschen. Der wußte, wer sich hinter dem Decknamen »Alex« verbergen wollte, wie der folgende Auszug aus der 1956 erschienenen Broschüre »Was geheime Akten enthüllen . . .« beweist:

»*Sie* (die Westkommission — W. D.) *wurde verschiedentlich um-, ab- und wieder aufgebaut und fungiert als eine der größten Abteilungen des ZK unter dem Namen Abteilung des ZK für Gesamtdeutsche Fragen unter der Leitung des Genossen Paul Verner (Deckname Alex)* . . .« (S. 2)

Zur Vorbereitung der Illegalität sollte sofort mit dem Aufbau einer illegalen Organisation (»Zweites Gleis«) neben der noch legalen Partei begonnen werden. Die Eile, mit der die Organisation aufgebaut werden sollte, wurde damit begründet, daß das Verbotsurteil nicht lange auf sich warten lassen würde. »Und wenn es länger dauert?« warf ich ein. »Was wird dann aus dem ›Zweiten Gleis‹?« »Damit ist nicht zu rechnen«, entgegnete Paul Verner schroff, obwohl doch auch ihm klar sein mußte, daß das »Zweite Gleis« nicht jahrelang aufrechterhalten werden konnte. Aufgrund der Erfahrung des illegalen Kampfes während der Hitlerdiktatur schlug ich vor, nach Möglichkeit das Prinzip »Legal leben, illegal arbeiten« anzuwenden; also zum Beispiel besonders für die Instrukteure Scheinarbeitsverhältnisse zu beschaffen. Daraufhin Paul Verner: »Du sprichst von Scheinarbeitsverhältnissen und ich von illegaler Arbeit.« Das sagte einer, der während der faschistischen Diktatur die Emigration in die Sowjetunion und später nach Schweden der illegalen Arbeit vorgezogen hatte. Mit ihm war nicht zu reden.

Wie schwierig illegale Arbeit unter den Bedingungen des illegalen Lebens ist, zeigt der Fall von Bruno R., der sofort als Instrukteur für das »Zweite Gleis« eingesetzt wurde. Illegales Leben bedeutet: Trennung von der Familie, kein Kontakt zu Freunden, Vorsicht Fremden gegenüber, nur auf unmittelbare Verbindungsleute der Partei beschränkt. Das hielt Bruno nicht durch. Er sackte moralisch ab und mußte ausgeschlossen werden.

Als ich kurz nach diesem Gespräch in Ost-Berlin war, sprach ich mit August Stötzel von der Zentralen Kontrollkommission der SED über den Verbotsantrag gegen die KPD und den schnellen Aufbau einer illegalen Organisation. Er war von Beruf Bergmann und wurde 1945 Kreissekretär der KPD in Dortmund. Weil er ein erfahrener und zuverlässiger Genosse war, wurde er nach Ost-Berlin geholt und etwa

1949 als Mitglied der ZKK der SED eingesetzt. Wir unterhielten uns öfter über die politische Situation, wenn ich wegen Kaderangelegenheiten in Ost-Berlin war. August Stötzel teilte meine Bedenken wegen des übereilten Aufbaus des »Zweiten Gleises«.

Zunächst schien sich noch die Auffassung von Paul Verner zu bestätigen. Die Adenauerregierung hatte noch einen zweiten Verbotsantrag gestellt. Und zwar gegen die äußerst rechts stehende »Sozialistische Reichspartei« (SPR). Vom Verbotsantrag bis zum Prozeßende und der Besiegelung des Verbots dauerte es nur elf Monate. Aber war diese kleine reaktionäre Partei, ohne den geringsten Einfluß, mit der KPD zu vergleichen? Die Prozeßdauer gegen die KPD betrug fünf Jahre, bis das Verbotsurteil im August 1956 gefällt wurde. Das Schicksal des »Zweiten Gleises« war bereits schon vorher entschieden.

Meine sachlichen Einwände hatte Paul Verner offensichtlich als unangebrachte Kritik empfunden, aber er ließ sich nichts anmerken. Ich mußte an einen Witz denken, der zu dieser Zeit in der DDR kursierte: »Klein-Fritzchen fragte seinen Vater: ›Was ist Kritik von oben und was ist Kritik von unten?‹ Der Vater: ›Ich stelle mich auf den Balkon, und du stellst dich unten hin.‹ Fritzchen folgte. Dann nahm der Vater einen Eimer Wasser und schüttete ihn Fritzchen von oben über den Kopf. ›Siehst du, das ist Kritik von oben! Und nun nimm du den Eimer Wasser und schütte ihn mir über den Kopf!‹ Fritzchen tat, wie ihm befohlen. Obwohl er sich äußerst anstrengte, das Wasser reichte nicht bis oben und platschte ihm zum zweitenmal über den Kopf. ›Siehst du — das ist Kritik von unten!‹ «

## Das »blonde Gift« rächt sich

Die Abschlußprüfungen der westdeutschen Genossen in den Parteischulen der DDR waren fast beendet, als uns Mitte Juli 1952 die Zentrale Kontrollkommission mit der Mitteilung überraschte, daß unsere Ablage in Düsseldorf von der Polizei beschlagnahmt worden sei. Hier konnte nur **Verrat im Spiel** sein. Der Denunziant mußte Margot, das »blonde Gift«, sein. Die Ablage ihres Freundes war gleichzeitig hochgegangen. Und auch das Geld, das er verwaltete, war weg. Eine dritte Ablage, die der ZKK, war Margot ebenfalls bekannt, weil sie einmal kurze Zeit als Stenotypistin bei der ZKK ausgeholfen hatte. Aber da diese Ablage eine Woche zuvor verlegt worden war, war sie der Polizei entgangen.

Sofort wurde von der Zentralen Kontrollkommission eine Untersuchung eingeleitet, die den Vorgang noch am Tag der Polizeiaktion klärte. Doch schon in der folgenden Nacht flüchteten Margot und ihr Freund, natürlich mit dem entwendeten Geld, ohne eine Spur zu hinterlassen.

Wie war so etwas möglich? Ich schilderte meine Bedenken, die ich von Anfang an gegen Margot hatte. Als sich herausstellte, daß sie unfähig war, echte Kaderarbeit zu leisten, wurde sie auf meinen Antrag hin versetzt. Meine Bedenken verstärkten sich zu Befürchtungen, weshalb ich Heinrich Müller beauftragt hatte, sofort eine neue Ablage ausfindig zu machen, was ihm aber leider nicht gelang.

Mir wurde der Vorwurf gemacht: »Du hättest selber eine neue Ablage suchen müssen.« Diesen Vorwurf habe ich ohne jede Entschuldigung anerkannt. Auch die Rüge als Parteistrafe, die ich deswegen bekommen habe, wurde von mir nicht beanstandet, obwohl sie nicht berechtigt war. Ich habe auch nichts zu meiner Entlastung über den Organisationssekretär Otto Kloock gesagt, obwohl die Kaderabteilung ihm unterstand, wir aber keinerlei Unterstützung von ihm bekamen. Ein Jahr später wurde er wegen unmoralischem Verhalten fristlos entlassen. **Ich habe alles vermeiden wollen, was den Anschein erweckt hätte, als wolle ich mich vor der eigenen Verantwortung drücken.**

1956 beauftragte der Verfassungsschutz einen Doktor Kurt Zentner, München, eine Broschüre mit dem Titel »›Edith Ede‹ schreibt an ›xkx Jan‹« (siehe S. 84) herauszugeben. Zu diesem Zweck stellte er die beschlagnahmten Akten der Kaderabteilung, die beim Verfassungsschutz inzwischen Registriernummern erhalten hatten, zusammen. Die Akten sollten propagandistisch gegen die KPD ausgewertet und kurz nach dem Parteiverbot veröffentlicht werden. Ganz offensichtlich war man sich nicht sicher, wie die Arbeiterklasse auf das Verbot reagieren würde. Gleich auf der ersten Seite der Broschüre heißt es:

*». . . die geheimen Akten, aus denen die in diesem Heft veröffentlichten Dokumente ausnahmslos alle stammen, geben ein lückenloses Bild von der beispiellosen Zielstrebigkeit, mit der die Kommunistische Partei Deutschlands den gewaltsamen Umsturz und die Diktatur des Proletariats herbeizuführen bestrebt ist. Der Briefwechsel zwischen ›Edith Ede‹ und ›xkx Jan‹, der in Koffern, hinter Speicherverschlägen und Schränken von kommunistischen Sekretärinnen und anderen geheimen Ablagen versteckt gefunden worden war, gab außerdem ein desolates Bild von der ruchlosen Kälte, mit der die ca. 60 000 Parteimitglieder behandelt werden, um aus ihnen ›Apparatschiks‹ = seelenlose, roboterähnliche Befehlsempfänger zu machen. Und ›Edith Ede‹ ist dafür zuständig. Genau wie ihr Briefpartner ›xkx Jan‹. ›Edith Ede‹ ist der Deckname für die Kaderabteilung (= personalpolitische Abteilung) des Parteivorstandes der Kommunistischen Partei Deutschlands (KPD) in der Bundesrepublik.*

*›Jan‹ ist der Deckname für den Arbeitsbereich ›Kader‹ (Personal) beim Zentralkomitee der ›Sozialistischen Einheitspartei Deutschlands‹ (SED), dem der Einsatz, die Kontrolle, Überprüfung und Erfassung der in der Bundesrepublik tätigen Kommunisten oblag.*

*›xkx Jan‹ sitzt im wirklichen Befehlszentrum der westdeutschen KPD — in Ostberlin. Die Existenz eines vorläufig gesicherten kommunistischen Machtbereichs auf deutschem Boden stellt den wesentlichen Unterschied zwischen unserer Situation und der Weimarer Epoche dar, in der sich die KPD ebenfalls illegal betätigte. Die Leitstellen des Kommunismus sitzen drüben, auf deutschem Boden, als Institution eines Staates.«*

„Edith Ede"
schreibt an „xkx Jan"
aus geheimen akten

Solche geheimnisvoll klingenden Bezeichnungen sind nichts anderes als »konspirative« Spielereien, die nur den Gegner aufmerksam machen, aber ihn nicht täuschen können. Es kann gewisse Dinge geben, wo eine besondere Tarnung notwendig ist, aber das ist dann eine Ausnahme. Meine Erfahrungen in der Illegalität während der Hitlerdiktatur und auch der Zeit nach dem Verbot der KPD 1956 zeigen, daß es nicht auf irgendwelche Decknamen, sondern auf Standhaftigkeit bei Vernehmungen ankommt, wobei ein Revolutionär unter dem Faschismus damit rechnen mußte, totgeschlagen zu werden. In dem Buch »So war's damals« schilderte ich meine monatelangen Vernehmungen, verbunden mit sich steigernden Mißhandlungen.

*»In diesen Tagen wurde auch Karl Giersiepen, früher in der Expedition unserer Zeitung in Solingen tätig, in das Gefängnis des Polizeipräsidiums eingeliefert. Später hörte ich, er habe sich in der Zelle erhängt; vielleicht hat er den Terror nicht durchstehen können. Jedenfalls hat die Gestapo seinen Tod auf dem Gewissen.*

*Die Gestapo wurde es langsam leid, sich mit meinem Fall so lange rumzuschlagen und hielt mir immer wieder neue konkrete Dinge aus den Vernehmungsprotokollen der Genossen vor. Die Aussagen, die oft von der Gestapo diktiert oder lanciert wurden, waren derartig belastend, aber auch so widerspruchsvoll, daß es möglich war, die Anklage zu zerschlagen.*

*Bei einer günstigen Gelegenheit, als nach einer vergeblichen Vernehmung Lauhus* (Lauhus, Sturmbannführer der SS, war Leiter der Landes-Gestapo — W. D.) *mich zur Zelle zurückbrachte, ließ ich durchblicken, daß ich aussagen würde, wenn ich erstens meine Aussage selber in der Zelle schriftlich formulieren und zweitens vorher die Aussagen der anderen Beschuldigten einsehen könnte. Er ging tatsächlich darauf ein.*

*Am nächsten Tag las er mir alle Protokolle vor. Ich merkte mir genau die Widersprüche zwischen den verschiedenen Aussagen. Dann nahm ich mir einen Tag Zeit. Ich schrieb nur eine Seite. Jeder Satz war gründlich überlegt. Bei Ausnutzung der Widersprüche in den Aussagen der Genossen zerschlug ich die schlimmsten Anklagen. Der Schlußsatz lautete wörtlich:*

*›Über ehemalige Mitglieder und Personen, die damit im Zusammenhang stehen, verweigere ich jede Aussage.‹*

*Tags darauf gab ich Lauhus mein Schreiben. Als er es gelesen hatte, erklärte ich mit verhaltener Stimme:*

*›Das ist mein letztes Wort, und wenn Sie mich totschlagen!‹*

*Er hatte sich an den Mißhandlungen nicht unmittelbar beteiligt. Jetzt sah er mich lange schweigend an.*

*›Gut, schließen wir ab!‹*

*Dann wurde ich zurück ins Polizeigefängnis Solingen gebracht.«* (S. 213)

Doch zurück zu der Broschüre »›Edith Ede‹ schreibt an ›xkx Jan‹«. Die beschlagnahmten Akten sollten als Bürgerschreck dienen. Darum wurde auch gleich am Anfang der Broschüre der Brief der Genossin Käthe Seifried in Faksimile gebracht. Was soll aber ein Durchschnittsbürger sagen, wenn er den auf den Seiten 46/47 veröffentlichten Brief der Genossin Ruth Schrooten und die von mir stammende Aktennotiz liest? Wer liest etwas anderes daraus als notwendige Wachsamkeit, verbunden mit sachlicher Kaderpflege? Nicht der Inhalt der Akten war das Entscheidende, sondern die Art und Weise, wie es zur Beschlagnahmung der Ablage überhaupt kommen konnte und was später von der DKP-Führung daraus gemacht wurde.

In den siebziger Jahren hatte dieser Vorgang nämlich ein Nachspiel: eine üble Verleumdungskampagne der DKP gegen mich, worauf ich noch zurückkommen werde. Hier soll nur erwähnt werden, was in unmittelbarem Zusammenhang mit der Beschlagnahme der Akten steht. In einem Flugblatt haben die Ortsgruppe Solingen des KABD (Vorläuferorganisation der MLPD) und ich zu dieser Verleumdung wie folgt Stellung genommen:

***»Erklärung gegen die verleumderischen Methoden der DKP***

*Von einem zuverlässigen Zeugen wurde mir mitgeteilt, daß auf der DGB-Demonstration in Dortmund das Mitglied des Parteivorstands der DKP, Ludwig Müller, durch ein hysterisches Geschrei seine nächste Umgebung auf sich aufmerksam machte, um die ungeheuerliche Behauptung aufzustellen: Er sei dabei gewesen, wie Willi Dickhut*

Ruth Schrooten [illegible] 02275

An die

Kaderabteilung des PV.

S t e l l u n g n a h m e.

Zu der am 27.4.1951 gehabten Unterredung mit dem Genossen Willi Dickhut möchte ich folgendes sagen:

In dieser Unterredung habe ich die Gründe dafür klargelegt, warum mein Mann in die Fremdenlegion gegangen ist. Ich hatte seinerzeit jede Verbindung zu ihm abgebrochen. Als ich meine Tätigkeit beim Parteivorstand aufnahm, wusste ich nicht, wo mein Mann sich aufhielt. Dies habe ich erst erfahren, als er mir im Oktober v.J. zum ersten Mal schrieb. Ich hätte ihm natürlich nicht antworten brauchen. Dass ich es doch tat, geschah in erster Linie deswegen, weil ich glaubte und noch glaube, dass mein Mann, der noch sehr jung ist, im Grunde einen anständigen Kern hat und nur aus den Fehlern, die wir beide gemacht haben, die falschen Konsequenzen zog. Ich habe ihm in meinen Briefen die ganze Tragweite seines Handelns vor Augen geführt und ihn dazu angeregt, die Fremdenlegion auf dem schnellsten Wege wieder zu verlassen. Ich tat dies zuallererst aus politischen Erwägungen heraus, weil ich es niemals gutheissen kann, dass ein Mensch mithilft, den Freiheitskampf eines Volkes zu unterdrücken, aber auch, um meinen zwei Kindern den Vater wiederzugeben, der mir in seinen Briefen, die ich dem Genossen Willi Dickhut anbei zur Einsichtnahme überreiche, immer wieder versichert hat, dass er sein Verhalten bitter bereut und im Fall seiner Rückkehr den einzig richtigen Weg einschlagen will, nämlich aktiv den Kampf für den Frieden und die Wiedervereinigung Deutschlands zu führen.

Zu der Frage des Genossen Dickhut, wie ich mir mein und meiner Kinder Leben vorstelle, wenn es meinem Mann gelingt, aus der Legion zurückzukommen, möchte ich sagen, dass ich bisher folgenden Standpunkt vertreten habe und noch vertrete:

Die Regierung der Deutschen Demokratischen Republik ruft alle Fremdenlegionäre auf, Schluss zu machen mit dem schmutzigen Krieg gegen das vietnamesische Volk und in ihre Heimat zurückzukehren, um am friedlichen Aufbau eines geeinten Deutschlands mitzuarbeiten. Wenn unsere Freunde in der DDR einen solchen Aufruf erlassen, müssten wir Kommunisten in Westdeutschland uns dieser Auffassung voll und ganz anschliessen. Einem Fremdenlegionär aber, der praktisch von der Welt abgeschlossen ist und nichts anderes zu hören bekommt als die verlogene Hetze jener Kriegsgewinnler, kann man seinen Weg nur aufzeigen, wenn man ihm schreibt, und das habe ich getan. Klar und eindeutig habe ich meinem Mann den Weg gewiesen, den er einschlagen muss, wenn er noch einmal Anspruch darauf erheben will, ein vollwertiges Mitglied der menschlichen Gesellschaft zu werden, und ich habe ihn immer wieder dazu angeregt, auch seinen Kameraden die schmutzigen Ziele des französischen Imperialismus klarzumachen und sie dazu zu bewegen, die Fremdenlegion zu verlassen. Ich bin davon überzeugt, dass er es getan hat. Sehr oft habe ich ihm unter dem Hauptblatt irgendeiner Illustrierten unsere Zeitung „Freies Volk" geschickt, und er schrieb mir, dass nicht nur er, sondern auch seine Kameraden schon immer mit brennender Ungeduld diese Zeitung erwarten. Ich bin mir natürlich klar darüber, dass (sollte es ihm gelingen, die Legion vorzeitig zu verlassen) er vorerst nach Westdeutschland nicht zurückkehren könnte. Aber ich glaube, dass in diesem Fall ihm die Regierung der DDR Asylrecht und Arbeit gewährt, wie sie es in ihrem Aufruf bekanntgab. Dort wird mein Mann unter Beweis stellen können, dass er aus seinen bitteren Erfahrungen gelernt hat und sein Unrecht mit doppelter Kraft wieder wettmachen. Da ich trotz allem meinen Mann sehr gern habe, wäre ich sogar bereit, später mit ihm wieder zusammenzugehen.

Ich möchte ausdrücklich versichern, dass ich über meine Arbeit in einer Abteilung des Parteivorstandes n i e ein Wort geschrieben habe. Mein Mann weiss wohl, dass ich bei der Partei arbeite, aber nicht einmal wo. Ich bin Genossin geworden, weil ich erkannt habe, dass nur unsere Partei die Interessen des deutschen Volkes und vor allen Dingen die Interessen der Arbeiterklasse vertritt, dass die Kommunistische Partei die Partei der Arbeiterklasse ist, zu der ich gehöre. Während meiner Tätigkeit beim SID habe ich meine Ueberzeugung noch gefestigt. Ich bin aus tiefstem Herzen Genossin und meine ganze Haltung wird diese Erklärung bestätigen, und ich werde immer – ganz gleich wie die Entscheidung über meine Weiterarbeit beim Parteivorstand auch ausfällt – meine ganze Kraft in den Dienst unserer Partei stellen.

Ruth Schrooten.

Nach Rücksprache mit Gen. Ostahlvorde kann sie den Briefwechsel mit ihrem Mann entsprechend halten und soll ihn politisch beeinflussen – Trotzdem muß die Angelegenheit weiter beobachtet und seine Briefe von Zeit zu Zeit kontrolliert werden. Bisher konnte an seinen Briefen nichts Nachteilig[es] festgestellt werden.

3/5 51

*damals (1952) im Düsseldorfer Parteihaus der KPD dem Verfassungsschutz die gesamten Kaderunterlagen der KPD übergeben habe.*

***Hierzu habe ich folgendes zu erklären:***

1. *befanden sich nicht die gesamten Kaderunterlagen, sondern nur ein Bruchteil in Düsseldorf, der größte Teil lagerte in der Kaderabteilung ›West‹ beim ZK der SED.*
2. *Die zur Kaderarbeit notwendigen Unterlagen befanden sich nicht im Parteihaus, sondern in einer Ablage einer Düsseldorfer Privatwohnung, sie wurden dort beschlagnahmt und nicht im Parteihaus.*
3. *Die Ablage wurde von einer früheren Stenotypistin der Kaderabteilung verraten, gemeinsam mit ihrem Freund, Mitarbeiter beim Parteivorstand der KPD, der eine große Geldsumme unterschlagen hatte und zur Vertuschung seine Ablage mit den Rechnungen und Quittungen der Polizei mitteilte. Zur Tarnung wurde die Ablage der Kaderabteilung und die alte, aber bereits aufgelöste Ablage der ZKK (Zentrale Kontrollkommission), die der Stenotypistin ebenfalls bekannt war, gleich mitverraten.*
4. *Ich selbst war gar nicht im Düsseldorfer Parteihaus, sondern befand mich in Ost-Berlin zur Bearbeitung von Kaderfragen in der Zentrale der SED, Kaderabteilung ›West‹.*
5. *Wenn die Behauptung Müllers stimmen würde, hätte ich in der Folgezeit wohl keine Funktion in der Partei ausüben können, sondern wäre ohne Verfahren sofort aus der Partei ausgeschlossen worden. Mein Ausschluß erfolgte aber erst 1966 aus politischen Gründen, weil ich mit der revisionistischen Linie, die die KPD übernommen hatte, nicht einverstanden war.*
6. *Da ich zur Zeit des Verrats der Stenotypistin in Ost-Berlin war, würde ich — wenn Müllers Behauptung sich bestätigen sollte — wohl kaum nach Westdeutschland zurückgekommen, sondern als Agent des Verfassungsschutzes in Ost-Berlin verhaftet worden sein.*

*Die Behauptung Müllers ist so absurd und lächerlich, daß sich solches Gebaren nur mit blindwütigem Haß erklären läßt. Aufgrund der engen Beziehungen zwischen dem Parteivorstand der DKP und dem ZK der SED wäre es für Müller leicht gewesen, sich dort über den wahren Zusammenhang zu informieren. Vielleicht kennt er diesen*

Ludwig Müller

*genau und zieht es vor, mich bewußt zu verleumden. Das zeigt aber auch, daß er unfähig ist, auf meine Kritik an der revisionistischen Linie der DKP sachlich zu antworten.*

***Darum erkläre ich hiermit in aller Öffentlichkeit: Ludwig Müller ist ein unverschämter Lügner und ein gemeiner Verleumder!***
*Willi Dickhut*
*Leiter des Redaktionskollektivs des theoretischen Organs des KABD«*

Und hier die Stellungnahme der Ortsgruppe des KABD:

*»Ludwig Müller hat diese öffentliche Erklärung eingesteckt und sich wie ein getretener Hund davongeschlichen. So wie der Vorgang von Willi Dickhut geschildert wurde, hat es sich zugetragen. Das kann von Heinrich Müller, Solingen, bezeugt werden — wenn er den Mut dazu hat. Er war damals ebenfalls in der Kaderabteilung.*

*Wenn unsere Genossen beim Buchverkauf in Solingen von Grete G. mit den Worten abgewiesen wurden: ›Das nehme ich nicht, der ist ein Verräter!‹, dann nehmen wir das nicht so ernst, denn das ist die Folge der verleumderischen Hetze durch führende Mitglieder der DKP.*

*Einige ältere Genossen machten einen eingeschüchterten Eindruck und scheuten offensichtlich eine Diskussion mit unseren Genossen. Andere wollten keine ideologisch-politische Auseinandersetzung, aus welchen Gründen auch immer, sie stecken — wie der Vogel Strauß — lieber den Kopf in den Sand. Wie sollen sie auch die revisionistische Linie der DKP verteidigen?«*

Die Gemeinheit der DKP-Führung ging soweit, in der Mitgliedschaft der DKP das Gerücht zu verbreiten, ich hätte im Zusammenhang mit der Beschlagnahme der Akten Geld unterschlagen, obwohl die Verleumder sehr gut wußten, wer das Geld gestohlen und die Ablagen verraten hatte. Die Unsinnigkeit solcher verleumderischer Behauptung liegt bereits darin, daß die Kaderabteilung mit Geld nichts zu tun hat. Für wie blöde hält die DKP-Führung die Mitglieder und unteren Funktionäre ihrer Organisation?

Auf weitere Verleumdungen komme ich später noch zurück.

# III

## Das Ende meiner Kaderarbeit — zurück an die Basis Solingen

# Funktionsentzug auf leisen Sohlen

Nachdem die Untersuchung über die Beschlagnahme der Kaderakten abgeschlossen war, wurde über meine weitere Tätigkeit entschieden. Ich hatte einige Erfahrungen in der Kaderarbeit gewonnen, und entsprechend der Untersuchungsergebnisse wäre eine Weiterarbeit in der Kaderabteilung durchaus möglich gewesen. War ich es doch, der einen eventuellen Verrat durch Margot geahnt und auf eine Verlagerung der Ablage gedrängt hatte. (Daß Heinrich Müller hier versagt hatte, führte ich zu meiner Entlastung nicht an.) Es wurde jedoch anders entschieden.

Da die Arbeit in einer Abteilung ja keine gewählte Funktion ist, kann die jeweilige Leitung Genossen in eine solche Funktion einsetzen oder auch absetzen. Nur darf dies nicht willkürlich geschehen, sondern muß mit dem betreffenden Genossen beraten werden. Das passierte in meinem Fall aber nicht. Ohne Diskussion bekam ich den Auftrag, als 1. Kreissekretär von Solingen die dortige Parteiarbeit zu stärken und zu verbessern. Das war dringend notwendig, denn der bisherige 1. Kreissekretär, Fritz Sbosny, hatte den Kreis in politischer Hinsicht ziemlich heruntergewirtschaftet.

Doch es ging der Parteiführung nicht wirklich um eine Verbesserung der Arbeit in Solingen. Was sie vorhatten, war eine Degradierung meiner Arbeit. Die von ihnen festgelegte Anordnung war nichts anderes als ein ohne Diskussion durchgeführter Funktionsentzug. Das ist jedoch eine schwerwiegende Parteistrafe und nur bei parteischädigendem Verhalten anzuwenden. Aber sie konnten mir weder parteischädigendes Verhalten noch Vernachlässigung der Kaderarbeit vorwerfen, die unter meiner Leitung Fortschritte gemacht hatte.

Mir kamen solche Fälle wie Käthe Seifried oder Hans Jennes in den Sinn, die auch plötzlich ihrer Funktion enthoben wurden. Ausgeführt wurde das jeweils durch den Parteivorstand der KPD, ohne daß er allerdings über die Gründe informiert wurde. Die Anweisung gegeben hatte in der Regel Paul Verner vom Sekretariat der SED, der seine Anordnungen mit Arroganz und Überheblichkeit gab, eine kalte, herzlose, »seelenlose Behandlung von Menschen«, wie Hermann Matern sagte.

Plötzlich wurde mir klar, daß Paul Verner sicher auch meinen Funktionsentzug angeordnet hatte. Ich hatte ihm verschiedentlich widersprochen und in dem Fall Käthe Seifried moralisch unter Druck gesetzt. Das konnte er nicht vertragen. Da ich nicht parteischädigend gehandelt hatte, konnte auch kein Parteiverfahren eingeleitet werden. Darum erfolgte die Funktionsentziehung willkürlich auf leisen Sohlen.

Paul Verner war ein Funktionärstyp mit einer kleinbürgerlichen Denkweise, außerordentlich selbstherrlich. Er glaubte, sich alles erlauben zu können, weil er mit Walter Ulbricht befreundet war. Es war nur allzu folgerichtig, daß er sehr bald Mitglied des Politbüros des ZK der SED wurde. Viele, allzu viele, höhere und mittlere Funktionäre haben es ihm (und ebensolchen höheren Funktionären) nachgemacht und sind zu Bürokraten geworden, die Arbeiter und Bauern wie Dreck behandelten.

Natürlich waren nicht alle Funktionäre so, viele wurden ihrer aufrechten Haltung wegen gemaßregelt. Doch braucht man sich nach alledem nicht zu wundern über die Welle der Wut und Empörung gegen die SED-Bürokraten in der DDR und die Massenproteste für demokratische Rechte und Freiheiten, die im Herbst 1989 offen ausbrachen. Ich will hier nicht näher darauf eingehen, sondern verweise auf die Schrift »Wie der Sozialismus verraten wurde« in der Reihe »DDR aktuell«. Hier heißt es zum Beispiel:

*»Als nach der Absetzung von Erich Honecker im Oktober 1989 unter dem Druck der Volksbewegung für demokratische Rechte und Freiheiten die Korruption und Bereicherung der SED-Spitze, die Villen in Berlin-Wandlitz, die vor der Öffentlichkeit abgeschirmten Jagdreviere, die Waffengeschäfte, Devisenschiebereien und Schweizer Nummernkonten bekannt wurden, ging eine Welle der Empörung durch die DDR.*

*Die Bevölkerung der DDR hatte nur wenig Verständnis für solcherlei Auslegung von Marx. Wenn allerdings die neuen SED-Führer jetzt einen vermeintlich ›administrativen stalinistischen Sozialismus‹ dafür verantwortlich machen wollen, so lenkt das vom Wesen des Problems ab.*

*Ein Kollege berichtete über seine Erfahrungen: ›Ich bin von Beruf Installateur und habe sechs Jahre in einem sogenannten 'volkseigenen' Betrieb gearbeitet. In der DDR wird behauptet, daß die Ausbeutung des Menschen durch den Menschen abgeschafft ist. Ich habe aber eine ganz andere Erfahrung gemacht. In der DDR existieren zwei Klassen, und zwar die Klasse der Funktionäre, Betriebsleiter und Staatsbeamten als Herrschende, die der Arbeiterklasse gegenübersteht ...*

*Das ehemalige Volkseigentum dient nicht mehr der Befriedigung der Bedürfnisse des Volkes, sondern dem persönlichen Vorteil der Bourgeoisie, das heißt, es wird produziert, was am meisten Gewinn einbringt. Durch diese Produktionsweise kommt es immer wieder zu Versorgungsschwierigkeiten. Der größte und vor allem der beste Teil der Produkte wird nach dem Westen und in die Sowjetunion exportiert.«* (»DDR aktuell« 1, S. 53/54)

Als ich 1952 als 1. Kreissekretär in Solingen eingesetzt wurde, machte ich mir verhältnismäßig wenig Gedanken über den Funktionsentzug als Kaderleiter, obwohl ich gerne Kaderarbeit gemacht hatte. Denn die Funktion des 1. Kreissekretärs, des Politischen Leiters, sah ich immer als eine der wichtigsten in der Partei an.

Als ich noch 1. Sekretär im Kreis Remscheid war, habe ich das Parteigefüge einmal mit einer Sanduhr verglichen. Von oben, dem Kopf, rieselt der Sand nach unten zur Basis und von der Basis wieder zum Kopf. Und alles geht durch das schmale Öhr, und das stellt den 1. Kreissekretär dar.

Damals häuften sich die Rundschreiben von den oberen Leitungen (Bezirksleitung, Landesleitung, Parteivorstand) derart, daß das Öhr der Parteiuhr verstopft wurde. Das heißt, daß ich all das Papier nicht mehr verarbeiten konnte und diese Papierflut ungelesen in eine Ecke stapelte. Als dann mal jemand von den Leitungen nach Remscheid kam, zeigte ich den Haufen Papier und erklärte kategorisch: »Seid ihr überhaupt noch zu retten? Wenn das nicht aufhört, wächst der Makulaturberg immer höher!« Es hat aber noch eine Zeitlang gedauert, bis die Zahl der Rundschreiben erträglich wurde. Wehe dem Kreissekretär, der die politische Arbeit nicht selbständig entwickeln kann.

Die Probleme sind in jedem Kreis andere, sie zu lösen muß man seinen eigenen Kopf gebrauchen. Kurzum, eigentlich freute ich mich auf meine neue Aufgabe.

In den ersten Tagen meiner Tätigkeit als 1. Kreissekretär in Solingen erlebte ich allerdings gleich eine unangenehme Überraschung.

Ich benötigte einige Büroartikel und suchte das Fachgeschäft Neuhof, gleich ein paar Häuser von unserem Parteibüro entfernt, auf. Herr Neuhof und ich begrüßten uns als alte Bekannte. Hatte er der KPD doch in den zwanziger und dreißiger Jahren auf Kredit Schreibmaschinen, Vervielfältigungsapparate und Papier geliefert, und ich hatte mich verpflichtet, die Raten pünktlich zu zahlen. Das Vertrauen, das er zu mir hatte, habe ich nie enttäuscht. 1932 kaufte ich für mich persönlich eine Kofferschreibmaschine auf Raten bei ihm. Als die Nazis mich 1933 verhafteten, riß er aus seinem Hauptbuch die Seite mit der Eintragung über die Schreibmaschine heraus und verzichtete auf weitere Ratenzahlungen. 1945 hatte ich die Geschäftsbeziehungen zu Herrn Neuhof wieder aufgenommen, solange ich 1. Sekretär in Solingen war. Jetzt, im Spätsommer 1952, saßen wir uns gegenüber und tauschten Erinnerungen aus. Beiläufig erwähnte er, daß die Partei noch Schulden von über 2 000 DM hätte und ob ich wohl dafür sorgen könnte, daß die Sache bereinigt würde. Ich war äußerst schockiert über eine solche Methode des verantwortlichen Kreissekretärs und bat im Namen der Partei um Entschuldigung. Ich versicherte Herrn Neuhof, die Angelegenheit sofort zu regeln. Also fuhr ich nach Düsseldorf zur Landesleitung. Dort schilderte ich den Fall, machte auch die Bedeutung des Bündnisses mit Kleinbürgern deutlich und verlangte unverzüglich das Geld. Am nächsten Tag konnte ich die Schulden bezahlen und das Ansehen der Partei wiederherstellen.

## Überspitzte Politik und das »Programm zur nationalen Wiedervereinigung Deutschlands«

Weit schlimmer als dieser Fall jedoch war, daß der Einfluß der KPD in Betrieb und Gewerkschaft zurückgegangen war. Das hatte seinen Grund in einer überspitzten linken Politik, die vom Kreissekretär Sbosny ausging. So stand beispielsweise in einem Mitteilungsblatt der KPD vom 16. Juni 1951:

***»Vorstand der IG Metall Arm in Arm mit den Kriegstreibern. Friedenskampf der Solinger Ortsverwaltung und Gewerkschafter soll abgestoppt werden!***

*Kein Arbeiter und kein Angestellter will einen alles vernichtenden Krieg. Deshalb entsprach die von ihm und der Ortsverwaltung, gemäß den auf den Betriebsräte- und Vertreterversammlungen diskutierten Fragen und beschlossenen Resolutionen, eingereichte Petition wohl den Interessen aller Gewerkschafter und Arbeiter, nicht aber den Interessen der in- und ausländischen Kriegstreiber und der ihnen hörigen Gewerkschaftsführung! ...«*

Durch solcherlei Überspitzungen geriet die Solinger Ortsverwaltung, die entschlossen den Kampf gegen die Abwälzung der Remilitarisierungskosten auf die Schultern der Werktätigen und für ausreichende Löhne führte, immer mehr in Gegensatz zur Gewerkschaftsführung. Als sie auch den Kampf gegen die Waffenproduktion in Solingen aufnahm, griff der Vorstand der IG Metall ein. Die Solinger Ortsverwaltung wurde aufgelöst und die Mehrheit, acht Kommunisten, aus der Gewerkschaft ausgeschlossen. Unter ihnen war der 1. Bevollmächtigte, Rudolf Leupold, sowie der Sekretär für Betriebsräte und Vertrauensleute, Heinrich Müller. Beide wurden fristlos aus ihrer Funktion entlassen. Nicht nur Kommunisten, sondern auch anderen aktiven Gewerkschaftern wurde der berüchtigte Revers (Verurteilung der kommunistischen Gewerkschaftspolitik) vorgelegt. Der Text lautete:

*»Ich bestätige hiermit, daß mir durch das Schreiben des Vorstandes die Beschlüsse und bindenden Anweisungen der KPD für die Arbeit*

*der Mitglieder der KPD in den Gewerkschaften zur Kenntnis gebracht wurden, die ich als gewerkschaftsfeindlich ablehne.*

*Gleichzeitig verpflichte ich mich, meine gewerkschaftliche Tätigkeit im Rahmen der Beschlüsse der Gewerkschaftstage bzw. der zuständigen Gewerkschaftsorgane und den Satzungen der IG Metall durchzuführen.*« (»Die KPD in der Bundesrepublik«, S. 112)

Wer sich weigerte zu unterschreiben, wurde ausgeschlossen. Als kommissarischer 1. Bevollmächtigter wurde Alois Kieven vom Vorstand der IG Metall eingesetzt.

Als ich im Spätsommer 1952 meine Arbeit als 1. Kreissekretär der KPD in Solingen begann, hatte ich ihn aufgesucht. Bis zu seinem Einsatz hier in Solingen war Alois Kieven in Remscheid als Parteisekretär der SPD tätig gewesen, und ich kannte ihn von meiner dortigen politischen Arbeit. Ich besuchte ihn in seinem Büro, um zu versuchen, einen modus vivendi (leidliches Verhältnis) mit ihm herzustellen. Seine Reaktion sprach für sich: »Ach weißt du, ich habe nur noch zwei Jahre bis zur Rente. Ich will mich nicht mehr aufregen.« Hier war nichts zu erwarten.

Fast zwei Jahre gab es keine funktionierende Ortsverwaltung mehr. Erst am 29. März 1953 wurde eine neue Ortsverwaltung gewählt, die am 25. Juni vom Vorstand bestätigt wurde und am 8. Juli 1953 ihre erste Sitzung durchführte. Bei dieser Wahl war Alois Kieven gegen Ernst Nippes als Kandidat für das Amt des neuen 1. Bevollmächtigten angetreten. Überraschenderweise hatte Ernst Nippes gewonnen, und Alois Kieven konnte nach Hause gehen.

Im Laufe der Zeit war deutlich geworden, daß wir von der Gewerkschaftsarbeit faktisch abgehängt waren. So konnte es nicht weitergehen, und ich brachte im Sekretariat dieses Problem ein. Wie sollten wir ohne Verbindungen und Informationen eine konkrete Betriebs- und Gewerkschaftsarbeit leisten?

Ich schlug vor, Kontakt zu Ernst Nippes aufzunehmen. Als ihm damals der Revers vorgelegt worden war, hatte er ihn mit dem Vermerk zurückgeschickt, er sei seit langem aus der KPD ausgetreten. Und das stimmte, er war nicht mehr Mitglied der KPD. Warum? Nippes hatte sich gegen die vom Kreissekretär Sbosny eingeleitete überspitzte Linie gewandt und sie zu Recht kritisiert. Das paßte Sbosny nicht. Er suchte etliche Heimarbeiter auf, für die Nippes in der Gewerkschaft zuständig war, und teilte ihnen mit: »Nippes ist ein Arbeiterverräter!« In großer Erregung trat Ernst Nippes daraufhin aus der Partei aus, und der Intrigant Sbosny hatte das Spiel gewonnen.

Leider war ich zu diesem Zeitpunkt ja nicht in Solingen und erfuhr von den Vorgängen erst im Nachhinein. Ich kannte Ernst Nippes noch aus der Zeit vor dem Faschismus. Als sich 1931 die SPD gespalten hatte, war er in die KPD eingetreten. Und da wir im gleichen Stadtteil wohnten, kannten wir uns recht gut und hatten etliche gemeinsame politische Erfahrungen. So führten wir gemeinsame Schulungen über Probleme des Marxismus-Leninismus durch, organisierten zusammen Flugblattaktionen, Demonstrationen und Wahlveranstaltungen. Damals hatte die KPD in Solingen rund 40 Prozent der Stimmen, in unserem Stadtteil sogar etwas mehr. Aus alledem waren persönliche Bindungen entstanden, auch wenn wir uns nach meiner Haft aus den Augen verloren hatten. Ernst Nippes war für meine Begriffe großes Unrecht durch Sbosny zugefügt worden, und ich traute es mir durchaus zu, die Beziehung zu ihm wieder aufzunehmen.

Doch die anderen Sekretariatsmitglieder waren strikt dagegen. Warum? Hatten sie vielleicht ein schlechtes Gewissen, weil sie damals Sbosny, der inzwischen nicht mehr in Solingen war, nicht kritisiert und zur Verantwortung gezogen hatten? Aber sie hatten keinen anderen Vorschlag, wie die KPD in Solingen in der Gewerkschaftsarbeit wieder Fuß fassen könnte. Und so rief ich Ernst Nippes in seinem Büro an und bat ihn um eine Unterredung. Er hatte Vertrauen zu mir, und wir trafen uns außerhalb des Gewerkschaftshauses. In einem sachlichen Gespräch sprach ich offen mit ihm über unsere Situation, wobei ich das hinterhältige und gemeine Verhalten Sbosnys ihm gegenüber verurteilte. Wir kamen überein, daß er uns wichtige Informationen zukommen lassen würde. Im Gegenzug wollte ich ihn mit Hinweisen und Vorschlägen bei seiner Arbeit unterstützen. Natürlich mußten wir äußerst vorsichtig und geschickt vorgehen, um diese Zusammenarbeit und seine Arbeit als Bevollmächtigter der IG Metall nicht zu gefährden. Man muß sagen, daß Ernst Nippes in dieser Zeit der KPD eine wichtige Hilfe war. Jahrelang haben wir auf dieser Grundlage gut zusammengearbeitet.

Nicht nur bei uns in Solingen kam es zu überspitzter Politik wie durch Sbosny vertreten. So gab am 2. November 1952 der Parteivorstand der KPD das »**Programm zur nationalen Wiedervereinigung Deutschlands**« heraus. Hier hieß es:

»*... Nur der unversöhnliche und revolutionäre Kampf aller deutschen Patrioten kann und wird zum Sturz des Adenauerregimes und damit zur Beseitigung der entscheidenden Stütze der Herrschaft der amerikanischen Imperialisten in Westdeutschland führen.*

*Der Sturz des Adenauerregimes macht den Weg frei für eine Regierung der nationalen Wiedervereinigung, die sich auf alle revolutionären Kräfte in Westdeutschland stützt ...*

*Nicht mehr fern ist der Tag, an dem das deutsche Volk das Adenauerregime stürzen wird. So wird die Herrschaft der amerikanischen Okkupanten und ihrer deutschen Helfershelfer ihr Ende finden. Der Weg wird frei zu einem einigen, demokratischen und unabhängigen Deutschland ...*«

Die hier zitierten Stellen nahm das Adenauerregime als Handhabe, um das »Programm« zu verbieten und den Unterzeichnern den Prozeß zu machen. Den Richtern war durchaus klar, daß die Worte nicht so ernst gemeint waren wie formuliert. Dieser Prozeß diente vor allem dazu, den Richtern Munition für den eigentlichen Verbotsprozeß zu liefern und um das drohende Parteiverbot besser begründen zu können. Die Beweisaufnahme im Verbotsprozeß beschäftigte sich ausführlich mit dem »Programm« und der dort aufgestellten Forderung nach dem »revolutionären Sturz des Adenauerregimes«.

Die zitierten Stellen aus dem Programm kennzeichnen eine überspitzte Beurteilung der damaligen Situation und bedeuteten eine ultralinke Politik. Für unsere Partei in Solingen war eine solche Politik nicht anwendbar, versuchten wir doch, durchaus auch mit Erfolg, mit den Sozialdemokraten eine Aktionseinheit herzustellen, was in der Bevölkerung viel Aufsehen erregte. Eigentlich sollte dieses »Programm« durch »örtliche Aufbauprogramme« konkretisiert werden.

Jedoch hat der Parteivorstand von uns nie verlangt, dieses Programm mit unserer konkreten Einheitspolitik zu verbinden; auch nicht, als Max Reimann 1953 zur Bundestagswahl in Solingen kandidierte. Wir hätten solch ein Verlangen auch strikt abgelehnt.

In dem Buch »Die KPD in der Bundesrepublik« nimmt der Verfasser Hans Kluth kritisch zu dem »Programm zur nationalen Wiedervereinigung« Stellung:

*»Im Gegensatz zur Situation nach dem ersten Weltkrieg hat nach dem Zusammenbruch des Deutschen Reiches 1945 nie eine ›revolutionäre Situation‹ bestanden, die wenigstens theoretisch der KPD eine reale Berechtigung zu revolutionären Parolen gegeben hätte. In den ersten Jahren nach 1945, als die äußerst schwierige wirtschaftliche Lage und die durch den Zusammenbruch erschütterten sozialen Verhältnisse und Institutionen am ehesten einen Nährboden für revolutionäre Propaganda abgegeben hätten, — wenn die Situation auch durchaus nicht so war, daß man sie als ›revolutionär‹ hätte bezeichnen können — hoffte die KPD darauf, sich auf ›relativ friedlichem Wege‹ einen ausreichenden Anteil an der politischen Macht sichern zu können, um ihre damals durchaus gemäßigten wirtschaftlichen und sozialen Forderungen durchzusetzen. Die Anwesenheit der westlichen Besatzungstruppen machte außerdem jeden Versuch der gewaltsamen Machtübernahme durch die Kommunisten unmöglich. Mit der Verschärfung der internationalen Beziehungen seit 1947 und verstärkt seit der Gründung der Bundesrepublik versuchte die KPD, mit allen Mitteln ihrem politischen Programm Gehör zu verschaffen. Der Erfolg war minimal, selbst wenn sich die Forderungen der Kommunisten auf verhältnismäßig vernünftige und allgemein vertretbare wirtschaftliche Ziele richteten wie Lohnerhöhungen, 40-Stunden-Woche etc. Welchen Erfolg aber konnte sich eine einigermaßen einsichtige Führung von der Parole des ›revolutionären Sturzes des Adenauerregimes‹ versprechen? . . .*

*Die wirtschaftliche und soziale Lage in der Bundesrepublik bot also keine reale Grundlage für die revolutionären Forderungen der KPD. Selbst als nach der Zustimmung der Bundesregierung zur Wiederaufrüstung und dem Abschluß der Pariser Verträge weitere Kreise der westdeutschen Bevölkerung diesen Plänen zunächst ablehnend gegenüberstanden, gelang es der KPD nicht, diese Bevölkerungsteile in einer ›Volksbewegung‹ zusammenzufassen, geschweige denn, sie zu außerparlamentarischen Aktionen zu mobilisieren. Der von der KPD geforderte ›revolutionäre Sturz des Adenauerregimes‹ erschöpfte sich in einigen Protestkundgebungen und Demonstrationen, die von der Mehrheit der Bevölkerung kaum beachtet wurden.*

*Es ist schwierig, die Gründe herauszufinden, welche die KPD-Führung veranlaßt haben können, Losungen herauszugeben, die jeder Grundlage in der sozialen und politischen Wirklichkeit entbehrten. Trotz der bei den kommunistischen Parteien üblichen dogmatischen Behandlung aller Fragen, die oft den Sinn für eine komplizierte Realität vermissen lassen, kann man sich kaum vorstellen, daß der Parteivorstand der KPD auf Grund einer Analyse der Situation in der Bundesrepublik die revolutionären Losungen des ›Programms‹ festlegte und daran glaubte, mit diesen Losungen einen politischen Erfolg in der Bundesrepublik erzielen zu können. Selbst politisch weniger erfahrene Funktionäre als die Mitglieder und Mitarbeiter des Parteivorstands der KPD hätten erkennen können, daß die Forderungen des ›Programms‹ in der Situation der Jahre 1952/53 für die Bundesrepublik vollkommen verfehlt waren . . .*« (S. 46/47)

In den folgenden Jahren wurden die falschen Losungen Schritt für Schritt abgebaut. So wurde der »revolutionäre Sturz des Adenauerregimes« weder im Rechenschaftsbericht noch in veröffentlichten Diskussionsbeiträgen zum Hamburger Parteitag von Ende Dezember 1954 erwähnt.

Es war fatalerweise der XX. Parteitag der KPdSU im Februar 1956, auf dem der moderne Revisionismus, insbesondere der »friedliche Weg zum Sozialismus« durch Chruschtschow verkündet und wo die Politik der »Koexistenz« verfälscht wurde, der endgültig die falsche Linie im »Programm zur nationalen Wiedervereinigung Deutschlands« begrub. Erst jetzt, da die KPD-Führung ihr Programm und ihre Taktik mit den Ergebnissen des XX. Parteitags der KPdSU in Einklang zu bringen suchte, kam es zu einem ausdrücklichen Widerruf der Losungen des »Programms«.

Walter Fisch vom Parteivorstand beteuerte am 26. März 1956 in der Zeitung »Freies Volk«:

*»Die KPD erstrebt die Änderung der politischen Verhältnisse auf friedlichem Wege, auf gesetzmäßigem Wege . . . Niemals hat die KPD Aktionen der Gewalt geplant, vorbereitet oder propagiert . . . Die Losung vom ›revolutionären Sturz des Adenauerregimes‹ entsprach und entspricht nicht nur nicht den realen politischen Gegebenheiten in der Bundesrepublik, sie entsprach und entspricht auch nicht den sich daraus ergebenden tatsächlichen Aufgaben und der tatsächlichen politischen Praxis unserer Partei.«*

## Kommunalpolitik und Aktionseinheit SPD/KPD

Ich beabsichtigte, auch die Beziehungen zu **Heinrich Schroth** wieder aufzunehmen. Mit 18 Jahren war er Mitglied der SPD geworden und stand auf ihrem linken Flügel. 1931 kam es zur Abspaltung von der SPD, und Heinrich Schroth wurde Leiter der Gruppe der SDAP, der Sozialistischen Arbeiterpartei. Bis 1933 hatten wir in gemeinsamen Aktionen die Nazis bekämpft. (Nachzulesen in »So war's damals . . .«, Seite 172/173) Gleich nach der Machtübernahme durch die Faschisten 1933 wurde er verhaftet und in das berüchtigte KZ »Kemna« bei Wuppertal gebracht. Insgesamt war er neunzehn Monate in verschiedenen Gefängnissen, wo er und die anderen »Schutzhäftlinge« schwer mißhandelt wurden. Wir waren also beide Opfer des Nazi-

Heinrich Schroth

regimes, und das war ein Bindeglied, das unsere Beziehung festigte. Das Verhältnis zwischen Heinrich Schroth und mir war ein kameradschaftliches. 1945 war er wieder in die SPD eingetreten und wurde 1947 Vorsitzender des Unterbezirks Solingen. Als ich nun im Jahr 1952 die Beziehungen zu ihm wieder aufnahm, waren wir sofort in einer konkreten Diskussion, wie es in Solingen weitergehen sollte. Er hatte viele Erfahrungen in der Kommunalpolitik. Die Wiederaufnahme unserer persönlichen Beziehungen wurde auch dadurch erleichtert, daß die SPD in der Beigeordnetenfrage die Unterstützung der KPD-Stadtverordneten brauchte. Diese Auseinandersetzung verlief offen, auch bei Differenzen zwischen beiden Fraktionen, wie der folgende, gekürzt wiedergegebene Brief zeigt:

*»Kommunistische Partei Solingen*
*Stadtkreis Solingen, Hauptstr. 228*

*11. September 1952*

*An die*
*Stadtverordneten-Fraktion der*
*Sozialdemokratischen Partei Deutschlands*
*Betr.: Flugblattaktion*
*Werte Genossen!*

*Als Eure Partei durch den Genossen Heinrich Schroth an uns herantrat, um die Beigeordnetenfrage zu einer Entscheidung zu bringen, da haben wir ›ja‹ gesagt, weil diese Entscheidung im Sinne der Solinger Bevölkerung lag. Wir haben mit Euch in jeder Hinsicht und in jeder Situation gemeinsam gestanden, nachdem vorher in gemeinsamer offener Aussprache das Notwendige festgelegt wurde. Nicht immer ist alles so gelaufen, wie es sein sollte . . .*

*Was nun aber die gemeinsame Flugblattaktion betrifft, so ist dies eine Angelegenheit, zu der wir nicht ohne weiteres schweigen können.*

*Es lag hier eine gemeinsame Aktion der drei Parteien vor, in die nicht von außen eingegriffen werden konnte. Wenn Ihr erklärt, daß es sich hierbei um einen Druckfehler handelt, so sind wir der Auffassung, daß dies eine politische Maßnahme war . . . Um diese Angelegenheit zu klären, halten wir eine offene kameradschaftliche Aus-*

*sprache der beiden Fraktionen für erforderlich. Wir bitten diese Aussprache bald an einem der nächsten Abende durchzuführen.*

*Mit sozialistischem Gruß*
*Stadtverordneten-Fraktion der KPD*
*i. A. gez. Arthur Schlechter«*

Arthur Schlechter

Ich suchte Heinrich Schroth in seinem kleinen Betrieb, einer Scherenproduktion, auf. Hier einigten wir uns über Fragen, die die beiden Stadtverordnetenfraktionen gemeinsam durchsetzen wollten; darunter auch die Wahl des Bürgermeisters.

Es kam die entscheidende Ratssitzung. Mit der Wahl des Oberbürgermeisters, Eugen Maurer, waren alle Fraktionen einverstanden. Aber bei der Wahl des Bürgermeisters kam für viele die große Überraschung: Statt dem vorgesehenen CDU-Kandidaten gaben die SPD-Stadtverordneten **Arthur Schlechter,** dem Fraktionsführer der KPD-Stadtverordneten, ihre Stimme, und er wurde so zum Bürgermeister gewählt.

Die Wahl eines Kommunisten zum Bürgermeister erregte in der ganzen Bundesrepublik kollossales Aufsehen, obwohl im Bereich der ehemals britischen Zone die Rolle des Bürgermeisters sehr eingeschränkt war. Was die Gemüter so beunruhigte war die Tatsache, daß SPD und KPD auf kommunalem Gebiet zusammenarbeiten wollten.

Um die Wahl des Bürgermeisters rückgängig zu machen, entsandte die Landesregierung am 20. August 1952 einen Kommissar nach Solingen. Eine Berechtigung gab es dafür eigentlich nicht, denn die Beschlüsse waren ja nicht ungesetzlich zustande gekommen. Es zeigte sich, daß Joseph Pütz, Fraktionsvorsitzender der CDU in Solingen, hier das treibende Moment war.

**Die Regierung sagte nein!**
Ergo mußten
Die Bewußten
Im Beamtenglorienschein
Nach sechs Tagen
Müh und Plagen
Schwapp vom Amt verschwunden sein!

In der Sitzung des Hauptausschusses des Landtags vom 10. Oktober 1952 wandte sich die KPD-Fraktion mit einem Antrag gegen die Maßnahmen der Landesregierung. Karl Schabrod, Fraktionsführer der KPD, begründete den Antrag unter anderem:

*»Die Beschlüsse hätten nach diesen formalen Korrekturen bestätigt werden müssen. Wenn statt dessen ein Kommissar entsandt wurde, so ist dies ein erneuter Beweis gegen die demokratische Selbstverwaltung, denn die in Kraft befindliche revidierte Gemeindeordnung sieht ausdrücklich in § 109 vor, daß die Aufsichtsbehörde nicht berechtigt ist, Entscheidungen, Verfügungen oder Maßnahmen des Rats der Gemeinde aufzuheben, es sei denn, daß sie ungesetzlich sind. Wenn nach § 112 der revidierten deutschen Gemeindeordnung ein Kommissar am 20. August 1952 nach Solingen entsandt wurde, mußten ungesetzliche Verwaltungsmaßnahmen vorliegen. Das traf nicht zu und ebensowenig war ein geordneter Gang der Verwaltung gefährdet. Außerdem mußte ja auch gesagt werden, welche Auftragsangelegenheit durchzuführen war, die nicht etwa von der Stadt Solingen ausgeführt worden wäre. Die Entsendung des Kommissars war demnach ungesetzlich und ist nicht in Einklang zu bringen mit der demokratischen Selbstverwaltung. Sowohl die Einsprüche des Regierungspräsidenten und Innenministers als auch der Beschluß, einen Kommissar zu entsenden, müssen aufgehoben werden.«*

Innenminister Dr. Meyers verteidigte seine Maßnahmen, und die SPD-Abgeordneten vertraten einen schwankenden Standpunkt. Dann trat Joseph Pütz, Fraktionsführer der CDU in Solingen, gleichzeitig Landtagsabgeordneter und späterer Finanzminister von NRW, in seiner rechthaberischen Art auf und widersprach der Behauptung Dobberts (SPD), daß es sich bei der KPD in Solingen um ruhige Bürger handele. Gerade das Gegenteil sei richtig, denn die KPD habe in Solingen ihre Elite sitzen. Als Beispiel führte er den früheren Fraktionsvorsitzenden der KPD, Meuter, an, der jetzt in Dresden Kulturdezernent sei. Dieser Stadtverordnete Meuter habe einmal im Gespräch ganz unbekümmert durchblicken lassen, wie gewalttätig er sich einmal gegen politische Gegner durchgesetzt habe. Da sei ihm ein Licht aufgegangen, daß hinter einem äußerlich so ruhigen und sach-

Der Dreierbund und die »Belehrungen« des Herrn Pütz

lichen Menschen, wenn er der KPD angehöre, ein ganz gefährlicher Kerl stecke. Und mit der SPD sei es genauso. Denn in Solingen gäbe es gar keine SPD mehr, das sei eine SED, die die extremsten politischen Auffassungen vertrete und sogar manchmal direkt eine anarchistische Haltung zeige. Als Beweis führte Pütz an, daß die Koalition von SPD, KPD und FSU rundweg erklärt habe, daß, wenn ein Gesetz des Landes oder des Bundes mit ihnen in Solingen nicht übereinstimmen würde, sie es auch nicht durchführen würden. Weiterhin berichtete er, daß der Oberbürgermeister Maurer, SPD, sehr unter den Konflikten leide und sogar schon deswegen krank geworden sei. Er wisse aus dem Munde Maurers, daß er in seiner Fraktion das Äußerste versucht habe, um die Beschlußfassung, Schlechter als Bürgermeister zu wählen, zu verhindern. Er habe sogar mit der Niederlegung seines Amtes gedroht. Daraus erkenne er, Pütz, daß alle anständigen Leute in der SPD das Vorgehen der Mehrheit der Solinger Stadtverordneten rundweg ablehnten. Nach § 45 müsse eine neue Wahl nach dem 9. November durchgeführt werden. Zum Schluß seiner Hetztirade beteuerte Pütz, daß er es für völlig richtig fände, daß der Kommissar entsandt worden sei und daß er bis zu einer neuen Wahl über sämtliche Personalfragen der Stadt Solingen entscheiden müsse.

Um zu einer geordneten kommunalpolitischen Arbeit zu kommen, mußten in der Ratsversammlung alle vom Kommissar gesperrten Beschlüsse neu gefaßt und beschlossen werden. Auch die Wahl des Bürgermeisters stand somit wieder auf der Tagesordnung. Und auch in dieser zweiten Wahl wurde Arthur Schlechter, KPD, wieder zum Bürgermeister gewählt. Im Solinger Rat hatte die SPD 17, CDU und FDP je 12, die KPD 7 und die FSU 3 Stimmen. Im dritten Wahlgang wurden in namentlicher Abstimmung 25 Stimmen für Arthur Schlechter abgegeben. Außer der KPD und der SPD hatte auch ein FSU-Mitglied für einen kommunistischen Bürgermeister gestimmt. Der CDU-Kandidat erhielt die 24 Stimmen von CDU und FDP.

Das Wichtigste an dieser Abstimmung war, daß die SPD-Fraktion trotz des großen Drucks der Bezirksleitung an der Aktionseinheit mit den Kommunisten zumindest auf kommunaler Ebene festhielt und weiterhin mit der KPD zusammenarbeiten wollte. Das zeigt auch das im Folgenden abgebildete Flugblatt der SPD.

# Solinger Kommunalpolitik

## im Zeichen der Unwahrheit

## So sehen sie aus, die Hüter der Demokratie

## Aufklärung tut not!

## Um was es geht

Demokratie heißt Mitbestimmung des Volkes. Also auch Du, Bürger Solingens, sollst mitverantwortlich bestimmen, wie Deine Vaterstadt verwaltet wird. Dazu hast Du Deine Vertretung, die Stadtverordneten, gewählt. Sie entscheiden durch Mehrheitsbeschlüsse.

Da im Lauf der Zeit in Solingen drei Beigeordnete ausgeschieden sind, müssen neue Männer gewählt werden. **Diese Notwendigkeit, die drei Ausgeschiedenen zu ersetzen, ist von CDU und FDP nie bestritten worden.**

Mit der öffentlichen Ausschreibung der ersten Stelle wurde begonnen. Schon hierbei wurde der mit großer Mehrheit gefaßte Beschluß der Stadtverordneten durch einen völlig unsachlichen Einspruch der FDP torpediert. Damit wurde seitens der CDU und FDP der Tanz gegen jede demokratische Ordnung, gegen die Selbstverwaltung der Gemeinden, mit den unfairsten Mitteln der Demagogie eröffnet. Gegen die gewählten Männer wurde geschossen. Unwahre Behauptungen zu ihrer Person sollten die Bevölkerung beunruhigen. Man nannte sie unfähig, Postenjäger, den einen zu alt, den anderen zu jung. Lügen über Lügen.

## Die Mehrheit aber wählte Männer,

die mit heißem Herzen an dem Geschick unserer Stadt interessiert sind, die in jahrelanger Arbeit für das Wohl der Bevölkerung tätig gewesen sind. Die Mehrheit wählte Männer, die unter Beweis gestellt haben — auch unter Einsatz ihrer Existenz und ihrer persönlichen Freiheit —, daß für sie die Demokratie kein Lippenbekenntnis ist. Die Mehrheit wählte Männer, von denen man überzeugt sein kann, daß sie ein offenes Ohr für die Nöte der Bevölkerung haben und deren Willen nicht durch einen lebensfremden Verwaltungsapparat umfälschen lassen. Die Mehrheit wählte Männer, zu denen die Bevölkerung mit ihren Sorgen kommen kann.

## CDU und FDP versteckten hinter der Forderung nach Fachbeamten ihr politisches Machtstreben

Sie wissen sehr genau, daß ihre Interessen in Gefahr sind, wenn volksverbundene Persönlichkeiten an der Spitze der Verwaltung stehen. Die Interessen dieser beiden Parteien sind nicht allein die Interessen der wirtschaftlich Stärkeren, sondern auch die Interessen derer, die damals den gewählten Herrschern des Nazireiches zustimmten, den Krieg bejahten und die Kriegsgewinne einheimsten. Sie sind die Interessenvertreter derer, die aus der Währungsreform und der Hortung neue Kapitalgewinne schöpften. Sie zeigen das Gesicht derer, die im Bundestag und im Landtag um das „neue deutsche Soldatentum", den Militarismus und mit den Hochkommissaren und Generalen um den nächsten Krieg buhlen.

## Die Mehrheit der Stadtverordneten fordert

**Männer an der Spitze der Verwaltung, die als Beigeordnete in engste Verbindung zur Stadtvertretung kommen und damit ein Vertrauensverhältnis zu Dir, dem einzelnen Bürger, garantieren.**

Um dies zu verhindern, nutzte der CDU-Landtagsabgeordnete Pütz seine Beziehungen zum großen Bruder, dem **CDU-Innenminister Meyers, aus, der nicht vor einem Wortbruch zurückschreckte,** um den Willen der demokratischen Mehrheit in Solingen zu verhindern.

Aus dem ernsten Bestreben, wichtige Probleme zu lösen, machten sie Theater. **Beschlüsse der Mehrheit wurden vom Minister unter nichtigen formalen Gründen aufgehoben.** Mit Formfehlern wurde diese Rechtsbeugung verschleiert. Nach Beseitigung der Formfehler wurde ein Staatskommissar eingesetzt. Alles das, um die Durchführung gefaßter Beschlüsse zu verhindern.

## Macht geht vor Recht, das ist ihre Losung

In loyaler Weise hat die Mehrheit der Stadtvertretung gehandelt. Sie hat in persönlicher Rücksprache mit dem Minister versucht, Mißverständnisse auszuräumen, um den von CDU und FDP heraufbeschworenen Streit zu beenden.

Am 28. August wurde zwischen dem Minister und dem Solinger Oberbürgermeister eine Vereinbarung getroffen. Man einigte sich auf die Durchführung eines Verwaltungsstreitverfahrens. Der Minister will am Solinger Beispiel klären, ob Wahlbeamte — also Beamte auf Zeit — Berufsbeamte sein müssen. Ein Verwaltungsgerichtsverfahren dauert erfahrungsgemäß mindestens ein Jahr. Um bis dahin die gemeindliche Verwaltungsarbeit in Solingen nicht zu gefährden, stimmte der Minister der Umwandlung der Beigeordneten- in Angestelltenstellen zu. Der Staatskommissar sollte abberufen werden. Der Oberbürgermeister verpflichtete sich seinerseits, bis zur Entscheidung des Verwaltungsgerichts den gewählten Herren keine Beamtenrechte einzuräumen. Zeugen dieser Verhandlung waren der Rechtsanwalt der Stadt Solingen, der ehemalige Innenminister Dr. Menzel, Ministerialdirigent Dr. Rombach, Ministerialrat Dr. Mittelstaedt und seine Sekretärin, die das Protokoll der Verhandlung aufnahm. Zwei Tage später bricht der Minister sein Wort und will die Vereinbarung nicht mehr wahrhaben. Die CDU bezeichnet diese Vereinbarungen als unwahr. Wieder einmal Lügen über Lügen.

Die drei unterzeichneten Parteien sind nicht gewillt, das im Grundgesetz garantierte Selbstverwaltungsrecht der Gemeinden in Solingen ausschalten zu lassen. Sie werden alle demokratischen Mittel anwenden, um ihrer gerechten Forderung Geltung zu verschaffen.

Am Montag, dem 8. September, 16 Uhr, wird nochmals die Stadtvertretung über diese Angelegenheit beraten müssen.

## Kommt und hört und seht selbst, wo die Wahrheit liegt und was beabsichtigt ist.

**Die Stadtverordnetenfraktion der SPD.**

Die »Rheinische Post« vom 22. Dezember 1952 reagierte wütend:

*»Bekanntlich verurteilte Landtagsvizepräsident Dobbert, der erste Vorsitzende des Bezirks Niederrhein, die Haltung seiner Solinger Genossen in der Bürgermeisterwahl auf das Schärfste. Er kündigte an, daß vermutlich nicht nur der Bezirksvorstand, sondern auch der Gesamtvorstand in Bonn zu dem Solinger Vorgang Stellung nehmen würden.*

Heinrich Schroth, wie ihn die CDU sieht

*Wenn es auch als sicher gelten darf, daß die Richtung Schroth innerhalb der Solinger SPD alles aufbieten wird, um in demagogischer Weise die Wahl des Kommunisten zu rechtfertigen, so sollte das Eingreifen höherer Stellen doch endlich für die gemäßigtere Richtung in der Solinger SPD-Fraktion Veranlassung sein, das Verhältnis zwischen den beiden Strömungen einmal einer Nachprüfung zu unterziehen. Wie ist es überhaupt möglich, daß Männer wie Maurer, Schneider und Haberland, die sich doch in weitesten Kreisen der Bevölkerung wirklichen Ansehens erfreuen und die auf Grund ihrer Stellung allein verpflichtet sein müßten, sich von irgendwelchen Ressentiments freizuhalten, dem Radikalismus eines Herrn Schroth unterliegen? Die hier genannten drei Herren und vielleicht noch einige andere trifft daher der Tadel des Bezirksvorsitzenden um so härter.«*

Und am 11. März 1953 kommentierte die »Rheinische Post« die Vorgänge:

*»Um die Vorgänge festzustellen, die zur erneuten Wahl eines Kommunisten in Solingen zum stellvertretenden Oberbürgermeister führten, wird die SPD ein Parteiverfahren eröffnen. Dieser Beschluß wurde am Dienstag auf einer Vorstandssitzung des SPD-Bezirks Niederrhein in Düsseldorf gefaßt. Durch das Parteiverfahren sollen die für die Vorgänge Verantwortlichen zur Rechenschaft gezogen werden.*

*Der SPD-Bezirksvorstand Niederrhein betonte nach der Sitzung am Dienstag ausdrücklich, er verurteile aufs schärfste, daß die SPD-Stadtverordneten das KP-Mitglied Schlechter erneut zum Bürgermeister gewählt haben. Die Wiederholung der Wahl war notwendig geworden, weil sich die Zusammensetzung des Parlaments auf Grund von Feststellungen des Wahlprüfungsausschusses verändert hatte. Schon bei der ersten Wahl hatten die Sozialdemokraten für den Kommunisten gestimmt. Auch diese Wahl war vom SPD-Bezirksvorstand mißbilligt worden. Wie ›ernst‹ seine Vorstellungen genommen werden, beweist auch die Tatsache, daß in der Stadthalle zu Solingen noch am Montag eine kommunistische Trauerkundgebung für Stalin veranstaltet wurde.«*

Zur gleichen Zeit, da in Solingen eine Einheitsfront von SPD und KPD auf kommunalem Gebiet entstand, führten Bundeskanzler Adenauer und der 1. Vorsitzende der SPD, Ollenhauer, eine Unterredung unter vier Augen durch, um engeren Kontakt zwischen Regierung und Opposition herzustellen. Über die zweistündige Unterredung wurde Stillschweigen vereinbart.

Die »Rheinische Post« vom 19. Dezember 1952 kommentierte:

*»Über das greifbare Ergebnis einer solchen engen Zusammenarbeit für die gegenwärtig vordringlichen politischen Anliegen, insbesondere die Verabschiedung der Vertragsgesetze, gibt man sich jedoch in Bonn auch nach dieser Unterredung keinen zu großen Hoffnungen hin. U. a. wird erklärt, daß die am Mittwoch von den Länderchefs geforderte ›gemeinsame außenpolitische Linie‹ sich kaum finden lasse, solange die SPD auf ihrer mit Sicherheit von Ollenhauer auch beim Kanzler erhobenen Forderung auf Neuwahlen vor der dritten Lesung der Ratifizierungsgesetze bestehe.«*

Während die Führung der SPD einerseits einen Weg suchte, sich mit der Adenauerpolitik zu arrangieren, versuchte sie andererseits, die Aktionseinheit zwischen SPD und KPD an der Basis zu zerschlagen. Ein Auszug aus einem Flugblatt der KPD zeigt die Schwierigkeit der Solinger SPD in der Durchführung der Aktionseinheit auf:

***»Nur gemeinsames Handeln bringt Erfolge***

*Die Solinger SPD hat für eine solche Politik der Winkelzüge kein Verständnis. Sie will nach wie vor in ehrlicher, offener Zusammenarbeit mit den Kommunisten durch gemeinsame Aktionen die Interessen der werktätigen Bevölkerung gegen die Adenauer-Politik verteidigen. Aus der richtigen Erkenntnis heraus, daß nur durch gemeinsames Handeln aller aufrechten und friedliebenden Kräfte des deutschen Volkes die große Not beseitigt, das Vaterland geeinigt und ein gerechter Friedensvertrag erreicht werden kann, lehnten Vorstand und Fraktion der Solinger SPD in einer gemeinsamen Konferenz mit der Bezirksleitung das Ansinnen Dobberts auf Bruch mit den Kommunisten ab und verteidigten einmütig und geschlossen die Politik der Aktionseinheit.*

Sie ziehen an einem Strick/Regierung und Opposition in Bonn

*Diese mutige Haltung der Solinger SPD darf kein Einzelfall bleiben. Die Kommunisten, besonders unsere Stadt- und Gemeindevertreter, haben die Pflicht, mit den sozialdemokratischen Genossen, vor allem mit den Fraktionsmitgliedern der Stadt-, Kreis- und Gemeindevertretungen, in sachlicher, kameradschaftlicher Aussprache das Solinger Beispiel zu diskutieren, um in allen Städten und Gemeinden die Aktionseinheit ähnlich wie in Solingen herzustellen. Das Zusammenarbeiten der Sozialdemokraten und Kommunisten ist keine ›einmalige‹, den besonderen Verhältnissen in Solingen entsprungene Angelegenheit. Die Aktionseinheit ist die sicherste Gewähr für eine erfolgreiche Kommunalpolitik im Interesse der Bevölkerung gegen die volksfeindliche Politik Bonns. Die Aktionseinheit ist darum auch die wichtigste Voraussetzung zum Sturz der Adenauer-Regierung.*
*Willi Dickhut«*

Nicht nur die Solinger SPD hatte Schwierigkeiten mit den eigenen Genossen. Auch wir hatten in den eigenen Reihen manchen Genossen, der sich einbildete, besonders klug zu sein. So hatte die »Parlamentarische Wochenschau«, eine am Wochenende erscheinende Zeitung der KPD, einen längeren Artikel mit der Überschrift »Solinger Karneval« gebracht, der einfach nicht hingenommen werden durfte. Ich beschwerte mich schriftlich beim Sekretariat des Parteivorstands und erhielt von Walter Fisch auch umgehend Antwort.

An das
Sekretariat des P.V.

22.1.1953

Betreff: Parlamentarische Wochenschau, Artikel "Solinger Karneval" 4. Januarwoche 1953

Wir machen das Sekretariat auf diesen Artikel aufmerksam mit dem Hinweis, daß dieser Artikel eine politische Schweinerei ist. Das Beispiel einer erfolgreichen Aktionseinheit als "Solinger Karneval" zu bezeichnen ist so unerhört, daß wir es nicht verstehen können, daß die Chefredaktion diesen Artikel überhaupt durchgehen ließ.

In diesem Artikel wird nur ein einzigesmal das Wort "Einheitsfront" gebraucht und zwar in Anführungsstrichen. Hat der Schreiber dieses Artikels überhaupt eine blasse Ahnung wie eine Aktionseinheit zustande kommt? Wieviel unzählige, bewußt auf ein Ziel hinsteuernde, kameradschaftliche und doch politisch grundsätzliche Diskussionen mit den Sozialdemokraten geführt werden mußten, um zu einem solchen Ergebnis wie in Solingen zu kommen? Wieviel ernste Arbeit liegt bereits hinter uns, und wieviel Arbeit kostet es noch, die Aktionseinheit weiter zu entwickeln.

Dieser Artikel ist ein Hohn auf unsere politische Arbeit. Der Schreiber dieses Artikels sollte höchstens als Berichterstatter über den Kölner Karneval verwandt werden. Wir sind der Meinung, daß er für den Artikel in der "Parlamentarischen Wochenschau" zur Verantwortung gezogen werden sollte. Entweder ist es politische Unfähigkeit oder es liegt eine Absicht dahinter die Aktionseinheit zu diskreditieren.

Mit sozialistischem Gruß

W. Dickhut

An das
Kreissekretariat

Solingen
Hauptstraße 288

# KPD
KOMMUNISTISCHE PARTEI DEUTSCHLANDS
PARTEIVORSTAND
Abteilung: Staat, Land und Gemeinde

DUSSELDORF
~~XXXXXXXXXX~~ Ackerstraße 144
Telefon: Sammelnummer 66151 Postscheckkonto: Nr. 12861 Essen

| Ihre Zeichen | Ihre Nachricht vom | Unsere Zeichen | Datum |
|---|---|---|---|
| | 22. 1. 53 | WF/IK | 26. Januar 1953 |

Betrifft:

Artikel in der "Parlamentarischen Wochenschau"

Liebe Genossen!

Wir erhielten Euern Brief vom 22. Januar 1953, in dem Ihr über den Artikel "Solinger Karneval" in der "Parlamentarischen Wochenschau" Beschwerde führt.

Wir sind mit Eurer Kritik von Anfang bis Ende einverstanden. Ihr habt vollkommen recht, wenn Ihr sagt, daß dieser Artikel ein Hohn auf Eure politische Arbeit ist. Wir werden mit der Redaktion der "Parlamentarischen"Wochenschau" unverzüglich Rücksprache nehmen, um zu sichern, daß künftighin solche bösartigen Entgleisungen nicht mehr vorkommen.

Nicht zur Entschuldigung des Artikels, aber um Euch über die Verhältnisse in der Redaktion der "Parlamentarischen Wochenschau" zu informieren, weisen wir darauf hin, daß der Verfasser des Artikels, der an der Spitze angegebene "F. H." nicht Mitglied unserer Partei ist. In der Redaktion der "Parlamentarischen Wochenschau" arbeiten nicht nur Kommunisten. Insofern ist es zu erklären, daß jemand überhaupt einen solchen Artikel geschrieben hat. Unzulässig war aber auf jeden Fall, daß der Chefredakteur einen solchen Beitrag unkorrigiert passieren ließ.

Wir schlagen Euch vor, einen Leserbrief der Redaktion der "Parlamentarischen Wochenschau" zu schreiben, in dem Ihr Eure Kritik an dem Artikel zum Ausdruck bringt und die wirklich zur Zeit wichtigen Probleme Solingens darlegt. Ein solcher Brief wird der Redaktion auch helfen, künftighin auch auf den "hinteren Seiten" mehr politische Sorgfalt zu üben.

Mit sozialistischem Gruß

W. Fisch.

Ein Mangel der sich 1952 entwickelnden Aktionseinheit zwischen SPD und KPD in Solingen war die ungenügende publizistische Bekanntmachung und Auswertung in der Bevölkerung. Ich verhandelte mit dem zuständigen Genossen in der Landesleitung und erreichte die monatliche Herausgabe der Kleinzeitung »Klingenstadt« in einer Auflage von 20 000 Stück. Das Sekretariat der Kreisleitung legte für jede Nummer die Artikel fest. Hier abgebildet ist die Titelseite der ersten Nummer. Im Inneren dieser ersten Nummer der »Klingenstadt« stand ein Artikel mit der Überschrift »**Trotz alledem — Aktionseinheit**«, der hier leicht gekürzt wiedergeben wird.

*»Die Wahl des Bürgermeisters A. Schlechter auf der Grundlage der Aktionseinheit, das Eingreifen Dobberts und die unerschütterliche Haltung der SPD in Solingen haben großes Aufsehen weit über Solingen hinaus hervorgerufen.*

*In Presse und Rundfunk nehmen Freund und Feind Stellung. Das ließ den Drahtziehern der Rechten keine Ruhe. Wer kennt die dunklen Fäden, die von Solingen über Arnold, Dobbert zu Baurichter gesponnen wurden?*

*Es war wirklich nett eingefädelt. Waren die Drahtzieher doch fest davon überzeugt, daß die SPD-Fraktion, gebunden durch den Beschluß der Bezirksleitung, nunmehr Arthur Schlechter nicht mehr wiederwählen würde. Es war gewiß eine schwere Entscheidung, als die SPD-Stadtfraktion in der Stadtverordnetenversammlung, allen Intrigen zum Trotz, geschlossen mit ihren achtzehn Vertretern Arthur Schlechter zum zweiten Mal wählte. Diese Haltung hat um so größere Bedeutung, als tags darauf der stellvertretende SPD-Vorsitzende Mellies eine Erklärung abgab, der SPD-Vorstand lehne diese Wahl mit Hilfe von SPD-Stimmen ab. Wir stellen die Frage: Soll die SPD-Fraktion denn Herrn Schmeck (CDU) oder Herrn Dreher (FDP) die Stimme als Bürgermeister geben? Soll sich die SPD ins Schlepptau der bürgerlichen Parteien begeben? Soll sie auf eine Politik im Interesse breiter Schichten der Bevölkerung verzichten? Eine erfolgreiche kommunale Aufbaupolitik ist nur durch die Aktionseinheit möglich, darüber ist sich Vorstand und Fraktion der SPD in Solingen klar. Durch die feste Haltung der SPD-Fraktion in der Frage der Bürgermeisterwahl*

Die Klingenstadt

Durch gemeinsames Handeln zum friedlichen Aufbau

1953 | Mitteilungsblatt der Kommunistischen Partei Deutschlands - Solingen | Nr. 1

# Aktionseinheit sichert den Aufbau der Klingenstadt

**Wir Kommunisten wollen durch positive Mitarbeit am Aufbau unserer Heimatstadt mithelfen, daß sie schöner wird denn je. In einem Schreiben vom 28. Januar hat die Kreisleitung der KPD dem Unterbezirksvorstand der SPD Vorschläge für ein gemeinsames Aufbauprogramm der Klingenstadt gemacht, die auch im wesentlichen die Zustimmung der Vertreter der SPD fanden. Diese Vorschläge enthielten folgende wichtige Forderungen:**

**Förderung und Unterstützung des sozialen Wohnungsbaus für die Errichtung von 1200 Wohnungen.**
**Dringendste Ausbauarbeiten einer Reihe von schlechten Straßen.**
**Beginn eines großzügigen Kanalbaus.**
**Bau der Schulen Central und Sedanstraße / Weyer.**
**Ausbau des Kinderkrankenhauses Odenthaler Weg.**
**Bau der Turnhalle Widdert.**
**Umbau der Straßenbahnlinie 2 in Obusbetrieb.**
**Bereitstellung von Mitteln einer ausreichenden Winterhilfe 1953/54.**
**Fertigstellung des vorgesehenen Ausbaus des Schlachthofes.**
**Durchführung von Notstandsarbeiten zu Tariflöhnen, um die wachsende Arbeitslosigkeit zu mildern.**
**Förderung der Solinger Wirtschaft.**

Diese und ähnliche Forderungen, als gemeinsames Programm des Aufbaus aufgestellt, werden die Parteien der Aktionseinheit SPD/KPD/FSU, gestützt auf die Zustimmung und Mitwirkung der breitesten Schichten der Bevölkerung, durchsetzen können. Nur eine feste Aktionseinheit sichert den Aufbau der Klingenstadt.

### Die Störer der Aufbauarbeit

In dem Bestreben, die Aufbauarbeit zu stören, jede positive Arbeit der gemeinsam aufbauenden drei Parteien zu hemmen oder zunichte zu machen und damit die Aktionseinheit selbst zu zerschlagen, haben sich CDU und FDP zusammengefunden und treiben Obstruktion. Damit verlassen sie den Boden einer sachlichen Kommunalpolitik. Sie müssen alles, was von der Gegenseite kommt, negieren. Um ihren dunklen Plänen Geltung zu verschaffen, machen sie Hintertreppenpolitik, benutzen sie ihre Beziehungen zur Regierung, um der kommunalen Selbstverwaltung Knüppel zwischen die Beine zu werfen, provozieren sie die Einsetzung eines Staatskommissars, versuchen sie die SPD-Fraktion zu zersetzen, indem sie einen gegen den anderen ausspielen wollen. **Das sind die „NEIN"-Sager auf alle positiven Vorschläge.** Sie machen der Bevölkerung wohl vor der Wahl Versprechungen, kehren sich aber nach der Wahl den Teufel darum. Sie kochen nur ihre eigene egoistische Parteisuppe. Sie werden darum in ihrer Einstellung, in ihrer Politik, in ihrem Handeln immer reaktionärer. Die Parteien der Aktionseinheit lassen sich dieses hinterhältige, diffamierende und quertreiberische Verhalten der reaktionären Parteien nicht länger bieten. Es geht um den Aufbau unserer Stadt und um das Wohl unserer Bevölkerung. Für dieses positive Programm werden wir die Bevölkerung mobilisieren.

*Ausschnitt der Spar-und-Bauvereins-Siedlung Weegerhof. Solche schmukken Häuser sollen nach dem Aufbauplan erbaut werden.*

*und durch die große Beachtung, die dieses Ereignis hervorgerufen hat, wurde die Bürgermeisterwahl zum Symbol der Aktionseinheit. Genau so unerschütterlich im gemeinsamen Handeln muß ein kommunales Sofortprogramm im Interesse der Bevölkerung in Angriff genommen werden.«*

Auf der 6. Tagung des Parteivorstands der KPD am 21. September 1952 wies Max Reimann in seinem Referat auf die Bedeutung der Aktionseinheit hin:

*»Wir haben auch die Pflicht, unseren sozialdemokratischen Klassengenossen sachlich und überzeugend die Frage zu beantworten, wie es weitergehen soll. Es ist ein gutes Zeichen, daß nicht wenige sozialdemokratische Genossen diese Frage gerade an uns Kommunisten richten. Weniger gut ist, daß wir Kommunisten es versäumen, die sozialdemokratischen Genossen selbst aufzusuchen, ihnen Rede und Antwort zu stehen, ihnen zu helfen, Kraft und Mut zu schöpfen, ihnen darzulegen, daß der Erfolg Adenauers nur eine vorübergehende Sache ist, daß die Politik der deutschen Imperialisten keine Perspektive hat. Wir müssen ihnen erläutern, welche große Kraft in der Aktionseinheit der deutschen Arbeiterklasse liegt und daß diese Kraft sich stützt auf die in der ganzen Welt siegreiche Kampfbewegung für Demokratie und Sozialismus . . .*

*Unser allgemeiner Arbeitsplan umfaßt bereits große Aufgaben. Wenn wir jetzt einen besonderen Plan zur Bildung und Entwicklung der Aktionseinheit aufstellen, so bedeutet das nicht, daß die hier gestellten Aufgaben losgelöst und nebenher laufen, sondern es heißt vielmehr, daß unsere gesamte politische Arbeit durchdrungen sein muß:* ***durch Aktionseinheit zum Sieg!***

*Aktionseinheit kann nur geschaffen und entwickelt werden, wenn wir uns mit der Politik der SPD auseinandersetzen. Daraus ergeben sich folgende Fragen:*

*1. Besteht Klarheit bei unseren Genossen in den Parteileitungen und Grundeinheiten über die SPD und ihre Politik?*

*2. Sind unsere Genossen in den Grundeinheiten, vor allem in den Betriebsgruppen und in den Massenorganisationen in der Lage, die hier gestellten Aufgaben erfolgreich zu lösen?*

*Die politische Arbeit besteht in der Auseinandersetzung mit der Politik der SPD und der Erläuterung der Politik unserer Partei bei Diskussionen mit sozialdemokratischen Genossen und gemeinsamen Aktionen mit dem Ziel, das Klassenbewußtsein der SPD-Genossen zu heben und bei ihnen den Widerstand gegen die Politik der SPD-Führer zu erzeugen. Eine solche Aufgabe ist nur durchführbar, wenn unsere Genossen die Verbindung mit den sozialdemokratischen Genossen herstellen und durch ein enges kameradschaftliches Verhältnis die Voraussetzungen zu regelmäßigen, systematischen Diskussionen schaffen.«*

Diese Richtlinien waren für unsere Arbeit bestimmend. Um die Aktionseinheit zwischen SPD und KPD auch an der Basis zu verbreitern und zu festigen, traten unsere Genossen im Stadtteil Ohligs an ihnen seit langem bekannte SPD-Genossen heran, um mit einer Flugblattaktion gemeinsam gegen CDU und FDP vorzugehen. Als das gemeinsam erarbeitete Flugblatt gerade bei der Druckerei Uelhoff im Andruck war, kam zufällig Max Blum, Sekretär der SPD, in die Druckerei, um einen Auftrag abzuliefern. Er sah den begonnenen Druck unseres Einheitsflugblatts, nahm sich ein Exemplar und erhob Einspruch gegen den weiteren Druck. Am nächsten Morgen rief Heinrich Schroth bei mir an, um ebenfalls Einspruch einzulegen. Dem SPD-Genossen Wilhelm Herfeld, der das Flugblatt mit unterzeichnet hatte, wurde mit Ausschluß aus der Partei gedroht. Daraufhin ließ ich den Druck stoppen, änderte das Flugblatt geringfügig und strich den Namen des SPD-Genossen.

Der Besitzer der Druckerei Uelhoff schrieb mir über diesen Vorgang den folgenden Brief:

»... *Vor dem Fortdruck erschien im Druckraum der Parteisekretär der SPD, Herr Blum, um eine Bestellung aufzugeben. Ich selbst war abwesend, mein Sohn und mein Bruder waren im Druckraum. Herr Blum ging nun durch den Betrieb zum Druckraum und nahm Kenntnis von dem fraglichen Flugblatt. Er war sehr entrüstet und bat um Aufschub des Druckes. Bei dieser Gelegenheit muß Herr Blum ein Blatt mitgenommen haben. Kurze Zeit später kamen Sie, Herr Dickhut, und wünschten eine Änderung des Druckes, ebenfalls in meiner*

*Abwesenheit. Als ich zurückkehrte, erzählte mir mein Bruder, daß Sie die Änderung gewünscht hätten, Herr Blum eine Bestellung aufgegeben hätte. Aber von dem Einspruch des Herrn Blum hat mir niemand etwas gesagt, wahrscheinlich deshalb, weil Sie, Herr Dickhut, von sich aus das Flugblatt änderten, ohne daß meine Leute wußten, was sich inzwischen abgespielt haben mußte.*

*Anschließend habe ich heute morgen noch Herrn Blum aufgesucht und um Aufklärung gebeten. Herr Blum hat mir den Vorgang bestätigt und erklärt, daß er in Wahrung der Interessen seiner Partei um den Aufschub des Druckes gebeten habe. Es handele sich um einen Kandidaten seiner Partei. Die Herausgabe des Flugblatts wäre für seine Partei eine Katastrophe im ganzen Bundesgebiet geworden. Auch für mich als Drucker hätte die Herausgabe sehr unangenehme Folgen haben können und ich könnte es von daher nur begrüßen, daß das Flugblatt geändert worden sei . . .«*

Damit der Leser sich selbst ein Urteil über dieses »gefährliche« Flugblatt machen kann, ist ein Exemplar mit dem ursprünglichen Text hier abgedruckt.

**Wähler entscheide:**

# Demokratie oder Diktatur im Rathaus?

Herr Pütz träumt davon, als Diktator wieder ins Rathaus einzuziehen. Er läßt „Demokratie" nur dann gelten, wenn er mit einer bürgerlichen Mehrheit im Stadtparlament regieren kann. Das war aber in den letzten 4 Jahren nicht der Fall.

Die Adenauer-Regierung bereitet mit Hilfe der Regierungsparteien, an der Spitze CDU, den Krieg vor. Die Mehrheit der Solinger Stadtvertretung forderte von den Bundestagsabgeordneten den Generalkriegsvertrag nicht zu ratifizieren und verlangte Abschluß eines Friedensvertrages auf der Grundlage der Vorschläge der Sowjet-Union. Die Bonner Regierung greift immer mehr in die Finanzwirtschaft unserer Stadt und in die Selbstverwaltung ein.

**Die Landesregierung entsandte auf Anforderung von Herrn Pütz einen Kommissar nach Solingen, um die Selbstverwaltung auszuschalten.**

Gegen den Willen der Mehrheit der Solinger Bevölkerung will Herr Pütz mit Unterstützung der Landes- und Bundes-Regierung schalten und walten, wie er es für richtig hält. Dagegen muß sich die Bevölkerung wehren.

Sozialdemokraten, Kommunisten und Parteilose bildeten darum eine

***Wahlkampf-Gemeinschaft***

und fordern gemeinsam die Wähler des Wahlbezirks IX auf, ihre Stimme nicht Herrn Pütz, dem Freund Adenauers, zu geben. Wir wollen keinen neuen Krieg, sondern den friedlichen Aufbau unserer zerstörten Stadt. In gemeinsamer Arbeit wollen wir neue Wohnungen und Schulen bauen.

**Wir warnen vor der Diktatur, die die CDU und FDP im Rathaus aufrichten wollen.**

Es geht um die Erhaltung und Festigung der Demokratie und des Friedens. Unsere Kinder sollen in einem friedlichen und geeinten Deutschland glücklich leben. Um das zu erreichen

***muß die Arbeitermehrheit im Stadtparlament erhalten bleiben.***

Kandidat der Sozialdemokratichen Partei Deutschlands
**Wilhelm Herfeld**

Kandidat der Kommunistischen Partei Deutschlands
**Paul Braches**

# IV

## Kommunalpolitik und Bundestagswahl

# Etatberatungen und Aktionseinheit

Das Aufsehen, das die Aktionseinheit in Solingen überall in der BRD erregt hatte, veranlaßte den Parteivorstand unserer Partei, uns bei den Etatberatungen über den Haushaltsplan der Stadt Solingen behilflich zu sein. Zu diesem Zweck wurde Walter Fisch eingesetzt.

Er wies uns Anfang Januar 1953 auf das Nächstliegende, was zu tun war, hin:

*»Vor der Partei in Solingen steht jetzt die Aufgabe, diesen Erfolg weiterzuentwickeln. Solingen ist die stärkste politische und auch kommunalpolitische Position der Partei in Westdeutschland. Solingen muß für ganz Westdeutschland ein Beispiel sein, wie die Aktions-*

Walter Fisch

*einheit von Kommunisten und Sozialdemokraten zu Erfolgen für die ganze Arbeiterschaft und für alle werktätigen Menschen führt. Ein Beispiel für den gemeinsamen Kampf gegen Generalvertrag und für die Wiedervereinigung, ein Beispiel aber auch für den erfolgreichen Kampf um die sozialen und kulturellen Interessen der Bevölkerung.*

*Darum kann man sich jetzt in Solingen nicht mehr mit allgemeinen Aufrufen und allgemeinen Erklärungen begnügen. Die entscheidende Frage in Solingen ist jetzt vielmehr, welche Politik die in der Aktionseinheit gemeinsam handelnden Sozialdemokraten und Kommunisten betreiben.*

*In Solingen steht als nächstes die Stellungnahme zum Etat bevor. Der Etat ist das Grundgesetz der Politik der Gemeinde für dieses Jahr. In der Stellungnahme zum Etat kommt darum auch die Stellungnahme unserer Partei zur gesamten Politik in Solingen zum Ausdruck.«*

Ich arbeitete einen entsprechenden Entwurf für eine solche Stellungnahme als Grundlage für die Diskussion mit den Solinger SPD-Genossen aus. Walter Fisch stimmte dem Entwurf zu, und ich übermittelte ihn Heinrich Schroth, dem Vorsitzenden der SPD im Unterbezirk Solingen. Unsere Vorschläge bildeten die Grundlage mehrerer Gespräche zwischen SPD und KPD. Um die Diskussion noch breiter zu entfalten, verbreiteten wir den Entwurf als Flugblatt in der Bevölkerung.

Das veranlaßte die SPD, ihre Ansicht auch schriftlich zu formulieren. Es zeigte sich, daß Heinrich Schroth und die SPD-Fraktion nicht bereit waren, einen gemeinsamen Entwurf von SPD und KPD zum Etat auszuarbeiten. Im Gegenteil: Ihr Entwurf sollte als Mittel dienen, die bisherige Aktionseinheit zu sprengen, ohne daß sie selbst allzu offen die Rolle des »Schwarzen Peter« übernehmen mußten. Sie hatten deshalb ihr Papier weder mit einer Anschrift noch mit einer Unterschrift versehen. Aber ganz offensichtlich war es das Werk Heinrich Schroths, der sich den Rückzug aus der Aktionseinheit offenlassen wollte. Das war der hintergründige Sinn des SPD-Papiers zum Etat der Stadt Solingen, aus dem auf Seite 135/136 zitiert wird.

# Ein Programm für Solingen

**Am 28. Januar dieses Jahres hat die Kreisleitung der KPD dem Unterbezirksvorstand der SPD in Solingen Vorschläge für ein gemeinsames Aufbauprogramm der Stadt Solingen überreicht. Diese Vorschläge wurden in mehreren Besprechungen beraten und fanden im wesentlichen die Zustimmung der Vertreter der SPD. Wir sind der Meinung, daß ein solches Programm nur dann verwirklicht werden kann, wenn es sich auf die Zustimmung und die Mithilfe der breitesten Schichten der Solinger Bevölkerung stützen kann. Wir glauben auch, daß die Bürger unserer Stadt über unsere Forderungen hinaus noch Hunderte von wichtigen Vorschlägen machen könnten, die in einem solchen Programm berücksichtigt werden müßten.**

**Darum unterbreiten wir der Solinger Bevölkerung unseren Programmvorschlag. Die Beratungen über den Haushaltsplan sind bereits in vollem Gange. Diese Beratungen werden zum Wohle unserer Stadt ausgehen, wenn sie die Wünsche und Forderungen unserer Bevölkerung beachten. Es ist bekannt geworden, daß von übergeordneten Stellen Maßnahmen eingeleitet werden sollen, in der Absicht, die Zusammenarbeit der friedlichen Kräfte in Solingen zu stören. Gerade darum ist es besonders wichtig, daß die Solinger Bevölkerung weiß, worum es geht.**

Unser Brief an die SPD hat folgenden Wortlaut:

An den

Unterbezirksvorstand und an die Stadtverordnetenfraktion der SPD

Solingen

Werte Genossen!

Das Zusammengehen unserer Fraktionen auf kommunalpolitischem Gebiet, insbesondere bei der Verteidigung der Selbstverwaltung und bei der Wahl des Oberbürgermeisters und Bürgermeisters hat in der Solinger Bevölkerung und weit darüber hinaus große Beachtung und Zustimmung gefunden. Wir sind der Meinung, daß wir nun auch bei der Lösung der dringendsten Probleme unserer Stadt dem Willen der Wähler Rechnung tragen müssen.

Darum schlagen wir Euch vor, daß wir in gemeinsamer Aussprache Mittel und Wege suchen, wie wir die Interessen der Bevölkerung am wirksamsten vertreten können. Da der Haushaltsplan die Grundlage für die Zielsetzung und Durchführung der kommunalen Politik darstellt, sind wir der Auffassung, daß wir zunächst gemeinsam einige konkrete Programmpunkte ausarbeiten sollten, die im neuen Haushaltsplan ihren Niederschlag finden.

Der von der Verwaltung vorgelegte Entwurf für den diesjährigen Haushaltsplan entspricht nach unserer Auffassung nicht den Wünschen und Interessen der Solinger Bevölkerung. Er ist vielmehr ein typisches Beispiel dafür, wie eine Verwaltung versucht, die ihr durch die verderbliche Politik der Bundes- und Landesregierung auferlegten Schwierigkeiten auf die städtische Bevölkerung abzuwälzen. Auf diese Weise wird die Stadtverwaltung zum widerspruchslos ausführenden Organ der Bundes- und Landespolitik. Nach unserer Meinung darf unsere Stadt das Recht der kommunalen Selbstverwaltung nicht preisgeben. Eine demokratische Verwaltung muß gemeinsam mit der Bevölkerung dafür eintreten, daß die städtischen Mittel so verwendet werden, wie es dem Wohle der Bevölkerung entspricht und nicht wie Adenauer und Schäffer es verlangen, daß die Gemeinden geschröpft werden sollen, um Milliarden für ihre Aufrüstungs- und Besatzungskasse einzutreiben.

Heute sind 85 bis 90 Prozent unseres Haushaltsplanes von obenher für zweckgebunden erklärt und damit der Verfügungsgewalt des Stadtparlaments entzogen. Eine solche Politik darf nicht fortgesetzt werden, wenn wir uns nicht mitschuldig machen wollen am Zusammenbruch der gesamten kommunalen Politik.

Grundsätzlich sollten darum SPD und KPD im Zusammenhang mit dem neuen Haushaltsplan die Erklärung abgeben, daß die Bonner Politik des Generalvertrages und des EVG-Vertrages nicht nur den Frieden und die Wiedervereinigung Deutschlands auf das ernsteste bedrohen, sondern daß sie auch einer jeden kommunalen Politik, die dem Wohle der Bevölkerung dient, im Wege stehen. SPD- und KPD-Fraktion sollten sich darum entschieden gegen die Ratifizierung der Verträge von Bonn und Paris und für die baldige friedliche Wiedervereinigung Deutschlands aussprechen.

SPD- und KPD-Fraktion sollten außerdem die grundsätzliche Erklärung abgeben, daß in Solingen im **kommenden Haushaltsjahr** keinerlei Tariferhöhungen für Gas, Wasser, Strom und Verkehrsmittel vorgenommen werden.

Grundsatz bei der Aufstellung des Etats müßte sein, daß alle Steuer- und sonstigen Einnahmen der Stadt so verwendet werden, wie es die dringendsten Bedürfnisse der Bevölkerung verlangen.

Darüber hinaus muß die Befreiung der Stadt und ihrer Einrichtungen von allen unsozialen steuerlichen und sonstigen Belastungen angestrebt werden. Wir denken dabei insbesondere an die Belastung durch die

Körperschaftssteuer,
das Notopfer Berlin,
die Konzessionsabgaben,
die sogenannte Investitionshilfe,
die Lastenausgleichsabgaben usw.

Die Vertreter der Stadt Solingen sollten diese Forderungen beispielsweise auf dem Städtetag nicht nur für sich, sondern für alle unter der Bonner Finanzpolitik leidenden Kommunen erheben.

In unserem Aufbauprogramm haben wir auf eine ganze Reihe von Mißständen in unserer Stadt hingewiesen und Vorschläge zu deren Behebung gemacht. Die von uns kritisierten Verhältnisse auf dem Gebiete des Wohnungsbaues, im Gesundheitswesen, bei den Schulen, im Straßenbau und in der Kanalisation sowie bei der öffentlichen Fürsorge sind zum Teil nun auch durch die Feststellungen der Regierungskommission von amtlicher Seite bestätigt worden. Anstatt daß unsere Verwaltung diese Feststellungen zum Anlaß genommen hätte, bei der Aufstellung des Haushaltsplanes darauf zu achten, daß Mittel für eine wenigstens teilweise Behebung dieser Mißstände bereitgestellt werden, ist sie auf diese Dinge gar nicht eingegangen und hat zum Beispiel keinen Pfennig für den sozialen Wohnungsbau bereitgestellt, obwohl 5 000 Wohnungsuchende in unserer Stadt sind und wir noch nicht einmal den Bundesdurchschnitt im Wohnungsbau erreichen.

„Als Verhandlungsgrundlage für einen gemeinsam aufzustellenden Haushaltsplan unterbreiten wir Euch folgende Vorschläge:

## 1. Bau- und Wohnungswesen

**Für die Förderung und Unterstützung des sozialen Wohnungsbaues** wird im ordentlichen Haushalt die Summe von 1 000 000 DM bereitgestellt.
Von der Sparkasse werden für denselben Zweck 3 000 000 DM Anleihe aufgenommen.

Diese Mittel werden als 1. Hypothek in einem noch näher zu bestimmenden Verhältnis den Bauvereinen (Genossenschaften), der privaten Bauwirtschaft und den Siedlern zur Verfügung gestellt. Die Verteilung der Mittel geschieht so, daß sichergestellt wird, daß bis zum Abschluß des Haushaltsjahres 1953/54 etwa **1 200 Wohnungen** gebaut werden.

Ein noch näher zu bestimmender Prozentsatz dieser Wohnungen wird für die Beseitigung der menschenunwürdigen Notunterkünfte (Bunker und Baracken) bereitgestellt.

**Straßenbau.**

Als dringendste Ausbauarbeiten werden folgende Straßen vorgesehen:

Eigener Berg,
Kotterstraße.

(Straßen-Ausbauplan soll nach Übereinkunft aufgestellt werden.)

Dafür werden im ordentlichen Haushaltsplan ............ DM eingesetzt.

**Kanalisation.**

Neubau des Hauptsammlers von der Kläranlage Ohligs bis Bechermühle. Die vorgesehenen 460 000 DM bleiben im ordentlichen Haushaltsetat. Es sind sofort Schritte zur Planung und zur Klärung der Grundstücksangelegenheiten zu unternehmen. Baubeginn spätestens Sommer 1953.

## 2. Schulen

a) Ausbau des gesamten Kellergeschosses der Schule Central und Fertigstellung des ersten Bauabschnittes — 5 Klassen 400 000 DM

b) Planung und Neubau einer Neunklassenschule Sedanstr.-Weyer, erster Bauabschnitt 4—5 Klassen 500 000 DM

## 3. Gesundheits- und Jugendpflege

a) Ausbau des Kinderkrankenhauses Odenthalerweg. Der vorgesehene Teilbetrag von 250 000 DM verbleibt im ordentlichen Haushaltsplan, Baubeginn sofort.

b) Bau der Turnhalle Widdert. Der vorgesehene Betrag von 100 000 DM verbleibt im ordentlichen Haushaltsplan. Baubeginn im Frühjahr 1953.

## 4. Wirtschaftliche Unternehmen

Umbau der Straßenbahnlinie 2 in Obus-Betrieb. Die errechneten Baukosten in der Höhe von 1 400 000 DM werden teils in den ordentlichen Haushaltsplan einbezogen und teils durch Anleihen (Firmenkredit) aufgebracht.

Die vorgesehenen Gleiserneuerungen der Linie 2 in der Höhe von 383 000 DM unterbleiben. Der Betrag wird für den Bau der Obus-Linie bereitgestellt. Weitere Mittel können durch Verschrottung der alten Anlage gewonnen werden. In Anbetracht der schlechten Gleisanlagen muß mit dem Umbau sofort begonnen werden.

## 5. Fürsorge und Jugendhilfe

Bereitstellung von Mitteln zur Gewährung einer ausreichenden Winterhilfe 1953/54 für alle Fürsorgeempfänger 500 000 DM

## 6. Oeffentliche Einrichtungen

Fertigstellung des vorgesehenen Ausbaues des Schlachthofes.

Die Mittel für 1953 in der Höhe von 315 000 DM verbleiben im ordentlichen Haushaltsplan.

## 7. Notstandsarbeiten

Um die wachsende Arbeitslosigkeit zu mildern, werden für eine Reihe Bauarbeiten Notstandsarbeiter zu Tariflöhnen eingestellt. Notstandsarbeiter können zweckmäßigerweise verwandt werden:

bei dem Umbau der Linie 2,
beim Bau der Kanalisation,
beim Straßenbau.

## 8. Förderung der Solinger Wirtschaft

Es wird ein außerparlamentarischer Wirtschaftsausschuß gebildet, der im Zusammenwirken mit Stadtverwaltung und Stadtvertretung Wege zur Förderung der Solinger Wirtschaft erschließt. Die wichtigste Aufgabe ist die Förderung des Exportes Solinger Schneidwaren durch:

1. Aufhebung der Ausfuhrbeschränkungen
2. Erweiterung des innerdeutschen Handels
3. Aufnahme von Handelsbeziehungen mit unserem natürlichen Absatzgebiet, den Ländern des Ostens.

Grundbedingung einer solchen Kommunal- und Wirtschaftspolitik ist das Streben nach Verständigung mit allen Völkern.

Schließlich sind wir der Meinung, daß die Bevölkerung unserer Stadt zur demokratischen Mitarbeit an den öffentlichen Angelegenheiten herangezogen werden müßte. Die Bevölkerung unserer Stadt könnte hundertfältige Vorschläge und Hinweise machen, die dem Stadtparlament und der Stadtverwaltung von Nutzen sind. Auch müßte eine Möglichkeit geschaffen werden, daß die verschiedenartigsten Interessenvertretungen in unserer Stadt ihre besonderen Wünsche bei den zuständigen Organen zum Ausdruck bringen können. Wir denken dabei an außerparlamentarische Ausschüsse, die aus Vertretern der Organisationen und Interessenverbänden gebildet werden und die offiziell anerkannt werden müßten.

Wir glauben, daß diese wenigen Punkte, die wir aus der großen Zahl der noch ungelösten Probleme unserer Stadt als die wichtigsten herausgegriffen haben, in kameradschaftlicher Aussprache geklärt und zu einem konstruktiven Programm für unsere Stadt gestaltet werden können.

Wollen wir darangehen, das Vertrauen, das die Solinger Bevölkerung in das neugewählte Stadtparlament, insbesondere in die Zusammenarbeit von Sozialdemokraten und Kommunisten gesetzt hat, zu rechtfertigen.

Mit sozialistischem Gruß

**Kreisleitung der KPD**
**Solingen**

Verantwortlich: Betty Pallas, M. d. L. Druck: Düssel-Druck, Düsseldorf

*»Vorschläge zum Etat der Stadt Solingen*

*Die Etatberatungen des Jahres 1953 stehen im Zeichen einer abgehenden Konjunktur. Es wird deshalb von einiger Wichtigkeit sein, daß wir nicht nur bei den Ansätzen eine gewisse Vorsicht an den Tag legen, sondern darüber hinaus bedacht bleiben, in der Industrie ausfallende Arbeitsplätze durch solche Arbeiten zu ersetzen, die im Baugewerbe liegen und für ungelernte Arbeiter durchführbar sind. Außerdem wird äußerste Beschränkung bei den Aufgaben der Hoheitsverwaltung notwendig sein. Soweit im Augenblick zu übersehen, hat die Verwaltung in ihrem Voranschlag diesem Grundsatze gehuldigt und von Ausgaben abgesehen, die vermeidbar waren.*

*Auf dem Gebiet der **Volksschulen** ist von besonderer Wichtigkeit die Durchführung der Schulhof- und Schulmöbelaktion. Mit den für Neubauten erfolgten Ansätzen glauben wir, das diesjährige Programm bestreiten zu können ...*

*Die **Berufsschulen** sind im außerordentlichen Haushalt bedacht, auch da müssen wir hoffen, daß es gelingt, entsprechende Anleihen zu beschaffen ...*

***Kulturetat.** Es bleibt zu überlegen, ob die hier nicht verbrauchten Mittel mit einem Sperrvermerk versehen werden können, um diese Ausgaben notfalls an anderer Stelle verwenden zu können.*

*Dem **Wohlfahrtsetat** glauben wir ... nichts hinzufügen zu brauchen.*

*Wichtig und von daher mit einer besonderen Aufmerksamkeit zu bedenken ist der **Krankenhausetat**, für den man im außerordentlichen Haushalt einschließlich des Wiederaufbaus des Schwesternhauses am Frankenplatz 1 129 000 DM zur Verfügung stellte ... Angesichts der uns noch bevorstehenden Ausgaben muß hier einmal überlegt werden, ob wir in der Lage sind, diese Beträge wirklich zu verbrauchen ...*

*Ohne die Bedeutung der **Jugend- und Gesundheitspflege** übersehen zu wollen, wollen wir diese Positionen im Augenblick nicht näher berühren ...*

*Besondere Bedeutung aber gewinnt der **Bauetat**. Bei den Beratungen des Bauausschusses wurden mit Rücksicht auf den Wohnungsbau ganz erhebliche Abstriche an den Wiederherstellungs- und Erneuerungsarbeiten gemacht. Die hier noch zur Verfügung stehenden Mittel sind mit rund 1 Million erheblich gering angesetzt ...*

*Völlig unberücksichtigt aber blieb der* ***Wohnungsbau****, den man mit 600 000 DM für Einfachbauten in den außerordentlichen Haushaltsplan einsetzte ... Trotzdem aber muß ein Bauprogramm entwickelt werden, das uns zum wenigsten 1 000 bis 1 200 Zimmer schafft ... Sollten Anleihen nicht zu bekommen sein, muß unser alter Plan, mindestens 1 Million in diesem Jahr für den Wohnungsbau zur Verfügung zu stellen, verwirklicht werden ...*

*Unsere* ***werbenden Betriebe*** *dürfen keine Zuschußbetriebe sein. Wir müssen uns ggf. entschließen, solche Betriebe abzustoßen, die nicht mindestens sich selbst erhalten.*

*Die* ***Schlachthof-Frage*** *dürfte nach Angabe der Verwaltung mit den letzten Bewilligungen zu einer zufriedenstellenden Lösung gekommen sein ...*

*Es bleibt weiter zu beachten, daß die der Gemeinde zur Verfügung stehenden Friedhöfe auch in ihren Einrichtungen ihrer Würde entsprechend gehalten bleiben. Beide* ***Kommunalfriedhöfe*** *sind in keinem erfreulichen Zustand. Wenn wir auch nicht in der Lage sind, die notwendigen Friedhofskapellen einzurichten, so sollten wir doch bedacht sein, einen würdigen Zustand zu schaffen ...*

*Es ist hier nur ein kleiner Leitfaden gegeben, wobei wir uns bei der Beratung der Deckungsvorschläge auf die Angaben der Verwaltung in erheblichem Maße verlassen müssen. Die* ***Einnahmen aus der Gewerbesteuer*** *scheinen im ordentlichen Haushalt noch etwas zu knapp angesetzt. Ebenso glauben wir, daß die Schlüsselzuweisungen mit 400 000 DM erheblich pessimistisch beurteilt wurden. Bei einem Abschluß von 1 695 000 DM im Jahre 1951 und einem Voranschlag von 1 160 000 DM in 1952 dürften doch wohl höhere Ansätze hier zu erwarten sein. Der Ansatz der* ***Getränkesteuer*** *mit 300 000 DM scheint uns jedoch etwas optimistisch, da nicht zu erwarten ist, daß die FDP ihre Haltung ändert und bereit ist, diesem Ansatz zuzustimmen. Nach unserer Meinung dürfte die Einnahmeseite sich noch um 1 000 000 DM erhöhen lassen, eben jener Million, die wir zur Durchführung der von uns als dringend angesehenen Aufgabe für notwendig erachten.«*

In diesem »Kommunalpolitischen Programm« der SPD stand kein Wort zur Aktionseinheit von SPD und KPD, nichts von gemeinsamen

An die
Kreisleitung der KPD

S o l i n g e n
Hauptstraße 288

**KPD**
KOMMUNISTISCHE PARTEI DEUTSCHLANDS
PARTEIVORSTAND
Abteilung: Staat, Land und Gemeinde

DUSSELDORF
Achenbachstraße 43
Telefon: Sammelnummer 66151 Postscheckkonto: Nr. 12861 Essen

| Ihre Zeichen | Ihre Nachricht vom | Unsere Zeichen | Datum |
|---|---|---|---|
| | | WF/IK | 19. März 1953 |

Betrifft:
Etat-Debatte in Solingen

Liebe Genossen!

Wir erhielten die Stellungnahme der SPD, Solingen, die man Euch als Antwort auf Euern Brief vom 28. Januar ausgehändigt hat.

Wir sind der Meinung, daß es auf der Grundlage dieser sozialdemokratischen Stellungnahme keine Einigung zwischen SPD und KPD und auch keine Zustimmung zum Etat geben kann.

Die Stellungnahme der SPD stützt sich praktisch auf den von der Verwaltung vorgelegten Etat. Was sonst aus der Stellungnahme herauszulesen ist, bedeutet, daß die SPD in keinem der wesentlichsten Punkte auf unsere Vorschläge einzugehen gewillt ist. Stattdessen gibt es in einer Reihe von Fragen sogar ein Zurückgehen hinter die ursprünglichen Vorschläge der SPD. Dazu gehört zum Beispiel das Wohnungsbauproblem. Während die SPD in ihren ersten Verhandlungen noch vom Bau von 1 500 Wohnungen sprach, spricht sie in der vorliegenden Stellungnahme nur noch von 1 000 bis 1 200 Zimmern. Auch in bezug auf die Deckungsvorschläge will man sich "auf die Angaben der Verwaltung in erheblichem Maße verlassen". Die Positionen für die Jugend- und Gesundheitspflege will man "im Augenblick nicht mehr berühren". Von den ursprünglichen Projekten für den Krankenhaus- und Schulhausbau, für den Kulturetat usw. werden weitgehende Abstriche gemacht.

Im übrigen nehmen wir an, daß diese Stellungnahme, die ja ohne Anschrift und Unterschrift Euch übermittelt wurde, gar keine Antwort auf unseren Brief vom 28. 1. darstellt. Das Schreiben ist offensichtlich für ganz andere Stellen bestimmt. Vermutlich für irgendeine zentrale Parteistelle der SPD oder zur Orientierung der Mitglieder der SPD-Fraktion in Solingen.

Wir empfehlen Euch, die Besprechungen mit der SPD unverzüglich wieder aufzunehmen und den Freunden ganz eindeutig zu sagen, daß wir hinsichtlich des Etat einen anderen Standpunkt einnehmen, und daß wir auf Behandlung unserer Vorschläge beharren. Man muß jetzt schon sagen, daß es auf der Basis ihres Schreibens für uns keine Zustimmung zum Etat geben kann.
Im übrigen wird es jetzt erst recht höchste Zeit, daß die längst geplanten Bürgerversammlungen in den Stadtteilen stattfinden.

Mit sozialistischem Gruß

W. Fisch

Beratungen über den Etat, auch nichts darüber, wie es in Solingen weitergehen sollte. Wir schickten Walter Fisch ein Exemplar dieses Papiers, und er antwortete umgehend. (Siehe Faksimile auf Seite 137)

Aus dem Brief geht hervor, daß Walter Fisch noch erwartete, daß die Gespräche mit der SPD weitergeführt werden könnten. Doch die SPD hatte bereits zum Rückzug geblasen und wollte die Aktionseinheit in aller Stille begraben. Damit war auch der SPD-Vorsitzende Ollenhauer einverstanden, wie sein wohlwollendes Lächeln auf nebenstehendem Bild zum Ausdruck bringt.

Heinrich Schroth gab dem »Solinger Tageblatt« vom 19. März 1953 ein Interview, das hier im Wortlaut wiedergegeben wird:

***»Gemeinsames Programm SPD und KPD?***
***Ein offener Brief der KPD an die SPD —***
***drei Fragen an Heinrich Schroth***

*›Freies Volk‹, das Organ der KPD, veröffentlichte in dieser Woche einen offenen Brief der Kreisleitung der KPD an den Unterbezirksvorstand und an die Stadtverordnetenfraktion der SPD, in dem die ›sozialdemokratischen Genossen‹ aufgefordert werden, zusammen mit der KPD ein gemeinsames Aufbauprogramm für Solingen zu verwirklichen. Die Vorschläge der KPD, die in dem jetzt zur Verabschiedung stehenden Haushaltsplan noch berücksichtigt werden sollen, beziehen sich auf alle Aufgabengebiete. Der Verwaltungsentwurf wird abgelehnt, weil dieser ein ›typisches Beispiel dafür ist, wie eine Verwaltung versucht, die ihr durch die verderbliche Politik der Bundes- und Landesregierung auferlegten Schwierigkeiten auf die städtische Bevölkerung abzuwälzen‹. Die SPD wird aufgefordert, im Zusammenhang mit dem neuen Haushaltsplan die Erklärung abzugeben, daß sie gegen die Bonner Politik des Generalvertrags sei.*

*Schon am 28. Januar hat die KPD — laut ›Freies Volk‹ — der SPD Vorschläge ›für ein gemeinsames Aufbauprogramm der Klingenstadt überreicht‹. Weiter heißt es wörtlich: ›Diese Vorschläge wurden in mehreren Besprechungen beraten und fanden im wesentlichen die Zustimmung der Vertreter der SPD.‹*

*Wie steht die SPD zu diesen Vorschlägen der KPD? Bedeutet dieser Vorschlag eine Vertiefung der von den Kommunisten so genannten*

Heinrich Schroth und Erich Ollenhauer

*›Aktionsgemeinschaft zwischen SPD und KPD‹? Wir baten den Vorsitzenden des Unterbezirks Solingen der SPD, Ratsmitglied Heinrich Schroth, um Beantwortung dieser Frage.*

*›Es stimmt, daß wir mit der KPD-Fraktion über Etatfragen gesprochen haben‹, erklärte uns Heinrich Schroth, ›wir haben aber keine Abmachungen getroffen oder gemeinsame Programme aufgestellt. Eine Reihe Anregungen der KPD ist gut, verschiedene Vorschläge sind Gedankengut der SPD, einige Forderungen müssen wir ablehnen. Im übrigen,‹ so sagte Schroth, ›kann man nicht von Aktionsgemeinschaft sprechen, wenn wir in einzelnen Fragen mit der KPD übereinstimmen. Wir sind bereit, mit jeder Fraktion in Gespräche über den Etat einzutreten.‹*

*Wir fragten Heinrich Schroth in diesem Zusammenhang: ›Glauben Sie, daß es in Zukunft möglich sein wird, die strittigen Fragen, die das Verhältnis zwischen den Parteien belasten und eine gedeihliche*

Bürgermeister Schlechter (KPD) bespricht sich kurz mit den Mitgliedern seiner Fraktion während den Beratungen des Haushaltsplans.

*Zusammenarbeit im Stadtrat erschweren, durch eine gütliche Bereinigung aus dem Wege zu schaffen?‹*

*Heinrich Schroth antwortete: ›Trotz aller Enttäuschungen, die wir erlebt haben, glauben und hoffen wir, daß es doch eines Tages möglich ist, mit allen Fraktionen zu einem klärenden Gespräch und schließlich zu einer vertrauensvollen Zusammenarbeit zu kommen. Die SPD ist bereit, jeden vernünftigen Vorschlag, der der Gesamtheit der Solinger Bevölkerung zum Segen gereicht, zu unterstützen.‹«*

Soweit das Interview. Es war das vorläufige Ende der Aktionseinheit in Solingen. Das zeigte sich offen bei der Entscheidung über die Etatvorschläge. Die von der KPD gemachten Vorschläge wurden nicht berücksichtigt. Sie hätten dem Haushaltsplan ein anderes Gesicht gegeben. Die Verwirklichung hätte nur im Kampf gegen die Bonner Kriegspolitik und durch Erzwingung höherer Landeszuweisungen erreicht werden können. Solange der Haushaltsplan nur Durchführungsgesetz der Landes- und Bundesregierung war, solange nicht die dringendsten Interessen und Wünsche der Bevölkerung berücksichtigt wurden, mußten wir unsere Zustimmung versagen. Die KPD-Fraktion lehnte darum den Haushaltsplan 1953 ab.

Zum Schluß der Etatberatung sorgte die FDP noch für Humor, was die nachfolgende Karikatur zum Ausdruck bringt:

Aus dem FDP-Rundschreiben Nr. 7 wörtlich entnommen: *»Trotzdem rang sich die FDP zu einem Ja zum Haushaltsplan 1953 durch.«*

## Bundestagswahl 1953 — Max Reimann kandidiert in Solingen / Remscheid

Der Parteivorstand entschied, daß Max Reimann im Wahlkreis Solingen/Remscheid kandidieren sollte, weil hier die Aktionseinheit zwischen SPD und KPD am weitesten fortgeschritten war.

Es stellte sich heraus, daß Heinrich Schroth nicht nur aus kommunalpolitischen Gründen den Rückzug aus der Aktionseinheit angetreten hatte. Vielmehr strebte er die Aufstellung als Kandidat für die Bundestagswahl an. In einer Delegiertenkonferenz der SPD des Wahl-

Max Reihmann

**Adenauers Wahlgesetz**

»Meine Herren, einigen wir uns doch auf einen Kompromiß. — Wählen Sie mir oder mich, mir is et ejal.« (Aus »Stuttgarter Zeitung«)

kreises Solingen/Remscheid wurde er auch gewählt. Damals ahnte er noch nicht, daß er von dem alten Fuchs Adenauer übel verleumdet werden sollte.

Etwa Mitte August behauptete Adenauer nämlich, daß »aufgrund ihm vorliegender Unterlagen« die zwei Funktionäre Schroth und Scharley je 10 000 DM durch einen Kurier aus der DDR bekommen hätten. Heinrich Schroth bezeichnete eidesstattlich die Behauptung Adenauers als Lüge und Verleumdung und versicherte in einer Wahlversammlung in Solingen-Ohligs, daß er erstens keinen Kurier empfangen und zweitens kein Geld aus der DDR bekommen hätte. Beim Amtsgericht Bonn beantragte er den Erlaß einer einstweiligen Verfügung. Die »Neue Presse« schrieb am 22. August 1953:

*»›**Beweismaterial**‹ **vorlegen!***
*Schroths Antrag beim Amtsgericht*

*Das Amtsgericht zu Bonn nahm gestern den Antrag des Bundeswahlkandidaten für Solingen/Remscheid, Heinrich Schroth, gegen den Bundeskanzler Dr. Adenauer auf Erlaß einer einstweiligen Verfügung an. Schroth beantragte eine Verfügung, die dem Bundeskanzler untersagt, die gegen Schroth aufgestellten Behauptungen weiter zu verbreiten. Zur Glaubhaftmachung seines Antrages versicherte Schroth an Eides statt, daß er niemals Geld aus der Sowjetzone erhalten habe. Mit diesem Antrag ist der Bundeskanzler nunmehr vor die Notwendigkeit gestellt, sein angeblich vorhandenes Beweismaterial dem Gericht vorzulegen.«*

Wie beurteilte ich damals die Angelegenheit? Für mich war klar, daß die Behauptung Adenauers eine Verleumdung war. Ich hatte so viele Gespräche mit Heinrich Schroth geführt, daß ich seine Absichten kannte. Wie viele Kleinfabrikanten der Solinger Schneidwarenindustrie, so war auch Schroth an einem innerdeutschen Handel interessiert. Die Solinger Schneidwarenindustrie war nämlich zu 50 bis 60 Prozent auf den Export angewiesen. Und wir hatten seit über einem Jahr immer wieder darauf hingewiesen, daß trotz aller Bemühungen die Ausfuhrentwicklung so lange eine rückläufige Tendenz aufweisen würde, wie eine einseitige Orientierung auf den kapitalistischen Weltmarkt bestehen bliebe. Die bisherigen Exportzahlen von Januar bis August 1953 im Vergleich zu derselben Zeit des Vorjahres bestätigten dies durch einen bedeutenden Abfall. Es gelang nicht einmal vorübergehend, den Rückgang aufzuhalten (siehe Tabelle auf Seite 145).

Ein paar Wochen vor der Wahl wurde ich mit dem Handelsbevollmächtigten der DDR, Orlopp, bekannt gemacht. Er interessierte sich für Firmen der Schneidwarenindustrie. Zunächst besuchten wir den Geschäftsführer der Industrie- und Handelskammer, der uns über die wirtschaftliche Lage in Solingen konkrete Auskunft gab. Dann nahmen wir Kontakt auf zu einer Reihe von Firmen in Solingen und Leichlingen; unter anderem auch zu Heinrich Schroth, der ja einen kleinen Betrieb der Schneidwarenbranche hatte. Für die »Rheinische Post« war das mal wieder ein gefundenes Fressen.

**Exportzahlen der Solinger Schneidwarenindustrie in 1 000 DM**

| Monat | 1953 | 1952 |
|---|---|---|
| Januar | 5 890 | 8 395 |
| Februar | 5 924 | 7 430 |
| März | 7 087 | 9 320 |
| April | 7 973 | 8 301 |
| Mai | 8 495 | 9 641 |
| Juni | 8 419 | 9 166 |
| Juli | 8 520 | 10 174 |
| August | 8 096 | 8 849 |
| Insgesamt | 60 404 | 71 276 |

In einem Artikel vom 5. September 1953 versuchte sie den Teufel an die Wand zu malen.

*»Schroth-Wähler stärkt Aktionseinheit*

*... Noch vor wenigen Tagen reiste zum Beispiel der Bundestagswahlkandidat der Sozialdemokraten, Herr Schroth, mit dem offiziellen Vertreter der sogenannten Deutschen Demokratischen Republik der Sowjetzone, Herrn Orlopp, durch die Klingenstadt, um Stimmung zu machen für das ›Wohlwollen‹, das die SED-Regierung Solingen gegenüber empfinde. So sah man einmal den Handelsbeauftragten der Sowjetzone mit Schroth, das andere Mal mit dem kommunistischen Parteisekretär Dickhut zusammen. Der Solinger Industrie wurden bekanntlich größere Aufträge in Aussicht gestellt.*

*Nun muß man fragen, warum Herr Orlopp, anstatt auch die großen anderen Industriebezirke Westdeutschlands mit seinem Besuch zu beehren, ausgerechnet nur nach Solingen kam. Der Termin des Besuches gibt darauf Antwort: Die Wahl stand vor der Tür. Und in Solingen kandidiert der Mann, der den Kommunisten am wertvollsten ist: Reimann. Sollte die Sache mit Reimann jedoch nicht in Ordnung gehen, so folgert man zweifellos in Pankow, so sei auch Schroth auf Grund seiner bisherigen Zusammenarbeit mit der KPD nicht zu ver-*

*achten. Pieck und Grotewohl sind zweifellos über alle Einzelheiten der Solinger Aktionseinheit genauestens unterrichtet und bringen ihm Vertrauen entgegen . . .*

*Aber diese Aufträge sind doch nicht das A und O des Ganzen. Wer wollte bestreiten, daß sie nicht — um eben den Termin der Vergebung zu beachten — auch Köder sein könnten? Stecken nicht tiefere Gründe dahinter? Man braucht nur an die Entwicklung der Sowjetzone nach der Angleichung der Regierungsmethode an das Moskauer Vorbild zu erinnern. Enteignung, Verstaatlichung, Besitzentzug und andere Maßnahmen setzen der Privatinitiative jenseits des Eisernen Vorhangs ein völliges Ende.«*

Unsere Parteipresse berichtete im Gegensatz zu den Hetztiraden in der »Rheinischen Post« sachlich und informativ. Anhand bestimmter Fakten konnten sich unsere Leser selber ihre Gedanken machen:

***»Ein aufschlußreicher Dialog***

*Im Verlaufe der Zusammenkunft von Solinger und Remscheider Fabrikanten bei der Industrie- und Handelskammer Solingen, an der Vertreter der Adenauerregierung und der Regierungsbeauftragte der DDR für den innerdeutschen Handel, Herr Orlopp, teilnahmen, kam es zu einem aufschlußreichen Dialog zwischen den beiden Letztgenannten.*

*Der Vertreter der Bundesregierung, Herr Oberregierungsrat Woratz, fragte den Regierungsvertreter der DDR scheinheilig, wie es komme, daß die Deutsche Demokratische Republik nur kleine Aufträge nach Westdeutschland vergäbe, während sie größere Aufträge von ausländischen Firmen ausführen lasse.*

*Herr Woratz hätte nicht so dumm fragen sollen, denn die Antwort stellte ihn und die gesamte Bonner Regierungspraxis in unzweideutiger Weise bloß. Sinngemäß erklärte Herr Orlopp: Sie bringen mich direkt in Verlegenheit, Herr Woratz. Sie erinnern sich doch noch sehr genau, daß die Handelsstellen der DDR vor zwei Jahren in Westdeutschland einen größeren Posten Schienen kaufen wollten. Sie selbst, Herr Woratz, haben diese Verhandlungen mit mir geführt. Unsere Bestellung wurde von Ihnen abgelehnt, weil Schienen angeblich ›strategische‹ Ware wäre, die nicht in die DDR geliefert werden dürfe. Wir, die DDR, haben die Schienen daraufhin in Großbritannien bestellt, und sie wurden prompt geliefert. Dort waren sie nicht ›strategisch‹ wichtig.*

*Dieses kleine Intermezzo beleuchtet treffend die Situation des innerdeutschen Handels. So kommt es dann, daß der vertragliche Rahmen im Interzonenhandel gegenwärtig viel zu eng ist, als daß unter den Bedingungen der Adenauerregierung von seiten der DDR in der Vergangenheit immer alle Wünsche der Solinger und Remscheider Friedensindustrie voll erfüllt werden konnten.«*

Ich selbst schrieb anläßlich dieser Diskussionen einen Artikel »Wirtschaftsausstieg oder Wirtschaftskrise« für unsere Wahlzeitung, die traditionsgemäß »Bergische Arbeiterstimme« genannt wurde.

Um den Wahlkampf zu beleben, hatte ich sechs Kurzreden ausgearbeitet, die auf Grammophonplatten aufgenommen wurden. Ein Schallplattenspieler mit Trichter wurde einfach an das offene Fenster gestellt, und die Serie der Kurzreden wurde abgespielt. Das konnte gleichzeitig und ohne großen Aufwand in mehreren Siedlungen gemacht werden, denn etliche Genossen besaßen einen solchen Apparat. Eine dieser Reden behandelte die wirtschaftliche Lage Solingens:

*»Solinger Bürger, Wählerinnen und Wähler!*

*Die wirtschaftliche Entwicklung bestimmt die Lebenslage der Bevölkerung unserer Stadt. Ausschlaggebend ist in Solingen die Schneidwarenindustrie, die ebenso berühmt wie krisenempfindlich ist. Die gegenwärtige wirtschaftliche Lage Solingens ist beschattet durch Export- und Auftragsrückgang, Dauerarbeitslosigkeit und Kurzarbeit. Im ersten Halbjahr 1953 betrug die Ausfuhr der Solinger Schneidwaren 43 Millionen DM gegenüber 52 Millionen DM in der gleichen Zeit des Vorjahres. Das ist ein Exportrückgang um 17 Prozent. Der Auftragsrückgang beträgt etwa 50 Prozent. Da die Solinger Industrie zu etwa 50 bis 60 Prozent exportgebunden ist, brauchen wir Absatzgebiete. Die Adenauerregierung führt die von den Amerikanern auferlegten Handelsbeschränkungen strikte durch, sehr zum Schaden der westdeutschen Wirtschaft und insbesondere der Solinger Industrie.*

*Wir fordern darum in unserem Wahlprogramm:*

# Wirschaftsaufstieg oder Wirtschaftskrise

Von Willi Dickhut, Solingen

In den Gesprächen, die Max Reimann als Kandidat des Wahlkreises Solingen-Remscheid mit Fabrikanten aus der Schneidwaren- und Werkzeugindustrie führte, tauchte bei den Fabrikanten immer wieder die Furcht vor einer Wirtschaftskrise auf. Nicht zu Unrecht. Bereits am 22. Mai 1953 schrieb das Organ des amerikanischen Finanzkapitals „Wallstreet Journal" über die westdeutsche Wirtschaft folgendes:

**„Rückgang der Nachfrage nach deutschem Stahl und deutschen Kraftwagen, sich versteifende Weltmärkte, Ausfall von Ratenzahlungen, die Möglichkeiten eines Waffenstillstandes in Korea: dies alles gibt Anlaß zu düsteren Ausblikken, wonach die deutsche (d. h. westdeutsche) Wirtschaft Schwierigkeiten entgegengeht. Die Gespräche über einen wirtschaftlichen Rückgang sind unter den Deutschen so verbreitet, daß das amerikanische Amt für gegenseitige Sicherheit Maßnahmen ergriffen hat, um ihnen entgegenzuwirken."**

Was hier zum Ausdruck gebracht wird, trifft auch auf die Solinger

**Leipzig ist und bleibt die Messe Deutschlands. Von der Rasierklinge bis zur Schwermaschine ist dort alles vertreten.**

Schneidwaren- und die Remscheider Werkzeugindustrie zu. Beide Industrien sind exportgebunden. Die Ausfuhrzahlen des ersten Halbjahres 1953 zeigen einen bedeutenden Rückgang gegenüber der gleichen Zeit des Vorjahres: Solingen um 16,5 Prozent und Remscheid um 25,9 Prozent.

## Gefahr einer tiefen Krise

Niemand, der real denkt, wird sich der Befürchtung der Solinger und Remscheider Fabrikanten und ihrer Belegschaften, die um ihren Arbeitsplatz bangen, verschließen können. Schon greift die schleichende Krise auch auf andere Industriezweige über. So ist Kronprinz, Solingen, gezwungen, Einschränkungen in der Arbeitszeit und sogar Entlassungen vorzunehmen. Alle Anzeichen deuten darauf hin: Wenn dieser wirtschaftlichen Entwicklung in der Solinger und Remscheider Industrie nicht Einhalt geboten wird, gehen wir einer tiefen Krise entgegen.

## Es gibt einen Ausweg

Gibt es einen Ausweg? Gibt es eine Möglichkeit, dieser Entwicklung zu steuern? Ja, diese Möglichkeit gibt es. Worin besteht der Ausweg?

In dem Entwurf der Sowjetregierung über einen Friedensvertrag mit Deutschland wird unter anderem vorgeschlagen:

**„Deutschland werden für die Entwicklung seiner Friedenswirtschaft, die der Hebung des Wohlstandes des deutschen Volkes dienen soll, keinerlei Beschränkungen auferlegt. Deutschland werden auch keinerlei Beschränkungen in bezug auf den Handel mit anderen Ländern, der Seeschiffahrt und den Zutritt zu den Weltmärkten auferlegt."**

Hier wird grundsätzlich aufgezeigt, wie unsere Wirtschaft aus den Schwierigkeiten herauskommen kann. Diese wirtschaftlichen Leitsätze werden noch durch die neue sowjetische Note vom 15. August 1953 unterstrichen, in der die Lösung folgender dringender Fragen durch eine provisorische gesamtdeutsche Regierung vorgeschlagen wird:

**„. . . die Erweiterung der Handelsbeziehungen zwischen Ost- und Westdeutschland, Fragen des Verkehrs, des Post- und Fernmeldewesens, Fragen des freien Reise- und Warenverkehrs, unabhängig von den festgelegten Zonengrenzen; die Entwicklung wirtschaftlicher und kultureller Beziehungen zwischen Ost- und Westdeutschland sowie andere Fragen, die die Interessen des gesamten deutschen Volkes berühren."**

Die Regierung der Deutschen Demokratischen Republik hat der Bundesregierung einen gegenseitigen Warenaustausch in Höhe von 2 Milliarden Mark angeboten. Bonn braucht nur anzunehmen und unsere Wirtschaft würde sich beleben. Aber die Bonner Regierungsstellen wollen offensichtlich keinen größeren Warenaustausch. Es ist ihnen anscheinend gleichgültig, daß die alten Exportindustrien, wie die Solinger Schneidwaren- und Remscheider Werkzeugindustrie, dabei zugrunde gehen.

Auch die Sowjetunion und die volksdemokratischen Länder sind bereit, den Handel mit uns zu erweitern. Durch den raschen Aufbau ihrer Wirtschaft benötigen diese Länder viele Waren, die sie auch aus Westdeutschland beziehen können. Nehmen wir zum Beispiel Schneidwaren und Werkzeuge. Beide Produkte werden in den sozialistischen und volksdemokratischen Ländern benötigt. Wollen oder können wir auf diese Märkte verzichten?

Nun, wenn wir nicht liefern, dann bemühen sich andere kapitalistische Länder darum. Zum Beilpiel lehnten Bonner Regierungsstellen in knechtischer Abhängigkeit von ihren amerikanischen Herren die Lieferung von Eisenbahnschienen ab, weil diese auf der amerikanischen Verbotsliste (Embargoliste) stehen. Daraufhin lieferten englische Firmend iese Schienen. Es braucht sich niemand einzubilden, daß die sozialistischen und volksdemokratischen Länder ihren Bedarf an Schneidwaren nur aus Solingen oder ihren Bedarf an Werkzeugen nur aus Remscheid decken müßten. Sheffield und andere sind stark daran interessiert, ihre Stahlwaren ebenfalls zu verkaufen.

## Max Reimann tritt für Solingen-Remscheid ein

Wir müssen uns schon um die Märkte der Länder des Ostens bemühen. Diese Länder sind unser natürliches Absatzgebiet. Ein umfangreicher Export in diese Länder wird die krisenhafte Entwicklung in der Solinger und Remscheider Industrie beheben, Arbeitslosigkeit und Kurzarbeit beseitigen. Um dieses Ziel zu erreichen hat Max Reimann als Kandidat des Volkes der Solinger und Remscheider Bevölkerung seine Unterstützung zugesagt. Seine Autorität bei den Regierungsstellen der sozialistischen und volksdemokratischen Länder wird die Wege ebnen, um den Ost-West-Handel zu fördern bei größter Berücksichtigung der Solinger und Remscheider Industrie.

## Adenauer-Presse schießt quer

Anstatt jeden Schritt auf diesem Wege zu begrüßen, was zweifellos von den interessierten Solinger und Remscheider Wirtschaftskreisen geschieht, versucht die „Rheinische Post" die Angelegenheit zu bagatellisieren und Max Reimann zu diffamieren. Damit ist der Solinger und Remscheider Industrie und der Bevölkerung nicht gedient. Durch das hysterische Geschrei der „Rheinischen Post" gibt es weder Aufträge für unsere Industrie, noch erhalten die Arbeitslosen und Kurzarbeiter Arbeit und Brot. Im Gegenteil!

Adenauer reiste vor Monaten nach Amerika? Hat er etwa Aufträge für unsere westdeutsche Friedensindustrie mitgebracht? Keineswegs! Was schert die Adenauer-Regierung unsere Friedensindustrie, wenn sie den amerikanischen Krieg in Westdeutschland vorbereitet.

## Keine Wahlpropaganda

Max Reimann hat der Solinger und Remscheider Wirtschaft seine Unterstützung bei der Anknüpfung von Handelsbeziehungen und Erteilung von Aufträgen zugesagt. Er betrachtet diese Unterstützung als einen Wählerauftrag. Was er zugesagt hat, wird er halten. Es handelt sich nicht um leere Versprechungen, wie sie von Kandidaten anderer Parteien in unverantwortlicher Weise oft gemacht werden.

Jeder weiß, daß die Realisierung eines Planes zur Wiedergewinnung der Märkte des Ostens kein Prozeß von ein paar Wochen ist. Damit entfällt schon der Vorwurf einer billigen Wahlpropaganda. Weder die anderen Parteien, einschließlich ihrer Kandidaten, noch die „Rheinische Post", sind in der Lage, einen konstruktiven Vorschlag zu machen, wie die Solinger und Remscheider Wirtschaft aus der schwierigen Lage herauskommen soll. Praktisch gibt es nur einen Vorschlag, der einen wirklichen Ausweg bedeutet, das ist:

1. Die Erweiterung und Festigung des innerdeutschen Handels. Nach Angaben des Regierungsbeauftragten für den innerdeutschen Handel, Herr Orlopp, werden für die Solinger Schneidwarenindustrie 3,7 Millionen DM sofort in Auftrag gegeben. Weitere Aufträge folgen.
2. Die friedliche Wiedergewinnung der Märkte der Länder des Ostens und bedeutende Erhöhung der Ausfuhr unserer Industriewaren nach dorthin.

## Verständigung, nicht Kriegsdrohung

Dabei müssen wir bestrebt sein, auch die Märkte der westlichen Länder zu erhalten. Aber ohne die Länder des Ostens wird sich unsere Friedensindustrie nicht aufwärts entwickeln. Wir wollen den wirtschaftlichen Aufstieg durch freie Entfaltung des Handels mit allen Ländern. Voraussetzung ist eine Politik der Verständigung, nicht der Kriegsdrohung. Die Politik der Verständigung und des Friedens ist auch die Grundlage der Erweiterung des Ost-West-Handels, für die sich Max Reimann so stark einsetzt. Die Solinger und Remscheider Bevölkerung wird ihm deshalb auch das Vertrauen geben.

*Alle Beschränkungen für die Entwicklung der deutschen Friedenswirtschaft müssen aufgehoben werden, ihr Aufbau wird mit allen Mitteln gefördert und gesichert. Viele kleine und mittlere Solinger Fabrikanten sind in finanzielle Schwierigkeiten geraten. Wie mancher Handwerker lebt er heute unter dem Existenzminimum. Die in- und ausländischen Monopolkapitalisten ruinieren durch ihre wirtschaftspolitischen Maßnahmen viele kleine und mittlere Existenzen. So kann und darf es nicht weitergehen! Die Mittelständler, die kleinen und mittleren Fabrikanten werden dem zustimmen, was im Programm der KPD gefordert wird: Die private Initiative des Handwerks, der kleinen und mittleren Unternehmer wird gefördert. Sie werden vor der Übermacht der Monopole geschützt. Die Industriellen und Kaufleute, deren Existenz durch die Maßnahmen der westdeutschen und ausländischen Monopolherren bedroht ist und die durch die Wirtschaftspolitik der Adenauerregierung in Schwierigkeiten geraten sind, erhalten staatliche Hilfe. Fort mit einer Regierung, die die Interessen der in- und ausländischen Monopolkapitalisten vertritt, welche durch Kriegsrüstung wieder riesige Gewinne einheimsen wollen. Die deutsche Friedensindustrie, ganz besonders unsere Solinger Industrie, braucht die Unterstützung einer Regierung, die willens ist, die Wege zu unseren natürlichen Absatzgebieten, den Ländern des Ostens, durch eine Politik des Friedens und der Freundschaft zu ebnen.*

*Wählt darum am 6. September die KPD, um eine andere Zusammensetzung im Bundestag zu erreichen. Wählt Max Reimann!«*

Max Reimann wollte ein Gespräch mit Kleinfabrikanten führen, und ich suchte mehrere von ihnen auf, um diese Besprechung zu organisieren. Die Versammlung fand auch statt, jedoch war ich skeptisch über den politischen Erfolg. Diesen Kleinbürgern ging es allein um Aufträge aus der DDR. Den meisten von ihnen stand das Wasser bis zum Hals, und sie griffen nach jedem Strohhalm, um wirtschaftlich zu überleben.

Positiv schätzte ich die Zusammenkünfte mit Arbeitern, Betriebsräten, Vertrauensleuten und anderen ein. Ich organisierte solche Treffen für Solingen und Remscheid. Die erste Zusammenkunft dieser Art sollte in Remscheid stattfinden. Wir warteten, aber Max Reimann kam nicht. Das war eine herbe Enttäuschung für alle Anwesenden. Mir war seine spätere Begründung fadenscheinig, und ich kritisierte ihn. Die weiteren Zusammenkünfte mit Arbeitern waren erfolgreich, war doch Max Reimann ein Arbeiter, der ein hartes Leben hinter sich hatte.

Max Reimann im Gespräch mit Arbeitern

Der junge Max Reimann war ins Ruhrgebiet, das industrielle Herz Deutschlands, gegangen. Er wurde Bergmann und bald auch Sprecher seiner Arbeitskameraden auf der Grube; zugleich wurde er Funktionär der KPD. Max Reimann wurde zu einem jener Kämpfer erzogen, die in der dunklen Nacht des Faschismus die Ehre der deutschen Arbeiterklasse durch ihren opfervollen Kampf retteten. Nach der Verhaftung Ernst Thälmanns leistete Max Reimann illegale Arbeit in Deutschland bis zu seiner Verhaftung im Jahre 1940.

Nach der Befreiung aus dem KZ durch die siegreichen Truppen der sozialistischen Sowjetunion ging Max Reimann wieder ins Ruhrgebiet. Seit dieser Zeit galt seine ganze Aufmerksamkeit dem Kampf um die Erhaltung des Friedens, um die Herstellung eines einheitlichen

»Wir werden und müssen der Bonner Koalition eine Niederlage bereiten, so daß der Weg frei wird für eine Koalitionsregierung der nationalen Wiedervereinigung.« Das war der Grundzug der Rede des Genossen Fritz Rische.

unabhängigen, friedliebenden und demokratischen Deutschlands. Im »Bizonalen Wirtschaftsrat«, im »Parlamentarischen Rat« und im Bundestag wandte er sich gegen die Politik der Spaltung Deutschlands und der nationalen Einheit, für das nationale Selbstbestimmungsrecht des deutschen Volkes.

Das Ergebnis der Bundestagswahl war eine Überraschung: Sieg der CDU. In Solingen sah das Wahlergebnis folgendermaßen aus:

| Partei | Erststimmen | Zweitstimmen | Wahl 1952 |
|---|---|---|---|
| CDU | 37 341 | 34 900 | 21 346 |
| SPD | 30 229 | 29 409 | 29 169 |
| FDP | 15 267 | 16 150 | 20 323 |
| KPD | 11 747 | 11 494 | 11 993 |

(verschiedene kleinere Parteien werden hier nicht aufgeführt)

Hier einige bürgerliche Pressestimmen:

»*Macht macht übermütig. Daran muß man auch denken, wenn man des siegestrunkenen Kanzlers Worte überliest: Unser Ziel sei die Befreiung der 18 Millionen Brüder und Schwestern in den Ostgebieten, und bis jetzt habe man immer von der Wiedervereinigung Deutschlands gesprochen, man solle lieber ›Befreiung‹ sagen.*«
(»Westdeutsche Neue Presse« vom 9. September 1953)

». . . *Der Preis aber ist auch, daß der Sieg Adenauers zu hoch ausgefallen ist. Denn ob die junge parlamentarische Demokratie in der Bundesrepublik die absolute Herrschaft einer Partei und sogar eines ohnehin autoritär veranlagten Mannes ertragen wird, ohne ernstlich Schaden zu nehmen, das muß sich erst noch erweisen . . .*«
(»Basler National Zeitung« vom 7. September 1953)

». . . *Im Wahlergebnis hat die westdeutsche Wählerschaft der SPD die Verschwommenheit ihrer außenpolitischen Haltung und Unsicherheit ihrer wirtschafts- und sozialpolitischen Pläne quittiert. Die Frontstellung gegenüber dem Bolschewismus hatte sie dazu verleitet gehabt, sich eine zunehmend rechte Färbung zu geben. Das scheint ihr nicht gut bekommen zu sein, denn auf der Rechten ist schon alles besetzt. Sie wird nicht darum herumkommen, ihr Programm und ihren Apparat, letzteren vor allem an der Spitze, einer gründlichen Revision zu unterziehen, wenn sie bereit sein sollte, aus den Wahlen zu lernen . . .*«
(»Nürnberger Nachrichten« vom 9. September 1953)

. . . das Schönste am Adenauer-Sieg ist, daß behauptet wird, es sei ein Sieg der Demokratie! (Karikatur aus »Land og Folk«, Dänemark)

Und hier die Stellungnahme der Kreisleitung der KPD in Solingen:

*»Die Bundestagswahlen 1953 sind vorüber. Wohl selten hat die Kommunistische Partei in Solingen gegen eine solche Welle von Lüge und Verleumdung ankämpfen müssen wie bei diesen Wahlen. Wenn sie ihre Stimmenzahl trotzdem gegenüber den Wahlen von 1952 behaupten konnte und 12 Prozent der abgegebenen Stimmen auf sie entfielen, so zeigt dies, daß nach wie vor weite Kreise der Bevölkerung der KPD in Solingen das Vertrauen geschenkt haben.*

*Der Wahlsieg der CDU war ohne Zweifel eine Überraschung, besonders da der Kandidat der SPD, Heinrich Schroth, allgemein als ›haushoher‹ Favorit galt. Aber gerade aus dieser Tatsache können in kommunalpolitischer Hinsicht einige wichtige Rückschlüsse gezogen werden. Bekanntlich haben in der Vergangenheit die drei Parteien*

*SPD, KPD und FSU durch ihr gemeinsames Handeln im Stadtparlament eine ganze Reihe von Dingen durchgedrückt, die im Interesse der Mehrheit der Solinger Bevölkerung lagen. Dieses Zusammengehen von SPD und KPD wurde bei den vorjährigen Kommunalwahlen von den ›Wahlpropheten‹ als eine schwere Belastung für die SPD gedeutet. Man sagte von dieser Seite eine Niederlage des SPD-Vorsitzenden Heinrich Schroth in seinem Wahlbezirk voraus, da er allgemein für den stärksten Verfechter der Aktionsgemeinschaft gehalten wurde. Zur Überraschung der damaligen Schwarzseher konnte aber gerade Heinrich Schroth in seinem Wahlbezirk mit weitem Vorsprung vor allen anderen Kandidaten die meisten Stimmen auf sich vereinigen. Das Gegenteil der Voraussage war eingetroffen; durch das Zusammengehen mit den Kommunisten hatten sich die Sozialdemokraten das Vertrauen vieler Wähler erworben.*

*Diese Feststellung wurde auch bei den jetzigen Bundestagswahlen wieder bestätigt, wenn auch mit negativem Vorzeichen. Heinrich Schroth folgte hier in Solingen der Taktik des SPD-Vorstandes, der bekanntlich glaubte, durch seine Beteiligung an einer verstärkten Hetze gegen die Sowjetunion, die DDR und die Kommunisten Stimmen fangen zu können. Er erlitt damit ein Fiasko. Die Wahltaktik des SPD-Vorstandes entpuppte sich als eine willkommene Wahlhilfe für die CDU. Das dadurch zustandegekommene Wahlergebnis in Westdeutschland spiegelt sich auch in dem Solinger Wahlergebnis wider. Auch Heinrich Schroth glaubte, durch seine Beteiligung an dem Diffamierungsfeldzug gegen die DDR Stimmen fangen zu können. Das Ergebnis seines Wählerbriefes war ein glatter Durchfall.*

*Es kann als sicher angenommen werden, daß ein Zusammengehen von SPD und KPD in Solingen ein ganz anderes Ergebnis der Wahlen gezeitigt hätte. Es würde nicht nur seinen Ausdruck im Sieg des gemeinsamen Kandidaten gefunden haben, sondern der Stimmenanfall für die beiden Arbeiterparteien wäre ohne Zweifel bedeutend höher gewesen, da ihr Zusammengehen als starker Magnet auf die Werktätigen gewirkt hätte. Zugegeben, daß ein solches Zusammengehen in diesem Falle nicht von der SPD in Solingen abhing, so ist die Lehre der Bundestagswahlen für die weitere kommunalpolitische Entwicklung nur die, daß ein verstärktes Zusammengehen der beiden Arbeiter-*

*parteien im Stadtrat allein in der Lage ist, den Vormarsch der Reaktion aufzuhalten und den Machtansprüchen eines Pütz, die sich nicht von denen des Bundeskanzlers unterscheiden, ein Paroli zu bieten.«*

Bevor das ereignisreiche Jahr 1953 zu Ende ging, wollten noch einige bürgerliche Ratsmitglieder ihre kleinkarierte Kommunalpolitik unter Beweis stellen. Sie hatten es auf das Stadtwappen Solingens, das auch in der »Klingenstadt« verwandt wurde, abgesehen.

STADT SOLINGEN

AMT: Hauptamt GEBÄUDE: Rathaus Cronenberger Str.

ZIMMER: 108

An die
Geschäftsstelle der KPD

S o l i n g e n
Schlagbaumer Straße

| Ihr Zeichen | Ihre Nachricht vom | Mein Zeichen | Mein Anruf | Tag |
|---|---|---|---|---|
| | | 010 | 26001/203 | 23.11.53 |

Betreff:
Verwendung des Solinger Stadtwappens

Der Hauptausschuß hat in seiner Sitzung am 11.11.53 Ihren Antrag auf Verwendung des Solinger Stadtwappens vom 31.3.1953 abgelehnt.

Nach dem Beschluß ist allen parteipolitischen Organen außer den Tageszeitungen die Führung des Solinger Stadtwappens untersagt worden.

Oberstadtdirektor

In der »Klingenstadt« griff die KPD diesen Vorgang auf und zeigte mit Humor die Lächerlichkeit des Beschlusses der Stadtverwaltung auf.

*»Das Stadtwappen im Kopf unseres Mitteilungsblattes ›Die Klingenstadt‹ hatte es einigen Ratsmitgliedern angetan. Mit dem Brustton der Überzeugung erklärte Dr. Bachteler in der Hauptausschußsitzung vom 11. 11. 1953, daß er es für ein Unrecht gegenüber den anderen Parteien halte, wenn die Verwendung des Solinger Stadtwappens zwei kommunistischen Stadtzeitungen gestattet würde. Herr Pütz schloß sich mit einem frommen Augenaufschlag den ›Ausführungen seines Vorredners voll und ganz an‹. Um das ›furchtbare Unrecht‹ nicht sanktionieren zu müssen, enthielt sich die SPD-Fraktion der Stimme. Damit fand die Jagd nach dem ›kommunistisch‹ infizierten Stadtwappen ihr vorläufiges Ende. Oberstadtdirektor Berting teilte mit: ›Nach dem Beschluß ist allen politischen Organen außer den Tageszeitungen die Führung des Solinger Stadtwappens untersagt worden.‹ «*

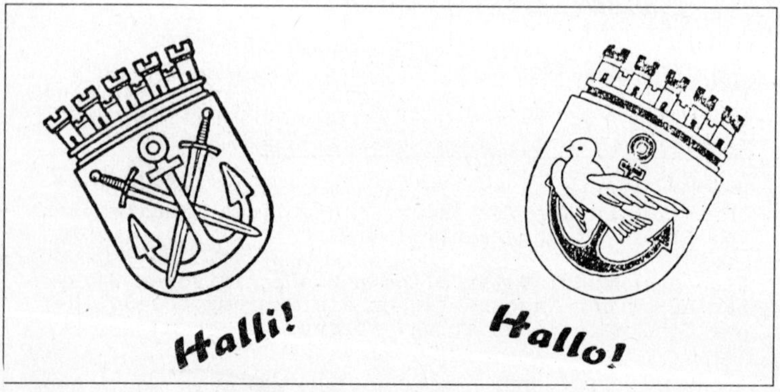


***»Ein neues Wappen!***

*Unserem Zeichner hat das kriegerische Gebaren einiger Stadtväter nicht gefallen. Er meinte, es sei in Anbetracht der Bonner Kriegsvorbereitung nicht zweckmäßig, an Schwertgeklirr zu erinnern. Ein Wappen solle die Erhaltung und Festigung des Friedens zum Ausdruck bringen. Schwerter sind das Symbol des Krieges, die Taube ist das*

*Symbol des Friedens. Somit unterbreiten wir hier erstmalig den Entwurf eines neuen Wappens. Wie gefällt es Ihnen?*

*Wir sind sicher, daß es Leute gibt, auf die die Friedenstaube wirkt, wie auf den Stier ein rotes Tuch. Jeder, der für den Frieden eintritt, wird als Kommunist verschrien. Friedenskämpfer werden diffamiert, ihrer Existenz beraubt, verfolgt und eingekerkert. Uns soll es darum nicht wundern, wenn auch auf die Friedenstaube in unserem Wappen Jagd gemacht wird.«*

## Kanzleistil

Wir entnehmen wörtlich der Nachtragsvorlage Punkt 17a der Sitzung des Hauptausschusses vom 11. 11. 53:

»Unabhängig davon ist aber die Schaffung weiteren Raumes notwendig, weil in den verschiedensten Verwaltungssektoren: Paßamt, Rechtsamt, Liegenschaftsamt das *Bedürfnis nach nicht wegzuleugnender Ausweitung* anerkannt werden muß.«

Wie weit soll das Bedürfnis nach Ausweitung bei den städtischen Beamten und Angestellten gehen, um die zumutbare Grenze zu erreichen?

Und weiter heißt es in der Vorlage:

»Die bisher von der Poststelle in Anspruch genommenen Dienstzimmer, die gleich neben dem linken Eingang liegen, könnten für die Kreisstelle des Wohlfahrtsamtes *aktiviert* werden.«

Eine kleine Anfrage: Sind bei der Verwaltung die Beamten und Angestellten nicht schon aktiv genug, daß die Dienstzimmer auch noch aktiviert werden müssen?

## Zentrales Pressefest 1954

Als Auftakt zur Landtagswahl in Nordrhein-Westfalen am 27. Juli 1954 hatte die Kreisleitung der KPD Solingen am 13. Juni ein örtliches Pressefest organisiert. Dieses Fest war gelungen, und da Solingen wegen der vorangegangenen Zusammenarbeit mit der SPD eine besondere Bedeutung hatte, beschloß der Parteivorstand, das Zentrale Pressefest der KPD wieder in Solingen abzuhalten. Mir wurde die organisatorische Seite der Vorbereitung und Durchführung übertragen, die Leitung der kulturellen Darbietungen hatte ein anderer Genosse in den Händen. Als Termin für das Zentrale Pressefest unserer Zeitung »Freies Volk« wurde der 18. und 19. September 1954 festgelegt.

Die letzten Vorbereitungen liefen auf Hochtouren, als ich in meiner Funktion als Kreissekretär und Verantwortlicher für das Pressefest plötzlich zwei Tage vorher ins Stadthaus gerufen wurde. Hier waren im Dienstzimmer des Beigeordneten Lichtenfels rund ein Dutzend Männer versammelt: Polizeipräsident Schönenborn aus Wuppertal, dem auch Solingen unterstand, Polizeioberkommissar Czygan und weitere Polizeioffiziere, Beamte vom Kommissariat 14 und vom Ordnungsamt.

Polizeipräsident Schönenborn erklärte mir, daß er die Festveranstaltung eigentlich verbieten müßte, weil das Programm einen politischen Teil enthielte. Eine politische Veranstaltung unter freiem Himmel sei aber anmeldepflichtig, und dies sei von unserer Seite aus unterlassen worden. Diese Mitteilung war zwar ein Schreck, aber provozieren ließ ich mich nicht, und so fand das Gespräch in sachlicher Atmosphäre statt. Schönenborn hatte nämlich eine schwache Stelle, die ich ausnutzte: Vier Tage vor Beginn war das Pressefest beim Ordnungsamt angemeldet und auch genehmigt worden. Bei einem Verbot des Festes durch den Polizeipräsidenten hätte diese Genehmigung aufgehoben werden müssen. Eine Behörde hätte somit gegen die andere gestanden, und das hätte wahrscheinlich ein gerichtliches Nachspiel gegeben. Daher sein Entgegenkommen. Außerdem, wenn es dem Polizeipräsidenten wirklich um das Verbot des Festes gegangen wäre, so hätte er mich gar nicht erst rufen lassen. Ihm ging es darum, mit

In der großen *Tombola* ist auch für Sie ein Gewinn enthalten

# ZENTRALES **Pressefest**

# ZUM TAG DER FRIEDENSPRESSE

**am 18. und 19. September 1954 in Solingen-Ohligs, Schützenburg u. Schützenplatz**

**SAMSTAG**
18. September 1954
**von 18–24 Uhr**

*Sie sehen und erleben:*

**Das große Tanz- und Unterhaltungsprogramm**

Es wirken mit

**Das Blasorchester des Volkseigenen Betriebes BUNA**

**Das Orchester der Humboldt-Universität, Berlin**

**Kapelle Stein**

***günther schmidt***
**der parodierende Komiker**

**Hein Miebach**
**der bekannte Köln. Karnevalist**

**Gerda Müller**
**mit ihrem Trautonium**

**viele Gesangs- und Instrumental-Solisten**

Zur Ansage wird sich ein gewisser ***Quermann*** einfinden. – Auch die **lustigen Akrobaten** sollten Sie nicht versäumen!

**SONNTAG**
19. September 1954
**11 Uhr bis ???**

*Sie hören, sehen und erleben:*

**Die große SPORTSCHAU**
**der Deutschen Demokr. Republik**
(120 Mitwirkende):

DDR-Meister und -Meisterinnen im Kunstradfahren, im Rollschuhlauf, am Stufenbarren, am Schwebebalken, im Kunstkraftsport. Sie sehen weiterhin Judokämpfe, Bodenturnen am laufenden Band Bodenkür und Volkstänze.

**Das Hamburger politische Kabarett**
**„SPRACHROHR"**

bringt: „**Der E Fall**",
„**Luftschutzstrategen**" und
„**Die Moritat**"
(Der Tanzlehrer aus Amerika oder Eines Jünglings Unverstand und Verderben!)

**Bekanntgegeben wird das Zwischenergebnis im Pressewettbewerb, verbunden mit der Auszeichnung der Sieger**

Es spielen für unsere Gäste:

**Das Orchester der Humboldt-Universität, Berlin**
**Die Kapelle Stein,**
**Das Blasorchester des Volkseigenen Betriebes Buna**
**Die Aachener Schalmeienkapelle**
**Der Spielmannszug Hagen** und **der Spielmannszug Remscheid**

Und weiter geht's mit einem großen
**Stuttgarter Kinderballett**
einer Tanzgruppe aus Hannover
einer Trachtengruppe aus Hausham (Bayern)
einer Tanzgruppe aus Wuppertal
und dem großen **Chor Nordrhein**

Sie hören Akkordeon und Gesangssolisten und lachen über
**Die vier Botze**

Es tanzt, singt und spielt das große **Volkskunstensemble der Humboldt-Universität Berlin (180 Mitwirkende)**

***Für unsere Kleinen***

gibt's Marionettentheater, Sackhüpfen, Tauziehen, Eierlaufen und eine Reihe anderer lustiger Wettkämpfe.

Jedes Kind erhält außerdem die hübsche und umfangreiche **Kinderspiegel-Sonderzeitung!**

Auf dem Festplatz
***Archibald persönlich!***

**Zu Mittag** ißt man vortrefflich **für 50 Pf** aus dem großen Topf Erbsensuppe mit Speck und auch sonst gibt es alles, was das Herz begehrt: RUM aus Hamburg, WEIN aus Rheinland-Pfalz, ABBELWOI aus Frankfurt mit den beliebten FRANKFURTER WÜRSTCHEN, ENZIAN aus Bayern, AALE aus Bremen, SCHWARZWÄLDER KIRSCH aus Stuttgart und dazu Laugenbrezel und, ja, das kann man einfach gar nicht aufzählen!!!

Versäumen Sie nicht, sich ein vollständiges und ausführliches Programm zu sichern. Sie finden es in unserer großen Pressefest-Sonderausgabe! Erhältlich ab kommenden Dienstag in allen Vertriebsstellen und bei unseren Boten!

**Kommen, hören sehen und mitmachen: Das ist die Losung für Samstag und Sonntag, 18.–19. September, in Solingen-Ohligs, Schützenburg**

Herausgeber: Kreisleitung der KPD, Solingen – Verantwortlich: Willi Dickhut – Druck: Düssel-Druck, Düsseldorf mir zu verhandeln, unter welchen Bedingungen das Pressefest dennoch stattfinden könnte. Ich schlug vor, daß die Festreden in der Sporthalle der Schützenburg gehalten werden könnten, also nicht unter freiem Himmel, sondern in Versammlungsräumen. Damit war Schönenborn einverstanden. Es wurden dann noch eine Reihe von verschiedenen Auflagen für die Durchführung des Pressefestes festgelegt, die wir ausnahmslos auch einhielten. Bei den geplanten verschiedensten kulturellen Darbietungen gab es keine Beanstandungen durch die Behörde.

Es war klar, worum es hier vor allem ging: Grundlagen zu bekommen für kommende Verbote durch das Nichtbefolgen festgelegter Auflagen. Tatsächlich waren die Auflagen jetzt schon so gehalten, daß das Pressefest jeden Augenblick hochgehen konnte.

Polizeipräsidet Schönenborn, Mitglied der CDU, gab dem Redakteur der »Rheinischen Post« umfangreichere Informationen als sonst üblich. Wegen der Bedeutung dieses Artikels vom 17. September 1954 zitiere ich hier vollständig:

***»Besser dulden als Tumulte. Polizeipräsident Schönenborn: Kommunistische Partei gegen Veranstaltungsgesetz***

*Solingen. ›Nach den Buchstaben des Gesetzes müßten wir das Fest der kommunistischen Presse am Wochenende in Solingen verbieten, denn die gesetzlichen Bestimmungen wurden von den Veranstaltern gröblich verletzt, und in der Öffentlichkeit hat sich schon eine große Beunruhigung gezeigt.‹ Dies teilte Polizeipräsident Schönenborn am Donnerstagabend der RP in einer längeren Unterhaltung mit. Er sagte, ihn hätten in den letzten Tagen zahlreiche telefonische Anrufe erreicht, in denen gefordert wurde, das Fest zu verbieten. Der Polizeipräsident vertritt jedoch die Ansicht, daß durch ein striktes Verbot die Gefahr für die öffentliche Sicherheit wesentlich größer werde, weil mit tumultartigen Protesten gerechnet werden müsse. Deswegen wird das mit schlagwortartigen Titeln angekündigte Fest am Wochenende doch stattfinden, allerdings wurde das Programm in einer stürmischen Sitzung im Solinger Ordnungsamt in Gegenwart des kommunistischen Parteisekretärs Dickhut einer notwendigen Revision unterzogen.*

*In dieser Sitzung gab der Parteisekretär auch zu, daß er gegen den Paragraphen 14 des Versammlungsgesetzes verstoßen habe, der folgenden Wortlaut hat: ›Wer die Absicht hat, eine öffentliche Versammlung unter freiem Himmel oder einen Aufzug zu veranstalten, hat dies spätestens 48 Stunden vor Bekanntgabe der zuständigen Behörde zu melden.‹ Diese Anmeldung bei der Polizei ist bis zum heutigen Tag noch nicht erfolgt, obwohl die Plakate schon seit mehreren Wochen an vielen Stellen prangen.*

***Reimann würde verhaftet werden***

*Die Anmeldung beim Ordnungsamt der Stadt erfolgte erst am Dienstag, 14. September. Dort wurde die Veranstaltung genehmigt, mit der Begründung, daß man sie für ein ›Volksfest oder dergleichen‹ angesehen habe. Die Punkte des umfangreichen Festprogramms ließen jedoch ohne weiteres den politischen Charakter der Veranstaltung erkennen. Dadurch aber fällt der Komplex nicht mehr in die Zuständigkeit des Ordnungsamtes, sondern unbedingt in die des Polizeipräsidenten.*

*Zu dem beabsichtigten Erscheinen des KP-Vorsitzenden Max Reimann sagte der Polizeipräsident, daß gegen Reimann Haftbefehl erlassen sei und die Beamten deswegen gegen ihn eingreifen müßten. Die Sorge, daß bei einer eventuellen Verhaftung Tumulte entstehen könnten, sei nicht unberechtigt, da mit einer großen Zahl von Teilnehmern aus dem weiten Umkreis, vor allem aus der Sowjetzone und dem Ruhrgebiet gerechnet werden müsse (acht Sonderzüge).*

*Die einzige Möglichkeit, diese Gefahr herabzumindern, sieht der Polizeipräsident darin, politische Propagandaumzüge, Platzkonzerte, den Fackelzug und den geschlossenen An- und Abmarsch der Sonderzugteilnehmer zu verbieten. Aus diesem Grunde wurden den Veranstaltern in der oben erwähnten Sitzung folgende Auflagen erteilt und Parteisekretär Dickhut für alle Vorkommnisse verantwortlich gemacht:*

***Die Einschränkungen***

*›Alles ist zu unterlassen, wodurch die Veranstaltung zu einer öffentlichen Versammlung unter freiem Himmel (laut Versammlungsgesetz) wird. Insbesondere sind zu unterlassen: Die geplante Ansprache des Chefredakteurs der Zeitung Freies Volk, die geplanten Anspra-*

*chen der Vertreter der sogenannten Bruderzeitungen, die Rede des Parteivorsitzenden Max Reimann, alle Lautsprecherübertragungen über politische Teile des Festes, die in der Halle der Schützenburg stattfinden, der geschlossene Anmarsch der Sonderzugteilnehmer, die vorgesehenen Platzkonzerte.‹*

*Wird gegen diese Auflagen verstoßen, so erklärt der Polizeipräsident, so wird die Veranstaltung sofort aufgelöst. Auch das Repertoire der Versammlungsteilnehmer aus der Sowjetzone, die vorwiegend den unterhaltsamen Teil gestalten wollen, muß frei sein von politischem Gedankengut, sofern sie nicht im geschlossenen Raum der Schützenburg auftreten.«*

Am Fest-Samstag gegen Mittag besichtigten Oberstadtdirektor Berting und Beigeordneter Lichtenfels in meiner Anwesenheit den Festplatz. Von beiden wurde die Verlegung des Torbogens vom Vorplatz zum Festplatzgelände verlangt. Außerdem ordneten sie an, daß die Porträts führender Männer der Arbeiterbewegung nicht mit der Bildseite zur Straße angebracht werden dürften. Beide Forderungen wurden sofort erfüllt.

Bevor am Fest-Sonntag die ersten Sonderzüge auf dem Bahnhof Solingen-Ohligs einliefen, wandte ich mich an den Einsatzleiter der Polizei, Oberkommissar Czygan, mit der Bitte, daß der diensthabende Beamte durch Lautsprecher den Aussteigenden bekanntgeben sollte, daß der Marsch zum Festplatz nicht in geschlossenen Demonstrationszügen erfolgen dürfe. Dank dem disziplinierten Verhalten der Teilnehmer kam es zu keinem Zwischenfall.

Auch während des Festes war Oberkommissar Czygan der verantwortliche Polizeioffizier. Die Teilnehmerzahl war unerwartet hoch, zirka 50 000 Besucher wurden geschätzt. Außerdem war die Begeisterung groß — eine Herausforderung geradezu für Provokateure. Aber nicht ein einziges Mal mußten unsere Ordner oder gar die Polizei eingreifen. Im Gegenteil, alle anwesenden Polizeibeamten waren über die mustergültige Ordnung und Disziplin erstaunt. Im Laufe der beiden Festtage nahm ich immer wieder mit dem Oberkommissar Czygan Kontakt auf, machte mit ihm eine Runde über den Platz und vergewisserte mich, ob irgendwelche Beanstandungen vorlägen. Eine Aktennotiz, die ich nach dem Fest erstellte, zeigte die gespannte Situation, aber auch, daß ich jeden Moment sowohl über den Verlauf des Festes wie auch das Verhalten der Polizei informiert war. Die öffentliche Ordnung und Sicherheit war nicht im geringsten gefährdet. Alle Auflagen wurden von uns eingehalten.

Das war auch wichtig, denn im nächsten Jahr sollte das Pressefest wieder in Solingen stattfinden, und zwar noch größer.

Mein besonderer Einsatz bei der Organisierung des Pressefestes 1954 fand seine Anerkennung in einer Auszeichnung, die mir die Betriebsgruppe »Freies Volk« überreichte. Ich halte allerdings nicht viel von solchen Anerkennungsschreiben, las daraus jedoch die Aufforderung, das nächste Pressefest wieder verantwortlich zu leiten.

Reichlich Erfahrungen hatte ich jetzt ja gemacht. Alles hatte gut geklappt. Nur die Versorgung der Teilnehmer des Pressefestes war unzureichend. Wir hatten einfach nicht mit so vielen Besuchern gerechnet. Das Ergebnis war, daß viele Besucher zwischendurch den Festplatz verließen und die umliegenden Lokale aufsuchten, um etwas Eßbares zu bekommen. Das mußte beim nächsten Mal vermieden werden. Eine ausreichende Versorgung auf dem Platz selbst ist notwendig; zum einen aus finanziellen Gründen, zum anderen müssen die Teilnehmer ja die Möglichkeit haben, das gesamte Programm mitzubekommen. Beim nächsten Pressefest mußte mit einer noch größeren Besucherzahl gerechnet werden.

Es gab glücklicherweise einige Retter in der Not. So half uns am Sonntag nachmittag eine Bäckerei in Ohligs aus, indem sie uns ihren gesamten Brotvorrat, der eigentlich für Montag bestimmt war, in Scheiben geschnitten, überließ. Und einige Großhändler, die uns beliefert hatten, versorgten uns mit dem, was sie noch auf Lager hatten.

Das Pressefest war insgesamt sowohl politisch als auch organisatorisch ein großer Erfolg. Doch in den Freudenbecher des gelungenen Pressefestes fiel ein Wermutstropfen. Denn es gelang uns nicht, die Aktionseinheit mit der SPD weiter zu festigen. Die Tendenz bei den Sozialdemokraten, die Aktionseinheit mit der KPD nicht mehr aufrechtzuerhalten, verstärkte sich. Am deutlichsten wurde das bei der

VERTEIDIGT DIE FRIEDENSPRESSE

FEST DER FRIEDENSPRESSE 1954

# Für gute Leistungen

bei dem innerbetrieblichen Wettbewerb

zur Vorbereitung des Festes der Friedenspreſſe

wurde der Mitarbeiter

**WILLI DICKHUT**

ausgezeichnet

DÜSSELDORF, DEN 2. OKTOBER 1954

**Die Betriebsgruppenleitung**

DER KOMMUNISTISCHEN PARTEI DEUTSCHLANDS

i. A. [illegible]

Unterschrift

Wahl des Bürgermeisters am 10. November 1954. Der äußerst rechts stehende Dr. Bachteler, FDP, bekam die Unterstützung der SPD-Fraktion. Die Kreisleitung der KPD nahm in einem Flugblatt kritisch zu diesem Trauerspiel Stellung (siehe Seite 166).

Ein weiteres Faksimile auf Seite 167 dieses Buches zeigt dagegen, daß es auch unter den Mitgliedern der SPD demokratisch und antifaschistisch eingestellte Kräfte gab. Angesichts des drohenden Verbots der KPD wandten sich immer mehr Stimmen aus der Bevölkerung und auch Mitglieder der SPD an das Bundesverfassungsgericht und forderten die Absetzung des Verbotsprozesses.

# SPD wählt Unternehmervertreter Dr. Bachteler zum Bürgermeister

In der Ratssitzung am 10. November 1954 hat die SPD-Fraktion eine unglaubliche Handlung begangen: Sie wählte Dr. Bachteler zum Bürgermeister.

## Wer ist Dr. Bachteler?

Hören wir, was er in seinem eigenen Lebenslauf schreibt:

*„Schon in jungen Jahren war ich eingeschriebenes Mitglied der Deutschen Volkspartei (so nannte sich damals die Partei des Besitzbürgertums) und habe die ganzen Jahre hindurch nur dieser Partei angehört. Erstmalig kandidierte ich bei der Wahl zur Stadtverordnetenversammlung am 17. 11. 29 auf der Liste der DVP und wurde mit weiteren 5 DVP-Mitgliedern gewählt. Etwa Ende 1930 wurde ich Fraktionsvorsitzender der DVP Solingen. Meine kommunalpolitische Arbeit war gekennzeichnet durch eine verständnisvolle und loyale Zusammenarbeit mit dem damaligen kommissarischen Bürgermeister Brisch, Angehöriger der SPD (Hört, hört, alte Liebe rostet nicht!) . . . Etwa Herbst 1937 erfogte meine Anmeldung zur NSDAP und am 1. 6. 38 meine Aufnahme. Ich mußte mich zu diesem Schritt auf den dringenden und wiederholt geäußerten Wunsch meines damaligen Vorsitzenden entschließen (Kennen wir, alle Nazis wurden gezwungen in die Partei einzutreten) . . . .1922 bis 1926 Geschäftsführer des Industrievereins Heidenheim/Brenz Wrtt. 1927 bis 1933 Geschäftsführer des Arbeitgeberverbandes von Solingen und Umgebung. 1934 bis 1938 Geschäftsführer Fachgruppe Schneidwarenindustrie. 1937 bis 1945 führte ,ich die Geschäfte der Prüfungsstelle Eisen-, Stahl- und Blechwarenindustrie."*

**Für diesen typischen Vertreter des Unternehmertums stimmten 7 abkommandierte SPD-Ratsmitglieder, um dessen Wahl zu garantieren; tiefer geht's nimmer! Die anderen SPD-Ratsmitglieder durften sich der Stimme enthalten.**

Als in den letzten Tagen vor der Wahl durchsickerte, daßdie SPD und die FDP einen Kuhhandel in der Bürgermeisterwahl abgeschlossen habe, indem die SPD die Zustimmung der FDP für Maurer als Oberbürgermeister durch die Zusicherung, die Wahl Dr. Bachtelers zum Bürgermeister sicherzustellen, einhandelte, entstand ein allgemeines empörtes Geraune in der Arbeiterschaft und bei den sozialdemokratischen Mitgliedern. Man hielt eine solche Handlungsweise für kaum möglich und für unwürdig.

Diese Situation geschickt ausnutzend hat die CDU den Gewerkschaftsangestellten Neumann als Kandidat aufgestellt, nicht weil sie die Absicht hat, die Arbeiterinteressen zu wahren, daran denkt sie nicht einmal im Traume, sondern um durch das Aufstellen eines Gewerkschaftsangestellten dem Unternehmervertreter gegenüber die schäbige Haltung der SPD-Fraktion noch krasser in das Blickfeld der Öffentlichkeit zu rücken, um so aus der empörten Stimmung der werktätigen Bevölkerung für sich politisches Kapital zu schlagen.

Obwohl die KPD-Fraktion bereits wußte, daß die SPD-Fraktion nicht mehr für Arthur Schlechter zum Bürgermeister stimmen würde, hat sie doch keinen Augenblick gezögert Eugen Maurer ihre Stimme zum Oberbürgermeister zu geben. Für sie war das ebenso selbstverständlich, wie vor zwei Jahren. Die KPD war und ist immer bestrebt, mit den SPD-Genossen gemeinsam die Aktionseinheit der Arbeiterklasse herzustellen, um die Interessen der Werktätigen zu vertreten.

**Statt angesichts des bevorstehenden Verbotsprozesses gegen die KPD, der morgen auch die SPD treffen kann, alles zu tun, um eine gemeinsame Kampffront der Arbeiterklasse gegen den sich wieder breitmachenden Faschismus und Militarismus herzustellen, geht die**

**SPD Arm in Arm mit dem Unternehmervertreter**

SPD-Genosse, was sagst Du dazu? SPD-Wähler, hast Du dafür Deine Stimme den Kandidaten der SPD gegeben?

**Werktätige! Gewerkschafter! Nun erst recht alles für die Aktionseinheit der Arbeiterklasse!**

**KPD, Kreisleitung Solingen**

Solingen, den 2o. Okt. 1954

An das

Bundesverfassungsgericht

<u>K a r l s r u h e</u>

Wir unterzeichneten Mitglieder der Sozialdemokratischen Partei Deutschlands sehen mit großer Besorgnis der Entwicklung in der Bundesrepublik entgegen. Auf Antrag der Bundesregierung hat das Bundesverfassungsgericht einen Prozess gegen die KPD, beginnend am 23. Nov. d.J., angesetzt. Dieser Antrag verfolgt das Ziel die KPD zu verbieten. Unseres Erachtens ist dieser Antrag verfassungswidrig und erinnert an die Ereignisse von 1933. Die Maßnahmen der Hitlerregierung richteten sich damals auch zuerst gegen die KPD, dann gegen die SPD und Gewerkschaften und anschließend gegen bürgerlich-politische und religiöse Organisationen. Aus großer Sorge um die Erhaltung der Demokratie und der Rechte der Bürger bitten wir das Bundesverfassungsgericht, sich der großen Verantwortung bewußt zu sein und die verfassungsmäßigen Rechte der Bürger zu schützen. Die Bundesregierung hat nicht das Recht, ihr nicht genehme demokratische Organisationen einfach verbieten zu lassen. Wir ersuchen deshalb das hohe Gericht den Prozess gegen die KPD abzusetzen.

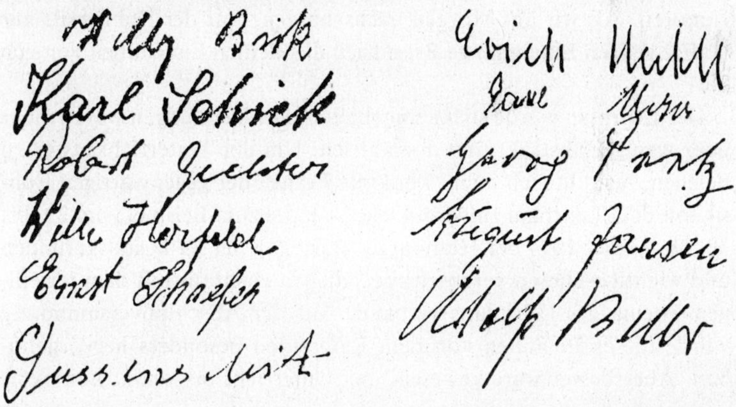

## Verbot folgt auf Verbot

Nachdem auch die finanzielle Seite des Pressefestes 1954 abgewickelt war, wurde ich vertretungsweise als Leiter der Parteischule in Duisburg eingesetzt. Ab Februar 1955 nahm ich dann an einem Dreimonatslehrgang an einer Parteischule in der DDR teil. Zunächst wurden wir, alles ausgewählte Funktionäre, noch einmal in Berlin überprüft. Dann ging es los zur Parteischule Schorfheide, nördlich von Berlin gelegen. Die Schule, ein Komplex mit mehreren Gebäuden, lag inmitten eines großen Waldgebietes und war von einem drei Meter hohen Maschendraht umgeben. Aus Sicherheitsgründen war es untersagt, Kontakte mit Bewohnern der umliegenden Dörfer aufzunehmen. Sonntags war frei, und wir gingen unter Führung eines SED-Genossen geschlossen spazieren. Der in der Nähe liegende See war noch zugefroren, und wir konnten ihn trockenen Fußes überqueren. Zwei Monate später stieg die Temperatur, und in der Nacht hörten wir es gewaltig rumoren. Als wir am Morgen nachschauten, war der See bereits zur Hälfte eisfrei. Eine mäßige Brise trieb die kleinen Eisschollen vor sich her.

Der Lehrplan wurde strikt eingehalten. Die Schulungen waren mehr oder weniger abstrakt und dogmatisch. Um den Unterricht etwas zu beleben, bemühte ich mich, konkrete Fragen der gegenwärtigen Politik mit dem Lehrplan zu verbinden. So hatte zum Beispiel vom 29. bis 30. Dezember 1954 der Hamburger Parteitag der KPD stattgefunden und wichtige Thesen verabschiedet, die ich ebenfalls mit dem jeweiligen Thema des Lehrplans verband. Auf der Abschlußversammlung wurde dieses Bemühen von dem Referenten besonders hervorgehoben. Aber besser wäre gewesen, den Unterricht insgesamt konkreter zu gestalten.

Nach meiner Rückkehr wurde ich vom Sekretariat des Parteivorstands aufgefordert, sofort die bereits angelaufenen Vorbereitungen für das »Zentrale Pressefest 1955«, das am 30. und 31. Juli in Solingen stattfinden sollte, verantwortlich zu übernehmen. Als erstes nahm ich Kontakt mit Herrn Bornheim, Rechtsanwalt der Zeitung »Freies

PROGRAMM
UND FÜHRER DURCH DIE STADT
SOLINGEN
FEST DER FRIEDENS-PRESSE
AM 30. UND 31. JULI 1955
AUF DEM WEYERSBERGER PLATZ
PREIS 10 PFENNIG

**FESTAUSGABE zum „TAG DER FRIEDENSPRESSE"**

# Spiegel DER WOCHE

Nr. 29 - 4. Jahrgang
3. Juli-Woche 1955
20 Pf

# MIT OFFENEM VISIER!

Der „Tag der Friedenspresse" rückt näher. Ein Tag, der die besondere Rolle der Friedenspresse würdigen soll, an dem die Volkskorrespondenten, Mitarbeiter und Redakteure von ihrer Arbeit und ihren Problemen berichten, an dem auf einem fröhlichen Fest die Bilanz der Pressearbeit und -werbung gezogen wird.

Wie notwendig es ist, die Wahrheit, das freie Wort zu verbreiten, empfinden alle, die sich mit den falschen und schädlichen Auffassungen auseinandersetzen müssen, die durch Rundfunk und Sensationspresse in erschreckender Weise verbreitet werden.

Der „Tag der Friedenspresse" wird festlich begangen, denn er stellt den Höhepunkt unseres Pressewettbewerbs dar. Die besten Werber und Zeitungsverkäufer werden ausgezeichnet, die sich in der hinter uns liegenden Zeit nach Kräften bemüht haben, unsere Presse zu verbreiten, um unseren Freunden, aber auch den Gegnern der Verständigungs- und Friedenspolitik zu zeigen, was wir wollen, wie wir unsere politischen Ziele verwirklichen und wie wir mit den Menschen in Stadt und Land, in Ost und West aufs engste verbunden sind.

Es kann nicht oft genug wiederholt werden: Die Kommunisten kämpfen mit offenem Visier und verheimlichen weder ihre Absichten noch ihre Methoden. Und alles, was in dieser Hinsicht verbreitet, was von Polizeispitzeln wider besseres Wissen, von Regierungsanwälten und anderen Beamten irrtümlich oder fälschlich behauptet wird, trifft nicht zu, dient lediglich dem Zweck, die freiheitliche und friedensbetonte Opposition gegen die Wiederaufrüstungspolitik mundtot zu machen und zu unterdrücken.

Erleben wir es nicht immer wieder, was gerade jetzt vor der Viererkonferenz in Genf so offensichtlich ist: die öffentliche Meinung wird falsch unterrichtet, wird vergiftet! Ganz bewußt wird die Stimmung erzeugt, daß von der Genfer Konferenz wenig oder gar nichts zur Minderung der Spannungen in der Welt und zur Lösung der deutschen Frage zu erwarten sei. Aber war es im vergangenen Jahr nicht genau so? Auch damals wurde die Konferenz in Genf über Vietnam torpediert. Und doch wurden Vereinbarungen zur Beendigung des Krieges in Vietnam getroffen.

Deshalb ist es notwendig, die Verbreitung der Friedenspresse zu verstärken, allen Widerständen zum Trotz! Deshalb ist es von großer Bedeutung, die Bevölkerung über die Hintergründe der Widerstände und über die Möglichkeiten einer konstruktiven Politik zu unterrichten.

Der „Tag der Friedenspresse" rückt die Bedeutung der kämpferischen und demokratischen Presse in den Blickpunkt des allgemeinen Interesses. Dieser Tag wird aber auch zu einer Manifestation für den Schutz der demokratischen Rechte und Freiheiten, an dem die Forderungen erhoben werden:

**Alles für eine Politik der Verständigung und des Friedens!**

**Hände weg von der KPD und der Arbeiterbewegung!**

**Für ein demokratisches und friedliebendes Deutschland in Einheit und Freiheit!**

Volk« und Prozeßbevollmächtigter für uns, auf. Während meiner Abwesenheit hatten Genossen bereits die Anmeldung des Pressefestes beim Polizeipräsidenten in Wuppertal vorgenommen. Und prompt folgte darauf das Verbot.

In der Begründung des Polizeipräsidenten hieß es unter anderem folgendermaßen:

*»Hiermit bestätige ich den Eingang der Anmeldung vom 8. Juni 1955 über die Durchführung des ›Pressefestes‹ am 30. und 31. Juli 1955 auf dem Platz in Solingen, Weyersberger Straße. Nach Ihren Angaben soll diese Veranstaltung den Charakter eines Volksfestes mit kulturellen Darbietungen und Belustigungen verschiedener Art haben . . .*

*Nach den von mir angestellten Ermittlungen sind aber durch eine derartige Veranstaltung die öffentliche Sicherheit und Ordnung unmittelbar in erheblichem Maß gefährdet. Ich verbiete daher auf Grund des § 15 Absatz 1 des Versammlungsgesetzes vom 24. Juli 1953 (Bundesgesetzblatt I, Seite 684) ihre Durchführung.«*

Rechtsanwalt Bornheim legte gegen dieses Verbot beim Regierungspräsidenten in Düsseldorf Beschwerde ein:

*»Wegen Genehmigung eines Pressefestes lege ich namens und im Auftrage der Beschwerdeführerin gegen die Entscheidung des Herrn Polizeipräsidenten von Wuppertal vom 4. Juli 1955* **Beschwerde** *ein mit dem Antrag:*

*Unter Aufhebung der angefochtenen Entscheidung . . . wird der Beschwerdeführerin die Abhaltung des zur Genehmigung angemeldeten Pressefestes . . . genehmigt.«*

Doch der Regierungspräsident wies die Beschwerde der KPD als »unbegründet« zurück. Und auch das Oberverwaltungsgericht von Nordrhein-Westfalen faßte am 23. Juli 1955 den Beschluß, unsere Beschwerde zurückzuweisen. Aus der umfangreichen Begründung hier ein Ausschnitt:

*»Aus den eigenen Angaben der Antragsstellerin ergibt sich, daß die beabsichtigte Veranstaltung zwar als Volksfest mit kulturellen Dar-*

*bietungen und Belustigungen aufgezogen werden soll, daß dabei aber auch eine Reihe von Ansprachen und Reden gehalten werden sollen. Da der Parteisekretär der Kommunistischen Partei für die Veranstaltung verantwortlich ist, kann angenommen werden, daß mindestens bei diesen Reden die ›Hinweise‹ vom 14. Oktober 1954 beachtet werden, die darauf hinauslaufen, mit allen Mitteln der Einflußnahme auf die Bevölkerung — und dazu sind selbstverständlich auch Volksfeste geeignet — die in den ›Hinweisen‹ besonders herausgestellten politischen Ziele zu fördern. Ob die Erfahrungen der letzten Jahre bei ähnlichen Veranstaltungen der Antragsstellerin dem Antragsgegner begründeten Anlaß geben können, mit grundgesetzwidrigen Handlungen bei dieser Veranstaltung zu rechnen, kann dahingestellt bleiben. Jedenfalls durfte der Antragsgegner damit rechnen ... Das aber würde eine unmittelbare Gefährdung der öffentlichen Ordnung darstellen.«*

Schützenhilfe hatten die Gerichte für ihre Entscheidung von Polizeipräsident Schönenborn erhalten, der am 15. Juli 1955 ein ausführliches Schreiben an das Landesverwaltungsgericht Düsseldorf gerichtet hatte. Hier hieß es unter anderem:

*»Verantwortlich für die Durchführung der vorjährigen Veranstaltung war der Parteisekretär Willi Dickhut. Alle Versuche aber, die Beanstandungen abzustellen, scheiterten daran, daß Herr Dickhut grundsätzlich nicht an dem Platz anzutreffen war, an dem er sich laut Bekanntmachung aufhalten sollte. Dieses Verfahren wurde wohl bewußt von der Veranstaltungsleitung angewandt, um der Polizei jede Einwirkungsmöglichkeit zu nehmen. Eine Gewähr für die ordnungsgemäße Durchführung der Veranstaltung war somit nicht gegeben ...*

*Angesichts des nunmehr bestätigten politischen Charakters des ›Pressefestes‹ ist mit Sicherheit anzunehmen ... daß das in der Verfassung verankerte Grundrecht der Versammlungsfreiheit zu Angriffen auf die verfassungsmäßigen Grundlagen der Bundesrepublik mißbraucht wird.«*

Diese Ausführungen waren geradezu ein Hohn. Beim Pressefest hatte es keinerlei polizeiliche Beanstandungen gegeben, und ich war ständig in Kontakt gewesen mit Oberkommissar Czygan. Auch Oberstadtdirektor Berting und Beigeordneter Lichtenfels waren zu einer positiven Beurteilung des Pressefestes hinsichtlich der Befolgung von Auflagen gekommen, wie die abgebildete Bescheinigung zeigt.

OSTD/JO 26oo1/2o1 18.7.1955

**B e s c h e i n i g u n g**

Hierdurch bescheinigen wir wunschgemäß, daß die anläßlich des vorjährigen Pressefestes der Kommunistischen Partei in Solingen die verwaltungsseitig gemachten Auflagen hinsichtlich der äuseren Gestaltung des Pressefestes auf Grund einer Vereinbarung mit dem Parteisekretär -Herrn Willi Dickhut-erfüllt worden sind. Die Auflagen bestanden in einer Versetzung der Eingangspforte auf das eigentliche Festgelände und in der Unsichtbarmachung der Bilder der kommunistischen Parteiführer (Lenin, Stalin, Marx, Engels usw.) nach aussen.

(Berting)
Oberstadtdirektor

Stadt Solingen

(Lichtenfels)
Beigeordneter

Was sollte die Anschuldigung, daß ich auf dem Festplatz grundsätzlich nicht anzutreffen gewesen sei, wo ich mich hätte aufhalten sollen? Ich konnte mir das nur so erklären, daß ich mich mit irgendeinem Beamten, der sich mir allerdings gegenüber auch gar nicht als Aufsichtsorgan der Polizei ausgewiesen hatte, nicht getroffen hatte. Im Nachhinein vermute ich, daß es sich um Kriminalsekretär Jungbluth, Kommissariat 14, handelte. Zwar hatte ich ihn einige Male auf dem Festplatz gesehen, konnte aber doch nicht wissen, ob seine Anwesenheit privaten oder Kontrollcharakter hatte.

Und an einem persönlichen Gespräch mit Jungbluth hatte ich keinerlei Interesse. Das hatte seinen Grund:

Gleich nach Kriegsende hatte die amerikanische Besatzungsmacht ein politisches Interesse daran, die ehemaligen Nazis zu registrieren. Die Bevölkerung sollte bei der Erfassung behilflich sein, um den »demokratischen Aufbau« zu sichern. Aber die Antifaschistische Aktion (ANTIFA) in Solingen nahm den Amerikanern zu schnell Massencharakter an. So ernst hatten sie es ja nun auch nicht gemeint. Kurzerhand wurde die ANTIFA in Solingen verboten und Organisationsgelder sowie Büroeinrichtung beschlagnahmt. (Soweit ich weiß, ist das das einzige Beispiel in Westdeutschland.) Als die Amerikaner dann durch englische Besatzungstruppen abgelöst wurden, nahmen sie die gesamte Nazikartei mit. Die Engländer wollten so schnell wie möglich eine neue Kartei schaffen. Deshalb wollten sie jemanden einstellen, der diese Aufgabe hauptamtlich durchführen sollte. Da das Verhältnis zwischen SPD und KPD damals gut war, kamen wir überein, Willi Jungbluth, Mitglied der SPD, für diese Aufgabe vorzuschlagen. Nach seiner Einstellung kam er noch öfter in das Parteibüro der KPD und bat uns bei der Erfassung dieser oder jener Nazis um Hilfe.

Als das 14. Kommissariat gegründet wurde, wurde er dort weiter beschäftigt und begann nun, sein Fähnlein nach dem Wind zu drehen. Jetzt richtete sich seine Schnüffeltätigkeit gegen die KPD und besonders gegen die FDJ (Freie Deutsche Jugend) nach ihrem Verbot. Mit welchen Methoden Jungbluth vorging, um Spitzel aus den Reihen der KPD zu gewinnen, zeigt ein Artikel in der örtlichen Kleinzeitung »Klingenstadt« der KPD, der hier ungekürzt wiedergegeben wird:

***»Eine tolle Geschichte — unglaublich, aber wahr***

*Herr Willi Jungbluth, eifriger Verfolger der friedliebenden Jugend, läßt das vermissen, was die Bevölkerung von einem korrekten Beamten erwartet. Als uns das Gerücht über einen eigentümlichen Vorfall zwischen Jungbluth und einem ehemaligen Mitglied unserer Partei zu Ohren kam, haben wir die Angelegenheit überprüft. Der Beteiligte, Fritz Mankus aus Wald, gab folgende eidesstattliche Erklärung ab:*

***Eidesstattliche Erklärung***

*›Ich erkläre hiermit an Eides statt, daß ich in der Nacht vom 24. auf 25. Januar 1953, etwa gegen 4 Uhr in die Wirtschaft des Stadt-*

*saales Solingen-Wald, Friedrich-Ebert-Straße, mit zwei mir bekannten Mädchen eintrat, in der Absicht zu erfahren, ob dort noch eine Freundin meiner Bekannten war. Ich sprach mit dem mir bekannten Kellner. An der Theke stand Herr Jungbluth von der Kriminalpolizei, der stark angetrunken war. Jungbluth begann mit mir ein Gespräch über meine Parteizugehörigkeit bzw. Parteitätigkeit. Während des Gespräches hat Jungbluth einige Runden spendiert und dabei immer mitgetrunken. Nach einiger Zeit hat der Wirt Feierabend geboten. Die Gäste gingen dann zusammen raus. Jungbluth ging mit mir und begleitete mich bis zu meiner Wohnung. Er wollte unbedingt mit in die Wohnung hinein. Da ich meinen Schlüssel nicht mehr hatte, hat er die Nachbarn aus dem Bett geschellt und gebrüllt: Kriminalpolizei — aufmachen! Über dieses Verhalten waren die Nachbarn sehr empört. Um weiteres Aufsehen zu vermeiden, entfernte ich mich wieder von meiner Wohnung. Inzwischen war Jungbluth der Alkohol so zu Kopf gestiegen, daß er in den Straßengraben fiel. Obwohl auch ich getrunken hatte, habe ich ihn trotzdem noch aufgehoben. Wir näherten uns dem Rathaus. Jungbluth verlangte von mir, daß ich mit zur Wache gehen solle, und faßte mich dabei am Hemdkragen. Ich sträubte mich, wobei er mir das Hemd zerriß und den Reißverschluß abriß. Bei dieser Gelegenheit kam mir meine Brille abhanden, die ich bis heute noch nicht zurück habe. Auf der Wache angelangt, wollte er mich vernehmen. Er begann Verschiedenes nach Personen und Organisationen zu fragen, ohne ein schriftliches Protokoll zu machen.*

*Offensichtlich waren die anwesenden Polizeibeamten auf der Wache mit dieser Methode Jungbluths nicht einverstanden. Später forderte mich Jungbluth auf, daß ich mich entkleiden solle, um meine Sachen zu durchsuchen. Als ich mich weigerte, erklärte er: Schnell, schnell, los, los — schnell ausziehen! Ich kam dann dieser Aufforderung nach, und Jungbluth durchsuchte meine Kleider. Ich durfte mich anschließend wieder ankleiden und wurde dann bis etwa 10 Uhr vormittags festgehalten. Er hatte zuvor noch einen anderen Kriminalbeamten bestellt, der ein Protokoll über mich anfertigen sollte. Er hat jedoch kein Protokoll angefertigt. Weder Jungbluth noch ein anderer Beamter, der mich festgehalten hatte, hat sich für das Verhalten mir gegenüber bzw. für die Freiheitsentziehung entschuldigt. Obwohl ich getrunken hatte, war auch das kein Grund, mich festzunehmen. Ich war wohl angeheitert, doch hatte ich keinen Anlaß des öffentlichen Ärgernisses gegeben.*

*Das Verhalten Jungbluths muß um so schwerwiegender angesehen werden, weil er versuchte, im stark angetrunkenen Zustand eine polizeiliche Vernehmung durchzuführen, zu der er keine Berechtigung hatte. Der oben geschilderte Vorgang entspricht der Wahrheit.‹*

***Welche Forderungen werden daraus gezogen?***

*Soweit die eidesstattliche Erklärung. Diese Angaben kamen uns phantastisch und unglaublich vor. Eine Untersuchung ergab aber im wesentlichen die Bestätigung der Angaben. Beginnend mit der Überschreitung der Polizeistunde hat sich Jungbluth fortlaufend Übergriffe von Amtsbefugnissen bis zur Freiheitsberaubung zuschulden kommen lassen. Es ist Angelegenheit des Polizeichefs, entsprechende disziplinarische Maßnahmen einzuleiten. Außerdem hat Jungbluth das Ansehen der Polizei in aller Öffentlichkeit diskreditiert. Was sagen die Polizeibeamten dazu?*

*Nach Abschluß eines Untersuchungsverfahrens wurde Mankus wegen parteischädigendem Verhalten aus der KPD ausgeschlossen. Er hat sich in einer Art und Weise mit Jungbluth eingelassen, die ein weiteres Verbleiben in der Partei unmöglich macht. Wer mit einem solchen Element zusammen säuft und randaliert und sich dann noch würdelos von ihm behandeln läßt, der ist untragbar für die Partei. Die Partei vollzieht darum einen klaren Trennungsschnitt.*

*Jungbluth ist unseres Wissens noch heute Mitglied der SPD. Kennzeichnend für seine Charakterlosigkeit ist, daß er seine Parteifreunde, von denen er wußte, daß sie Beziehungen zu KPD-Mitgliedern haben, veranlassen wollte, die KPD-Genossen zu bespitzeln. Die SPD-Genossen haben aber Jungbluths Ansinnen entschieden zurückgewiesen. Wir erwarten vom Unterbezirksvorstand der SPD, daß er im Falle Jungbluth die notwendigen Konsequenzen zieht.«*

Wenn das kein Grund war, Jungbluth auf dem Pressefest zu ignorieren!

Angesichts der Schwierigkeiten bei der Genehmigung des Zentralen Pressefestes hatte es der Parteivorstand für zweckmäßig erachtet, den

Kreisvorständen Anweisung zu erteilen, dort, wo die Voraussetzungen bestanden, Veranstaltungen mit verschiedenen Programmen bis zum Tage des Pressefestes durchzuführen. Es sollte so eventuell eine Ausweich- oder Ersatzmöglichkeit für das Pressefest vorbereitet werden. Alle diese Veranstaltungen sollten unbedingt legalen Inhalt haben, um den Polizeibehörden keine Handhabe für ein Eingreifen zu geben. Aber die Taktik ging nicht auf. Verbot reihte sich an Verbot.

So verbot der Polizeipräsident in Gelsenkirchen zum Beispiel ein für den 30. Juli 1955 geplantes Sommerfest. In der Begründung vom 27. Juli 1955 hieß es unter anderem:

*»Die Maßnahmen des Parteivorstandes der KPD sind zur Zeit überwiegend darauf abgestellt, durch außerparlamentarische Mittel jeglicher Art Einfluß auf die Urteilsfindung des Bundesverfassungsgerichtes im Verbotsprozeß gegen die KPD zu nehmen. Damit geben Parteivorstand und Parteiorganisation der KPD zu erkennen, daß sie sich nicht an die Grundsätze des Rechtsstaates halten, sondern daß sie ein Verfahren vor dem höchsten Bundesgericht durch Einwirkung von außen behindern, bzw. dessen Absetzung erreichen wollen. In diesem Zusammenhang verweise ich auf die Richtlinien zum Aktionsprogramm der KPD, die am 25. Oktober 1954 im Kreissekretariat der KPD in Castrop-Rauxel beschlagnahmt wurden. Aus diesen Richtlinien geht klar hervor, daß die Aktionen der KPD gegen den Verbotsprozeß mit ungesetzlichen Mitteln durchgeführt werden sollen. Jeder Verstoß gegen geltende Gesetze, so wie jede ungesetzliche Handlung schlechthin, stellen aber eine unmittelbare Gefährdung der öffentlichen Ordnung und Sicherheit dar ...*

*Nicht zuletzt ist die geplante Veranstaltung in Gelsenkirchen auch als Ersatzveranstaltung des durch den Herrn Polizeipräsidenten in Wuppertal verbotenen ›Zentralen Pressefestes‹ in Solingen am 30. und 31. Juli anzusehen.«*

Von uns wurde also erwartet, ruhig und tatenlos abzuwarten, was das Bundesverfassungsgesetz im Verbotsprozeß gegen die KPD entscheiden würde. Das, obwohl doch schon im Vorfeld klar war, daß es ihnen um das Verbot der KPD ging, um der Arbeiterklasse eine

Niederlage beizubringen. Schon ein geplantes Sommerfest der KPD verstieß angeblich gegen die öffentliche Sicherheit und Ordnung.

Immer wieder wurde in den Begründungen der Ablehnung bzw. des Verbots angemeldeter Veranstaltungen der KPD das Versammlungsgesetz angeführt:

***»Oberkreisdirektor in Bielefeld***

*Unter Bezugnahme auf mein Verbot der von Ihnen für den 31. Juli 1955 in Heepen zum ›Tag der Friedenspresse‹ geplanten Veranstaltung verbiete ich hiermit gemäß § 5, Ziffer 4 des Versammlungsgesetzes gleichfalls das für den 31. Juli 1955, 19 Uhr in Heepen, Gastwirtschaft ›Weddings Muschelsaal‹ vorgesehene Sommerfest der Tageszeitung ›Volks-Echo‹.*
*26. Juli 1955«*

***»Polizeidirektor in Mülheim***

*Auf Grund des § 5, Absatz 4 des Gesetzes über Versammlungen und Aufzüge vom 24. Juli 1953 (BGBl.I, S. 684) verbiete ich hiermit die Durchführung des von Ihnen für den 31. Juli 1955 in Mülheim a. d. Ruhr geplanten Pressefestes. Dieses Verbot bezieht sich gleichzeitig auf jegliche von Ihnen etwa beabsichtigten Ersatzveranstaltungen innerhalb des Stadtkreises Mülheim a. d. Ruhr.*
*28. Juli 1955«*

***»Polizeipräsident in Wuppertal***

*Nach einem mir vorliegenden Plakat veranstalten Sie am Sonnabend, den 30. Juli 1955 um 19 Uhr in der Stadthalle Solingen eine öffentliche Versammlung. Der Chefredakteur der Zeitung ›Freies Volk‹, Herr Max Schäfer, soll über das Thema ›Was sagen die Kommunisten über die Genfer Konferenz?‹ sprechen, und anschließend ist ein ›hervorragendes Kulturprogramm‹ angekündigt ...*

*Auf Grund des § 5, Ziffer 4 des Versammlungsgesetzes verbiete ich daher ihre Durchführung ...*
*29. Juli 1955«*

***»Landesverwaltungsgericht Köln***

*Der Antragsteller hat für den 30. Juli 1955 einen ›Bunten Abend‹ im Sartory-Festsaal in Köln angekündigt. Der Antraggegner hat durch*

*Verfügung vom 27. Juli 1955 den ›Bunten Abend‹ verboten mit der Begründung, der ›Bunte Abend‹ sei eine Ersatzveranstaltung des Solinger Pressefestes, das durch den Polizeipräsidenten in Wuppertal verboten sei. Der Veranstalter oder sein Anhang würden Absichten vertreten oder Äußerungen dulden, die ein Verbrechen oder ein von Amts wegen zu verfolgendes Vergehen zum Gegenstand haben . . . 29. Juli 1955«*

Mit der Bildung der Adenauerregierung hatte auch die Remilitarisierung der Bundesrepublik begonnen. Die Freie Deutsche Jugend (FDJ) nahm den entschiedenen Kampf gegen jede Art des Militarismus auf. So setzte sie sich für die Erfüllung folgender Forderungen ein:
Schaffung eines einheitlichen deutschen Staates mit einer einheitlichen demokratischen Regierung!
Wiederherstellung der völligen Unabhängigkeit Gesamtdeutschlands!
Abschluß eines gerechten Friedensvertrages mit Gesamtdeutschland und Abzug aller Besatzungstruppen!
Bekämpfung der Kriegspropaganda, der Rassen- und Völkerverhetzung und der Werbung für die Fremdenlegion!
Befreiung von Besatzungskosten!
Zusammenarbeit und Freundschaft mit allen Völkern!

Die FDJ wurde zum Fürsprecher der Jugend im konsequenten Kampf gegen die drohende Gefahr eines neuen Weltkriegs. Unermüdlich deckte sie die volksfeindlichen und verfassungswidrigen Remilitarisierungspläne des Bonner Regimes auf.

Hier liegen die wahren Gründe für das Verbot der FDJ. Denn diese Aktivitäten paßten der Bundesregierung, die eine willfährige Jugend mit Kadavergehorsam wollte, um ungestört die Remilitarisierung vorantreiben zu können, ganz und gar nicht ins Konzept.

Gemäß Artikel 9, Absatz 2 der Verfassung der Bundesrepublik Deutschland wurde die FDJ bereits am 26. Juni 1951 per Erlaß von der Bundesregierung verboten. Das Bundesverfassungsgericht bestätigte am 16. Juli 1952 das Verbot der Freien Deutschen Jugend.

Von »oben« wurde angewiesen, die FDJ als Organisation illegal weiterzuführen. Ich fand diese Entscheidung falsch, denn die jungen

Kanonen statt Brot — »Na, da wollemer mal noch ä Kanönche anhängen!«

Menschen hatten ja nicht die geringsten Erfahrungen in der illegalen Arbeit. Die Inhaftierung vieler junger Leute, in Solingen waren es fünf, war das unausbleibliche Ergebnis.

Auch verschiedene andere Gruppen oder Vereine traf in der Folgezeit ein Verbot, weil die Behörden in ihnen Ersatzorganisationen für die FDJ witterten. Zum Beispiel wurde am 18. Juni 1954 auf Grund einer Verfügung des Polizeipräsidenten Schönenborn die Tätigkeit der Kulturgemeinschaft »Bergische Heimat« verboten. In diesem Chor, der Volkslieder, Heimatlieder, alte Arbeiterlieder und neuere Friedenslieder sang, waren viele Jugendliche. Die Texte der Lieder wurden beschlagnahmt als Beweismaterial für die »Staatsgefährlichkeit«. In der Verfügung wurde einfach behauptet, die Kulturgemeinschaft »Bergische Heimat« sei eine Ersatzorganisation der verbotenen FDJ.

# V

## Als Kreissekretär in Hagen bis zum Parteiverbot

## Geschichtliche, wirtschaftliche und politische Entwicklung des Stadtkreises Hagen

Kaum war 1955 der Behördenkrieg wegen des Zentralen Pressefestes für mich zu Ende, wurde ich von der Landesleitung als 1. Kreissekretär in Hagen eingesetzt; sozusagen als Feuerwehrmann. Denn der bisherige 1. Kreissekretär, Max H. aus Dortmund, hatte mit der Frau eines Genossen ein Techtelmechtel angeknüpft, was helle Empörung in der Hagener Parteiorganisation hervorrief. Max H. wurde abgesetzt und nach Hause geschickt.

Um nicht jeden Tag die Fahrt von Solingen nach Hagen und zurück machen zu müssen, was damals mit mehr Schwierigkeiten verbunden war als heute, mietete ich mir bei einem älteren Ehepaar für 50 DM monatlich ein Zimmer mit Frühstück. Das war viel Geld für mich, denn mein Monatsgehalt betrug nur 300 DM. (Ein Sekretariatsmitglied des Parteivorstands verdiente übrigens entschieden mehr, und zwar zur damaligen Zeit 720 DM.) Auf einen Antrag hin wurde mir dann das Gehalt um die 50 DM Nebenkosten monatlich erhöht. Gewöhnlich fuhr ich am Wochenende nach Solingen, allerdings klappte das nicht regelmäßig. Waren in Hagen wichtige Versammlungen oder Besprechungen, so hatte das Vorrang.

Es gab in Hagen viele Leute mit dem Namen Dickhut; auch mein Vater stammte von hier. Er hatte in Hagen-Eilpe auf der Höhe einen kleinen Bauernhof, Rolande genannt, besessen. Als er meine Mutter heiratete, übertrug er den Hof auf seinen Bruder und siedelte nach Schalksmühle über, wo er als Fuhrunternehmer mit vier Pferden arbeitete. Als ich vier Jahre war, verunglückte mein Vater tödlich. Er hatte verbotenerweise die Gleisanlagen am Bahnhof betreten, um Waggons zu entladen. Dabei wurde er, als er einen Schritt zurückging, von einem durchfahrenden Eilzug erfaßt. Die inneren Verletzungen waren so schwer, daß er drei Tage später starb.

Meine politische Arbeit in der Kreisleitung von Hagen begann. Um einen Überblick über die Entwicklung meines Tätigkeitsgebietes zu bekommen, erarbeitete ich zunächst eine Analyse der konkreten politischen und wirtschaftlichen Situation dieser Industriestadt.

Ich erstellte eine Abhandlung über die geschichtliche, wirtschaftliche und politische Entwicklung des Stadtkreises Hagen bis 1955, aus der hier einiges zitiert wird:

***»1. Struktur und geschichtliche Entwicklung***

***Name***

*Hagen . . . bedeutet soviel wie Gehege, d. h. von Wäldern und Büschen umgeben.*

***Geographisch und geologisch***

*Hagen ist ein Stadtkreis in der Größe von 8 724 Hektar, davon sind 2 792 Hektar städtischer Besitz, meist Waldungen. Das Gebiet umfaßt das untere Volme- und Ennepetal . . .*

*Den Untergrund Hagens bildet Lenneschiefer und Grauwacke; bei Hagen und Hagen-Delstern tritt ein west-östlich hinstreichender Kalksteinzug zutage . . .*

***Verkehrslage***

*Hagens Verkehrslage war und ist bedeutend. Heute: wichtiger Eisenbahnknotenpunkt und als Straßenknotenpunkt für den Durchgangsverkehr Köln—Ennepetal—Hagen—Hamm—Dortmund . . .*

***Einwohnerzahl***

*Die Entwicklung zur Großstadt nahm durch die rasche Industrialisierung im vorigen Jahrhundert und durch die Eingemeindung der Vororte einen schnellen Verlauf . . .*

***Jahr 775***

*Karl der Große eroberte die sächsische Bergfeste Hohensyburg (Sigisburgum castrum) und die Talburg Hagen. Die fränkischen Eroberer siedelten in dem Gebiet Hagen zuziehende Hufeberechtigte als hagistaldi (in die Hagen gestellte) an, die Hagenrecht erhielten, außerdem Hufanwärter mit Weiderecht im Walde, aber ohne festen Besitz (Hufe).*

*Das ganze Gebiet von Hagen war nach dem Siege Karls des Großen Königsgut geworden. Durch Schenkung wurde Hagen der Kölner Kirche übertragen. Es entstanden dem Erzbischof von Köln gehörende Güter. Hier herrschten feudale Zustände.*

***Um das Jahr 1000***

*Etwa vom Jahre 1000 ab schlossen sich im Gebiet Hagen die einzelnen Gehöfte der freien Bauern zu Markgenossenschaften zusammen.*

*Dem Markgenossen gehörten das Gehöft und das umliegende Garten- und Ackerland. Wald und Weide waren gemeinsamer Besitz mit Nutzungsrecht für alle. Aus Marken entstanden Gemeinden und Bauernschaften. Mehrere Markgenossenschaften bildeten zusammen einen Gau.*

*Das entspricht den Verhältnissen, wie sie Friedrich Engels in seiner Schrift ›Die Mark‹ schildert:*

*›... gab es von Anfang an in Deutschland selbst, neben den bereits geschilderten geschlossenen Dörfern mit vollständiger Feldgemeinschaft, auch Dörfer, wo außer den Heimstätten auch die Felder aus der Gemeinschaft, der Mark, ausgeschlossen und den einzelnen Bauern erblich zugeteilt waren. Aber nur wo die Bodengestaltung dies sozusagen aufnötigte: in engen Tälern wie im Bergischen, auf schmalen flachen Höhenrücken zwischen Sümpfen wie in Westfalen ... Hier bestand das Dorf, wie jetzt noch aus zerstreuten Einzelhöfen, deren jeder von den zugehörigen Feldern umgeben wird; ein Wechsel war hier nicht gut möglich, und so verblieb der Mark nur das umliegende unbebaute Land.‹ ...*

***Im Jahr 1622***

*besetzte Pfalzgraf von Neuenburg mit Hilfe spanischer Truppen Hagen. Die Landbevölkerung mußte die Verpflegung aufbringen. Erst 1631 wurden die Kriegskontributionen aufgehoben.*

***Im Jahr 1635***

*wütete als Folge des Krieges die Pest und raffte 600 Menschen hin. 10 Jahre später neue Besatzungen und Kriegsaufschlag. Als endlich Frieden war, mußte die ausgeblutete und ausgeplünderte Bevölkerung sich erst wieder wirtschaftlich erholen.*

***Im Jahr 1661***

*zog der Große Kurfürst bergische Klingenschmiede aus Solingen heran und gab ihnen einen Freibrief. Sie erhielten in Eilpe 8 Wohnungen; für ihre Tätigkeit wurden ihnen 10 Schmiedehütten, 3 Schleifwerke und 1 Stahlhammer hergerichtet und die besten Kohlen überlassen. Und bald belebten Eisenhämmer, Sensen- und Klingenschmiede das Volme- und Ennepetal.*

***Im Jahr 1673***

*kam wieder eine Leidenszeit über Hagen. Die Franzosen überfielen die Mark (noch heute Mark Sauerland genannt), und es häuften sich die Kriegsauflagen, unter denen die werktätige Bevölkerung besonders zu leiden hatte. 1699 und später 1724 wurden durch Feuer ganze Stadtviertel eingeäschert.*

***Im Jahr 1718***

*wurde das Dorf Hagen zur Stadt erhoben. Es gab 131 Häuser mit 675 Einwohnern, nicht eingerechnet die später eingemeindeten Vororte.*

### ***2. Die wirtschaftliche Entwicklung***

***Jahr 1722***

*Einen Überblick über die wirtschaftliche Entwicklung gibt eine Aufstellung über die vorhandenen Handwerks- und Manufakturbetriebe aus dem Jahre 1722:*

*Es gab 2 Sensen-, 7 Messer-, 4 Eisen-, 3 Hufschmiede, 1 Kleinschmied, 2 Klingenaufbereiter, 4 Klingen- und Sensenschleifer, 12 Tuchmacher und 3 Leinenweber. Dazu kamen 18 Fuselbrenner, 17 Bäcker, 14 Bier- und Keutbrauer (Ausdruck des starken Durchgangsverkehrs), 10 Weinwirte und Krämer, 10 Schuster, 9 Schneider, 4 Zimmerer, 4 hölzerne Absatzmacher, 3 Sattler, 3 Maurer, 2 Faßbinder, 3 Barbiere, 1 Drechsler und Schreiner und 1 Kürschner.*

*Die* ***Tuchmanufaktur*** *wurde 1740 bis 1751 durch Zuzug von auswärts erweitert.*

*1754 gab es bereits 2 Walkmühlen, 1 Vollmühle, 1 Farbhaus und 19 Getauen, die Wolle und Baumwolle verarbeiteten.*

*An* ***Stahl- und Eisenwaren*** *wurden in Hagen und Eilpe folgende produziert:*

1. *Einlege-Messer, Säbel- und Degenklingen*
2. *Ambolten und Sperrhaken*
3. *Sensen und Futterklingen*
4. *Tuchmacherscheren*
5. *Eisen, Bolten-Eisen und Bajonette*
6. *Zimmer- und Bildhauergerätschaften wie Axte, Beile, Hobeleisen, Zimmer-Distel, Botgen-Distel, Stemmeisen, Schiffskratze u. a.*
7. *Feuerstühle, Felsen- oder Gerber-Monden, Schnitzerklingen, Win-*

*keleisen, Wagebalken, Zirkel, Klavierhammer und Schraubenschneider.*

***Von 1756 bis 1763***

*Im Siebenjährigen Krieg, besonders in den Jahren 1760 bis 1763, hatte Hagen schwer zu leiden. In und um Hagen lagerten 8 000 Franzosen, die im ständigen Kampf mit den Freikorps lagen. Wiederholt wurden Beamte und angesehene Bürger als Geisel verhaftet und zu längerer Haft abgeführt.*

*Nach dem Siebenjährigen Krieg siedelten viele Tuchmacherfamilien aus Hückeswagen infolge eines verheerenden Brandes nach Hagen über. Dadurch wurde die Tuchmacherei wesentlich verstärkt und hatte gegenüber der Kleineisen-Verarbeitung den Vorrang . . .*

***Im Jahr 1815***

*wurde Hagen als Kreisstadt der neugebildeten Provinz Westfalen zugeteilt.*

*Nach den Befreiungskriegen blühte Hagens Wirtschaft langsam wieder auf. In den vierziger Jahren begann die kapitalistische Industrialisierung. Der Übergang zum Großbetrieb geschah vor allem durch die Einführung der Dampfmaschine . . .*

*Die Einführung von Kraft- und Arbeitsmaschinen hatte für die handwerklichen Betriebe schlimme Folgen. So wurde durch die Einführung der Spindelpresse in der Schloßfabrikation die Arbeitsproduktivität im Verhältnis von 50 zu 1 gesteigert.*

***Im Jahr 1848***

*während der revolutionären Situation rotteten sich die Volmarsteiner Schloßschmiede, die sich zu einer Zunft zusammengeschlossen hatten, zu großen Haufen zusammen und stürmten, ihre Fahne vorauf, die Schloßfabrik Lohmann in Voerde und demolierten die Pressen. Meister Proll, der die Pressen eingeführt hatte, floh. Die Hauptbeteiligten an der Maschinenstürmerei wurden bis zu drei Jahren Gefängnis verurteilt . . .*

***Im Jahr 1852***

*gründete Meister Proll die Maschinenfabrik Proll & Lohmann. Weiter entstanden die Eisenwerke Funcke & Elbers, die Fabriken Asbeck & Co, W. Köppern und Killing & Rath. Während bereits 100 Jahre vorher die Rohstahlproduktion aufgenommen wurde, nahm diese ab Mitte des vorigen Jahrhunderts einen rapiden Aufschwung, so daß Hagen in der Gußstahlproduktion einer der bedeutendsten Orte Deutschlands wurde ...*

*Die rasche Industrialisierung kommt auch in folgenden Zahlen zum Ausdruck: Auf je 1 000 Einwohner Hagens entfielen 1824 sieben Arbeiter, 1879 waren es 134 Arbeiter.*

*Besonders bemerkenswert ist die* ***Entwicklung des Hasper Hüttenwerkes:***

*1877 wurde es durch Zusammenschluß der Firmen Lehrkind, Falkenroth und Co. gegründet. Der erzeugte Puddelstahl wurde 20 bis 30 Prozent billiger verkauft, als die Konkurrenz anbot. Bereits in den 70er Jahren waren maximal 1400 Arbeiter beschäftigt.*

*1878 wurde das Werk stillgelegt, weil es veraltet war.*

*1881 wurde es nach Modernisierung als Kommanditgesellschaft Krieger und Co. wieder in Betrieb genommen.*

*1894 liquidierte die Firma, und das Werk erwarb die Aktiengesellschaft Hasper Eisen- und Stahlwerke, die die Anlagen durch ein Trägerwalzwerk erweiterte.*

*1904 wurden drei Hochöfen der Hasper Hütte gebaut, die vor ein paar Jahren durch einen vierten Ofen ergänzt wurden.*

*1955 hatte das Klöckner Hüttenwerk, Haspe, 6 200 Arbeiter und Angestellte beschäftigt.*

*Noch kurz die* ***Entwicklung des zweitgrößten Werkes in Hagen, AFA, Akkumulatoren-Fabrik:***

*1887 gründeten Ad. Müller und Büsche die Akkumulatoren-Fabrik im Harkortschen Hammerwerk. Es waren nur wenige Arbeiter beschäftigt.*

*1890 Umwandlung in eine Aktien-Gesellschaft unter Mitwirkung von Siemens & Halske und AEG ... Der Aufstieg nahm ein rasches Tempo.*

*1897 wurde die Verwaltung nach Berlin verlegt. Es wurde die größte Akkumulatorenfabrik der Welt ...*

*1955 beschäftigte das Werk 2 200 Arbeiter und Angestellte. Das Werk gehört dem Quandt-Konzern an, der einen maßgebenden Einfluß in der westdeutschen Wirtschaft hat.«*

## Konzentration auf Betriebsgruppen und Betriebszeitungen

Der 2. Kreissekretär war Rudi Blum, ein sehr zuverlässiger Genosse und guter Zeichner. Im Mittelpunkt unserer Tätigkeit stand zum einen die Betriebs- und Gewerkschaftsarbeit, zum anderen die Kommunalpolitik. Es gab bereits einige Betriebszeitungen, die ziemlich regelmäßig erschienen. So zum Beispiel »Schweiss und Qual«, die Zeitung der Kollegen der Hasper Hütte. Dieser größte Betrieb in Hagen hatte damals 6 200 Beschäftigte. Die Zeitung der über 2 000 Kollegen des Akkumulatorenwerkes hieß »Akku-Funke«.

Durch meinen Eintritt in die Kommunistische Partei 1926 begriff ich schnell die Wichtigkeit der Betriebs- und Gewerkschaftsarbeit. Schon sechs Wochen nach meinem Parteieintritt hatte ich im Ritterwerk (Produktion von Haarschneidemaschinen) eine Betriebsgruppe, bestehend aus sechs Genossen, darunter eine Genossin, organisiert. Gleich in welchem Betrieb ich arbeitete: Mündliche und schriftliche Agitation und Propaganda waren immer die wichtigste Voraussetzung zur Vorbereitung von Streiks, Demonstrationen usw.

Wie aus der Analyse des Stadtkreises Hagen hervorging, hatte sich Hagen zu einer wichtigen Industriestadt und einem Verkehrsknotenpunkt entwickelt. Entsprechend dieser Bedeutung bauten wir neben den bestehenden Betriebsgruppen weitere auf. Unmittelbar damit war jeweils die Herausgabe einer neuen Betriebszeitung verknüpft. Was den politischen Inhalt und die Form (agitatorische Wirksamkeit) der Betriebszeitungen anbetraf, so gehörten die damaligen Betriebszeitungen im Stadtkreis Hagen mit zu den besten in der KPD. Mit einem entsprechenden Text versehen wurden sie später auch als Anleitungsmaterial herausgegeben. Eine solche konkrete Anleitung war bei dem 1969 beginnenden Aufbau einer marxistisch-leninistischen Partei eine große Hilfe, vor allem den Genossen in den Betrieben. Zur Veranschaulichung werden auf den folgenden Seiten etliche Beispiele aus diesem Material gegeben. Die grundsätzlichen Aussagen zur Herstellung einer Betriebszeitung haben auch heute ihre Gültigkeit nicht verloren.

# Wie machen wir eine Betriebszeitung?

Dies gilt als Regel: Eine Betriebszeitung ist eine scharfe Waffe, wenn sie wie eine Bombe im Betrieb einschlägt; sie ist eine stumpfe Waffe, wenn sie nicht beachtet wird. Eine Betriebszeitung muß also in Inhalt und Form eine solche anziehende Wirkung haben, daß man nach ihr greift wie nach warme Semmel. Jeder Arbeiter spürt, daß ihm eine solche Zeitung im Tageskampf zur Verbesserung der Lohn- und Arbeitsbedingungen oder gegen die Unternehmeroffensive hilft.

Eine Betriebszeitung ist dann eine scharfe Waffe, wenn sie die Belegschaft aufrüttelt, in Unruhe versetzt, wenn ein Raunen durch ihre Reihen geht, wenn die Geschäftsleitung aufgeregt nach der Ursache sucht, den Urheber verfolgt und die Polizei verständigt. Die Kapitalisten wissen, daß ihnen eine wirksame Betriebszeitung gefährlich wird. Selbst die Konzernherren interessieren sich für eine wirksame Betriebszeitung. Die in dieser Schrift abgebildete Betriebszeitung "AKKU-FUNKE" der Hagener Akkumulatoren-Fabrik (zum AFA-Konzern gehörend) ging bis zum Konzernchef Herbert Q u a n d t, Hannover.

# AKKU-FUNKE

Geschrieben von Kollegen für die Kollegen der "Akku"

## Es hat – gefunkt

Bei Akku hat's gefunkt.
Wie wild tobte die Direktion herum. Sie zitierte den Betriebsrat zu sich, um aufgeregt zu "beweisen", dass die Angaben im "Akku-Funken" nicht der Wahrheit entsprechen.
Aber warum denn die Aufregung? Dass der Betriebsrat unter dem Druck der Direktion sich zu einer Erklärung bereitfand, von dem "Akku-Funken" abzurücken, nehmen wir ihm weiter nicht übel.
Ob aber jemand der Milchmädchenrechnung der Direktion Glauben schenken wird, das möchten wir doch bezweifeln.
Die Direktion wird auch in der nächsten Belegschaftsversammlung mit Zahlen jonglieren, dass allen Kollegen Hören und Sehen vergeht. Mit "Gewinn- und Verlustrechnung" wird die Direktion zu beweisen versuchen, dass ihre Riesengewinne garnicht so riesig sind. Schliesslich bleibt den armen Aktionären nur noch das nackte Leben.

"Lohnerhöhung? Wo es einem hinten und vorn nicht mehr zugeht..."

In ihrer Bekanntmachung B Nr. 14/55 schreibt die Direktion: "Die Direktion stellt zu dem in allen Teilen tendenziös gefärbten Inhalt fest, dass die darin gemachten Angaben soweit sie Zahlen über den Jahresabschluss als auch Angelegenheiten des Werkes Hagen (Löhne usw.) betreffen – unwahr sind und in irreführender Absicht bewusst den Tatsachen widersprechen."

Wir haben im "Akku-Funken" die ausserordentlich günstige Lage der Aktiengesellschaft untersucht, um den Nachweis zu erbringen, dass die Firma höhere Löhne bezahlen

# Streik
## als Waffe zur Durchsetzung von Lohnerhöhung
### Nicht durch „Milchstreik" ablenken lassen!

In der letzten Vertrauensmännersitzung der Hütte wurde bei einigen Gegenstimmen bzw. Enthaltungen der Milchkäuferstreik beschlossen. Dieser Beschluss ist zweifellos ein Ausdruck der Empörung der Kollegen gegen die dauernden Preissteigerungen. So soll auch jetzt der Preis fir Trinkmilch um 5 Pfennig pro Liter erhöht werden. Darüber sind alle Kollegen mit Recht empört. Aber habt ihr auch bedacht, ob der Milchkäuferstreik der richtige Weg ist oder ob er nicht gerade dazu beiträgt die Arbeiterklasse vom richtigen Weg des Kampfes abzulenken?

Fast 5 Millionen Arbeiter und Angestellte stehen in Westdeutschland seit Wochen in einer grossen Lohnbewegung. Die machtvollen Streiks der Hamburger Werftarbeiter, der Henschel-Arbeiter in Kassel, der Bremer Hafenarbeiter und die zahlreichen kleineren Aktionen haben den Unternehmern einen

**Machen wir die Titelseite zu einer Visitenkarte**

Die Titelseite hat große Bedeutung. Sie muß ins Auge springen, eine anziehende Wirkung ausüben, sofort den Kontakt mit den Kollegen herstellen. Wir müssen also große Sorgfalt auf die Erstellung verwenden.

Die Titelseite besteht aus zwei Teilen: dem **Zeitungskopf** und dem Aufmacher, dem **Leitartikel.** Das Aktuelle gehört auf die erste Seite; das, was im Vordergrund steht, zum Beispiel Lohntarifrunde, Wirtschaftslage, Streiks, 1. Mai, besondere politische Ereignisse usw. Der Artikel soll leichtverständlich geschrieben, sachlich dargestellt und möglichst mit einer passenden Karikatur versehen sein. Wichtig ist eine **schlagzeilartige Überschrift,** die den Inhalt kurz und treffend kennzeichnet. Da die Titelseite nicht viel Platz für den Artikel und die Karikatur bietet, kann die Fortsetzung des Artikels auf die zweite Seite übertragen werden.

Der Kopf der Betriebszeitung muß gründlich überlegt und sauber hergestellt werden. Worauf es ankommt, ist in den nachfolgenden Titelseiten verschiedener Betriebszeitungen dargestellt. Die hier behandelten Betriebszeitungen wurden aufgrund langjähriger Erfahrung hergestellt und stammen aus dem Kreis Hagen (NRW), hergestellt im letzten Jahr vor dem Parteiverbot der KPD (1955/56). Wenn hier Texte, besonders politische, wiedergegeben werden, dann muß man die damalige Zeit berücksichtigen. Es kommt heute darauf an, daß wir uns die Erfahrungen der KPD zunutze machen.

Im Gegensatz zu den in den letzten Jahren von verschiedenen Gruppen hergestellten Betriebszeitungen enthält keiner der hier abgebildeten Zeitungsköpfe das Wörtchen »rot« (nicht z. B. Rote Walze, Roter Metaller usw.). Die Betriebszeitung soll nicht als Parteizeitung gekennzeichnet sein, weil die Kollegen die Betriebszeitung als ihre Zeitung anerkennen sollen. Darum heißt es nicht »Betriebszeitung der KPD«, sondern »Betriebszeitung für die Belegschaft Schmiedag« oder »Geschrieben für die Kollegen von Akku«. Daß die Betriebszeitungen von der KPD herausgegeben wurden, geht aus dem Inhalt hervor.

Der Zeitungskopf soll etwas Bestimmtes ausdrücken, zum Beispiel »Akku-Funke«, der einen doppelten Sinn hat: die Produktion von

Akkumulatoren und daraus entspringend der Funke, der wie ein Blitz einschlägt; oder »Das Kettenglied«, das einerseits die Produktion von Ketten andeutet, andererseits darauf hinweist, daß die Belegschaft fest wie eine Kette zusammenhält — gemeinsam sind wir stark. Eine Reihe von Zeitungsköpfen kennzeichnet den Kampf gegen die Unternehmer, die auf verschiedene Weise gezwickt werden. Die Betriebszeitung der Hasper Hütte »Schweiss und Qual« weist auf die qualvolle Schufterei der Stahl- und Walzwerker hin. (Es gab damals ein modernes Walzwerk, daneben aber auch noch alte Walzstraßen, wo die Arbeiter die weißglühenden Stahlknüppel auf dem Rollgang mit der Zange umlegen mußten, wobei ihnen durch die Anstrengung und die Hitze der Schweiß aus allen Poren getrieben wurde.)

Die folgende Titelseite »Blick in's Rathaus«, die Zeitung der kommunistischen Stadtverordnetenfraktion, zeigt die enge Verbindung der Kommunalpolitik mit der politischen Arbeit im Betrieb auf: im Vordergrund das Hagener Rathaus und im Hintergrund die Hasper Hütte; symbolisch für eine vielseitige Arbeiterpolitik.

Juni 1956

Fordert von allen Bundestags-Abgeordneten:

# Wehrpflicht-Debatte absetzen!

Adenauer und Blank sind in großer Bedrängnis. Wie die bürgerliche Zeitung "Die Welt" berichtete, ist die Bonner Regierung über die Abrüstungsmaßnahmen der Sowjet-Union außerordentlich beunruhigt.

W a r u m ?

Blank hat in seiner sogenannten Denkschrift für die Einführung der allgemeinen Wehrpflicht behauptet, daß die Sowjet-Union einen Angriff plane. Die Sowjet-Union läßt 1,2 Millionen Soldaten den Uniformrock ausziehen, nachdem bereits 640 000 Soldaten aus der Armee entlassen wurden.

Mit dem Argument vom Angriff aus dem Osten ist es also nichts. Wer angreifen will, der rüstet auf keinen Fall ab. Anderseits: Wer nicht abrüstet, der will auf alle Fälle angreifen. Und schließlich: Wer in dieser Zeit aufrüstet, trägt sich mit dem gleichen Gedanken.

"Hilfe! Uns droht die Abrüstung!"

Kein Mensch kann also begreifen, warum ein 500 000-Mann-Heer nötig ist. Die allgemeine Wehrpflicht hat heute weniger denn je eine Begründung. Leuten wie Dulles und

Februar 1956

# Das Kettenglied

Betriebszeitung für die Belegschaft Wippermann

## Zum Geleit

Kolleginnen und Kollegen, wir geben hiermit zum erstenmal die Betriebszeitung "Das Kettenglied" heraus. Sie wird "Das Kettenglied" genannt, nicht nur als Hinweis auf die Produktion von Fahrrad- Motorrad- und Autoketten, sondern als Sinnbild für einheitliches Handeln aller Belegschaftsmitglieder. Wenn wir Arbeiter und Angestellten fest zusammenstehen, uns an den HÄnden halten, so wie die Glieder einer Kette, unzerreißbar, untrennbar, dann sind wir unerschütterlich im Kampf zur Verteidigung unserer Lebensinteressen, im Kampf um höhere Löhne und bessere Arbeitsbedingungen.

Juni 1956

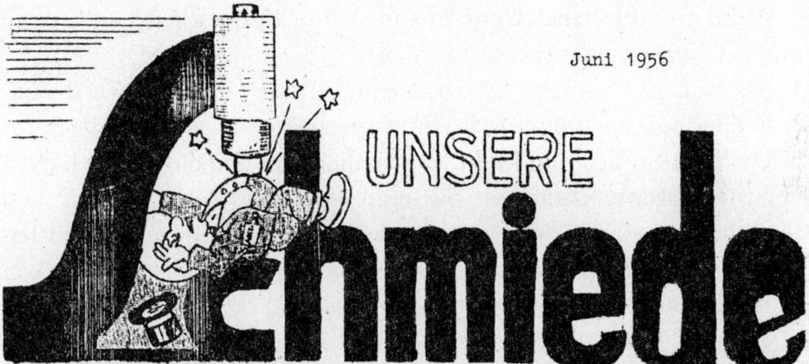


Betriebszeitung für die Belegschaft Schmiedag

## Zum Geleit

"Unsere Schmiede" stellt sich heute allen Kollegen der Schmiedag vor. "Unsere Schmiede" will den Kollegen der Schmiedag zukünftig ein guter und vertrauter Freund sein. "Unsere Schmiede" ist ausschließlich für die Belegschaft der Schmiedag bestimmt. Sie wird von einfachen Arbeitern zusammengestellt und wird in ihrem literarischen Stil wie auch in ihrer künstlerischen Ausgestaltung manches zu wünschen übrig lassen. Dennoch ist diese kleine Betriebszeitung für jeden Arbeiter dutzendfach wertvoller als alle bürgerlichen Zeitungen, denn was sie schreibt, ist dazu bestimmt denen zu helfen, die oft durch schwerste Arbeit ihr Brot verdienen müssen. Die Schläge, die in "Unsere Schmiede" ausgeteilt werden, gelten denen, die sich an der Arbeit anderer bereichern und der Belegschaft das Leben schwer machen. Einer von ihnen liegt bereits unter dem Hammer, wie ihr im Kopf unserer Betriebszeitung seht. ihr werdet bald merken, wie diese Herren bei jedem Schlag von "Unsere Schmiede" aufheulen werden. "Unsere Schmiede" wird sich unterdessen unentwegt für den Kampf um höhere Löhne, für kürzere Arbeitszeit, für die Erfüllung sonstiger gewerkschaftlicher Forderungen und für die Erhaltung des Friedens einsetzen. Und ihr, liebe Kollegen, die ihr doch diesen Kampf gemeinsam führt, helft uns dabei nach besten Kräften. "Unsere Schmiede" ist eine scharfe Waffe gegen Ausbeutung und Unterdrückung durch den Unternehmer.

**Betriebsbezogene Sprache und Karikatur**

Wenn eine Betriebszeitung in Inhalt und Form wirken soll, dann müssen zwei Dinge beachtet werden:

1. Sie muß eine Sprache führen, die die Arbeiter nicht nur verstehen, sondern die auch ihrer Mentalität angepaßt ist, das heißt, die Sprache muß einfach und leicht verständlich sein und darf keine langen Schachtelsätze enthalten. Sie muß einen betriebsbezogenen Ton enthalten, einen leicht ironischen Ton gegenüber der Betriebsleitung, verbunden mit sachlicher Darlegung der Vorfälle. Dieser Ton trifft genau das Richtige, er kommt sowohl bei Arbeitern wie Angestellten gut an und verfehlt seine Wirkung auf die Kollegen nicht. Aber auch nicht auf die Betriebsleitung. Ein solcher leicht ironischer Ton bringt sie auf die Palme, reizt sie zu unbedachten Äußerungen und Handlungen. Diese wiederum können in der nächsten Zeitungsnummer ausgeschlachtet werden, was die Betriebsführung erneut in Wut versetzt, so wie das Beispiel des »Akku-Funken« zeigt.
2. Die Wirkung der betriebsbezogenen Sprache wird noch durch entsprechende Karikaturen erhöht, die den betrieblichen Vorfall kennzeichnen oder glossieren. Der leicht ironische Ton in der Sprache verletzt die Eitelkeit der Betriebsführer, die sich den Arbeitern haushoch überlegen fühlen, sie im Grunde verachten. Sie fühlen sich jetzt von ihrem Thron heruntergezerrt, die Arbeiter sehen, daß diese Herren gar nichts Besonderes sind. Dazu kommt die betriebsbezogene Karikatur, die, wenn sie die Unternehmer oder ihre Lakaien glossiert, diese vor der Belegschaft lächerlich macht. Sie werden in den Augen der Arbeiter zu »kleinen Würstchen« — der Nimbus der Autorität der Betriebsleitung schmilzt dahin wie Butter in der Sonne. Beides zusammen, die betriebsbezogene Sprache und die betriebsbezogene Karikatur, wirken wie Sprengstoff, der die Betriebszeitung wie eine Bombe im Betrieb einschlagen läßt.

Hier einige Beispiele:

# Kollege Nümmes erzählt

Na, Kolleginnen und Kollegen, wie gefällt euch der AKKU-FUNKE?

Neulich sagte ein Kollege zu mir: "Hör mal Kollege Nümmes, der AKKU-FUNKE ist noch garnicht scharf genug, das muß so sein, daß den Herren die Augen überlaufen, so wie den unseren durch die verdammten Säuredämpfe."
"Du hast gut reden, dann mußt du mithelfen. Schreib doch mal an die Redaktion, das kommt schon an. Die Kriminalpolizei sucht sie auch schon und besonders meine Person."

Ja, Kolleginnen und Kollegen, das ist so, die Direktion hat sich so über den AKKU-FUNKEN gefreut, daß sie die Kripo angerufen hat.

"Hier ist die Direktion der Akkumulatorenfabriken. Sagen Sie mal, Sie haben doch ein Fahndungsbuch, ja? Steht da ein Herr Nümmes aus Hagen drin? - Wofür wir das wissen wollen? Hm, hm, ja - wir wollen - wir wünschen - nun ja, wissen Sie, wir wollen den Herrn gewissermaßen in eine gehobene Stellung - Sie verstehen, ja? (in Gedanken: bis über die Fabrikmauern hinaus - so hoch raus) Und da hätten wir gerne Auskunft über den Herrn Nümmes."

Und der Kriminal nimmt das große Fahndungsbuch und nach einer gewissen Zeit nimmt er das Telefon: "Ist dort Herr Direktor Garten, ja? Sie müssen schon entschuldigen, leider, bedaure außerordentlich, aber ein Herr Nümmes steht nicht drinn!"

Ich weiß garnicht, warum man sich so bemüht herauszufinden, wer ich bin, dabei kennt mich jeder Kollege. "August, warum wird alles so teuer", meint neulich ein Kollege. "Siehste Karl, das hängt mit der Militarisierung zusammen. Wenn man Kanonen herstellt und Soldaten einzieht, braucht man Geld - darum müssen die in Bonn die Steuern und Zölle hochschrauben. Und wenn sie Kasernen bauen, können sie keine Wohnungen bauen, das ist klar."
"August, die Lohnerhöhung ist viel zu wenig und am liebsten würden sie die auch nicht bezahlen, was hälst du davon?"
"Karl wir müssen zusammenhalten, und wenn sie nicht bezahlen wollen, dann müssen die Klamotten fliegen, nur so haben sie Respekt!"

Antreten zur Gesinnungsprüfung

# Ein bedröppeltes Klima

Wenn Leute, die niemals Kumpel waren, sich auszudrücken belieben wie angeblich Kumpel reden oder wie sie glauben, daß die Kumpel so reden, dann kommt das heraus, was in dem sogenannten "Betriebs-Klima" steht. Das ist genau so ein bedröppeltes Klima wie wir es in den letzten Wochen zu verzeichnen haben. Und da beschweren sich die "Klima-Macher" - oh Himmelmann wie gehst du ran - das wir das mit Nazi-Jargon bezeichneten. Hier einige Kostproben: "östliche Banausen", "Knechte roter Potentaten", "Lügner im roten Gesinnungsgewand" - allzu bekannte Blüten aus dem "Tausendjährigen Reich".

Die bedröppelten "Klima-Macher"

Es gibt auch sonst noch trübes "Klima-Gefissel", so zum Beispiel: "Der Personalchef und Sozialabteilungsleiter, Buchhalter in vielen Glücksspielen vor und hinter den Kulissen unseres Spielsalons begeht offenbar eine Spaltung seines Bewußtseins, wenn er auf der einen Seite Gehaltsanträge ablehnt und auf der anderen einen Unkostenfaktor von über 1 ooo DM duldet (in Gestalt eines Gewerkschaftsbüros).."

Aha, in dem Letzteren liegt der Hase im Pfeffer. Hier zeigen die "Klima-Macher" ihr gewerkschaftsfeindliches Gesicht. Und wenn zum Schluß gesagt wird: "Der Mensch ist das Entscheidende und nicht die Organisation", das heißt also auch die gewerkschaftliche Organisation, dann zeigt das schon wohin die "Klima-Macher" steuern:

Spaltung der Belegschaft!

Die Geschichte der Arbeiterbewegung zeigt, daß der Arbeiter als Einzelner machtlos der Willkür der Unternehmer ausgeliefert ist. Alle ERRUNGENSCHAFTEN der Arbeiterklasse wurden durch die Kraft der Organisation in hartem Kampf gewonnen. Die organisierte Arbeiterschaft ist eine gewaltige Kraft, wenn sie einig und geschlossen ist. Die Arbeiterklasse ist schwach, wenn sie unorganisiert und aufgespalten ist. Das ist eine ernste Lehre, die der Arbeiterklasse durch bittere Erfahrung beigebracht wurde.

Und noch eine Blütenlese aus dem bedröppelten Klima": "Künstlich am Leben erhaltene Klassenunterschiede lehnen wir ab." Also ihr Herren Klöckner-Aktionäre, verzichtet auf euer müheloses Einkommen, tretet euren Arbeitern und Angestellten die Riesengewinne in Form von entsprechenden Lohn- und Gehaltserhöhungen ab und - falls ihr sonst nichts gelernt habt - arbeitet mit den Kumpels im Betrieb, nebenbei die beste Kur zum Schlankwerden.Auf

Aus dem "Betriebs-Klima":
"Unser Suchen gilt der Mitte!"

solch eine Idee sind die Aktionäre noch nicht gekommen, dabei so eine einfache "Patentlösung" (Made in "Betriebs-Klima") und für solche Aktionäre, die es absolut nicht begreifen können oder wollen: "Vor Gott sind alle Menschen gleich!". Und mächtig aufgeplustert heißt es dann:

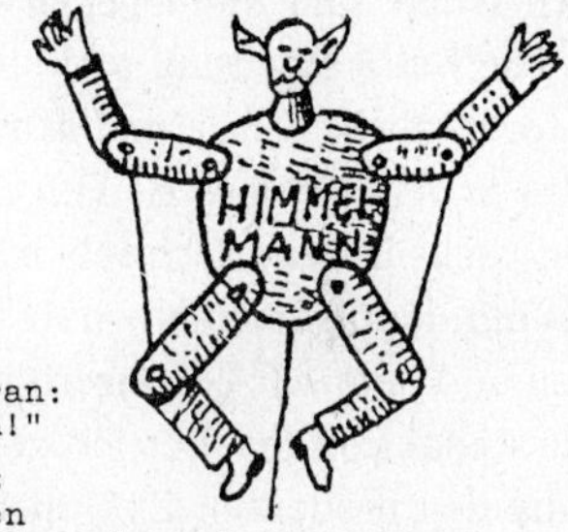


"Und wisset Genossen, wir glauben daran:
Ein Stärkerer steht hinter Himmelmann!"

Es ist gewiß Direktor Weyel; der bringt den "Klima-Machern" Heil. Und stärkt den Gustav Himmelmann, wie eine Schnur den Hampelmann!

---- oooo ----

Mit Unterstützung der Werksleitung wurde eine antikommunistische Werkszeitung "Das Betriebs-Klima" in der Hasper Hütte verteilt. Insgesamt wurden drei Nummern herausgegeben. Unsere Betriebszeitung "Schweiß und Qual" reagierte sofort darauf und entlarvte die Herausgeber und Hintermänner als Spalter der Belegschaft. Die Agenten des Monopolkapitals merkten dann doch, daß sie gegen unsere Argumente nicht ankamen: Das "Betriebs-Klima" verkrümelte sich.

---

# Eine Lungen-„Heil"-Stätte

Bei Boecker & Voormann ist was gefällig. Es gibt dort eine Lungen-"Heil"-Stätte, genannt Gußputzerei. Wenn die Kollegen die Kästen auspacken, dann wirbelt der ausgebrannte Formsand hoch, so daß die Arbeiter in einer Staubwolke eingehüllt sind. Hier wird geschuftet, daß die Brocken nur so fliegen. Als in den vergangenen Frosttagen sich die Menschen frierend an die wärmenden Öfen drängten, da wurden die Gußputzer trotz aller Schufterei nicht warm. In der kalten und zugigen Halle rannten die Kollegen frierend umher.

**Mit Ironie und Spott gegen die Werksleitung**

Die Betriebszeitung »Akku-Funke« für die Kollegen der Akkumulatorenfabrik wurde mit dem Impressum August Nümmes versehen. Das Wort Nümmes ist Hagener Dialekt und heißt Niemand, so wie Odysseus in der griechischen Sage sich dem Zyklopen (einäugiger Riese) mit dem Namen Niemand vorstellt. Der Vergleich mit dem Zyklopen und dem AFA-Konzern und das Verhalten der Direktion war für die Redaktion der Betriebszeitung so verlockend, daß Homers Dichtung den modernen Zyklopen angepaßt wurde.

Die Wut des Direktors Conrads kannte keine Grenzen mehr. Er ließ die Zeitungskästen an der Fabrikmauer entfernen und verglich die kommunistische Zeitung mit Andersens Märchen. Sofort wurde sein Tun und sein Ausspruch glossiert, um ihn lächerlich zu machen.

Schon Lenin wies auf die Wichtigkeit von Betriebsenthüllungen hin. Die Aufzeigung von Mißständen muß ein ständiger Bestandteil der Betriebszeitung sein.

Wenn eine Betriebszeitung ihre Wirkung nicht verfehlt, dann setzt eine Verfolgung seitens der Betriebsleitung ein, wobei sich oft die Polizei beteiligt. Das Impressum muß darum so gehalten sein, daß niemand gefährdet wird. Dabei wird der Träger des Impressums manchmal zur legendären Figur wie August Nümmes oder Karl Lohmeier.

Um nun unsere "armen Aktionäre" vor dem Schlimmsten zu bewahren, wäre es vielleicht angebracht, von unserem "Riesenverdienst" ein Schärflein für sie zu sammeln.

# AKKU-FUNKE

*Geschrieben von Kollegen für die Kollegen der "Akku"*

Als Anfang Oktober der "Akku-Funke" erschien, war große Aufregung bei der Direktion. "Was - verantwortlich August Nümmes? - Wer ist Nümmes?-- Den Nümmes schmeißen wir raus!"

Wir wollen der Direktion verraten, wer Nümmes ist und antworten mit der alten griechischen Heldendichtung "Odyssee", den Irrfahrten des Odysseus. Homer möge uns die geringfügigen Änderungen verzeihen:

"O AFA-Zyklop, du fragst nach meinem gepriesenen Namen.
Nun, so höre und gib mir die versprochene Gabe:
Nümmes ist mein Name. Fürwahr, es rufen mich Nümmes
Vater und Mutter und sonst noch alle anderen Gefährten."

Also sprach ich, doch gleich gab mir der Unhold zur Antwort:
"Nümmes werde zuletzt von all seinen Freunden ich fressen,
Alle anderen vorher, da hast Du die gastliche Gabe."

Rief's und zurückgelegt schlug er zu Boden und lag da
Bog zur Seite den feisten Hals, ihn faßte des Schlummers
allbezwingende Macht. Doch seinem Munde entquollen
Wein und Menschenfleisch, und trunken erbrach er die Brocken

Da aber stieß ich den Pfahl tief unter die Menge der Asche,
bis er erglühte und suchte durch Zuspruch allen Gefährten
Mut zu machen, daß keiner aus Angst mir wieder entwiche.

Als nun aber der funkensprühende Pfahl trotz saftiger Frische
Feuer zu fangen begann und rings schon glühte und flammte,
Trug ich ihn vom Feuer nah an den Riesen und ringsum
standen die Helfer. Und Recht ermutigte unsere Seelen.

Und sie ergriffen den funkensprühenden Pfahl und trieben die Spitze
dem AFA-Zyklopen ins einzige Auge, ich aber drückte und drehte.
Alle die Wimpern ringsum und die Brauen versengte die Lohe
An dem brennenden Akku-Funken, und es zischten die Wurzeln im Feuer.

Also umzischte der funkensprühende Pfahl das brennende Auge.
Fürchterlich brüllte der AFA-Zyklop, rings hallte die Fabrikwand,
Wir aber sprangen erschrocken beiseite. Nun riß er den Pfahl sich
Heraus aus dem Auge und tobte herum wie wild mit den Händen.

Schreiend rief er herbei die anderen (Konzern)-Zyklopen, die ringsum
in ihren Villen wohnten, verstreut auf luftigen Höhen.
Diese hörten sein Brüllen und kamen von allen vier Winden,
Stellten sich ringsum und fragten, was ihn bedränge:

"AFA-Zyklop, was quält Dich so sehr und läßt Dich so schreien,
Will Dich listig oder gewaltsam einer ermorden?"
Ihnen rief der wilde Zyklop des AFA-Konzerns zu:
"Nümmes will mich listig und nicht gewaltsam ermorden."

Die Zyklopen erwiderten ihm die beflügelten Worte:
"Wenn Dich denn niemand bedrängt in all Deinen Werken,
Warum brüllst Du denn so, als wollt' man Dich henken?"
Riefen's und schritten hinweg, da lachte das Herz mir im Leibe.

Als ich so weit entfernt, wie noch die Stimme vernehmlich,
Rief ich dem AFA-Zyklopen die höhnenden Worte hinüber:
"Höre, Zyklop, kein Schwächling war es, dessen Genossen
Du mit roher Gewalt in der wölbigen Fabrik gefressen.

Fürchterlich sollen Deine Frevel über Dich kommen,
Du Verruchter, der sich nicht scheute, die Arbeiter im eignen
Heim zu verschlingen. Nun strafen Dich des Volkes Richter."

---

Hier wird die Lohnfrage mit der Aufrüstung in Verbindung gebracht. Der Zusammenhang des ökonomischen und politischen Kampfes soll durch diese Karikatur aufgezeigt werden.

"Dafür soll der Vater
auf höheren Lohn verzichten!"

# Don Quichotte in der AKKU

So wie Don Quichotte, der Ritter von der traurigen Gestalt, mit gefällter Lanze gegen Windmühlen anritt, so reitet der traurige Ritter von der Akku-Direktion gegen die Zeitungskästen "Volksecho", "Westfälische Rundschau" und "Westfalenpost", die jahrelang an der Fabrikwand gehangen haben, wütend an. Wahrscheinlich hat es ihm das "Volksecho" angetan.

Auf einmal sollen diese Zeitungskästen "die Fabrikwand verunzieren". Ach wie nett, auf einmal!

Einen Trost hat die Direktion: so berühmt wie die lächerliche Figur Don Quichotte in der ganzen Welt ist, wird sie nicht.

---

# Der Kumpel lacht

In der Betriebsabteilung wehren sich die Kollegen gegen die Einführung der analytischen Arbeitsplatzbewertung. Kommt der Herr Direktor in die Abteilung und meint: "Aber Leute, versteht doch recht, wir wollen doch nur euer Bestes."Darauf der Kollege Fritz: "Das wissen wir, Herr Direktor, aber das Beste halten wir lieber für uns selbst!"

# Andersens Märchenbuch

...Die Direktion würde, versicherte er, keine religiöse oder parteipolitische Tätigkeit im Betrieb und auch keine Zeitung an ihrem Fabrikgebäude dulden, "die gegen uns schreibt". - Na, das war deutlich. Das ist der Kapitalisten "Freiheit in Wort und Schrift".

Und da es nicht ohne Blamage abgeht, beteuerte Direktor Conrads: "Wir konnten nun Andersens Märchenbuch nicht gut allein entfernen, darum alle drei!" Hahaha, mach nicht, daß ich lachen muß! Das "Volks-Echo" und der "Akku-Funke" haben es ihm angetan.

Ja, ja, der kleine Conrads ist böse, weil die Direktion kritisiert wurde und vor allem, weil der Vorhang vor dem AFA-Konzern gelüftet wurde. Und da muß Andersens Märchenbuch herhalten, o wie nett!

Und nun seht, Kollegen, die Direktion stellt nicht den einzigen Don Quichotte sie hat einen Konkurrenten bekommen, den Arbeitsdirektor Berndsen (nicht Andersen) von der Dortmunder "Westfalen-Hütte". Der hat sich nämlich auch so geärgert wie Direktor Conrads, und so richtete er vorkurzem an die Dortmunder Geschäftsstelle der "Neuen Volkszeitung" folgendes Einschreiben:

> "Wegen ihrer stetigen Angriffe gegen die Werksleitung und unsere Firma, sehen wir uns nicht mehr in der Lage, Ihnen weiter die Benutzung des Zeitungskastens Osterholzstraße Ecke Eberhardstraße zu gestatten.
>
> Westfalenhütte Aktien-Ges.
> gez. Berndsen"

Gleiche Brüder, gleiche Kappen - man glaubt durch solche Mätzchen die Zeitung der Arbeiter mundtot zu machen, aber es geht ihnen wie dem Fuchs in der Fabel, der sich die größte Mühe gab, ein paar Trauben erhaschen, die golden lockend aus dem grünen Laube leuchteten.
Aber mit all seinen krampfhaften Sprüngen konnte er sie nicht erreichen: sie hingen zu hoch. Als er endlich einsehen mußte, daß sie nicht zu erlangen waren, schimpfte er sie sauer und drehte ihnen verächtlich den Rücken.

Wenn jemand eine Sache herabsetzt, ist damit nicht gesagt, daß sie schlecht ist: Vielleicht hing sie ihm nur zu hoch.

EINE WIRKSAME WAFFE

ist, den Gegner lächerlich zu machen, Hohn und Spott über ihn auszugießen durch Sprache und Karikatur. Die Wut des Direktor Conrads über den AKKU-FUNKEN kannte keine Grenzen mehr, darum ließ er die Zeitungskästen, die seit wiederzulassung von Zeitungen im Jahre 1946 an der Fabrikmauer hingen, entfernen.

Es kam ihm darauf an, das kommunistische "VOLKS-ECHO" den Augen der Kollegen zu entziehen. Der Dir. Conrads wollte die KPD treffen, aber der AKKU-Funke versetzte ihm einen Hieb, indem er den Direktor der Lächerlichkeit aussetzte. Dabei wurde jede unbedachte Äußerung von ihm ausgenutzt, z.B. Andersens Märchen.

Durch diese Methode der ironischen Nadelstiche verlieren die Kollegen jeden Respekt vor der Direktion und werden mutiger im Auftreten bei der Durch setzung von Forderungen.

August N ü m m e s wurde zu einer legendären Figur, er deckte Mißstände auf, entlarvte die Hintergründe, verband Lohn- und andere ökonomische Fragen mit politischen Ereignissen, kurz er vertrat die Interessen der Kollegen. Obwohl er nicht existierte, war er mitten unter den Kollegen, geheimnisvoll und nie faßbar. Seine Karikatur kehrte regelmäßig in der Betriebszeitung wieder, wohl in anderen Stellungen, aber immer in der etwas lässigen Haltung und dem verschmitzten Gesicht eines klassenbewußten Arbeiters (siehe auch Titelblatt "Aufgespießt") Die Artikel unter der gleichen Überschrift "Kollege Nümmes vertellt" (erzählt) waren im Hagener Dialekt geschrieben. Das schuf ein vertrauliches Verhältnis mit den einheimischen Arbeitern und hatte eine zusätzliche Wirkung. Der nebenstehende Artikel wurde von uns ins Hochdeutsche übersetzt, um den Inhalt verständlich zu machen.

Die Kapitalisten beanspruchen den größten Teil des von den Arbeitern geschaffenen Neuwert.

Sie erreichen das durch verschärfte Rationalisierung, Lohnabbau und verstärktes Hetztempo sowie durch Verschlechterung der Arbeitsbedingungen.

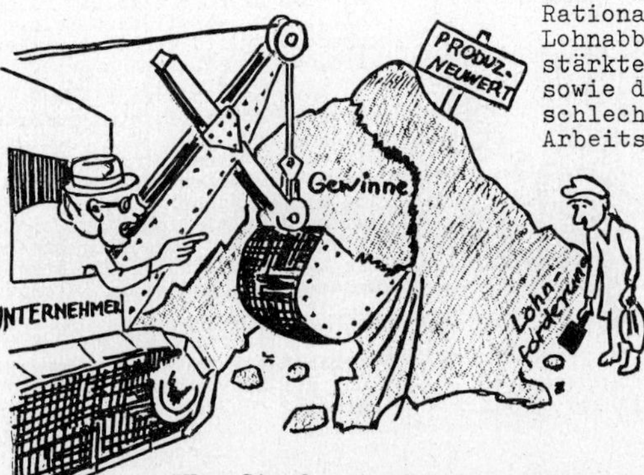


"He, Sie da, werden Sie nicht unverschämt!"

# Das Badewettrennen.

Sobald Samstag mittags das Feierabendsignal ertönt, beginnt ein Wettrennen zu den Badekabinen. Alles stürmt mit einem beängstigenden Gedränge die Badezellen.

Sobald die ersten als Sieger hervorgehen, stellen sie sich den Nachfolgern zur Schau, das heißt nicht, daß sich in der Akku ein Verein für Nacktkultur gebildet hätte, o nein, das Zurschaustellen ist durchaus unfreiwillig und für die Betreffenden peinlich genug.

Na sowas- wird die für "unser Wohl" so besorgte Direktion sagen, was ist das wieder für eine unwahre Behauptung? Aber es ist genau so, denn die Kollegen, die den Start zum Wettrennen zu spät angetreten haben, gehen nun von Badekabine zu Badekabine, heben den Vorhang hoch, um festzustellen, ob der jeweilige Kollege mit Baden fertig ist. Dieser präsentiert nun dem neugierigen Kollegen seine ganze nackte Schönheit, wenn er nicht gerade mit An- oder Auskleiden beschäftigt ist.

Muß das so sein? Nein, es braucht nicht sein! Dieser Zustand wird aber so lange dauern, solange für die über 2ooo Belegschaftsmitglieder nur 4 Wannen und 3o bis 35 Brausen zur Verfügung stehen.

Zahlreiche Kollegen müßten, der Vorschrift entsprechend - Pflichtbäder nehmen, das sind Blei- und Säurearbeiter, die aber vielfach wegen den Zuständen, die hier vorherrschen, die Badeeinrichtungen nicht immer benutzen. Hier besteht sogar eine Gefahr für die Gesundheit dieser Kollegen.

Dazu kommt, daß der Baderaum zugig ist und sich darum leicht jemand ernst erkälten kann. Durch den starken Badebetrieb stockt die Warmwasserzufuhr, sodaß das Badewasser oft eiskalt ist. Vielleicht ist die Direktion der Meinung, daß die gesamte Belegschaft eine Kaltwasserkur notwendig hat, gewissermaßen als Gegenmittel, weil es ihr beim Arbeiten allzu heiß geworden ist.

Ja, ja, die Direktion sorgt für Ausgleich - genau so wie bei den Löhnen und Gehältern: was die Arbeiter und Angestellten zu wenig haben, haben die Herren Direktoren eben mehr, und der Ausgleich ist wieder hergestellt. Und damit die Herren Aktionäre gar nicht arbeiten brauchen, schuften die Arbeiter zum Ausgleich umso mehr - dafür sorgt die Direktion schon.

Die Baderäume sind nicht nur zu wenig, sie sind auch unhygienisch. Es ist deshalb höchste Zeit, daß hier eine grundlegende Verbesserung durchgeführt wird. Hier kann man nach Herzenslust rationalisieren, wobei jedes Belegschaftsmitglied gerne mitwirken wird.

Wie wäre es mit Vorschlägen?
Wieviel Badezellen sind erforderlich?
Wie sollen diese eingerichtet sein?
Was ist erforderlich, um ständig warmes Wasser zu haben? (Herr Weidle kann als Ingenieur sicher einen präzisen Vorschlag machen)
Wie kann eine Entlüftung angelegt werden, ohne daß es im Baderaum zieht?
Und so weiter.

Vorschläge können in unbegrenzter Zahl der Direktion übermittelt werden.

**Zur Auflockerung: Schlagzeilen und Überschriften**

Es ist wichtig, den Text aufzulockern. Das geschieht schon weitgehend durch die Karikaturen, aber das genügt nicht. Es kann ja nicht für jede Seite eine Karikatur verwandt werden. Der Text soll möglichst in zwei Spalten geschrieben werden; es liest sich leichter. Wenn mal zur Abwechslung ganzseitig geschrieben wird, müssen unbedingt Schlagzeilen zwischengeschaltet werden, sonst wirkt die Seite tot und langweilig. Die Schlagzeilen sollen in verschiedener Größe und wechselnden Druckbuchstaben geschrieben sein.

Auch eine zweispaltige Seite ohne Karikatur soll mit Schlagzeilen unterbrochen werden. Man kann auch teils ganzseitig, teils zweispaltig den Text anordnen. Dabei können zur weiteren Auflockerung Balken — senkrecht oder waagerecht angebracht — eingezeichnet werden. Wir müssen stets beachten: Jede Seite der Betriebszeitung muß lebendig sein, jede Seite, jeder Artikel muß zum Lesen anregen. Der inhaltlich beste Artikel ist nichts wert, wenn er nicht gelesen wird.

Großen Wert müssen wir auf Überschriften legen. Sie müssen das Wesentliche des Artikels zum Ausdruck bringen. Die Überschrift muß auffallen, sie darf nicht eintönig wirken. Die Druckbuchstaben muß man in Größe und Form ändern — nur kein Schema F. Man muß sich immer wieder was Neues einfallen lassen. Überschriften müssen wie die Karikaturen ins Auge springen.

# Die mit Spannung geladene Belegschaftsversammlung

Die fällige Quartalsversammlung wurde von der gesamten Belegschaft mit großer Spannung erwartet. Was wird die Direktion auf die Angaben des "Akku-Funken" antworten, die doch durch Anschlag von der Direktion als "tendenziös und falsch" bezeichnet wurden.

Nachdem die S ndernummer noch vor der Belegschaftsversmmlung erschien, hielt es die Direktion doch für angebracht zu schweigen - aber das war auch eine Antwort!

Mehr noch, der von Direktor Conrads vorgetragene Wirtschaftsbericht war nur eine einzige Bestätigung der von uns dargestellten glänzenden geschäftlichen Lage der Firma. Damit hat Direktor Conrads indirekt bestätigt, daß eben aufgrund der gemachten Riesenprofite die Firma in der Lage wäre

höhere Löhne zu bezahlen.

Wenn er von Leistungssteigerung hauptsächlich in der Maschinenfabrik sprach, dann hütete er sich allerdings, Zahlen zu nennen. Ansonsten unterließ er es auch, auf die Lohnfrage einzugehen, war es doch ein zu heißes Eisen. Darüber wird aber die Belegschaft noch ein Wort sagen.

In der Diskussion wurde starke Kritik an einigen Mißständen geführt. Da sind es vor allem die Spinde und die geringe Bewegungsfreiheit beim Umkleiden. Spinde von 3o mal 5o cm dicht an dicht gestellt, reichen nicht aus, die Kleidung ordnungsgemäß unterzubringen. Und dann das tägliche Theater beim Umziehen.

Die reinste Akrobatik - ein Herumtanzen und Jonglieren! Der noch im Straßenanzug befindliche Kollege muß höllisch achtgeben, nicht von einem schmierigen Arbeitsanzug gestreift

zu werden; das kann sehr leicht in dem als Umkleideraum eingerichteten Gang passieren.

Mit unschuldigem Augenaufschlag versicherte Direktor Conrads, daß er nicht gewußt habe, daß die neuen Spinde noch nicht eingetroffen seien Er mußte sich aber vom Betriebsratsvorsitzenden sagen lassen, daß er da rüber orientiert worden wäre. Peinlich, nicht wahr?!

Kollegen, schließt Euch an!

# Unfälle - keine Zufälle!

Das Eisenlager bzw. das DEAC-Lager ist eine gefährliche Unfall-Falle. Das gelieferte Material kann in den meisten Fällen nicht zu den Regalen transportiert werden und wird deshalb am Eingang abgeworfen. Wenn dann mal gerade Zeit ist, wird es in die Regale aufgestapelt.

Wieso, wenn mal gerade Zeit ist - nunja, die Kollegen im Eisenlager haben die Aufgabe, das Material für die einzelnen Abteilungen auf Maß zu schneiden, brennen oder sägen. Wenn nun ein Kollege Material z.B. für die Schlosserei sägt und es kommt eine andere Abteilung, die es anscheinend eiliger hat, so muß er aufhören und für diese Abteilung schneiden. Die Kollegen werden so hin und her gehetzt und von allen Seiten angetrieben, da kann schon leicht etwas passieren.

Im DEAC-Lager stehen die Regale zu nah aneinander. Es ist gerade soviel Platz daß man hindurchgehen kann. So wollten vor einigen Wochen zwei Kollegen Bleche holen. Da fiel ein Stapel aus dem Regal. Es war kein Platz da, um zur Seite zu springen, sodaß die Kollegen an den Schienbeinen verletzt wurden. Das brauchte nicht zu sein, wenn diese Falle zwischen den Regalen beseitigt worden wäre. Sie müssen so weit auseinander gestellt werden, daß genügend Platz zwischen ihnen ist. Wenn der Raum nicht ausreicht muß eben das Lager erweitert werden.

# Achtung! Refa-Kolonne unterwegs!

Dr. Leistner untersteht die gesamte Werkskontrolle, dessen wichtigste Aufgabe die Überprüfung der Akkorde ist. Ihm zur Seite steht Ing. Schleifstein mit seiner Stopper-Kolonne.

Seit Monaten schon schleicht die Kolonne durch alle Abteilungen - augenblicklich in Gießerei und Maschinenfabrik. Die Holzbetriebe sind fertig - mit was? Zeitstudien! Refa-System!

Wofür, um den Kollegen die Akkorde

Achtung! An die Gewe..... pardon, Stoppuhren!

aufzubessern? Das passiert auch mal hier und da, aber dafür unterhält die Werksleitung nicht so einen kostbaren Apparat. Jeder Arbeiter kennt das schon, das Überprüfen der Akkorde. Am Ende kommt jedesmal größere Schufterei heraus. Wenn die Akkordsätze abgezogen werden sollen, oh, dann ist man sehr schnell bei der Hand. Muß aber ausnahmsweise mal etwas zugelegt werden, dann ist alle Fixigkeit weg, dann ist das sooo schwierig.

In der Gummifabrik haben die Wirtschaftsprüfer eine "Entdeckung" gemacht: 32 000 DM Lohnüberzahlung! Donnerwetter, müssen die Kollegen aber Geld nach Hause geschleppt haben. Die brauchen schließlich gar nicht mehr zu arbeiten. "Wat - sagen die Kollegen - tweionddärtigtusend Mark, wo sind dä dann blewen?" Und sie guckten zu Hause noch mal alle Lohntüten durch - nichts. Ja, das ist eine Wirtschaftsprüfung. Ob das nicht Anlass für die Refa-Kolonne ist, sich jetzt auf die Kollegen der Gummifabrik zu stürzen und stoppen, stoppen, stoppen?

Kollegen, wehrt Euch gegen das Refa-System und alle anderen Ausbeutungs-Systeme und -Methoden!

Denkt an Eure Gesundheit!

„Wir können nur disziplinierte Arbeiter brauchen"

# Jetzt handeln!

So wichtig die  Konzentration kommunistischer Betriebsarbeit auf Großbetriebe auch sein mag, so dürfen doch Mittel- und Kleinbetriebe nicht vernachlässigt werden. Wir gaben damals für diese Betriebe die Betriebszeitung "Hammer und Schraubstock" im Oktober 1955 heraus. Zwei neue Betriebszeitungen erschienen: im Februar 1956 "Das Kettenglied" und im Juni 1956 "Unsere Schmiede".

Das kann sich jeder an allen fünf Fingern abzählen, daß der Lohn nicht reicht.

Darum nicht länger warten!

gemeinsam sind wir stark!

## Nicht so tierisch ernst: Humor, Witz, Glosse

Wir sollten auch in einer Betriebszeitung nicht alles so tierisch ernst nehmen. Humor und Witz (keine Zoten) lockern nicht nur die Betriebszeitung auf. Ein guter Witz, der den Kumpel zum Lachen bringt, macht ihn auch für ernstere Fragen zugänglicher. Dabei können die Witzchen als Gespräch zweier Arbeiter gebracht werden. Die Figuren können von Zeit zu Zeit wiederkehren, nur mit einem neuen witzigen Text. Die besten Witze sind die, die beim Kumpel ein Schmunzeln auslösen.

Die Ursache des Schmunzelns braucht nicht immer ein Witz zu sein. Auch eine kameradschaftliche Kritik an einem Kollegen kann ein Schmunzeln auslösen, so wie das Beispiel aus der Hasper Hütte: »Der Hütte Minnesänger«. Der Kollege Walter H. war früher einmal Mitglied der KPD und bekannt als Sprücheklopfer. Die Kollegen haben sich über die Kritik gefreut — ein Schmunzeln ging von Kollege zu Kollege.

# Der Hütte Minnesänger

In Heft 4 vom "Pütt und Hütte", der vornehmen Werkszeitung der Direktion des Klöckner-Konzerns wird auf Seite 145 folgender Vers unseres Kollegen Walter H., Lokheizer auf der Hütte, zitiert:

"Wenn Intelligenz und fleißige Hand
ergänzend schaffen mit Sinn und Verstand,
kann die Produktion neue Wege beschreiten,
den Letzten zum Denken und Helfen anleiten."

Und hier unsere Antwort an den Kollegen Walter H. :

O, Walter "von der Vogelweide",
wir raten dir: vermeide
ein Loblied auf die Produktion zu singen.
Statt den Kollegen in ihrem Ringen
mit Rat und Tat zur Seite zu steh'n,
willst du "neue Wege der Produktion" geh'n.

Wenn August Bebel würd' noch leben,
der würde warnend den Finger heben:
"Wenn unsere Gegner nicht mehr toben,
sondern uns in hohen Tönen loben,
dann haben wir sicher Fehler gemacht,
drum aufgepaßt und habet Acht!"

Was Bebel sagt, das merke dir,
es ist für dich doch keine Zier
in "Pütt und Hütte" Minne zu singen,
denn die Kollegen in ihrem Ringen
um besseres Leben und höheren Lohn
empfinden deine Verse wie Hohn.

---

Lohnerhöhungen schmälern den Profit, darum die Hartnäckigkeit der Unternehmer und ihrer Verbände, Lohnerhöhungen abzulehnen. Der Lohn muß immer wieder neu erkämpft werden.

# HUMOR

"Sie wollen als Schaffner bei uns arbeiten? Was haben Sie denn früher getan?"
"ich war Sardinenpacker!"
"Gut, Sie sind eingestellt!"

- - o - -

Aus der Rede eines CDU-Abgeordneten:
"Die SPD, die am Ruder ist, hat Sie ehrenwerte Bürger dieser Stadt, fünf Jahre lang ausgeplündert. Jetzt geben Sie unserer Partei eine Chance!"
Die Bürger machten lange Gesichter.

- - o - -

Berlin - Berlin

"Warum hat der Jiraffe so'n langen Hals?"
"Det heißt die Jiraffe und nicht der Jiraffe!"
"Und der Mann von die Jiraffe?"
"Der heißt och die Jiraffe!"
"Die kriegen wohl keene Kinda?"

- - o - -

"Karl, was ist Rationalisierung?"

"Rationalisierung ist, wenn 20 Arbeiter soviel arbeiten wie früher 30 und für 10 verdienen!"

- - o - -

"Fritz, wo gehst Du hin?"

"Ich gehe zum Tierarzt!"

"Warum denn zum Tierarzt?"

"Ist doch klar, ich lebe wie ein Hund und arbeite wie ein Pferd!"

- - o - -

EINE FABEL

Ein Pferd und ein Esel hatten für ihren Herrn eine schwere Last zu befördern. Das Pferd war stark und trug leicht an seinem Teil; der Esel aber seufzte schwer unter seiner Bürde. Stöhnend bat er das Pferd, ihm einen Teil davon abzunehmen. Aber umsonst. Als sie den halben Weg zurückgelegt hatten, wurde es dem Esel zuviel; er stürzte und blieb tot liegen. Nun hatte das Pferd die ganze Last allein zu schleppen. Oben darauf aber legte der Herr noch die abgezogene Haut des Esels.

Wer anderen hilft, hilft sich selber oder Einigkeit macht stark!

"Nach Ihrer schriftlichen Bewerbung Fräulein Schulze, war ich im Zweifel aber jetzt, da ich Sie sehe, erkenne ich sofort: Sie sind Ihrer Aufgabe in unserem Betrieb voll gewachsen... wundervoll gewachsen!"

# Bekommen die Bienen auch mehr Lohn?

Als vor einigen Wochen eine geplagte Hausfrau bei ihrem Lebensmittelhändler einkaufte, sah der Mann sie mit einem Blick wie ein gequältes Reh über seine Brille hinweg an. "Wie sag ich's meinem Kunden?!" mochte er denken, denn er hatte wieder die undankbare Aufgabe, auf eine neue Preiserhöhung aufmerksam zu machen. "Tja", druckste er, "der Honig ist nun leider im Preis wieder gestiegen; er kostet jetzt 4o Pfg. mehr das Pfund."

Unserer wackeren Hausfrau verschlug es den Atem. Sie hatte noch am Tage zuvor in der Zeitung von Minister Erhard gelesen, daß nur die Lohnforderungen an den steigenden Preisen schuld seien. Also fragte sie den Kaufmann: "Sagen Sie, bekommen denn die Bienen auch mehr Lohn?"

Unser Händler war baff. Ob es Minister Erhard anders ergangen wäre?

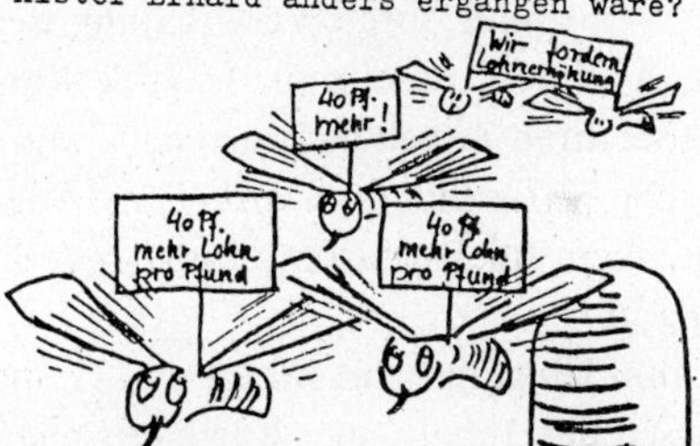


Die kapitalistische Propaganda will der Bevölkerung weismachen, daß höhere Löhne an den Preissteigerungen und der Inflation Schuld sind. Dabei werden die Arbeiter gezwungen, den Kampf gegen die Senkung ihres Lebensstandards aufzunehmen. Sie haben keinen Einfluß auf die Preise, wohl aber auf ihre Löhne. Der nebenstehende Text und die Karikatur zeigt den Betrug der "Lohn-Preis-spirale"auf. Die Glosse bringt das treffend zum Ausdruck.

**Die Karikatur als scharfe Waffe**

Wir haben bereits in bezug auf Betriebsenthüllungen auf die Bedeutung der Karikatur als Waffe hingewiesen. Das bezieht sich aber nicht allein auf betriebsbezogene Karikaturen. Ebensowichtig ist die Karikatur im ökonomischen und politischen Kampf. Dabei können beide Seiten des Kampfes durch die Karikatur verbunden werden.

Die Karikatur ersetzt das geschriebene Wort nicht, sondern verstärkt die Wirkung des Artikels, unterstreicht seinen Sinn, hebt Einzelheiten besser hervor, macht das Geschriebene verständlicher. So wirksam eine treffende Karikatur ist, eine, die den Nagel auf den Kopf trifft, so kann auch eine schlechte Karikatur ins Gegenteil umschlagen. Wenn z. B. eine betriebsbezogene Karikatur eine Maschine darstellt, die ein Phantasiegebilde, aber kein Abbild einer echten Maschine ist, machen wir uns bei den Arbeitern lächerlich. Man muß wenigstens erkennen können, was die Zeichnung darstellen soll.

Eine Karikatur soll auch technisch sauber hergestellt sein (ebenso wie die Schrift). Wenn man durch Verwischung der Konturen oder durch schwachen Abdruck raten muß, was die Karikatur eigentlich bedeuten soll, hat sie ihren Zweck nicht erreicht, weil das Interesse des Lesers nachläßt. Die Karikatur muß direkt ins Auge springen; man muß den Sinn mit einem Blick erfassen, nur so regt die Karikatur zum Lesen des Artikels an.

Die Karikatur muß lebendig sein. Blicke und Gesten der dargestellten Personen müssen den Inhalt einer Karikatur noch unterstreichen. Das braucht nicht durch ganze Personendarstellung in Erscheinung treten — durch eine Handbewegung, einen Fußtritt kann die Lebendigkeit ebenso zum Ausdruck kommen.

Durch die Karikatur kann man auch die Verbindung des ökonomischen und politischen Kampfes darstellen. Man kann durch die Karikatur den Gegner ebenso lächerlich machen wie den Kampfwillen der Arbeiter stärken. Kurz und gut, die Karikatur ist ein entscheidendes Hilfsmittel unserer Agitation, eine Waffe im Klassenkampf, aber sie muß scharf sein, das heißt wirksam sein. Das gilt besonders bei der Herstellung von Betriebszeitungen.

# Vom Kampf um höhere Löhne nicht ablenken lassen.

Die Hausfrauen der Werktätigen
können rechnen was sie wollen,
das Einkommen des Mannes reicht
nicht aus.

Diese zwei Seiten sind im Zusammenhang zu sehen. Nicht nur der AFA-Konzern, sondern alle Unternehmer wünschen sich eine Belegschaft, die sich nach den Interessen des Kapitalismus ausrichten läßt. Solche Karikaturen reizen die Arbeiter zum Widerstand.

So wünscht sich der Afa-Konzern die Belegschaft – ja, denk'ste!

Die Streikfront ist unerschütterlich. Alle Versuche des Unternehmers diese zu zerschlagen, scheitern an der Entschlossenheit und dem Kampfwillen der Kollegen.

1932 erklärte die KPD:
"Hitler, das ist der K r i e g !" Die Kommunisten hatten das richtig vorausgesehen. Genau so kam es. Die Folgen sind jedem bekannt. Mit ungeheuren Blutopfern hat besonders die deutsche Arbeiterklasse diese bittere Erfahrung bezahlen müssen.

Wie ist es heute?

Seit Jahren rufen wir der westdeutschen Bevölkerung zu, wachsam und auf der Hut zu sein. Wir haben allen Grund dazu. Die Verderber Deutschlands, die Stahlkönige an Rhein und Ruhr haben wieder frech ihr Haupt erhoben. Sie wollen das Spiel von neuem beginnen.

So wie Hitler damals als Beauftragter der Monopole und Junker alle Bedingungen für den Überfall auf die Völker Europas vorbereitete, so ist Dr. Adenauer heute der Mann der Rüstungskönige.

Darum warnten wir Kommunisten immer wieder: "Adenauer, das ist das Unglück für unser Volk. Mit den Pariser Verträgen führt er uns geradewegs ins Verderben."

Kollegen, die Wiederaufrüstung nimmt uns das Fleisch von dem Teller. Die Preise klettern weiter in die Höhe, darum für höhere Löhne kämpfen!

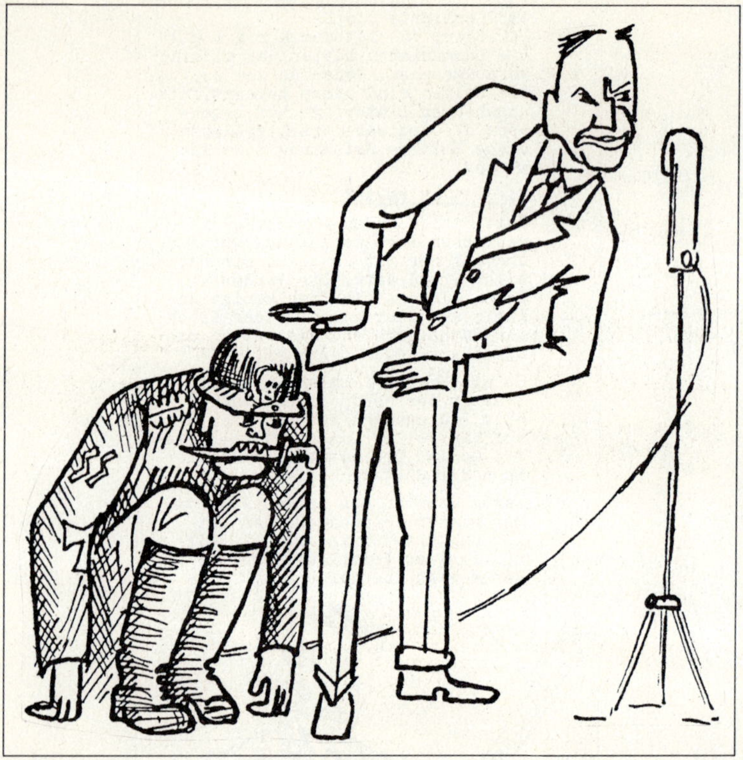

Kriegsminister Blank: ». . . und dann, meine Hörerinnen und Hörer, handelt es sich est mal nur um einen ganz kleinen Militarismus . . .«

Die Adenauerregierung befürchtete Schwierigkeiten bei der Durchführung der Remilitarisierungspolitik. Die offizielle Propaganda lief darum auf eine **Verniedlichung** des Militarismus hinaus. Solche Versuche wurden von der KPD entlarvt.

Die antimilitaristische Propaganda der KPD war damals auch die wesentliche politische Linie in den Betriebszeitungen. Die Karikatur als Waffe wurde im politischen Kampf ebenso erfolgreich wie die Betriebsenthüllungen.

# Der Stahlformer

WITTMANN

Betriebszeitung der Arbeiter für den Arbeiter

November 1955

## Antwort auf Erhards Preissenkungsschwindel

# KAMPF UM HÖHERE LÖHNE!

Erhard's "Preissenkungsaktion" war nichts als fauler Zauber, ein in allen Farben schillernder Ballon. Peng - geplatzt! Der Präsident des Bundesverbandes der deutschen Industrie, Fritz B e r g, erklärte, dass Preissenkungen im gegenwärtigen Zeitpunkt die Rüstungswirtschaft unmöglich mache. Der Vorsitzende der Bundesvereinigungder deutschen Ernährungsindustrie, Dr. Wortmann, versicherte, dass in dieser Branche keine Reserven für Preissenkungen vorhanden seien.

"Lohnerhöhung wollen Sie? Meine Taschen sind leer!"

Eine alte Geschichte: Wenn die Kapitalisten klagen, geht es ihnen gut. Die Monopolkapitalisten scheffeln Riesenprofite durch Rationalisierung und verstärkte Ausbeutung, sträuben sich aber den Arbeitern einen entsprechenden Anteil abzugeben. Nur die Arbeiteroffensive zwingt sie zu Zugeständnissen.

**Die »soziale« Unternehmerin**
**(aus »Der Stahlformer«)**

Adele von Laufenberg-Wittmann:
»Ich bin sozial bis auf die Knochen, meine Herren, aber wenn es um Geld geht, dann hat das Gefühl eben zu schweigen.«

Nicht jede Betriebszeitung findet großes Interesse. Eine Betriebszeitung, die in Inhalt und Form langweilig ist, zündet nicht in der Belegschaft und wird von dem Unternehmer oder der Direktion nicht beachtet. Es kommt also auf die Wirkung an, die sie auf die Kollegen ausübt. Es ist darum sinnlos, eine Zeitung um der Zeitung willen herzustellen, denn eine Betriebszeitung, die langweilig im Inhalt, ledern in der Sprache und tot in der Aufmachung ist, ist nicht nur wirkungslos und damit sinnlos, nicht nur fortgeworfenes Geld, sondern richtet sogar nicht selten Schaden an. Das ist ein Bumerang, der nicht den

Gegner, sondern uns selber treffen kann. Die Betriebszeitung soll den Gegner, die Kapitalisten und ihre Lakaien, treffen. Sie soll eine scharfe Waffe der Arbeiter in ihrem täglichen Kampf sein. Es liegt an uns, sie dazu zu machen.

Mit der Herstellung der Betriebszeitung muß man sich darum die größte Mühe machen. Das bedeutet nicht, daß sie piekfein gedruckt sein muß. Im Gegenteil, eine solch piekfein gedruckte Zeitung erweckt Mißtrauen, die Arbeiter sagen, daß diese von »außen« kommt, von irgendwelchen Intellektuellen, von »Zeitungsleuten«. Eine einfache vervielfältigte Zeitung sehen sie als von Arbeitern geschrieben und gedruckt an; sie betrachten sie als »ihre« Zeitung.

Das bedeutet auch wiederum nicht, daß die Seiten nicht sauber abgezogen sein müssen. Eine Seite, die man schlecht lesen kann, wo man buchstabieren oder raten muß, um den Sinn zu erfassen, ist eine Zumutung an den Leser. Außerdem haben die Arbeiter keine Zeit, erst mal zu rätseln, wie das heißen soll.

**Der Stahlformer hat es der Firma angetan...**

Warum aber diese Aufregung von seiten der Direktion? Warum sah sich die Werksleitung veranlaßt, allen Kollegen ein Schreiben in die Lohntüte zu stecken, in dem sie versucht, die Behauptungen des "Stahlformers" als unwahr hinzustellen?

Weil der "Stahlformer" den Nagel auf den Kopf getroffen hat und die Machenschaften der Werksleitung im Zusammenhang mit unserer Lohnerhöhung aufzeigte, darum das Reagieren der Werksleitung. Weil der "Stahlformer" darauf hinweist, daß mit dem Versuch, die Lohnerhöhung gleichzeitig mit der Einführung eines neuen Zeitakkordes zu koppeln und damit die Voraussetzungen geschaffen werden sollen, um die gegebene Lohnerhöhung durch eine Steigerung der Arbeitsleistung doppelt und dreifach wieder aus uns herauszuholen. Darum ist die Werksleitung sauer.

Aus diesem Grunde steckte die Werksleitung am vergangenen Freitag jedem Kollegen ein Schreiben in die Lohntüte,

um uns damit ein Brett vor den Kopf zu nageln.

# STECKBRIEF!

# Gesucht wird ein Karl Lohmeier!

## Wer ist der Kollege Karl Lohmeier?

Voller Geifer und Wut stellt die Werksleitung in ihrem Pamphlet die Frage: "außerdem: wer kennt überhaupt den Lügner Karl Lohmeier, der zu feige ist, seien richtigen Namen zu nennen?"

Wir aber wollen die Werksleitung des Ratens und der Pein entbinden und ihr sagen, wer der Kollege Karl Lohmeier ist.
Karl Lohmeier? Ja, Karl Lohmeiers gibt es viele hunderte in unserem Betrieb. Sie stehen an der Drehbank an den Bohrmaschinen und Schleifsteien, sie stehen hinter den Formkästen und an den Elektroöfen. Man findet sie in der Schlosserei und Schreinerei. Sie stehen an der Sandmühle und in der Bläserei.
Sie sind überall dort, wo die menschliche Arbeitskraft im Interesse des Profits von einer Handvoll Kapitalisten ausgebeutet wird.

Die Karl Lohmeiers sind mächtig und stark, denn sie sind ein Teil der Arbeiterklasse.
Wenn der Direktor Ries, wenn die Werksleitung, wenn die Aktionäre glauben, Karl Lohmeier wäre dieser oder jener, dann irren sie sich, denn Karl Lohmeier ist überall.
Weil er überall ist, darum weiß er viel, was den "Herren" nicht genehm ist. Und weil die Lohmeiers so viel wissen, darum sagen sie auch allen Kollegen, was sie tun müssen und was in deren Interesse liegt.

Weil die Unternehmer das wissen, darum verfluchen sie die Lohmeiers und behaupten, sie seien Lügner. Sie erkennen, daß dieser Lohmeier eine große Gefahr für ihre Gewinne bedeutet. Darum geraten sie auch so in Wut, wenn Karl Lohmeier sein Wissen allen Kollegen mitteilt.

Darum wollen sie auch diesen Lohmeier von ihren Gerichten einsperren lassen. Sie glauben, dann werde es keine Lohmeier mehr geben.

Aber alle Lohmeiers kann man nicht einsperren, denn dann würde sich kein Rad mehr drehen, dann würde kein Stahl mehr fließen und kein Schornstein mehr rauchen.

Lohmeier, das ist die Faust an der Gurgel der Ausbeuter und Profithyänen. Lohmeier, das sind die Kämpfer gegen Kriegstreiber und Krieg. Lohmeier, das ist die kämpfende Arbeiterklasse, das ist die Kraft, die die Werktätigen in eine bessere Zukunft führen wird.

Das i s t

*Karl Lohmeier*

# Aus dem Rechenschaftsbericht der Kreisleitung, 1956

Entsprechend der Bedeutung der Arbeit in den Betrieben nahm die Auswertung unserer Arbeit natürlich auch im Rechenschaftsbericht breiten Raum ein. Der Rechenschaftsbericht der Kreisleitung Hagen von 1956 deckte konkrete Mängel und Erfolge in der Betriebs- und Gewerkschaftsarbeit auf und gab Hinweise für die Verbesserung der Arbeit. Hier einige Auszüge:

**»Betriebsarbeit und Aktionseinheit**

Es kommt also darauf an, daß sich unsere Genossen auf der Hasper Hütte — und natürlich auch alle anderen Betriebsgenossen — Gedanken darüber machen, wie sie auch nur die kleinste Gelegenheit benutzen, um mit den SPD-Genossen zu einem kameradschaftlichen Verhältnis zu kommen, statt sich wegen Fragen, die diese in der ganzen Tragweite noch nicht verstehen, zu streiten. So erkennen z. B. die SPD-Genossen die gewerkschaftlichen Beschlüsse allgemein an, begreifen aber nicht immer, daß es darauf ankommt, diese auch durch die Aktion durchzusetzen.

Wir haben eine Reihe guter Anknüpfungsmöglichkeiten im Betrieb. Wenn durch das gute Verhältnis des Genossen Willi Neuhaus mit den SPD-Genossen im Vertrauensmännerausschuß der Hasper Hütte gemeinsam Beschlüsse zum 1. Mai — Maiveranstaltungen, Transparente usw. — gefaßt wurden, dann beweist das, daß die SPD-Genossen gegen die Remilitarisierungspolitik der Bonner Regierung sind, daß sie für gemeinsame Aktionen zur Durchsetzung des Aktionsprogramms des DGB sind.

Dann beweist das aber auch, daß wir jetzt eine wirkliche Wendung machen, alles Trennende beiseiteschieben und ein gutes Verhältnis schaffen müssen.

Wollen wir ein gutes Verhältnis mit den sozialdemokratischen Genossen herstellen, dann müssen wir ihr Vertrauen erringen; das bedarf einer geduldigen, beharrlichen Arbeit. Alle Erfahrungen der Partei zeigen, daß sich eine solche geduldige Arbeit lohnt.

Schweiss und Qual
Betriebs-Zeitung für die
HASPER-HÜTTE
1955
1956
Streik
Rüstungspläne
Senkung des Lebensstandard

Unsere Betriebsgruppe der Hasper Hütte hat die Möglichkeit, innerhalb des Betriebes durch eine beharrliche Arbeit die Einheit der Belegschaft gegen Unternehmerwillkür, zur Verteidigung ihrer Lebensinteressen und gegen die Militarisierungspolitik der Adenauerregierung herzustellen. Dazu ist es erforderlich, daß die Betriebsgruppe die noch vorhandenen sektiererischen Tendenzen überwindet und die Kreisleitung durch eine verbesserte Anleitung unsere Genossen regelmäßig mit den betrieblichen und gewerkschaftlichen Problemen vertraut macht, ihnen entsprechend ihrer Kraft Aufgaben stellt und sie bei der Durchführung unterstützt.

Die Vergangenheit zeigt, daß die Kollegen bereit sind, zu kämpfen. Als im Januar 1955 Reusch seine Provokation startete, legten auch die Kollegen der Hasper Hütte die Arbeit nieder, obwohl das ein ausgesprochen politischer Streik war.

Als im vorigen Jahr die Kollegen des Lok- und Eisenbahnbetriebes wochenlang um höheren Lohn verhandelten und die Direktion offensichtlich eine Hinhaltepolitik durchführte, traten die Kollegen in einen einstündigen Warnstreik, der mustergültig begonnen und einheitlich zu Ende geführt wurde.

Um den Verhandlungen der Großen Lohnkommission Nachdruck zu verleihen, wurde im November 1955 eine Urabstimmung in der eisenschaffenden Industrie vorgenommen. Die Kollegen der Hasper Hütte und des Stahlwerks Südwestfalen stimmten mit 93 bzw. 94 Prozent für den Streik.

Auch der wochenlang mit großer Zähigkeit geführte Streik bei Claus & Petermann und der Warnstreik bei Steinmann & Co. sind Zeugnis des Kampfwillens der Hagener Arbeiterklasse, und wir können stolz darauf sein, auch unseren Anteil an diesen Aktionen zu haben.

Das sollten wir uns stets vor Augen halten und **nicht den Glauben an die Kraft der Arbeiterklasse verlieren.** Darum wollen wir unentwegt um die Herstellung der Aktionseinheit der Arbeiterklasse ringen. Gerade vom Gesichtspunkt der kommenden Lohnbewegung und der Anfang nächsten Jahres stattfindenden Betriebsratswahlen ist es unbedingt notwendig, die Aktionseinheit der Arbeiterklasse herzustellen.

Das muß jeder Genosse begreifen und darum unverzüglich und ohne zu zögern, ohne Wenn und Aber und ohne Vorbehalte zu machen an die sozialdemokratischen, christlichen und parteilosen Kollegen herantreten und ständig bemüht sein, im Interesse dieses Zieles alles Hemmende zu überwinden.

Ein Beispiel soll zeigen, wie durch Beiseitestellen alles Trennenden die Aktionseinheit der Belegschaft hergestellt wurde. Genosse Gerd Meißner hat ein gutes Verhältnis zu den Kollgen im Betriebsrat von Steinmann & Co. Die Folge ist, daß sich das auf die Belegschaft auswirkte und diese oft in Aktion trat, so während der Lohnbewegung für höhere Löhne, so in den kalten Wintertagen gegen ungenügende Heizung, so gegen fehlende Schutzvorrichtungen usw.

Wenn nun das A und O unserer betrieblichen und gewerkschaftlichen Arbeit die Schaffung eines kameradschaftlichen Verhältnisses zu den sozialdemokratischen, christlichen und parteilosen Kollegen als Grundlage der **Herstellung der Aktionseinheit der Arbeiterklasse** ist, bedeutet das, daß wir an offensichtlich falschen Handlungen der SPD-Genossen oder anderen keine Kritik üben sollen? Nein, das bedeutet es nicht. Wir müssen aber die Kritik sachlich und kameradschaftlich, das heißt helfend, ausüben.

Wir haben im Stadtparlament und in den Ausschüssen ganz gute Möglichkeiten der kameradschaftlichen Zusammenarbeit mit den sozialdemokratischen Stadtvertretern und nutzen sie auch aus. Bedeutet das aber, daß wir auf eine eigene Kommunalpolitik verzichten und zu einem Anhängsel der SPD-Fraktion werden? Keineswegs, sondern wir werden unsere eigene Kommunalpolitik entwickeln und gleichzeitig alle Möglichkeiten der engen Zusammenarbeit ausnützen.

Die Aktionseinheitspolitik mit den sozialdemokratischen, christlichen und parteilosen Kollegen im Betrieb ist nicht herzustellen, ohne eine systematische Betriebs- und Gewerkschaftsarbeit zu leisten. Wo unsere Genossen eine gute Betriebs- und Gewerkschaftsarbeit leisten, dort wird auch die Aktionseinheit geschmiedet.

In den Betrieben, wo das nicht der Fall ist, müssen wir untersuchen, wo der Fehler liegt. In vielen Fällen liegt das nicht an unseren Genossen, sondern an der **fehlenden oder ungenügenden Anleitung seitens**

# HAMMER UND SCHRAUBSTOCK

Betriebs-Zeitung der Hagener Mittel- und Kleinbetriebe

Oktober 1955

## Nicht vom Kampf um höheren Lohn ablenken lassen!

## Fordert sofort mehr Geld in die Lohntüte

Kolleginnen und Kollegen !

Am 13. September tagte in Gelsenkirchen die grosse Lohnkommission der IG-Metall, um zur Kündigung des Lohnabkommens und zu den neuen Lohnforderungen Stellung zu nehmen. Ihre Beschlüsse lauten: Kündigungdes Lohnabkommens und Erhebung der Forderungen: Erhöhung der Stundenlöhne um 2o Pfennig für alle Lohngruppen Erhöhung der Angestelltengehälter um 12 Prozent; Fortfall der Abschläge für Frauenlöhne; Fortfall der Lohngruppe B; keine längere Laufzeit eines neuen Abkommens als 6 Monate Diese Beschlüsse der grossen Lohnkommission liegen in der Linie der Forderungen der Metallarbeiter, die in zahlreichen Betriebs- und Gewerkschaftsversammlungen ihren Willen zum Ausdruck brachten.

In zahlreichen Aktionen stellt die westdeutsche Arbeiterschaft heute unter Beweis, dasssie nicht bereit ist, tatenlos eine Entwicklung hinzunehmen die ihre Lebenslage von Tag zu Tag verschlechtert und sie in Not und Elend bringen muss.

So führten die Henschelarbeiter in Kassel, die Howaldtwerftarbeiter in Hamburg, die Bremer Hafenarbei-

**der Kreisleitung und Stadtteilleitungen.** Hier müssen wir ansetzen, um Mängel zu beseitigen.

Oft entstehen dadurch Fehler, daß der Unterschied zwischen Partei und Gewerkschaft außer acht gelassen wird, daß wir mehr bei den Kollegen voraussetzen als vorhanden ist, daß wir sie nicht schrittweise an die politische Erkenntnis heranführen. Diesen Unterschied zwischen Partei und Gewerkschaften, ihre Bedeutung und Rolle im Klassenkampf des Proletariats, erläuterte Ernst Thälmann mit den folgenden Worten: ›Während die Partei als höchste Klassenorganisation nur die bewußten Kämpfer umfaßt, sind die Gewerkschaften die erste primitive grundlegende Form der Arbeiterorganisation. Zuerst verstehen die Arbeiter, daß sie ihre Berufsinteressen gemeinsam mit ihren Berufskollegen vertreten müssen; diese primitive Erkenntnis gewinnen sie im und aus dem Produktionsprozeß. Darüber hinaus zur politischen Erkenntnis kommen sie erst durch die Partei. Erst durch die Partei begreifen sie, daß eine Klassenorganisation zur Vertretung ihrer Interessen notwendig ist.‹

Von diesem Gesichtspunkt aus haben wir unsere Betriebs- und Gewerkschaftsarbeit zu überprüfen. Es fehlt meistens in unserer Betriebs- und Gewerkschaftsarbeit die enge Verknüpfung der betrieblichen Fragen und wirtschaftlichen Forderungen mit den politischen Ereignissen und entsprechenden politischen Beschlüssen.

Dabei hängen diese Fragen doch aufs engste zusammen, denn die Folgen der Wiederaufrüstung und der Militarisierung der Wirtschaft sind Verschlechterung der Lohn- und Arbeitsbedingungen und verstärkte Ausbeutung und Unterdrückung.

Daraus geht schon hervor, daß **die Gewerkschaften nicht politisch neutral sein können.** Welche Gefahr von seiten der Monopolkapitalisten der Arbeiterklasse droht, geht aus einer doch gewiß nicht kommunistisch beeinflußten Untersuchung eines Ausschusses des amerikanischen Repräsentantenhauses aus dem Jahr 1947 hervor, bei der wörtlich festgestellt wurde:

›Wirtschaftliche Konzentration führt unumgänglich zur Beseitigung kleiner Unternehmen, zum Verschwinden der Konkurrenz, zur Festsetzung von Preisen, zur Beschränkung der Produktion und zur Schaffung von Erwerbslosigkeit . . .

Schließlich geht die Konzentration wirtschaftlicher Macht in die Konzentration politischer Macht über, mit dem Ergebnis, daß kleine, machtvolle Interessengruppen den Staat und das nationale politische Leben kontrollieren.‹

Diese Konzentration des Kapitals ist auch bei uns in Hagen festzustellen und stärkt die Macht des Monopolkapitals. So erhöhte 1953 die Schmiedag ihr Grundkapital von 5 auf 20 Millionen DM und entnahm die Summe aus Rücklagen, d. h. aus den verschleierten Gewinnen, wodurch sich der Wert der Aktie vervierfachte.

**Die verschleierten Gewinne sind ganz beträchtlich.** So wies die Bilanz der Hasper Hütte im vorigen Jahr bei einem Grundkapital von 45 Millionen DM folgende verschleierte Gewinne aus:

| | |
|---|---|
| Gesetzliche Rücklagen | 4,5 Millionen |
| Andere Rücklagen | 34,5 Millionen |
| Wertberichtigungen | 1,1 Millionen |
| Rückstellungen | 27,7 Millionen |
| Abschreibungen | 26,6 Millionen |
| Insgesamt | 94,4 Millionen |

Der Kampf der Arbeiter um höhere Löhne ist mehr als berechtigt. **Die Stärkung und Festigung der Gewerkschaften ist eine entscheidende Aufgabe.** Dabei ist noch besonders zu berücksichtigen, daß die Unternehmer die verschiedensten Methoden und Systeme einführen, um die Arbeiterschaft immer mehr auszubeuten.

So wurde bei Wittmann das REFA-System mit Zustimmung des Betriebsrats eingeführt. Einige Genossen Betriebsräte sind der Auffassung, daß das REFA-System im Interesse der Belegschaft wäre, weil die Firma geschickt genug war, die Einführung dieses Ausbeutersystems durch eine damit verbundene Lohnerhöhung zu erreichen.

Die Betriebsgruppe beauftragte den Genossen Schröder, in der Belegschaftsversammlung den Kollegen die notwendige Aufklärung zu geben, damit dieses Ausbeutersystem abgelehnt würde. Genosse Schröder tat dies jedoch nicht, auch die anderen Genossen aus der Betriebsgruppe führten zu schwache Diskussionen mit den Kollegen, so daß die Belegschaftsversammlung der Einführung eines neuen Zeitakkordes auf der Grundlage des REFA-Systems zustimmte.

Erst nachher erkannten die Kollegen mehr und mehr, daß das **REFA-System eine verstärkte Ausbeutung** bedeutet, weil jeder Handgriff zeitstatistisch registriert und akkordlich verrechnet wird, ohne noch Spielraum offen zu lassen. Um trotzdem mehr zu verdienen, haben die Kollegen beim Auf- und Abspannen nicht den Kran benutzt, sondern ihre eigene Körperkraft. So wird Raubbau an der Arbeitskraft getrieben.

Die Vergangenheit zeigt, wenn wir die Kollegen über die Machenschaften der Werksleitung richtig aufklären, folgen sie unseren Vorschlägen. Sie begrüßen jede Nummer unserer Betriebszeitung ›Der Stahlformer‹, und es ist deshalb nicht richtig, wenn einzelne Genossen der Betriebsgruppe ihre falsche Haltung damit zu begründen versuchen, daß sie sagen, Wittmann sei ein ›schwarzer‹ Betrieb, d. h. daß viele christliche Arbeiter dort beschäftigt seien.

Wenn wir jedoch feststellen, daß bei der letzten Betriebsratswahl von dreizehn gewählten Kollegen acht Genossen sind, dann kann man doch nicht annehmen, daß die christlichen Kollegen rückständig sind, daß man mit ihnen nicht gemeinsame Aktionen unternehmen könne.

Zweifellos macht die Betriebsgruppe nach der Leitungswahl Anstrengungen, um eine kollektive Zusammenarbeit zwischen Betriebsgruppenleitung und Genossen Betriebsräten zu gewährleisten. Es ist aber unumgänglich, daß gewisse opportunistische Tendenzen in der Betriebsgruppe überwunden werden, die sich z. B. darin äußerten, daß die Aufnahme von Zeitstudien mit Zustimmung unserer Genossen Betriebsräte erfolgte, von der nicht einmal unsere Betriebsgruppe unterrichtet wurde.

Es muß aber auch erwähnt werden, daß es keine ständige Anleitung des Sekretariats der Kreisleitung gegeben hat und monatelang keine Betriebszeitung erschien. Wenn das in letzter Zeit besser geworden ist, dann bedarf es trotz allem noch gründlicher Diskussion, um die vorhandenen Schwächen zu überwinden.

**Die Gewerkschaftsarbeit ist die entscheidende Massenarbeit der Partei!** Trotz der in den vergangenen Jahren vom Gewerkschaftsvorstand betriebenen Reverspolitik, die sich durch Funktionsentzug und Ausschlüsse unserer Genossen auswirkte, haben wir doch noch beachtliche Gewerkschaftsfunktionen in Händen: rund 40 Betriebsräte, etwa 50 Vertreter der IG Metall, einige Ortsverwaltungs- und Ortsausschuß-Funktionen sowie zahlreiche Vertrauensleute.

Wir könnten zweifellos durch eine systematische Gewerkschaftsarbeit noch mehr Funktionen erringen, denn dort, wo wir nur einigermaßen rege sind, schenken uns die Kollegen ihr Vertrauen. Hier zeigen sich die entscheidenden Mängel unserer Gewerkschaftsarbeit.

Untersuchen wir die Beteiligung am gewerkschaftlichen Leben, so müssen wir leider feststellen, daß sehr viele Genossen die Mitgliederversammlungen der Gewerkschaften nicht besuchen, ja sogar Genossen Gewerkschaftsfunktionäre die Sitzungen und Konferenzen schwänzen. Dementsprechend sehen unsere Vorbesprechungen aus, und die Folge ist, daß sehr oft wichtige Konferenzen vorübergehen, ohne daß unsere Genossen dort Stellung genommen hätten.

Die Anleitung unserer Genossen Gewerkschaftsfunktionäre durch die Kreisleitung war ebenfalls ungenügend, was nicht allein auf das Fehlen eines Sekretärs für Arbeit und Soziales zurückzuführen war, denn die Gewerkschaftsarbeit muß eine Angelegenheit der Gesamtpartei und die Anleitung Sache der Gesamtleitung sein.

Wir dürfen aber auch nicht übersehen, daß zahlreiche Genossen die Bedeutung der Gewerkschaftsarbeit nicht begreifen wollen, mehr noch, daß sie es ablehnen, Mitglied der Gewerkschaft zu werden, indem sie erklären: ›Für diese Bonzen bezahle ich keinen Pfennig!‹

Das ist z. B. in der Betriebsgruppe Eisenwerk Geweke zu verzeichnen. Die ablehnende Haltung einiger Genossen wirkt sich infolgedessen auf andere Kollegen ihrer Abteilung aus. Auf Grund ihrer Einstellung **lehnen die Genossen darum jegliche Gewerkschaftsarbeit ab und glauben noch wunders wie ›revolutionär‹ sie seien.**

Einmal übersehen solche Genossen, daß die Gewerkschaften mit ihren 6 Millionen Mitgliedern die stärkste Massenorganisation der Arbeiterklasse und zum anderen die Interessenvertreter der Arbeiter, Angestellten und Beamten sind. Viele Genossen schimpfen auf die rechten Gewerkschaftsführer, weil sie Gewerkschaftsbeschlüsse nicht durchführen, tun aber selbst nichts, um diese Beschlüsse durchzusetzen.

Dabei müssen wir doch berücksichtigen, daß die Arbeiter sich als erste Folge eines erwachenden und sich langsam entwickelnden Klassenbewußtseins gewerkschaftlich organisieren, als erster Schritt von der völligen Unorganisiertheit zur einfachsten für sie zugänglichen Organisation. Und nicht wenige Genossen stehen daneben, reden vielleicht noch von Massenarbeit, weigern sich aber, innerhalb der Gewerkschaften zu arbeiten, weil sie für die ›Bonzen‹ nicht bezahlen wollen und schimpfen obendrein noch über die rückständigen Proleten, weil man angeblich mit denen nichts anfangen könne. Sie schüren selbst noch gewerkschaftsfeindliche Tendenzen im Betrieb. Wir müssen solche Tendenzen aufs Schärfste bekämpfen und eine positive Gewerkschaftsarbeit leisten. Wenn einige Genossen Betriebsräte und Vertrauensleute der Hütte es abgelehnt haben, die Maiabzeichen der Gewerkschaft zu verkaufen, so fördert das erstens diese gewerkschaftsfeindlichen Tendenzen, und zum zweiten beweist das, daß diese Genossen nicht begriffen haben, daß wir und wie wir in den Gewerkschaften arbeiten müssen. Es ist darum notwendig, daß sich die gesamte Partei mehr als bisher um die Gewerkschaftsarbeit kümmert. Nicht nur die Kreisleitung, sondern auch die Stadtteilleitungen müssen unsere Genossen in den Betrieben entsprechend anleiten und sich ständig um die Gewerkschaftsarbeit kümmern ...

Ein wichtiges Hilfsmittel zur Verbesserung unserer Betriebs- und Gewerkschaftsarbeit sind auch unsere Betriebzeitungen, die zugleich eine scharfe Waffe im Kampf gegen die Unternehmer zur Durchsetzung besserer Lohn- und Arbeitsbedingungen sind.

Unsere Betriebszeitungen haben nicht nur agitatorische Bedeutung. Das Beispiel bei der Akku zeigt, wie die Betriebszeitung ›Akku-Funke‹ mobilisierend auf die am Boden liegende Betriebsgruppe wirkte, als organisierender Faktor unseren Genossen half, die Betriebsarbeit systematisch zu gestalten und die mündliche Diskussion zu verbessern.

Wir haben uns in den Betriebszeitungen **auch mit den Werkzeitschriften der Unternehmer auseinanderzusetzen,** mit ›Pütt und Hütte‹, ›AFA-Ring‹, ›Heim und Werk‹ u. a. In der Hasper Hütte gibt es eine Betriebszeitung des ›Antikommunistischen Volksbundes‹ mit einer Nachahmung unseres Kopfes ›Schweiss und Qual‹ und neuerdings auch eine christliche Betriebszeitung, ›Betriebsklima‹ betitelt, die sich gegen Sozialdemokraten und Kommunisten richtet. Diese im

Interesse des Unternehmers erscheinenden Schriften sind schonungslos zu entlarven.

Unsere Betriebszeitungen gehören anerkannt mit zu den besten im Land. Bei der Herstellung und Verbreitung sind jedoch zwei wesentliche Mängel zu verzeichnen:

1. ungenügende Mitarbeit der Genossen aus den jeweiligen Betrieben und
2. eine unzulängliche Organisierung der Verteilung durch die Wohngebietsgruppen.

Diese Mängel gilt es schnellstens durch die neuen Leitungen zu beheben.

Wie sehr die Betriebszeitungen von den Unternehmern gefürchtet sind, geht daraus hervor, daß die meisten Werksleitungen Anzeige erstattet haben. Nichts fürchten sie mehr als die Aufdeckung ihrer Ausbeutungsmethoden, die Aufklärung der Belegschaften über die Profithascherei, die Fabrikenthüllungen und dergleichen mehr. Wir müssen uns darum die Aufgabe stellen, noch mehr Betriebszeitungen herauszubringen . . .«

Zum Abschluß dieser Auszüge aus dem Rechenschaftsbericht weisen wir noch einmal auf die Bedeutung wirksamer Betriebszeitungen hin. Eine Betriebszeitung ist dann gut, wenn sie nicht nur wie eine Bombe einschlägt, sondern wenn die Kollegen sie als ihr Sprachrohr anerkennen. Das kann man aber nur erreichen, wenn man sich die größte Mühe mit ihr macht, das heißt was Inhalt und Form anbelangt.
**Einigkeit macht stark!**

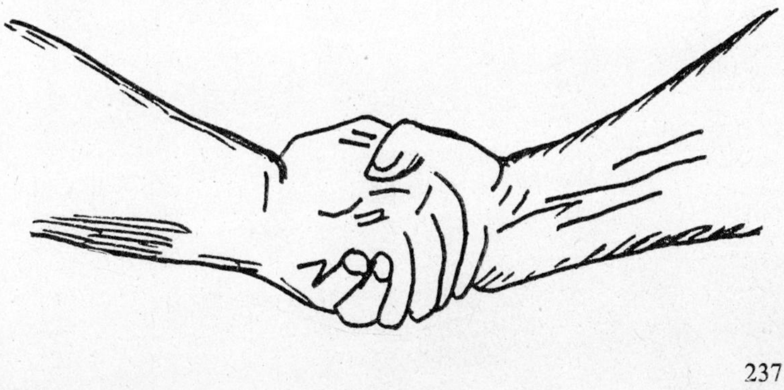

# VI

# 1956 — das Jahr der Wende: XX. Parteitag der KPdSU und Verbot der KPD

# Chruschtschows Geheimbericht: Verurteilung Stalins

Im Februar 1956 fand der XX. Parteitag der KPdSU statt. Er wurde zum Ausgangspunkt der Verkündung des **modernen Revisionismus** und einer grundsätzlichen Veränderung der sozialistischen Struktur der Sowjetunion. Im Partei-, Staats- und Wirtschaftsapparat hatte sich eine Schicht von kleinbürgerlichen Bürokraten herausgebildet, die danach strebte, die Diktatur des Proletariats zu zerstören und ihre eigene Herrschaft zu errichten. Nach Stalins Tod sah sie hierfür die Möglichkeit gekommen. Dazu mußten zwei Maßnahmen durchgesetzt werden: Das Ansehen Stalins, der die Diktatur des Proletariats und den Marxismus-Leninismus gegen alle Angriffe verteidigt hatte, mußte diskreditiert und der Marxismus-Leninismus in wesentlichen Fragen revidiert werden.

Chruschtschow, der sich nach Stalins Tod am 5. März 1953 in den Vordergrund geschoben hatte, leitete auf dem XX. Parteitag der KPdSU die Herrschaft der Bürokratie ein. In seinem offiziellen Rechenschaftsbericht hielt er sich mit seiner Kritik an Stalin zurück, weil er sich über die Reaktion des sowjetischen Volkes unsicher war. In einer einberufenen Geheimsitzung ließ er jedoch die Maske fallen. In einer ungeheuerlichen Rede stempelte Chruschtschow Stalin zum schlimmsten Verbrecher aller Zeiten. Stalins hervorragenden Kampf gegen alle Feinde der Arbeiterklasse und des Sozialismus und gegen das schändliche Treiben der Bürokratie stellte Chruschtschow samt und sonders als Verfolgung, Machtmißbrauch, Willkürmaßnahme, brutale Unterdrückung und physische Vernichtung unschuldiger Menschen hin.

Auch nach dem XX. Parteitag wagte es Chruschtschow nicht, diesen Geheimbericht dem sowjetischen Volk und den Mitgliedern der Kommunistischen Parteien in aller Welt vorzulegen. Durch den amerikanischen Geheimdienst, über den Weg der US-Botschaft in Bonn, wurde die Rede in der Zeitschrift »Ostprobleme« kurz nach dem XX. Parteitag veröffentlicht. Wir deutschen Kommunisten bekamen erst durch das Funktionärsorgan der IG Metall »Der Gewerkschafter«, 4/1956,

Kenntnis vom Wortlaut der Geheimrede Chruschtschows. Wer hatte wohl diese Rede dem amerikanischen Geheimdienst zugespielt? Nur die modernen Revisionisten selbst konnten daran ein Interesse haben.

Der XX. Parteitag der KPdSU hatte gravierende Auswirkungen nicht nur auf die Sowjetunion selbst, wo der Kapitalismus restauriert wurde, sondern auf die gesamte kommunistische Weltbewegung. Die KP Chinas unter der Führung Mao Tsetungs verteidigte nicht nur den Marxismus-Leninismus, sondern zog später mit der Idee der Proletarischen Kulturrevolution die entscheidende Konsequenz für den Klassenkampf im Sozialismus. Andere Parteien blieben ebenfalls revolutionär oder spalteten sich in revolutionäre und revisionistische Parteien. Die Mehrzahl der ehemals kommunistischen Parteien jedoch übernahm (teilweise unter direktem Druck) die Thesen Chruschtschows und entartete selbst revisionistisch.

Dazu gehörten auch SED und KPD. Die Führung der KPD stellte sich ohne Zögern hinter die Führung der KPdSU und übernahm die revisionistischen Positionen. Bereits am 18. März 1956 erklärte Max Reimann auf der 23. Tagung des Parteivorstands der KPD:

*»Der XX. Parteitag der KPdSU hat die überragende Kraft des Sozialismus vor aller Welt gezeigt. Es war eine gewaltige Demonstration des proletarischen Sozialismus. Es war der Leninsche Geist, der ihn beseelte. Der Parteitag wies allen Unterdrückten die Bahn der Freiheit und der Demokratie. Er zeigt der ganzen Menschheit das strahlende Ziel und den Weg zu einem dauernden Frieden.*

*Weil auch wir zu diesem unbesiegbaren Lager des Friedens, der Demokratie und des Sozialismus gehören, das von der Sowjetunion und ihrer kommunistischen Partei, der Partei des großen Lenin, geführt wird, darum sind wir auch stark und unbesiegbar, wenn wir uns fest mit unserer Klasse, fest mit unserem Volk verbinden. Der XX. Parteitag der KPdSU hat uns neue mächtige Waffen gegeben.«* (»KPD 1945—1968, Dokumente«, S. 96)

Ab März 1956 sickerte dann auch etwas über den Verlauf des XX. Parteitags der KPdSU bis zur Basis durch und erzeugte kolossale Unruhe bei den Genossen. Die Thesen über den »friedlichen Weg zum Sozialismus«, zur »friedlichen Koexistenz«, zu »Fragen über Krieg und Frieden« und anderes bedeuteten die Liquidierung der bisherigen marxistisch-leninistischen Linie. Hier wurde eine revolutionäre Linie durch eine revisionistische, im Grunde konterrevolutionäre Linie beseitigt. Das mußte unmittelbar auch unsere gesamte politische Arbeit berühren. Die Kreisleitung Hagen berief eine Funktionärskonferenz ein, um Stellung zu beziehen zu den Ergebnissen des XX. Parteitags. Doch das war im März des Jahres 1956 noch nicht wirklich möglich. So lag uns der Wortlaut der Geheimrede zum Beispiel noch gar nicht vor, dafür schwirrte es vor Gerüchten. Klar war jedoch: Was hier auf uns zukam, war ungeheuerlich. Und ich erklärte: »Was Chruschtschow hier angerichtet hat, können Millionen Kommunisten in der ganzen Welt nicht wiedergutmachen!«

1971 begann ich mit der Analyse über die Restauration des Kapitalismus in der Sowjetunion. Ich zeigte auf, daß mit der Verkündung des modernen Revisionismus durch Chruschtschow auf dem XX. Parteitag der KPdSU der entscheidende Schritt zur Revidierung der Theorie des Marxismus-Leninismus, zur Liquidierung des Sozialismus und zum Übergang der Errichtung eines Kapitalismus neuen Typs, des bürokratischen Kapitalismus, vollzogen wurde und wies auf die gefährliche Entwicklung der Bürokratie hin:

*»Die neue Bürokratie verkündete auf dem XX. Parteitag in einigen Grundfragen die Revision am Marxismus-Leninismus. Der Revisionismus ist eine Abart der bürgerlichen Ideologie. Seine sozialökonomische Wurzel ist das Kleinbürgertum. Reste der alten bürgerlichen Intelligenz und der kapitalistischen Klasse mit ihren Gewohnheiten der alten Gesellschaft und die Bildung einer neuen bürgerlichen Intelligenz, einer neuen Bürokratie, die entartete und die kleinbürgerliche Lebensweise annahm und dadurch korrumpierte — alle zusammen untergruben die sozialistischen Grundlagen. Der dem Kleinbürgertum eigene Charakterzug, immer wieder von neuem Kapitalismus zu erzeugen, mußte sich auch bei der alten und neuen Bürokratie auswirken. Vor allem in dem Augenblick, da sie sich der Kontrolle der Massen von unten entziehen und die Staatsmacht ausüben konnte. Von da an wurde die Bürokratie zur herrschenden neuen bürgerlichen Klasse.«* (»Die Restauration des Kapitalismus in der Sowjetunion«, S. 42/43)

Die Ereignisse in der DDR bestätigten diese grundsätzliche Darstellung. Ehemalige Kommunisten entarteten zu Bürokraten, liquidierten den sozialistischen Aufbau im Land und verwandelten die ökonomische Basis der Gesellschaft in einen Kapitalismus neuen Typs, den bürokratischen Kapitalismus. Vor dem Vorstoß des westdeutschen Imperialismus 1989/90, sich die DDR einzuverleiben, kapitulierte die korrupte Bürokratie und versuchte sich dieser Entwicklung anzupassen. Um die Hintergründe dieses ungeheuerlichen Vorgangs zu vertuschen, wird die von Chruschtschow auf dem XX. Parteitag der KPdSU eingeleitete Verleumdungskampagne gegen Stalin wieder aufgegriffen bzw. aufgewärmt.

Als 1979 in unseren Organisationen die Stalinfrage diskutiert wurde, ging ich in einem Brief ausführlich auf diese Diskussion ein, soweit das überhaupt möglich war. In dem Buch »Briefwechsel über Fragen der Theorie und Praxis des Parteiaufbaus« wurde dieser Brief, den ich hier leicht gekürzt wiedergebe, veröffentlicht.

*»Lieber Genosse Sch.!* *15. 5. 79*

*Deinen Brief vom 20. 4. 79 habe ich am 15. 5. erhalten. Ich habe den Eindruck, daß Ihr Euch in Theoretisieren verstrickt und am Ende vor lauter Bäumen den Wald nicht mehr seht. Geht nur nicht abstrakt an die Probleme heran!*

*Ist Stalin ein Klassiker des Marxismus-Leninismus? Bis zum XX. Parteitag der KPdSU hat kein Kommunist daran gezweifelt. Chruschtschows üble Geheimrede, die uns Kommunisten damals von der KPdSU vorenthalten wurde, war das Startsignal zur Verurteilung Stalins, ideologisch und persönlich. Ulbricht und Reimann, die vorher mit Stalin einen übertriebenen Kult getrieben hatten, erklärten nach ihrer Rückkehr vom XX. Parteitag: ›Stalin ist kein Klassiker!‹ Es besteht doch wohl in Eurer Ortsgruppe kein Zweifel darüber, daß Ulbricht und Reimann zu den modernen Revisionisten gerechnet werden müssen. Ihr Urteil ist also nicht vom Standpunkt des Marxismus-Leninismus geprägt, sondern vom Revisionismus. Ob ihr Urteil auf eigenem revisionistischen Mist gewachsen ist oder ob sie es von den Oberrevisionisten aus Moskau bedenkenlos übernommen haben, ist dabei nebensächlich. Die Ursache der Verurteilung Stalins ist die revisionistische Entartung der Bürokratie.*

*Man muß die gesamten Werke Stalins heranziehen, um festzustellen, ob Stalin ein Klassiker des Marxismus-Leninismus ist. Leider wurden die letzten vier Bände nicht mehr ins Deutsche übersetzt (auf russisch gibt es 20 Bände), trotzdem lassen die bisher ins Deutsche übersetzten Werke vom Standpunkt des Marxismus-Leninismus den Schluß zu, daß Stalin ein Klassiker ist. Heißt das nun, daß Stalin keine Fehler gemacht hat? Keineswegs!*

*Stalin hat Fehler gemacht, und wir haben in verschiedenen Nummern des REVOLUTIONÄREN WEGS bestimmte Fehler kritisiert und das auch nachgewiesen. Aber deshalb bleibt Stalin doch ein Klassiker des Marxismus-Leninismus. In der dialektischen Einheit von Weiterentwicklung des Marxismus und einzelnen ideologischen Fehlern ist bei Stalin die Weiterentwicklung des Marxismus die Hauptseite, und nur Revisionisten werden das nicht akzeptieren . . .*

*Die spanischen Revisionisten gehen schon so weit, auch Lenin aus den Reihen der Klassiker zu streichen, und das ist nur folgerichtig von ihrem revisionistischen Standpunkt aus. Marx, Engels, Lenin, Stalin und Mao Tsetung müssen konsequenterweise von allen Revisionisten als Klassiker abgelehnt werden, auch wenn sie den einen oder anderen aus Opportunitätsgründen oder aus Tarnung noch als Firmenschild benutzen.* ***Das ist die Kernfrage:*** *Wer sich ideologisch auf den revisionistischen Weg begibt, muß auf kurz oder lang in Widerspruch zu der Anerkennung der Klassiker des Marxismus-Leninismus geraten, zuerst mit dem einen, dann mit dem anderen, zuletzt mit allen.*

*Obwohl Stalin ein Klassiker des Marxismus-Leninismus ist, hat er einen entscheidenden Fehler gemacht: Er hat entgegen der Auffassung Lenins und auch im Gegensatz zu dem, was er selber zum Ausdruck gebracht hatte, nämlich die Massen zum Kampf gegen die Bürokratie zu mobilisieren, darauf verzichtet und statt dessen den Staatssicherheitsdienst gegen die Bürokratie eingesetzt (was zum Teil notwendig war). Dieser Apparat war selber verbürokratisiert. Hier liegt der Punkt, den Du in dem Buch ›Die Restauration des Kapitalismus in der Sowjetunion‹ nicht verstanden hast. Auf Seite 40 habe ich auf Gorbatow hingewiesen, der durch die Mühle des Staatssicherheits-*

*dienstes gedreht worden war. Ich halte die Schilderung Gorbatows im großen ganzen für wahrheitsgetreu, und ich habe deshalb darauf hingewiesen, weil er den Bürokratismus des Staatssicherheitsdienstes, ohne die Bedeutung zu verstehen, klar aufgezeigt hat:*

- *Administrative Maßnahmen und schematische Anwendung — statt ideologisch-politische Erziehungsarbeit,*
- *Gleichmacherei, alle über einen Kamm scheren — statt Differenzierung zwischen aufrichtigen Menschen und Heuchlern, zwischen ehrlichen Revolutionären und verbrecherischen Konterrevolutionären,*
- *keine Unterscheidung zwischen Widersprüchen im Volk und Widersprüchen zwischen uns und dem Feind,*
- *Geständnisse durch Einschüchterung am laufenden Band — statt offene, ehrliche Selbstkritik durch Überzeugung.*

*Das alles kommt in Gorbatows Schilderung zum Ausdruck; das ist das Wesentliche, hier kommt der Bürokratismus des Staatssicherheitsdienstes zum Ausdruck, der nicht weniger gefährlich ist als der Bürokratismus in Partei, Staat und Wirtschaft. Damit ist keine Beurteilung Gorbatows gegeben, denn sein Buch und Film konnten nur mit Zustimmung der führenden Revisionisten veröffentlicht werden. Diese wollten damit Stalin treffen.*

*Damit ist auch noch nichts über die Anwendung der Mittel gesagt, wozu ich nur sagen will, daß gegenüber unbelehrbaren Konterrevolutionären* **jedes Mittel** *angebracht ist. Die Konterrevolutionäre sind gegen Revolutionäre nie zimperlich vorgegangen, vielfach sind die grausamsten Mittel noch mit persönlichem Sadismus verbunden gewesen, was ich im Konzentrationslager selber erlebt habe. Und ich kann Dir sagen, daß ich bei Vernehmungen durch die Gestapo nicht nur mißhandelt worden bin, sondern vor der Frage gestanden habe: entweder Aussagen zu machen oder totgeschlagen zu werden, und ich habe trotzdem über Personen die Aussage verweigert. Stellt Euch auch mal die Frage, was Ihr tun würdet. Sollen Revolutionäre, wenn sie die Macht haben, die Konterrevolutionäre mit Samthandschuhen anfassen?*

*Wenn aber dieselben Mittel, die gegen Konterrevolutionäre angebracht und notwendig sind, auch auf werktätige Menschen angewandt werden, die gewisse Widersprüche haben, die aber Widersprüche im Volk sind, dann ist das ein Verbrechen, dann müssen die zur Verantwortung gezogen werden, die solche Mittel gegen die werktätigen Menschen anwenden. Wurde das etwa nach dem XX. Parteitag getan? Die neue Bürokratie in Partei, Staat und Wirtschaft verwendet denselben Staatssicherheitsdienst für ihre eigenen Zwecke, so wie sie die verbürokratisierte Armeeführung für die Verteidigung des Kapitalismus neuen Typs verwendet.*

*Stalins Kampf gegen die Bürokratie durch eine andere Bürokratie war sein größter Fehler. Diese Art wurde noch gefördert durch das Verhalten der beschuldigten Bürokraten, besonders der kleinbürgerlichen bürokratischen Intelligenzler, die sich oft drehen und wenden, kriechen und radfahren, um Karriere zu machen, die nach außen den Biedermann spielen, innerlich aber Konterrevolutionäre sind. Es sind verachtungswürdige Burschen, die, um ihre Haut zu retten und ihre Position zu halten, durch sogenannte Geständnisse andere beschuldigen und Unschuldige schädigen. Sie haben durch ihr Verhalten mit dazu beigetragen, daß der Staatssicherheitsdienst nicht ideologisch-politisch, sondern bürokratisch an die Untersuchungen heranging und dabei selber mehr und mehr schematisch-bürokratisch handelte. Das Ergebnis ist, daß trotz Bekämpfung der Bürokratie durch den Staatssicherheitsdienst die Bürokratie den Sozialismus aufgeben und die Restauration des Kapitalismus vornehmen konnte. Auch die Armeeführung hat das nicht verhindert.*

*Es gibt nur ein Mittel zur Lösung des Problems der Bürokratie: daß die Massen zum Kampf gegen die Bürokratie mobilisiert werden. Das hat Lenin immer wieder gefordert, Stalin wiederholt, aber nicht verwirklicht und Mao Tsetung durch die Große Proletarische Kulturrevolution praktiziert, wobei mehrere Kulturrevolutionen notwendig werden, um endgültig durch proletarische Erziehung über die Bürokratie zu siegen. Es bleibt die Alternative:*

*Sieg der Bürokratie bedeutet Sieg der Konterrevolution!*

*Sieg der Kulturrevolution bedeutet Sieg des Sozialismus!*

*Ich hoffe, Dir und den Genossen mit diesem Beitrag gedient zu haben.*

*Rot Front! Willi«* (S. 222—225)

## Die Verkündung des modernen Revisionismus

Was waren nun die Punkte, an denen der Marxismus-Leninismus revidiert wurde?

Einmal mußte zur Durchführung der revisionistischen Pläne in der Sowjetunion das Kernstück des Marxismus-Leninismus, die Diktatur des Proletariats, »beseitigt« werden. Zum anderen mußten sich die neuen Machthaber bei der Durchführung der revisionistischen Außenpolitik auf Teile der Kommunistischen Parteien außerhalb der Sowjetunion stützen können. Deshalb wurde der Marxismus-Leninismus auf dem XX. Parteitag und danach vor allem in drei Punkten revidiert:

- **Die Grundlage der sozialistischen Außenpolitik, der proletarische Internationalismus,** die Unterstützung des Klassenkampfes der internationalen Arbeiterklasse und des Befreiungskampfes der Völker **wurde ersetzt durch die »friedliche Koexistenz«** mit dem Imperialismus. Chruschtschow verkündete »Freundschaft und Zusammenarbeit mit den Vereinigten Staaten« und warnte gleichzeitig davor, daß »in unserer Zeit lokale Kriege sehr gefährlich« sind. Damit biederte er sich nicht nur dem US-Imperialismus an, sondern verunglimpfte gleichzeitig den Befreiungskampf der unterdrückten Völker gegen den Imperialismus. Der Klassen- und Befreiungskampf wurde den Interessen der neuen Machthaber untergeordnet.
- Eine Konsequenz und Fortsetzung dieser revisionistischen und friedlichen Koexistenz mit den Kapitalisten war die Verkündung des **»friedlichen Weges zum Sozialismus«.** Dies wurde dann noch erweitert zur angeblichen Möglichkeit einer »Erringung der Macht im Parlament«. Dies bedeutete eine völlige Revision des Marxismus-Leninismus und der Erfahrungen der Arbeiterbewegung, denn die Herrschenden werden niemals darauf verzichten, ihren Gewaltapparat gegen die Arbeiter und anderen Werktätigen einzusetzen, um ihre Macht zu verteidigen. Die These des »friedlichen Weges« bedeutete letztlich eine Anpassung und Unterordnung der Arbeiterklasse an die bürgerliche Ordnung und Verzicht auf den

proletarischen Klassenkampf zur Erringung der Diktatur des Proletariats.

- Schließlich wurde von Chruschtschow verkündet, daß die Diktatur des Proletariats überflüssig geworden sei und man nun zum **»Staat des ganzen Volkes«** übergehe. Dies diente lediglich zur Rechtfertigung der eigenen Bürokratenherrschaft. Bereits Karl Marx hatte nachgewiesen, daß ein »Staat des ganzen Volkes« in sich ein Widerspruch ist, da jeder Staat nichts anderes ist als Ausdruck der Diktatur der herrschenden Klasse über die anderen Klassen der jeweiligen Gesellschaft. Folglich wird der Staat dann überflüssig, wenn die Klassen im Kommunismus aufgehört haben zu bestehen.

Mao Tsetung weist in dem Artikel »Über die richtige Behandlung der Widersprüche im Volk« auf die Gefährlichkeit des modernen Revisionismus hin:

*»Der Revisionismus oder Rechtsopportunismus ist eine bürgerliche ideologische Strömung, er ist von noch größerer Gefährlichkeit als der Dogmatismus. Die Revisionisten oder Rechtsopportunisten geben ein Lippenbekenntnis zum Marxismus ab und greifen dabei auch den ›Dogmatismus‹ an. Aber das, was sie angreifen, ist gerade das Fundamentalste am Marxismus. Sie bekämpfen oder entstellen den Materialismus und die Dialektik, sie sind gegen die demokratische Diktatur des Volkes und die führende Rolle der Kommunistischen Partei oder suchen sie zu schwächen. Sie bekämpfen die sozialistische Umgestaltung und den Aufbau des Sozialismus oder versuchen beides zu schwächen. Selbst nachdem die sozialistische Revolution in unserem Land im wesentlichen gesiegt hat, gibt es in unserer Gesellschaft noch eine Anzahl von Leuten, die von der Wiederherstellung des kapitalistischen Systems träumen. Sie bekämpfen die Arbeiterklasse an allen Fronten, einschließlich der ideologischen Front.«* (Ausgewählte Werke, Bd. V, S. 465/466)

## Vorbereitung und Verkündung des Verbotsurteils gegen die KPD

Die Besorgnisse über die neue Politik des XX. Parteitags der KPdSU mit all den negativen Auswirkungen auf die gesamte kommunistische Weltbewegung wurden in Teilen der Mitgliedschaft der KPD immer größer. Gleichzeitig rückte der Tag des Verbotes unserer Partei immer näher. Das Urteil im Verbotsprozeß stand kurz vor der Verkündung. All die zahlreichen Verbote von Festen, Veranstaltungen und dergleichen im Jahr 1955 hatten nur der Vorbereitung des Parteiverbots gedient. Es waren Mittel der Einschüchterung, denn wie die Bevölkerung auf das Verbot der KPD reagieren würde, konnte die Regierung nicht konkret einschätzen. Beim Verbot des »Zentralen Pressefestes« war das besonders deutlich geworden. Diese Manöver der Behörden zu durchbrechen, war uns nicht möglich. Es hatte deshalb auch keinen Sinn mehr, den noch immer andauernden Instanzenkrieg weiterzuführen. Am 5. März 1956 schrieb mir unser Rechtsanwalt Bornheim:

*»Sehr geehrter Herr Dickhut!*

*In Sachen Regierungspräsident Düsseldorf überreiche ich Ihnen anliegend Ausfertigung eines mir am 28. Februar 1956 zugestellten Bescheides des Verwaltungsgerichtes in der Feststellungsklage wegen Rechtswidrigkeit eines Veranstaltungsverbotes.*

*Das Verwaltungsgericht hat in dieser Sache ohne Durchführung einer mündlichen Verhandlung ... abschlägig entschieden. Der abschlägige Bescheid ist auf rein formellen Gründen aufgebaut ...*

*Über die Frage, ob oder ob nicht in solchen Fällen Rechtsschutz gegeben ist, bestehen in der Literatur erhebliche Meinungsverschiedenheiten ...*

*Ich bin der Auffassung, daß man mündliche Verhandlung beantragen sollte, damit in derselben Gelegenheit gegeben ist, eingehend zur Begründung des ablehnenden Bescheides Stellung zu nehmen ... Zur Berufung möchte ich nicht raten ...*

*Ich erbitte Ihren Anruf oder Ihren Besuch, damit man sich über die Sache unterhalten kann.«*

Mein Vorschlag bei dem daraufhin stattfindenden Gespräch war: Abbruch der juristischen Auseinandersetzungen. Und so machten wir es dann auch.

Der Beginn der mündlichen Verhandlung im Verbotsprozeß war durch eine Verfügung des Ersten Senats für den 8. Juni 1953 festgesetzt worden. Genau einen Monat vorher stellte die Prozeßvertretung der KPD den Antrag auf Vertagung, da die Sichtung und Auswertung des Prozeßmaterials noch nicht abgeschlossen war. Das Gericht gab dem Antrag nach. Erst am 23. November 1954 begann dann die mündliche Verhandlung.

Die letzten zwei Jahre vor dem Verbot der KPD befaßte sich das Bundesverfassungsgericht verstärkt mit den ideologisch-politischen Grundlagen der KPD. Ein Team von Genossen und bürgerlichen Rechtsanwälten hatte in Karlsruhe in einem Hotel eine ganze Etage gemietet, um gleich an Ort und Stelle die vielen Unterlagen zu bearbeiten. Dabei hatten unsere Genossen besondere Schwierigkeiten, wenn die Richter aus Lenin »Sämtliche Werke« (zwölf Bände und ein Sammelband) zitierten. Zwar gaben sie die exakte Seitenzahl an, doch unsere Genossen und Anwälte hatten diese Bände nicht und waren deshalb nicht in der Lage, konkret auf das Zitierte einzugehen. Der Parteivorstand richtete an alle Kreisleitungen die dringende Bitte nachzuforschen, wer diese Lenin-Ausgabe in Besitz hatte. Dabei stellte sich heraus, daß ich als einziger all diese Bände, mehr waren bis dato nicht ins Deutsche übersetzt, besaß. Mit anderen Büchern zusammen hatte ich sie vor der Gestapo retten können, weil ein alter Genosse sie damals für mich unter dem Dach seines Hauses untergebracht hatte. Als wir die Bücher 1945 abholten, mußten wir feststellen, daß sie durch die Feuchtigkeit des Dachbodens zum Teil regelrecht naß geworden waren. Blatt für Blatt trockneten wir und ließen die Bücher dann durch einen Buchbinder neu binden. Nun brachte ich meine Lenin-Werke selbst nach Karlsruhe. Später bekam ich sie zurück.

Es kam der 17. August 1956, der Tag, an dem die KPD für verfassungswidrig erklärt und aufgelöst wurde. Die Urteilsbegründung, die sowohl die Rechtsgrundlagen des Verfahrens als auch die Theorie und

Politik der KPD zusammenfaßte, war 160 Seiten stark. In dem Urteil des Bundesverfassungsgerichts hieß es:

*»Im Namen des Volkes!*

*In dem Verfahren über den Antrag der Bundesregierung auf Feststellung der Verfassungswidrigkeit der Kommunistischen Partei Deutschlands hat das Bundesverfassungsgericht — Erster Senat — auf Grund der in der Zeit vom 23. November 1954 bis zum 14. Juli 1955 durchgeführten mündlichen Verhandlung durch Urteil für Recht erkannt:*

1. *Die Kommunistische Partei ist verfassungswidrig.*
2. *Die Kommunistische Partei wird aufgelöst.*
3. *Es ist verboten, Ersatzorganisationen für die Kommunistische Partei Deutschlands zu schaffen oder bestehende Organisationen fortzusetzen.*
4. *Das Vermögen der Kommunistischen Partei Deutschlands wird zugunsten der Bundesrepublik Deutschland zu gemeinnützigen Zwekken eingezogen ...«* (»Die KPD in der Bundesrepublik«, S. 140)

Wie reagierte die KPD? In dem 1965 von der KPD herausgegebenen Buch »Dokumente der KPD 1945—1956« heißt es unter dem Datum vom 17. August 1956:

*»Das Bundesverfassungsgericht erklärt auf Antrag der Bundesregierung die KPD für verfassungswidrig. Das Verbot zeigt den antidemokratischen Charakter des westdeutschen Staates.*

*Der Freiheitssender 904 strahlt seine erste Sendung aus. Die KPD wendet sich über ihn regelmäßig an die Arbeiterklasse und die Bevölkerung der Bundesrepublik.«* (S. 587)

1989 gab die Edition »Marxistische Blätter« eine Neuauflage der obigen Dokumentation in zwei Bänden heraus. Hier taucht als Dokument eine »Erklärung des Parteivorstands zum Parteiverbot« (S. 153 ff.) vom 17. August 1956 auf, die in der alten Ausgabe nicht erwähnt wurde. Warum? Weil es sie nicht gab? Ich selbst war zu der Zeit für die Anleitung von vier Ruhrgebietskreisen zuständig, aber nirgends habe ich eine solche Erklärung damals zur Kenntnis bekommen. Das ist doch sehr merkwürdig. Soll durch die vorliegende Erklärung nachträglich ein Versäumnis des Parteivorstands vom Tage des Parteiverbots verdeckt werden? Soll womöglich auf diesem krummen Wege eine »Ehrenrettung« des Parteivorstands und vor allem von Max Reimann als Vorsitzendem ausgesprochen werden?

Die »Erklärung des Parteivorstands zum Parteiverbot« ist nicht schlecht, in unserer Arbeit damals wäre sie bestimmt nützlich gewesen. Den Text der Erklärung habe ich hier aufgenommen.

## Erklärung des PV der KPD zum Parteiverbot

**(17. 8. 1956)**[1]

Das Ungeheuerliche ist geschehen. Auf Druck der Adenauer-Regierung hat das Bundesverfassungsgericht die KPD verboten und ihre Auflösung mit Polizeigewalt angeordnet. Die KPD ist da, und die KPD bleibt da. So erfordert es das Interesse der Arbeiterklasse und des deutschen Volkes. Das Urteil gegen die KPD ist gesprochen im Namen der deutschen Konzernherren, der Militaristen und der amerikanischen Hochfinanz. Das Volk wird das Urteil gegen die KPD niemals anerkennen, weil es gegen Frieden, Freiheit und nationale Wiedervereinigung gerichtet ist. Die Adenauer-Regierung hat seit Anbeginn ihrer unheilvollen Politik der Remilitarisierung im Jahre 1951 die Unterdrückung der KPD betrieben. Jetzt, da sie die Wehrpflicht gegen den Willen des deutschen Volkes durchführen will, raubt sie der KPD die Legalität. So ist das Urteil von Karlsruhe[2] ein unerhörter Anschlag der Militaristen gegen den Frieden, gegen das Lebensrecht des deutschen Volkes und die Sicherheit Europas. Das Verbot der KPD als einer deutschen und demokratischen Partei und der Raub der Mandate ihrer Abgeordneten zeigt, wie in der Bundesrepublik die Demokratie mit Füßen getreten wird. Es ist ein Urteil gegen die Arbeiterrechte, gegen das Koalitions- und Streikrecht. Jetzt sieht das ganze deutsche Volk und die Weltöffentlichkeit, was für ein antidemokratisches Regime in der Bundesrepublik herrscht und wie weit die Faschisierung schon fortgeschritten ist.

### Reaktionäre Regierung

Der Weg von 1933, der Weg der Unterdrückung der Arbeiterbewegung ist damit beschritten worden. *Mit dem Verbot der KPD ist die Adenauer-Regierung zur reaktionärsten Regierung Europas geworden.* Das Verbot der KPD entlarvt die Machthaber in der Bundesrepublik als geschworene Feinde der Wiedervereinigung Deutschlands. Jetzt wird offenbar, daß die Monopolherren und Militaristen den aussichtslosen Weg einer Politik der sogenannten Stärke weitergehen und mit Gewalt noch jetzt vollendete Tatsachen schaffen wollen, bevor die Ära Adenauer beendet ist. Ihre abenteuerliche und gemeingefährliche Politik ist ein Ausdruck der Schwäche der deutschen Imperialisten. Sie sind erschreckt, wie in der Arbeiterklasse und im Volk der Widerstand gegen Militarisierung und Wehrpflicht wächst. Deshalb wollen sie die KPD als konsequenteste Kraft des Friedens und der Demokratie ausschalten. Aber die Feinde der Arbeiterklasse und des Volkes haben sich verrechnet. Der KPD wird aus dem Widerstand des Volkes neue Kraft zuströmen. Wer von der Adenauer-Regierung verfolgt wird, von dem weiß das Volk, daß er zu ihm gehört. Die KPD kann man nicht ausschalten und schon gar nicht beseitigen. Sie ist Fleisch vom Fleisch der deutschen Arbeiterklasse. Die KPD hat tiefe Wurzeln in der Arbeiterklasse und im Volk, denn sie vertritt die Interessen der Arbeiterklasse und des Volkes.

In dieser gefahrvollen Stunde ruft die KPD auf, die Zusammenarbeit aller guten Kräfte des deutschen Volkes gegen den deutschen Militarismus und das Monopolkapital herzustellen, damit die unheilvolle Ära Adenauer beendet wird. Die KPD kämpft, damit die Arbeiterrechte gewahrt werden, das Aktionsprogramm des DGB verwirklicht, in der Bundesrepublik eine grundlegende Wende der Politik für Frieden, Demokratie und sozialen Fortschritt herbeigeführt wird und unser Volk die eine und unteilbare deutsche Republik als einen Friedensstaat erbaut, der vorwärts schreitet zum Sozialismus. Wir Kommunisten sind überall, wo die Arbeiterklasse, wo das Volk ist. Dort wirken wir für das gemeinsame Handeln der Arbeiterklasse, für das Zusammengehen mit den sozialdemokratischen Genossen. Wir Kommunisten vertreten allezeit mutig die Interessen des Volkes im Kampf gegen die Wehrpflicht. Darum wird die Arbeiterklasse und das deutsche Volk die Kommunisten mit einem festen Schutzwall umgeben, den kein Feind, kein Terror durchbrechen kann.

Die KPD dankt allen und besonders den Gewerkschaftern und sozialdemokratischen Genossen, die ihre brüderliche Solidarität gegen die Verbotsdrohung bewiesen haben. Das gibt uns die Gewißheit, daß die Arbeiterklasse und das deutsche Volk jetzt noch stärker den Ruf erheben: Freiheit für die KPD! Weg mit dem Verbot! Wiederherstellung der verfassungsmäßigen Rechte der KPD!

## Verbot war zu verhindern

Das Verbot der KPD war zu verhindern und es ist zu beseitigen, wenn die SPD und der DGB dafür ihre ganze Kraft einsetzen. Das erfordert, daß einige sozialdemokratische Führer ihre passive Haltung aufgeben, durch die die Reaktion ermutigt und die Sache des Friedens und der Demokratie und die Positionen ihrer eigenen Organisationen geschwächt würden.

Nach dem Verbot der KPD tragen jetzt Sozialdemokratie und Gewerkschaften eine noch größere Verantwortung, gemeinsam mit den Kommunisten dem Adenauer-Regime den weiteren Weg zum militaristischen Obrigkeitsstaat zu verlegen. Zeit und Gefahr drängen nach einer solchen brüderlichen Zusammenarbeit. In einer Zeit, in der die Welt durch die schöpferische Kraft von tausend Millionen von Menschen den Weg des Friedens, der Demokratie und des Sozialismus beschritten hat, in der auch in der Deutschen Demokratischen Republik der Imperialismus und Militarismus mit seinen Wurzeln ausgerottet ist und der Sozialismus aufgebaut wird, glauben die Adenauer, Schröder, Globke und Heusinger, das Rad der Geschichte zurückdrehen zu können. Gegen die geschichtliche Entwicklung zogen sie alle zu Felde. Bismarck mit dem Sozialistengesetz, Hitler mit seinem blutigen Terror. Wie sie gestürzt sind, so werden alle scheitern, die da ausziehen, den Marxismus, die Lehre vom Sieg der Arbeiterklasse und die KPD, die Partei Karl Liebknechts, Rosa Luxemburgs und Ernst Thälmanns zu vernichten. Die KPD lebt und sie wird in der ersten Reihe der Arbeiterklasse und des Volkes stehen, wenn die Ära Adenauer längst dahin ist. Die KPD ist noch immer im Kampf gewachsen. Sie wird sich auch in diesem Kampf stärken.

Wer heute die Kommunisten verurteilt, den wird morgen das Volk verurteilen.

Und nun, Genossen und Freunde, vorwärts zu neuem Kampf! Keinen Frieden für die, die Deutschland friedlos machen wollen! Keine Ruhe für die, die die Ruhe unserer Kinder, den Schlaf unserer Mütter, das Leben unseres Volkes bedrohen! Frieden, Freiheit und Fortschritt für das Volk, für unsere geliebte deutsche Heimat.

Vorwärts mit der KPD gegen Militarismus und Reaktion, für Demokratie und Sozialismus!

Mit uns das Volk, mit uns der Sieg!

Düsseldorf, den 17. August 1956
Kommunistische Partei Deutschlands
Parteivorstand

# Die Ereignisse nach dem Parteiverbot — Kommunalwahl im Oktober 1956

Mit der Verkündung des Verbotsurteils hatte die KPD aufgehört, als legale Partei in der Bundesrepublik zu bestehen. Wieder begann eine Zeit der Illegalität, der Aufbau der illegalen Parteiorganisation trat auf die Tagesordnung. Am 30. September 1956 konstituierte sich das Zentralkomitee der KPD, das die Rechte und Pflichten des alten Parteivorstands übernahm. Zum Ersten Sekretär des ZK wurde Max Reimann gewählt. In der Resolution der 2. Tagung des Zentralkomitees der KPD hieß es:

»*... unter den Bedingungen der Illegalität* (treten) *Teile des Statuts, wie zum Beispiel die Wählbarkeit der Leitungen und bestimmte Gesichtspunkte der innerparteilichen Demokratie außer Kraft ...*

*Die Illegalität verlangt von jedem Kommunisten eiserne Disziplin, absolute Verschwiegenheit über Parteiangelegenheiten gegenüber Außenstehenden ... Unter den neuen Bedingungen wird die Partei dann ihre Aufgabe erfolgreich lösen, wenn sie sich von dem Grundsatz eines straffen Zentralismus leiten läßt, d. h. wenn die Beschlüsse des Zentralkomitees durch alle nachgeordneten Leitungen und Parteiorganisationen gewissenhaft durchgeführt werden.*« (»Die KPD in der Bundesrepublik«, S. 119)

Als die Adenauerregierung fünf Jahre zuvor den Antrag beim Bundesverfassungsgericht gestellt hatte, die KPD zu verbieten, hatte kaum jemand mit einer so langen Prozeßdauer gerechnet. Aufgrund der falschen Einschätzung Paul Verners bzw. des Sekretariats der SED war mit dem Aufbau einer illegalen Organisation (»Zweites Gleis«) neben der noch legalen Parteiorganisation begonnen worden. Das konnte nicht gut gehen. Ein bis zwei Jahre später brachen die Widersprüche, die durch die Zweiteilung der Parteiorganisation entstanden waren, immer stärker hervor. Das »Zweite Gleis« mußte wieder aufgelöst werden. Etwa ein halbes Jahr vor dem Verbot der KPD wurden Richtlinien für die illegale Arbeit besprochen und der Einsatz von hauptamtlich tätigen Genossen vorbereitet. Ich sollte vier Kreise im Ruhrgebiet anleiten, in denen jeweils ein hauptamtlicher Sekretär eingesetzt war, zu dem ich Verbindung aufnehmen mußte. Der Übergang von der legalen zur illegalen Arbeit war nicht kompliziert, und doch gab es Pannen.

Am Tag nach der Verkündung des Parteiverbots suchte ich eine Anlaufstelle in Duisburg auf. Diese Adresse hatte ich gut auswendig gelernt, war sie doch alles, was ich hatte, um meine neue Tätigkeit zu beginnen. Aber mein Weg war vergeblich. Zwar hatte der Genosse Anweisung, zu dieser Zeit unbedingt zu Hause zu sein. Aber er war nicht da — die erste Panne. Nach mehreren Versuchen blieb mir nichts anderes übrig, als nach Solingen zurückzufahren. Am nächsten Tag versuchte ich es noch einmal, diesmal mit Erfolg. Der Genosse entschuldigte sich für sein fehlerhaftes Verhalten. Sein Auftrag war, mich zu einem Genossen zu bringen, der ein Zimmer für mich bereit hielt. Aber als wir zu ihm kamen, lehnte er ab, obwohl er fast ein Jahr lang die monatliche Miete erhalten hatte. Jetzt plötzlich hatte er Angst bekommen — die zweite Panne.

Noch am gleichen Tag traf ich meinen Vormann, Ernst H., den bisherigen Kreissekretär von Duisburg, der mich zu einem älteren Ehepaar brachte. Es waren ruhige und zuverlässige Leute, die ein eigenes kleines Haus hatten, das günstig gelegen war. Zunächst nahm ich über meinen Vormann Verbindung mit den vier Sekretären der Kreise auf, die ich anleiten sollte. Wir kannten uns alle aus der legalen Zeit. Jetzt stand als Aufgabe: Umstellung der Partei auf konspirativer Grundlage bei strenger Einhaltung des Prinzips: **»Keiner darf von der Organisation und der Arbeit mehr wissen, als zur Durchführung seiner Arbeit notwendig ist!«**

Es zeigte sich bald, daß die hauptamtlichen Genossen nicht ausgelastet waren. Ich konnte zwar meine Besprechungen mit ihnen auf den ganzen Tag verteilen, aber die Kreissekretäre konnten erst dann aktiv werden, wenn die anderen Kumpel Feierabend hatten. Tagsüber versuchten sie die Zeit totzuschlagen, indem sie sich beispielsweise ganze Bündel von Zeitungen kauften und im Stadtwald spazieren gingen. Es zeigte sich auch, daß unsere Annahme, daß es nach dem Verbotsurteil zu einer allgemeinen Schutzhaft wie 1933 kommen würde, unbegründet war. Deshalb machte ich den Vorschlag: Alle auf Kreisebene hauptamtlich tätigen Genossen, wozu ich mich auch zählte, sollten in ihren Heimatort zurückgehen, sich Arbeit in einem Betrieb suchen und sich konzentrieren auf Betriebs- und Gewerkschaftsarbeit. Während ich noch auf eine Antwort wartete, traf ich zufällig Karl B. vom ZK der SED, den ich als zuverlässig kannte. Da ich die Angelegenheit für äußerst dringlich hielt, erklärte ich ihm — im Gegensatz zu der konspirativen Regel, gegen die ich damit verstieß — die Situation und meinen Vorschlag zu den hauptamtlichen Funktionären. »Jetzt fällt der Übergang noch nicht auf, wenn einer nach dem anderen in seinem Heimatort auftaucht und im Betrieb arbeitet; aber es muß bald geschehen.« Karl sah das auch so. »Du kommst doch mit dem Sekretariat zusammen, dann mache den Genossen das klar.«

Ich erwartete eine grundsätzliche Diskussion über die Situation und meinen Vorschlag zur Reorganisierung der Partei. Immerhin hatte ich während der ganzen Zeit der faschistischen Diktatur illegal gearbeitet, ob in »Freiheit« oder im Gefängnis bzw. Konzentrationslager. Alle Erfahrungen hatten gezeigt, daß es **leichter** ist, **»legal zu leben und illegal zu arbeiten« als »illegal zu leben und illegal zu arbeiten«.** Aber ich wartete vergeblich auf eine Reaktion auf meinen Vorschlag.

Beim nächsten Treffen mit meinem Vormann Ernst H. erklärte dieser: »Du sollst dafür sorgen, daß in Solingen bei der Kommunalwahl im Oktober unabhängige Kandidaten aufgestellt werden. Acht Tage nach der Wahl treffen wir uns wieder und du berichtest, wie es gelaufen ist.« Die Zeit bis zum Wahltermin war viel zu kurz, um noch eine breite Agitation betreiben zu können. Über unsere drei Kandidatinnen — Franziska L., Betty P. und Luise D. — schrieb die »Rheinische Post« vom 11. Oktober 1956:

*»Außer den fünf Parteien bewerben sich drei sogenannte ›unabhängige‹ Kandidaten um einen Ratssitz, und zwar*
*1. Frau Pallas,*
*2. Frau Lohbach und*
*3. Frau Dickhut.*

*Frau Pallas und Frau Lohbach gehörten bis vor wenigen Wochen dem Stadtrat als Mitglieder der kommunistischen Fraktion an. Es klingt also reichlich komisch, wenn sich diese Bewerberinnen, die bisher im Kreise ihrer Genossen getreulich nach Moskaus Pfeife getanzt haben, nun, da die Kommunistische Partei verboten ist, ›unabhängig‹ nennen. Nicht anders ist es aber auch bei Frau Dickhut, die zwar der KPD-Fraktion nicht angehörte, die aber der kommunistischen Ideologie ebenso verhaftet ist wie ihre beiden Mitkandidatinnen.«*

Das »Solinger Tageblatt« vom 20. Oktober 1956 schrieb zu der Kandidatur:

*»Nun aber haben sich, wie gesagt, drei Kommunisten als unabhängige Kandidaten aufstellen lassen, Frau Luise Dickhut ausgerechnet im Wahlbezirk 15 (Ohligs-Hackhausen), wo der Spitzenkandidat der CDU, Josef Pütz, kandidiert. Hätte die SPD hier mit Unterstützung ehemals kommunistischer Stimmen hoffen können, Pütz das Direktmandat streitig zu machen, so dürften diese Hoffnungen nun sehr geschmälert sein. Auch im Bezirk 8, wo der SPD-Kandidat Laubach 1952 ein Direktmandat errang, dürfte die Beteiligung der Kommunistin Lohbach der SPD unbequem sein. — Was dieses völlig nutz- und aussichtslose Wahlmanöver der Kommunisten bezweckt — denn die drei Kandidaten haben ohne Reserveliste nicht die kleinste Chance — ist nicht recht erklärlich.«*

Nun, dem »Solinger Tageblatt« kann ich eine Erklärung geben für die Kandidatur: Die Beteiligung an der Kommunalwahl bot die legale Möglichkeit der kommunistischen Agitation trotz KPD-Verbot. Allerdings konnte in den verbleibenden vier Wochen nur mit äußerster Anstrengung agitatorisch etwas erreicht werden. Einzelne Beispiele sind hier aufgeführt.

# An die Wähler und Wählerinnen des Wahlkreises 18

Ich möchte mich Ihnen heute mit diesen Zeilen als parteilose Kandidatin zu den Kommunalwahlen am 28. Okt. 1956 vorstellen. Mein Name ist

**Berta (Betty) Pallas, wohnhaft Solingen-Merscheid, Roonstr. 14**

Wie viele Frauen heute, bin auch ich gezwungen, durch Arbeit in einem Betrieb den Lebensunterhalt für mich und meine 14-jährige Tochter zu sichern. Wenn ich mich diesmal zur Wahl stelle, dann entspreche ich damit den Wünschen eines bedeutenden Teiles der Wähler meines Wahlbezirks. Auf Grund meines ständigen konsequenten Auftretens gegen Aufrüstung und allgemeine Wehrpflicht, sowie wegen meines Eintretens für den Frieden und die sozialen Interessen der werktätigen Bevölkerung Solingens wurde ich schon früher in den Landtag von Nordrhein-Westfalen und auch zuletzt in das Solinger Stadtparlament gewählt.

In meinem ersten Brief an Sie erwähnte ich die verhängnisvolle Politik der Regierung Adenauer und ihre schädliche Auswirkung auf die Lebenshaltung und die demokratischen Rechte der Bevölkerung. Gleichzeitig wies ich schon darauf hin, daß aus diesem Grunde nur Männer und Frauen in das neue Stadtparlament gewählt werden müssen, die für eine Politik des Friedens, der Verständigung aller Deutschen und der Wahrung unserer sozialen und demokratischen Rechte eintreten.

**Wie sehr diese Politik der CDU-Führung und der mit ihr verbündeten Regierungsparteien auch in Solingen ihren Niederschlag gefunden hat, mögen folgende Beispiele beweisen:**

Wenn Sie von Ohligs nach Solingen und zurück mit dem Obus fahren, bezahlen Sie heute einen halben Facharbeiter-Stundenlohn als Fahrgeld. In der letzten Ratssitzung kündete die Verwaltung bereits eine neue Tariferhöhung an.

**Ist Ihnen aber bekannt,**

daß dieselbe Straßenbahn-Verwaltung jährlich aus ihren Einnahmen eine sogenannte Konzessionsabgabe an die Stadt zahlen muß, die in diesem Jahre 600.000,— DM beträgt?

**Ist Ihnen weiter bekannt,**

daß die Stadtwerke in diesem Jahre ebenfalls 2.600.000,— DM an den Stadtsäckel abführen müssen, und daß diese zusätzliche Besteuerung nur aus dem Ertrag von Haushaltsgas und Strom aufgebracht wird?

Solingen hat 60.000 Haushaltungen. Jede Haushaltung wird hierdurch jährlich mit einer Sondersteuer von 45,— DM belegt. Das ist der Preis für 4 Zentner Kartoffeln, die dem Haushalt abgeknöpft werden.

Wieviel Bürgersteige fehlen gerade in den Außenbezirken? Die Bebel-Allee zu begehen, ist in den Kurven besonders in den Abendstunden lebensgefährlich. Wie notwendig wäre die Anlage von beiderseitigen Bürgersteigen und eine Dammerweiterung in Höhe der Bechermühle.

Außerdem fehlen in Solingen noch rund 6.000 Wohnungen. Von der Wohnungsnot werden vor allem junge Eheleute und Familien betroffen, die auf engstem Raum und in baufälligen Wohnungen hausen müssen.

Nach amtlichen Angaben fehlen in Solingen 40 Klassenräume für unsere Schulkinder, wobei die oftmals überfüllten Klassenräume der Volksschulen noch garnicht berücksichtigt sind.

***Für all diese notwendigen Einrichtungen ist aber heute kein Geld da. Der soziale Wohnungsbau wird gedrosselt, die notwendige Rentenreform hinausgezögert, während aber andererseits Milliarden für die Aufrüstung und Regierungsbauten verschleudert werden.***

Jeder einsichtige Mensch sollte daher erkennen, daß die verhängnisvolle Politik der Aufrüstung, wie sie von den Führern der Bonner Regierungsparteien betrieben wird, die Gemeinden und jeden einzelnen von uns auf das Stärkste belasten. Denn durch die Aufrüstung, die Einführung der allgemeinen Wehrpflicht werden den Gemeinden immer größere Lasten aufgebürdet und ihnen immer weniger Mittel für die Durchführung des sozialen Wohnungsbaues, des Schulneubaues und zur Befriedigung der sozialen Forderungen unserer Bürger und Sozialrentner zur Verfügung gestellt.

***Dem Verteidigungsministerium aber werden gleichzeitig nach den letzten Angaben aus Bonn rund 10 Milliarden für den Ankauf von Panzern, Flugzeugen, Kriegsschiffen, für Kasernenbauten und Einrichtung von Meldeämtern ohne zu zögern zur Verfügung gestellt.***

Um die fehlenden Gelder zu beschaffen, haben dann auch vor allem die bürgerlichen Parteien im Solinger Stadtparlament nicht gezögert, den Bürgern neue Sondersteuern in Form von Tariferhöhungen usw. aufzuerlegen. Daran sollte man jetzt bei der Wahl denken!

Wie sehr die hohe Politik der Adenauer-Regierung in unser Gemeindeleben eingreift, ist damit erwiesen. Den Schaden trägt in jedem Falle die gesamte Bevölkerung in Form von Tarif- und Preiserhöhungen, weniger Wohnungsbauten usw. Besonders aber geschädigt werden soll nun unsere Jugend, deren Jahrgang 1937 unmittelbar aus dem Berufsleben herausgezogen und auf dem Kasernenhof für neue Kriegsabenteuer gedrillt werden soll.

Daher werde ich, falls ich durch Ihr Vertrauen ins Stadtparlament gewählt werden sollte, alles tun, um

1. ***Jeder Bedrohung unserer Jugend auch von dieser Stelle aus entgegenzutreten.***
2. ***Jede weitere finanzielle Belastung der Bevölkerung zu verhindern suchen und für eine Senkung der Straßenbahn-, Gas-, Wasser- und Stromtarife eintreten.***
3. ***Mich für den sozialen Wohnungsbau, für den Bau von Straßen, Kindergärten und Altersheimen, sowie für ausreichende Beihilfen für die Sozialrentner einsetzen.***
4. ***Mich vor allem auch für die friedliche Wiedervereinigung Deutschlands in Frieden und Freiheit, für eine Verständigung der Deutschen untereinander einsetzen, damit die sinnlose Aufrüstung, die allgemeine Wehrpflicht und die Verschleuderung von Milliarden hierfür verhindert wird und diese dem Volke zugute kommen.***

Das alles sehe ich als ***den Wahlauftrag meiner Wähler an.*** Hierfür werde ich ernsthaft u. konsequent eintreten. Denn im Gegensatz zu den heuchlerischen Wahlversprechungen der bürgerlichen Parteien ist mir die Interessenvertretung der Solinger Bevölkerung immer ein ernsthaftes Anliegen gewesen. Ich bitte daher auch Sie, gleich meinen bisherigen Wählern, mir Ihr Vertrauen zu schenken. Bewahren Sie bitte diesen Wählerbrief bis zur Wahl auf und sprechen Sie mit Ihren Verwandten und Bekannten über seinen Inhalt.

***Frau Berta (Betty) Pallas***
***Solingen-Merscheid, Roonstraße 14***

Da ich den Wahlkampf praktisch alleine führen und auch finanzieren muß, wäre ich für einen Unkostenbeitrag zur Deckung der Druckkosten dankbar.

Verantwortlich: Betty Pallas, Solingen-Merscheid, Roonstraße 14     Deller-Druck, Ohligs

GEMEINSAM
gegen
WEHRPFLICHT U.
AUFRÜSTUNG!
Die Rüstungs-Milliarden für:
kommunalen Aufbau
Wohnungen statt Kasernen
soziale u. kulturelle Aufgaben
wählt
Luise Dickhut
unabhängige Kandidatin

## — *Lieber Wähler! Liebe Wählerin!* —

Ich stelle mich Ihnen als ***Unabhängige Kandidatin*** für die Kommunalwahl am 28. Oktober im Wahlbezirk XV vor. Daß ich als Parteilose kandidiere ist nicht meine Schuld, sondern die Folge einer undemokratischen Maßnahme.

### *Warum kandidiere ich überhaupt?*

Erstens, weil ich meine Erfahrungen in der kommunalen Politik, die ich durch meine langjährige Tätigkeit als Stadtverordnete und Ausschußmitglied erworben habe, auch weiterhin der Solinger Bevölkerung zur Verfügung stellen möchte, zweitens, weil die politische Entwicklung in der Bundesrepublik und ihre Folgen auf die Gemeinden alarmierend sind, und drittens, weil ***zahlreiche Wähler, insbesondere ehemalige sozialdemokratische Wähler aus dem Wahlbezirk XV, mich aufgefordert haben, zu kandidieren.***

### *Die Kernfrage der Politik ist die Militarisierung.*

Die Militarisierung erfaßt alle Gebiete des öffentlichen Lebens. Sie greift in die Kommunalpolitik ein und bestimmt in welchem Umfang überhaupt noch kommunale Aufgaben durchgeführt werden können. Ein Kasernen-Neubau kostet etwa 12000 bis 15000 DM pro Soldat. In einer modernen Schule mit allen pädagogisch notwendigen Nebenräumen kostet ein Klassenraum für 40 Kinder rund 60000 DM. Daraus ergibt sich ein Kostenverhältnis zwischen Schulkind und Soldat von 1 zu 10. ***Ein Panzer kostet so viel wie eine ganze Schule.*** Milliarden werden für die Aufrüstung verschleudert.

Die Gemeinden sind gezwungen alle größeren Bauten einzustellen, weil kein Geld da ist. So wurde in Ohligs der Bau der Kanalisation eingestellt. Ab 1957 sollen alle Schlüsselzuweisungen für Kriegsschäden vom Land aufhören, was sich besonders in Bezug auf die Schulbauten bemerkbar macht. Dabei steht jetzt schon fest, ***daß die vorgesehenen 45 Milliarden für die Aufstellung der 500000 Mann Bundeswehr nicht ausreichen.*** So sollen weitere Milliarden für die Aufrüstung aus der Bevölkerung herausgeholt werden.

### *Die Wehrpflicht bedroht die Familien*

Im Januar 1957 sollen die ersten Musterungen beginnen. So oft ich Familien besuche, die heranwachsende Söhne haben, fangen die Mütter an zu weinen, wenn die drohende Wehrpflicht zur Sprache kommt. Alle bangen um ihre Jungen und fragen, was sollen wir tun, um das Unglück zu verhindern? Der DGB-Kongreß hat den Weg gewiesen:

### *Die Wehrpflicht rückgängig machen!*

Wenn alle Gewerkschaftler, alle Mütter, die ganze Bevölkerung sich gegen die Wehrpflicht wehren, wird sie fallen. Wer das will, kann natürlich ***nicht die CDU wählen, die die Hauptschuldige bei der Einführung der Wehrpflicht und der Durchführung der Aufrüstung ist.*** Dann müssen auch die Stadtverordneten verhindern, daß Melde- und Musterungsstellen in der Stadt errichtet werden.

Wehrpflicht und Aufrüstung kennzeichnen die reaktionäre Entwicklung in Westdeutschland. ***Um dem Widerstand gegen die Militarisierung in Westdeutschland die Spitze zu nehmen, wurde die KPD verboten und den Stadtverordneten ihre Mandate geraubt.***

Leider haben auch sozialdemokratische Richter des Bundesverfassungsgerichtes dem Parteiverbot zugestimmt. Statt gegen die undemokratische Maßnahme zu protestieren, erklärte Ollenhauer im Namen des SPD-Parteivorstandes, das KPD-Verbot sei wohl eine politische Dummheit, aber rechtlich einwandfrei (!!). ***Damit unterstützt die SPD-Führung praktisch den Rechtskurs in Westdeutschland,*** der durch die Umbildung der Regierung noch verstärkt worden ist.

***In der Frage der friedlichen Wiedervereinigung*** will der SPD-Vorstand die Initiative und die Verantwortung den Großmächten zuschieben. Ich bin der Meinung, daß das aber in erster Linie eine Angelegenheit der Deutschen selbst ist.

Anstatt hier die Verständigung der Deutschen von Ost und West zu fördern, ***überläßt die SPD das Handeln der FDP,*** die durch ihre Gespräche mit der LDP in der Deutschen Demokratischen Republik den Weg der Verständigung beschritten hat.

***Die Verständigung untereinander muß aber vor allem eine Angelegenheit der Arbeiterorganisationen sein. Deshalb ist der Beschluß des Verbandstages der IG Druck und Papier, Kontaktaufnahme mit den Gewerkschaften der DDR einzuleiten, zu begrüßen. Weshalb ergreift die SPD- u. Gewerkschaftsführung nicht die Initiative der Verständigung?***

Alle die hier aufgezeigten Probleme finden ihren Niederschlag in der Kommunalpolitik, wie ich es in meinem Wählerbrief zum Ausdruck brachte. Das hat mich bewogen, als Unabhängige zu kandidieren.

***Ich halte es deshalb auch für notwendig, die Fehler und Mängel der SPD-Politik ebenso aufzuzeigen, wie die verhängnisvolle Politik der Regierungsparteien.***

Wir brauchen eine klare, konsequente Kommunalpolitik, die die örtlichen Belange nicht losgelöst von der „großen Politik“ behandelt. Jede Stimme, die das zum Ausdruck bringt, ist darum nicht vergebens.

***Ich bitte Sie deshalb, am Sonntag mir Ihre Stimme zu geben; ich werde Sie nicht enttäuschen!***

**Luise Dickhut**
***Unabhängige Kandidatin***
***im Wahlbezirk XV***

Verantwortlich für den Inhalt: L. Dickhut — Deller-Druck, Ohligs

# Dringender Appell an die Wähler!

Die Wehrpflicht greift in viele Familien ein. **Die Jungen des Jahrganges 1937 sind unmittelbar bedroht!** Am Montag begann in Solingen die Erfassung in die Stammrolle. 38 Jungen meldeten sich am ersten Tage. Mehrere sind nicht erschienen.

**In Dortmund weigerten sich 20 mutige städtische Beamte die Wehrerfassung durchzuführen.** Der Oberstadtdirektor mußte anerkennen: „... keiner der Männer hat aus einer anderen Notwendigkeit gehandelt als aus der, die sein Gewissen bestimmte ...“

Im Grundgesetz Artikel 4, Abs. 3 heißt es:

**„Niemand darf gegen sein Gewissen zum Kriegsdienst mit der Waffe gezwungen werden.“**

Danach sollte jeder von der Wehrpflicht bedrohte Jugendliche handeln.

**Wähler und Wählerin!**
**Ich appelliere an Ihr Gewissen!**

Wollen Sie der CDU oder der FDP Ihre Stimme geben, die die Einführung der Wehrpflicht beschlossen haben? Wenn Sie die Wehrpflicht ablehnen, dann lehnen Sie auch diese Parteien ab!

Wohl hat die **SPD-Fraktion des Bundestages** gegen das Wehrpflichtgesetz gestimmt; sie **hat aber durch Zustimmung zur Änderung des Grundgesetzes die Annahme der Wehrgesetze erst ermöglicht.** SPD-Bundestagsabgeordneter Erler betont ausdrücklich die positive Mitarbeit der SPD in den Wehrausschüssen. Die Haltung der SPD ist nicht klar und konsequent ablehnend; das ist bedauerlich!

Wehrpflicht und Wiederaufrüstung bedrohen auch die Lebenslage der Werktätigen.

**Wo aufgerüstet wird, steigen die Preise!**

Die neue Erhöhung der Kohlen- und Stahlpreise wird eine Kette von weiteren Preiserhöhungen nach sich ziehen.

**Auch das ist Schuld der CDU-Wehrpolitik!**

Vor der Bundestagswahl 1953 hat die CDU Steuersenkung und Rentenerhöhung versprochen. Was ist davon geblieben? Die Steuereinnahmen des Bundes haben sich um einige Milliarden erhöht.

**Die Preissteigerungen**
**haben die Rentner zum Hungern gebracht!**

Die vorgesehene Rentenreform ist durch die ständigen Preissteigerungen längst überholt. Die neuen Preiserhöhungen machen das Leben der Rentner noch erbärmlicher.

**Das hat die CDU verschuldet.**
**Darum keine Stimme dieser Partei!**

## Für eine gesunde Jugend!

Reihenuntersuchungen an mehreren tausend Lehrlingen haben einen besorgniserregenden Gesundheitszustand der Jugend gezeigt. Danach war jeder vierte Junge kurbedürftig. Der Deutsche Sportbund wies in einer Denkschrift auf diesen alarmierenden Zustand hin und eine Kultusminister-Konferenz stellte Richtlinien für den Schulsport und die Sozialhygiene auf. Aber dann wurde festgestellt, daß das Geld für die Errichtung von Turnhallen und Spielplätzen fehlt. ***Geld ist aber genug da, wenn es statt für militärische Ausbildung und Kriegspielen für die Gesundheit unserer Jugend verwandt wird.*** Ich werde mich ganz entschieden dafür einsetzen, daß unsere Jugend durch Spiel und Sport gesundet und nicht als Kanonenfutter auf den Schlachtfeldern verendet.

## Wohnungen statt Kasernen!

Die Rüstungs-Milliarden müssen für die Durchführung kommunaler Aufgaben bereitgestellt werden. Es ist beabsichtigt 6 Milliarden für Kasernenbau auszugeben. Es leuchtet ohne weiteres ein, daß das auf Kosten des Wohnungsbaues geht. ***Dabei kann man für die Kosten eines einzigen Torpedos 5 Eigenheime bauen. Es bedarf wohl keiner Frage, daß jeder Familie ein Eigenheim lieber ist, als irgendein Kriegsinstrument.*** Darum Schluß mit dem Kasernenbau, die 6 Milliarden müssen den notleidenden Gemeinden für den Wohnungsbau überwiesen werden. In Solingen suchen noch 6000 Familien eine Wohnung. Auch Ihnen muß und kann geholfen werden.

## Krankenhäuser, aber keine Flugzeuge!

Ein Flugzeug kostet soviel wie ein Krankenhaus. Für die Aufstellung einer neuen Luftwaffe sind die Mittel längst bereitgestellt. Aber für die Erweiterung der städtischen Frauenklinik in Ohligs zum Beispiel, die der Chefarzt bereits in einem Antrag vom 17. 2. 56 forderte, wurde bis heute noch nicht einmal beraten, weil kein Geld dafür da ist. Ebenso ergeht es dem Bau eines dringend notwendigen Schwesternwohnheimes bei den städtischen Krankenanstalten. Seit Jahren ist es Gegenstand langwieriger Verhandlungen im Gesundheits-Ausschuß.

# Gemeinsam handeln!

Als frühere Stadtverordnete und bisheriges Mitglied des Gesundheits-Ausschusses habe ich erfahren, wie eng die Kommunalpolitik mit der Politik des Landes und des Bundes verbunden ist Der Kampf zur Durchführung unserer kommunalen Aufgaben ist darum eine Frage des Kampfes gegen die Militarisierung. ***Darin unterscheidet sich meine Auffassung von der der anderen Fraktionen.*** Erfolg in der Kommunalpolitik setzt gemeinsames Handeln insbesondere der werktätigen Bevölkerung gegen die Militarisierung voraus.

***Wenn Sie diese Auffassung mit mir teilen, bitte ich um Ihre Unterstützung, indem Sie mir am 28. Oktober Ihre Stimme geben.***

**Luise Dickhut**
**Solingen-Ohligs, Ulmenstraße 10**

NB.:
Da ich als Unabhängige meinen Wahlkampf selbst finanziere, bitte ich meine Freunde um einen Unkostenbeitrag

Verantwortlich für den Inhalt: L. Dickhut — Deller-Druck, Ohligs

# Augen auf = oder Beutel auf

**Wenn Sie nicht richtig wählen, müssen Sie die Zeche bezahlen! Denken Sie an 1933=1945! Denken Sie auch an die Bundestagswahl von 1953!**

## Was hatte Adenauer und die CDU 1953 alles versprochen?

Alles sollte besser werden. Alle sollten am deutschen „Wirtschaftswunder" teilnehmen. Renten und Einkommen sollten steigen. Der Jugend wurde friedliche Arbeit versprochen. Die Wiedervereinigung Deutschlands sollte auf friedliche Weise geschehen.

## Was ist daraus geworden?

Die Preise für Brot, Kartoffeln, Kohlen, Obus, Gas, Wasser und Strom sind gestiegen. Ein neuer Rattenschwanz von Preiserhöhungen steht nach der Stahlpreiserhöhung für alle Bedarfsgüter bevor. Die Jugend wurde von der CDU, FDP, BHE verraten und verkauft. Ihr droht Barras und Massengrab. Denn statt friedlicher Wiedervereinigung, statt Verhandlungen mit den Regierungsstellen der DDR, will man nach Adenauers Worten die Ostzone „befreien"!!

## CDU und bürgerliche Parteien kneifen

Im Wählerbrief vom 8. Oktober an Jungwähler schreibt die CDU Solingen: „Wenn wir . . . heute an Sie herantreten, kommen wir nicht mit Versprechungen, wie es in Wahlzeiten üblich ist."

Das würde auch wenig nützen. Denn inzwischen hat das Volk erfahren, was es von CDU-Versprechungen zu halten hat.

Eine ebenso grobe Irreführung ist die Bemerkung der FDP, daß die Kommunalwahlen nichts mit hoher Politik zu tun habe. Wo werden denn aber die Anweisungen der Bundes- oder Landes-Regierung durchgeführt? Unten, bei uns in Solingen! Siehe Meldeämter und Steuern!

## Ihre Stimme für mich

**Eine Stimme für Frieden, Freiheit und Demokratie**

Vielfach verbreiten andere Parteien aus verständlichen Gründen die irreführende Meinung, eine Stimmabgabe für mich sei wenig sinnvoll. Das stimmt keinesfalls!

Viele Menschen sehen in mir den konsequenten Vertreter für Frieden, für Einheit und Demokratie, für die Wiederzulassung aller demokratischen Organisationen. Sie halten meine Wiederwahl in das Stadtparlament durchaus für möglich!

Wenn auch Sie für eine wirklich echte und mutige Opposition im Stadtparlament sind, gehen Sie bitte zur Wahl! Geben auch Sie mir Ihre Stimme, dann werden Sie im Stadtparlament wirklich Ihren Vertreter und Sprecher haben!

**Berta (Betty) Pallas**
**Roonstraße 14**
**Wahlbezirk XVIII**

Verantwortlich für den Inhalt: B. Pallas, Roonstraße 14 • Deller-Druck, Ohligs

**Als**
**unabhängige Kandidatin**
**lade ich Sie zu einer**

# Bürger-Versammlung

**am Montag, dem 22. Oktober um 19.30 Uhr,**
**im Lokal Schorn, Dunkelnberger Straße, ein**

---

**Thema:**
**„Kommunalpolitik im Schatten der Militarisierung“!**

---

**Freie Aussprache!**

**Luise Dickhut**
**Solingen-Ohligs, Ulmenstraße 10**
**Unabhängige Kandidatin**
**im Wahlbezirk XV**

Die Ohligser Genossen organisierten eine Wahlversammlung im Lokal »Schorn«. Als Luise und ich die Wirtschaft betraten, saßen an einem Tisch drei Kriminalsekretäre vom 14. Kommissariat. Es war amüsant zu sehen, mit welcher Verblüffung sie uns anschauten. Wir gingen an ihnen vorbei in den Saal, wo die Versammlung stattfinden sollte. Es dauerte nicht lange, und auch die drei Kriminalbeamten betraten den Saal. Allerdings hatten sie nicht vor, an der Wahlversammlung teilzunehmen; ihnen ging es um mich. Kriminalsekretär Haak kam sofort an unseren Tisch. »Herr Dickhut, wir haben Ihnen schon zweimal eine Vorladung geschickt. Warum sind Sie nicht erschienen?« »Herr Haak, Sie wissen doch, daß ich nicht komme. Wenn Sie etwas haben, dann leiten Sie es doch zum Gericht weiter.« Haak so nebenbei: »Wir müssen auch den polizeilichen Erkennungsdienst durchführen.« »Was wollen Sie? Kommt bei mir nicht in Frage.« Nach der Versammlung kam er noch einmal. »Nun, haben Sie es sich überlegt?« »Da gibt es nichts zu überlegen, ich komme nicht.«

Nach dem Verbot der KPD hatten in allen Bundesländern Durchsuchungen von Wohnungen und Parteibüros begonnen, Parteigeschäftsstellen, Druckereien oder Zeitungsredaktionen wurden geschlossen. Viele aktive KPD-Funktionäre wurden vorübergehend festgenommen oder anders polizeilich schikaniert. In dem Zusammenhang hatte auch ich zwei Vorladungen bekommen. Doch allein einer polizeilichen Vorladung ohne richterlichen Beschluß brauchte ich nicht Folge zu leisten, und freiwillig ging ich nicht zur Polizei.

Bei der zweiten Vorladung des 14. Kommissariats hatte man mir sogar angedroht, mich bei Nichterscheinen mit Zwangsgeld oder Zwangshaft zu belegen. Das war ganz eindeutig eine Überschreitung der Befugnisse, was in einem anderen Fall durch das Bundesverwaltungsgericht in einem grundsätzlichen Urteil bestätigt wurde, wie aus dem nachfolgenden Zeitungsartikel des »Solinger Tageblatts« vom 7. Dezember 1956 hervorgeht.

***»Die Polizei darf keine Haftstrafen androhen***
*Nur der Richter hat die Vollmacht —*
*Grundsatzentscheidung in Berlin*

*Die Polizei ist nicht befugt, selbständig Haftstrafen zu verhängen, erklärte am Donnerstag der Erste Senat des Bundesverwaltungsgerichts in einem grundsätzlichen Urteil. Das Gericht hob eine Verfügung des Polizeipräsidenten von Berlin auf, der einer Berliner Hauswirtin wegen versäumter Schneebeseitigung vor ihrem Hause ein Zwangsgeld von 12 DM auferlegt und ihr im Falle der Nichtzahlung einen Tag Haft angedroht hatte. Die Berechtigung zu der Zwangsgeldauflage erkannte das Gericht an. Die Haftandrohung hob es dagegen als verfassungswidrig auf.*

*Das Gericht stellte fest, daß eine Haft zur Erhaltung der öffentlichen Ordnung nur dann verhängt werden könne, wenn zuvor alle anderen Möglichkeiten erschöpft worden seien und sich als unzureichend erwiesen hätten . . . Das Recht, gegen einen Bürger den Freiheitsentzug zu verhängen, habe nur der Richter. (Aktenzeichen Bundesverwaltungsgericht I c10/56)«*

Knapp eine Woche nach unserem Treffen im Lokal »Schorn« erschienen die Kriminalsekretäre Haak und Helm in unserer Wohnung, um mich abzuholen, gemäß Paragraph 17 der Polizeiverordnung. »Das können Sie nur dann, wenn der Verdacht einer strafbaren Handlung vorliegt. Was haben Sie, das Ihren Schritt rechtfertigt?« Sichtlich verlegen erklärte Haak: »Ganz egal, wir nehmen Sie mit.« Sie brachten mich zur Kripo, die die Einrichtung für die Durchführung des polizeilichen Erkennungsdienstes besaß. Der Beamte, der die Fingerabdrücke machen sollte, redete auf mich ein, ihm doch keine Schwierigkeiten zu machen. Doch jeder Versuch zur Abnahme der Fingerabdrücke scheiterte. Ärgerlich drohte er: »Dann müssen wir Gewalt anwenden!« »Dann wenden Sie Gewalt an.« »Wir müssen dann noch zwei uniformierte Polizeibeamten holen, und das erregt Aufsehen.« »Das ist mir doch egal.« Es kamen jetzt auch noch Beamte aus dem Nebenzimmer hinzu, die sich für das Theater interessierten. Und nun folgte der letzte Akt: Der Kripobeamte versuchte es noch einmal, diesmal mit Gewalt, bis Blut unter dem Nagel des Zeigefingers hervorspritzte. Ärgerlich erklärte er: »Schluß jetzt, mir ist alles egal.« Daraufhin ich zu ihm: »So, und nun werde ich mich beschweren!«

Ich legte gegen diese polizeiliche Zwangsmaßnahme Beschwerde beim Landesinnenminister ein, der diese an den Regierungspräsidenten weiterleitete. Die Antwort des Regierungspräsidenten spricht für sich. Mir war sehr wohl klar, daß die Beschwerde wie das Hornberger Schießen auslaufen würde, aber es ging mir darum, meinen Protest zum Ausdruck zu bringen.

*31. Oktober 1956*

*»An den*
*Herrn Innenminister*
*des Landes NRW*
*Düsseldorf*

*Betr.: Beschwerde gegen die zwangsweise Vorführung und gewaltsame Durchführung des polizeilichen Erkennungsdienstes*

*Bis zum Verbot der KPD war ich hauptamtlich als Kreissekretär tätig. Mit Datum vom 31. August 1956 erhielt ich eine polizeiliche Vorladung, der ich nicht Folge leistete. In einer zweiten Vorladung vom 7. September 1956 wurde ich darauf aufmerksam gemacht, daß ich bei Nichterscheinen gemäß § 17 des PVG im Zwangswege vorgeführt werden könnte. Die zwangsweise Vorführung laut § 17 des PVG ist aber nur dann zulässig, wenn diese Maßnahme zur Ermittlung oder Aufklärung einer Handlung oder Unterlassung erforderlich ist, die den Verdacht eines Verbrechens oder Vergehens rechtfertigt. Da ich mir bewußt war, weder ein Verbrechen oder Vergehen begangen zu haben, leistete ich auch dieser Vorladung keine Folge.*

*Am 27. Oktober 1956 wurde ich durch die Krim.-Sekr. Haag und Helm vom 14. Kommissariat in meiner Wohnung festgenommen und zwangsweise vorgeführt. Es wurde mir eröffnet, daß durch das Verbot der KPD die Möglichkeit gegeben sei, gegen hauptamtliche Funktionäre ein Verfahren wegen Rädelsführerschaft für die Tätigkeit bis zum Verbot der Partei einzuleiten. Auf die Frage, ob sie mir eine strafbare Handlung nachweisen könnten, wurde das verneint, sogar noch ausdrücklich von Krim.-Sekr. Haag darauf hingewiesen, daß sowohl der objektive wie auch subjektive Tatbestand erfüllt sein müßte. Daraus ging hervor, daß nicht einmal der Verdacht eines Verbrechens oder Vergehens vorhanden war. Damit entfällt aber auch die Berufung auf den § 17 des PVG, der eine zwangsweise Vorführung rechtfertigt.*

*Außerdem wurde mir mitgeteilt, daß für den polizeilichen Erkennungsdienst Foto und Fingerabdrücke vorgenommen werden müßten. Trotz meines entschiedenen Protestes, mich durch diese Maßnahme mit einem kriminellen Verbrecher gleichzusetzen, und trotz meiner kategorischen Weigerung wurde die Maßnahme gewaltsam durchgeführt. Gegen diese einen Menschen herabsetzende und beleidigende polizeiliche Maßnahme sowie gegen die ungerechtfertigte Zwangsvorführung lege ich hiermit Beschwerde ein.«*

Um diesen Protest, der ja vor allem ein Protest gegen das Parteiverbot war, auch der Öffentlichkeit zugänglich zu machen, schrieb ich einen Artikel an »Die Tat«, die Zeitung der Verfolgten des Naziregimes. Die Redaktion hatte Bedenken und wollte den Artikel zunächst nicht bringen. Ich bestand jedoch auf der Veröffentlichung, die ich mit meinem Namen zeichnete. Es zeugt von der opportunistischen Einstellung der damaligen Redaktion, daß sie sich in einem gewundenen

**Der Innenminister**
des Landes Nordrhein-Westfalen

IV A 3 - 11.00 - 207/56

(22a) **Düsseldorf,** den 15. Nov. 1956
Elisabethstraße 6-11
Tel. 2022 Hausanschluß 451

Herrn
Willi Dickhut

Solingen-Ohligs

Ulmenstraße 10

Betr.: Beschwerde gegen die Maßnahmen der Polizei.
Bezug: Ihr Schreiben vom 31.10.1956.

Sehr geehrter Herr Dickhut!

Ich habe Ihr Bezugschreiben dem Herrn Regierungspräsidenten in Düsseldorf zuständigkeitshalber übersandt und Weisung erteilt, den von Ihnen geschilderten Sachverhalt zu überprüfen. Erst nach Überprüfung wird über die Rechtmäßigkeit des polizeilichen Vorgehens entschieden werden können.
Sie werden vom Herrn Regierungspräsidenten weitere Nachricht erhalten.

Mit vorzüglicher Hochachtung!
Im Auftrage:
Vollmer
(Vollmer)

**Der Regierungspräsident**

Aktenzeichen: 25. I P 2o.48
Bei der Antwort wird Angabe des obigen Aktenzeichens erbeten.

Regierungshauptkasse: Landeszentralbank-Girokonto 36/163
Postscheck-Konto Essen 147
Rhein. Girozentrale Düsseldorf, Konto 41 000

(22a) Düsseldorf, den 27. Dezember 1956
Cecilienallee 2
Fernruf 2024; Nebenstelle:

Pe.

Herrn
Willi Dickhut

Solingen-Ohligs
Ulmenstr. 1o

Sehr geehrter Herr Dickhut!

Ihre Beschwerde vom 31.1o.1956 gegen die zwangsweise Vorführung und gewaltsame Durchführung des polizeilichen Erkennungsdienstes weise ich als unbegründet zurück.

Sie wurden, nachdem Sie mehrmaliger Vorladung zur Vernehmung nicht Folge leisteten, gemäß § 17 PVG zwangsweise vorgeführt. Es wurden dann wegen dringenden Tatverdachts gegen Sie nach § 90 a StGB die nach § 81b StPO vorgesehenen erkennungsdienstlichen Maßnahmen durchgeführt. Dabei wurde, als Sie beim Nehmen der Fingerabdrücke passiven Widerstand leisteten, einfache körperliche Gewalt gegen Sie angewandt.

Nach meinen Feststellungen haben sich die Beamten im Rahmen der gesetzlichen Vorschriften gehalten und sich bei der Durchführung der Maßnahmen gegen Sie nichts zuschulden kommen lassen. Sie sind nach den gesetzlichen Vorschriften und von den Beamten korrekt behandelt worden. Die Vorführung gemäß § 17 PVG war wegen dringenden Tatverdachts gerechtfertigt.

In Ihrer Beschwerde haben Sie auch sonst nichts über eine unsachgemäße Behandlung durch die Polizeibeamten vorgebracht; sie war daher zurückzuweisen.

Soweit Sie sich gegen die Maßnahmen als solche wenden wollen, müssen Sie Ihre Beschwerde bei der zuständigen Staatsanwaltschaft anbringen, da die Maßnahmen von den Polizeibeamten als Hilfsbeamte der Staatsanwaltschaft durchgeführt wurden und für Beschwerden gegen solche Maßnahmen die Staatsanwaltschaft zuständig ist.

Hochachtungsvoll

Im Auftrage:

Vorspann ausdrücklich davon distanzierte, aus Angst, mit dem Parteiverbot in Verbindung gebracht zu werden. Außerdem entfernte sie in der Überschrift das Fragezeichen und entstellte dadurch den Sinn.

*»Keine Hexenjagd*

*Nachstehend veröffentlichen wir die Zuschrift eines politisch Verfolgten, der bis zum Verbot Mitglied der KPD und hauptamtlich für seine Partei tätig war. Die Zuschrift behandelt eine grundsätzliche Rechtsfrage, die für jeden Bürger, ganz gleich, welche politische Anschauung er hat, von großer Bedeutung ist. Aus diesem Grunde geben wir den Leserbrief, der keine Parteinahme für oder wider das Verbot der KPD darstellen soll, wieder:*

*›In der Erklärung des Bundesinnenministers Dr. Schröder am Tage des Verbotes der KPD wurde besonders betont, daß keine ,Hexenjagd' gegen kommunistische Funktionäre und Mitglieder veranstaltet würde. Demgegenüber beweisen bestimmte polizeiliche Maßnahmen das Gegenteil. Ich war bis zum Verbot der KPD als Kreissekretär tätig. Nach dem Verbot, am 31. August 1956, erhielt ich eine polizeiliche Vorladung, der ich aber entsprechend der Rechte jeden Bürgers nicht Folge leistete. Daraufhin erhielt ich eine zweite Vorladung vom 7. September 1956 mit folgender massiver Drohung: ,Sie werden darauf aufmerksam gemacht, daß Sie bei Nichterscheinen gemäß Paragraph 17 PVG (Polizei-Verwaltungs-Gesetz) im Zwangswege vorgeführt werden können. Außerdem können Sie durch die Polizeibehörde gemäß §§ 55 und 56 PVG mit einem Zwangsgeld bzw. Zwangshaft belegt werden.'*

*Die zwangsweise Vorführung laut § 17 des PVG ist ausnahmsweise und nur dann zulässig, wenn diese Maßnahme zur Ermittlung oder Aufklärung einer Handlung oder Unterlassung erforderlich ist, die den Verdacht eines Verbrechens oder Vergehens rechtfertigt. Da ich mir weder eines Verbrechens noch Vergehens bewußt war, leistete ich trotz der Drohung auch dieser zweiten Vorladung keine Folge.*

*Am 27. Oktober 1956 wurde ich durch die Kriminalsekretäre Haak und Helm vom 14. Kommissariat ohne Haftbefehl in meiner Wohnung festgenommen und zwangsweise vorgeführt. Es wurde mir*

*eröffnet, daß durch das Verbot der KPD die Möglichkeit gegeben sei, gegen hauptamtliche Funktionäre ein Verfahren wegen Rädelsführerschaft einzuleiten, und zwar für die Tätigkeit bis zum Verbot der Partei. Auf meine Frage, ob mir eine strafbare Handlung nachgewiesen werden könnte, wurde das verneint, es sei eine allgemeine Maßnahme, und es müsse ja neben dem objektiven auch der subjektive Tatbestand erfüllt sein. Neben der Einleitung dieses Verfahrens sei es ihre Aufgabe, für den polizeilichen Erkennungsdienst Foto und Fingerabdrücke von mir vorzunehmen. Ich habe mich daraufhin mit aller Entschiedenheit dagegen verwahrt, durch eine solche Maßnahme auf eine Stufe mit einem kriminellen Verbrecher gestellt zu werden. Eine solche Maßnahme sei durch keinerlei Verdachtsgründe gerechtfertigt, und ich äußerte den Verdacht, daß die Einleitung eines Verfahrens dem Zwecke diene, eine rechtlich nicht begründete Maßnahme juristisch zu decken. Ich weigerte mich, freiwillig eine solche Maßnahme, die jeden aufrechten Menschen beleidigt, über mich ergehen zu lassen. Man drohte mir, in diesem Fall Gewalt anzuwenden, sie hätten als Kriminalbeamte den Auftrag und müßten die Maßnahme durchführen. Ich erklärte, daß meine Weigerung meinen Protest gegen diese unerhörte Maßnahme zum Ausdruck bringen soll. Trotzdem wurden die Fingerabdrücke mit Gewalt durchgeführt, bis das Blut unter dem Fingernagel hervordrang. Gegen die zwangsweise Vorführung und die gewaltsame Durchführung des polizeilichen Erkennungsdienstes habe ich beim Landesinnenminister Beschwerde erhoben. Die oben geschilderten Maßnahmen wurden gegen alle hauptamtlich tätig gewesenen Sekretäre durchgeführt. Ist das keine Hexenjagd . . .?*
*Willi Dickhut, Solingen-Ohligs‹* « (»Die Tat«, Nr. 48, 8. 12. 1956)

Kurz darauf bekam ich auch eine Vorladung vom Amtsgericht Solingen. Na, dachte ich, jetzt langt es aber bald. Und was lag diesmal vor? Ich sollte beim Landesgericht in Dortmund als Zeuge wegen irgendeiner Sache der illegalen Jugend in Hagen aussagen. Als ich den Verhandlungsraum betrat, saß auf der Anklagebank ein Genosse, der eine Zeitlang in Hagen tätig gewesen und mit »Hans« angesprochen worden war. Er hatte als Instrukteur die verbotene FDJ zu betreuen. Er sah verdutzt zu mir herüber. Offenbar hatte er mich nicht erwartet.

**Die Geschäftsstelle des Amtsgerichts** Solingen, den 8.12. 1956

Fernsprecher: 24518

**Es wird gebeten, bei allen Eingaben die nachstehende Geschäftsnummer anzugeben.**

Geschäftsnummer:

1 Gs 903/56

**Es wird gebeten, diese Ladung zum Termin mitzubringen.**

Herrn Willi Dickhut

in Solingen

Gegen Sie ist ~~die~~ – eine – Beschuldigung erhoben worden

Hierüber sollen Sie vernommen werden.

Sie werden daher auf

**den** 27. Dezember **195**6, 11.00 **Uhr**

vor das Amtsgericht in Solingen, Wupper- Straße/~~Platz~~

2. Stockwerk – ~~Erdgeschoß~~ – Zimmer Nr. 42 geladen.

Beschuldigten können auf Antrag die notwendigen Reisekosten aus der Landeskasse bewilligt werden, soweit sie wegen Mittellosigkeit nicht in der Lage sind, die Kosten für die Reise zum Terminsort und für die Rückreise zu bestreiten. Die Mittellosigkeit ist durch eine Bescheinigung der für die Erteilung des Armutszeugnisses im Armenrechtsverfahren zuständigen Behörde des Wohn- oder Aufenthaltsortes des Antragstellers nachzuweisen.

Winkler

Justizangestellter

**StP. Nr. 1.**
Ladung zur verantwortlichen Vernehmung im vorbereitenden Verfahren (§ 133 StPO.) – Amtsgericht.

Strafanstalt Anrath

Ob er fürchtete, ich könnte ihn belasten? Es war ihm ja klar, daß ich als Kreissekretär wußte, was mit der verbotenen Jugend in Hagen los war. Aber er hatte von mir nichts zu befürchten. Ich gab vor Gericht eine Erklärung ab, daß ich die Zeugenaussage verweigere, da ich nicht übersehen könne, ob ich mich nicht irgendwie selbst belasten würde. Daraufhin konnte ich gehen. Etwa eineinhalb Jahre später erhielt ich dann von der Staatsanwaltschaft Düsseldorf Bescheid, daß das Ermittlungsverfahren wegen Staatsgefährdung, in dem ich richterlich vernommen wurde, eingestellt worden sei.

Staatsanwaltschaft
bei dem Landgericht
Gesch.Nr. 8 Js 71/58

Düsseldorf,den 12.3. 1958
Mühlenstr. 34
Fernruf:8961

Herrn

Willi D i c k h u t

in S o l i n g e n - Ohligs

Ulmenstrasse 10

Betr.: Ermittlungsverfahren wegen Staatsgefährdung.

Das Verfahren, in dem Sie am 17.12.1956 richterlich ~~polizeilich~~ vernommen worden sind, ist eingestellt worden.

Auf Anordnung

( Witt )
Justizsekretär

Wie vereinbart, traf ich acht Tage nach der Wahl meinen Vormann Ernst H. wieder. Ohne über die Lage zu diskutieren und eine Analyse der Wahlergebnisse der Kommunalwahl zu erstellen, sagte er ohne weitere Begründung: »Du sollst in deinen Stadtteil gehen, in einem Betrieb arbeiten und Betriebs- und Gewerkschaftsarbeit machen.«

Das war genau das, was ich vorgeschlagen hatte, jedoch für alle hauptamtlichen Kreissekretäre. Nun schickten sie nur mich nach Hause, und ohne die geringste Diskussion wurde ich meiner Funktion von einer Minute zur anderen enthoben. Ich mußte plötzlich an die

Bemerkung von Hans Jennes: »Glaubst du, ich ließe mich im Betrieb kaputtmachen?« denken. Aber ich ahnte damals noch nicht, daß die Verbürokratisierung der hauptamtlichen Funktionäre bereits soweit fortgeschritten war, daß sie nichts mehr scheuten, als wieder in einem Betrieb arbeiten zu müssen. Eine solche Erfahrung hatte die Arbeiterklasse bisher nur mit verbonzten Gewerkschaftsführern gemacht. Mein Vorschlag hatte der Parteileitung ganz und gar nicht gepaßt, da schoben sie mich ab, um weiteres Aufsehen zu vermeiden. Die Erkenntnis über die erschreckende Tragweite einer solchen Entwicklung von Parteifunktionären kam mir erst später, als ich die Analyse der Restauration des Kapitalismus in der Sowjetunion erarbeitete. Diese Entwicklung in der Sowjetunion war nur durch die bürgerliche Entartung der Partei-, Staats- und Wirtschaftsfunktionäre zu einer Bourgeoisie neuen Typs möglich.

Auf jeden Fall mußte ich ein Beispiel geben für eine vorbildliche kommunistische Betriebs- und Gewerkschaftsarbeit unter den Bedingungen des Parteiverbots. Auf diese Aufgabe konzentrierte ich mich in den folgenden Jahren.

# VII

## Die Landtagswahl in Nordrhein-Westfalen 1958 und die Folgen

# 41 Kommunisten kandidieren als »Unabhängige«

Bereits 1957 wurde ich wieder, als wäre nichts gewesen und ohne Diskussion über die Vorfälle nach dem Parteiverbot, als Politischer Leiter der Kreisleitung der KPD in Solingen eingesetzt. Offensichtlich konnte die Partei auf meine Erfahrungen und Aktivität doch nicht verzichten.

Der illegale Parteivorstand (oder war es das Sekretariat der SED?) hatte beschlossen, daß die verbotene KPD die Landtagswahlen in Nordrhein-Westfalen 1958 ausnutzen sollte. Es sollten »Unabhängige« als Kandidaten aufgestellt werden. Soweit gut und schön. Doch wer würde kandidieren? Da kam die Anweisung von oben, daß nur in der Öffentlichkeit bekannte Kommunisten dafür in Frage kämen. Das kritisierte ich gleich. Denn es war doch purer Unsinn, daß nun in 41 Wahlkreisen bekannte Kommunisten als »Unabhängige« kandidieren sollten. Das würde ganz sicher als »Nachfolgeorganisation der KPD« interpretiert werden und entsprechende strafrechtliche Folgen haben. Ich hatte in den letzten Jahren zahlreiche Erfahrungen mit den Behörden und Gerichten sammeln können, nicht zuletzt als Verantwortlicher für das Pressefest 1954 in Solingen. Zwei Jahre nach dem Parteiverbot würden sie diese offene Wahltaktik der KPD nicht einfach hinnehmen.

Für die beiden Wahlkreise in Solingen waren Willi Lohbach und Willi Engels als »Unabhängige Kandidaten« vorgesehen. Ich selbst sollte weiter die Aufgabe des Politischen Leiters des Kreises Solingen ausüben.

Doch plötzlich kam es anders. Willi Lohbach trat von der vorgesehenen Kandidatur zurück. Mir wurde mitgeteilt, er habe eine besondere Aufgabe und könne deshalb nicht kandidieren. Willi selbst sprach mit mir kein Wort darüber, und das, obwohl wir eng zusammenarbeiteten, auch in der Gewerkschaftsarbeit, und uns persönlich gut kannten. Ich bekam ein merkwürdiges Gefühl, daß hier etwas nicht stimmte. Das wurde noch verstärkt, als dann als nächstes die Anweisung kam, ich solle an der Stelle von Willi Lohbach kandidieren. Erneut brachte ich meine Kritik an der Auswahl der »Unabhängigen« vor.

Meine Erfahrung sagte mir, daß die Kandidatur dieser »Unabhängigen« verboten werden würde. Doch dieser Hinweis interessierte nicht, es wurde entschieden: »Du sollst kandidieren.« Das tat ich, jedoch nur unter folgender Bedingung: Bei einer Kandidatur zur Landtagswahl mußte ich meine Aufgabe als Politischer Leiter des Kreises Solingen aufgeben, um die illegale Organisation nicht zu gefährden. Manch einer wird fragen: »Warum hast du denn kandidiert, obwohl du mit einem Verbot gerechnet hast und den Beschluß der Partei falsch fandest?« Nun, erstens aus Parteidisziplin, zum zweiten, weil die Wahl für eine wirkungsvolle Agitation ausgenutzt werden konnte und drittens, weil mir niemand Feigheit vorwerfen sollte.

Der SPD war es gar nicht recht, daß wir »Unabhängige Kandidaten« aufstellten. Das »Solinger Tageblatt« vom 19. Juni 1958 brachte die Befürchtung des SPD-Kandidaten Schröder zum Ausdruck:

*»In der Versammlung stellten sich auch die beiden Kandidaten der SPD für die Landtagswahl, Mallmann und Schröder, vor. Schröder warnte davor, dem sogenannten unabhängigen Kandidaten Dickhut, einem Kommunisten, eine Stimme zu geben. ›Die Stimmen, die der Kommunist Dickhut bekommt, können unter Umständen dem CDU-Kandidaten in den Sattel verhelfen.‹«*

Es blieb wenig Zeit bis zum Wahltag, gerade etwa fünf Wochen. Zuerst mußten 100 Unterschriften zur Unterstützung des Wahlvorschlages gesammelt werden. Diese Unterschriften mußten dann vom Wahlamt überprüft werden, was seine Zeit brauchte. Neben der Erledigung der amtlichen Formalitäten konzentrierte ich mich auf die Herausgabe einer Wahlzeitung »Unabhängig« und eines Plakates »Kampf dem Atomtod«. Das Plakat hatte ich selbst entworfen und durch Siebdruckverfahren auf schwarzes Papier aufdrucken lassen. Es sollte durch seine Außergewöhnlichkeit auffallen. Die Artikel für die Wahlzeitung waren alle so geschrieben, daß sie durch legales Material (Zeitungsausschnitte und ähnliches) gedeckt waren. Diese Materialien, einschließlich eines Buches über den Atomkrieg und seine Folgen, bewahrte ich in einem Schnellhefter für die Gerichtsverhandlung, von der ich fest überzeugt war, daß sie kommen würde, auf.

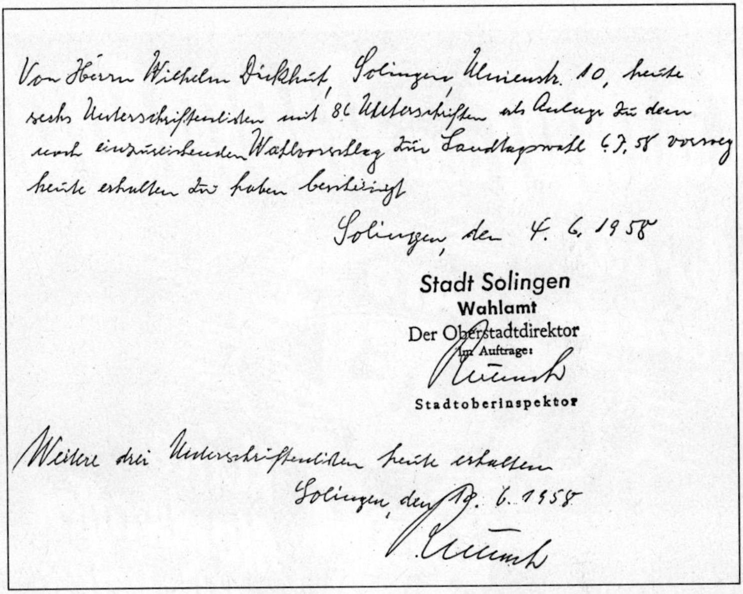

Von Herrn Wilhelm Dickhut, Solingen, Ulmenstr. 10, heute sechs Unterschriftenlisten mit 86 Unterschriften als Anlage zu dem noch einzureichenden Wahlvorschlag zur Landtagswahl 6.7.58 vorweg heute erhalten zu haben bestätigt

Solingen, den 4. 6. 1958

Stadt Solingen
Wahlamt
Der Oberstadtdirektor
Im Auftrage:

Stadtoberinspektor

Weitere drei Unterschriftenlisten heute erhalten
Solingen, den 19. 6. 1958

Um die legalen Möglichkeiten durch die Beteiligung an der Wahl optimal auszunutzen, mußte das Agitationsmaterial möglichst wirkungsvoll sein. Diese Überlegungen blieben auch dem Gegner nicht verborgen. In der später vom Staatsanwalt verfaßten Anklageschrift wurde auf Seite 34 darauf verwiesen:

*»Es kam der KPD mithin weniger darauf an, einem bestimmten Kandidaten zu einem Wahlerfolg zu verhelfen — diese Möglichkeit erschien von vornherein gering —, als ihre politischen Auffassungen trotz des Verbotes der Partei durch sogenannte ›unabhängige Kandidaten‹ unter dem Deckmantel scheinbarer Legalität zu verbreiten und damit die Bestrebungen der KPD fortzusetzen.«*

Die Erstellung der dritten Wahlzeitung war inhaltlich gerade in Vorbereitung, da wurde eine Woche vor der Wahl das von mir prophezeite Verbot der Kandidatur der »Unabhängigen« ausgesprochen. Natürlich konnte mich das Verbot nicht davon abhalten, die geplante dritte Wahlzeitung doch noch herauszugeben, wenn auch nicht als

Kampf dem Atomtod
Heraus aus der NATO
NATO
Keine Atomwaffen und Raketen
Für Frieden u. Sozialismus!
Wählt
WILHELM DICKHUT
UNABHÄNGIG

Nummer 1

# UNABHÄNGIG

Wahlzeitung des unabhängigen Kandidaten WILHELM DICKHUT, Solingen

## Warum unabhängig?

Am 6. Juli sind die Landtagswahlen von Nordrhein-Westfalen. Viele Solinger Wähler sind mit der Politik der Parlamentsparteien nicht oder nicht mehr einverstanden. **Zahlreiche Wähler treten an mich mit dem Wunsch heran, ich solle als Unabhängiger kandidieren.** Nach gründlicher Überlegung habe ich mich dazu entschlossen. Hier sind die Gründe:

Die große Bundestagsdebatte über die atomare Aufrüstung der Bundeswehr zeigte mit aller Deutlichkeit, daß die Regierungsparteien (CDU/CSU/DP) die atomare Bewaffnung der Bundeswehr und die Errichtung von Raketenbasen, koste es was es wolle, durchsetzen wollen. Durchsetzen - gegen den Willen der übergroßen Mehrheit der Bevölkerung. Die Bevölkerung erkennt jetzt mit Entsetzen die Gefahr eines alles vernichtenden Atomkrieges. **Atom- und Raketenwaffen auf westdeutschem Boden werden im Falle eines Krieges mit tödlicher Sicherheit die atomaren Vernichtungsschläge auf uns lenken.** Nicht umsonst haben die Wissenschaftler Alarm geschlagen und die Bevölkerung gewarnt. Die Regierungsparteien setzen sich über alle warnenden Stimmen, über die immer größer werdende Unruhe der Bevölkerung und über die wachsende Protestbewegung hinweg. Das ist eine ernste politische Situation.

Um diese drohende Gefahr abzuwehren, ist es erforderlich, daß ein umfassender konsequenter Kampf gegen die atomare Aufrüstung der Bundeswehr geführt wird. Die Aktion „Kampf gegen den Atomtod" hat sich rasch ausgedehnt. In allen größeren Städten wurden Ausschüsse gebildet. **Der Ruf nach Volksbefragung über die atomare Bewaffnung und nach durchgreifenden Kampfmaßnahmen wird immer lauter.** Die in Hamburg und Hessen eingeleitete Volksbefragung wurde seitens der Adenauer-Regierung mit einer Klage beim Bundesverfassungsgericht beantwortet. Das war eine Herausforderung an die Adresse der SPD. Damit rückt an die SPD die Frage heran:

## Entweder den Kampf aufnehmen oder kapitulieren!

In Nordrhein-Westfalen hat die Regierung Steinhoff begrüßenswerterweise auch einen Aufruf „Kampf dem Atomtod" erlassen, in dem sie verspricht, „alles in ihrer Kraft stehende zu tun", aber sie bleibt auf halbem Wege stehen. **Die Landesregierung hat ausdrücklich die Durchführung einer Volksbefragung gegen die atomare Aufrüstung der Bundeswehr abgelehnt.** Besorgt fragen sich die politisch denkenden Menschen: Soll die Aktion „Kampf dem Atomtod" ebenso versanden wie die vor Jahren eingeleitete „Paulskirchenbewegung" gegen die Aufrüstung und für die friedliche Wiedervereinigung?

Es ist auch nicht vergessen, daß die SPD-Fraktion im Bundestag die Einführung der allgemeinen Wehrpflicht nicht verhindert, sondern ihr durch die Zustimmung zu den Grundgesetzänderungen erst den Weg frei gemacht hat.

Man kann die Bundes-, Landes- und Kommunalpolitik nicht voneinander trennen. Bis 1961 sollen 52 Milliarden DM für die Aufrüstung der Bundesrepublik verwandt werden. Diese riesige Summe kann nur durch erhöhte finanzielle Belastungen der Bevölkerung aufgebracht werden. Durch die rapide Aufrüstung steigen die Preise. Die Preispolitik der Bundesregierung ist zwangsläufig eine Folge der Rüstungspolitik.

Diese Politik erzeugt eine schwierige finanzielle Lage in den Ländern und einen fast unerträglichen Zustand in den Gemeinden. Im Solinger Stadtparlament hat die SPD die Mehrheit. Obwohl die SPD-Fraktion für die finanziellen Schwierigkeiten unserer Stadt nicht verantwortlich ist, glaubt sie sich verantwortlich fühlen zu müssen. Anstatt im Bunde mit den anderen Städten und Gemeinden und dem Landtag um einen höheren Steueranteil auf Kosten des Steueranteiles des Bundes (und damit der Rüstungssummen) zu kämpfen, wälzt sie gemeinsam mit der CDU- und FDP-Fraktion alle neuen finanziellen Lasten auf die Bevölkerung ab, indem die Tarife und Gebühren erhöht werden. **Die SPD-Fraktion unterstützt damit praktisch die Preispolitik der Bundesregierung und ermöglicht ihr die finanzielle Durchführung der Aufrüstung.**

Diese Politik der Halbheiten und Schwankungen beunruhigt viele Wähler und hat mich bewogen, meiner Benennung als Bewerber im Wahlvorschlag für die Landtagswahl zuzustimmen.

Ich kandidiere im Wahlkreis 51 Solingen/Höhscheid.

*Wilhelm Dickhut*

Solingen-Ohligs, Ulmenstraße 10

## Die falsche Politik der Solinger SPD-Fraktion.

Im Schatten der verhängnisvollen Preispolitik der Adenauer-Regierung faßte der Solinger Stadtrat in trauter Gemeinschaft aller drei Parteien Beschlüsse zur Erhöhung der Gebühren und Tarife.

Zuerst wurden die **Fahrpreise** bis zu 68% erhöht. Sie traten am 2. Mai in Kraft.

Die **Krankenhausgebühren** wurden mit voller Wirkung zum 1. Juni erhöht.

Am 29. April wurde die Erhöhung der **Strompreise** beschlossen. Die vom Rheinisch-Westfälischen Elektrizitätswerk vorgenommene Grundpreiserhöhung wurde vom Stadtrat auf die Verbraucher abgewälzt. Die Grundpreiserhöhung beträgt für Haushalte 50 Pfg. bis 1,— DM und für gewerbliche Stromverbraucher bis zu 2,– DM. Es nutzt dem kleinen Verbraucher garnichts den Stromverbrauch einzuschränken, die Erhöhung des Grundpreises hat er in jedem Fall zu zahlen. Jährlich sollen auf diesem Wege 100 000,– DM mehr aus den Taschen der Solinger Bevölkerung gezogen werden.

In derselben Ratssitzung wurden die **Bäderpreise** erhöht. Die jährlichen Mehreinnahmen der Stadt betragen in diesem Falle etwa 90 000,– DM.

Über die Erhöhung der **Gaspreise** waren sich die Fraktionen noch nicht ganz einig — die Entscheidung wurde verschoben.

Die ***CDU-Fraktion*** reibt sich ob dieser Preis-Steigerungsbeschlüsse im Stillen vergnügt die Hände, liegen diese doch ganz im Sinne der Adenauer-Regierung. Diese hat ein Interesse an Preissteigerungen. Je höher die Preise, umso mehr Umsatzsteuer und damit mehr Geld für die Rüstung.

Die ***FDP-Fraktion*** handelt nach bekannten kapitalistischen Geschäftsmethoden alle Lasten auf die Verbraucher abzuwälzen. Ihr gemeinsamer Standpunkt mit der CDU ist darum nicht verwunderlich.

Die ***SPD-Fraktion*** hat durch ihre bedenkenlose Zustimmung zur Erhöhung der Tarife und Gebühren sich in gemeinsame Front mit der Adenauerpartei begeben. Was will sie noch gegen die Preispolitik der ***CDU*** sagen, wenn sie in der Praxis diese Politik mitmacht? Was sollen die Solinger Wähler von einer solchen zwiespältigen Politik halten, wenn im Bundestag die SPD-Fraktion (wo sie in der Minderheit ist) gegen die Preis- und Rüstungspolitik der Regierungsparteien wettert, aber im Stadtparlament (wo sie die Mehrheit hat) diese verhängnisvolle Preispolitik selbst durchführt.

Die Preiserhöhung verstößt gegen die Interessen der Solinger Werktätigen. Durch die gemeinsam gefaßten Beschlüsse hat sich die SPD-Fraktion in das Fahrwasser der CDU-Politik begeben. ***Das ist falsch und verhängnisvoll!***

In den früheren Jahren hat die SPD-Fraktion noch anerkannterweise die Politik der „Sozialtarife" vertreten, das heißt, die Belastung so verteilt, daß die Werktätigen nicht so stark davon betroffen wurden, wie die Begüterten. Diese Politik wurde nunmehr über Bord geworfen. Durch den Verkehrstarif z. B. wurde ein gerader Schnitt gezogen. Die Folge ist eine besonders starke Preiserhöhung der Wochenkarten für Arbeiter und Angestellte. Die neue Belastung wirkt sich hier doppelt aus. ***Darum ist die Verbitterung in der werktätigen Bevölkerung auch so groß.***

Die Erhöhung der Tarife und Gebühren der Stadtwerke hätten vermieden werden können, indem die ***Aufhebung oder zumindest Senkung der hohen Konzessionsabgaben*** an die Stadt beschlossen worden wären. Die Konzessionsabgaben betragen augenblicklich 2,6 Mill. DM, das sind fast 10 Prozent der gesamten Erträge der Abteilung Versorgung. Durch das Zauberspiel des Überwechselns der 2,6 Mill. DM aus einem Stadtsäckel in den anderen, fehlt den Stadtwerken diese Summe. Damit ist die angebliche „Unrentabilität" erwiesen, die durch die Tarif- und Gebührenerhöhung aufgehoben werden soll.

Der Anteil der Gemeinden an dem Steueraufkommen der Finanzämter sank in den vergangenen Jahren von 32 auf 11 Prozent. ***Es gilt darum einen energischen Kampf um höheren Steueranteil für die Gemeinden auf Kosten des Bundes zu führen.***

Es gibt nur eine Alternative: Entweder werden die Steuern für friedliche Zwecke verwandt oder die Rüstung verschlingt die Milliarden und die Aufbauarbeiten werden vernachlässigt. Meine Meinung ist, daß die Rüstungsmilliarden für friedliche Zwecke verwandt werden sollen — für Wohnungen, Schulen, Krankenhäuser, Straßen usw. Was ist Ihre Meinung?

## Eine Schraube ohne Ende

Es war vorauszusehen, daß die Erhöhung der Krankenhausgebühren und Bäderpreise auf die Krankenkasse ihre Auswirkung haben würde. Durch die Grippewelle waren die Krankenkassen sowieso in Schwierigkeiten gekommen. ***Die neue Preiserhöhung, die durch den Stadtrat beschlossen wurde, soll nunmehr auf die Mitglieder der Krankenkassen abgewälzt werden.*** Die Frage ist nur noch, ob auf dem Wege der Leistungssenkung oder der Beitragserhöhung. In beiden Fällen ist der Versicherte der Leidtragende, wobei im Falle der Beitragserhöhung der Unternehmer, bei dem der Versicherte beschäftigt ist, einen Teil der Beitragserhöhung mittragen muß. So ist die Preiserhöhung eine Schraube ohne Ende.

## *Unsere schöne Heimat ist in Gefahr*

Wer von Ohligs einen Spaziergang durch das Lochbachtal unternimmt, gelangt an dem Werksgelände von Bremshey vorbei zum Jaberg. Hier ist der Tummelplatz der Segelflieger. Große und kleine Segelflieger lassen ihre verschiedenartigsten Modelle steigen.

Am Jaberg beginnt die Hildener Heide. Hügelaufwärts gelangt der Wanderer zum Aussichtsturm. Weit in die Lande schauend, gewahrt er über Hilden hinaus den Rhein. Zwischen Ohligs und Hilden schweift das Auge über die Ohligser Heide bis in die Wupperberge. Wie ist unsere Heimat doch schön!

In Richtung Hilden wechselt das Strauchwerk der Heide in Hochwald über. Mitten im Wald sperrt ein Zaun das weitere Vordringen. Dahinter liegen die Bauten der Hildener Waldkaserne, die seit 1945 von den Engländern belegt wurden, gegenwärtig von der II. britischen Division.

Wie verlautet sollen die britischen Truppen die Kaserne räumen, um Platz für eine amerikanische Raketen-Einheit zu machen. ***Raketenbasen in unserer bergischen Heimat!*** Das diese Raketen gegebenenfalls mit Atom-Sprengköpfen ausgerüstet werden können, kann wohl nicht bezweifelt werden. Für die Bevölkerung des bergischen Landes, für unsere nächste Heimat, entsteht dadurch eine große Gefahr!

***Der Atomtod droht!***

Es gilt darum die Bewegung gegen den Atomtod zu verstärken und die Forderung durchzusetzen:

- ***Keine Lagerung von Atomwaffen und keine Errichtung von Raketen-Abschußbasen in der Bundesrepublik!***
- ***Keine atomare Aufrüstung der Bundeswehr!***
- ***Verhindert den Atomtod!***

## *Fast 1000 DM Steuern pro Kopf*

Die Steuereinnahmen des Bundes und der Länder betrugen im Rechnungsjahr 1957 rund 41 Milliarden DM. Das sind 1,6 Milliarden DM mehr als im Vorjahr. Über 27 Milliarden DM entfiehlen davon auf den Bund. Dazu kommen noch Abgaben für den Lastenausgleich und für die Kohlenabgaben von zusammen 2,35 Milliarden DM. Die gemeindeeigenen Steuern betrugen 6,2 Milliarden DM. ***Die Gesamtsteuerbelastung der Bevölkerung betrug demnach über 49,5 Milliarden DM. Das sind fast 1000 DM pro Kopf der Bevölkerung im Jahre 1957.***

Auffallend ist der hohe Anteil der Steuereinnahmen für den Bund. Rund die Hälfte dieser Einnahmen wird für die Rüstung ausgegeben. Bei einem 11 prozentigen Anteil der Städte und Gemeinden am Steueraufkommen des Bundes und der Länder macht das 4,5 Milliarden DM aus. Dazu die 6,2 Milliarden gemeindeeigenen Steuern. Die Einnahmen der Städte und Gemeinden betragen demnach 10,7 Milliarden DM. Sie brauchen aber nach Berechnungen ihrer Finanzexperten 30 Milliarden DM, und zwar für

| | |
|---|---|
| Schulbau . . . . . . . | 4 Milliarden DM, |
| Straßenbau . . . . . . | 14 Milliarden DM, |
| Trink- und Industriewasser . . | 7 Milliarden DM, |
| Öffentliche Nahverkehrsbetriebe | 5 Milliarden DM. |

Die Kommunen verlangen vor allem eine maßgebliche Beteiligung an der Umsatzsteuer. Das durchzusetzen muß Aufgabe der Gemeinden und der Länder sein.

Der Rüstungsmoloch verschlingt aber immer größere Summen. Nach Informationen des „Bundes der Steuerzahler" soll durch eine sogenannte Bundesergänzungsabgabe ein zehnprozentiger Zuschlag zur Lohnsteuer, sowie zur Einkommen- und Körperschaftssteuer die erhöhten Rüstungsaufgaben gedeckt werden.

## *Hohe Pensionen für Nazibeamte*

Mehr als DM 1,1 Milliarden werden im neuen Bundeshaushalt für die 131 er verlangt. Mit dieser geläufig gewordenen Bezeichnung, die sich auf die Ausführung des Artikels 131 des Grundgesetzes stützt, kann der Durchschnittsleser meist nichts anfangen. Um was es sich dabei handelt, wird ihm aber klarer, wenn er erfährt, daß aus diesem Betrag in der Hauptsache die Pensionen und Wartegelder der beamteten Helfer Hitlers bezahlt werden. Pensionen erhalten aus diesem Titel u. a. 15 NS-Staatssekretäre, 7 NS-Oberpräsidenten, 67 NS-Ministerialdirektoren, 245 NS-Ministerialdirigenten und 777 NS-Ministerialräte. Ein Staatssekretär Hitlers erhält nach dem Ausführungsgesetz zu Artikel 131 eine Pension von DM 2.700 – monatlich. Genau soviel erhält ein ehemaliger Generalfeldmarschall Hitlers. Pensionen erhalten aus der Hitler-Wehrmacht 959 Generäle und 1700 Oberste. Entsprechend hoch ist die Zahl der übrigen Stabsoffiziere und die der Beamten niedrigen Dienstgrades.

## Die Dividenden steigen

Ende April 1958 erreichte der Durchschnittsdividendensatz der an den Börsen gehandelten Aktien von Unternehmen in der Bundesrepublik einen Stand vom 9,11 v. H. Ende April des Vorjahres war der Durchschnittssatz 8,02 v. H. Das Statistische Bundesamt hat seiner Berechnung im April 668 Gesellschaften mit einem Kapital von DM 13.863 Mill. zugrunde gelegt. Bei den 577 Dividenden zahlenden Aktiengesellschaften betrug die Durchschnittsdividende sogar 9,4 v. H.

## Wie wär's wohl . . .?

Wie viele Menschen leben gedankenlos in den Tag hinein, ohne sich der großen Gefahr eines Atom-Krieges bewußt zu sein. Noch viel weniger können sich eine Vorstellung über die grauenvollen Folgen eines solchen Krieges machen. In diesen Tagen fiel mir ein Gedicht in die Hände, das zum Nachdenken zwingt. Es lautet:

*Wie wär's wohl,*
*wenn die Bäume nicht mehr blühten,*
*wenn grüne Gräser schwarz sich färbten,*
*fruchtschwere Felder sich enterbten*
*und rote Rosen nicht mehr glühten?*

*Wie wär's wohl,*
*wenn das Sonnenlicht versiegte,*
*ins Meer die gelben Sterne flögen;*
*wenn Wetterwolken nicht mehr zögen*
*und wenn der Wind sich selbst bekriegte!*

*Wie wär's wohl,*
*wenn die alte Erdenmutter*
*ihr Achsengleichgewicht verlöre,*
*der Tod die Menschen dann beschwöre*
*für tausend Kilo Friedhofsfutter?*

*Wie wär's wohl,*
*wenn in pestverseuchten Betten*
*die Frauen Krüppel kreißen würden,*
*die gleich nach der Geburt schon stürben?*
*Weil sie statt Köpfe Beutel hätten?*

*Wie wär's wohl,*
*frage ich – denn das geschieht,*
*wenn die Atomkraft fluchvoll wütet,*
*wie es in Kriegerhirnen brütet;*
*und wenn der Kluge die Gefahr nicht sieht.*

Das ist eine Mahnung an alle, vor allem aber auch eine Anklage gegen die CDU-Abgeordneten, die im Bundestag die atomare Bewaffnung der Bundeswehr beschlossen haben. Atomwaffen in der Bundesrepublik erhöhen die Gefahr eines Atomkrieges mit allen entsetzlichen Folgen.

Durch die anglo-amerikanischen Luftangriffe im II. Weltkrieg wurden in Nordrhein-Westfalen 88 000 Menschen getötet. Die kleinste Atombombe, auf Solingen abgeworfen, würde etwa die gleiche Anzahl Tote erzielen. Eine Wasserstoffbombe würde alle Lebewesen im Umkreis von 50 km Radius vernichten und bis 200 km noch tödliche radioaktive Auswirkung haben.

Atomaufrüstung in der Bundesrepublik wird uns mit Sicherheit bei kriegerischen Auseinandersetzungen der Großmächte in einen Atomkrieg hineinziehen.

**Die CDU will die Atomaufrüstung und damit den Atomkrieg!**

**Gebt dieser Atombombenpartei am 6. Juli keine Stimme!**

# Wählt Unabhängig!

# Wählt Wilhelm Dickhut!

Herausgegeben und verantwortlich für den Inhalt: Wilhelm Dickhut, Solingen-Ohligs · Druck: Deller-Druck

Wahlzeitung deklariert. Ich änderte den Kopf um in »Unabhängige Meinung« und nahm die unmittelbare Wahlagitation heraus. So umgestaltet, wobei der Inhalt nahezu gleich dem bereits geplanten Inhalt für die dritte Wahlzeitung war, gab ich die Zeitung in Druck und verteilte sie. Das war natürlich ein Risiko, denn die KPD war ja illegal.

Warum wurde die Kandidatur der »Unabhängigen« verboten? Die Verbindung mit der illegalen Parteiorganisation war für das Gericht der Aufhänger. Die eigentliche Ursache war der Kampf gegen die Remilitarisierung der Bundesrepublik und die atomare Aufrüstung, was ja auch die wesentliche Ursache des Parteiverbots war.

Gleich danach wurde bei mir eine Hausdurchsuchung durch Beamte des K 14 vorgenommen, die allerdings nicht sehr ergiebig war. Sie fanden nur einzelne Wahlzeitungen. Und zwar genau sieben Exemplare von »Unabhängig« Nr. 1, 5 Exemplare von »Unabhängig« Nr. 2 und

**Beschluß**

In dem Ermittlungsverfahren
gegen
den Schlosser Wilhelm Dickhut, geb. am 28.4.19o5 in Schalksmühle,
wohnhaft in Solingem-Ohligs, [illegible]enstraße lo

würd die Durchsuchung der Wohnung des Beschuldigten angeordnet, da zu vermu/ten ist, daß sie zur Auffindung von Beweismitteln führen wird (§1o2 StPO).

Solingen, den 18. August 1958
Amtsgericht
gez. Willmeroth
(Willmeroth)
Amtsgerichtsrat

Ausgefertigt:
(Donners)
Justizangestellte

# Unabhängige Meinung

Mitteilungen von Wilhelm Dickhut, Solingen

## An die Wählerinnen und Wähler Solingens!

Der Landeswahlausschuß hat am 26. Juni 1958 meine Kandidatur als Unabhängiger zur Landtagswahl abgelehnt. Diese Entscheidung werde ich anfechten.

In der Kreiswahlausschuß-Sitzung am 21. Juni verlas Oberstadtdirektor Berting ein Schreiben des sozialdemokratischen Innenministers von Nordrhein-Westfalen, der die Kandidatur als nicht zu Recht erklärte.

In vielen Städten waren die sozialdemokratischen Wahlausschuß-Mitglieder den Anweisungen ihres Parteigenossen Innenminister Biernat gefolgt und haben die Kandidatur Unabhängiger unter einer fadenscheinigen und nicht zu beweisenden Begründung abgelehnt

**Damit ist die SPD zum Schrittmacher undemokratischer Maßnahmen in Nordrhein-Westfalen geworden.**

Ich bin nicht vorbestraft. Ich habe die bürgerlichen Ehrenrechte. Ich habe das Wahlrecht und auch die Wählbarkeit. Die formellen Bedingungen habe ich erfüllt. Die an den Haaren herbeigezogene „Begründung" eines kommunistischen Tarnvorschlages läßt sich durch nichts beweisen.

**Die Entscheidung des Landeswahl-Ausschusses bedeutet, daß mir die durch das Grundgesetz verbürgte Wählbarkeit geraubt wird!**

Solche undemokratischen Maßnahmen tragen nicht zur Wiedervereinigung bei. Im Gegenteil, sie vertiefen die Spaltung. Die Bevölkerung der Deutschen Demokratischen Republik wird sich für derart „freie Wahlen" bedanken. Was hier vor sich geht, ist alles andere als freie Wahlen.

**Die Wahl in Nordrhein-Westfalen ist eine Terrorwahl!**

Die Entscheidung des Landeswahlausschusses betrachte ich als Rechtsbeugung. Ich werde sie anfechten mit dem Ziel der Anerkennung meiner Wählbarkeit. Es geht nicht um meine Person, sondern um die Wahrung der grundlegenden Rechte des Volkes.

**Für die Erhaltung und Sicherung der demokratischen Rechte des Volkes werde ich mich einsetzen.**

*Wilhelm Dickhut*

## Deutsche Atombomben auf deutsche Städte?

Es gibt noch viele Bürger, die die Gefahr der atomaren Aufrüstung der Bundeswehr unterschätzen. Viele glauben in ihrer Harmlosigkeit, es sei doch nicht schlimm, wenn die Bundeswehr auch Atomwaffen besitze, weil sie sich notfalls gegen andere Armeen richten, mit denen wir in militärische Auseinandersetzungen kommen sollten. Es sei schließlich notwendig, daß wir zu unserer Verteidigung alle Waffen besitzen. Solche Auffassungen beruhen auf einem gefährlichen Irrtum.

Erstens haben die vergangenen zwei Weltkriege bewiesen, daß der deutche Militarismus der aggressivste und brutalste in der Welt ist, zweitens sollen die zukünftigen atomaren Verbände der Bundeswehr offensiven Charakter tragen und drittens sollen sie nicht nur gegen fremde, sondern auch gegen deutsche Städte eingesetzt werden.

Das wird klar und deutlich in dem offiziellen Organ des Deutschen Bundeswehrverbandes „Die Bundeswehr" in der Aprilausgabe zum Ausdruck gebracht.

Es heißt hier wörtlich:

> „Insgesamt wird die Ausrüstung mit Mehrzweckwaffen für die Bundeswehr eine völlige Umstellung mit sich bringen. Die Divisionen des Heeres sind vorerst nur passiv-atomar gegliedert. ***Eine Umgliederung auf aktiv-atomare Verbände, wie sie zur Zeit in der amerikanischen Armee durchgeführt wird, ist daher erforderlich.*** Ähnliche Umstellungen werden sich sicher auch für die Luftwaffe und Marine als notwendig erweisen. Wichtig für diesen Umbau werden die Manövererfahrungen der 7. amerikanischen Armee sein, die gezeigt haben, daß zur Atomkriegführung zumindest ebenso viele Soldaten gebraucht werden wie bisher.
>
> ***Es geht aber nicht allein um materielle Umstellungen, sondern auch um die psychologische Vorbereitung der Truppe auf Waffen von ungeheurer Vernichtungskraft.*** Die Wirkung dieser Kampfmittel, die er im Ernstfall einsetzen muß, belastet den Truppenführer — gleich welchen Dienstgrades — mit einer erhöhten Verantwortung. Mehr als der Bürger in Zivil ***steht der Soldat in einer Konfliktsituation, zumal er in der Verteidigung gezwungen sein könnte, auch deutsche Städte in das Inferno der nuklearen Vernichtung einzubeziehen.*** Jeder Einsatzbefehl wird daher für den, der ihn gibt, und für den, der ihn ausführen soll, zu einer Entscheidung des Gewissens. Das zu verkennen oder zu übersehen wäre leichtfertig."

***Das ist grauenhaft!*** Muß das nicht jeden Leichtgläubigen und Säumigen aufrütteln, seine ganze Kraft einzusetz die atomare Aufrüstung zu verhindern? ***Reichen die parlamentarischen Mitteln aus, um das durchzusetzen? Nein sie reichen nicht aus!*** Im Bundestag hat die CDU/CSU/DP die absolute Mehrheit. Die Opposition kann Redeschlachten schlagen, aber sie wird immer überstimmt. Mit der Mehrheit der Regierungsparteien wurde Ende März die atomare Aufrüstung der Bundeswehr beschlossen. Mit derselben Mehrheit wurde Mitte Juni die Volksbefragung über die atomare Aufrüstung abgelehnt.

## Es geht um Sein oder Nichtsein unseres Volkes!

***In einer solchen entscheidenden Lebensfrage muß das ganze Volk bestimmen! Wenn die Bundesregierung und ihre Parteien das verhindern wollen – und sie wollen es – dann sind außerparlamentarische Aktionen das Gebot der Stunde!*** Der Vorsitzende der IG Metall, Otto Brenner, hat in richtiger Erkenntnis der Lage den Einsatz aller gewerkschaftlichen Kampfmittel, auch das des Massenstreiks gefordert. Die Lage ist alarmierend genug diesen Einsatz zu rechtfertigen.

Wenn die Adenauer-Regierung in die Enge getrieben wird, versteckt sie sich hinter der NATO. So erklärte während der großen Bundestagsdebatte über die atomare Aufrüstung der Bundeswehr der „Verteidigungs"-Minister Strauß:

> *„Wir wollen keine Atomwaffen in deutschen Händen. Wir wollen keine Atomwaffen in deutscher Verfügungsgewalt, wir wollen sie auch nicht für die Bundeswehr, sondern für die der NATO unterstellten Einheiten aller europäischen Bundesgenossen. Das ist ein wesentlicher Unterschied."*

Gibt es denn da einen Unterschied, ob die Atombomb auf Befehl deutscher oder amerikanischer Offiziere auf deutsche Städte (siehe obiges Zitat) geworfen werden. Diese Äußerung von Strauß beweist nur die Gefährlichkeit der Einbeziehung der Bundesrepublik in die NATO. Deshalb ist es zwingend notwendig, im Kampf gegen den Atomtod, gegen die atomare Aufrüstung der Bundeswehr und gegen die Errichtung von Raketenabschußbasen, auch die Forderung einzubeziehen:

## Heraus aus der NATO!

Hier versagt wiederum die offizielle SPD-Politik, die auf den Austritt aus der NATO verzichtet. Selbst wenn es gelingen sollte, die atomare Bewaffnung der Bundswehr durch Massenaktionen zu verhindern, würden deutsche Einheiten im Rahmen der NATO in die atomare Bewaffnung einbezogen. ***Deshalb muß der Kampf gegen den Atomtod verbunden werden mit dem Kampf um den Austritt der Bundesrepublik aus der NATO.***

## Das ist die Konsequenz!

## Ein sonderbarer Widerspruch.

Der Kampf gegen die atomare Aufrüstung der Bundeswehr und die Errichtung von Raketenbasen in Westdeutschland hat sich zu einer großen Volksbewegung entfaltet. Jedesmal wenn eine Massenbewegung sich gegen die Politik der CDU und der Adenauer-Regierung richtet, wird von dieser Seite der Kommunistenschreck ins Feld geführt.

***Die CDU braucht der SPD nur zuzurufen, sie nähere sich den Kommunisten und schon beißt diese den faulen Köder an.*** In dem Bestreben, nur ja weit genug abzurücken, tuten die meisten SPD-Führer (und manchmal auch kleinere Funktionäre) in das Horn der Kummunistenhetze. Es ist ja so billig, so abgedroschen. Viele sehen dann den Zeitpunkt als willkommen an, die anlaufende Bewegung im Sande verlaufen zu lassen.

Als in der letzten Bundestagsdebatte zur Frage der Volksbefragung über die atomare Bewaffnung der Bundeswehr der SPD vom Bundesinnenminister vorgeworfen wurde, sie nähere sich der KPD, da war es geschehen, Das wollten die SPD-Abgeordneten nicht auf sich sitzen lassen, und so wurde gegen die Kommunisten vom Leder gezogen.

Wie die Alten sungen, so zwitschern die Jungen. Also ließ es sich der SPD-Kandidat Schröder in einer Wahlversammlung nicht nehmen, die Anwesenden zu warnen, dem Kommunisten Dickhut ihre Stimme zu geben, denn Pankow wolle auf diese Weise Adenauer unterstützen. Es geht dem Kandidaten Schröder doch um die Stimmen der ehemaligen KPD-Wähler. Merkt er denn den sonderbaren Widerspruch nicht, daß er gerade diejenigen vor den Kopf stößt, die er andererseits für sich gewinnen möchte. Auf meine sachliche Kritik an der Politik der SPD hat er nichts zu erwiedern. Es blieb sonst nichts als persönlich zu werden. Nun gut, niemand gibt mehr als er hat.

## Spieg'lein, Spieg'lein, an der Wand Wo sind die meisten Militaristen im Land . . .?

Wer da glaubt, daß zwei verlorene Weltkriege genügen würden, um die deutschen Militaristen zur Einricht ihres gefährlichen Tuns zu bewegen, der irrt sich gewaltig. In den letzten Jahren ***stieg die Zahl der Soldaten- und Traditionsverbände*** des kaiserlichen Heeres, der Reichswehr, der Hitlerwehrmacht, einschließlich deutscher und ausländischer SS-Verbände sprunghaft an:

| | |
|---|---|
| ***1952 = 159*** | ***1955 = 901*** |
| ***1953 = 468*** | ***1956 = 1118*** |
| ***1954 = 681*** | ***1957 = 1176*** |

Das ist das Spiegelbild der militaristischen und reaktionären Entwicklung in der Bundesrepublik. Zur Krönung dieser Entwicklung wurde von der Bundestagsmehrheit in diesen Tagen das von der alliierten Militärregierung erlassene Gesetz zum Verbot der NSDAP aufgehoben. Soweit sind wir also schon wieder.

Mit den vielen militaristischen und faschistischen Verbänden erscheint eine Flut militaristischer Zeitungen, Soldatenkalender, antisemitischer Flugschriften, nationalistischer Bücher und Zeitschriften usw. — alles mit stiller Duldung der Bundesregierung. Für sie steht der Feind links. Für das Volk aber steht er rechts! ***Es ist deshalb erforderlich den entschiedenen Kampf gegen die militaristische und faschistische Brut aufzunehmen, ehe sie unser gesamtes öffentliche Leben überwuchert.***

## Anonym.

In einem Brief äußerte ein Wähler, daß er nicht einverstanden sei mit meiner unabhängigen Kandidatur. Daß er sein Mißfallen kundtut, ist sein gutes Recht und Ansichtssache. Da er aber diesen Brief nicht mit seinem Namen unterschrieben hat, entzieht er sich der Möglichkeit in aller Offenheit mit ihm über die politischen Fragen zu diskutieren. Anonyme Briefe werden gewöhnlich nicht beantwortet – sie wandern in den Papierkorb. Ich will dem anonymen Schreiber doch eine Antwort geben. Entweder hat er einen ehrlichen Namen, dann braucht er sich nicht zu scheuen, mit diesem zu unterschreiben oder er segelt unter falscher Flagge. Sei es, wie es sei — er mag sich folgende alte Fabel ins Stammbuch schreiben:

*„Die Sonne und der Mond hatten vor vielen, vielen Millionen Jahren ein folgenschweres Verhältnis. Da niemand von beiden für ihr Tun verantworttich sein wollte, kamen sie überein, das Ergebnis vor aller Welt zu verschweigen. Seit dieser Zeit gibt es auf der Erde Mondskälber — man weiß nicht wer sie sind und woher sie kommen, aber sie sind da."*

## Baut Jugendherbergen!

Nur zu zwei Drittel wird die Zahl der Jugendherbergen gegenüber dem Vorkriegsstand erreicht. Erfreulicherweise wächst die Teilnahme der Jugendlichen an Wanderungen und Ferienreisen. Fast 8 Millionen übernachteten 1957 in Jugendherbergen. Vor dem II. Weltkriege gab es rund 1100 Jugendherbergen in dem Gebiet der heutigen Bundesrepublik. Heute gibt es etwas über 700. Sie reichen nicht aus, den wachsenden Zustrom der wandernden Jugend aufzunehmen.

Für den Bau von Jugendherbergen ist aber angeblich kein Geld da. Die CDU ist wohl der Meinung, daß es genügt, die Jungen als Wehrpflichtige in Kasernen aufzunehmen. Für Kasernen ist nämlich genug Geld da — hier fließen die Mittel mehr als reichlich. Die Jugend zieht aber Jugendherbergen vor. Die wandernde und singende Jugend braucht dringend Übernachtungsheime.

### Jugendherbergen statt Kasernen!

Diese Forderung sollte von den Jugendorganisationen mit Nachdruck erhoben werden. Alle Jugendlichen sollten sich dafür einsetzen. Die Abgeordneten in den Parlamenten müssen es als ihre Ehrenpflicht ansehen, sich dieser Forderung der Jugend anzunehmen und die Mittel zum Bau von Jugendherbergen zu bewilligen. An dem für oder wider erkennt die Jugend wer ihr Freund oder ihr Feind ist.

## *Die Rate ist fällig . . .!*

Wieviel millionenmal fällt dieser kleine Satz in den Familien. Oft, sehr oft mit Angst und Sorge verknüpft, „Schaffen wir es . . . oder?" 1951 kam in der Bundesrepublik eine Teilzahlungsschuld je Kopf der Bevölkerung von DM 12.50. Sie stieg 1957 auf DM 56,20 an.

In den Raten sind neben hohen Preisen, hohe Kreditzinsen enthalten. Niemand würde die hohen Nebenkosten in Kauf nehmen, wenn er nicht durch seine finanzielle Lage dazu gezwungen wäre. ***Seit 1950 sind die Preise für Nahrungsmittel und Mieten um 14,1 Prozent gestiegen, die gesamten Lebenshaltungskosten stiegen um 19 Prozent.***

Um sich größere Haushaltungsgegenstände anzuschaffen, sind die meisten Werktätigen gezwungen den Weg des Teilzahlungskaufs zu beschreiten – trotz aller finanziellen Nachteile eines solchen Kaufs und trotz der damit verbundenen ständigen Sorgen, um die Wechsel einlösen zu können.

Die Preispolitik der Adenauer-Regierung vergrößert die Teilzahlungsschuld. ***Mindestens 75 Prozent aller Preissteigerungen sind politisch beeinflußt.*** Liegen doch z. B. die Einfuhrpreise für ausländische landwirtschaftliche Erzeugnisse um rund 9 Prozent niedriger als 1950. Trotzdem bezahlen wir über 14 Prozent mehr für diese Nahrungsmittel als 1950.

Je höher die täglichen Kosten an Nahrungsmittel, um so mehr wird die Familie zur Beschaffung der anderen Waren auf Teilzahlungskauf gedrängt. ***So greift die Preispolitik der Adenauer-Regierung am empfindlichsten in das Familienleben ein.*** Ob die Wähler das erkennen und bei Wahl am 6. Juli ihre Schlußfolgerung daraus ziehen?

## *Volksgesundheit im Schatten der Rüstung.*

Der sogenannte hohe Lebensstandard in der Bundesrepublik, der auf die Mitarbeit der Frauen und Mütter beruht, wird besonders von den Müttern teuer bezahlt. Laut Mitteilung der Elly-Heus Knapp-Stiftung in Frankfurt vom 29. April liegt die Sterblichkeit der Mütter in Westdeutschland zweiter Stelle in der Weltstatistik.

## *Der Gesundheitszustand verschlechtert sich laufend.*

Während noch vor drei Jahren auf 100 zur Kur aufgenommene Mütter 140 verschiedene Krankheiten kamen, waren es im vergangenen Jahr 180 Krankheiten. An körperlicher und nervöser Erschöpfung litten 71 Prozent aller Mütter. Die Säuglingssterblichkeit ist bei uns fast doppelt so hoch wie in den Niederlanden.

Die zunehmende Berufstätigkeit der Frauen, die intensive Arbeit in den Fabriken und Büros und die lange Arbeitszeit in und außerhalb der Arbeitsstätte ist eine der Hauptursachen für diesen besorgniserregenden Zustand. Hat doch die berufstätige Hausfrau nach ihrer Berufsarbeit noch ihren Haushalt zu versorgen und ihre Kinder zu erziehen.

## *Das ist auf die Dauer gesehen Raubbau an der Volksgesundheit getrieben!*

Auf der anderen Seite wird die Gesundheit der Bevölkerung in verhängnisvoller Weise durch die atomare Verseuchung unserer Atmosphäre auf's Spiel gesetzt. Viele Atomwissenschaftler und auch Albert Schweitzer haben auf diese Gefahr alarmierend hingewiesen. Wann wird die westliche Welt dem Beispiel der Sowjet-Union folgen und ebenfalls alle Kernwaffenversuche einstellen? Das wäre ein entscheidender Schritt sowohl für die Erhaltung der Volksgesundheit wie auch zur Entspannung der Weltlage.

Ein besonderes Problem ist der Mangel an Krankenhäuse In der Bundesrepublik fehlen immer noch 30 000 Krankenhausbetten. Das wären bei einer Größenordnung eines modernen Krankenhauses von 1000 Betten etwa 30 Krankenhäuser. Zu ihrer Erstellung wäre rund eine Milliarde DM erforderlich.

## Für die Kosten eines schweren Bombers kann ein komplettes Krankenhaus gebaut werden.

***Alle 30 fehlende Krankenhäuser oder Erweiterungsbauten für 30 000 Krankenbetten könnten mit einem Schlag errichtet werden, wenn Minister Strauß für knapp einen Monat auf seine Rüstungsgelder verzichten würde.*** Ich bin der Meinung, daß es besser ist, dieses Geld für Krankenhäuser, Müttererholungsheime oder Kinderheime auszugeben. Die CDU ist allerdings anderer Meinung. Und was ist Ihre Meinung? Sie können am 6. Juli durch Ihre Stimmenabgabe zum Ausdruck bringen, welcher Meinung Sie zustimmen.

Herausgegeben und verantwortlich für den Inhalt: Wilhelm Dickhut, Solingen-Ohligs — Druck: Deller-Druck

47 Stück der »Unabhängigen Meinung«, ein Rest, der noch verteilt werden sollte. Wie nicht anders von ihnen zu erwarten, beschlagnahmten sie den Rest der Wahlzeitungen. Einige Plakate, die aufgerollt unten im Schrank lagen, beachteten sie überhaupt nicht. Schwarze Plakate — das vermuteten sie wohl bei einem Kommunisten nicht.

Für die Presse war das mal wieder ein gefundenes Fressen, um gegen die Kommunisten zu hetzen.

**Überraschender Schlag gegen illegale KPD — Keine Verhaftung**

Die Polizei hat, wie im politischen Teil unserer heutigen Ausgabe ausführlich berichtet wird, gestern schlagartig sieben kommunistische Funktionäre in Nordrhein-Westfalen auf Grund von amtsrichterlichen Haftbefehlen festgenommen und Hausdurchsuchungen durchgeführt. In Solingen wurden, wie wir erfahren, keine Verhaftungen vorgenommen, jedoch führte die Polizei bei zwei ehemaligen Kommunisten Hausdurchsuchungen durch.

Das 14. Kommissariat durchsuchte gestern die Wohnungen von Willi Engels, Solingen, einem ehemaligen kommunistischen Stadtverordneten, und von A. Dickhut, Ohligs, ehemaliger Kreisvorsitzender der KPD.

Beide hatten den Versuch unternommen, als „unabhängige" Kandidaten zur Landtagswahl zugelassen zu werden. Die Kandidatur wurde vom Landeswahlleiter zurückgewiesen. Wie die Polizei mitteilt, haben Ermittlungen ergeben, daß Engels und Dickhut von Ostberlin gelenkt wurden. Sie sollen getarnte Auszüge aus dem Wahlprogramm der KPD veröffentlicht haben.

Während in Solingen zwei Hausdurchsuchungen durchgeführt wurden, durchsuchte die Polizei in den Nachbarstädten Wuppertal vier, in Remscheid drei und in Leverkusen zwei Wohnungen von KP-Funktionären. Die Ermittlungen dauern noch an.

**Solinger Tageblatt**

DIENSTAG, DEN 26. AUGUST 1958

Bei der Staatsanwaltschaft Wuppertal legte ich Beschwerde gegen diese Berichterstattung ein. Allerdings vergeblich, wie der Antwortbrief des Polizeipräsidenten Schönenborn zeigt.

Wilh. Dickhut

Solingen-Ohligs, 31.8.58
Ulmenstr. 10

An die
Staatsanwaltschaft
Wuppertal

Betr.: Beschwerde über eine Mitteilung an die Presse durch Beamten des 14. Kommissariats, Solingen.

Aus beiliegendem Zeitungsbericht ist zu entnehmen, daß die Polizei des 14. Komm. eine Mitteilung an die Presse gegeben hat, gegen die ich hiermit Beschwerde einlege.

Bevor meine Vernehmung durch den Untersuchungsrichter vorgenommen würde (sie soll am 10.9.58 erfolgen - 1Gs 767/58) und obwohl ich den Beamten des 14. Komm. versichert habe, ich könne nachweisen, daß das Quellenmaterial für die Artikel meiner Wahlzeitung aus legal erscheinenden ~~Wahl~~ Zeitungen und Pressekorrespondenzen stammt, wurde von der Polizei die angeführte Mitteilung in die Presse lanciert, offensichtlich zu dem Zweck, in der Öffentlichkeit den Eindruck zu erwecken, ich habe eine strafbare Handlung begangen, wodurch die Ablehnung meiner Kandidatur zur Landtagswahl zu Recht bestände. Gegen eine solche Methode der Polizei erhebe ich entschieden Protest.

Hochachtungsvoll
Wilh. Dickhut

**Der Oberstaatsanwalt**
bei dem Landgericht
- 8 Js 9508/58 -

Düsseldorf, den 24. September 1958
Mühlenstr. 34
Fernruf 8961

Herrn
Wilh. D i c k h u t
Solingen - Ohligs
Ulmenstrasse 10

Ihr Schreiben vom 31.8.1958 an die Staatsanwaltschaft in Wuppertal wurde an die Staatsanwaltschaft Düsseldorf weitergeleitet und von hier zuständigkeitshalber an den Polizeipräsidenten in Wuppertal gesandt.

Im Auftrage:
(Stinshoff)

---

DER POLIZEIPRÄSIDENT
IN WUPPERTAL

Aktenzeichen: V P 1 - 25.01 -
Bei Antwort bitte obiges Aktenzeichen angeben.

WUPPERTAL, den 2. Oktober 1958.
FRIEDRICH-ENGELS-ALLEE 390
FERNRUF S.-NR. 51331, NEBENSTELLE:

Herrn
Wilhelm D i c k h u t
Solingen - Ohligs
Ulmenstr. 10

Sehr geehrter Herr Dickhut !

Wie Ihnen bereits bekannt ist, hat der Herr Oberstaatsanwalt in Düsseldorf Ihre Eingabe vom 31.8.1958 an mich abgegeben.

Der Vorwurf, daß der von Ihnen angeführte Artikel auf Grund einer Mitteilung an die Presse durch die Beamten meines 14.Kommissariats veröffentlicht worden sei, ist nach den von mir getroffenen Feststellungen nicht zutreffend.

Von der Kreispolizeibehörde Wuppertal wurde weder Ihr Name noch der von Ihnen beanstandete Text an die Presse weitergeleitet.
Auch sind die Beamten meines Bereichs angewiesen, über alle ihnen bei ihrer dienstlichen Tätigkeit bekanntgewordenen Angelegenheiten gegenüber jedermann Verschwiegenheit zu wahren. Ein Verstoß gegen diese Anordnung liegt nicht vor.

Ich vermag daher in dieser Angelegenheit nichts zu veranlassen.

Hochachtungsvoll!
( SCHÖNENBORN )

# Die Eröffnung des Prozesses gegen die »Unabhängigen«

Ein paar Monate nach der Wahl wurde mit dem Prozeß gegen die 41 »Unabhängigen Kandidaten« begonnen. Das Landgericht Düsseldorf hatte die Angeklagten in Gruppen eingeteilt. Zur ersten Gruppe gehörten 15 Angeklagte mit Karl Schabrod an der Spitze. Die anderen Gruppen bestanden jeweils aus sechs oder sieben Angeklagten. Ich selbst gehörte zur vorletzten Gruppe, zusammen mit sechs weiteren Genossen.

Dieser erste Prozeßdurchgang sollte gewissermaßen als **Leitprozeß** dienen. Über den Verlauf hat Karl Schabrod die Broschüre »15 Männer verteidigen ihr Recht« herausgegeben. Einleitend heißt es in dieser Broschüre:

*»Der Prozeß gegen 15 Gegner der Atomrüstung führt zurück in die Zeit des letzten Landtagswahlkampfes in NRW im Juli 1958. Damals stellten sich 41 Bundesbürger, frühere Mitglieder der 1956 behördlich aufgelösten KPD, unter Berufung auf die ihnen verbliebenen Grundrechte als parteilose Kandidaten zur Wahl. Sie glaubten, das ohne Gefahr tun zu können, nachdem solche Kandidaturen seit 1947 im Landeswahlgesetz von Nordrhein-Westfalen vorgesehen und entsprechend dem Wortlaut des Gesetzes auch unbeanstandet schon öfters vorgekommen waren. Im romantischen, alt-ehrwürdigen Zons am Rhein zum Beispiel wurde 1957 ein CDU-Mann in der Stichwahl von einem profilierten ehemaligen Mitglied der KPD glatt geschlagen. Dadurch sitzt Herr Theodor Derendorf nicht nur als ein geschätztes Mitglied im Gemeinderat von Zons, sondern arbeitet unangefochten als Parteiloser im Kreistag von Grevenbroich mit.*

*Kurz vor der Landtagswahl ließ es sich im Mai 1958 der amtierende Innenminister einfallen, alle 150 Kreiswahlausschüsse mit einem Geheimschreiben zu behelligen, in dem angeraten wurde, parteilose Kandidaten nicht zuzulassen. Das löste größte Verwirrung aus, weil für eine solche Maßnahme jedwede gesetzliche Grundlage fehlte. Alle Formalitäten, die vom Wahlgesetz in NRW für eine Kandidatur vorgeschrieben sind, waren von den Kandidaten erfüllt worden. Infolge*

# 15 Männer verteidigen ihr Recht

EIN POLITISCHER MAMMUTPROZESS
vor der IV. Großen Strafkammer in Düsseldorf

*dieses Tatbestandes kam es in den Kreiswahlausschüssen zu den seltsamsten Abstimmungen und zu völlig unterschiedlichen Entscheidungen. In Solingen, Essen, Dortmund und anderen Städten wurden die Kandidaten trotz des Geheimerlasses nach gründlicher Diskussion und unter Berufung auf das Gesetz anerkannt; in den Regierungszentralen Düsseldorf und Bonn sowie einer Reihe anderer Städte ging man über alle Bedenken hinweg und lehnte die Kandidaturen gemäß dem autoritären Wunsch des Innenministers prompt ab.«*

Ich will hier ein paar Auszüge aus den einzelnen Schlußworten der Angeklagten wiedergeben. Karl Schabrod eröffnete den Reigen:

*»Es waren zwei Welten, die im Zimmer des Staatsanwalts aufeinanderstießen: Herr Stinshof, der die Staatsautorität verkörperte und ich, der ich ein demokratisches Wahlrecht als elementaren Teil der Demokratie wahrnehmen wollte. Für den Staatsanwalt ist Demokratie ganz einfach die Staatsräson, die sekundäre Staatsgewalt, die, wie wir erfahren mußten, von Volkssouveränität wenig wissen will und sogar Volksentscheide und Volksbefragungen als verfassungswidrig ansieht. Beim Herrn Staatsanwalt ist die Wurzel der Demokratie nicht das Volk, sondern die Macht, die in bestimmten Organen des Staates konzentriert ist.*

*Das praktische Beispiel habe ich erlebt: Am 6. Juli 1958 fanden in NRW die Neuwahlen zum Landtag statt. Es sollte eine demokratische Wahl sein, die auf der Grundlage eines demokratischen Wahlgesetzes vonstatten gehen sollte. Dieses Landeswahlgesetz konnte ich nicht als eine Lüge betrachten. Ich habe es ernst genommen und geglaubt, daß ich im Vollbesitz meiner Rechte als Staatsbürger berechtigt sei, mich zur Wahl zu stellen. Die Wirklichkeit, die mittels eines Runderlasses geheim vom Landesinnenminister über die Kreiswahlausschüsse und dem Landeswahlausschuß exerziert wurde, hat dazu geführt, daß die demokratischen Rechte aus Gründen der Staatsräson nicht wahrgenommen werden durften. Meine Kandidatur als Parteiloser war gesetzlich zulässig. Sie wurde amtlich unterbunden. Auf meiner Seite war das demokratische Recht, auf der Seite der Exekutive aber die Macht, die dazu benutzt wurde, mir die Wahrnehmung des demokratischen Rechts zu unterbinden . . .«*

Heinz Junge, Dortmund:

*»Meine Herren Richter! Ich möchte zum Auftauchen der ›unsichtbaren Zeugen‹ etwas sagen. Ich erinnere an das Erlebnis in Münster (vor dem Verbot der KPD). Dort hatten wir damals einen jüngeren Mann, wie man so sagt, als Spion oder V-Mann entlarvt. Dieser Mann bekam für jede Adresse eines Kommunisten 5 DM. Dieser V-Mann stand, ich möchte sagen, im Stückakkord. Je mehr er lieferte, desto besser wurde er bezahlt. Dieser V-Mann hatte eine große Liste von Leuten, die er der Polizei angegeben hatte, von denen aber nur ein geringer Teil Mitglied der KPD war. Auf Befragen erklärte er: ›Nun ja, ich habe für jede Adresse 5 DM bekommen, und da war mir das egal.‹*

*Ich erwähne dieses Beispiel, um damit zum Ausdruck zu bringen, daß die Glaubwürdigkeit von V-Leuten sehr fraglich ist . . .*

*Nach 1945 waren es Kommunisten und Sozialdemokraten, die zuerst Hacke und Schaufel in die Hand nahmen. Kommunisten und Sozialdemokraten waren es, die die Betriebe wieder in Gang brachten, die die Verwaltung wieder organisierten, die das öffentliche Leben wieder in Fluß brachten.*

*Ich bin sicher, daß Kommunisten und Sozialdemokraten durch die neue Gefahr, die vor unserem Volke erstanden ist, erneut zu einer festen gemeinsamen Zusammenarbeit kommen und dadurch ein neuer Krieg, vielleicht die atomare Vernichtung gebannt werden kann . . .«*

Willi Hermanns, Köln:

*»Bei der Begründung seines Strafantrages hat der Herr Staatsanwalt als mildernd angeführt, ich hätte aus innerer Überzeugung in vollem Bewußtsein eine strafbare Handlung begangen und auch in Rechnung gestellt, daß ich Opfer bringen müsse. Die Annahme des Herrn Staatsanwalts ist irrig. Noch heute, am Schluß dieses Prozesses, bin ich mir einer strafbaren Handlung nicht bewußt.*

*Ich kann von mir behaupten, daß ich seit 1945 meine Einstellung zur Demokratie nicht geändert habe, daß ich in diesem Sinne bis heute überall meine Meinung vertreten habe und auch weiter vertreten werde. Es war gar nicht so einfach, den enttäuschten, hungernden und eingeschüchterten Menschen nach der Beendigung des 2. Weltkrieges neue Hoffnung zu geben und begreiflich zu machen, daß wir alle gemeinsam eine neue, bessere Zukunft schaffen müssen.*

*Als Rädelsführer will mich der Staatsanwalt verurteilen lassen. Damals war ich ein Rädelsführer. Ich hatte Einfluß auf einen großen Kreis von Menschen. Ich habe sie beeinflußt, der Demokratie einen Dienst zu erweisen. Ich war Rädelsführer der Demokratie. Heute aber, wo unter dem Einfluß der damals nirgendwo zu entdeckenden Wehrwirtschaftsführer sich die Einstellung der CDU zur Demokratie geändert hat, soll das Eintreten für dieselben Ziele, sollen dieselben Argumente staatsgefährdend sein.«*

Willi Engels, Solingen:

*»Im Frühjahr 1958 wurden bei uns in Solingen die Verkehrstarife, der Gas- und Wasserpreis, die Krankenhauspflegesätze und auch der Beitrag zur AOK erhöht. Darüber wurde natürlich unter den Arbeitern gesprochen. Mir war es klar, daß es nicht genügt, zu lamentieren, sondern Vorschläge zur Behebung der Finanznot der Gemeinden zu machen. Ich wollte durch meine Kandidatur zum Landtag die Politik der Landesregierung von der parlamentarischen Seite her beeinflussen und mit verändern helfen. Dieselben Kollegen, die mich damals dazu ermuntert haben, wählten mich in der Zeit dieses Prozesses in den Betriebsrat. Das ist ein Urteil, das ich annehmen kann. Ich hoffe, daß das Gericht sich dem Spruch meiner Kollegen anschließen wird . . .«*

Nach neunwöchiger Verhandlung und einer Beweisaufnahme, die wohl einmalig genannt werden muß, verkündete am 9. Juni 1959 die 4. Große Strafkammer des Landgerichts Düsseldorf die folgenden **Urteile:**

| | |
|---|---|
| Karl Schabrod, Düsseldorf | 9 Monate Gefängnis |
| Alfred Gecks, Bonn | 12 Monate Gefängnis |
| Johann Haugrund, Dortmund | 9 Monate Gefängnis |
| Willi Engels, Solingen | 7 Monate Gefängnis |
| Peter Baumöller, Düsseldorf | 8 Monate Gefängnis |
| Egon Homann, Dortmund | 6 Monate Gefängnis |

Karl Schabrod — verurteilt wegen Wahrnehmung des demokratischen Rechts

| | |
|---|---|
| Max Fischer, Bochum | 7 Monate Gefängnis |
| Arthur Schipper, Bochum | 7 Monate Gefängnis |
| Willi Wateler, Rheydt | 18 Monate Gefängnis |
| Heinz Junge, Dortmund | 6 Monate Gefängnis |
| Willi Hermanns, Köln | 9 Monate Gefängnis |
| Hans Rösch, Dortmund | 12 Monate Gefängnis |
| Hans van Beeck, Düsseldorf | 7 Monate Gefängnis |

| | |
|---|---|
| Heinz Dzewas, Lüdenscheid | 10 Monate Gefängnis |
| Paul Tragier, Herten | 6 Monate Gefängnis |

Das Gericht blieb mit dieser verkündeten harten Gesamtstrafe von 123 Monaten Gefängnis unter den Anträgen des Staatsanwaltes, der 239 Monate Gefängnis und sofortige Haftbefehle für sieben Angeklagte beantragt hatte. Im Durchschnitt machte das rund acht Monate je Verurteilter.

## Aus der Anklageschrift des Staatsanwalts

Bereits im Februar 1959 bekam ich die 142 Seiten umfassende Anklageschrift, aber erst im Juni/Juli 1961 war die Hauptverhandlung der 4. Großen Strafkammer des Landgerichts Düsseldorf, die elf Verhandlungstage dauerte. Der Staatsanwalt versuchte während der Verhandlung immer wieder, mich zum »Rädelsführer« abzustempeln. Dabei stützte er sich auf die umfangreiche Anklageschrift, aus der ich im folgenden einige Passagen zu meiner Person zitieren will:

*»**Der Angeschuldigte Dickhut**, der bei seiner polizeilichen Vernehmung Angaben zur Sache verweigert hatte, hat bei seiner richterlichen Vernehmung am 10. September 1958 bestritten, Verbindungen zu illegalen Gruppen der aufgelösten KPD oder zu politischen Einrichtungen in der Sowjetischen Besatzungszone unterhalten zu haben. Es sei ihm unverständlich, wie sein Name in die Unterlagen des Zeugen Fisch gelangt sei, zumal er sich erst fünf Wochen vor der Landtagswahl entschlossen habe, zu kandidieren. Die Wahlpropagandaschriften habe er an Hand legaler Quellen hergestellt und aus Mitteln eines Erbteils finanziert, der ihm 1956 ausgezahlt worden sei. Das Wahlprogramm der KPD sei ihm nicht bekannt ...*

*Der Angeschuldigte Dickhut war von 1945 bis 1952 hauptamtlich im Parteivorstand der KPD und in der Landesleitung der KPD von NRW tätig. 1952 wurde er 1. Kreissekretär der KPD in Solingen. In dieser Stellung förderte er die verfassungsfeindlichen Ziele der KPD in erheblichem Umfange. Mitte 1953 wurde die Zeitschrift ›Die Klingenstadt — Mitteilungsblatt der KPD Solingen‹ an zahlreiche Personen übersandt, wobei der Angeschuldigte als Absender angegeben wurde. Er trat ferner als Veranstalter vieler Versammlungen der KPD in Solingen in Erscheinung. Ferner war er Mitglied der verfassungsfeindlichen ›Gesellschaft für deutsch-sowjetische Freundschaft‹.*

*1955 wurde er 1. Kreissekretär der KPD in Hagen. Dort hatte er, wie der Kommissar Appel und der Polizeimeister Griese bekunden werden, verschiedentlich Besprechungen mit einem Landesinstrukteur der verbotenen FDJ, der den Decknamen ›Hans‹ trug. Von Ende 1955 bis zur Auflösung der KPD war der Angeschuldigte bei der*

*Landesleitung dieser Partei in Düsseldorf tätig. Anläßlich der Kommunalwahlen im Herbst 1956 ließ er durch den Druckereibesitzer Paul Deller Wahlzettel und Plakate herstellen.*

*Für die Landtagswahl am 6. Juli 1958 ließ sich der Angeklagte als ›Unabhängiger Kandidat‹ im Wahlkreis 51 — Solingen II — aufstellen. Er bestimmte zum 1. Vertrauensmann den Einsteckreider Hugo Jung, der der KPD vor 1933 und von 1945 bis 1956 angehört hatte und kommunistisches Mitglied der Stadtvertretung in Solingen gewesen war. 2. Vertrauensmann wurde der Gesenkschmied Hermann Schneider, der im selben Zeitraum wie Jung der KPD angehört hatte und deren Vertreter im Stadtparlament gewesen war.*

*Der Angeschuldigte gab entsprechend den Richtlinien, die Reimann auf der Konferenz am Werbellin-See gegeben hatte, eine periodisch erscheinende Wahlpropagandaschrift heraus, die er ›Unabhängig‹ betitelte.*

*In Ausgabe Nummer 1 dieser Wahlschrift befaßt er sich mit der Frage, warum er als ›Unabhängiger‹ kandidiere. Er führt darin aus, daß die Landesregierung in NRW die Durchführung einer Volksbefragung über die atomare Aufrüstung der Bundeswehr abgelehnt habe und daß die SPD-Fraktion im Solinger Stadtparlament die finanzielle Durchführung der Aufrüstung unterstütze. Dies habe ihn bewogen, sich als Bewerber für die Landtagswahl aufstellen zu lassen. Ferner wendet er sich gegen die Lagerung von Atomwaffen und die atomare Aufrüstung der Bundeswehr.*

*Auch in der Ausgabe Nummer 2 befaßt sich der Angeschuldigte zunächst mit der atomaren Aufrüstung und mit kommunalpolitischen Vorgängen. Ferner fordert er ›Osthandel statt Kanonen‹ und ›gewerkschaftliche Kundgebungen, Demonstrationen und Warnstreiks zur Verhinderung der atomaren Aufrüstung‹. Auch in dieser Ausgabe wendet er sich gegen die Steuerlast und gegen die Gehälter der Offiziere der Bundeswehr, die ›auf Kosten des Volkes leben‹. Außerdem fordert er ein Jugendarbeitsschutzgesetz, das ›die KPD-Fraktion bereits im ersten Bundestag eingebracht habe, das aber von den übrigen Fraktionen zurückgewiesen worden sei‹. Schließlich befaßt sich der Angeschuldigte mit dem Wohnungsbau, für den er — auf Kosten der Aufrüstung für die Bundeswehr — höhere Zuschüsse fordert.*

Nummer **2**

# UNABHÄNGIG

Wahlzeitung des unabhängigen Kandidaten WILHELM DICKHUT, Solingen

## *Automare Aufrüstung ist Selbstmord!*

*"Am 6. August 1945 brummte eine Fliegende Festung in zehntausend Meter Höhe über Hiroshima, eine nichtsahnende Stadt mit einer Viertelmillion Einwohner. . . . . Nirgends herrschte Spannung; ganz früh am Morgen hatte es Luftalarm gegeben, doch das Entwarnungssignal hatte alle beruhigt. Ohne Ankündigung traf sie der weiße Blitz. Rings um sie her stürzten Mauern ein, Böden sanken unter ihnen weg, Hitze senkte ihre Haut rot und schwarz, Blut sprang aus ihren Adern, Jeder glaubte, eine Bombe habe sein Dach getroffen doch die weiße Staubwolke, auf die sie starrten, verhüllte eine völlig verwüstete Stadt. Hunderte vermochten die Wolke der Verwüstung nicht mehr zu sehen; ihre Augen waren in den Höhlen geschmolzen.*

*Brennend loderte die Stadt auf. Hunderte flüchteten in den Fluß; Tausende irrten im Wahnsinn umher. Manche, die nicht verwundet waren, starben plötzlich nach wenigen Stunden oder Tagen. Die Zahl der rätselhaft Sterbenden nahm von Tag zu Tag zu. . ." (Aus „Die Zukunft in deinen Händen" von A. DEN DOOLAARD)*

Das war der Untergang von Hiroshima durch die erste amerikanische Atombombe. Die Größe einer Atombombe wird nach dem Sprengstoff Trinitrotoluol geschätzt. **Die Atombombe, die Hiroshima vernichtete, hatte eine Bombengröße von 0,02 Millionen Tonnen Trinitrotoluol. Eine der neuartigen Wasserstoffbomben hat eine Bombengröße von 45 Millionen Trinitrotoluol. Ihre Vernichtungskraft ist also 2200 mal größer als die erste Atombombe. die bereits in der Lage war die Großstadt Hiroshima zu vernichten u. über 200 000 Menschen zu töten.**

Sehen wir uns die untenstehende Karte des Rheinisch-Westfälischen Industriegebietes an. Eine einzige Wasserstoffbombe mit der Sprengwirkung von 45 Millionen Tonnen Trinitrotoluol, auf dieses Gebiet mit dem Zentrum Velbert abgeworfen, würde das Ruhrgebiet mit den Großstädten Duisburg, Oberhausen, Mülheim, Essen, Gelsenkirchen und Bochum, sowie Düsseldorf, Wuppertal, **Solingen**, Remscheid und Hagen total vernichten.

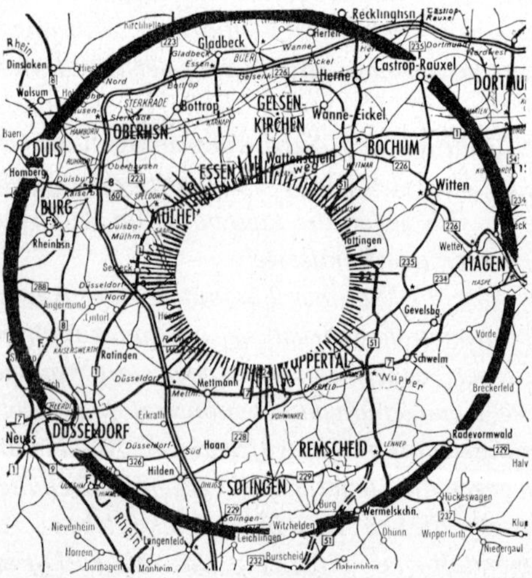


Die Atompolitiker in der Bundesrepublik versuchen die entsetzliche Vernichtungsgewalt der Atomwaffen zu bagatellisieren. Mehr noch, sie beschuldigen die Wissenschaftler und Politiker, die durch ihre warnenden Stimmen auf die fürchterliche Gefahr aufmerksam machen, sie wollten „Atom-Panik" erzeugen. **Den Atompolitikern wäre es lieber, die Bevölkerung lebe ebenso ahnungslos in den Tag hinein, wie die Einwohner von Hiroshima am 6. Aug. 1945.**

Adenauer und seine Parteifreunde redeten zuerst davon die Bundeswehr mit „taktischen Atomwaffen" auszurüsten und sprachen von Atomgeschützen als einer Weiterentwicklung der Artillerie. Dabei hat eine Atomgranate bereits die Wirkung einer solchen Atombombe, wie sie auf Hiroshima abgeworfen wurde. Solche Redensarten sollen das Volk einlullen, es soll die furchtbare Gefahr nicht sehen. Als die Wissenschaftler durch ihre Erklärungen und Aufrufe, aus ihrer wissenschaftlichen Erkenntnis heraus, die Bevölkerung aufrüttelten, wollte man sie als politische Kinder abtun. Das ist ihnen nicht geglückt — eine große Volksbewegung „Kampf dem Atomtod" war das Ergebnis des mutigen Auftretens der Wissenschaftler.

Mit elementarer Gewalt bricht sich immer mehr die Erkenntnis des Volkes Bahn: **Atomare Aufrüstung der Bundeswehr ist Selbstmord!** Es ist kein Trost für die Bevölkerung, wenn die Befürworter der atomaren Aufrüstung der Bundeswehr, die Herausfoderer eines Atomkrieges, auch mitvernichtet werden. Die Bevölkerung will in Frieden leben. Sie will keine atomare Aufrüstung und keinen Atomtod!

***Das ist auch bei der Landtagswahl am 6. Juli zu berücksichtigen. ● Gebt Eure Stimme nicht den CDU-Politikern und den Atomstrategen! ● CDU wählen heißt atomare Aufrüstung bejahen — heißt den Selbstmord wählen! Solinger Wähler! Wollt ihr das?***

## Eine schallende Ohrfeige.

### Welche Schlußfolgerungen wird die Solinger SPD ziehen?

Nach langem hin und her hat nunmehr der städtische Werksausschuß auch die Erhöhung der Gaspreise um durchschnittlich 1 Pfennig pro Kubikmeter beschlossen. Der neue Tarif sieht in drei Staffeln folgenden Kubikmeterpreis vor:

***bis 60 cm = 22 Pfennig***
***61 bis 5000 cm = 14 Pfennig***
***über 5000 cm = 11 Pfennig.***

Dieser Beschluß muß noch durch die Ratsversammlung bestätigt werden. Das wäre der vorläufige Schlußpunkt hinter einer Kette von Preiserhöhungen, über die ich in der ersten Nummer der Wahlzeitung berichtete. Besonders interesssant ist das Abstimmungsergebnis.

***Die SPD-Fraktion stimmte einstimmig für die Preiserhöhung, die FDP-Fraktion ganz und die CDU-Fraktion zum Teil dagegen, zum Teil enthielt sie sich der Stimme.***

Es liegt auf der Hand, daß das Stimmenergebnis seitens der FDP und CDU durch wahltaktische Gründe bestimmt wurde. Bei der Einstimmigkeit der früheren Beschlüsse wirkt dieses Verhalten allzu durchsichtig und geht auf Bauernfängerei aus.

Für die SPD-Fraktion war dieses Verhalten der CDU- und FDP-Fraktion aber eine schallende Ohrfeige. War sie doch sehr stolz darauf, durch „geschicktes taktisches Manöver" die CDU zur Einstimmigkeit der bisherigen Beschlüsse in Punkto Erhöhung der Tarife und Gebühren bewogen zu haben. Auf deutsch gesagt heißt das, daß sie glaubte, die CDU-Fraktion über die Löffel barbiert zu haben. ***Anstatt die Interessen der werktätigen Bevölkerung Solingens zu wahren und jede Preiserhöhung grundsätzlich abzulehnen, führt sie eine Preispolitik durch, die sich von der Preispolitik der CDU nicht unterscheidet.***

Daß die CDU ihre Politik, die gegen die Interessen der Mehrheit der Solinger Bevölkerung gerichtet ist, nicht ändern würde, war vorauszusehen. Die Preiserhöhung war in ihrem Sinne. Durch ihre einstimmige Zustimmung hatte sie die SPD-Fraktion nur noch ermuntert, die begonnene Preissteigerungspolitik bedenkenlos weiter fortzuführen. Es fragt sich also, wer wen über die Löffel barbiert hat. Jetzt wird die SPD-Fraktion noch obendrein verhöhnt, indem man sie die Gaspreiserhöhung allein beschließen läßt. Oh, welch ein Trauerspiel!

Wenn ich als unabhängiger Kandidat zu dem Verhalten der SPD-Fraktion kritisch Stellung nehme, dann zu dem Zweck, sie auf das Falsche und Verhängnisvolle ihrer Politik aufmerksam zu machen. Denn so lange die SPD eine Politik macht, die gegen die Interessen der Werktätigen gerichtet ist, die in wichtigen Lebensfragen des Volkes eine schwankende Haltung einnimmt, eine Politik, die den Weg des konsequenten Kampfes verläßt, halten viele Wähler und auch ich selbst eine unabhängige Kandidatur für erforderlich.

Damit ist auch gleichzeitig die Frage beantwortet, ob durch die unabhängige Kandidatur zur Landtagswahl die Front gegen die CDU nicht geschwächt wird. ***Viel entscheidender als die Zahl der Mandate ist die Politik, die in und außerhalb des Parlamentes gemacht wird.*** Die SPD-Mehrheit im Stadtparlament zum Beispiel wurde nicht **im** Interesse, sondern **gegen** die Interessen der Solinger Werktätigen eingesetzt. Und was nutzt uns eine sozialdemokratische Regierung in Nordrhein-Westfalen, wenn sie sich in ihrer Politik kaum unterscheidet von einer CDU-Regierung.

Jeder, der mich kennt, weiß, daß ich immer bereit war, bin und sein werde, mit den sozialdemokratischen Freunden auf der Grundlage des Kampfes zusammenzuarbeiten,

***des Kampfes gegen die atomare Aufrüstung der Bundeswehr und Errichtung von Raketenabschußbasen,***

***des Kampfes gegen Preissteigerung und hohe Massensteuern,***

***des Kampfes für bessere Lohn- und Arbeitsbedingungen,***

***des Kampfes für Frieden, für deutsche Wiedervereinigung, für den Sozialismus!***

## Osthandel statt Kanonen.

Wenn die Firma Krupp ihre Absicht keine Kanonen mehr zu bauen aufrecht erhält, ist das sehr begrüßenswert. Um nun den langsam auftauchenden Absatzschwierigkeiten begegnen zu können, verhandelte der Generalbevollmächtigte der Firma, Beitz, in Moskau über Lieferungen in Höhe von 50 Millionen DM nach der Sowjet-Union. „Es ist auch besser", schreibt Paul Sethe in der „Welt" am 7. 6. 58, „Krupp und seine Freunde weichen vor dem Exportrückgang in der Ausfuhr nach der Sowjet-Union aus, als daß sie sich in der Herstellung von Panzern und Kanonen flüchten."

Jawohl, das ist der richtige Weg! Die Länder des Ostens brauchen viele Waren, die wir liefern können. Und umgekehrt können wir viele Produkte aus den Ländern des Ostens gebrauchen. ***Es gibt nur zwei Wege in der Weltpolitik: Entweder friedliches Nebeneinanderleben oder Aufrüstung und kriegerische Auseinandersetzung.***

Wer dafür ist, daß unser Volk im friedlichen Nebeneinanderleben mit anderen Völkern arbeiten und existieren soll, der muß die Aufrüstungspolitik der CDU, insbesondere die atomare Aufrüstung der Bundeswehr bekämpfen. Anknüpfung wirtschaftlicher und kultureller Beziehungen zwischen Ost und West ist der beste Weg zur politischen Entspannung und der erste Schritt zur Verhinderung militärischer Konflikte.

## Metallarbeiter gegen atomare Aufrüstung.

Am 5. Juni tagte die Vertreterversammlung der IG Metall der Verwaltungsstelle Solingen/Haan, die 15 000 Metallarbeiter vertritt. Sie nahm u. a. auch Stellung zu dem im September stattfindenden Verbandstag. In einem Antrag an den Verbandstag wurde der Gewerkschaft vorgeschlagen die Aktion „Kampf dem Atomtod" mit aller Kraft zu unterstützen.

***Zur Verhinderung der atomaren Aufrüstung der Bundeswehr sollen gewerkschaftliche Kundgebungen, Demonstrationen und Warnstreiks durchgeführt werden.*** Der vom 4. Jugendkongreß der IG Metall vorgeschlagene Protestmarsch der Gewerkschaftsjugend nach Bonn soll von allen Organen der IG Metall unterstützt werden.

In den örtlichen Ausschuß „Kampf dem Atomtod" wurden 5 Koll. delegiert. Es war die allgemeine Auffassung, daß der Kampf gegen die atomare Aufrüstung der Bundeswehr und gegen die Errichtung von Raketenabschußbasen ***viel energischer als bisher*** von Seiten der Gewerkschaften geführt werden müsse.

Viele Menschen wiegen sich in der Illusion, daß ein Atomkrieg sowieso nicht komme, man brauche deshalb auch nichts dagegen zu tun. Das ist ein verhängnisvoller Irrtum. In diesen Tagen erklärte der frühere amerikanische Minister der Luftwaffe, Finletter, es sei durchaus möglich, daß ein Wasserstoff Bombenkrieg durch einen Irrtum ausgelöst werden könne. Er bezeichnete es als „idiotisch" zu glauben, daß in einer von Atombomben und interkontinentalen Raketen strotzenden Welt diese Waffen niemals losgehen würden.

***Sie werden nur dann nicht losgehen, wenn die Völker einen ständigen, nicht nachlassenden Kampf gegen die Gefahren eines Atomkrieges durchführen mit dem Ziel des Verbotes und der Vernichtung der Atomwaffen.*** Wir müssen bei uns in der Bundesrepublik den Kampf zur Verhinderung der atomaren Aufrüstung der Bundeswehr, der Lagerung von Atomwaffen auf deutschem Boden und der Errichtung von Raketenabschußbasen führen. Das liegt sowohl im Interesse des deutschen Volkes, wie auch der anderen Völker.

## Wer trägt die größte Steuerlast?

Im Vergleich zu anderen Ländern muß der bundesrepublikanische Steuerzahler eine größere Steuerlast tragen als in den meisten Ländern der Welt. In Prozent des Nationaleinkommens (auch Sozialprodukt genannt) beträgt die Steuerlast in folgenden Ländern:

| | |
|---|---|
| ***Bundesrepublik*** | ***= 31,7 Prozent*** |
| ***Frankreich*** | ***= 28,8 Prozent*** |
| ***Holland*** | ***= 28,2 Prozent*** |
| ***USA*** | ***= 25,9 Prozent*** |
| ***Schweiz*** | ***= 20,3 Prozent*** |

Es liegt auf der Hand, daß die umfassenden Rüstungspläne der Bundesregierung die Steuerlast in den nächsten Jahren noch größer und drückender werden läßt. Nur Abrüstung ermöglicht einen Abbau der Steuerlast. Folgende Forderungen sind deshalb immer wieder zu erheben und im zähen Kampf durchzusetzen:

- **Senkung der Massensteuern!**
- **Erhöhung des Steueranteiles für die Gemeinden!**
- **Verwendung der Steuern für friedliche Zwecke!**

## Wer soll das bezahlen . . .?

Sie leben nicht schlecht, die Herren Offiziere der Bundeswehr. Es ist durchaus kein Geheimnis, was sie für das Drillen der Muskoten an Gehalt pro Jahr bekommen. Und „gedrillt wird bis die Fetzen fliegen", wie sich einer dieser oberen Herrschaften auszudrücken beliebte. Der Bundeshaushalt 1958 hat im Einzelplan 14 verraten, wie hoch die Gehälter sind.

Zu dem Jahresgrundgehalt kommt noch ein Ortszuschlag, der sich hauptsächlich aus Wohnungsgeld zusammensetzt.

| Es erhalten in DM: | Grundgehalt | Ortszuschlag |
|---|---|---|
| General | 39 600 | 3 300 |
| Generalleutnant oder Vizeadmiral | 31 380 | 2 600 |
| Generalmajor oder Konteradmiral | 28 080 | 2 475 |
| Generalstabsarzt | 28 080 | 2 475 |
| Brigadegeneral oder Flottenadmiral | 26 400 | 2 200 |
| Generalarzt oder Admiralarzt | 26 400 | 2 200 |
| Oberst oder Kapitän zur See | von 12 612<br>bis 20 820 | 914<br>1 735 |
| Oberstarzt oder Flottenarzt | 20 820 | 1 735 |
| Oberstapotheker | 20 820 | 1 735 |
| Oberfeldarzt oder Flotillenarzt | von 10 968<br>bis 17 880 | 914<br>1 735 |
| Oberstleutnant oder Fregattenkapitän | von 9 684<br>bis 16 020 | 914<br>1 735 |
| Major oder Korvettenkapitän | von 8 820<br>bis 13 860 | 593<br>1 335 |
| Hauptmann oder Kapitänleutnant | von 7 016<br>bis 11 480 | 593<br>1 335 |
| Oberleutnant oder Oberleutnant zur See | von 5 376<br>bis 8 400 | 352<br>800 |
| Leutnant oder Leutnant zur See | bis 8 400 | 800 |

Wer soll das bezahlen. . . .?
Natürlich wir Steuerzahler. . !
Dafür tragen wir auch in der Bundesrepublik im Vergleich zu den anderen Ländern die höchste Steuerlast. Und warum? Weil die CDU es will! Die Militaristen und Rüstungsindustriellen sollen nach ihrem Willen auf Kosten des Volkes leben. Der Durchschnittslohn eines Arbeiters beträgt noch keine 5000 DM im Jahr. Und dafür muß er schwer arbeiten.

## Jugendarbeitsschutzgesetz seit 7 Jahren auf Eis gelegt.

Unglaublich — 13 Jahre nach der Zerschlagung der faschistischen Diktatur ist noch immer das von der Nazi-Regierung erlassene Jugendschutzgesetz in Kraft. Bereits im ersten Bundestag hatte die KPD-Fraktion den Entwurf eines neuen Jugendschutzgesetzes eingebracht, der aber von den übrigen Fraktionen zurückgewiesen wurde. **Die Mehrheit des Bundestages sah sich aber im April 1951 veranlaßt, die Adenauer-Regierung zur baldigen Vorlegung eines Gesetzenswurfes zur Neuregelung der Jugendschutzbestimmungen aufzufordern.**

Erst im März 1957 bequemte sich die Adenauer-Regierung dazu und zwar deshalb, weil die SPD-Fraktion dreiviertel Jahre vorher einen eigenen Gesetzentwurf eingebracht hatte.

Der Bundestag hatte dann im Mai 1958 den Gesetzentwurf „zum Schutze der arbeitenden Jugend" zur Beratung in die Ausschüsse verwiesen.

**Bereits 7 Jahre liegt das Jugendarbeitsschutzgesetz auf Eis und ist immer noch nicht verabschiedet. So sieht die Hilfe für die bedrohte Jugend aus.**

Wie äußerst dringend dieses Gesetz ist, zeigt eine Feststellung in der Bremer Berufsschule. Jugendliche bis 18 Jahre arbeiten trotz der allgemein durchgesetzten 45 Stundenwoche meistens 48 Stunden, oft sogar bis zu 60 Stunden. 32 % der im Handwerk, 50 % der in der Hauswirtschaft und 54 % der im Einzelhandel beschäftigten Jugendlichen wurden eine solch unverantwortlich lange Arbeitszeit aufgebürdet.

Der Bonner Regierungsentwurf ist ungenügend. Er sieht u. a. einen Achtstundentag für Jugendliche im Bergbau vor, obwohl die IG-Bergbau bereits den Siebenstundentag erstrebt. **Auf alle Fälle muß das neue Jugendarbeitsschutzgesetz eine wesentliche Verbesserung gegenüber dem noch in Kraft befindlichen Nazi-Jugendschutzgesetz erhalten.**

Das ist nicht nur Sache der Parlamentarier, auch die Gewerkschaften müssen hier mitberaten, denn sie haben die meisten Erfahrungen im Kampf gegen die Ausbeutung der Jugendlichen gesammelt. Das Jugendarbeitsschutzgesetz darf nicht länger auf Eis liegen!

## Wohnungsbau muß im Mittelpunkt der Aufbauarbeit stehen.

Trotz bedeutsamer Erfolge im Wohnungsbau muß in der Bundesrepublik in den nächsten Jahren ein Bedarf von 3,4 Millionen Wohnungen gedeckt werden. Dabei ist noch nicht der Ersatz für die Häuser eingerechnet, die über hundert Jahre alt sind und längst durch moderne Wohnungen ersetzt werden müßten.

**In Nordrhein-Westfalen wurden in den Nachkriegsjahren eine Million Wohnungen, die mit öffentlichen Mitteln gefördert wurden, gebaut. Es fehlen aber immer noch 650 000 Wohnungen.** Wenn auch für den Wohnungsbau in Nordrhein-Westfalen seit der Währungsreform etwa 10 Milliarden DM, davon fast die Hälfte Landesmittel, ausgegeben wurden, so hätte doch mehr erreicht werden können, wenn die Milliarden, die bereits für die Aufrüstung ausgegeben wurden, dem Wohnungsbau zur Verfügung gestellt worden wären.

Als Mitglied des Aufsichtsrates des Ohligser Bauvereins muß ich mich immer wieder mit dem Wohnungsproplem auseinandersetzen. Wie viele Menschen warten seit Jahren auf eine menschenwürdige Wohnung. Viele leben noch in Notunterkünften. Manches junge Ehepaar lebt eingeengt mit den Eltern zusammen. Wie kann man hier durchgreifende Änderung und Hilfe erreichen?

Die Antwort kann nur lauten: Mehr Landes- und Bundesmittel! Wohnungen statt Kasernen! Durch Abrüstung Gelder freistellen für Wohnungen! Panzer und Kanonen, Atomwaffen und Raketen brauchen wir nicht — Wohnungen brauchen wir dringend!

Wie gesagt fehlen im Bundesgebiet 3,4 Millionen Wohnungen. Bis Ende 1960 sollen für die Aufrüstung der Bundeswehr (ohne die Kosten der atomaren Ausrüstug) 52 Milliarden DM ausgegeben werden. Bei einem Durchschnittspreis für eine Wohnung von 20 000 DM können **für die 52 Miliarden DM 2,6 Millionen Wohnungen gebaut werden.**

Stellen wir noch einige weitere Vergleiche über die Rüstungskosten und den Bau von Wohungen an. Für die Kosten folgender Kriegsmaterialien können gebaut werden:

- Eine Bataillonskaserne = 1000 Wohnungen
- Ein Panzer = 25 Wohnungen
- Ein Zerstörer = 5000 Wohnungen

Die Beispiele könnten beliebig fortgesetzt werden. Sie machen erst anschaulich, wie die Aufrüstung in unser tägliches Leben eingreift.

**Das Geld für einen einzigen Zerstörer würde ausreichen, um die gesamte Wohnungsnot in Solingen zu beseitigen.**

Die CDU will lieber einen Zerstörer haben als den Wohnungssuchenden in Solingen ein menschenwürdiges Heim zu verschaffen.

Ob es wohl einen Wohnungssuchenden in Solingen gibt, der sagt: Ich will lieber einen Zerstörer, als eine Wohnung? Wohl kaum! Wer aber CDU wält, der wählt Zerstörer, Panzer, Kasernen, Flugzeuge, Raketen usw. Der wählt auch den Verzicht auf umfassenden Wohnungsbau!

# Wählt Unabhängig Wilhelm Dickhut!

Herausgegeben und verantwortlich für den Inhalt: Wilhelm Dickhut, Solingen-Ohligs · Druck: Deller-Druck

*In einem anderen Abschnitt mit der Überschrift ›Wer trägt die größte Steuerlast?‹ vergleicht der Angeschuldigte die Steuerlast, die ein Angehöriger der Bundesrepublik zu tragen hat, mit den Steuern in anderen Ländern. Diese Ausführungen stimmen zum Teil wörtlich mit dem Artikel des Mitangeschuldigten Eckert ›Wer soll das bezahlen?‹ in dessen Wahlpropagandaschrift ›Die Antwort‹ überein.*

*Ferner verteilte der Angeschuldigte rote Wahlzettel mit der Aufschrift ›Wählt Unabhängig — Willi Dickhut‹. Diese Wahlzettel gleichen den Wahlzetteln des Mitangeschuldigten Krell ›Wählt Wilhelm Krell — Unäbhängig‹ in Form, Inhalt und Farbe. Schließlich lud der Angeschuldigte Dickhut durch Flugblätter zu einer am 24. Juni 1958 in der Gaststätte Müller in Solingen veranstalteten Wahlversammlung ein, bei der er über das Thema ›Wie wird die drohende Katastrophe verhindert‹ referierte.*

*Der Angeschuldigte ließ seine Wahlpropagandaschriften durch den Druckereibesitzer Deller herstellen, an den er dafür 855,50 DM bezahlte. Ferner brachte er — wie bereits unter III.2 ausgeführt — den Mitangeschuldigten Krell mit dem Zeugen Deller in Verbindung, ließ sich im Einverständnis mit Krell die Bürstenabzüge von dessen Wahlschrift aushändigen und nahm selbständig die Korrektur des Probeabzugs vor.*

*Nachdem die Kandidatur des Angeschuldigten durch den Landeswahlausschuß nicht zugelassen worden war, gab er die Druckschrift ›Unabhängige Meinung‹ heraus, in der er sich mit den Gründen befaßt, die zur Ablehnung seiner Kandidatur geführt haben. Er führt aus, daß die ›SPD zum Schrittmacher undemokratischer Maßnahmen in NRW geworden‹ sei. Die Bevölkerung der ›DDR‹ werde sich für derart ›freie Wahlen‹ bedanken. Die Wahl in NRW sei eine ›Terrorwahl‹. Er werde sich für die Erhaltung und Sicherung der demokratischen Rechte des Volkes einsetzen. In einem anderen Abschnitt der Druckschrift befaßt sich der Angeschuldigte erneut mit der Atomaufrüstung und fordert den Austritt der Bundesrepublik aus der NATO. Unter der Überschrift ›Ein sonderbarer Widerspruch‹ heißt es, daß die CDU der SPD nur zuzurufen brauche, sie nähere sich den Kommunisten, und schon beiße diese den faulen Köder an. Die meisten SPD-Führer betrieben eine Kommunistenhetze.«*

# Die Konferenz in der DDR und die anonymen Zeugen

Eine besondere Rolle spielte im Verlaufe des Prozesses eine vom Parteivorstand einberufene Konferenz in der DDR, an der ein Teil der »Unabhängigen Kandidaten« sowie Max Reimann und Hugo Paul teilnahmen. Hier meinte die Staatsanwaltschaft den Beweis zu haben, daß alle »Unabhängigen« in Wahrheit von der SED gesteuert waren. Ich selbst hatte an dieser Konferenz nicht teilgenommen, und das Kommissariat 14 hatte von meinem Chef erfahren, daß ich wirklich zu dieser Zeit im Betrieb gearbeitet hatte.

Die Anklageschrift enthielt einen detaillierten Bericht über die Konferenz, was nur mit der Anwesenheit von Spitzeln auf der Konferenz selbst zu erklären war.

*»Die Konferenz, die sich ebenfalls mit der Vorbereitung der Landtagswahlen befaßte, wurde am 15. und 16. März 1958 am Werbellin-See in der SBZ (sowjetische Besatzungszone) durchgeführt. Kurze Zeit vor dieser Konferenz erhielten, wie der KOK Schulte und der KM Wiedenhagen bekunden werden, die Instrukteure der illegalen KPD vom Zentralkomitee dieser Partei die Weisung, sich um die Aufstellung von ›Unabhängigen Kandidaten‹ zu bemühen. Anfänglich war vorgesehen, solche Personen anzusprechen, die nicht Mitglieder der KPD gewesen waren. Die insoweit angesprochenen Personen, die durch sog. ›Finanzierungskomitees‹ unterstützt werden sollten, lehnten es jedoch ab, sich als ›Unabhängige Kandidaten‹ aufstellen zu lassen. Das Zentralkomitee beschloß daher, die Kandidaten, die früher Funktionäre oder Mitglieder der KPD gewesen waren, zu der Konferenz vom 15. und 16. März 1958 zu entsenden. Von den Kreisen, von denen ein ›Unabhängiger Kandidat‹ noch nicht bestimmt werden konnte, war ein Mitglied des sog. Dreierkopfes, d. h. der illegalen KPD-Kreisleitung, zu entsenden.*

*Die von den illegalen Instrukteuren ausgesuchten und für die Konferenz bestimmten Personen erhielten die Fahrtkosten für die Reise mit der Bundesbahn von ihrem Heimatort nach Westberlin. Es handelte sich um insgesamt 38 Personen, die sämtlich aus Nordrhein-*

*Westfalen stammten. Hierzu gehörten der Tischler Hermann Rahlmeyer aus Rehme, ferner Rolf Wissmann und Philipp Roth, beide aus Bielefeld, die nicht als ›Unabhängige Kandidaten‹ vorgesehen waren. Außerdem konnten als Teilnehmer an der Konferenz folgende, in besonderen Verfahren verfolgte Personen ermittelt werden, die später als ›Unabhängige Kandidaten‹ in Erscheinung getreten sind: Egon Homann und Hans Rösch aus Dortmund, Heinz Huf aus Dinslaken und Wilhelm Krell aus Remscheid.*

*Die meisten Teilnehmer fuhren am 14. März 1958 mit dem um 22.42 Uhr in Köln eingesetzten D-Zug 119 nach Westberlin. Dort mußten alle Beteiligten am Bahnhof Zoologischer Garten oder am Bahnhof Friedrichstraße aussteigen. Aus konspirativen Gründen hatte man den Teilnehmern untersagt, den Zug am Bahnhof Berlin-Ost zu verlassen. Anschließend begaben sich die 38 Teilnehmer einzeln nach der Wohnung eines Rudolf Weber in Ostberlin, Straußbergerplatz 16, die ihnen vorher als Anlaufstelle angegeben worden war. Die Konferenzteilnehmer wurden in das Wohnzimmer oder den Flur dieser Wohnung geführt. Kurze Zeit später bat sie ein unbekannter SED-Funktionär, in der Nähe des Hauses auf den Abtransport zu warten. Von dort wurden sie mit Fahrzeugen über Weißensee und Bernau zu der in der Schorfheide in der Nähe des Werbellin-Sees gelegenen ›Pionierrepublik Wilhelm Pieck‹ gebracht, wo sie auf dem durch einen hohen Bretterzaun abgeschirmten Vorhof des ›August-Bebel-Hauses‹ ausstiegen.*

*Am Nachmittag des 15. März 1958 begann die Konferenz. Die Teilnehmer wurden durch den 1. Sekretär des Zentralkomitees der illegalen KPD, Max Reimann, formlos begrüßt. Es wurde die Anweisung erteilt, weder Speisekarten noch Schriften oder Zeitungen mitzunehmen, die im ›August-Bebel-Haus‹ vorrätig gehalten wurden. Außerdem wurde verboten, sich über den Verlauf der Tagung Notizen zu machen. Kein Teilnehmer durfte seinen Namen nennen. Vielmehr erhielt jeder Anwesende von einer weiblichen Person, der allein er seinen Namen nennen durfte, ein Stück des im Vervielfältigungsverfahren hergestellten ›Wahlprogramms‹ der KPD. Dieses Stück enthielt eine Kenn-Nummer, unter der sich jeder Teilnehmer zur Diskussion melden konnte. Das ›Wahlprogramm‹ mußte nach Schluß der Konferenz wieder zurückgegeben werden.*

*Die Konferenz wurde von dem früheren KPD-Bundestagsabgeordneten Hugo* **Paul** *eröffnet, der auch die Tagesordnung bekanntgab. Anschließend referierte Max Reimann. Zu Beginn seiner Ausführungen befaßte er sich mit politischen Fragen, wie der ›verstärkten Abwehr der westdeutschen Bevölkerung gegen die Aufrüstung in der Bundesrepublik, der Verständigung und der Konföderation zwischen den beiden Teilen Deutschlands sowie der ökonomischen Entwicklung und dem Heranreifen einer revolutionären Situation in Westdeutschland‹.*

*Im Anschluß hieran sprach Reimann über die Notwendigkeit, zu den Landtagswahlen in Nordrhein-Westfalen ›Unabhängige Kandidaten‹ aufzustellen. Die Erfahrungen bei der Bundestagswahl 1957, bei der die Kommunisten aufgefordert worden seien, ihre Stimme den SPD-Kandidaten zu geben, hätten gezeigt, daß die vor der Wahl angestellten Überlegungen falsch gewesen seien. Durch die Aufstellung ›Unabhängiger Kandidaten‹ solle die KPD die Möglichkeit einer legalen politischen Mitarbeit erhalten. Die illegale KPD dürfe sich mit den ›Unabhängigen‹ nicht identifizieren; vielmehr dürfe lediglich ein illegaler KPD-Funktionär unter Beachtung der konspirativen Regeln den Kontakt zu den jeweiligen Kandidaten unterhalten. Reimann wies darauf hin, daß die ›Unabhängigen Kandidaten‹ Druckschriften in laufender Folge herausgeben sollten, und zwar in der Form, daß ein Zeitungsformat mit einem ständigen Kopf gewählt werde, um die Seriösität zu unterstreichen. Diese Zeitungen sollten nicht nur auf den Wahlkampf abgestellt sein, sondern auch die Grundlage für ein Erscheinen nach der Wahl bilden und damit als Ersatzpresse für die KPD gelten. Jeder Kandidat solle sich eines Stabes von Wahlhelfern bedienen, die ihm durch die anleitenden illegalen Instrukteure zugewiesen würden. Dieser aus Kandidaten und Wahlhelfern gebildete Kreis sei geeignet, die Tätigkeit der illegalen KPD abzudecken und die Politik der KPD aus einer legalen Position heraus an die Bevölkerung heranzubringen.*

*Max Reimann führte weiter aus, daß die Finanzierung des Wahlkampfes gesichert sei; kein Kandidat brauche sich um die finanziellen*

*Angelegenheiten zu sorgen; die KPD werde hier in großzügiger Weise helfen. Jedoch müsse jeder Kandidat den Versuch unternehmen, bei Bekannten und Geschäftsleuten sowie in Versammlungen Spenden zu sammeln, damit durch den Nachweis solcher Spenden der Finanzaufwand durch die KPD verschleiert werden könne. Er wies weiter darauf hin, daß nicht in allen Wahlkreisen ›Unabhängige Kandidaten‹ aufzutreten brauchten. Von der Kandidatur eines ›Unabhängigen‹ könne dann abgesehen werden, wenn in dem entsprechenden Wahlkreis ein ›fortschrittlicher‹ Kandidat einer anderen Partei auftrete, von dem man überzeugt sei, daß er die richtige Linie verfolge. Als Beispiel hierfür erwähnte Reimann den Wahlkreis Essen-Rüttenscheid, wo der Rechtsanwalt Dr. Posser kandidieren würde. Dagegen könne in ausgesprochenen Arbeitervierteln auf die Aufstellung ›Unabhängiger Kandidaten‹ nicht verzichtet werden, so z. B. in Essen-West, wo Heinz Renner, mit dem er kürzlich eine Aussprache über die Betätigung der ehemaligen KPD-Landtagsabgeordneten von NRW im Hinblick auf den bevorstehenden Wahlkampf geführt habe, kandidieren werde.*

*Um 17 Uhr wurde eine Kaffeepause eingelegt, in der die Teilnehmer von einer weiteren weiblichen Person gegen Quittung 20 Mark Ost erhielten. Die Quittungsliste wurde so gehalten, daß die Teilnehmer keinen Einblick nehmen konnten. Der Empfang des Geldes wurde auf einem Quittungsblock bestätigt, auf dem jeder Teilnehmer einen beliebigen Vornamen und seine Teilnehmernummer setzen mußte. Nach Rückkehr in den Konferenzraum wurde eine Liste herumgereicht, in der die Teilnehmer ihre Kenn-Nummer und die Uhrzeit der beabsichtigten Abfahrt eintragen mußten. Hugo* **Paul** *wies dabei darauf hin, daß weder Namen noch Zielorte einzutragen seien. Er stellte den Beteiligten nunmehr anheim, am folgenden Tage mit Reimann oder ihm selbst Einzelrücksprachen zu führen. Es bestehe auch die Möglichkeit, daß die Teilnehmer noch zwei Tage länger im ›August-Bebel-Heim‹ bleiben könnten. Von diesem Angebot machten drei Personen, darunter Rahlmeyer, Gebrauch.*

*Anschließend fand eine Diskussion statt, in der die Ausführungen des ›Wahlprogramms‹ kritisiert wurden.*

*Am 16. März 1958 wurde die Konferenz um 9.30 Uhr in Anwesenheit von Max Reimann, Hugo* **Paul** *und vier nicht bekannten SED-Funktionären fortgesetzt. Hugo* **Paul** *eröffnete wiederum die Konferenz und nahm in einem Referat zur Wirtschaftslage in der Bundesrepublik Stellung, wobei er die Arbeit der westdeutschen Gewerkschaften scharf kritisierte. Er führte u. a. aus, daß man die Gewerkschaften unter den Einfluß der Kommunisten bekommen könne, wenn man durch entsprechende Anträge, z. B. in der Frage der Atombewaffnung, Unruhe unter der westdeutschen Arbeiterschaft entfessele; dieser Frage könnten die Gewerkschaftsfunktionäre der Bundesrepublik nicht mehr ausweichen, sie müßten ›Farbe‹ bekennen.*

*Diesem Referat schloß sich wiederum eine Diskussion an, in der ein Teilnehmer daran Kritik übte, daß die in die Bundesrepublik entsandten FDGB-Funktionäre laufend frühere KPD-Mitglieder anliefen und dadurch den illegalen KPD-Apparat gefährdeten. Max Reimann erklärte hierzu, er habe über diese Frage bereits mit dem FDGB-Vorsitzenden Warnke gesprochen und wisse, daß der FDGB eine entsprechende Weisung herausgegeben habe, der die Instrukteure offenbar nicht nachkämen.*

*Gegen 14 Uhr schloß Reimann die Konferenz mit der Bemerkung, diese Zusammenkunft sei eine der fruchtbarsten Konferenzen gewesen, an der er je teilgenommen habe. Er wies noch einmal darauf hin, daß die Kandidaten besonders wachsam sein und die Sicherheitsregeln in der Parteiarbeit unter Zugrundelegung einer Abhandlung von Theo Mahr ›Über das Wirken des Gegners und offensive Gegenmaßnahmen der Partei‹ beachten müßten.*

*Nach Konferenzschluß wurden den Beteiligten die Kosten für die Rückfahrt sowie der entstandene Lohnausfall in DM West ausgehändigt. Die entsprechende Empfangsbestätigung durfte auch jetzt nur mit einem beliebigen Vornamen und der Kenn-Nummer unterzeichnet werden. Reimann verabschiedete sich von jedem Teilnehmer mit Handschlag . . .«*

Die weitere Gerichtsverhandlung bestätigte unsere Vermutung, daß auf der Konferenz zwei Spitzel gewesen waren. Im Protokoll der Gerichtsverhandlung hieß es:

*»Die weitere Entwicklung hat in den Feststellungen über die Konferenz vom 15./16. März 1958 ihren Niederschlag gefunden. Insoweit hat die Strafkammer die durch die vernehmenden Beamten* ***als Zeugen vom Hörensagen*** *wiedergegebenen Angaben der nicht selbst als Zeugen freigegebenen Gewährsleute der Polizei* ***besonders sorgfältig auf ihre Glaubwürdigkeit geprüft****. Sie hält sie aus folgenden Gründen für wahr:*

*Die Zeugen Kriminalhauptkommissar Schulte (Bielefeld) und Kriminalhauptkommissar Hammacher (Düsseldorf) haben, unabhängig von einander und ohne von den entsprechenden Ermittlungen des anderen zu wissen, jeder eine andere Gewährsperson vernommen. Die von ihnen wiedergegebenen Aussagen dieser Gewährspersonen enthalten keinen einzigen Widerspruch, sondern decken und ergänzen einander in einleuchtender Weise.*

*Die Gewährspersonen haben aus zahlreichen Lichtbildern von verdächtigen und unverdächtigen Personen die von einigen Teilnehmern an der Werbelliner Konferenz herausgefunden; von den auf diesen Bildern dargestellten haben einige, darunter die Zeugen Rahlmeyer, Wißmann und Roth vor der Polizei die Teilnahme später zugegeben, wie die in der Hauptverhandlung vorgenommenen Polizeibeamten Fiedler, Hülsmann, Däckel und Kröger übereinstimmend und glaubhaft bekundet haben.*

*Die Angaben der Gewährspersonen decken sich mit der allerdings den Inhalt der Referate und Diskussionen nur pauschal wiedergebenden Aussage, die die Zeugen Rahlmeyer, Wißmann und Roth nach den Aussagen der eben erwähnten Kriminalbeamten bei ihrer polizeilichen Vernehmung von sich aus gemacht haben . . .*

*Das Verhalten der Angeklagten und vieler anderer unabhängiger Kandidaten, insbesondere der durch die bereits erwähnten Urteile der Kammer in Sachen Schabrod u. A. vom 9. Juni 1959 und Huf u. A. vom 8. Juni 1961 verurteilten, entsprach den von den Gewährspersonen wiedergegebenen Anweisungen der Leitung der illegalen KPD auf der Konferenz.«*

**Was war Besonderes an dieser Art der Zeugenaussage?**

Die Stelle aus dem Protokoll ist sehr verwirrend geschrieben, und das kommt nicht von ungefähr. Denn diese Art der Zeugenaussage durch Gewährsleute der Polizei hatte eine neue Qualität, was jedoch kaum jemandem auffiel. So sagte der Kriminalkommissar Hammacher in der Gerichtsverhandlung über seinen Gewährsmann — sprich Spitzel — als Zeuge aus: »Ich bestätige, daß mein Gewährsmann — nennen wir ihn mal A. M. — und das dem Gericht vorliegende Protokoll wörtlich in ihren Aussagen übereinstimmen.«

Damit hatte sich Hammacher keineswegs mit dem Inhalt identifiziert oder eine Äußerung über den Wahrheitsgehalt dieser Aussagen getroffen. Und trotzdem galt die somit protokollarische Aussage des Unbekannten jetzt als echte Zeugenaussage. Damit war auch das Recht des Angeklagten und seines Verteidigers, Fragen an den Zeugen zu stellen, hinfällig. Denn der Zeuge war ja anonym, sozusagen unüberprüfbar.

Nur dann wurde die Aussage des Polizeispitzels wertlos, wenn der Angeklagte nachweisen konnte, daß an dieser protokollarischen Aussage etwas falsch war. Und genau dieses konnten wir. Der Spitzel hatte an Hand des polizeilichen Fotoalbums als einen Teilnehmer der Konferenz in der Schorfheide angeblich eindeutig Willi Krell aus Remscheid erkannt. Seine Frau Änne wurde als Zeugin geladen und befragt, wo ihr Mann zu der betreffenden Zeit gewesen sei. Mit fester sicherer Stimme antwortete sie: »Er war nicht bei der Konferenz, sondern zu Hause.« »Woher wissen Sie das so genau?« »Er war krank und lag im Bett, das weiß ich ganz sicher.« Noch einmal bohrte der Richter nach, wie sie sich denn so sicher sein könnte. »Nun«, antwortete Änne Krell, »mein Mann hatte ja Geburtstag, und die ganze Verwandtschaft erschien am Krankenbett.«

So war also eindeutig, daß der Polizeizeuge **falsche Aussagen** gemacht hatte. Dadurch wurden alle zu Protokoll gegebenen Aussagen beider anonymer Zeugen wertlos und auch im weiteren Verlauf des Prozesses nicht mehr benutzt.

## Die Hauptverhandlung der IV. Großen Strafkammer

Am ersten Tag der Hauptverhandlung befaßte sich das Gericht mit den Lebensläufen der Angeklagten. Was mich betrifft, wurden folgende Angaben protokollarisch festgehalten:

*»Der* ***Angeklagte Dickhut*** *wurde 1904 in Schalksmühle als Sohn eines Fuhrunternehmers geboren, der verunglückte, als der Angeklagte vier Jahre alt war. Die Familie des Angeklagten — er hatte noch sieben Geschwister — geriet daher in Not; seine Mutter und seine älteren Geschwister mußten in der Fabrik arbeiten, während die meisten anderen Familienmitglieder als Heimarbeiter tätig waren. Im Oktober 1918 begann der Angeklagte eine dreijährige Schlosserlehre. Durch einen Streik im Jahre 1920 kam er mit der ›Arbeiterbewegung‹ in Berührung.* ***Im Januar 1921 trat er dem Deutschen Metallarbeiterverband bei,*** *in dem er sich sehr aktiv betätigte. 1924 wurde er fristlos entlassen, weil er einen Streik gegen die Aufhebung des 8-Stunden-Tages inszeniert hatte. Damals will er erkannt haben, daß die gewerkschaftlichen Kampfmaßnahmen allein zur Verwirklichung der Arbeiterinteressen nicht ausreichen, daß es vielmehr des* ***Kampfes der KPD*** *bedürfe.* ***Anfang 1926 trat er deshalb dieser Partei bei,*** *bekleidete in ihr zunächst aber nur untergeordnete Funktionen. Dagegen wirkte er wiederholt an Streikvorbereitungen mit und wurde deshalb mehrfach aus seiner Arbeitsstelle entlassen. Im Jahre 1928 ging er für ein Jahr als Facharbeiter in die Sowjetunion. Er arbeitete im Ural in einer Haarschneidemaschinenfabrik als Meister. Nach seiner Rückkehr war er bis 1933 arbeitslos und beteiligte sich am politischen Kampf gegen die Nationalsozialisten.*

***Am 1. März 1933 wurde der Angeklagte in »Schutzhaft« genommen*** *und in das Polizeigefängnis Solingen, später nach Anrath und am 1. August 1933 in das* ***KZ Börgermoor*** *überbracht. Im Januar 1934 kam er zurück nach Solingen, wo er fünf Monate lang zahlreichen Verhören und Mißhandlungen der Gestapo ausgesetzt war. Im Juni 1934 wurde er in das* ***KZ Esterwege*** *geschafft. Ein Verfahren gegen ihn wegen Vorbereitung zum Hochverrat wurde im Januar 1935* *niedergeschlagen; im Februar 1935 wurde er entlassen und ging zur Firma Klopp in Solingen-Wald. Im Jahre* ***1938 denunzierte man ihn,*** *und er wurde erneut verhaftet und im November 1938 vom Sondergericht Hamm zu* ***einem Jahr und neun Monaten Gefängnis*** *verurteilt. Die früher erlittene Haft wurde auf diese Strafe angerechnet. Anschließend arbeitete er erneut bei der Firma Klopp, bis er im August 1944 wegen angeblicher Vorbereitung zum Hochverrat und Feindbegünstigung erneut verhaftet wurde. Nach einem* ***Bombenangriff im November 1944 konnte er jedoch fliehen*** *und kehrte erst kurz vor dem Einmarsch der Amerikaner nach Solingen zurück. Bei Wiedergründung der KPD wurde er deren 1. Kreissekretär in Solingen. Im Februar 1946 sandte ihn die Militärregierung in das erste Stadtparlament. Er kandidierte jedoch nicht erneut für den Stadtrat, sondern blieb hauptamtlich als 1. Kreissekretär der KPD für Solingen und in der Bezirksleitung dieser Partei tätig.* ***Nach dem Verbot der KPD wurde er Delegierter der IG Metall . . .«***

Es folgten dann die Einlassungen der Angeklagten:

*»Die Feststellungen zur Person und zur politischen Tätigkeit der Angeklagten vor dem Verbot der KPD beruhen im wesentlichen auf ihrer Einlassung . . .*

*Die Angeklagten geben lediglich die äußeren Umstände ihres Auftretens als ›Unabhängige Kandidaten‹ und die Herausgabe von Propagandaschriften vor und — soweit das bei ihnen in Betracht kommt — nach Ablehnung ihrer Kandidatur zu. Sie leugnen jedoch, dabei in Wirklichkeit als Kandidaten der illegalen KPD gehandelt zu haben.*

*Sie lassen sich wie folgt ein:*

*Sie seien zwar nach wie vor überzeugte Kommunisten und gewillt, soweit das im Rahmen der Gesetze zulässig sei, sich für ihre Überzeugung einzusetzen. Sie hätten jedoch nie Beziehungen zur illegalen KPD unterhalten und sich aus eigenem Beschluß aufgrund eigener Einschätzung der politischen Entwicklung, auf Anregung von Arbeitskollegen, Freunden und Bekannten dazu entschlossen, als Kandidaten aufzutreten und ihre Druckschriften herauszugeben. Entscheidend für ihren Entschluß sei die Zuspitzung der Frage der atomaren Bewaffnung gerade vor den Landtagswahlen gewesen, diese Wahlen hätten in viel größerem Maße als die Bundestagswahlen 1957 unter dem Zeichen des ›Atomtodes‹ gestanden. Von den Vorbereitungen der illegalen KPD zur Aufstellung unabhängiger Kandidaten hätten sie nichts gewußt; sie hätten auch die von dieser Partei erlassenen Direktiven zu den Kommunalwahlen in Nordrhein-Westfalen im Herbst 1956 und den Bundestagswahlen im Jahre 1957 nicht gekannt. Insbesondere sei ihnen das Wahlprogramm der illegalen KPD zu den Landtagswahlen 1958 nicht zu Gesicht gekommen . . .*

*Nach alledem steht fest, daß die KPD zu den Landtagswahlen 1958 die Aufstellung eigener, als ›unabhängig‹ getarnter Kandidaten geplant und vorbereitet, solche Kandidaten tatsächlich aufgestellt und sich in ihrer Propaganda für sie eingesetzt hat. Vor diesem Hintergrund hatte die Kammer die Einlassung der Angeklagten zu bewerten, sie hätten sich aus eigenem Antrieb als Kandidaten zu den Landtagswahlen gestellt und seien nur ideologisch, nicht aber auch organisatorisch mit der illegalen KPD verbunden gewesen. Die Kammer hat diese Frage bei jedem einzelnen Angeklagten sorgfältig geprüft. Sie ist davon überzeugt, daß sämtliche Angeklagten bewußt im Dienst der illegalen KPD als ›Unabhängige Kandidaten‹ aufgetreten sind . . . Zusätzlich zu den auch ihn im vollen Umfang belastenden allgemeinen Gründen spricht auch bei* ***Dickhut seine Zusammenarbeit mit Krell*** *gegen eine Einzelkandidatur und für eine solche im Auftrage der illegalen KPD.*

*Der Angeklagte hat zwar nachgewiesen, daß große Teile seiner Schriften auf Artikeln in damals zugelassenen Zeitungen beruhten. Dennoch läßt nicht nur die Tatsache, daß er seine Wahlpropaganda in Form einer periodischen Druckschrift betrieb, sondern auch Auswahl und Zusammenstellung seiner Artikel, die genau in den vom ›Wahlprogramm‹ geformten Rahmen passen, weitgehende Befolgung der von der KPD erteilten Richtlinien erkennen. Das wird besonders deutlich in der nach Ablehnung seiner Kandidatur herausgegebenen Schrift, in der er keineswegs nur gegen das Verbot seiner Kandidatur protestiert, sondern seine Interessen mit denen der übrigen ›Unabhängigen Kandidaten‹, die ihm angeblich fast alle unbekannt waren, identifizierte.«*

Eine wichtige Rolle bei der Feststellung der »Unabhängigen Kandidaten« spielten die sogenannten **»Fisch-Dokumente«.** Walter Fisch vom Parteivorstand der KPD, der die Kreisleitung Solingen bei der Bildung der Einheitsfront mit den Sozialdemokraten auf kommunaler Ebene 1952/53 unterstützt hatte, betätigte sich nach dem Parteiverbot illegal weiter. Am 4. Februar 1958 wurde er in Wuppertal gefaßt und verhaftet. Man fand zahlreiche Aufzeichnungen bei ihm, die Rückschlüsse auf »Unabhängige Kandidaten« zuließen. Hier die Stelle aus den Gerichtsakten:

*»Auch an anderen Stellen der Aufzeichnungen Fischs finden sich die Namen von Personen, die später als ›Unabhängige Kandidaten‹ aufgetreten sind, so z. B. in Dokument 359/75:*

| | | | |
|---|---|---|---|
| *Hr* | *Material* | *Düss* | *KS* |
| *HSchnei* | *ARG-Lehren* | *Velbert* | *Rohnig* |
| *in allen KK* | *›verlorene St‹* | *Hagen* | *Paul* |
| *keine 6 Wochen warten* | | *Solingen* | *Dick* |
| *jede Nr. FV* | | *Kö* | *R Nohl* |
| | | *Zons* | *Derendorf* |

*Mit der Abkürzung ›Dick‹ ist der Angeklagte Dickhut gemeint, der in Solingen als unabhängiger Kandidat aufgetreten ist.*

*›HR‹ bezeichnet den in Essen aufgetretenen ehemaligen Bundestagsabgeordneten Heinz Renner, ›KS‹ ist die von Fisch verwandte Abkürzung für den wegen seiner Kandidatur inzwischen verurteilten früheren Landtagsabgeordneten Schabrod, mit ›Paul‹ ist wiederum Harig gemeint . . .«*

Die meisten dieser »Fisch-Dokumente« hatten organisatorischen Charakter. Da die KPD illegal war, verstießen solche Aufzeichnungen **gegen die Regeln der Konspiration.** Daß diese Aufzeichnungen dann auch noch von ihm aufbewahrt wurden, war eine große Dummheit. Es war ja sowieso von vornherein Unsinn, bekannte Funktionäre als Kandidaten aufzustellen und dadurch die illegale Arbeit zu gefährden. In der Situation hätte Fisch noch doppelt wachsam sein müssen.

Bei seinen Recherchen war dem Gericht wirklich nichts entgangen:

*»Das gesamte Propagandamaterial ließ der Angeklagte durch den Druckereibesitzer Deller herstellen; für die ersten beiden Ausgaben*

*der Zeitung ›Unabhängig‹ und das sonstige Propagandamaterial zahlte er 855,50 DM, während die Schrift ›Unabhängige Meinung‹ in einer Auflage von 10 000 Stück 434,— DM kostete.«*

In dem Bestreben, mich zum Rädelsführer zu stempeln, griff die Staatsanwaltschaft die Rechnungen auf und behauptete, ich hätte das Geld dafür von der illegalen KPD-Führung erhalten. Damit hatte ich schon gerechnet und übergab dem Vorsitzenden einen Erbschein über 3 000,— DM, die mir meine verstorbene Schwester vermacht hatte. Höhnisch stellte ich dem Staatsanwalt die Frage: »Wieviel Geld darf man denn besitzen, um nicht als Rädelsführer gekennzeichnet zu werden?«

Landgerichtsdirektor Josten war Vorsitzender der Hauptverhandlung. Er hatte den Zweck meiner Wahlagitation und die Taktik der Tarnung durch legales Quellenmaterial erkannt und befaßte sich erstaunlich lange mit meinen drei veröffentlichten Zeitungen.

Etwas Außergewöhnliches geschah: Ich mußte aus der rechts vom Richtertisch befindlichen Angeklagtenbank heraustreten und mich auf einen extra herbeigeholten Stuhl etwa drei Meter vor Josten hinsetzen. Durch einen Gerichtsangestellten wurde der Inhalt meiner Wahlzeitungen verlesen, wobei der Landgerichtsdirektor zwischendurch Fragen an mich richtete oder auch Kommentare abgab. Als der vorlesende Beamte auf der dritten Seite der »Unabhängigen Meinung« angekommen war, unterbrach Josten ihn, bevor er den Text des Kastens »Anonym« vorlas. »Übergehen Sie das und fahren Sie auf der nächsten Seite fort.« Ich mußte lachen — die »Mondkälber« hatten es ihm angetan. Der Rest der Zeitung konnte nun ohne Unterbrechung zu Ende gelesen werden.

# Anonym.

In einem Brief äußerte ein Wähler, daß er nicht einverstanden sei mit meiner unabhängigen Kandidatur. Daß er sein Mißfallen kundtut, ist sein gutes Recht und Ansichtssache. Da er aber diesen Brief nicht mit seinem Namen unterschrieben hat, entzieht er sich der Möglichkeit in aller Offenheit mit ihm über die politischen Fragen zu diskutieren. Anonyme Briefe werden gewöhnlich nicht beantwortet – sie wandern in den Papierkorb. Ich will dem anonymen Schreiber doch eine Antwort geben. Entweder hat er einen ehrlichen Namen, dann braucht er sich nicht zu scheuen, mit diesem zu unterschreiben oder er segelt unter falscher Flagge. Sei es, wie es sei — er mag sich folgende alte Fabel ins Stammbuch schreiben:

*„Die Sonne und der Mond hatten vor vielen, vielen Millionen Jahren ein folgenschweres Verhältnis. Da niemand von beiden für ihr Tun verantworttich sein wollte, kamen sie überein, das Ergebnis vor aller Welt zu verschweigen. Seit dieser Zeit gibt es auf der Erde Mondskälber — man weiß nicht wer sie sind und woher sie kommen, aber sie sind da."*

## Das Urteil des Landgerichts

Am Ende der 11 Verhandlungstage folgten die »rechtliche Würdigung der Tätigkeit der Angeklagten« und das Urteil.

***»Rechtliche Würdigung der Tätigkeit der Angeklagten***

*Nach diesen Feststellungen haben sich die Angeklagten der Geheimbündelei in staatsgefährdender Absicht (§ 128, 94 StGB) und eines Verstoßes gegen die §§ 42, 47 BVGG, der Angeklagte Jennes daneben der Rädelsführerschaft in einer verfassungsfeindlichen Vereinigung und eines Vergehens nach § 93 StGB schuldig gemacht . . .*

*Alle Angeklagten haben sich durch ihre Tätigkeit als sogenannte ›Unabhängige Kandidaten‹ für die Landtagswahlen 1958 als Mitglieder in die illegale KPD eingeordnet, der Angeklagte Jennes darüber hinaus durch seine Kandidatur für die Bundestagswahlen 1961. Die illegale KPD, die im verborgenen arbeitet, aus kleinen, gegeneinander abgeschirmten Gruppen besteht und von Funktionären geleitet, die selbst den Mitgliedern gegenüber soweit wie möglich unbekannt bleiben . . .*

***Die illegale KPD ist eine Ersatzorganisation für die verbotene und aufgelöste KPD.*** *Das wußten alle Angeklagten, sie kannten auch das Verbotsurteil des Bundesverfassungsgerichts. Dennoch haben sich sämtliche Angeklagten durch ihr Auftreten als Kandidaten der illegalen KPD . . . in diese Ersatzorganisation eingegliedert und sind bewußt für sie tätig geworden. Sie haben deshalb vorsätzlich* ***gegen die Auflösungsanordnung des Bundesverfassungsgerichts verstoßen . . .*** *Da alle Angeklagten Mitglieder der KPD waren, kommen sie als ›Hintermänner‹ nicht in Betracht. Rädelsführer im Sinne dieser Vorschrift wären sie nur gewesen, wenn sie innerhalb der KPD eine führende Rolle gespielt hätten, indem sie auf eine nicht unwesentliche Anzahl von Mitgliedern einen bestimmenden Einfluß ausgeübt oder sich sonst in besonders maßgeblicher Weise für sie betätigt hätten. Nach der Überzeugung der Kammer lagen diese Voraussetzungen lediglich bei dem Angeklagten Jennes vor . . .*

*Die Kammer verkennt deshalb nicht, daß damit die Bestrebungen der KPD erheblich gefördert wurden. Dennoch glaubt sie eben wegen der beim Landtagswahlkampf 1958 im Interesse der scheinbaren Unabhängigkeit der Angeklagten gebotenen Beschränkung ihrer Agitation auf die Nahziele der KPD, die einzeln mit dem Grundgesetz nicht unvereinbar sind, in ihrer Kandidatur allein keine ›besonders maßgebliche Förderung‹ der Ziele der illegalen KPD sehen zu können, die die Angeklagten zu Rädelsführern stempeln würde. Nach der Überzeugung der Kammer macht es insoweit auch keinen wesentlichen Unterschied, ob die Angeklagten ihre Propagandaschriften nur anläßlich der Wahl oder als periodische Druckschriften auch noch nach der Ablehnung ihrer Kandidatur herausgegeben haben. Bei keinem von ihnen erreichten die Publikationen nach der Zahl ihrer Auflagen oder deren Höhe einen Umfang, der ihnen einen erkennbar bestimmenden Einfluß innerhalb der Organisation der illegalen KPD eingeräumt hätte. Die Kammer hat deshalb bei den Angeklagten Krell, Dickhut, Bramkamp, Engel und Dr. Maase nicht feststellen können, daß sie auf ›eine nicht unwesentliche Anzahl von Mitgliedern‹ der KPD einen bestimmenden Einfluß ausgeübt haben . . .*

*Soweit den Angeklagten Jennes, Krell und Dickhut im Eröffnungsbeschluß vorgeworfen war, sich bereits* ***vor dem Verbot der KPD als Rädelsführer*** *einer verfassungsfeindlichen Vereinigung strafbar gemacht zu haben, hat sich dieser* ***Vorwurf als unberechtigt erwiesen,*** *weil das Bundesverfassungsgericht — 2 BvR 27/60 — inzwischen festgestellt hat, daß eine entsprechende Tätigkeit dann nicht strafbar ist, wenn die Vereinigung eine nicht verbotene Partei ist. Eines Freispruchs bedurfte es insoweit allerdings nicht, da der Eröffnungsbeschluß den Angeklagten lediglich eine fortgesetzte Handlung zur Last gelegt hat und die Angeklagten auch wegen einer Tat bestraft worden sind . . .*

*Der Tatbeitrag des Angeklagten Dickhut ist* ***vergleichsweise groß,*** *weil er nicht nur eine periodische Druckschrift herausgegeben, sondern auch den Angeklagten Krell bei der Herausgabe seiner Propagandaschrift unterstützt hat. Bei ihm fiel aber auch die besonders* ***schwere Verfolgung, der er in der Zeit des Nationalsozialismus ausgesetzt war, strafmildernd ins Gewicht.***

*Strafzumessungsgründe des Gerichts*

*Bei der Strafzumessung hat das Gericht bei allen Angeklagten als* ***strafschärfend*** *gewertet, daß die illegale KPD, für die sie tätig geworden sind, die gefährlichste aller zur Zeit auf dem Gebiet der Bundesrepublik wirkenden staatsfeindlichen Geheimorganisationen ist. Es mußte weiter in diesem Sinne berücksichtigt werden, daß das Auftreten der Angeklagten als ›Unabhängige Kandidaten‹ dieser verbotenen Partei geeignet war, die illegale Organisation in nicht unerheblichem Maße zu stärken und ihr — wenn auch nur vorübergehend und unter Beschränkung auf ihre Tagesziele — eine ungehinderte Propaganda in der Öffentlichkeit ermöglichte. Ferner fiel bei allen Angeklagten strafschärfend ins Gewicht, daß sie sich mit großem Eifer ihrer verfassungsfeindlichen Tätigkeit widmeten und daß es deshalb der Abschreckung ihrer selbst und anderer möglicher Täter vor künftigen ähnlichen Straftaten bedurfte.*

*Als* ***strafmildernd*** *ist folgendes zu Gunsten aller Angeklagten berücksichtigt worden: Ihr Auftreten als ›Unabhängige Kandidaten‹ beschränkte sich — abgesehen vom Angeklagten Jennes — im wesentlichen auf die Herausgabe weniger Wahlschriften mit einem schon wegen der erforderlichen Tarnung durchweg verfassungsrechtlich neutralen Inhalt. Es hat, soweit sich das übersehen läßt, keine oder nur eine geringfügige Breitenwirkung gezeitigt und sich infolge der Wachsamkeit der Wahlausschüsse nicht voll ausgewirkt. Alle Angeklagten sind nicht aus niederen Beweggründen, sondern aus ihrer kommunistischen Überzeugung heraus zu ihren Straftaten gekommen. Allerdings war insoweit nicht zu übersehen, daß gerade* ***ihre Eigenschaft als Überzeugungstäter ihre persönliche Gefährlichkeit erhöht.***

*Schließlich sind sie, bis auf den Angeklagten Jennes, dessen nicht sonderlich schwere Vorstrafe nicht einschlägig ist, sowie den Angeklagten Dickhut, dessen weit zurückliegende, geringe Vorstrafe die Kammer nicht bewertet hat, unbestraft und haben sich bisher tadelsfrei geführt.*

***Sonstige Maßnahmen***

1. *Dem Angeklagten Jennes ist die in dieser Sache erlittene Untersuchungshaft aus Billigkeitsgründen auf die erkannte Strafe angerechnet worden.*

2. *Die Kammer hat bei allen Angeklagten, außer dem Angeklagten Jennes, bei dem es bereits die Höhe der zuerkannten Strafe verbot, die gegen sie verhängten Freiheitsstrafen gemäß § 23 StGB zur Bewährung ausgesetzt. Die Befürchtung, daß die Angeklagten als überzeugte Kommunisten auch künftigen Anweisungen ihrer Partei entsprechen werden, ist zwar nicht von der Hand zu weisen. Dennoch erwartet die Kammer, daß diese Angeklagten in Zukunft ein gesetzmäßiges und geordnetes Leben führen werden. Denn sie stehen — bis auf den Angeklagten Dickhut — erstmals vor Gericht, dieser zum ersten Mal wegen Staatsgefährdung. Zumindestens diese Angeklagten zeigten sich auch nicht als allen vernünftigen Erwägungen unzugängliche Menschen. Die Kammer glaubt deshalb, daß sie unter dem Eindruck der Hauptverhandlung und der Drohung der gegen sie verhängten Strafe nicht erneut straffällig werden.*

*Auch das öffentliche Interesse erfordert nach der Überzeugung der Kammer nicht die Vollstreckung der gegen die Angeklagten Krell, Dickhut, Bramkamp, Engel und Dr. Maase erkannten Freiheitsstrafen . . .*

*Auch wird der Öffentlichkeit Genugtuung und Schutz zuteil durch die Aberkennung der Fähigkeit zur Bekleidung öffentlicher Ämter, des Wahl- und Stimmrechts sowie der Wählbarkeit, die die Kammer für die Dauer von fünf Jahren gegen alle Angeklagten ausgesprochen hat. Diese in § 98 Abs. 1 StGB beruhende Maßnahme schien deshalb angebracht, weil alle Angeklagten sich mit beträchtlichem Eifer unter Mißbrauch ihres Rechts auf Wählbarkeit für die Beseitigung eben dieser Verfassungsgrundsätze eingesetzt haben, in denen auch die ihnen aberkannten Rechte gründen.*

***Das Urteil***

*In der Sitzung vom 18. Juli 1961 für Recht erkannt :*

I. *Die Angeklagten sind der in staatsgefährdender Absicht (§ 94 StGB) begangenen* ***Geheimbündelei in Tateinheit*** *mit einem Vergehen nach §§ 42, 47 BVGG schuldig, der Angeklagte Jennes darüber hinaus tateinheitlich der Rädelsführerschaft in einer* ***verfassungsfeindlichen Vereinigung*** *(§ 90 a StGB) und eines Vergehens nach § 93 StGB.*

**Gerichtskasse Düsseldorf**

**Konten:**
Landeszentralbank Düsseldorf 36/131
Postscheckkonto: Köln 11392

**Kassenstunden** von 8.30-12.30 Uhr

Düsseldorf, den ..............................
Mühlenstraße 34 Fernruf: 8961

Die Namen und Unterschriftsproben der bei Quittungen zur Unterschriftserteilung berechtigten Beamten sind im Kassenraum angeschlagen

An

Herrn

Wilhelm Dickhut

in Solingen-Ohligs

Ulmenstr.10

**Gerichtskasse Düsseldorf**

Ihr Zeichen:

Sie werden gebeten, die in der Straf- Sache Jennes u.A. (Dickhut)

Geschäftsnummer 8 KLs 6/59

~~des Amts — Land — Gerichts~~ — der Staatsanwaltschaft in Düsseldorf

umstehend berechnete Kostenschuld von 380. DM 30 Pf

binnen zwei Wochen auf eines der oben bezeichneten Konten der Gerichtskasse unter Angabe des untenstehenden Kassenzeichens postgebührenfrei einzuzahlen oder zu überweisen.

Die Zahlung kann auch unter Vorlage dieser Rechnung im Geschäftszimmer der obenbezeichneten Gerichtskasse geleistet werden.

Der Betrag darf **nicht in Gerichtskostenmarken** entrichtet werden.

**Der Überbringer dieser Rechnung ist zum Empfang des Geldes nicht berechtigt.**

**Nach Ablauf der Zahlungsfrist ist die zwangsweise Einziehung ohne weitere Mahnung zulässig.**

Durch die Zahlung wird die Erinnerung oder Beschwerde gegen den Kostenansatz nicht ausgeschlossen. Erinnerung oder Beschwerde entbinden aber nicht von der Verpflichtung zur vorläufigen Zahlung des angeforderten Betrages.

.............................................................
Buchhalter

**Sollten Sie zur Zahlung der Kosten innerhalb dieser Frist nicht in der Lage sein, so können Sie unter Darlegung Ihrer Verhältnisse die Bewilligung einer Zahlungsfrist oder von Teilzahlungen beantragen.** →

**Kassenzeichen:**
I 047 89[illegible]

/fg.)

**Kost 3a**
Stundungshinweis (§ 29 Abs. 5 Kost Vfg.)
M. DuMont Schauberg, Köln 4105 3. 59 Gr. 2 K

*II.* ***Es werden verurteilt:*** *Der Angeklagte Jennes zu einem Jahr Gefängnis, der Angeklagte Krell zu sieben Monaten Gefängnis, der Angeklagte* ***Dickhut zu acht Monaten Gefängnis,*** *der Angeklagte Bramkamp zu acht Monaten Gefängnis, der Angeklagte Engel zu acht Monaten Gefängnis, der Angeklagte Dr. Maase zu sieben Monaten Gefängnis.*

*III. Dem Angeklagten Jennes wird die erlittene Untersuchungshaft angerechnet.*

*IV. Allen Angeklagten wird* ***für die Dauer von fünf Jahren die Fähigkeit zur Bekleidung öffentlicher Ämter sowie das Wahl- und Stimmrecht und die Wählbarkeit aberkannt.***

*V. Die Vollstreckung der gegen die Angeklagten Krell, Dickhut, Bramkamp, Engel und Dr. Maase erkannten Strafen werden* ***zur Bewährung ausgesetzt.***

*VI. Sämtliche von den Angeklagten anläßlich der Landtagswahl 1958, darüber hinaus die von dem Angeklagten Jennes zu der Bundestagswahl 1961 herausgegebenen Schriften und Plakate sowie die bei dem Angeklagten Bramkamp vorgefundene Druckschrift ›Metall an Rhein und Ruhr, Der Streik beginnt am Mittwoch‹ werden eingezogen.*

*VII. Die Kosten des Verfahrens tragen die Angeklagten.«*

Sobald das Urteil rechtskräftig war, bekam ich die schriftliche Mitteilung von der Landesregierung in Düsseldorf, daß ich als Verfolgter des Naziregimes aberkannt sei. Was bedeutete das? Hätte ich die sogenannte KZ-Rente bezogen, die die Kammer für Haftentschädigung ja vielen Verfolgten des Naziregimes zugesprochen hatte, so wäre sie mir nun gestrichen worden. Und nicht nur das. Ich hätte alle bisher geleisteten Zahlungen zurückzahlen müssen. Für viele der verurteilten »Unabhängigen Kandidaten« war das ein schwerer finanzieller Schlag. Ich hatte damals keinen Antrag auf diese Rente gestellt, um mir in meiner politischen Arbeit nicht die Hände binden zu lassen.

In der »Rheinischen Post« vom 29. Juli 1961 erschien ein übler Artikel zum Ausgang des Prozesses. Wir wurden als »Wühlmäuse des roten Terrors« bezeichnet. Diesen schwarzen Redaktionsratten genügte

## KPD-Ex-Funktionär Dickhut verurteilt

# Wühlmäuse des roten Terrors

## Beweis: Unabhängige Solinger Kandidaturen in Pankow abgekartet!

**In der vergangenen Woche ging vor dem Düsseldorfer Landgericht ein Prozeß gegen sechs führende Kommunisten, die sich bei den Landtagswahlen im Jahre 1958 als „unabhängige Kandidaten" hatten aufstellen lassen, zu Ende. Einer der Hauptangeklagten war unter anderem der ehemalige erste Sekretär der KPD-Kreisleitung Solingen, Willi Dickhut aus Ohligs. Das Urteil gegen ihn lautete auf acht Monate Gefängnis mit Bewährung. Außerdem wurde ihm — wie übrigens allen Verurteilten — das aktive und passive Wahlrecht für die Dauer von fünf Jahren abgesprochen.**

„Genosse" Willi Dickhut, 57 Jahre alt, hat aber nicht nur in der Klingenstadt sein Unwesen getrieben. Nach seinem Solinger „Intermezzo" wurde er 1955 erster Sekretär der KPD-Kreisleitung Hagen. Bis zum Jahre 1952 war er obendrein im KPD-Parteivorstand und in der KPD-Landesleitung Nordrhein-Westfalen tätig. Nach dem Verbot der kommunistischen Partei und aller Nebenorganisationen durch das Bundesinnenministerium gab Dickhut seine staatsgefährdende Arbeit jedoch in keiner Weise auf.

### Intermezzo zur Landtagswahl

Vielmehr hielt er nach wie vor fleißig Kontakt zu „maßgeblichen" Stellen in der Sowjetzone und kreuzte dann kurz vor der Landtagswahl als „unabhängiger Kandidat" in Solingen wieder auf. In ähnlicher Weise stellten sich in anderen Städten Nordrhein-Westfalens 40 andere führende Kommunisten — die inzwischen alle abgeurteilt wurden — den Wählern. Schon bald stellte sich jedoch heraus, daß mit den sogenannten unabhängigen Kandidaturen der organisatorische Zusammenhalt der illegalen KPD aufrechterhalten werden sollte. In diesem Sinne lautete auch die Anklage.

Darüber hinaus konnte ermittelt werden, daß in den Monaten Februar und März 1958 in der Sowjetzone zwei Konferenzen abgehalten wurden, die der Vorbereitung der Kandidaturen ehemaliger kommunistischer Funkrionäre galten. Einigen der 41 „Kandidaten" ist eine Teilnahme an diesen Tagungen einwandfrei nachgewiesen worden.

### Nach SED-Konzept

Außerdem ähnelten sich die Publikationen, die von den einzelnen Kandidaten herausgegeben wurden, in Form und Inhalt verblüffend. Alle bereiteten ihre Kandidatur in gleicher Weise vor und verwandten auch gleichlautende Propagandaphrasen, so daß eine gelenkte Aktion nicht mehr ausgeschlossen werden konnte. Doch der wohlvorbereitete „Coup" fiel dann aber durch die Wachsamkeit westdeutscher Abwehrstellen bekanntlich ins Wasser.

### Die „Fisch-Dokumente"

Entscheidend für den Schlag gegen die kommunistischen Rattenfänger waren jedoch die Aufzeichnungen, die bei der Verhaftung des hohen kommunistischen Funktionärs Walter Fisch aus Wuppertal im Jahre 1957 gefunden worden waren. Diese Unterlagen, die unter der Bezeichnung „Fisch-Dokumente" eine große Rolle in den insgesamt vier Prozessen gegen unabhängige Kandidaten gespielt haben, gaben nämlich eindeutig die Namen der „Genossen" preis, die später als Kandidaten auftreten sollten. Weiterhin fanden sich in den genannten Dokumenten die Grundgedanken für ein Wahlprogramm der illegalen KPD. Auf der Basis dieser grundsätzlichen Ausführungen wurde dann, trotz der Verhaftung des Funktionärs, auf den beiden erwähnten Konferenzen in der Sowjetzone im Frühjahr 1958 das „Wahlprogramm" aufgestellt.

### Spießgesellen

Zugleich mit Dickhut wurden jetzt auch hohe Funktionäre aus Düsseldorf, Remscheid, Bochum und Meinerzhagen zu Gefängnisstrafen von sieben Monaten bis zu einem Jahr verurteilt. Interessant ist vor allem die Tatsache, daß sich unter ihnen eine fünfzigjährige Ärztin aus Düsseldorf befindet. Im Hinblick darauf, daß die Kommunisten in diesen Monaten versuchen auch für die Bundestagswahlen Kandidaten aufzustellen — es sei erinnert an die kürzlich erfolgte Auflösung der sogenannten „Kommunistischen Wahlgemeinschaft" und die Verhaftung ihrer „Führer" —, drängt sich der Verdacht auf, daß mit solchen vereinzelten kommunistischen Kandidaturen die „Deutsche Friedensunion" propagandistisch.und psychologisch nach links abgesichert werden soll.

die sachliche Darstellung der Urteilsbegründung nicht. Dem Volk sollte das Gruseln beigebracht werden. »Wühlmäuse des roten Terrors«, denen es nicht gelungen war, die schwarzen Ratten zu fangen. »Entscheidend für den Schlag gegen die kommunistischen Rattenfänger ...« Doch blinder Haß schadet nur!

Natürlich wollte ich die Urteilsbegründung auch gern selbst schriftlich in Händen haben. Das war allerdings kein leichtes Unterfangen. Unser Rechtsanwalt Hartmann hatte selbst nur ein Exemplar und verwies mich direkt an das Landgericht Düsseldorf. Doch die Bürokraten reagierten gar nicht. Deshalb wandte ich mich mit der Bitte um die schriftliche Urteilsbegründung direkt an Landgerichtsdirektor Josten. Siehe da, plötzlich war es dann doch möglich, mir ein Exemplar zu schicken. Ganz offensichtlich hatte Josten der Staatsanwaltschaft einen Hinweis gegeben, mir doch eine Abschrift des Urteils auszuhändigen.

**Hartmann**
Rechtsanwalt und Notar
bei den Amtsgerichten
und dem Landgericht Bochum

Fernsprecher 50463
Postscheckkonto Dortmund 34216

Herne, den 25. 1. 1962
Schaeferstraße 4
II/Ku

Herrn
Wilhelm Dickhut

Solingen-Ohligs
Ulmenstr. 10

Sehr geehrter Herr Dickhut!
Ich bestätige den Empfang Ihres Briefes vom 22. 1. 62 und teile Ihnen mit, dass ich für alle von mir vertretenen Angeklagten die Revision zurückgenommen habe.
Leider kann ich Ihnen die schriftliche Urteilsbegründung nicht überlassen, da ich nur ein Exemplar in Händen habe. Sie können jedoch eine Abschrift der Urteilsbegründung vom Landgericht in Düsseldorf anfordern.

Hochachtungsvoll!

Hartmann

Rechtsanwalt

Wilhelm Dickhut

Solingen-Ohligs, den 21.5.62
Ulmenstr. lo

An das
Landgericht Düsseldorf
z.H. Herrn Landgerichtsdirektor Josten

D ü s s e l d o r f

Mühlenstr. 34

Gesch.-Nr. 8 KLs 6/59

Betr.: Abschrift der Urteilsbegründung der IV a Strafkammer des Landgerichts vom 18.7.1961

Sehr geehrter Herr Landgerichtsdirektor!

Am 18.7.1961 wurde ich von der IV a Strafkammer des Land gerichts Düsseldorf unter Ihrem Vorsitz zu 8 Monaten Gefängnis verurteilt. Da ich nur die mündliche Urteilsbegründung kenne, habe ich mit Schreiben vom 28.1.1962 an die Geschäftsstelle der Staatsanwaltschaft beim Landgericht Düsseldorf um eine Abschrift der Begründung des Urteils gebeten. Bis heute habe ich keine Antwort auf meinen Brief erhalten.

Ich kann mir nicht vorstellen, daß Sie, Herr Landsgerichtsdirektor ein Interesse daran haben könnten, einem Verurteilten die Begründung des Urteils vorzuenthalten, deshalb bitte ich Sie, Ihrer Kanzlei Anweisung zu geben mir eine Abschrift der Begründung des Urteils der IV a Strafkammer des Landgerichts vom 18.7.61 zuzustellen.

Mit vorzüglicher Hochachtung

W. Dickhut

Fünf Jahre später zog die IV. Große Strafkammer durch das folgende Schreiben den Schlußstrich unter den Urteilsspruch.

IV - 34/67

B E S C H L U S S

In der Strafsache

g e g e n JENNES u.A.
hier:
den Schlosser Wilhelm Dickhut aus Solingen-Ohligs, Ulmenstraße 1o, geb.am 29.4.19o4 in Schalksmühle,

w e g e n Staatsgefährdung

wird nach Anhörung der Staatsanwaltschaft die durch Urteil der IV.gr.Strafkammer des Landgerichts Düsseldorf vom 18.7. 1961 gegen den Verurteilten erkannte und zur Bewährung ausgesetzte Freiheitsstrafe gem.§ 25 Abs.I StGB erlassen, weil die Bewährungszeit abgelaufen ist und Nachteiliges über die Lebensführung des Verurteilten nicht bekannt geworden ist.

Düsseldorf, den 2o.Februar 1967
Das Landgericht,IV.gr.Strafkammer

| Dr.Donig | Strauß | Zimmermann |
|---|---|---|
| Landgerichtsdirektor | Landgerichtsrat | Gerichtsassessor |

LANDGERICHT DÜSSELDORF

Ausgefertigt
[Unterschrift]
Justizangestellter
als Urkundsbeamter
der Geschäftsstelle

# VIII

## Für eine positive Gewerkschaftsarbeit auf der Grundlage des Kampfes

## Das Pendeln zwischen zwei Gewerkschaften und Beginn der Arbeit in der IG Metall

1953 war ich vom Vorstand der IG Metall aufgefordert worden, in die Gewerkschaft Handel, Banken und Versicherungen (HBV) überzutreten. Ich sprach mich in einem Brief vom 16. April 1953 an den Vorstand mit folgender Begründung dagegen aus:

*»Betreff: Beibehaltung der Mitgliedschaft in der IG Metall*

*Im Paragraph 4 Absatz 1 der IG Metall heißt es:*

*›1. Wenn ein Mitglied den Betrieb wechselt und für diesen eine andere Gewerkschaft zuständig ist, muß es der zuständigen Gewerkschaft beitreten, falls die Beschäftigung im neuen Betrieb länger als 6 Monate dauert.‹*

*Aufgrund dieses Paragraphen ist hier eine Meinungsverschiedenheit aufgetaucht, die meine Mitgliedschaft zur IG Metall berührt.*

*Ich bin seit Januar 1921 gewerkschaftlich organisiert, damals im Deutschen Metallarbeiter Verband. Vor 1933 war ich Mitglied der Branchenleitung Schlosser, Dreher und verwandte Berufe. Durch meine gewerkschaftliche Tätigkeit wurde ich mehrmals aus den Betrieben gemaßregelt. 1945 habe ich aktiv mitgewirkt bei der Neubildung der Gewerkschaften in Solingen, ohne jedoch seit dieser Zeit Funktionen zu haben. Ich wurde Parteisekretär und bin es auch heute noch. Auf diese meine jetzige Tätigkeit fußte nun die Geschäftsstelle der IG Metall und vertrat die Auffassung, daß der Paragraph 4 der Satzung in meinem Falle in Anwendung gebracht werden müßte. Ich vertrat die Auffassung und bin auch jetzt weiterhin der Meinung, daß dieser Paragraph in meinem Fall nicht zur Anwendung gebracht werden kann, weil ich nicht meinen Beruf gewechselt habe. Meine Tätigkeit als Parteisekretär und Vorsitzender ist keine Berufs- bzw. Existenzfrage, obwohl ich hauptamtlich tätig bin, sondern eine Funktion. Wenn man den Paragraphen formal in Anwendung bringen würde, müßte das ja bedeuten, daß alle Gewerkschaftssekretäre, sofern sie nicht Mitglied von ÖTV bzw. HBV sind, ihre Mitgliedschaft in den anderen Gewerkschaften aufgeben müßten, weil sie ja auch ihren Betrieb bzw. ihren Beruf gewechselt haben . . .«*

Wie nicht anders zu erwarten war, wandte sich der Vorstand gegen mein Anliegen und forderte mich auf, den Übertritt unverzüglich zu vollziehen. In einem Schreiben vom 16. Mai 1953 hieß es:

*»Wir haben volles Verständnis dafür, daß es Dir nicht leicht fällt, Deine langjährige Mitgliedschaft bei uns aufzugeben und zu der Gewerkschaft überzutreten, die Deiner jetzigen, nun achtjährigen Tätigkeit entspricht. Wir sind aber sehr erstaunt darüber, daß diese Frage erst jetzt zur Entscheidung steht, denn Du wirst wohl der einzige Parteisekretär sein, der bei uns noch Mitglied ist. Im allgemeinen treten die Kollegen nach dem Antritt einer solchen Stellung schon vor dem Ablauf der in Paragraph 4 unserer Satzung vorgesehenen Frist zu der zuständigen Gewerkschaft über.*

*Die Gewerkschaftssekretäre können demgegenüber natürlich nur der Gewerkschaft angehören, bei der sie hauptberuflich tätig sind; das ist sogar eine wichtige Voraussetzung für ihre Anstellung. Ihre amtliche Tätigkeit richtet sich ja auch ausschließlich auf die Dinge, die die betreffende Gewerkschaft vertritt.*

*Demgegenüber sind die Aufgaben der Parteisekretäre doch ganz anderer Natur. Das ist ein sehr wesentlicher Unterschied, und ein Vergleich dieser beiden Funktionen ist daher unlogisch und unmöglich.*

*Wir hoffen, daß Du dies einsiehst und bitten Dich aus den dargelegten Gründen, umgehend Deinen Übertritt zu vollziehen.«*

Als ich auch weiterhin zögerte, wurde einfach mein Mitgliedsbeitrag nicht mehr abkassiert. Bezahlte man jedoch über drei Monate hinweg keinen Beitrag, so wurde man als Gewerkschaftsmitglied gestrichen. Mir blieb also nichts anderes übrig, als die Gewerkschaft zu wechseln. So wurde ich für dreieinhalb Jahre Mitglied der HBV. Als die Kollegen ihre nächste Jahreshauptversammlung durchführten, schlugen sie vor, mich zu ihrem Vorsitzenden zu wählen. Doch ich lehnte das sofort mit der Erklärung ab, daß es nicht gut sei, die Tätigkeit als Parteisekretär mit einer solchen Gewerkschaftsfunktion zu verbinden. Das sahen sie auch ein.

Nach meinem letzten Gespräch mit Ernst H. im Spätherbst 1956, bei dem er mir den Beschluß der Parteiführung zu meiner Absetzung als Parteisekretär mitteilte, war ich zurück nach Solingen gegangen. Schon nach kurzer Zeit vermittelte mir das Arbeitsamt Ende 1956 eine Stelle als Schlosser. Es war ein kleiner Betrieb, der schon mit einem Bein fast im Konkurs stand. Dem Betriebsleiter war es gleich, daß ich lange Jahre als Funktionär der nun verbotenen KPD gearbeitet hatte. Er wollte einen guten Schlosser und Arbeiter, alles andere interessierte ihn nicht. Bis zu meiner Pensionierung arbeitete ich in diesem Betrieb und führte manche Neuerung ein, die vor allem den Kollegen, aber auch der Wirtschaftlichkeit des Betriebes zugute kam.

Da ich ja jetzt wieder Arbeit in einem Metallbetrieb hatte, konnte ich mich auf die drei Jahre vorher schriftlich geführte Auseinandersetzung zum Wechsel der Gewerkschaftszugehörigkeit berufen. Ohne Probleme konnte ich wieder Mitglied der IG Metall werden.

Anfang 1957 war die Vertreterwahl der IG Metall, Verwaltungsstelle Solingen, und ich wurde neben anderen Kollegen in den neuen Vertreterkörper gewählt. Gleich in der ersten Vertreterversammlung, die ja das beschlußfassende Organ der jeweiligen Verwaltungsstelle ist, fand die Wahl der Ortsverwaltung und der Delegierten zur Bezirkskonferenz statt. Außerdem wurden elf Delegierte in den Orts- bzw. Kreisausschuß des DGB gewählt, darunter auch ich.

Im Interesse einer engen Mitarbeit machte ich der Ortsverwaltung, deren Aufgabe die Leitung der Verwaltungsstelle ist, konkrete Vorschläge zur Verbesserung der Organisationsarbeit. So beantragte ich beispielsweise am 2. April 1957:

*»Die Ortsverwaltung der IG Metall ist das höchste Organ in unserem Verwaltungsbereich. Ihr unterstehen die verschiedenen Gremien,*

*auch die Delegierten unserer Gewerkschaft im Ortsausschuß. Was tut die Ortsverwaltung, um diese Delegierten zu einer lebendigen gewerkschaftlichen Arbeit anzuleiten; welche Aufgaben stellt sie den Delegierten, um die Gewerkschaftsarbeit der IG Metall mit der Arbeit der anderen Gewerkschaften im Ortsausschuß zu koordinieren; welche Vorschläge oder Anträge der Ortsverwaltung sollen die Delegierten im Ortsausschuß vertreten; zu welchen Punkten der Tagesordnung der Delegiertenkonferenz sollen sie besonders Stellung nehmen; in welchem Sinne und wer soll das tun? Diese und andere Fragen drängen sich auf, wenn wir die Gewerkschaftsarbeit konkret und lebendig gestalten wollen ...*

*Um die elf IG-Metall-Delegierten im Ortsausschuß mit den jeweiligen Aufgaben und Anträgen der Ortsverwaltung vertraut zu machen, finden in größeren Abständen gemeinsame Sitzungen der Ortsverwaltung und der IG-Metall-Delegierten im Ortsausschuß statt. Ich würde empfehlen, zu diesen Sitzungen den Vorsitzenden des Ortsausschusses, Kollege Mallmann, einzuladen.«*

Die Ortsverwaltung der IG Metall antwortete prompt und schrieb am 5. April 1957 wie folgt:

*»Wir haben keine Möglichkeit, den anderen Industriegewerkschaften eine ähnliche Empfehlung zu geben, wie Du es in Deinem Schreiben angedeutet hast. Die Ortsverwaltung stimmt aber mit Dir voll und ganz überein, daß vor jeder Delegiertenkonferenz des Ortsausschusses mit den elf Delegierten der IG Metall und der Ortsverwaltung eine gemeinsame Sitzung stattfindet, um sich über die zu behandelnde Tagesordnung vorher auszusprechen.«*

Zur Verbesserung der Arbeit der Betriebsräte und Vertrauensleute in der Verwaltungsstelle nahm die Vertreterversammlung der IG Metall Solingen konkret Stellung und verabschiedete folgenden Antrag:

*»Die Vertreterversammlung der IG Metall Solingen vom 22. Februar 1958 beschloß die Einstellung eines Sekretärs für Betriebsräte- und Vertrauensmännerfragen.*

*Begründung:*

*Das innergewerkschaftliche Leben unserer Verwaltungsstelle und die organisatorische wie finanzielle Lage hat sich im Laufe des letzten*

*Jahres wesentlich gebessert. Dagegen stagniert die Betriebsrätebewegung, es mangelt an Aktivität. Die Betriebsrätekonferenzen zeigen wenig lebendige Anteilnahme. Die Bewegung der Vertrauensmänner ist aus den ersten Anfängen noch nicht herausgekommen.*

*Um auf diesen beiden Gebieten unserer Gewerkschaftsarbeit eine positive Änderung herbeizuführen, ist eine bessere Anleitung der Betriebsräte und Vertrauensmänner durch einen Sekretär, der aus der praktischen Betriebsräte- und Vertrauensmännerarbeit kommt, und der sich ausschließlich mit dieser Arbeit befaßt, eine wichtige Voraussetzung.*

*Die finanzielle Lage unserer Verwaltungsstelle erlaubt die zusätzliche Einstellung eines Sekretärs.*

*Andererseits wird durch eine erfolgreiche Betriebsräte- und Vertrauensmännerbewegung die Werbung für unsere Gewerkschaft sowie die Hebung der Beitragsmoral und damit eine weitere Stärkung der finanziellen Grundlage gefördert und gesichert.*

*Die Ortsverwaltung wird beauftragt, einen geeigneten Kollegen, der in Betriebsrätefragen erfahren ist, einzustellen.«*

In ihrer Sitzung am 1. Juli 1958 entschied die Ortsverwaltung über die Besetzung der Funktion eines Sekretärs für Betriebsräte und Vertrauensmänner mit neun Stimmen für Gustav Hasselbusch gegen vier Stimmen für Max Steffens. Dies Ergebnis wunderte manchen, denn Gustav Hasselbusch war als ehemaliger KPD-Genosse bekannt, Max Steffens dagegen war Mitglied der SPD. Da die SPD im Ortsausschuß über die Mehrheit der Stimmen verfügte, mußten auch SPDler für Gustav Hasselbusch gestimmt haben. Dies war das Ergebnis eines halben Jahres Überzeugungsarbeit und vieler Diskussionen mit SPD-Kollegen sowie einer unermüdlichen Kleinarbeit im Vorfeld der Wahl eines Sekretärs für Betriebsräte- und Vertrauensmännerfragen.

Ebenfalls am 22. Februar 1958 nahm die Vertreterversammlung einstimmig eine Entschließung an, die auf die Gefahr der atomaren Aufrüstung hinwies:

***»Entschließung***

*Angesichts der drohenden Entwicklung, die durch die beabsichtigte Stationierung von Atom- und Raketenwaffen in der Bundesrepublik für das Leben und die Gesundheit der gesamten Bevölkerung entsteht, dürfen die Gewerkschaften nicht abseits der immer größer werdenden Protestbewegung aus allen Schichten des Volkes stehen ...*

*Die Vertreterversammlung der IG Metall Solingen vom 22. Februar 1958 fordert daher vom Vorstand des DGB die Einleitung einer umfassenden Protestbewegung gegen die atomare Aufrüstung mit dem Ziel, folgende Forderungen durchzusetzen:*

***1. Die Errichtung von Atomwaffen- und Raketenabschußbasen in der Bundesrepublik zu verweigern;***

***2. sich für die Schaffung einer atomwaffenfreien Zone in Mitteleuropa einzusetzen;***

***3. für die Einstellung jeglicher Atombombenversuche einzutreten.***

*Die Durchsetzung dieser Forderungen bedeutet einen großen Beitrag für die Erhaltung des Friedens und der Sicherheit für alle.«*

# Das neue Ortsstatut der IG Metall und die Wohnbezirksarbeit

Als 1945 die von den Hitlerfaschisten zerschlagenen Gewerkschaften auf neuer Grundlage wieder aufgebaut wurden, gab sich jede Ortsverwaltung ein eigenes **Ortsstatut.** Diese Ortsstatute waren verständlicherweise in Inhalt und Form verschieden. Mit dem zentralen Aufbau als Industriegewerkschaft Metall beschloß der 1. Ordentliche Gewerkschaftstag im September 1950 für die gesamte Organisation eine Satzung, die auf den nachfolgenden Gewerkschaftstagen verbessert wurde.

Die Ortsstatute blieben in Kraft, bis 1958 der Vorstand der IG Metall den Ortsverwaltungen ein Musterstatut übermittelte mit dem Auftrag, eventuelle Änderungsvorschläge einzureichen, über die der Vorstand zustimmend oder ablehnend entschied. Erst nach diesem Prozeß konnten die Vertreterversammlungen diesem neuen Ortsstatut zustimmen bzw. es ablehnen.

Nach diesem Ortsstatut wurden zwei Grundeinheiten gebildet:

1. **Wohngebietsgruppen** mit entsprechender Leitung;
2. **Heimarbeiter-Fachgruppen.**

In Solingen gab es schon lange eine gut organisierte **Heimarbeiterbewegung,** bedingt durch die Schneidwarenindustrie mit einer weitverzweigten Arbeitsteilung. Die Heimarbeiter waren entsprechend dieser Arbeitsteilung in Fachgruppen organisiert und wurden nach einem »**Preisverzeichnis**«, das zwischen der Ortsverwaltung der IG Metall und dem örtlichen Arbeitgeberverband ausgehandelt wurde, bezahlt. 1929 hatte es noch 6 000 Heimarbeiter in Solingen gegeben, 1937 war die Zahl bereits auf 5 000 gesunken, und 1951 waren es noch 3 400 Heimarbeiter. Im Laufe der fünfziger Jahre lag die Zahl bei rund 3 000, ging aber in den kommenden Jahren als Folge der zunehmenden Mechanisierung immer mehr zurück.

Wohngebietsgruppen hatte es in der Gewerkschaft in dieser Form bisher nicht gegeben. Für deren Aufbau bot ich Ernst Nippes, der immer noch 1. Bevollmächtigter der IG Metall in Solingen war und mit dem ich die ganzen Jahre fruchtbar zusammengearbeitet hatte, meine Hilfe an. Wir teilten die Verwaltungsstelle in sieben Wohnbezirke auf, so wie es für die Betriebs- und Gewerkschaftsarbeit am zweckmäßigsten war. Den Wohnbezirk Ohligs/Aufderhöhe wollte ich als Mustergruppe selbst organisieren. Bei der ersten Mitgliederversammlung (ohne Heimarbeiter) wurde eine Leitung gewählt, ich übernahm zunächst den Vorsitz.

Vor allem stellten wir uns die Aufgabe, die Betriebe konkret zu erfassen und die Arbeit der Kollegen zu unterstützen. Aber es ging auch darum, die Gewerkschaftspolitik nach außen zum Ausdruck zu bringen. Der Tätigkeitsbericht der Wohnbezirksleitung Ohligs/Aufderhöhe von 1959/60 schildert die erfolgreiche Gewerkschaftsarbeit der ersten zwei Jahre auf der Grundlage des neuen Ortsstatuts. Er zeigt aber auch die Schwierigkeiten bei der Erfassung der Klein- und Mittelbetriebe auf. An diesen Schwierigkeiten scheiterte der Aufbau mancher Gruppe in anderen Wohnbezirken.

**»Tätigkeitsbericht der Wohnbezirksleitung der IG Metall Ohligs/Aufderhöhe 1959/1960**

**Allgemeines**

1959 wurde in der Jahresmitgliederversammlung eine neue Wohnbezirksleitung gewählt, deren Arbeit sich wesentlich von früheren Leitungen unterscheiden sollte. Früher beschränkte sich die Tätigkeit der Wohnbezirksleitung auf die Leitung der Mitgliederversammlung, die am Beginn einer neuen Wahlperiode stattfand. Jetzt sollte sich die Leitung in der Hauptsache mit der Erfassung und Betreuung der Betriebe im Wohnbezirk befassen. Das verlangte eine zähe systematische Kleinarbeit . . .

Die Leitung begann praktisch ihre Tätigkeit mit dem Beginn des II. Quartals 1959. Ein Spiegelbild der gewerkschaftlichen Tätigkeit bietet in etwa schon die nachfolgende Aufstellung der Sitzungen und Versammlungen in der Wahlperiode. (siehe Tabelle S. 347)

Diese Zahlen sagen jedoch nichts aus über die wirkliche Arbeit, die Schwierigkeiten und Probleme. Es wurden in dieser Zeit viele Erfahrungen gesammelt. Erfolge standen neben bitteren Enttäuschungen. Im ganzen gesehen sind wir jedoch in unserer gewerkschaftlichen Tätigkeit vorwärts gekommen.

| | 1959 | 1960 | Gesamt |
|---|---|---|---|
| Leitungssitzungen | 9 | 17 | 26 |
| Funktionärsversammlungen | 3 | 2 | 5 |
| Mitgliederversammlungen | 3 | 3 | 6 |
| Arbeitsbesprechungen | | 6 | 6 |
| Betriebliche Mitgliederversammlungen | | 4 | 4 |
| Jugendversammlungen | | 1 | 1 |

**Die Struktur der Metallindustrie im Wohnbezirk**

Um die Hauptaufgabe, die Erfassung und Betreuung der Betriebe, lösen zu können, mußten zuerst die Metallbetriebe im Wohnbezirk registriert und Produktion und Größe festgestellt werden. Es wurden 50 Betriebe ab 20 Belegschaftsmitglieder registriert. Die zahlreichen Kleinstbetriebe, wie sie im Solinger Industriegebiet kennzeichnend sind, wurden dabei außer acht gelassen. Die strukturelle Aufgliederung der registrierten Betriebe ergab folgendes Bild:

| Beschäftigte<br>Produktion | 20—<br>50 | 50—<br>100 | 100—<br>200 | 200—<br>500 | 500—<br>1 000 | über<br>1 000 | Gesamtzahl der Betriebe in einer Branche |
|---|---|---|---|---|---|---|---|
| Stahlwaren | 14 | 5 | | 1 | 1 | | 21 |
| Scheren | 1 | 2 | 1 | | | | 4 |
| Metallwaren | 4 | | 2 | | | | 6 |
| Maschinen | 5 | 1 | | | | | 6 |
| Rasenmäher | | 1 | 1 | | | | 2 |
| Schirme | 1 | | | | | 1 | 2 |
| Werkzeuge | 1 | 1 | 1 | | | | 3 |
| Apparate/<br>Geräte | 2 | 1 | | | | | 3 |
| Federn | 1 | | 1 | | | | 2 |
| Eisenkoffer | | 1 | | | | | 1 |
| Gesamtzahl der Betriebe gleicher Größe | 29 | 12 | 6 | 1 | 1 | 1 | 50 |

Vorherrschend ist die Stahlwarenproduktion und der Kleinbetrieb bis 50 Beschäftigte. Da die vielen Kleinbetriebe schwerer zu erfassen sind als die Mittel- und Großbetriebe, gelang es der Wohnbezirksleitung nicht, alle Betriebe zu erfassen und zu betreuen. Immerhin wurden in der Wahlperiode 29 Betriebe erfaßt . . .

**Die gewerkschaftliche Entwicklung in den erfaßten Betrieben**

Das Organisationsverhältnis in den erfaßten Betrieben ist mangelhaft. 1959 wurde in 16 Betrieben ein Betriebsrat gewählt. In fünf dieser Betriebe ist die gewerkschaftliche Organisation so schwach, daß man sie als gewerkschaftlich unberührt bezeichnen muß. Nach der letzten Überprüfung Mitte 1960 war das Verhältnis der gewerkschaftlichen Organisation zur Belegschaftsstärke folgendes:

| Betriebe | Anzahl | Belegschaftsstärke | | in der IG Metall organisiert | | |
|---|---|---|---|---|---|---|
| | | m | w | m | w | in % |
| Gewerkschaftliche Tätigkeit mit Betriebsrat | 11 | 1 511 | 757 | 488 | 89 | 25,4 |
| Gewerkschaftliche Tätigkeit ohne Betriebsrat | 3 | 248 | 163 | 77 | 13 | 21,9 |
| Insgesamt | 14 | 1 759 | 920 | 565 | 102 | 24,9 |
| Gewerkschaftlich unberührt mit Betriebsrat | 5 | 316 | 424 | 25 | 3 | 3,8 |
| Gewerkschaftlich unberührt ohne Betriebsrat | 10 | 251 | 196 | 27 | 2 | 6,8 |
| Insgesamt | 15 | 567 | 620 | 52 | 5 | 5,0 |
| Gesamt | 29 | 2 326 | 1 540 | 617 | 107 | 18,8 |
| | | 3 866 | | 747 | | |

Während der zweijährigen Tätigkeitsperiode der Wohnbezirksleitung hat sich die gewerkschaftliche Organisation wie folgt entwickelt:

Anfang 1959 gab es 592 Mitglieder, Anfang 1961 749 Mitglieder. 157 Mitglieder aus 29 Betrieben wurden gewonnen, das ist ein Zuwachs um 26,5 Prozent. (Die durch Hauskassierung erfaßten Mitglieder sind hier nicht erwähnt.)

**Betriebsräte und Vertrauenskörper**

Wie bereits erwähnt, wurden 1959 in 16 Betrieben Betriebsräte gewählt. Mitte 1960 kam noch ein Betrieb hinzu. In diesen 17 Betrieben wurden insgesamt 87 Betriebsratsmitglieder gewählt, die sich wie folgt zusammensetzen:
Arbeitervertreter: 72
Angestelltenvertreter: 15
männlich: 75
weiblich: 12
organisiert in der IG Metall: 60
organisiert in der DAG: 4

Die Tätigkeit der Betriebsräte ist teils gut, teils schlecht. Dort, wo der Betriebsrat gut arbeitet, ist auch gewerkschaftliches Leben. In fünf Betrieben kann sich der Betriebsrat auf keine gewerkschaftliche Organisation stützen. Es handelt sich auch meist um firmenhörige Betriebsräte. Als Beispiel diene **Gerling,** der zweitgrößte Betrieb im Wohnbezirk. Von den sieben Betriebsratsmitgliedern sind nur zwei organisiert, und auch diese sind gewerkschaftlich passiv. Wohl nimmt regelmäßig ein Betriebsratsmitglied an den Betriebsrätekonferenzen teil, aber nur, um dem Chef Bericht zu erstatten. Belegschaftsversammlungen werden nicht durchgeführt und damit auch keine Berichterstattung durch den Betriebsrat. Praktisch ist die Belegschaft ohne Vertretung. Das ist nur deshalb möglich, weil sie höchstens zu zwei Prozent organisiert ist. Trotz Bemühung gelang es der Wohnbezirksleitung nicht, hier Fuß zu fassen.

Dagegen gelang es 1960 in dem bisher gewerkschaftlich unberührten Betrieb **Nägele** einen Durchbruch zu erzielen. Nachdem durch intensive Werbung die gewerkschaftliche Organisation von acht auf fünfzig erhöht wurde, konnte nach Bildung eines gewerkschaftlichen Vertrauenskörpers von sechs Kollegen die Betriebsratswahl erfolgreich durchgeführt werden. Die Gewerkschaftsliste siegte haushoch gegenüber der firmenhörigen Liste. Während unser Spitzenkandidat 129 Stimmen erhielt, erreichte der Spitzenkandidat der firmenhörigen Liste nur 20 Stimmen. Die Wohnbezirksleitung hatte die Kollegen dieses Betriebes ständig angeleitet und betreut. Das war unser größter Erfolg.

**Die Hauptschwäche in der Arbeit der Betriebsräte liegt in folgendem:**

1. schwaches gewerkschaftliches Bewußtsein,
2. wenig Erfahrung in der gewerkschaftlichen und betrieblichen Praxis,
3. mangelnde Kenntnis auf arbeitsrechtlichem und tariflichem Gebiet,
4. unzureichende Schulung,
5. ungenügende Aktivität und Zielstrebigkeit.

Die Beseitigung dieser Schwächen ist eine entscheidende Aufgabe aller Leitungen.

1959 gab es in keinem der Betriebe einen Vertrauenskörper. Trotz aller Bemühungen gelang es 1960 nur in fünf Betrieben, einen Vertrauenskörper zu bilden. Insgesamt wurden 25 männliche und vier weibliche Vertrauensleute gewählt oder benannt, darunter vier Angestellte. Die Tätigkeit der Vertrauensleute zur Stärkung und Festigung der gewerkschaftlichen Organisation ist bisher noch ungenügend. Es fehlt den Vertrauensleuten noch das notwendige Rüstzeug ihrer Arbeit. Es ist erforderlich, durch regelmäßige Schulung (einen Abend im Monat) die Betriebsräte und Vertrauensleute anzuleiten und ihnen zu helfen.

**Die gewerkschaftliche Erfassung der Jugend und Frauen**

Die Gewerkschaftsjugend im Wohnbezirk ist sehr schwach. Von 565 Jugendlichen in den 29 erfaßten Betrieben sind 23 gewerkschaftlich organisiert, das sind vier Prozent. In diesen Zahlen kommt das Problem des gewerkschaftlichen Nachwuchses zum Ausdruck. Diese Zahlen sind alarmierend.

Wie können wir die Jugend für die Gewerkschaft gewinnen, wie interessieren wir sie für die gewerkschaftliche Tätigkeit, wie erziehen wir sie für den gewerkschaftlichen Kampf? Das sind entscheidende Fragen. Die Wohnbezirksleitung hat sich im Herbst 1960 mit diesem Problem befaßt und versuchte zunächst, Kontakt mit den jungen Kollegen zu bekommen. Nach einer Vorbesprechung wurde zu einer Jugendversammlung eingeladen. 15 junge Kollegen erschienen, davon acht unorganisierte. Im Anschluß an die Versammlung ließen sich drei aufnehmen.

Um aber zu einer planmäßigen Arbeit unter den jungen Metallarbeitern zu kommen, ist die Bildung einer Jugendleitung im Wohnbezirk von etwa sechs Kollegen erforderlich, die als verlängerter Arm der zentralen Jugendleitung unserer Verwaltungsstelle und unter deren ständiger Anleitung arbeitet. Die Wohnbezirksleitung wird bei dieser Arbeit behilflich sein, vor allem, um den Kontakt mit der Betriebsjugend herzustellen.

Die **gewerkschaftliche Erfassung der berufstätigen Frauen** ist um so notwendiger, weil das Verhältnis der organisierten zu den beschäftigten Frauen zum Teil katastrophal ist.

In den erfaßten 29 Betrieben sind die Männer zu 26,5 Prozent organisiert, die Frauen jedoch nur zu 7 Prozent. Untersuchen wir aber die 15 gewerkschaftlich unberührten Betriebe, so ist der Unterschied im Organisationsverhältnis zwischen Männern und Frauen noch krasser. Hier sind die Männer zu 9,2 Prozent organisiert, die Frauen jedoch nur zu 0,8 Prozent. Um die Frauen für die Gewerkschaft zu gewinnen, müssen neue Wege beschritten werden. Wir machen folgende Vorschläge:

1. Bildung einer **gewerkschaftlichen Frauengruppe im Wohnbezirk,** die unter Anleitung der zentralen Frauengruppenleitung die Erfassung und Betreuung der organisierten Frauen übernimmt.
2. Stärkere Unterstützung der Frauen im Betrieb zur Wahrung ihrer besonderen Interessen durch den Betriebsrat.
3. Gewerkschaftliche Frauenversammlungen im Wohnbezirk unter Leitung der Frauengruppe in unterhaltender, leicht faßlicher Art.
4. Gewinnung von mehr Frauen für die Tätigkeit im Betriebsrat und Vertrauenskörper.

### Stellungnahme der Mitglieder zu gewerkschaftspolitischen Fragen

In den Quartalsmitgliederversammlungen wurden neben örtlichen Problemen auch wichtige gewerkschaftspolitische Fragen behandelt. Die Stellungnahme der Mitglieder fand ihren Niederschlag in einigen Entschließungen. So wurde gegen den Preiswucher protestiert und die Große Tarifkommission aufgefordert, kein Lohnabkommen mit einer längeren Laufzeit als sechs Monate abzuschließen. Eine andere Entschließung forderte über die Ortsverwaltung den Ortsausschuß des

DGB auf, eine Protestkundgebung gegen die drohende Verschlechterung der Krankenversicherung durchzuführen. Als Mitte 1960 das Problem der Krankenversicherung brennend wurde, befaßte sich die Mitgliederversammlung speziell mit diesem Thema. Nach dem Referat des Kollegen Klein und der Diskussion wurde in einer Entschließung sowohl der Gesetzentwurf der Regierung als auch weitere Vorschläge der CDU entschieden verurteilt und dem Vorstand der Vorschlag unterbreitet, einen Protestmarsch nach Bonn zu organisieren.

Darüber hinaus wurde in Mitgliederversammlungen und Funktionärsversammlungen Stellung gegen den Lückeplan, Notstands- und Notdienstgesetz u. a. genommen. Die Kollegen waren sich einig, daß gegen jede Verschlechterung der Kampf der Gewerkschaften eingeleitet werden soll.

**Entwicklung einer stärkeren Aktivität der Gewerkschafter**

Das Haupthindernis einer lebendigen Gewerkschaftsarbeit ist die teilweise starke Passivität der Mitglieder und zum Teil auch ungenügende Aktivität der Funktionäre. Die Mitgliederversammlungen wiesen eine Teilnahme zwischen 60 bis 90 Mitglieder auf. Wenn das auch gegenüber früher mit etwa 20 bis 30 Teilnehmern eine begrüßenswerte Steigerung darstellt, so ist gemessen an der Gesamtmitgliedschaft die Teilnahme doch gering. Bisher konnten allerdings nur die Mitglieder aus den erfaßten Betrieben eingeladen werden. Etwa die gleiche Anzahl der Mitglieder wird durch den Hauskassierer erfaßt, der Einladungen meist zu früh oder zu spät vermittelt.

Um die Passivität zu überwinden, ist es wichtig, die Mitglieder durch mündliche Agitation zur Teilnahme am gewerkschaftlichen Leben zu gewinnen. Dazu hat der Hauskassierer weder Zeit noch Gelegenheit. Das müßte eine wesentliche Aufgabe der Vertrauenskörper in den Betrieben sein, die aber leider noch nicht überall vorhanden sind. Wo der Vertrauenskörper arbeitet, wie zum Beispiel bei Abner, ist auch der Besuch der Versammlungen gut.

Viele Betriebs- und Gewerkschaftsfunktionäre sind nicht genügend geschult, sie haben darum trotz gutem Willen Hemmungen, eine größere Gewerkschaftsarbeit zu übernehmen. Manche sind auch nicht gewillt, mehr zu tun als die Durchführung ihrer Funktion im Betrieb.

Sie wollen ihre Freizeit nach Feierabend nicht für weitere Gewerkschaftsarbeit opfern. So ruht die Hauptarbeit nur auf einzelnen Kollegen.

Der Umfang der gewerkschaftlichen Arbeit verlangt aber eine stärkere Mitarbeit. Die Arbeit kann nur erfolgreich geleistet werden, wenn sich mehr Kollegen zur aktiven Mitarbeit zur Verfügung stellen. Die bisherige Leitung des Wohnbezirks war zu schwach. Sie hat manches erreicht, aber sie hätte mehr schaffen können, wenn mehr Kollegen geholfen hätten. Um in den nächsten zwei Jahren größere Erfolge zu erringen, ist es erforderlich, die Arbeit auf mehr Schultern zu verteilen. Die Wohnbezirksleitung appelliert an die Funktionäre und Mitglieder, aktiv mitzuwirken. Gemeinsam schaffen wir es, darum helft nach besten Kräften mit.

Solingen-Ohligs, den 26. Januar 1961
Die Wohnbezirksleitung der
IG Metall Ohligs/Aufderhöhe«

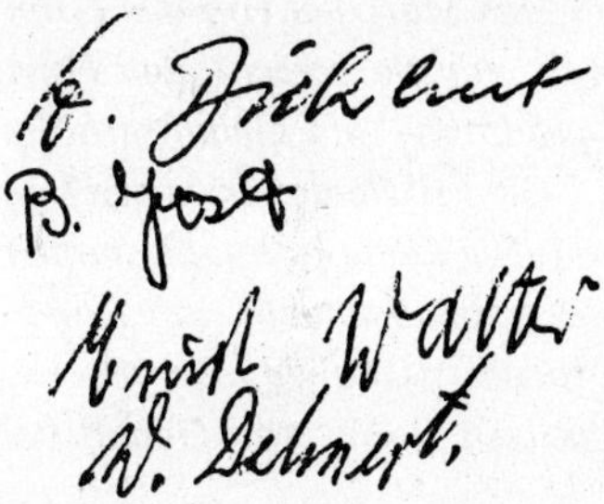

## Die gewerkschaftspolitische Aktivität der Verwaltungsstelle

Unsere Gewerkschaftsarbeit war allseitig und befaßte sich sowohl mit ökonomischen wie politischen Fragen. Das wird an den verschiedenartigsten Anträgen und Entschließungen deutlich.

Hier der vollständige Text der im Tätigkeitsbericht der Wohnbezirksleitung Ohligs/Aufderhöhe bereits erwähnten Resolution gegen den Preiswucher.

*»Entschließung*

*Die Mitgliederversammlung der IG Metall, Stadtbezirk Solingen-Ohligs vom 30. November 1959 protestiert gegen die Wucherpreise wichtiger Lebensmittel und fordert energische Maßnahmen gegen die Schuldigen. Durch die Preissteigerung werden die Einkommen der Arbeiter und Angestellten sowie die Renten entwertet.*

*Das Märchen von der Lohn-Preis-Spirale kann nicht mehr herhalten, um die berechtigten Forderungen der Arbeiter und Angestellten auf Lohn- und Gehaltserhöhung zu diffamieren.*

*Die Mitglieder erwarten von der Großen Tarifkommission, daß sie künftig keine Lohnabkommen mehr mit längerer Laufdauer als sechs Monate abschließt, um Handlungsfreiheit gegenüber den Preissteigerungen zu haben. Der Preiswucher zwingt zur Durchführung einer aktiven Lohn- und Gehaltspolitik der Gewerkschaften.«*

Der Kampf gegen die atomare Aufrüstung und die Bestrebung, die Gewerkschaften hier in die Verantwortung zu nehmen, waren wesentlicher Bestandteil unserer Gewerkschaftsarbeit. So wurde der folgende Antrag von der Vertreterversammlung am 12. Januar 1959 angenommen und ging über den Vorstand der IG Metall an den DGB, der vom 7. bis 12. September 1959 in Stuttgart seinen 5. Ordentlichen Bundeskongreß durchführte.

***»Antrag an den 5. DGB-Kongreß***

*Der 5. DGB-Kongreß beschließt, den verstärkten Kampf gegen die atomare Aufrüstung in der Bundesrepublik. Der Bewegung ›**Kampf dem Atomtod**‹ wird neuer Auftrieb gegeben, indem der DGB die*

*Initiative ergreift und alle Gegner der atomaren Aufrüstung zu reger Aktivität auffordert. Entsprechend der Entwicklung dieses Kampfes werden die gewerkschaftlichen Mittel wie Versammlungen, Flugblätter, Protestkundgebungen und Proteststreiks eingesetzt. Das ist um so dringender, weil die Bundesregierung in alarmierendem Tempo die atomare Aufrüstung betreibt. Der Kampf dagegen hat in den letzten Monaten nachgelassen.*

*Der zentrale Ausschuß ›Kampf dem Atomtod‹, dem auch Vorstandsmitglieder der Gewerkschaften angehören, ist nach dem ersten Aufruf mehr und mehr passiv geworden. Das ist um so bedauerlicher, weil die Anschaffung von Atomwaffen und die Errichtung von Raketenbasen systematisch und gegen den Willen der überwältigenden Mehrheit der Bevölkerung weiter betrieben wird. Reaktionäre und militaristische Kräfte in der Bundesrepublik, die offensichtlich bestrebt sind, die Macht an sich zu reißen, werden nicht zurückschrecken, diese Waffe auch anzuwenden, das aber wäre unser aller Ende!*

*Es gilt darum, die Bewegung ›Kampf dem Atomtod‹ zur größten Entfaltung zu bringen. Das kann und muß durch verstärkte Aktivität der Gewerkschaften verwirklicht werden.*

*Die vergangenen Widerstandsaktionen gegen die Stationierung von Atomwaffen und Raketen zeigten Teilerfolge und bewiesen vor allem die Kampfbereitschaft der alarmierten Bevölkerung. Es kommt jetzt darauf an, daß sich der DGB an die Spitze des Kampfes gegen die atomare Aufrüstung stellt, dem Ausschuß ›Kampf dem Atomtod‹ neue Impulse verleiht, den Widerstand neu organisiert und alle Kräfte, die guten Willens sind mitzuarbeiten, zu gemeinsamen Aktionen auffordert. Der DGB ist eine gewaltige Kraft, die in der Lage ist, die Führung im Kampf gegen die atomare Aufrüstung der Bundesrepublik zu übernehmen. Es ist dringend notwendig, die Führung zu ergreifen, ehe es zu spät ist!«*

Eines Tages erschien Hans Jennes im Auftrag der Partei in unserer Wohnung mit 14 Antragsentwürfen zum 5. DGB-Kongreß. Davon sollte ich zwei aussuchen und einreichen. Ich lehnte sein Ansinnen entschieden ab. Hans Jennes besuchte ja nicht nur mich. Da würden dann also beim DGB-Vorstand mehrere gleichlautende Anträge eingehen. Es war wirklich naiv anzunehmen, der DGB wüßte nicht, wer der Urheber solcher Anträge war. Der Vorstand brauchte doch nur die gleichlautenden Anträge einzusammeln, die Verwaltungsstelle als Absender war ja angegeben, und schon konnte er detaillierte Schlüsse ziehen. Wir konnten wirklich nicht riskieren, daß weitere Genossen der KPD aus der Gewerkschaft ausgeschlossen wurden. Nein, das war keine positive Gewerkschaftsarbeit. Ich war durchaus in der Lage, eigene Anträge zu formulieren. Es war allerdings nicht sinnvoll, daß ich selbst diese Anträge auch immer einbrachte. Oft formulierte ich einen Text und ging damit zu Ernst Nippes oder anderen Kollegen, um mich mit ihnen zu beraten. Meist gab es irgendwelche Änderungsvorschläge. Berührten sie nicht den Kern des Antrags, willigte ich bereitwillig ein. Sollte der Inhalt des Antrags jedoch wesentlich verändert werden, so mußte sachlich diskutiert werden. »Jetzt hast du so viele Änderungen vorgeschlagen, da ist es eigentlich dein Antrag. Willst du ihn nicht auch selbst einreichen?«

Ein Antrag, der von einem SPD-Kollegen zum Beispiel in der Vertreterversammlung oder Ortsverwaltung eingebracht wurde, hatte aufgrund der Mehrheitsverhältnisse viel eher die Chance angenommen zu werden, als wenn ich ihn allein gestellt hätte. Sicher, dies Vorgehen erforderte mehr Zeit und geduldige Überzeugungsarbeit, als wenn ich einfach auf bereits ausgearbeitete Anträge der KPD zurückgegriffen hätte. Aber nur diese Kleinarbeit führte zum Erfolg und förderte ein kameradschaftliches Verhältnis untereinander.

Auf diese Weise wurde auch die folgende Entschließung zur Vorbereitung des gewerkschaftlichen Kampfes gegen die drohenden Notstandsgesetze am 16. Januar 1960 in die Vertreterversammlung eingebracht:

*»Entschließung*

*Die heute tagende Vertreterversammlung der IG Metall protestiert gegen die* ***Vorbereitung eines Notstandsgesetzes durch die Bundesregierung.*** *Es besteht kein Zweifel, daß sich ein solches Gesetz gegen die Gewerkschaften und die Arbeiterschaft richten soll. Das Streik- und Koalitionsrecht soll weitgehend eingeschränkt, unter Umständen auf-*

*gehoben werden. Durch das Notstandsgesetz werden die demokratischen Grundrechte und Freiheiten bedroht, eingeschränkt oder abgebaut. Zur Vorbereitung eines solchen volksfeindlichen Gesetzes dient auch die maßlose Hetze in der letzten Zeit gegen die Gewerkschaften und der Ruf der Arbeitgeberverbände nach Zwangsschlichtung und gewaltsamer Unterbrechung von Streiks als Kampfmittel zur Durchsetzung der berechtigten Forderungen der Arbeiter und Angestellten. Einer solchen Entwicklung in der Bundesrepublik, die immer mehr zu einer neuen Faschisierung führt, muß Einhalt geboten werden. Es gilt darum, die demokratischen Rechte und Freiheiten zu schützen.«*

Dieselbe Vertreterversammlung nahm auch Stellung zu einer **aktiven Lohnpolitik.** In einem Antrag wird gefordert:

*»Die Schere zwischen den Tarif- und Effektivlöhnen klafft immer weiter auseinander. Durch die Bindung der IG Metall als Tarifpartner eines unzulänglichen Lohntarifs wird ein Kampf für höhere Löhne und Gehälter als einzige wirksame Maßnahme gegen die Preissteigerung mit Unterstützung und unter Führung der Gewerkschaft unmöglich. Ein solcher Lohnkampf wird somit zu einer Angelegenheit einzelner Kollegen, Gruppen oder Belegschaften, ohne Mitwirkung der Gewerkschaft.*

*Darin liegt die Gefahr einer verhängnisvollen Rückwirkung auf die Gewerkschaft, die außerhalb dieses Kampfes gewissermaßen Gewehr bei Fuß stehen muß, während die Kollegen ohne diese organisierte und führende Kraft auf eigene Faust um die Erhaltung ihrer Existenz gegen die Entwertung ihres Lohnes kämpfen. Die Gefahr besteht darin, daß viele Kollegen nicht mehr die Notwendigkeit einer starken gewerkschaftlichen Organisation anerkennen und falsche Schlußfolgerungen ziehen.*

*Einer solchen Gefahr ist nur durch eine aktive Lohn- und Gehaltspolitik der IG Metall zu begegnen. Das Mißverhältnis zwischen Tarif- und Effektivlöhnen ist so groß geworden, daß bei Ablauf des Lohnabkommens keine Befürchtung vor einem tariflosen Zustand gehegt werden braucht.«*

Am 6. Februar 1960 wurde auf der Ortsausschußsitzung des **DGB** der **neue Vorstand** gewählt. Max Steffens und ich wurden von der

IG-Metall-Ortsverwaltung zur Mitarbeit im Ortsausschuß des DGB bestimmt. Wie aus dem folgenden Briefwechsel zu ersehen ist, war in meinem Fall jedoch zu befürchten, daß die Landesleitung des DGB meiner Wahl in den DGB-Ortsvorstand nicht zustimmen würde. Denn nur ein Mitglied eines örtlichen Gewerkschaftsvorstands durfte auch in den DGB-Ortsvorstand gewählt werden. Mitglied der Ortsverwaltung aber konnte nur werden, wer zuvor 260 Wochen ununterbrochen Mitglied der IG Metall gewesen war. Und das war ich nicht, hatte mich doch der IG-Metall-Vorstand gezwungen, als Parteisekretär der KPD ab Januar 1954 bis Ende 1956 in die HBV überzuwechseln.

Ich wollte eine **grundsätzliche Lösung** dieses Problems und wandte mich an den Kollegen Mallmann, Vorsitzender des DGB in Solingen.

*»Solingen, den 7. Februar 1960*
*An den Vorsitzenden des DGB, Kollege H. Mallmann*

*Lieber Kollege Mallmann !*

*Die Wahl des Vorstandes in der gestrigen Ortsausschußsitzung des DGB gibt mir Veranlassung, noch einmal schriftlich auf die möglicherweise Ablehnung meiner Wahl in den Vorstand Stellung zu nehmen, um Dir die konkrete Sachlage zu schildern und einen Vorschlag zur grundsätzlichen Klärung zu unterbreiten. Wenn ich hierbei persönliche Angaben mache, dann geht es mir weniger um die persönliche Seite als um eine grundsätzliche Klärung und Lösung.*

*Ich bin seit dem 1. Januar 1921 gewerkschaftlich organisiert, zuerst im Deutschen Metallarbeiter-Verband und seit dem 1. April 1945 in der IG Metall. Vom 1. Januar 1954 bis zum 30. November 1956 war ich Mitglied der Gewerkschaft HBV und seitdem wieder in der IG Metall. Nach der Satzung der IG Metall Paragraph 21.2 kann ein Mitglied in die Ortsverwaltung nur gewählt werden, wenn es mindestens 260 Wochen ununterbrochen ›unserer Gewerkschaft‹ angehört. Auf Anfrage des 1. Bevollmächtigten E. Nippes beim Vorstand in Frankfurt wurde ihm telefonisch durch Kollege Wöhrle mitgeteilt, daß die Formulierung ›unsere Gewerkschaft‹ sich auf die IG Metall bezieht. Deshalb konnte ich vor einem Jahr nicht in die Ortsverwaltung der IG Metall gewählt werden, weil ich nicht ununterbrochen über 260*

*Wochen Mitglied war, sondern nach der Mitgliedschaft in der HBV erst knapp die Hälfte der Zeit.*

*Das bedeutete praktisch eine teilweise Entziehung der Rechte eines langjährigen Mitglieds. Über 750 Wochenbeiträge seit Gründung der IG Metall sind mir angerechnet bei voller Übertragung der Rechte auf Unterstützung. Man sollte annehmen, das Recht zu wählen und gewählt zu werden, würde ebenso mit der Zahl der Wochenbeiträge übertragen. Das ist jedoch nach obiger Auslegung der Satzung nicht der Fall. Diese Gegenüberstellung ist so widerspruchsvoll, daß eine grundsätzliche Klärung im DGB erforderlich ist. Es ist ein unmöglicher Zustand, wenn ein beruflicher oder betrieblicher Wechsel eines Mitglieds erfolgt, der nach den Vorschriften des DGB auch eine Übertragung der Mitgliedschaft auf eine andere Gewerkschaft im Rahmen des DGB bedingt, daß dem Mitglied seine durch jahrelange Zugehörigkeit erworbenen Rechte eingeschränkt werden.*

*Hierzu ein Beispiel:*

*Ein Schlosser, 10 Jahre Mitglied der IG Metall, nimmt eine Stelle als Reparaturschlosser in einem Textilbetrieb an. Er muß seine Mitgliedschaft auf die IG Textil überschreiben lassen. Ende des Jahres wechselt er wieder in einen Metallbetrieb über und damit auch wieder in die IG Metall. Angenommen, im Februar des darauffolgenden Jahres ist Vertreterwahl. Nach der engen Auslegung der Satzung kann er wegen seiner vorübergehenden Unterbrechung seiner Mitgliedschaft in der IG Metall (die ihm ja vorgeschrieben war — also eine Mußvorschrift) weder als Vertreter gewählt werden (52 Wochen ununterbrochene Mitgliedschaft) noch kann er wählen (13 Wochen Mitgliedschaft), obwohl er über 10 Jahre Mitglied einer im DGB angeschlossenen Gewerkschaft ist (davon über 9 Jahre in der IG Metall). Er hat also durch seinen Wechsel in eine andere Gewerkschaft weniger Rechte erhalten als einer, der eben erst 13 Wochen Mitglied ist. Das klingt paradox; es ist aber eine unglaubliche Tatsache.*

*Da die Wahl in den Ortsvorstand des DGB entsprechend den Durchführungsbestimmungen des Bundesvorstands an die Bedingung geknüpft ist, nur Mitglieder aus den örtlichen Vorständen der Gewerkschaften zu wählen, fiele der von der Ortsverwaltung der IG Metall gemachte Vorschlag, soweit es meine Person anbelangt, flach, so daß die enge Auslegung der Satzung der IG Metall, wie sie oben geschildert wurde, eine weitere Folge nach sich zieht. Oder aber die Landesleitung des DGB, die ja die Bestätigung der neugewählten Mitglieder der Ortsvorstände vornehmen muß, würde auch meine Wahl unter der Voraussetzung bestätigen, daß die ganze Angelegenheit grundsätzlich geklärt wird. Falls die Landesleitung die Bestätigung nicht verantworten kann, erkenne ich auch diese Entscheidung an, bitte aber trotzdem, die Angelegenheit grundsätzlich zu regeln.*

*Der Widerspruch wäre zu lösen, wenn durch eine Vereinbarung im Bundesvorstand des DGB die Auslegung der Satzung der IG Metall (gegebenenfalls auch bei ähnlichen Formulierungen in den Satzungen anderer Gewerkschaften), wo es heißt, ›unserer Gewerkschaft mindestens 260 Wochen (bzw. 52 Wochen bei Vertreterwahl oder 13 Wochen bei Wählern) ununterbrochen angehören . . .‹ usw., so verstanden wird, daß es sinngemäß bedeutet: ›einer dem DGB zugehörigen Gewerkschaft ununterbrochen angehören . . .‹. Sonderbarerweise ist es in den Richtlinien des Vorstandes der IG Metall für den Aufbau eines Vertrauensleutekörpers auf Seite 9 so formuliert. Da spielt also die Unterbrechung der Mitgliedschaft in der IG Metall durch Wechsel in eine andere Gewerkschaft des DGB keine Rolle.*

*Wenn sich eine solche Vereinbarung innerhalb des Bundesvorstandes des DGB nicht treffen läßt, müßte die Satzung der IG Metall auf dem nächsten Verbandstag (gegebenenfalls auch die Satzungen anderer Gewerkschaften) entsprechend geändert werden, um den Widerspruch zu beseitigen.*

*Auf alle Fälle ist eine grundsätzliche Klärung und Entscheidung notwendig.*

*Mit kollegialem Gruß*
*Willi Dickhut«*

Der Landesbezirk des DGB Nordrhein-Westfalen antwortete wie folgt:

***»Betr.: Wahl zum Vorstand des DGB-Ortsausschusses***
*Werte Kollegen!*

*Zu der Eingabe des Kollegen Dickhut, IG. Metall, teilen wir Euch folgendes mit:*

*Es ist richtig, daß für die Wahl zum Ortsausschußvorstand der § 5 der Ausführungsbestimmungen zur Satzung für Kreis- und Ortsausschüsse des DGB maßgebend ist. Demnach* ***müssen die ehrenamtlichen Vorstandsmitglieder den örtlichen Gewerkschaftsvorständen angehören.*** *Bei dieser Muß-Bestimmung ist eine andere Auslegung und Anwendung nicht möglich. Eine weitere Einschränkung bezüglich der Dauer der Mitgliedschaft usw. sehen unsere Ausführungsbestimmungen nicht vor.*

*Es ist lediglich Sache der einzelnen Gewerkschaften, welche Rechte dem einzelnen Mitglied mit der Dauer, in diesem Fall der ununterbrochenen Dauer, der Mitgliedschaft zuerkannt werden. Wir empfehlen Kollegen Dickhut, sein nicht unberechtigtes Anliegen vom nächsten Verbandstag der IG. Metall entscheiden bzw. in seinem Sinne ändern zu lassen. Wie gesagt, wenn Kollege Dickhut Mitglied des örtlichen Gewerkschaftsvorstandes wäre, stände seiner Wahl zum DGB-Ortsausschußvorstand nichts entgegen.*

*Wir bitten, Kollegen Dickhut in diesem Sinne zu verständigen.*

*Mit freundlichen Grüßen*
*Deutscher Gewerkschaftsbund*
*Landesbezirk Nordrhein-Westfalen*
*Der Landesbezirksvorstand*
*i. A. gez. Kellner«*

Die Vertreterversammlung der IG Metall wählte mich 1957, 1960 und 1963 als Delegierten für den Ortsausschuß des DGB. In die Ortsverwaltung der IG Metall konnte ich wegen der oben angeführten Richtlinien erst 1961 gewählt werden und von da an arbeitete ich bis 1963 auch im Vorstand des Ortsausschusses des DGB mit.

Heute ist der Abschnitt, der die Mitgliedschaft in der Ortsverwaltung regelt, geändert:

*»In die Ortsverwaltung können nur Mitglieder mit mindestens 36monatiger ununterbrochener* ***Gewerkschaftszugehörigkeit*** *und satzungsmäßiger Beitragszahlung während dieser Zeit gewählt werden.«* (»90 Jahre Industriegewerkschaft 1891—1981«, S. 571)

**DGB**

**DEUTSCHER GEWERKSCHAFTSBUND · ORTSAUSSCHUSS SOLINGEN**

Herrn
Willi Dickhut

Solingen-Ohligs
Ulmenstraße 10

SOLINGEN
Kölner Straße 45
Fernsprecher: 21548
Bankkonten:
Stadt-Sparkasse Solingen 31401
Bank für Gemeinwirtschaft Wuppertal 230

Ihr Zeichen | Ihre Nachricht vom | Unser Zeichen Ma/ol. | Datum 21. 4. 1961

Betrifft:

Werter Kollege Dickhut!

Von der IG. Metall erhalten wir heute die Mitteilung, daß Du in der gestrigen Sitzung der Ortsverwaltung als Vertreter im Vorstand des Ortsausschusses gewählt worden bist.

Wir hatten bereits zu einer Vorstandssitzung auf

MONTAG, den 24. April 1961

geladen und stellen Dir die Einladung zu Deiner gefälligen Kenntnisnahme und mit der Bitte um Teilnahme zu.

Mit kollegialem Gruß

DEUTSCHER GEWERKSCHAFTSBUND
Ortsausschuß Solingen

( MALLMANN )

Anlage
1 Einladung

Zum 6. Gewerkschaftstag der IG Metall vom 17. bis 22. Oktober 1960 in Berlin brachte die Verwaltungsstelle Solingen folgenden Antrag ein:

*»Der Gewerkschaftstag möge beschließen:*

*Gegen das geplante* ***Notstands- und Notdienstgesetz*** *der Bundesregierung werden Protestkundgebungen und Warnstreiks im gesamten Bundesgebiet durchgeführt.*

*Durch das Notstandsgesetz sollen die demokratischen Rechte eingeschränkt oder außer Kraft gesetzt werden. Das richtet sich vor allem gegen das Recht auf*
*1. freie Meinungsäußerung,*
*2. Pressefreiheit,*
*3. Versammlungsfreiheit,*
*4. Koalitionsfreiheit,*
*5. Freizügigkeit,*
*6. Streikfreiheit.*

*Das Notstandsgesetz sieht den Einsatz der Polizeikräfte des Bundes und der Länder sowie der Bundeswehr vor. Das Notdienstgesetz verpflichtet Männer bis zu 65 Jahren und Frauen bis zu 55 Jahren zu Notdienstleistungen. Das bedeutet totale Mobilisierung für einen totalen Krieg. Das Notdienstgesetz wirkt sich vor allem gegen die Frauen aus.*

*Für die Einführung solcher entscheidender Gesetze besteht keine Veranlassung, und sie läßt sich durch nichts rechtfertigen. Die bestehenden Gesetze reichen für einen inneren Notstand vollkommen aus. Aber es geht den Verfechtern des Notstandsgesetzes und des Notdienstgesetzes um mehr. Diese geplanten Gesetze richten sich eindeutig gegen die Arbeitnehmerschaft und ihre Gewerkschaften. Sie ermöglichen die Errichtung einer Diktatur und den Mißbrauch der Macht. Das muß verhindert werden!*

*Sollte der Versuch unternommen werden, die Einführung des Notstands- und Notdienstgesetzes entgegen der Zweidrittelmehrheit im Bundestag zu erzwingen,* ***ruft unsere Gewerkschaft zum Generalstreik gegen diese diktatorische Maßnahme*** *auf. Die Verteidigung der demokratischen Rechte ist eine Lebensfrage der arbeitenden Bevölkerung und ihrer Gewerkschaften, wodurch der Einsatz aller gewerkschaftlichen Kampfmittel gerechtfertigt ist.«*

Dieser Antrag war neben anderen die Grundlage zur Fassung einer entsprechenden Entschließung durch die IG Metall, die in der ganzen Bundesrepublik kolossales Aufsehen erregte:

*»Der 6. Gewerkschaftstag verpflichtet den Vorstand, alle geeigneten, nach der Satzung zulässigen Maßnahmen zu treffen, damit die*

*Bundesregierung gehindert wird, ihre Pläne zu verwirklichen. Er fordert die anderen Organisationen der Arbeitnehmer auf, gemeinsam mit der IG Metall diesen Plänen* ***notfalls mit allen gesetzlichen Mitteln, einschließlich des Streiks,*** *entgegenzutreten.«*

Otto Brenner faßte in seinem Schlußwort auf dem Gewerkschaftstag die Situation mit folgenden Worten zusammen:

*»Wir sind der Ansicht, daß die vorhandenen gesetzlichen Regelungen ausreichen, einem etwa eintretenden Notstand wirksam zu begegnen. Ein besonderes Notstandsgesetz lehnen wir daher kompromißlos ab.«*

Der von uns geforderte »Generalstreik« ging dem IG-Metall-Vorstand zwar zu weit, aber dank verschiedener Anträge aus Ortsverwaltungen mußten sie in der Entschließung immerhin zugestehen, den Plänen zu den Notstandsgesetzen »notfalls« mit Streik zu begegnen. Wenn auch die Gewerkschaftsführung nicht ernstlich daran dachte, wirklich einen politischen Streik zu organisieren, so war eine solche Entschließung doch für die Gewerkschaftsarbeit vor Ort eine positive Sache. Konnten wir doch in unserer täglichen Praxis damit arbeiten, die Kollegen politisch mobilisieren und mit ihnen den vollen Einsatz der gewerkschaftlichen Kampfkraft fordern.

Zur Vorbereitung des 6. DGB-Bundeskongresses, der vom 12. bis 27. Oktober 1962 in Hannover stattfand, wurde im Sommer 1962 eine Redaktionskommission gewählt, der folgende Kollegen angehörten: Mallmann, Neuhaus, Jost und Dickhut. Es war ihre Aufgabe, Anträge der Mitglieder zu bearbeiten oder auch selbst Anträge auszuarbeiten, über die dann auf der Delegiertenkonferenz abgestimmt wurde. So beschloß die Delegiertenkonferenz neben zwei weiteren die beiden folgenden Anträge an den 6. DGB-Bundeskongreß:

*»Der 6. Bundeskongreß des DGB möge beschließen:*

*Der DGB wird zur Wahrung der Interessen aller Arbeitnehmer seine besondere Aufmerksamkeit der* ***Konzentration des Kapitals*** *und der wachsenden Macht der marktbeherrschenden Unternehmen widmen.*

*Der Bundesvorstand wird beauftragt, die Öffentlichkeit durch ständige Aufklärung auf diese gefährliche Entwicklung aufmerksam zu machen. Das ist um so dringender, weil eine ähnliche Entwicklung zur Beseitigung der Weimarer Republik und zur Machtergreifung Hitlers geführt hat.*

*Die wachsende Konzentration wirtschaftlicher Macht gefährdet im Inneren die Demokratie und nach außen den Frieden. Ihr unheilvoller Einfluß auf die Sozial-, Innen- und Außenpolitik macht sich immer stärker bemerkbar.*

*Um diesen Bestrebungen entgegenzuwirken, ist der* ***Einsatz aller gewerkschaftlichen Kampfmittel*** *erforderlich ...«*

*»Der 6. Bundeskongreß des DGB möge beschließen:*

*Der Zusammenschluß des Kohlenbergbaus und der Eisen- und Stahlindustrie sechs europäischer Länder zur Montan-Union und die Bildung der Europäischen Wirtschaftsgemeinschaft (EWG) hat sich wirtschaftlich noch nicht zum Vorteil der arbeitenden Bevölkerung ausgewirkt.*

*Arbeitskämpfe zur Verteidigung der Interessen der Arbeitnehmer werden in den einzelnen Ländern der Europäischen Wirtschaftsgemeinschaft ohne Zusammenhang geführt. Es ist deshalb erforderlich, daß der Zusammenballung der europäischen Wirtschaft unter Führung des Monopolkapitals die gemeinsame Kraft aller Gewerkschaften entgegengestellt wird.*

*Darum wird der DGB-Vorstand beauftragt, mit den Gewerkschaften der EWG-Länder geeignete Maßnahmen zur Verteidigung der Interessen der arbeitenden Bevölkerung dieser Länder zu beschließen und notwendige Arbeitskämpfe zu koordinieren.«*

Die Arbeit in Betrieb und Gewerkschaft war die wichtigste Verbindung zu den Massen seit dem Verbot der KPD und erforderte viel Geschick. Neben der Arbeit in der illegalen Partei, wo wir uns nur in kleinen Gruppen treffen konnten, besprach ich mich regelmäßig mit zwei Genossen, die ebenfalls aktiv in der Gewerkschaftsarbeit waren. Man mußte positiv arbeiten, die Gewerkschaftsführung beim Wort nehmen und in Anträgen usw. so weit politisch gehen wie möglich. Es war unbedingt nötig, mit SPD-, christlichen und parteilosen Kollegen zusammenzuarbeiten, ständig zu taktieren, ohne prinzipielle oder falsche Zugeständnisse zu machen. Keineswegs durfte man alles von oben herab herunterreißen; jedes Linkssektierertum richtete nur Schaden an.

Aber nicht alle Parteigenossen sahen das so. Eines Tages tauchte plötzlich ein Flugblatt auf, daß in linkssektiererischer Art und Weise über die Vertreterversammlung am 12. Mai 1962 und besonders über einen Gewerkschaftskollegen herzog. Unterzeichnet war das Flugblatt von Rudolf Leupold. 1952 war er (bis dahin 1. Bevollmächtigter der IG Metall Solingen) aus der Gewerkschaft ausgeschlossen worden, weil die KPD unter dem damaligen Kreissekretär Sbosny eine ultralinke Politik in der Gewerkschaftsarbeit verfochten hatte. Es war für mich nicht schwer zu erraten, wer der eigentliche Urheber dieses gewerkschaftsfeindlichen Flugblatts war: Fritz Sbosny. Er war gerade erneut als Kreissekretär in Solingen eingesetzt worden und nahm sein hinterlistiges Spiel sogleich wieder auf. Aber warum ließ sich Rudolf Leupold dazu mißbrauchen? Sollte der Schuß aus dem Hinterhalt mich und meine positive Gewerkschaftsarbeit treffen? Ganz offensichtlich sollten Willi Lohbach und ich als Mitglieder der Ortsverwaltung in eine mißliche Lage gebracht werden. Es war klar, daß die Ortsverwaltung auf diesen Angriff reagieren würde. Wie sollten wir uns verhalten? Hätten wir das Flugblatt von Rudolf Leupold gebilligt, hätte das bedeutet, eine ultralinke Gewerkschaftspolitik zu unterstützen, und das konnte leicht einen Gewerkschaftsausschluß provozieren. Auf einen entsprechenden Anlaß warteten manche Gewerkschaftsführer doch nur. Wir verurteilten geschlossen mit der Ortsverwaltung das Flugblatt, wie aus dem folgenden Faksimile hervorgeht.

INDUSTRIEGEWERKSCHAFT METALL FÜR DIE BUNDESREPUBLIK DEUTSCHLAND
VERWALTUNGSSTELLE SOLINGEN KÖLNER STR. 45

## Erklärung

### der Ortsverwaltung der IGMetall Verwaltungsstelle Solingen-Haan

Am 12. Mai d.J. fand eine Vertreterversammlung der IGMetall statt, die zum VII. Gewerkschaftstag der IGMetall durch Wahl der Delegierten und Annahme von Anträgen Stellung nahm. In einem Flugblatt des ehemaligen Mitgliedes der IGMetall, Rudolf Leupold, wurde über diese Vertreterversammlung und den anwesenden Bezirksleiter, Kollege Waldemar Ziemann, in einer Art und Weise berichtet, die die Ortsverwaltung veranlaßte, folgende Erklärung abzugeben:
In dem Flugblatt Rudolf Leupolds heißt es in dem betreffenden Absatz:

> "Die Vertreterkonferenz der IGMetall in Solingen lehnte ebenfalls in Anträgen zum Gewerkschaftstag die atomare Aufrüstung, die Notstandsgesetzgebung ab. Ferner trat sie ein für die Erhaltung des Friedens usw. Weil dem Bezirksleiter Ziemann die Ausführungen einiger Kollegen nicht paßten, verfiel er in antikommunistische Tiraden. Was er damit erreichte, war, daß mehr als 3o Kollegen die Konferenz verließen. Ihm scheint es wohl noch nicht zum Bewußtsein gekommen zu sein, daß der Antikommunismus die gewerkschaftliche Einheit zerstört, die Kampfkraft der Arbeiterschaft schwächt und somit dem erstarkten Unternehmertum, den Revanchisten und Kriegstreibern unbewußt Hilfestellung gibt..."

Die Ortsverwaltung erklärt, daß diese Darstellung unwahr bezw. grob entstellt ist. Kollege Ziemann hatte im Gegenteil einen Antrag gegen Aufrüstung, Notstands- u.Notdienstgesetz vollinhaltlich zugestimmt, nur wegen der Form hatte er Bedenken geäußert und schlug die Umwandlung des Antrages in eine Entschließung vor. In diesem Zusammenhang stimmt es deshalb auch nicht, daß "mehr als 3o Kollegen die Konferenz verließen". Erst die Diskussion über eine Protestentschließung gegen die Verurteilung des Kollegen Heinz Brandt, veranlaßte den Kollegen Ziemann im Schlußwort gegen einige Ausführungen von Vertretern entschieden aber sachlich Stellung zu nehmen.
Die Ortsverwaltung weist deshalb den beleidigenden Angriff in dem oben angeführten Absatz des Flugblattes auf den Kollegen Ziemann entschieden zurück.

Die Ortsverwaltung der IGMetall
Verwaltungsstelle Solingen-Haan
gez. Lück - Dickhut - Steffens -
Nippes - Neumann - Hyn - Hahn -
Jung - Bruchmann - Wirths - Plütsch
Venzlaff - Dunkel - Lohbach -Neuhaus

# Tätigkeitsbericht der Wohnbezirksleitung Ohligs/Aufderhöhe 1961/62

Wieder ging eine zweijährige Amtszeit der Wohnbezirksleitung ihrem Ende zu. Der nachfolgende Tätigkeitsbericht von 1961/62 zeigte eine positive Gewerkschaftsarbeit auf und bestätigte die Richtigkeit der Einführung von Wohnbezirken als eine Form der Grundeinheit der IG Metall.

**»Tätigkeitsbericht der Wohnbezirksleitung der IG Metall Solingen-Ohligs 1961/62**

Mit der Neuwahl am 16. Februar 1961 begann die Wohnbezirksleitung ihre Tätigkeit. Die Aufgaben wurden jeweils in einem Jahres-Arbeitsprogramm gestellt. Ist nun die Arbeit erfolgreich gewesen? Wurde das gestellte Ziel erreicht?

Die Ortsverwaltung gab der Wohnbezirksleitung ständig Anleitung, so daß die Arbeit der vorherigen Leitung erfolgreich weitergeführt werden konnte. Dennoch wurde das gesteckte Ziel unseres Arbeitsprogramms nicht ganz erreicht.

An Sitzungen und Versammlungen wurden in der Berichtsperiode durchgeführt:

| Jahr | Leitungs-sitzungen | Funktionärs-versammlungen | Mitglieder-versammlungen |
|---|---|---|---|
| 1961 | 9 | 5 | 3 |
| 1962 | 17 | 5 | 2 |
| Gesamt | 26 | 10 | 5 |

Dazu kommen noch zahlreiche Arbeitsbesprechungen mit Funktionären und Mitgliedern verschiedener Betriebe.

**Hauptaufgabe: Die Erfassung der Betriebe des Wohnbezirks Ohligs**

Die Leitung stellte sich als Hauptaufgabe, die Betriebe des Wohnbezirks gewerkschaftlich zu erfassen und zu betreuen. Sie gab ständige Anleitung und Hilfe bei der Werbung, Betriebsratswahl, Bildung von Vertrauenskörper, betriebsbezogene Fragen, Schulung der Funktionäre und der Mitglieder u. a.

Von 53 registrierten Betrieben sind 32 gewerkschaftlich erfaßt. Bei Beginn der Wohnbezirksarbeit 1959 gab es 16 Betriebe mit Betriebsrat, jetzt sind es 19 Betriebe ...

**Die Schulung der Funktionäre und Mitglieder des Wohnbezirks**

1961 begann eine systematische Schulung der Funktionäre des Wohnbezirks — der Betriebsräte, Vertrauensleute und Vertreter. In der zweijährigen Berichtsperiode wurden folgende Themen in Fortsetzungen durchgenommen:

1. Geschichte des Arbeitsrechts
2. Die positiven und negativen Seiten des Betriebsverfassungsgesetzes
3. Lohnbewegung und Arbeitsprogramm der Ortsverwaltung
4. Ist eine Lohnerhöhung von 10 Prozent für die Wirtschaft tragbar?
5. Arbeitsproduktivität und Arbeitsintensität — die Auswirkungen auf Lohn- und Arbeitsbedingungen und auf den Gesundheitszustand der Arbeitnehmer

Die Teilnahme ließ zu wünschen übrig, die Aussprache war rege.

In den **Mitgliederversammlungen** wurden die Kollegen über die aktuellen gewerkschaftlichen Probleme aufgeklärt. Die Themen waren:

1. Löhne, Preise, Gewinne
2. Das Gesetz der Änderung und Ergänzung des Gesetzes zur Verbesserung der wirtschaftlichen Sicherung der Arbeiter im Krankheitsfalle
3. Über den Abschluß des neuen Lohn-, Gehalts- und Urlaubsabkommens
4. Bericht über den 7. Gewerkschaftstag der IG Metall

Vor Annahme des neuen Ortsstatutes 1959 gab es solche Mitgliederversammlungen nicht. Die Aussprache über solche Probleme hebt aber zweifellos das gewerkschaftliche Bewußtsein und die Aktivität. Die Teilnahme aus den Betrieben ist unterschiedlich und spiegelt gewöhnlich die Aktivität der Betriebsfunktionäre wider.

Zusammengefaßt läßt sich feststellen: Durch systematische Kleinarbeit in den Betrieben, verbunden mit regelmäßiger Schulung und angeleitet und gefördert durch die Wohnbezirksleitung wird die gewerkschaftliche Organisation in den Betrieben gestärkt, das gewerkschaftliche Bewußtsein gehoben und die Aktivität gefördert.

**Die Werbung neuer Mitglieder und die Erhaltung der Mitgliedschaft**

Aus dem Kassenbericht der Ortsverwaltung geht hervor, daß im I. Quartal 1962 allein 58 Prozent der gesamten Neuaufnahmen des Jahres getätigt wurden. Das ist kein Zufall, denn in dieser Zeit lief die Lohnbewegung. Das beweist anschaulich: Da, wo gewerkschaftliches Leben ist, hat die Organisation Anziehungskraft, die Werbung neuer Mitglieder wird erleichtert, und die Funktionäre werden mutiger und aktiver. Das spiegelt sich auch in den einzelnen Betrieben wider . . .

Die Zahl der neuerworbenen Mitglieder in den einzelnen Betrieben ist der Größe der Belegschaften entsprechend naturgemäß unterschiedlich, zeigt aber doch — von einzelnen Ausnahmen abgesehen — allgemein den Zug nach oben. Zu berücksichtigen ist auch die jeweilige Situation in den Betrieben. So bei Ern und Kron 1961, bei Karschöldgen und Kaiser & Kraft 1962. Die Werbung zeigt in der Berichtsperiode in den Ohligser Betrieben folgendes Ergebnis:

| Jahr | 1961 | 1962 | zusammen |
|---|---|---|---|
| Aufnahmen | 204 | 276 | 480 |

**Auf dieses Ergebnis können wir zu Recht stolz sein!**

Aber die Werbung neuer Mitglieder ist eine Seite, die Erhaltung der Mitglieder für die Organisation eine andere. Wir haben von der Ortsverwaltung keinen genauen Überblick über die Zahl der Austritte sowie über die Zahl der Neuaufnahmen. Eines können wir aber mit Bestimmtheit sagen:

Die von der Ortsverwaltung der Wohnbezirksleitung gemeldeten ausgetretenen Kollegen wurden von Leitungsmitgliedern aufgesucht und nach überzeugender Diskussion zur Zurücknahme des Austritts aufgefordert. Rund die Hälfte der ausgetretenen Kollegen wurden so veranlaßt, ihren Austritt rückgängig zu machen.

Das beweist folgendes:

1. Oft wird der Austritt einem Kollegen allzu leicht gemacht. Sowohl Betriebs- wie Hauskassierer geben sich meist zu wenig Mühe, um einen zum Austritt neigenden Genossen durch grundsätzliche Diskussion zu halten.
2. Die Überweisung bzw. die Kontrolle einer Überweisung von ausgeschiedenen Kollegen aus einem Betrieb mit Betriebskassierung in

einen anderen Betrieb mit Kassierung oder in Hauskassierung ist sehr lückenhaft und dauert gewöhnlich zu lange.

3. Die gewerkschaftliche Bindung eines jeden Mitglieds ist eine Frage der Hebung des gewerkschaftlichen Bewußtseins und der Heranziehung zur aktiven Gewerkschaftsarbeit, die nicht nur auf Funktionäre beschränkt bleiben darf.

**Zum Schluß noch folgende Feststellung:**

Die Wohnbezirksleitung als das ausführende Organ der Ortsverwaltung kann nur dann ihre Aufgabe erfüllen, wenn sie von dem Vertrauen der Mitglieder getragen, der aktiven Mitarbeit aller Funktionäre in den Betrieben sicher ist. Die Arbeit und der Kampf der Gewerkschaften wird in Zukunft schwieriger, aber wir werden diesen Kampf erfolgreich bestehen, wenn wir einig und geschlossen sind.

In diesem Sinne wird auch die in Kürze neuzuwählende Wohnbezirksleitung die Arbeit der bisherigen fortführen. Allen Mitarbeitern des Wohnbezirks Ohligs/Aufderhöhe für ihre bisherige Mitarbeit dankend, appellieren wir an jedes Mitglied, mitzuarbeiten und eine aktive Gewerkschaftsarbeit zu leisten, dann wird uns der volle Erfolg sicher sein.

Solingen-Ohligs, den 29. Januar 1963

Die Wohnbezirksleitung der IG Metall Ohligs/Aufderhöhe«

Aus dem Tätigkeitsbericht der Wohnbezirksleitung geht hervor, daß wir durchaus erfolgreich bei der Organisierung neuer Kollegen in der Gewerkschaft waren. Ich hatte Ernst Nippes meine Hilfe bei der Erstellung von Werbe- und Informationsmaterial angeboten. Vor jeder Werbekampagne wurde ein neues Flugblatt an die unorganisierten Kollegen verteilt, um sie zum Nachdenken anzuregen. Die anschließende persönliche Aussprache durch die Vertrauensleute hatte in den meisten Fällen Erfolg. Ein solches Werbeflugblatt sah zum Beispiel so aus, wie das nachfolgende Faksimile zeigt.

# Industriegewerkschaft Metall für die Bundesrepublik Deutschland

**Verwaltungsstelle Solingen, Kölner Straße 45**

**Liebe Arbeitskollegin!**
**Lieber Arbeitskollege!**

Erinnere Dich, wie während der letzten Lohnbewegung die Propaganda der Unternehmer durch Presse, Rundfunk und Fernsehen auf Dich eingetrommelt hat:

> **„Weitere Lohnerhöhung ist nicht mehr tragbar!**
> **Weitere Arbeitszeitverkürzung führt zum wirtschaftlichen Ruin!**
> **Die IG Metall ist schuld!**
> **Sie ist maßlos in ihren Forderungen!"**

## So und ähnlich wurdest Du täglich behämmert

Nur die steigenden Preise erwähnt man nicht und erst recht nicht die wachsenden Unternehmergewinne. Man verschwieg auch, daß die Arbeitsleistung in den Betrieben immer höher getrieben wurde. Aber das spürtest Du sowieso an Deinem Körper.

Hand auf's Herz: hat Dich die tägliche Zweckpropaganda der Unternehmer nicht doch irgendwie beeindruckt? Hast Du nicht deshalb gezögert, Mitglied der IG Metall zu werden? Du hättest Dich fragen sollen, an was die IG Metall denn schuld ist?

## Jawohl die IG Metall ist schuld

daß die Lohn- und Gehaltstarife erhöht wurden, so jetzt rückwirkend ab 1. 4. 1963 um 5 % und ab 1. 4. 1964 um weitere 2 %, daß die wöchentliche Arbeitszeit weiter verkürzt wird, so ab 1. 1. 1964 auf 41 1/4 Std. bei vollem Lohnausgleich, daß der Urlaub verlängert wurde, so im vorigen Jahr um 3 Tage, daß für notwendige Überstunden Prozente bezahlt werden müssen, daß Nacht- und Feiertagsarbeit mit Zuschlägen bezahlt wird, daß der Jugend-, Frauen- und Mutterschutz verbessert wurde, daß durch die konsequente Haltung gegen die beabsichtigte Verschlechterung der Sozialgesetzgebung (Sozialpaket der Bundesregierung) und gegen die Einführung der Notstandsgesetze die Pläne der Regierung nicht zum Zuge kamen.

**Jawohl, die IG Metall ist schuld, daß es Dir und Deiner Familie besser geht!**

Du hast das längst eingesehen und doch stehst Du noch abseits! Warum eigentlich?

Die IG Metall ist schuld, daß die Bäume der Unternehmer nicht in den Himmel wachsen. Und darum sollte sie, die IG Metall als größte Gewerkschaft, als stärkste organisierte

Kraft, unsere beste und zuverlässigste Interessenvertretung, niedergezwungen werden. Das war der Plan der Arbeitgeberverbände. Darum waren sie zu keinen ernsthaften Verhandlungen bereit, wodurch die IG Metall gezwungen war, zur Urabstimmung und zum Streik aufzurufen. Der Streik in Württemberg/Baden war ein Notwehrakt. Als Antwort sperrten die Arbeitgeberverbände 400 000 Metallarbeiter aus – organisierte und unorganisierte. Diese brutale Maßnahme traf mit voller Wucht die Unorganisierten, die ihr bisheriges Abseitsstehen bitter bezahlen mußten.

**Das hätte auch Dich treffen können, wenn es in Nordrhein-Westfalen ebenfalls zu Streik und Aussperrung gekommen wäre.**

## Nur wenn wir organisiert, nur wenn wir einig sind, sind wir stark!

Hast Du das schon bedacht? Die Kämpfe werden in Zukunft noch härter, allzu deutlich haben das die Arbeitgeberverbände demonstriert. Sie wollten ihren Machtstandpunkt durchsetzen. Sie wurden nur durch den konsequenten Kampf der Metallarbeiter in Württemberg/Baden und durch die Streikbereitschaft der Kollegen in NRW daran gehindert. Laß Dir mit aller Offenheit sagen: ohne eine starke gewerkschaftliche Organisation bist Du, sind wir alle der Willkür der Unternehmer ausgeliefert, geht alles das verloren, was wir in Jahrzehnten errungen haben.

Die IG Metall hätte noch mehr erreichen können, wenn nicht viele Kollegen abseits gestanden hätten. Darum zögere nicht länger Mitglied der IG Metall zu werden, denn

## »Vereinte Kraft – alles schafft!«

Mit kollegialem Gruß
**Die Ortsverwaltung der IG Metall Solingen**
i. A.: E. Nippes

---

**Aufnahmeschein der IG Metall**
(Bitte deutlich schreiben)

Name: ............ Vorname: ............

Beruf: ............ beschäftigt als: ............

geb. am: ............ in: ............

Wohnort: ............ Straße: ............

Beschäftigt bei: ............ Abteilung: ............

**Art der Kassierung:** Betriebskassierung - Hauskassierung

Beitragshöhe DM: ............ Eingetreten am: ............

Aufnahmegebühr DM: ............

............ ............
(Name des Vertrauensmannes) (Unterschrift des Aufgenommenen)

Die Neuwahlen in der IG Metall Anfang 1963 wiesen eine besondere Note auf: Ein SPD-Genosse aus Ohligs hatte mir vertraulich mitgeteilt, daß der Ortsvorstand der SPD an seine Mitglieder, die auch in der IG Metall waren, Anweisung gegeben hätte, keine Kommunisten zu wählen. Meine Wahl als Vertreter, die ja im Wohngebiet stattfand, konnten sie so nicht verhindern, wohl aber die Wahl in die Ortsverwaltung der IG Metall. Bei Willi Lohbach, der auch rausgewählt werden sollte, gelang ihnen das nicht, denn er konnte sich auf die Kollegen eines großen und gut organisierten Betriebes stützen. Betrachtet man die Reihenfolge der Stimmen bei der Wahl zur Ortsverwaltung, dann wird die Anweisung des SPD-Vorstands deutlich:

**Ortsverwaltungswahl der IG Metall (11 Mitglieder)**

| Name | Jahr | Reihenfolge der Stimmen |
|---|---|---|
| Willi Lohbach | 1961 | 5. Stelle von 11 |
| | 1963 | 10. Stelle von 11 |
| Willi Dickhut | 1961 | 2. Stelle von 11 |
| | 1963 | 13. Stelle von 11 |

**Delegiertenwahlen in den Ortsausschuß des DGB (11 Mitglieder)**

| Name | Jahr | Reihenfolge der Stimmen |
|---|---|---|
| Willi Lohbach | 1957 | nicht kandidiert |
| | 1960 | 3. Stelle von 11 |
| | 1963 | 8. Stelle von 11 |
| Willi Dickhut | 1957 | 11. Stelle von 11 |
| | 1960 | 2. Stelle von 11 |
| | 1963 | 9. Stelle von 11 |

Es war offensichtlich, **daß der SPD-Ortsvorstand hier eingegriffen hatte.** Sein Vorstoß war in der Hauptseite gegen mich gerichtet. Ich hatte mit einigen Sozialdemokraten, die in Betrieben Einfluß hatten, Kontakte auf folgender Grundlage geknüpft: »Gemeinsames gewerkschaftliches Handeln, aber auf der Grundlage des Kampfes.« Das wurmte so manchen SPD-Funktionär. Gegen einen einflußreichen Betriebs- und Gewerkschaftskollegen hatte der SPD-Ortsvorstand gar ein Parteiverfahren wegen seiner Verbindung mit mir eingeleitet. Man legte dem Kollegen ein Foto vor, auf dem ich auf das Haus, in dem er wohnte, zuging. Aber sie mußten das Verfahren einstellen, denn daß wir uns über Gewerkschaftsfragen unterhalten hatten, war noch kein Ausschlußgrund. Da konnte dem Vorstand auch das treue Mitglied Willi Jungbluth vom Kommissariat 14 nicht helfen. Der suchte zwar alle paar Monate das Büro der IG Metall auf, um von dem 1. Bevollmächtigten Ernst Nippes zu erfahren, was ich so trieb — immerhin war ja die KPD verboten — aber mit solchen »Informationen« war kein Blumentopf zu gewinnen.

Als Anfang 1963 die Gewerkschaftswahlen mit dem oben angeführten Ergebnis endeten, war es für den seit 1962 wieder frisch eingesetzten Kreissekretär Fritz Sbosny auch ohne Analyse sofort klar: »Das ist das Ergebnis der opportunistischen Gewerkschaftspolitik von Willi Dickhut ganz persönlich.« Wer bewiesenermaßen in Solingen durch eine ultralinke Politik der Ausschlußmaschine des IG-Metall-Vorstands Vorschub geleistet hat, sollte mit seinem Urteil zurückhaltender sein.

Neben diesen Querelen gab es noch etwas anderes, was mich schon länger empörte, ohne daß ich etwas daran ändern konnte: die Berichterstattung, die von hier zur SED-Führung lief bzw. zum KPD-Vorstand, der sich seit dem Parteiverbot in Ostberlin aufhielt. Eines Tages kam Hugo Paul illegal nach Solingen und Willi Lohbach und ich hatten eine Besprechung mit ihm. Ich habe immer die größte Hochachtung vor Hugo gehabt: Sein Mut und seine Standhaftigkeit gegenüber der Gestapo, seine offene Kritik in der Partei, seine eigene Urteilsfähigkeit waren vorbildlich. In dem Gespräch ging es vor allem um unsere Gewerkschaftsarbeit. Was Hugo darüber berichtete, war ein Spiegelbild der falschen Berichterstattung westdeutscher Funktionäre der KPD nach Ostberlin bzw. der von SED-Funktionären selber verfaßten Berichte über die Tätigkeit der illegalen KPD. Was in diesen Berichten zusammengeschmiert und von den Empfängern geglaubt wurde, ging auf keine Kuhhaut. Wir schilderten Hugo sachlich die Möglichkeiten der Betriebs- und Gewerkschaftsarbeit und protestierten gegen die falsche Berichterstattung. Als Hugo, dermaßen informiert aus erster Hand und mit neuen Erkenntnissen, nach Berlin zurückkam, machte man ihm Vorwürfe, er habe sich von uns einwickeln lassen. KPD und SED wollten also weiter ohne einen Funken Selbstkritik auf der falschen und verzerrenden Berichterstattung verharren.

## Schulung der Gewerkschaftsmitglieder

1961/62 waren, wie im Tätigkeitsbericht der Wohnbezirksleitung ausgeführt, zwei Jahre intensiver Schulung der IG Metall im Wohngebiet Ohligs/Aufderhöhe. Ich hatte einiges Schulungsmaterial ausgearbeitet und begann am 18. Mai 1961 mit dem Thema »**Geschichte des Arbeitsrechts**«. Einleitend wurde das »Wesen des Arbeitsrechts« geklärt:

*»**Das Wesen des Arbeitsrechts***

*Das Arbeitsrecht regelt die Beziehungen der Arbeiter, Angestellten und Beamten gegenüber dem Staat und den Unternehmern.*

***Es ist nicht gleichbleibend,** sondern paßt sich den wirtschaftlichen Verhältnissen an. Veränderungen in der Wirtschaft ziehen Veränderungen im Arbeitsrecht nach sich.*

*Das Arbeitsrecht ist darum viel abhängiger von den realen ökonomischen Verhältnissen als das allgemeine Recht, das beständiger erscheint.*

***Die Entwicklung des Arbeitsrechts** spiegelt den Kampf der Arbeiter, Angestellten und Beamten um ein menschenwürdiges Dasein und um die Sicherung demokratischer Zustände in den Betrieben wider. Die Geschichte des Arbeitsrechts ist darum ein Teil der Geschichte der Arbeiterbewegung.*

*Das **Arbeitsrecht ist ein Produkt langwieriger Klassenkämpfe.** Es ist ein Stück Verfassung. Eine Verfassung ist um so demokratischer, je besser das Arbeitsrecht entwickelt und gesichert ist.*

*Obwohl das Arbeitsrecht entsprechend den Veränderungen in der Wirtschaft veränderlich ist, wird versucht, es in die vorhandenen Kategorien des öffentlichen und Privatrechts einzubauen.*

*Man betrachtet das Arbeitsrecht vom Gesichtspunkt des bürgerlichen Rechts und der kapitalistischen Eigentumsverhältnisse und sieht nicht, daß es ein **Reflexrecht** ist, das den Kampf zwischen Kapital und Arbeit widerspiegelt.*

*Das **Arbeitsrecht** ist darum in erster Linie der Ausdruck für die Beziehungen zwischen den Unternehmern als Besitzer der Produktionsmittel und den mit den Produktionsmitteln produzierenden Arbeitern.*

Es ***umfaßt die Regelung der Lohn- und Arbeitsbedingungen,*** *des Arbeitsschutzrechts, die Betriebsverfassung, Jugend- und Mutterschutz, Unfallschutz und im weitesten Sinne die Sicherung für alle Notfälle im Leben — Sozialversicherung und Sozialfürsorge . . .«*

Aus einer Zeit, wo es noch kein Arbeitsrecht im Sinne von festgeschriebenen Gesetzen gab, ist die »Erklärung« auf S. 379.

Die Mitgliederversammlung des Wohngebiets Ohligs/Aufderhöhe befaßte sich am 29. Juni 1961 mit dem Thema **»Löhne, Preise und Gewinne«.** Hier ein kleiner Auszug aus dem Referat:

*»Zur Klärung einiger Fragen, die mit der Lohnerhöhung im Zusammenhang stehen, wollen wir eine Begriffsbestimmung über Löhne vorausschicken.*

***Tariflohn***

*ist das Ergebnis eines im Tarifvertrag zwischen Gewerkschaften und Arbeitgeberverbänden erzielten Lohnes, der durch Kampf oder Verhandlungen erreicht wurde. Er gilt als Mindestlohn.*

***Effektivlohn***

*ist der Tariflohn plus übertariflicher Leistungslohn, den einzelne oder Gruppen von Arbeitern und Angestellten durch Kampf oder Verhandlungen von ihrem Arbeitgeber erreichen.*

***Nominallohn***

*drückt nur die zahlenmäßige Größe des Geldlohnes aus, sagt aber nichts über die Kaufkraft des Lohnes.*

***Reallohn***

*ist der empfangene Geldlohn, umgerechnet in eine bestimmte Menge Lebensmittel, Konsum- und Kulturgüter, um die tatsächliche Kaufkraft festzustellen.*

*Am 1. Juli 1961 werden die Tariflöhne in der Metallindustrie um 5 Prozent erhöht. Rechtlicher Anspruch auf Lohnerhöhung besteht, wenn nicht anders vereinbart, nur auf den Tariflohn und gilt nur für Tarifpartnerbetriebe, d.h. die Mitglied des Arbeitgeberverbands sind.*

*In der Regel halten sich auch Nicht-Mitglieder des Arbeitgeberverbands an die tariflichen Bestimmungen, aber es besteht für sie keine bindende Verpflichtung.*

# Erklärung!

Wir gestatten uns hierdurch, gegenüber der Bürgerschaft die Einführung des Elfstundentages, während der Sommermonate, welche den Streik der organisirten Maurer zur Folge hatte, zu begründen.

Bekanntlich sind Maurer und Bauarbeiter sogenannte Saisonarbeiter, die meist im Winter gezwungen sind, zu feiern. Auch in den übrigen Jahreszeiten giebt es manche Stunden und Tage, wo die Arbeit der ungünstigen Witterungsverhältnisse halber ruhen muß. Diese unfreiwillig versäumte Zeit suchten nun verständige Arbeiter, insbesondere Familienväter, durch Ueberstunden nachzuholen, was in den meisten Fällen von sog. organisirten Arbeitern verweigert wurde, sodaß den Unternehmern durch Fehlen von Handlangern evtl. auch Maurern, großer Schaden erwuchs. Um nun den die Versäumnisse gern nachholenden Leuten entgegenzukommen und ein fortwährend geregeltes Arbeiten zu ermöglichen, führten wir unter Fortfall der Ueberstunden, wie dies von einzelnen Unternehmern auch im Vorjahr bereits geschah, die elfstündige Arbeitszeit von April bis September ein, worauf die organisirten Bauarbeiter die Arbeit niederlegten, mit der Motivirung keine elf Stunden pro Tag arbeiten zu wollen. Außer der Zeit von April bis September giebt die Tageslänge eine elfstündige Arbeitszeit nicht zu, sodaß im Herbst, Winter und Frühjahr nur während 9 und 8 Stunden gearbeitet werden kann, wenn nicht starker Frost überhaupt das Arbeiten verbietet. Hieraus ergiebt sich trotz Einführung des Elfstundentages im Sommer doch nur eine durchschnittliche Arbeitszeit von 9—10 Stunden.

Die tüchtigen Maurer erhalten 45 Pfg. Stundenlohn, also 4,95 Mk. pro Tag, vorausgesetzt, daß keine Einstellung der Arbeit durch schlechte Witterung erfolgen muß.

Es kann also von einer Lohnkürzung, wie die Tagesblätter dies aus den Maurer-Versammlungen berichteten, keine Rede sein.

Wir bemerken noch, daß die elfstündige Arbeitszeit in Ohligs, Remscheid und Wald schon immer bestanden hat und noch besteht, ohne daß dort die Arbeiter in Streik getreten wären. Es melden sich täglich tüchtige Maurer und Bauarbeiter in genügender Anzahl von Auswärts, welche bereit sind, die Arbeit in Solingen aufzunehmen.

Veranlassung zu dieser Erklärung giebt uns die von Seiten der organisirten Maurer vielfach entstellte Wiedergabe der Thatsachen.

Solingen, den 2. Mai 1901.

| | | | |
|---|---|---|---|
| **Leonh. Auth,** | **Christ. Altwicker,** | **F. Bickenbach,** | **Otto Brangs,** |
| **Chr. Bitter,** | **Franz Fischer,** | **Heinr. Kissel,** | **Rob. Kirschner,** |
| **Fr. Langenberg,** | **Wilh. Maus,** | **Aug. Müller,** | **Fritz Müller I,** |

**Wilh. Steuber.**

Unternehmer»argumente« aus der Zeit um die Jahrhundertwende. Diese bezeichnende »Erklärung« vom 2. Mai 1901 ist ein interessantes zeitgenössisches Dokument aus jenen Tagen, da die Solinger Bauarbeiter sich der Arbeitgeberwillkür wilhelminischer Prägung erwehren mußten.

*Bei Erhöhung des Effektivlohns ist zu unterscheiden:*

1. *Erhöhung des Effektivlohns durch Steigerung des übertariflichen Leistungslohns;*
2. *effektive Auswirkung der Tariflohnerhöhung bei gleichem Leistungslohn.*

*Rechtlicher Anspruch auf Erhöhung des Effektivlohns besteht im allgemeinen nicht. Nur wenn der übertarifliche Leistungslohn als festumrissene Größe in der betrieblichen Vereinbarung verankert ist, besteht mit der Erhöhung des Tariflohns auch ein rechtlicher Anspruch auf Erhöhung des Effektivlohns.*

*Der Leistungslohn kann als festumrissene Größe entweder in DM oder in Prozent des Tariflohns in der Betriebsvereinbarung festgelegt sein. Die Festlegung in Prozent ist günstiger. Es gibt wenig Betriebe, die den Leistungslohn in einer Betriebsvereinbarung gesichert haben, wie z. B. Schlemper, Solingen.*

*Eine allgemeine Untersuchung zeigte die* ***Tendenz einer aufsteigenden Linie des Gewinnanteils, jedoch eine fallende Linie des Lohnanteils.***

| | 1936 | 1952 | 1958 | 1960 |
|---|---|---|---|---|
| Gewinnanteil | 50 % | 57 % | 60 % | 62 % |
| Lohnanteil | 50 % | 43 % | 40 % | 38 % |

*Hieraus geht hervor, daß nicht die Löhne die Preise hochtreiben, weil der Anteil der Löhne am Neuwert der gesamten Produktenmenge ständig zurückgeht; sondern es sind die steigenden Gewinne, die eine preissteigernde Wirkung hervorrufen.*

*Wir sehen an obigen Zahlen: Die Erhöhung des Gewinnanteils geht auf Kosten des Lohnanteils. Die Erhöhung der Löhne hinkt darum sowieso nach, dazu kommt die Entwertung der Löhne durch Preissteigerung. Diese Preissteigerung ist eine Folge der rapiden Gewinnsteigerung und der Aufblähung der Staatseinnahmen.«*

Die größten Mängel des Wohnbezirks Ohligs/Aufderhöhe hatten ihre Ursache in den relativ vielen Kleinbetrieben, von denen nur wenige einen Betriebsrat hatten. Es fehlte einfach die Kenntnis über das

Betriebsverfassungsgesetz und all die Schliche und Kniffe, die dabei beachtet werden mußten.

Um den Kollegen zu helfen, mußte die Wohnbezirksleitung eine konkrete Anleitung geben. Zum einen arbeitete ich eine Schulung über »**Die positiven und negativen Seiten des Betriebsverfassungsgesetzes**« aus, die ich auf drei Abende im Laufe des Jahres verteilte. Diese Schulung war dringend notwendig sowohl für die Kollegen, die schon länger im Betrieb waren, als auch vor allem für die Kollegen, die in Betrieben arbeiteten, wo es bisher keinen Betriebsrat gab.

Aber wie konnten wir diesen Kollegen, die mit den Paragraphen des Betriebsverfassungsgesetzes nicht fertig wurden, auch ganz praktisch helfen? Vom Büro der Ortsverwaltung ließ ich mir ein paar Adressen von solchen Kollegen geben. Ich suchte die Betreffenden zu Hause auf und ließ mir konkrete Einzelheiten aus den Abteilungen berichten, um ein genaues Bild über die Verhältnisse im Betrieb zu bekommen. So wie man einem Kind das Laufen beibringt, Schritt für Schritt, so brachte ich dem jeweiligen Kollegen bei, was er für die Durchführung der Betriebsratswahl in seinem Betrieb unternehmen mußte. Zunächst sprachen wir die Aufgaben für die kommende Woche durch. Am Ende der Woche wurde dann gemeinsam festgelegt, was in der nächsten Woche anstand. Und so ging es Woche für Woche weiter bis zum Wahltag. Nur eine solche zähe, systematische Gewerkschaftsarbeit konnte Erfolg haben.

Um eine dauerhafte erfolgreiche Gewerkschaftsarbeit zu sichern, mußte die Schulung ständig weitergeführt werden. Das war um so notwendiger, als Rationalisierung, Automation und Elektronik immer mehr um sich griffen und sich bereits verheerende Folgen für Mensch und Natur abzeichneten. Um auf diese Entwicklung hinzuweisen, hatte ich konkretes Schulungsmaterial erarbeitet und führte im Laufe des Jahres 1962 an vier Abenden eine Schulung zu »**Arbeitsproduktivität und Arbeitsintensität**« durch. Das Thema war folgendermaßen gegliedert: Arbeitsproduktivität und Arbeitsintensität — Die Auswirkung auf Lohn- und Arbeitsbedingungen und auf den Gesundheitszustand der Arbeitnehmerschaft

1. Das Wesen der Arbeitsproduktivität und Arbeitsintensität
2. Die Geschichte der Maschine und der Maschinenstürmer

3. Automation — die zweite technische Revolution
4. Die Mechanisierung im Solinger Raum und ihre Auswirkung
5. Steigerung der Arbeitsproduktivität und -intensität als Quelle von Riesenprofiten
6. Die Auswirkung auf die Löhne und Gehälter
7. Die Auswirkung auf den Arbeitsplatz
8. Die Auswirkung auf die Arbeitsbedingungen
9. Die Auswirkung auf die Gesundheit und das Leben
10. Die Aufgaben der Gewerkschaften und Betriebsräte

Das erste Treffen fand am 20. Februar 1962 statt. Hier ein Auszug aus meinen Ausarbeitungen:

**»Die Steigerung der Arbeitsproduktivität**

**Steigerung der Arbeitsproduktivität** bedeutet ein Anwachsen der Produktionsmenge, die durch eine bestimmte Menge Arbeit im Laufe einer Arbeitsstunde oder eines Arbeitstages bei **durchschnittlicher Anspannung der Arbeitskraft** erzeugt wird.

Das kann erreicht werden:

a) durch die Einführung neuer, vollkommener Maschinen, Werkzeuge, Vorrichtungen u. a. mechanischer Einrichtungen,

b) durch Verbesserung des technologischen Prozesses,

c) durch Vervollkommnung der Produktionsmethoden, das heißt also durch den **technischen Fortschritt.**

Dadurch wird die zur Herstellung einer Produktionseinheit erforderliche Arbeitsmenge vermindert.

Besonders in der Autoindustrie wurde durch eine sprunghafte technische Entwicklung eine enorme Steigerung der Arbeitsproduktivität erzielt. Klaus Jelonneck berichtete darüber in der ›Welt der Arbeit‹ vom 8. September 1961:

›Durch die Einrichtung von Transferstraßen hat sich die Produktion je Arbeiter und Schicht z. B. bei Zylinderkolben um 1 752 Prozent, bei Getriebegehäusen um 1 102 Prozent gesteigert. In einer süddeutschen Fabrik, die Gewindekerne herstellt, wurde früher das Gewinde durch manuell betätigte Maschinen aufgepreßt. Schichtleistung einer Frau: etwa 2 000 Gewindekerne. Der Automat stellt heute 60 000 Stück her. Die Schichtleistung je Arbeitskraft stieg dadurch, wenn man die Leistung der Handpresserin mit 100 Prozent bewertet, auf 3 000 Prozent.

Ähnlich sind die Auswirkungen bei der Ersetzung von konventionellen Drehbänken durch Drehautomaten. Hier werden Leistungen von 400 bis 500 Prozent je Arbeitskraft und Schicht möglich ...‹

Die **Rationalisierung der Betriebe** ist ein ständiger Prozeß in allen Industriezweigen. Das vielgebräuchliche Wort wird von dem lateinischen Wort Ratio, d. h. Vernunft, abgeleitet. Rationalisierung bedeutet Verbesserung der Fertigungsmethoden ...

### Automation — die zweite technische Revolution

Nach dem zweiten Weltkrieg setzte eine technische Entwicklung ein, die mit Automation bezeichnet wird. Tatsächlich entwickelt sich die Automation in raschem Tempo. Man spricht von einer zweiten technischen Revolution.

Die **Automation** läßt sich jedoch trotz aller Erfolge nicht in allen Produktionszweigen einführen. Hier kann eine technische Entwicklung nur durch eine verbesserte Mechanisierung erfolgen.

Worin unterscheidet sich die Automation von der bloßen Mechanisierung? **Kurz umrissen bedeutet Automation:**

Die Einführung oder Verwendung weitgehend automatischer maschineller Einrichtungen oder Vorgänge, durch welche menschliche Arbeit und eine ins einzelne gehende Kontrolle durch den Menschen größtenteils ausgeschaltet werden.

**Dagegen bedeutet Mechanisierung:**

Die Übernahme der Arbeit durch die Maschine, aber der Mensch ist weiter erforderlich, um die Operationen der Maschine im einzelnen zu kontrollieren, die Steuereinrichtungen zu bedienen und die Maschine anzuweisen, die nächste Arbeit vorzunehmen.

Die Automation beseitigt diese Art der menschlichen Kontrolle. Hier kontrolliert und steuert die Maschine nahezu völlig selbständig ihre eigene Tätigkeit. Der Mensch ist nur erforderlich, um die Maschine instand zu halten.

Die Automation von heute hat ihre Vorläufer:

1890 der erste automatische Webstuhl
1907 die erste automatische Flaschenherstellungsmaschine

1914 das erste automatische elektrische Umspannungswerk
1917 das erste automatische Wasserkraftwerk
1930 automatische Herstellung von elektrischen Glühbirnen

Danach automatische Anlagen in der Lebensmittel- und Chemieindustrie.

Bei allen automatischen Maschinen war jedoch die automatische Steuerung verhältnismäßig einfach. Erst nach 1945, als gewisse technische Voraussetzungen erfüllt waren, setzte sich die Automation hauptsächlich auf zwei Gebieten durch: Metallverarbeitung und Büroarbeit. Während des zweiten Weltkriegs wurden die ersten elektrischen Rechenmaschinen entwickelt. Die erste Universalrechenmaschine wurde 1944 in Amerika für eine Million Dollar fertiggestellt.

**Zehn** Jahre später waren bereits die elektronischen Rechenmaschinen derart verbessert, daß sie die Arbeit von 200 Angestellten durchführen konnten.

Der ›Industriekurier‹ vom 29. Dezember 1956 verglich die Leistungsfähigkeit einer elektronischen Rechenmaschine mit der Arbeit eines Angestellten und schreibt:

›Man betrachte etwa eine Rechenarbeit von 10 000 Operationen. Ein Berechner mit Büromaschine braucht für sie vielleicht 160 Stunden. Die Kosten (ohne Gemeinkostenzuschläge) mögen 500 DM betragen. Die gleiche Arbeit wird durch eine elektronische Rechenmaschine, je nach der Type, in einer oder wenigen Minuten erledigt und kostet demzufolge vielleicht 50,— DM, also ein Zehntel des obigen Betrages.‹

Seitdem hat sich die Automation im Büro sprunghaft weiterentwickelt.

Die Chemischen Werke Hüls haben ein elektronisches Datenverarbeitungssystem IBM 7070 eingeführt, daß in einer Sekunde 11 000 verschiedene Instruktionen durchführen kann. In einer Minute werden 834 000 Rechenoperationen mit zehnstelligen Zahlen bewältigt. 900 Angestellte wären nötig, um diese Arbeit zu erledigen . . . (Heute nach 30 Jahren sind die Zahlen natürlich längst überholt — W. D.)

### Die Mechanisierung im Solinger Raum und ihre Auswirkung

Da es im Solinger Wirtschaftsraum wenig Großbetriebe gibt, ist eine großzügige Automation nur vereinzelt möglich. Auch in den vielen Klein- und Mittelbetrieben ist die Teilautomation nur beschränkt anwendbar. Dagegen ist eine mehr oder weniger umfassende Mechanisierung in fast allen Betrieben anwendbar und wird täglich praktiziert ...

**Arbeitsproduktivität und -intensität als Quelle von Riesenprofiten**

In einer amerikanischen Schallplattenfabrik arbeiteten 1956 in einem Stockwerk noch 250 Mann an alten Pressen zur Herstellung von Grammophonplatten. Ein Stockwerk darunter erzeugten jedoch auf automatischen Pressen nur vier Mann achtmal soviel Schallplatten in der gleichen Zeit. Das ist eine Steigerung der Arbeitsproduktivität um das 500fache.

Eine solche gewaltige Steigerung der Arbeitsproduktivität ist jedoch die Ausnahme. Eine Produktivitätssteigerung durch Automation um das 5 bis 10fache ist aber typisch und eine Steigerung um das 20, 30 oder 50fache keine Seltenheit. Bei einer bloßen Mechanisierung war eine Steigerung der Arbeitsproduktivität um das 5, 10 oder 20fache typisch.

Wir haben gesehen, daß die Arbeitsproduktivität in der Industrie der Bundesrepublik jährlich um 7 bis 8 Prozent im Durchschnitt gestiegen ist. Das führt zu einer bedeutenden Herabsetzung der Gesamtproduktionskosten. Und das sollte eigentlich zu einer Senkung der Preise führen, aber es führt gewöhnlich nur zu höheren Profiten.

Walter Reuther, führendes Mitglied der amerikanischen Gewerkschaften, erklärte das 1955 so:

›Es gibt Leute, die versuchen uns einzureden, daß die erhöhte Produktivität automatisch zu Preissenkungen führen wird. Der Trugschluß in dieser Auffassung besteht darin, daß die Automation ihr hauptsächliches Anwendungsgebiet in den Industrien findet, die durch Preisübereinkommen gekennzeichnet sind, wie z. B. die Autoindustrie, wo niedrige Kosten viel öfter zu höheren Profiten als zu gesenkten Preisen führen. Die Fordwerke haben z. B. angekündigt, daß sie für dieses Jahr einen Rekordprofit erwarten. Statt jedoch einen Teil dieses Profits in Form von niedrigeren Preisen an die Konsumenten weiterzugeben, hat Ford sogar eine Erhöhung der Preise für die 1956er Modelle angekündigt.‹

Wie recht Reuther hatte, zeigt die Erhöhung des Profits der Fordwerke, der 1955 die Rekordhöhe von 437 Millionen Dollar erreichte, gegenüber von 227,8 Millionen Dollar 1954. Trotz Absatzkrise stieg der Profit auch 1956 durch Preiserhöhung. Auch die 1957er Modelle verzeichneten wiederum eine Preiserhöhung um 5 bis 7 Prozent.

Außerhalb der USA erzielten die Fordwerke ebenfalls Riesenprofite. So zahlten die Fordwerke Köln 1960 eine Dividende von 50 Prozent.

Ein anderes Beispiel zur Erreichung von Rekordgewinnen vermittelt uns der Geschäftsbericht der Opel-AG: 1960 wurden 200 Millionen Reingewinn, d. h. 59 Prozent Dividende, auf das durch Gratisaktien auf 340 Millionen DM erhöhte Aktienkapital ausgeschüttet. Da die Gratisaktien nichts anderes als eine steuerfreie Umwandlung eines Teils des Reingewinns in Aktien bedeutet, betrug die Dividende in Wirklichkeit 100 Prozent des alten Aktienkapitals. Im Vorjahre wurden ebenfalls 200 Millionen DM, das sind 83 Prozent der Dividende, auf 240 Millionen DM Aktienkapital ausgeschüttet.

Dabei kommt die enorme Steigerung der Arbeitsproduktivität der Opel-Arbeiter in folgenden Zahlen zum Ausdruck:
Pro Kopf der Belegschaft wurden produziert:

1951 = 3,9 Fahrzeuge
1954 = 6,8 Fahrzeuge
1957 = 7,2 Fahrzeuge
1960 = 10,4 Fahrzeuge

Das ist eine Steigerung der Arbeitsproduktivität um fast das dreifache in zehn Jahren. Aber die Preise der Opel-Wagen wurden nicht gesenkt. Im Kapitalismus dient jede Steigerung der Arbeitsproduktivität und -intensität dazu, um höchstmögliche Profite zu erzeugen. Das ist die Auswirkung nach der Unternehmerseite. Nach der Seite der Arbeiter sind die Auswirkungen meist negativer Natur.

Diese Auswirkungen sind vielseitig und stellen die Arbeitnehmer und ihre Gewerkschaften vor Probleme, deren Lösung schwierig ist ...

›Automation‹, so sagt ein leitender Mann einer der drei großen amerikanischen Autofirmen, ›ist jeder Vorgang, der einen Menschen aus der Produktion entfernt.‹

Im Motorenbau von Ford wurde bereits 1954 die Durchschnittszahl der meist angelernten Arbeiter von 8 253 auf 6 399 reduziert, dagegen stieg die Zahl der qualifizierten Arbeiter für die Instandhaltung der Anlagen um 976.

Die Ersetzung unqualifizierter Arbeiter durch qualifizierte ist natürlich nicht allgemein. Es gibt auch Ausnahmen. Die programmgesteuerten Maschinen übernehmen z. B. Arbeiten einiger höchstqualifizierter Arbeiter ...

Die Tendenz der Automation geht jedoch dahin, die unqualifizierte und Schablonenarbeit zu beseitigen und die automatischen Anlagen von hochqualifizierten Arbeitern, wie Einstellern, Instandshaltungs- und Überwachungspersonal, bedienen zu lassen.

Damit droht für viele der Verlust des Arbeitsplatzes. Klaus Jelonneck schreibt in der ›Welt der Arbeit‹ vom 1. September 1961:

›Die Automation wirft nicht nur technische und wirtschaftliche Probleme auf, sie greift tief in die private Sphäre des Menschen ein, bestimmt ihre Hoffnungen und Ängste. Was sagen die Menschen?

Eine Intermarket-Untersuchung befragte 2 000 Bundesbürger. Das Ergebnis ist teils alarmierend, teils sollte es nachdenklich stimmen. Im Vordergrund steht die Angst vor der Arbeitslosigkeit.

'Wenn jetzt eine Fabrik neue Maschinen kauft, die automatisch laufen, braucht sie nur noch die Hälfte der Arbeiter, um die gleiche Menge zu produzieren. Was geschieht mit den überflüssigen Arbeitern?'

Antwort: 'Werden brotlos, müssen stempeln gehen', sagten 45 Prozent aller Befragten.‹

Die Gewerkschaft der Automobilarbeiter Englands hatte den Kampf um den garantierten Jahreslohn aufgenommen. Bisher hat sie erreicht, daß die Unternehmer eine zusätzliche Arbeitslosenunterstützung bezahlen. Außerdem bereitet sie den Boden für den Kampf um die 35- oder sogar 30-Stunden-Woche vor.

Um die Gefahren der Automation abzuwehren, stellte der DGB Forderungen auf, deren wichtigste Punkte folgende sind:

1. Volle Mitbestimmung bei der Planung und Durchführung aller Automatisierungsvorhaben.
2. Anpassung technischer Anlagen an den Menschen.

3. Sicherung des bisherigen Verdienstes bei den durch Automatisierung bedingten Umsetzungen im Betrieb.
4. Kostenlose Umschulung überzählig werdender Arbeitnehmer für neue Arbeitsplätze in demselben Betrieb oder in anderen Betrieben unter Fortzahlung des bisherigen Lohns und Gehalts, Zahlung eines Übergangsgeldes oder einer Entschädigung bei Entlassungen.
5. Umfassende demokratische Kontrolle unter voller Mitbestimmung der Arbeitnehmer bei allen Konzentrationsvorgängen in der Wirtschaft.

In dem letzten Punkt geht die IG Metall weiter als der DGB. So beschloß der 6. Gewerkschaftstag der IG Metall, 1960, in der Entschließung Nr. 4:

›Er (der 6.Gewerkschaftstag) unterstreicht die Notwendigkeit, an die Stelle planloser Entwicklung die planvolle Lenkung des gesamtwirtschaftlichen Prozesses im Interesse der Allgemeinheit und der Arbeitnehmer zu setzen und die Arbeitnehmer auf der betrieblichen und überbetrieblichen Ebene an den wirtschaftlichen Entscheidungen uneingeschränkt und gleichberechtigt teilhaben zu lassen. Eine wichtige Voraussetzung dafür ist die öffentliche Kontrolle über die Wirtschaft und auch die Überführung entscheidender Schlüsselpositionen in Gemeineigentum.‹

Die Unternehmer haben alle gewerkschaftlichen Forderungen in Bausch und Bogen abgelehnt und sie als utopisch und undurchführbar bezeichnet ...«

Ganz offensichtlich paßte diese intensive Schulungsarbeit bestimmten IG-Metall-Funktionären nicht. 1964 faßte die Ortsverwaltung Solingen einen weittragenden Beschluß: Gewerkschaftliche Schulungen durften nur noch zentral stattfinden. Die Wohnbezirksleitung Ohligs/Aufderhöhe nahm am 6. Oktober 1964 dazu Stellung:

»... *Nach Beschluß der Ortsverwaltung soll die Schulung zentral nach Solingen-Mitte gelegt werden. Benachrichtigungen an die einzelnen Kollegen sind herausgegeben worden. Eine Einladung im besonderen findet nicht statt. Dieses wird nach Meinung der Wohnbezirksleitung nicht zu einem positiven Erfolg führen. Die Wohnbezirksleitung hat beschlossen, die Schulung in diesem Jahr in ihrem*

*Bezirk nicht stattfinden zu lassen, um die zentrale Schulung in Solingen nicht zu behindern. Man will sich wegen der Wichtigkeit der anstehenden Probleme auf eine Mitgliederversammlung im November konzentrieren.«*

Die Ortsverwaltung kümmerte sich wenig um die Kritik aus dem Wohnbezirk Ohligs/Aufderhöhe und mied die Auseinandersetzung. Auf der Sitzung der Wohnbezirksleitung am 3. November 1964 wurde festgestellt:

*»Die Kritik an den Beschlüssen der Ortsverwaltung sollte behandelt werden. Da kein Mitglied der Ortsverwaltung gekommen war, konnte hierüber nicht gesprochen werden. Auch über den schlechten Anlauf der zentralen Schulung wurde diskutiert. Die Kollegen wurden aufgefordert, diese Schulungen zu besuchen.«*

In der Praxis bedeutete dieser Beschluß der Ortsverwaltung ein Ende der systematischen Schulungsarbeit, was sich auch in den sinkenden Zahlen der Gewerkschaftsmitglieder niederschlug.

# Die Analyse der Betriebe im Wohngebiet Ohligs/Aufderhöhe (Ende 1967)

Von Mitte 1959 bis Ende 1962 hatte die Gewerkschaftsarbeit in Solingen-Ohligs einen bemerkenswerten Aufschwung genommen, obwohl Ohligs seit jeher einer der schwächsten gewerkschaftlichen Bezirke war. Das praktische Ergebnis zeigte, daß trotz der schwierigen Bedingung der vielen Klein- und Mittelbetriebe eine erfolgreiche Gewerkschaftsarbeit möglich war. Doch seit 1963 sanken sowohl Aktivität wie auch Zahl der Gewerkschaftsmitglieder. Die 1963 und 1966 gewählten Ortsverwaltungen fanden die Wohnbezirksarbeit offenbar nicht wichtig. Weder stellten sie den Wohnbezirksleitungen konkrete Aufgaben noch leiteten sie sie an. Sie ließen die Wohnbezirksleitungen geradezu versacken und lösten sie in einigen Wohnbezirken sogar auf. Die Wohnbezirksleitung Ohligs/Aufderhöhe versuchte 1963 und 1964 zunächst, dieser negativen Entwicklung entgegenzuarbeiten, um wenigstens den Stand der bisher erreichten gewerkschaftlichen Organisation in den Betrieben zu halten. Doch mit dem Beschluß der Ortsverwaltung vom September 1964, keine Schulungen mehr in den Wohnbezirken durchzuführen, wurde auch hier die Initiative der Wohnbezirksleitung untergraben. Seit 1965 fanden die Leitungssitzungen immer unregelmäßiger und seltener statt. Funktionärsversammlungen gab es nicht mehr, da ja die Schulung abgesetzt worden war. Als der neue Leiter der Wohnbezirksleitung (ich hatte mich inzwischen bewußt nur noch als stellvertretender Leiter wählen lassen, um beizeiten andere Kollegen heranzuziehen) aus Solingen wegzog, kümmerte sich die Ortsverwaltung nicht darum, daß wieder eine arbeitsfähige Leitung geschaffen wurde. So muß man die Periode von 1965 bis 1967 als die des rapiden gewerkschaftlichen Rückgangs bezeichnen.

Doch Ende 1967 wurde auf Initiative einiger Kollegen versucht, eine neue Leitung im Wohnbezirk Ohligs/Aufderhöhe aufzubauen. Als Grundlage einer systematischen Gewerkschaftsarbeit wurden neue Untersuchungen über die Lage in den Ohligser Betrieben und den Stand der gewerkschaftlichen Organisierung durchgeführt. Diese Arbeit war zeitaufwendig und sehr arbeitsintensiv. Das Ergebnis war alarmierend: Die Mitgliederzahlen in Ohligs waren rapide gesunken. Um daraus die notwendigen Schlüsse zu ziehen und die Arbeit wieder zu verbessern, wurde diese Analyse auch an die Ortsverwaltung geschickt. In einem Begleitbrief dazu hieß es unter anderem:

»*Wir sollten uns nichts vormachen: Die Lage in den anderen Wohnbezirken ist nicht besser, vor allem deshalb, weil dort bereits seit 1963 praktisch keine Leitungen mehr bestehen . . .*

*Die hier geübte harte Kritik an der Ortsverwaltung werden die Kollegen verstehen, wenn sie die nachfolgende Analyse der Ohligser Betriebe sowohl im einzelnen und in der Zusammenfassung und Schlußfolgerung studieren und die richtigen Schlüsse ziehen.*

*Die bisherigen Erfahrungen und die Statistik beweisen folgendes: Eine arbeitsfähige Wohnbezirksleitung, die systematisch die in ihrem Bereich liegenden Betriebe erfaßt, die aktive Kollegen in ihrer betrieblichen Gewerkschaftsarbeit unterstützt, sie regelmäßig schult und konkret anleitet, ist dadurch in der Lage, die gewerkschaftliche Entwicklung zu fördern. Sie wird so auch zu einer starken Hilfe, sozusagen dem verlängerten Arm der Ortsverwaltung. Verzichtet die Ortsverwaltung auf eine solche Hilfe, d. h. auf den Aufbau einer arbeitsfähigen Wohnbezirksleitung (was nebenbei gesagt gegen das Ortsstatut verstößt), dann geht der gewerkschaftliche Einfluß in den Betrieben zurück und die Zahl der Mitglieder sinkt absolut.*

***Andererseits ist keine Wohnbezirksleitung in der Lage — losgelöst von der Leitungstätigkeit der Ortsverwaltung — eine selbständige Arbeit auf Dauer zu leisten.***

*Verantwortlich für die gesamte Wohnbezirksarbeit in der Verwaltungsstelle ist die Ortsverwaltung. Die Wohnbezirksleitung kann nur ausführendes Organ sein; sie hat die Beschlüsse der Vertreterversammlung und der Ortsverwaltung durchzuführen. Das schreibt auch das Ortsstatut vor. Darum ist die Ortsverwaltung auch verpflichtet, arbeitsfähige Leitungen in den Wohnbezirken und Heimarbeiterbranchen aufzubauen. Das sollte endlich mit ganzer Kraft vorgenommen werden.*

*Die Statistik aus den einzelnen Ohligser Betrieben sollte darum nicht nur die Grundlage der gewerkschaftlichen Arbeit im Wohn-*

*bezirk, sondern gleichzeitig der Ortsverwaltung eine Hilfe sein, ihre Arbeit richtig anzusetzen.*

*Die Mühe der wochenlangen Untersuchung der Ohligser Betriebe und der Zusammenstellung eines solchen ausführlichen Berichts würde sich dann lohnen.* ***Wenn jedoch keine entsprechenden Schlüsse daraus gezogen werden, dann ist die Arbeit über die nachfolgende Analyse der Ohligser Betriebe vergeblich gewesen.*** *Hoffen wir, daß sie dazu beiträgt, die Gewerkschaftsarbeit in unserer Verwaltungsstelle zu verbessern.*

*Mit kollegialem Gruß*
*Wohnbezirksleitung Ohligs/Aufderhöhe«*

*i. A.*

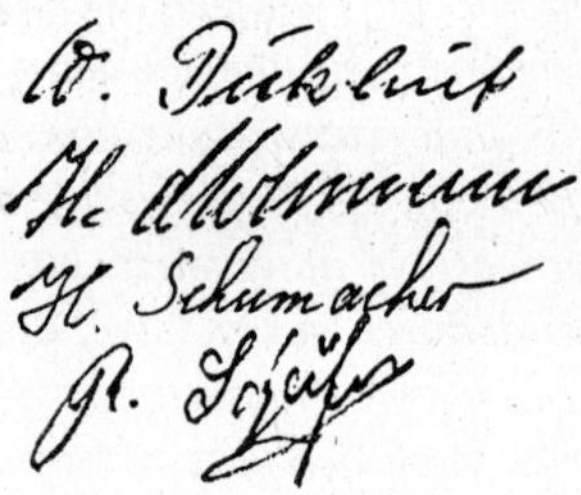

*Stellvertretender Leiter*

*Schriftführer*

*Beisitzer*

Im folgenden wird aus der Ende 1967 erstellten **Analyse der Betriebe im Wohnbezirk Ohligs/Aufderhöhe** zitiert:

»Die Wohnbezirksleitung registrierte in dem Bezirk Ohligs/Aufderhöhe rund 40 Betriebe von mehr als 20 Beschäftigten. Die zahlreichen Kleinstbetriebe bis zu 20 Belegschaftsmitgliedern wurden hierbei nicht berücksichtigt . . .

Vorherrschend ist die Schneidwarenindustrie und der Kleinbetrieb von 20 bis 50 Beschäftigten. Von diesen 40 Betrieben gelang es der Wohnbezirksleitung in den vergangenen Jahren rund 30 gewerkschaftlich zu erfassen und mehr oder weniger regelmäßig zu betreuen bzw. anzuleiten.

Die kurze Aufzeigung der Lage in den einzelnen Betrieben gibt einen groben Überblick, wobei die Zahlen für sich sprechen. Sie lassen die gewerkschaftliche Aktivität wohl erkennen, aber die Schwierigkeiten und die mühevolle Kleinarbeit nur erahnen. Es handelt sich hier

um folgende Betriebe, die nach drei Gruppen geordnet, fast alle Ohligser Betriebe über 20 Beschäftigte umfassen:
Gruppe I: Betriebe, die gegenwärtig einen Betriebsrat haben.
Gruppe II: Betriebe, die ein oder mehrere Wahlperioden von 1959 bis 1965 einen Betriebsrat hatten, heute jedoch nicht mehr.
Gruppe III: Betriebe, die nie einen Betriebsrat hatten ...

Von den insgesamt 21 untersuchten Ohligser Betrieben greife ich hier nur drei heraus, die als Beispiel dienen sollen, wie eine systematische Gewerkschaftsarbeit organisiert werden kann.

**1. Abner & Co.** — Produktion von Rasenmähern

Es ist der bestorganisierte Betrieb von Ohligs, der hauptsächlich Fach- und angelernte Arbeiter beschäftigt. Ein aktiver Vertrauenskörper von neun Arbeitern und zwei Angestellten hat für den hohen Prozentsatz des gewerkschaftlichen Organisationsverhältnisses gesorgt. Der Beitragsdurchschnitt beträgt heute 9,15 DM. Die Mitgliederzahl der DAG sank von elf im Jahre 1959 auf eins im Jahr 1967. Die erfolgreiche Entwicklung der vergangenen Jahre beweisen die folgenden Zahlen:

| | Monat/ Jahr | Gesamtzahl* | Arbeiter | | Angestellte | |
|---|---|---|---|---|---|---|
| | | | m | w | m | w |
| Belegschafts-stärke | Aug. 59 | 138 (67 = 50 %) | 94 (56) | 5 (1) | 30 (17) | 9 (4) |
| | Dez. 62 | 129 (81 = 62 %) | 81 (64) | 7 (1) | 32 (16) | 9 (4) |
| | Sept. 67 | 83 (74 = 89 %) | 56 (53) | 4 | 22 (19) | 3 (2) |
| Betriebsrat | Aug. 59 | 5 (5) | 4 (4) | | | 1 (1) |
| | Dez. 62 | 5 (5) | 4 (4) | | | 1 (1) |
| | Sept. 67 | 5 (5) | 4 (4) | | 1 (1) | |

* In Klammern steht die Zahl bzw. Prozentzahl der gewerkschaftlich organisierten Kollegen.

**2. Bremshey & Co.** — Produktion von Metallwaren

In diesem größten Betrieb unseres Wohnbezirks ist eine bemerkenswerte Aufwärtsentwicklung zu verzeichnen. Die Zahl der Belegschaftsmitglieder stieg seit Oktober 1959 um 13 Prozent, jedoch die Zahl der organisierten Kolleginnen und Kollegen um 95 Prozent. Während in den ersten Jahren dieser Entwicklung die Werbung neuer Mitglieder im wesentlichen von den aktiven Kollegen des Betriebsrats durchgeführt wurde, verlagerte sich die Aktivität in den letzten Jahren auf den bedeutend erweiterten Vertrauenskörper. Auffallend ist allerdings der Rückgang des Anteils der organisierten Frauen von 1961 bis heute.

| Monat/ Jahr | Anteil der Frauen an der Gesamtbelegschaft (in Prozent) | Anteil der organisierten Frauen | |
|---|---|---|---|
| | | an den Gesamtbeschäftigten | an den organisierten Beschäftigten |
| April 1961 | 30,8 | 34,0 | 34,2 |
| Oktober 1967 | 39,0 | 10,6 | 12,9 |

Während das Organisationsverhältnis der Frauen heute insgesamt 10,6 Prozent beträgt, ist das der Jugend insgesamt immerhin noch 17,6 Prozent. Beide Zahlen zeigen die Schwierigkeiten und gleichzeitig die schwache Stelle der gewerkschaftlichen Arbeit im Betrieb auf, besonders wenn man das Organisationsverhältnis der Männer insgesamt von 47,4 Prozent daneben hält. Der Durchschnittsbeitrag beträgt 7,85 DM. Die nachfolgende Statistik zeigt die Gesamtentwicklung.

| | Monat/ Jahr | Gesamtzahl* | Arbeiter | | Angestellte | |
|---|---|---|---|---|---|---|
| | | | m | w | m | w |
| Belegschaftsstärke | Okt. 59 | 1384 (257 = 21%) | 738 (204) | 377 (53) | 177 (35) | 92 |
| | Apr. 61 | 1548 (476 = 30,7%) | 800 (298) | 320 (163) | 104 (15) | 158 |
| | Okt. 67 | 1562 (502 = 32,1%) | 623 (409) | 578 (62) | 320 (18) | 31 (3) |
| Betriebsrat | Okt. 59 | 15 (12) + 3 DAG | 10 (10) | 2 (2) | 3 (3 DAG) | |
| | Apr. 61 | 15 (12) + 3 DAG | 10 (10) | 2 (2) | 3 (3 DAG) | |
| | Okt. 67 | 15 (13) | 11 (11) | 2 (2) | 2 | |
| Vertrauenskörper | Okt. 59 | 5 | 5 | — | | |
| | Apr. 61 | 8 | 8 | — | | |
| | Okt. 67 | 24 | 19 | 5 | | |

* In Klammern steht die Zahl bzw. die Prozentzahl der gewerkschaftlich organisierten Kollegen.

Das Organisationsverhältnis der Angestellten bei Bremshey ist von allen Gruppen das schlechteste. Die 35 Angestellten im Oktober 1959 gehörten der DAG an. Heute sind nur 6 Prozent der Angestellten organisiert.

## Vom Kampf um höhere Löhne nicht ablenken lassen.

Die Hausfrauen der Werktätigen können rechnen was sie wollen, das Einkommen des Mannes reicht nicht aus.

**mehr LOHN-oder**

# STREIK!

Diese zwei Seiten sind im Zusammenhang zu sehen. Nicht nur der AFA-Konzern, sondern alle Unternehmer wünschen sich eine Belegschaft, die sich nach den Interessen des Kapitalismus ausrichten läßt. Solche Karikaturen reizen die Arbeiter zum Widerstand.

So wünscht sich der Afa-Konzern die Belegschaft - ja, denk'ste!

Die Streikfront ist unerschütterlich. Alle Versuche des Unternehmers diese zu zerschlagen, scheitern an der Entschlossenheit und dem Kampfwillen der Kollegen.

**3. Bergische Stahlwarenfabrik (Nägele)** — Produktion von Scheren

Die gewerkschaftliche Erschließung dieses Betriebes war ein Musterbeispiel der Tätigkeit einer arbeitsfähigen Wohnbezirksleitung, aber auch ein trauriges Beispiel des rapiden Absackens der Bewegung im Betrieb, als die notwendige Unterstützung mit dem Verfall der Wohnbezirksleitung ausblieb. Der Betrieb galt — trotz vielfacher Versuche der Leitung der früheren Schlägerbranche, hier eine gewerkschaftliche Organisation aufzubauen — als total gewerkschaftlich unberührt. Ein zeitweilig vorhandener Betriebsrat (ohne gesetzliche Grundlage gewählt) war firmenhörig. Durch monatelanges Bemühen der Wohnbezirksleitung gelang es bis März 1960, acht organisierte Kollegen zu erfassen. Mit Unterstützung der Wohnbezirksleitung begann eine planmäßige Werbung, die Wahl eines Vertrauenskörpers von sechs Kollegen, die Einführung der Betriebskassierung und die Wahl eines Betriebsrates nach gesetzlichen Vorschriften. Durch intensive Agitation siegte die gewerkschaftliche Liste haushoch über die firmenhörige Liste. Im Lohnkampf 1962 beteiligte sich die Belegschaft aktiv. Ein halbstündiger Warnstreik veranlaßte die Firma, Mitglied des Arbeitgeberverbands zu werden. Die Bewegung im Betrieb verfiel dann in den nachfolgenden Jahren, teils durch Differenzen der Kollegen untereinander, teils durch die ausbleibende Unterstützung von außen. Die Anfang 1965 durch den ehemaligen Betriebsratsvorsitzenden erfolgte Aufforderung an die Ortsverwaltung, sich um die Betriebsratswahl zu kümmern, blieb unbeantwortet, so daß seitdem kein Betriebsrat mehr besteht. Hier das statistische Ergebnis der Lage im Betrieb:

| | Monat/ Jahr | Gesamtzahl* | Arbeiter m | Arbeiter w | Angestellte m | Angestellte w |
|---|---|---|---|---|---|---|
| Belegschafts-stärke | März 60 | 151 (8 = 5,3 %) | 88 (8) | 46 | 9 | 8 |
| | Dez. 62 | 204 (63 = 36,0 %) | 109 (55) | 74 (5) | 11 (3) | 10 |
| | Okt. 67 | 209 (15 = 7,1 %) | 111 (11) | 76 (2) | 15 (2) | 7 |
| Betriebsrat | 1960—65 | 7 (7) | 6 (6) | | 1 (1) | |

* In Klammern steht die Zahl bzw. die Prozentzahl der gewerkschaftlich organisierten Kollegen.

**Zusammenfassung und Schlußfolgerung**

Von einigen Ausnahmen abgesehen ist ein allgemeiner Rückgang der Beschäftigten in den Ohligser Metallbetrieben zu verzeichnen. Es ist das Ergebnis der verschlechterten Konjunktur und einer verstärkten Rationalisierung in den Betrieben. Das hat Rückwirkungen auf die gewerkschaftliche Organisation und die Aktivität der Kollegen. Das gewerkschaftliche Bewußtsein ist schwach entwickelt, gewerkschaftliche Schulung ungenügend und Erfahrungen in Organisations-, Betriebs-, Tarif- und gewerkschaftspolitischen Fragen sind gering. Ohne ständige Hilfe, Schulung und Anleitung durch die Ortsverwaltung und Wohnbezirksleitung sehen sich die arbeitswilligen Kollegen auf verlorenem Posten. Die Folgen lassen sich in der Zusammenfassung einiger wichtiger Zahlen ablesen.

**Über das Organisationsverhältnis der Ohligser Betriebe**

Es gilt, die ganze Aufmerksamkeit auf eine Entwicklung zu lenken, die keineswegs nur ein Ohligser Problem ist. Das heutige Organisationsverhältnis im Vergleich zum Dezember 1962 kennzeichnet einen Prozeß des Rückgangs, von einigen Ausnahmen abgesehen . . .

Der **Mitgliederschwund** der letzten Jahre ist alarmierend. Man könnte einwenden, daß das mit der verringerten Zahl der Beschäftigten im gleichen Verhältnis steht. Das ist aber nicht der Fall! Da in Gruppe III verschiedene Betriebe aufgeführt sind, wollen wir die 26 gleichen Betriebe untersuchen:

Während in den letzten fünf Jahren die Zahl der Belegschaftsmitglieder in diesen Betrieben insgesamt um 9,5 Prozent zurückging, verringerte sich die Zahl der Organisierten um 22,4 Prozent. Fassen wir die Betriebe ohne Bremshey, wo ausnahmsweise sowohl die Zahl der Belegschaftsmitglieder wie auch die der Organisierten zugenommen hat, zusammen, dann verschiebt sich das Bild dieser 25 Betriebe um vieles ungünstiger. **Danach sank die Zahl der Belegschaftsmitglieder um 16,1 Prozent, die der Organisierten jedoch um 44,7 Prozent. Das ist eine gefährliche Entwicklung.**

Angesichts einer solchen Entwicklung müssen alle aktiven Kollegen mobilisiert werden. Der organisatorische Rückgang muß mit aller Kraft behoben werden. Das schaffen aber die Kollegen in den gewerkschaftlich schwachen Betrieben nicht ohne Hilfe erfahrener Kollegen aus der Wohnbezirksleitung. Der sofortige Aufbau arbeitsfähiger Wohnbezirksleitungen muß darum zur vordringlichen Aufgabe der Ortsverwaltung werden. Der organisatorische Rückgang ist nämlich nicht das Einzige, er hat Auswirkungen auf die gesamte Gewerkschaftsarbeit ...

**Über die Arbeit der Wohnbezirksleitung**

Die Untersuchung der einzelnen Betriebe wie auch die Zusammenfassung aller Betriebe über die gewerkschaftliche Arbeit im Wohnbezirk Ohligs/Aufderhöhe zeigen eindeutig: Die Periode von Mitte 1959 bis Ende 1962 war gekennzeichnet durch den gewerkschaftlichen Aufbau in den Betrieben und durch eine systematische Arbeit der Wohnbezirksleitung im Rahmen der Beschlüsse der Vertreterversammlung und der Ortsverwaltung. Die planmäßige Anleitung der aktiven Gewerkschafter in den Betrieben fand ihren Niederschlag in der Werbung neuer Mitglieder, Wahl von Betriebsräten und Aufbau von Vertrauenskörpern bzw. von gewerkschaftlichen Stützpunkten. Auch die Periode 1963/64 zeigte noch eine gewisse Aktivität der Wohnbezirksleitung, wenn sie auch gehemmt wurde durch das Desinteresse der Ortsverwaltung an der Arbeit der Wohnbezirksleitungen. Das leitete den Rückgang der Periode von 1965 bis 1967 ein.

Ein **Spiegelbild der gewerkschaftlichen Tätigkeit des Wohnbezirks** in dieser ganzen Zeit bietet in etwa auch die nachfolgende Aufstellung über Sitzungen und Versammlungen:

| Jahr | 1959/60 | 1961/62 | Gesamt | 1963/64 | 1965—67 | Gesamt |
|---|---|---|---|---|---|---|
| Wohnbezirks-leitungssitzungen | 26 | 27 | 53 | 19 | 7 | 26 |
| Funktionärs-versammlungen | 5 | 10 | 15 | 7 | | 7 |
| Mitglieder-versammlungen | 6 | 5 | 11 | 3 | 3 | 6 |
| Arbeits-besprechungen | 6 | | 6 | 1 | | 1 |
| Betriebliche Mitglie-derversammlungen | 4 | | 4 | | | |

Über die Schulung der Funktionäre und die Aufklärung der Mitglieder ist zu berichten:

1961/62 wurde eine systematische Schulung der Funktionäre mit folgenden Themen vorgenommen:

1. Geschichte des Arbeitsrechts, 2. Die positiven und die negativen Seiten des Betriebsverfassungsgesetzes, 3. Die Lohnbewegung und das Arbeitsprogramm der Ortsverwaltung, 4. Ist eine Lohnerhöhung von 10 Prozent für die Wirtschaft tragbar, 5. Arbeitsproduktivität und Arbeitsintensität — die Auswirkungen auf Lohn- und Arbeitsbedingungen und auf den Gesundheitszustand der Arbeitnehmer.

Auch 1963 wurde die Schulung weitergeführt, bis im September 1964 die örtliche Schulung auf Beschluß der Ortsverwaltung abgebrochen wurde. Seitdem ist keine Funktionärsversammlung mehr einberufen worden.

In den Mitgliederversammlungen wurden u. a. folgende Themen behandelt: 1. Löhne, Preise und Gewinne, 2. Krankenversicherungsreform, 3. Lohn- und Urlaubsabkommen, 4. Bericht über den Gewerkschaftstag, 5. gewerkschaftspolitische Fragen. Alles das trug zur Hebung des gewerkschaftlichen Bewußtseins und zur Belebung der Gewerkschaftsarbeit in den Betrieben des Wohnbezirks bei. Zusammengefaßt können wir, fußend auf dem positiven Ergebnis der Perioden von 1959 bis 1962 und zum Teil auch noch von 1963/64, grundsätzlich feststellen:

**Durch systematische Kleinarbeit in den Betrieben, verbunden mit regelmäßiger Schulung, angeleitet und gefördert durch die Wohnbezirksleitung, wird die gewerkschaftliche Organisation in den Betrieben gestärkt, das gewerkschaftliche Bewußtsein gehoben und die Aktivität gefördert.**

**Schlußfolgerung und Aufgaben**

Die ausführliche Analyse der Ohligser Betriebe und die jahrelangen Erfahrungen der Wohnbezirksleitungen beweisen:

Wo eine arbeitsfähige Wohnbezirksleitung besteht, die systematisch die in ihrem Bereich liegenden Betriebe erfaßt und die aktiven Kollegen anleitet, hat unsere Gewerkschaftsarbeit Erfolg. Wo keine Wohnbezirksleitung besteht oder eine vorhandene ihre Aufgabe nicht erfüllt, geht die Gewerkschaftsarbeit zurück, Mitgliederschwund setzt ein, die Aktivität läßt nach und weniger Vertrauensleute, weniger Betriebsräte, keine Frauen-, Angestellten- und Jugendgruppenarbeit, ein Sinken des Einflusses der organisierten Kollegen auf die unorganisierten sind die Folgen.

Die Schlußfolgerung kann deshalb nur sein: Der in unserem Ortsstatut geforderte Aufbau der Wohnbezirke bzw. von arbeitsfähigen Leitungen bietet große Möglichkeiten zur Förderung der gesamten Gewerkschaftsarbeit unserer Verwaltungsstelle und zur Stärkung des gewerkschaftlichen Einflusses in den Betrieben. Die Analyse der Ohligser Betriebe soll der Ortsverwaltung den wirklichen Zustand der gewerkschaftlichen Organisation aufzeigen, damit geeignete Maßnahmen ergriffen werden, die Lage zu verbessern. Wir schlagen darum der Ortsverwaltung vor:

1. Energischer Aufbau arbeitsfähiger Wohnbezirksleitungen. Die Wahl darf nicht dem Zufall überlassen bleiben, sondern es müssen vorher aktive und möglichst erfahrene Kollegen zur echten Mitarbeit gewonnen werden.
2. Für jeden Wohnbezirk wird ein Mitglied der Ortsverwaltung verantwortlich gemacht, das an den Sitzungen der Wohnbezirksleitung teilnimmt, über die Beschlüsse der Ortsverwaltung (soweit sie die Gewerkschaftsarbeit im Wohnbezirk berühren) informiert und sie entsprechend anleitet. Das hebt nicht die im Ortsstatut festgelegte besondere Verantwortung des 1. Bevollmächtigten auf, sondern hilft, diese Verantwortung mitzutragen.
3. Die Ortsverwaltung koordiniert die Arbeit der Wohnbezirksleitungen mit der Arbeit der Abteilung Betriebsräte und Vertrauensleute sowie mit der Arbeit der Frauen-, Angestellten- und Jugendgruppen.
4. Die Ortsverwaltung erteilt den Hauskassierern den Auftrag, bei der Kassierung festzustellen, wo die betreffenden Kollegen arbeiten. Sie stellen die Adressen der Kollegen auf einer Liste betriebsweise zusammen, damit die Wohnbezirksleitung sich mit diesen Kollegen in Verbindung setzen kann. Auf diese Weise können gewerkschaftlich unberührte Betriebe erfaßt oder vorhandene Gewerkschaftsgruppen in den Betrieben verstärkt werden.

5. Vierteljährlich werden die Leiter und Stellvertreter der Wohnbezirksleitungen zu zentralen Besprechungen eingeladen. Zweck: Erfahrungsaustausch und einheitliches Ausrichten der Wohnbezirksleitungen auf das Arbeitsprogramm der Ortsverwaltung.
6. Den Wohnbezirken werden im wesentlichen folgende Aufgaben gestellt:

   a) Die Wohnbezirksleitung nimmt Kontakt mit arbeitswilligen Kollegen in den Betrieben auf, wobei eine Aufteilung der Betriebe auf die Mitglieder und Helfer der Wohnbezirksleitung vorgenommen wird.

   b) Schaffung einer Betriebskartei nach Einholen der statistischen Unterlagen aus den Betrieben (Karteikarten bei der Ortsverwaltung vorhanden). Sie vermittelt der Wohnbezirksleitung den Überblick über den Betrieb und das Organisationsverhältnis der Belegschaft und des Betriebsrates.

   c) Aufbau von Vertrauenskörpern bzw. von gewerkschaftlichen Stützpunkten in den Betrieben.

   d) Einleitung einer systematischen Werbung in den Betrieben. Die Ortsverwaltung stellt der Wohnbezirksleitung wirksame Werbematerialien zur Verfügung.

   e) Hilfe und Anleitung bei der Vorbereitung und Durchführung der Betriebsratswahlen im Frühjahr 1968.

   f) Durchführung von Schulungen der Funktionäre der Wohnbezirke.

   g) Durchführung von Mitgliederversammlungen in den Wohnbezirken.

   h) Um eine planmäßige Arbeit der Wohnbezirksleitungen zu gewährleisten, finden regelmäßig Leitungssitzungen statt, an denen auch andere Funktionäre (vor allem Vertreter) mit beratender Stimme teilnehmen können. Von jeder Sitzung wird ein Protokoll angefertigt und ein Durchschlag der Ortsverwaltung übermittelt.

Die Durchführung dieser Aufgaben erfordert viel Kleinarbeit und ein hohes gewerkschaftliches Bewußtsein. Die erfolgreiche Durchführung hängt im wesentlichen von der Hilfe und der ständigen Anleitung der Ortsverwaltung ab. Wenn aber der feste Wille bei den Mitgliedern der Ortsverwaltung und den Funktionären der Wohnbezirke besteht, wird der Erfolg nicht ausbleiben. In diesem Sinne schließen wir unseren Bericht.

Wohnbezirksleitung Ohligs/Aufderhöhe«

i. A.

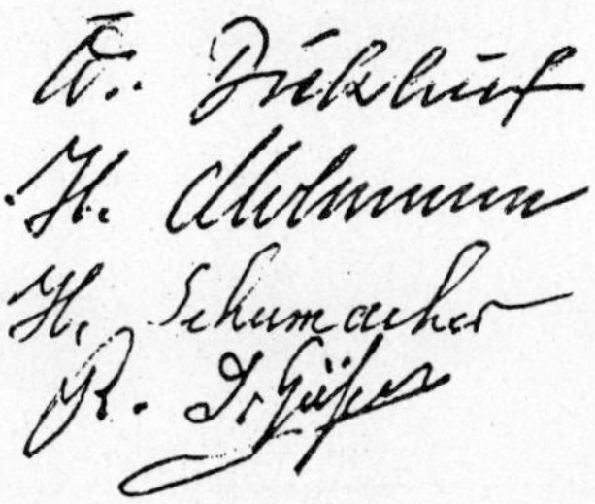

Stellvertretender Leiter

Schriftführer

Beisitzer

Zunächst sah es so aus, als würde die Ortsverwaltung prompt reagieren. Wie das Faksimile auf der nächsten Seite zeigt, wurden mehrere Besprechungen angesetzt. Doch bald stellte sich heraus, daß die Ortsverwaltung, Ernst Nippes war inzwischen pensioniert und Dunko war der 1. Bevollmächtigte, nicht das geringste Interesse am Aufbau einer starken Wohnbezirksarbeit hatte. Auf alle gemachten Vorschläge reagierten sie nur negativ. Unter diesen Umständen hatte es keinen Sinn mehr, weiter Kraft und Zeit in diese Aufgabe zu stecken. Am 25. September 1968 legte ich sowohl meine Funktion als stellvertretender Leiter des Wohnbezirks Ohligs/Aufderhöhe wie auch als Vertreter der IG Metall nieder. In einem Brief vom 26. September 1968 begründete ich diesen Schritt gegenüber der Ortsverwaltung:

»... *Die Ortsverwaltung hat, statt entsprechende Schlußfolgerungen zu ziehen, negativ reagiert. Sie hat keine der konkreten Vorschläge, die in der Ohligser Analyse gemacht wurden, berücksichtigt. Sie hat die Angelegenheit nicht in der Vertreterversammlung behandelt, obwohl die Vertreter es gewünscht hatten. Daraus ist zu schließen, daß die Ortsverwaltung kein Interesse an dem Aufbau arbeitsfähiger Wohnbezirksleitungen hat. Wenn es in dem oben genannten Begleitbrief an die Ortsverwaltung heißt: ›Andererseits ist keine Wohnbezirksleitung in der Lage — losgelöst von der Leitungstätigkeit der Ortsverwaltung — eine selbständige Arbeit auf die Dauer zu leisten ...‹, so möchte ich hinzufügen, daß es auch sinnlos ist, in einem*

**INDUSTRIEGEWERKSCHAFT METALL**
FÜR DIE BUNDESREPUBLIK DEUTSCHLAND

VERWALTUNGSSTELLE SOLINGEN

Abs.: IG Metall, Verwaltungsstelle Solingen, 565 Solingen, Kölner Str. 45

565 SOLINGEN
Kölner Straße 45
Fernsprecher 24393
Bank für Gemeinwirtschaft Wuppertal-Elberfeld
Konto Nr. 231
Stadt-Sparkasse Solingen
Hauptstelle 30551

Herrn
Willi Dickhut

565 Solingen-Ohligs
Ulmenstr. 1o

| Ihr Zeichen | Ihre Nachricht vom | Unser Schreiben vom | Unser Zeichen | Tag |
|---|---|---|---|---|
| | | | 0/3-7 Du/B | 12.1.68 |

Lieber Willi!

Anbei übergebe ich Dir ein Exemplar des Abzuges Eures Berichtes. Eine Kommission der Ortsverwaltung hat sich am 11.1.68 bereits mit diesem Bericht befaßt. Gleichzeitig ist dieser Bericht als einziger Tagesordnungspunkt Gegenstand der ~~beratenden~~/Beratungsordnung[?] Ortsverwaltung am 18. 1.1968.

In der gestrigen Kommissions-Sitzung wurde festgelegt, daß diese Kommission am 25.1.68 erneut zusammentritt (17.oo Uhr im Büro der Verwaltungsstelle).

Ich bitte darum die gesamte Wohnbezirksleitung zu diesem Termin nach hier zu laden.
Falls es gewünscht wird, daß ich die Wohnbezirksleitungsmitglieder direkt anschreiben soll, teile mir bitte die Adressen mit.

Mit freundlichen Grüssen

Eberhard Dunko

Anlage

INDUSTRIEGEWERKSCHAFT METALL für die Bundesrepublik Deutschland Kölner Straße 45 Fernruf 24393 VERWALTUNGSSTELLE SOLINGEN

Willi Dickhut

Solingen-Ohligs, 26.9.68
Ulmenstr. 1o

An die
Ortsverwaltung der IG Metall
S o l i n g e n

Liebe Kolleginnen und Kollegen!

In der Sitzung der Wohnbezirks-Leitung der IG Metall Ohligs/Aufderhöhe vom 25.9.68 habe ich meine Funktionen als stellvertretender Leiter des Wohnbezirks und als Vertreter niedergelegt.

Begründung:

Vor einem Jahr haben einige Kollegen des Wohnbezirks Ohligs/Aufderhöhe in wochenlanger Arbeit Unterlagen über die gewerkschaftliche Organisation und des gewerkschaftlichen Einflusses in den Ohligser Betrieben gesammelt und das Untersuchungsergebnis in einem Bericht an die Ortsverwaltung mit konkretem Zahlenmaterial schriftlich fixiert. Die Zahlen über den Rückgang der gewerkschaftlichen Organisation und des gewerkschaftlichen Einflusses waren alarmierend. In dem einleitenden Begleitbrief zu der "Analyse der Ohligser Betriebe" heißt es am Schluß:

"Die Statistik aus den einzelnen Ohligser Betrieben sollte darum nicht nur die Grundlage der gewerkschaftlichen Arbeit im Wohnbezirk, sondern gleichzeitig der Ortsverwaltung eine Hilfe sein, ihre Arbeit richtig anzusetzen. Die Mühe der wochenlangen Untersuchung der Ohligser Betriebe und der Zusammenstellung eines solchen ausführlichen Berichtes würde sich dann lohnen. Wenn jedoch keine entsprechenden Schlüsse daraus gezogen werden, dann ist die Arbeit über die nachfolgende Analyse der Ohligser Betriebe vergebens gewesen."

Heute muß ich leider feststellen: Sie war vergebens! Die Ortsverwaltung hat, statt entsprechende Schlußfolgerungen zu ziehen, negativ reagiert. Sie hat keine der konkreten Vorschläge, die in der Analyse der Ohligser Betriebe gemacht wurden, berücksichtigt. Sie hat die Angelegenheit nicht in der Vertreterversammlung behandelt, obwohl die Vertreter es gewünscht hatten. Daraus ist zu schließen, daß die Ortsverwaltung kein Interesse an dem Aufbau arbeitsfähiger Wohnbezirksleitungen hat. Wenn es in dem obengenannten Begleitbrief an die Ortsverwaltung heißt: "Anderseits ist keine Wohnbezirksleitung in der Lage - losgelöst von der Leitungstätigkeit der Ortsverwaltung - eine selbständige Arbeit auf die Dauer zu leisten...", so möchte ich hinzufügen, daß es auch sinnlos ist in einem Stadtteil allein eine Wohnbezirksleitung krampfhaft aufrechtzuerhalten, die nur stillschweigend geduldet wird. Darum trete ich von meinen Funktionen zurück.

Mit kollegialem Gruß

W. Dickhut

An die
Ortsverwaltung der IG Metall
S o l i n g e n

26.10.68

Betr.: Schreiben M-R/0/3-7 vom 18.10.1968

Liebe Kolleginnen und Kollegen!

Ich weiß nicht, ob die Ortsverwaltung den Text des obigen Schreibens als Antwort auf meine Funktionsniederlegung beschlossen hat, jedenfalls bin ich der Meinung, daß der lapidare Satz "Sie (die Ortsverwaltung) weist jedoch die von Dir angegebene Begründung und insbesondere die darauf aufbauenden Schlußfolgerungen als unzutreffend zurück" in keiner Hinsicht den angeschnittenen Fragen gerecht wird. So einfach macht sich also die Ortsverwaltung die Sache: Begründung nicht zutreffend! - fertig. Wieso ist meine Begründung unzutreffend?

1. Es trifft zu, daß die Ortsverwaltung auf die Analyse der Ohligser Betriebe und besonders auf den einleitenden Brief und die darin enthaltene Kritik negativ reagiert hat, sodaß die WBL Ohligs/Aufderhöhe in einem Schreiben an die Ortsverwaltung vom 21.2.68 betr. "Beweisführung einiger Feststellungen in der Einleitung zur Analyse der Ohligser Betriebe" eine konkrete Begründung der strittigen Punkte darlegte. Trotzdem mußte sich die WBL in der gemeinsamen Sitzung mit den Kollegen Dünko und Lohbach von der Ortsverwaltung mit dem gleichen Thema befassen (siehe Protokoll der WBL vom 17.4.68).
2. Es trifft ebenfalls zu, daß die konkreten Vorschläge in der Analyse der Ohligser Betriebe (siehe unter Schlußfolgerung und Aufgaben) nicht berücksichtigt wurden:
Sind in der nachfolgenden Zeit arbeitsfähige Wohnbezirksleitungen in den Stadtteilen aufgebaut worden - Nein!
Wurde für jeden Wohnbezirk ein Ortsverwaltungsmitglied für den Aufbau und die Anleitung der WBL verantwortlich gemacht - Nein!
Hat die Ortsverwaltung die Arbeit der Abteilungen insbesonders die des Vertrauenskörper-Ausschusses mit der Arbeit der Wohnbezirksleitungen koordiniert - Nein!
Haben die Hauskassierer im Auftrage der Ortsverwaltung die Adressen der einzelnen Kollegen in den noch nicht gewerkschaftlich erfaßten Betrieben festgestellt, damit sie für eine gewerkschaftliche Arbeit in diesen Betrieben erfaßt werden konnten - Nein!
3. Es trifft auch zu, daß in zahlreichen Sitzungen des Vertrauenskörper-Ausschusses der Aufbau der Wohnbezirksleitungen verlangt wurde, um zu einer konkreten Arbeit zu gelangen. Auch wurde in einigen Vertreter-Versammlungen die Ortsverwaltung aufgefordert, die Analyse der Ohligser Betriebe und den Aufbau von Wohnbezirksleitungen - wie es das Ortsstatut verlangt - als Tagesordnungspunkt in einer der nächsten Vertreter-Versammlungen zu behandeln - aber alles vergebens!
4. Wenn ich aus alledem in meiner Begründung den Schluß gezogen habe, "...daß die Ortsverwaltung kein Interesse an dem Aufbau arbeitsfähiger Wohnbezirksleitungen hat", dann kann das nur widerlegt werden durch die Verwirklichung der Vorschläge. Solange darin nicht unternommen wird, muß ich leider die Schlußfolgerung als zutreffend aufrechterhalten.

Ich bedaure sehr, daß der wirkliche Sinn der Analyse der Ohligser Betriebe nicht verstanden wurde, nämlich durch eine konkrete Untersuchung in den einzelnen Betrieben einige organisatorische Ursachen des rapiden Mitglieder-Schwundes der letzten Jahre aufzudecken und Vorschläge zur Verbesserung ~~zur Verbesserung~~ unserer Gewerkschaftsarbeit zu unterbreiten, Vorschläge, die auf jahrelange Erfahrungen beruhen, um so dazu beizutragen, die gefährliche Entwicklung des Rückganges unserer gewerkschaftlichen Organisation und des gewerkschaftlichen Einflusses in den Betrieben entgegenzuwirken.

W. Dickhut Mit kollegialem Gruß

*Stadtteil allein eine Wohnbezirksleitung krampfhaft aufrechtzuerhalten, die nur stillschweigend geduldet wird. Darum trete ich von meinen Funktionen zurück.*

*Mit kollegialem Gruß*
*Willi Dickhut«*

Das war aber nicht der einzige Grund meiner Funktionsniederlegung. Was ich der Ortsverwaltung selbstverständlich nicht schreiben konnte war, daß die politischen Auseinandersetzungen innerhalb der KPD ja auch viel Energie und Zeit verschlungen hatten. Luise und ich wurden Mitte 1966 aus der KPD ausgeschlossen. Die Mitglieder, vor allem im Ohligser Gebiet, hatten daraufhin von der Kreisleitung (Sbosny) Anweisung bekommen, jegliche Verbindung zu uns abzubrechen. Sowohl innerhalb wie außerhalb der Partei wurde gegen mich intrigiert. Das machte auch die ehemals gute Zusammenarbeit mit Genossen in der Betriebs- und Gewerkschaftsarbeit faktisch unmöglich. Als Einzelkämpfer aber ist eine positive Gewerkschaftsarbeit nicht zu leisten. Aber es gab noch einen weiteren Grund: Nach der revisionistischen Entartung der KPD stand der Aufbau einer neuen Partei auf der Grundlage des Marxismus-Leninismus auf der Tagesordnung. Und dazu brauchte ich meine ganze Kraft.

# Festigung der Monopole und zehn Jahre »Reformen von oben«

In die Zeit meiner aktiven Gewerkschaftsarbeit auf positiver Grundlage (1957 bis 1968) fiel das Jahrzehnt der »Reformen von oben«. Es war das Jahrzehnt der größten gewerkschaftlichen Erfolge, aber nicht erzielt als Ergebnis gewerkschaftlicher Kämpfe der Arbeiterklasse, sondern erzielt durch Verhandlungen zwischen der Führung der IG Metall und dem Arbeitgeberverband Gesamtmetall. Letzterer hatte keineswegs sein Herz für die Arbeiter entdeckt, sondern es waren handfeste wirtschaftliche Gründe, die die Unternehmer so nachgiebig machten.

1988 habe ich in dem Buch »Gewerkschaften und Klassenkampf« die Hintergründe des Jahrzehnts der »Reformen von oben« aufgezeigt, was ich zum Schluß dieses Kapitels über meine Arbeit in der Gewerkschaft wiedergeben möchte.

Willi Dickhut
Gewerkschaften
und
Klassenkampf
Verlag Neuer Weg

**»Das Jahrzehnt der ›Reformen von oben‹**

Bis 1958 hatte sich die **Industrieproduktion gegenüber dem Stand von 1936 verdoppelt.** 7,2 Millionen Arbeiter und Angestellte waren in der Industrie beschäftigt. Die Monopole leiteten eine **Exportoffensive** ein, besonders mit den Branchen Autoindustrie, Maschinenbau- und Elektroindustrie sowie Optik. Der neudeutsche Imperialismus schickte sich an, tief in den Weltmarkt vorzudringen. **Diese Entwicklung sollte nicht durch Streiks der Arbeiter gestört oder sogar unterbrochen werden. Ein Jahrzehnt der ›Reformen von oben‹ brach an.**

**Streiks und Aussperrungen in der Zeit von 1950 bis 1957**

| Jahr | Anzahl der streikenden Arbeiter | Anzahl der ausgesperrten Arbeiter | Insgesamt ausgefallene Arbeitstage |
|---|---|---|---|
| 1950 | 79 270 | — | 380 121 |
| 1951 | 174 325 | 250 | 1 601 892[1] |
| 1952 | 84 097 | 250 | 446 877 |
| 1953 | 50 625 | — | 1 488 218[2] |
| 1954 | 115 899 | — | 1 586 523[3] |
| 1955 | 597 353 | 642 | 854 089 |
| 1956 | 52 467 | — | 1 580 247 |
| 1957 | 45 134 | 187 | 1 071 846[4] |
| | 1 199 170 | 1 329 | 9 009 813 |

[1] Streik um Mitbestimmung
[2] Textilarbeiterstreik
[3] Mitbestimmung Proteststreik gegen Äußerungen Dr. Reusch
[4] Metallarbeiterstreik in Schleswig-Holstein
Quelle: Statistisches Bundesamt

Wie sahen diese ›Reformen von oben‹ aus, und was war der Hintergrund ihrer Gewährung? Die Abbildung auf S. 409 zeigt die in diesen zehn Jahren errungenen Reformen der Metallarbeiter.

Die jährlich von der IG Metall ausgehandelten Tariflöhne und -gehälter wurden nur zum Teil durch Preiserhöhungen aufgehoben.

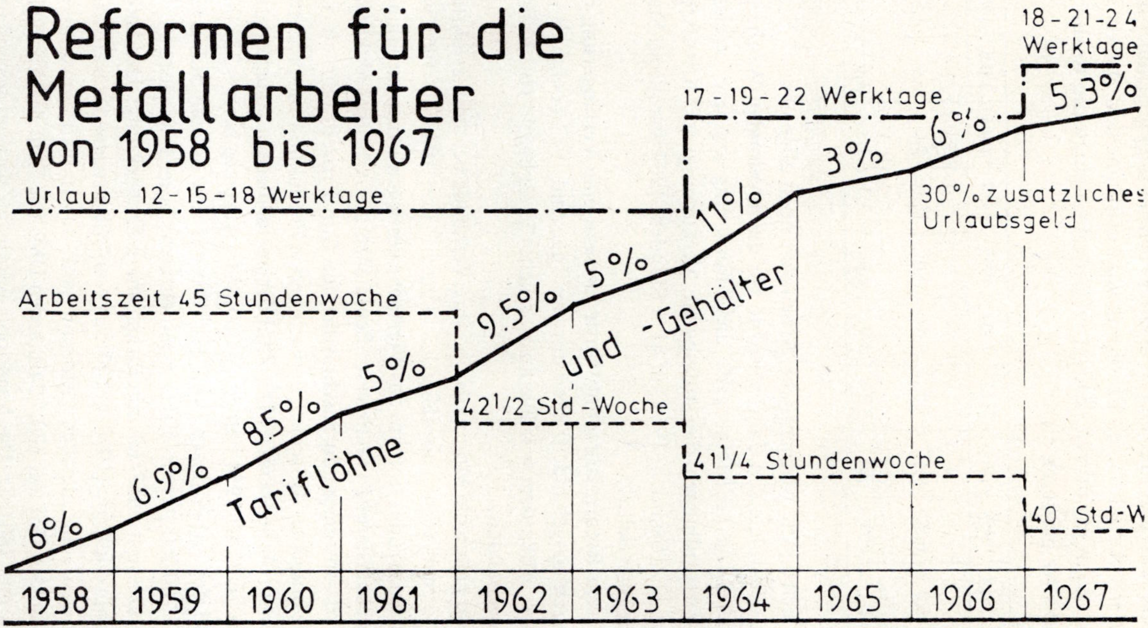


Das Jahrzehnt der »Reformen von oben«

Vergleicht man den Preisindex für die Lebenshaltung gegenüber dem Vorjahr mit der jährlichen Erhöhung der Tariflöhne und -gehälter in Prozent, dann ergibt sich, daß in diesen zehn Jahren die **Reallöhne und -gehälter gestiegen** sind:

| Jahr | 1958 | 1959 | 1960 | 1961 | 1962 | 1963 | 1964 | 1965 | 1966 | 1967 |
|---|---|---|---|---|---|---|---|---|---|---|
| Tarif-löhne | 6,0 | 6,9 | 8,5 | 5,0 | 9,5 | 5,0 | 11,0 | 3,0 | 6,0 | 5,3 |
| Preis-index | 1,1 | 1,0 | 1,4 | 2,3 | 2,9 | 2,9 | 2,3 | 3,3 | 3,6 | 1,6 |

1957 betrug die wöchentliche Arbeitszeit noch allgemein 45 Stunden. In den folgenden Jahren wurde **für die 40-Stunden-Woche** demonstriert. Die IG Metall griff diese Forderung auf und erreichte durch Verhandlungen die stufenweise Verkürzung der Arbeitszeit: 1962 auf 42½ Stunden, 1964 auf 41¼ Stunden; 1967 war die 40-Stunden-Woche erzielt.

In diesem Reformjahrzehnt wurde zweimal eine **Verlängerung der Urlaubszeit** ausgehandelt: 1964 um vier Tage und 1967 nochmals um zwei Tage. Außerdem wurde ein zusätzliches Urlaubsgeld von 30 Prozent ausgehandelt.

Warum gaben die Monopole und ihre Verbände bei der Gewährung von Reformen verhältnismäßig leicht nach? Von 1948 bis 1961 war die Industrieproduktion um das Vierfache gestiegen. **Automation und Hochmechanisierung** (Transferstraßen) ließen die Arbeitsproduktivität sprunghaft ansteigen, durchschnittlich um fünf Prozent jährlich. Die Industrie brauchte, der schnell anwachsenden Produktion entsprechend, immer mehr Arbeitskräfte. Die Zahl der ausländischen Arbeiter stieg von Jahr zu Jahr: 1954 kamen 73 000, 1960 waren es bereits 329 000. Die Zahl der Arbeitslosen sank bis 1965 auf den tiefsten Stand von 147 000, 700 000 Arbeitsplätze konnten nicht besetzt werden.

Die Rezession 1967/68 unterbrach diese Entwicklung: Der Index der Nettoproduktion (1970 = 100) fiel von 78,7 Prozent 1966 auf 76,5 Prozent 1967. Im gleichen Zeitraum sank der Industrieumsatz von 388 Milliarden DM auf 380,7 Milliarden DM. Die Zahl der Arbeitslosen stieg auf 460 000. Die Monopolkapitalisten wurden nervös und

**beendeten die Zeit der ›Reformen von oben‹.** 1970 war die Höchstzahl der nach dem II. Weltkrieg in der Industrie Beschäftigten mit 8,6 Millionen erreicht, dann sank die Zahl Jahr um Jahr. Die **Monopole zogen härtere Bandagen an,** die Kämpfe verschärften sich, sowohl durch Streiks wie auch durch Aussperrungen.

Die ›Reformen von oben‹, die hauptsächlich durch die Arbeitsgemeinschaft der Unternehmervertreter (Vereinigung der Deutschen Arbeitgeberverbände) und der Gewerkschaftsbürokratie auf dem Weg der Verhandlungen erreicht wurden, **hatten eine doppelte Wirkung auf die Arbeiterklasse:**

1. Der **Reformismus verbreitete und verankerte sich** wie nie zuvor in der Arbeiterklasse, der Glaube an das ›Wirtschaftswunder‹ setzte sich in den Köpfen der Arbeiter fest.
2. Das hatte negative Auswirkungen auf das Klassenbewußtsein und die Kämpfe der Arbeiter. Die Zahl der **Streiks und Aussperrungen,** und damit die Zahl der ausgefallenen Arbeitstage, **ging gegenüber**

**Streiks und Aussperrungen in der Zeit von 1958 bis 1967**

| Jahr | Anzahl der streikenden Arbeiter | Anzahl der ausgesperrten Arbeiter | Insgesamt ausgefallene Arbeitstage |
|---|---|---|---|
| 1958 | 202 483 | 131 | 782 254 |
| 1959 | 21 648 | — | 61 825 |
| 1960 | 17 065 | — | 37 723 |
| 1961 | 21 052 | 547 | 67 639 |
| 1962 | 79 177 | 106 | 454 065 |
| 1963 | 100 853 | 215 544 | 1 846 025 |
| 1964 | 5 629 | — | 16 711 |
| 1965 | 6 250 | 42 | 49 486 |
| 1966 | 196 013 | 6 | 27 284 |
| 1967 | 59 604 | — | 389 581 |
| | 709 774 | 216 376 | 3 732 593 |

Quelle: Presse- und Informationsamt der Bundesregierung

**früher stark zurück. Eine Ausnahme war der Tarifkonflikt der Metallarbeiter in Baden-Württemberg 1963,** wo die Monopole ein Exempel (Daimler-Benz) setzen wollten.

Nehmen wir das Jahr 1963, als Ausnahme des Jahrzehnts, aus der Statistik heraus, dann bleiben für die übrigen neun Jahre zusammen 1 886 568 ausgefallene Arbeitstage oder 209 618 im Jahresdurchschnitt. Im Vergleich mit der Streikstatistik 1950 bis 1957 beträgt dort der Jahresdurchschnitt ausgefallener Arbeitstage mit 1 123 391 mehr als das Fünffache der nachfolgenden Jahre. Das Jahrzehnt der ›Reformen von oben‹ hat sich also für die Monopole trotzdem gelohnt, war doch das **Produktionsergebnis je Arbeiterstunde in der Industrie** prozentual gegenüber dem Vorjahr folgendermaßen gestiegen:

| 1960 | 1961 | 1962 | 1963 | 1964 | 1965 | 1966 | 1967 | 1968 | 1969 |
|---|---|---|---|---|---|---|---|---|---|
| 6,8 | 5,7 | 7,1 | 6,4 | 8,4 | 5,3 | 4,5 | 7,6 | 6,0 | 6,6 |

Quelle: Institut der deutschen Wirtschaft 1984

Das waren Zuwachsraten von durchschnittlich 6,44 Prozent jährlich, wie sie in den nachfolgenden Jahren nicht mehr erreicht wurden.« (»Gewerkschaften und Klassenkampf«, S. 284 ff.)

Als sich zu Beginn des Jahres 1966 die Verschlechterung der wirtschaftlichen Lage wie ein Wetterleuchten am Horizont ankündigte, bereiteten sich die Monopolkapitalisten auf kommende Arbeitskämpfe vor. Das Hüttenwerk Oberhausen gab sozusagen als Vorhut nachfolgende **»Richtlinien für das Verhalten bei Arbeitsniederlegungen bzw. Arbeitsverweigerungen«** heraus. Die Rezession war der Schlußstrich des »Jahrzehnts der Reformen von oben«. Die Monopole bereiteten sich auf das »Jahrzehnt der Monopoloffensive« vor. Als Auftakt gab der Gesamtverband der Metallindustriellen Arbeitgeberverbände e V. umfangreiche **»Richtlinien über wilde Streiks«** heraus (ebenda, S. 292 ff.). Hier die Richtlinien des Hüttenwerks Oberhausen:

A / ANLAGE 9

HÜTTENWERK OBERHAUSEN
Aktiengesellschaft

Oberhausen, 26. Januar 1966

Ausfertigung:

# Richtlinien
## für das Verhalten bei Arbeitsniederlegungen bzw. Arbeitsverweigerungen

Als Arbeitsniederlegung gilt die Nicht-Aufnahme bzw. Niederlegung der Arbeit durch die gesamte Belegschaft, durch Belegschaftsgruppen oder einzelne Belegschaftsmitglieder.

Zu unterscheiden ist zwischen einer Arbeitsniederlegung (A), d. h. die Ablehnung jeglicher Arbeit, und einer Arbeitsverweigerung (B), d. h. einer Weigerung, statt der bisherigen eine andere Arbeit zu verrichten.

Der legale Streik ist ein vom Arbeitsrecht her anerkanntes Mittel des Arbeitskampfes.

Diese Richtlinien sollen sicherstellen, daß alle gesetzlichen und arbeitsrechtlichen Vorschriften für die Abwehr illegaler Arbeitsniederlegungen und Arbeitsverweigerungen beachtet werden, um Schäden für das Unternehmen zu vermindern.

I. Maßnahmen der betrieblichen Vorgesetzten

A) Arbeitsniederlegungen

a) Arbeitsrechtliche und persönliche Maßnahmen

1. Bei sich anbahnenden Unruhen im Betrieb neben dem direkten Vorgesetzten sofort AD (Tel. 4301), TD (Tel. 4400) und PAr (Tel. 4438, 4522, 4533) verständigen.

   Beispiele für entstehende Unruhen:

   Verteilung von Flugblättern,
   Ansprachen an die Belegschaft bei eigenmächtigen Versammlungen während der Arbeitszeit oder in den Pausen,
   eigenmächtige Anschläge am schwarzen Brett.

2. Bei Arbeitsniederlegungen fordern die betrieblichen Vorgesetzten (Betriebsleiter, Meister, Schichtführer - in Ausnahmefällen, falls höhere Vorgesetzte nicht geholt werden können - Vorarbeiter und Meister-Stellvertreter) die betreffenden Belegschaftsmitglieder zur Weiterarbeit auf mit dem Hinweis, daß beharrliche Arbeitsverweigerung

   a) nach § 123, 3 GewO zur fristlosen Entlassung

   b) zur Schadensersatzpflicht

   führen kann.

3. Wird die Arbeit nicht unverzüglich wieder aufgenommen, so ist die Aufforderung mit den gleichen Hinweisen zu wiederholen.

Für evtl. späteren Arbeitsgerichtsprozeß ist es zweckmäßig, einen weiteren betrieblichen Vorgesetzten als Zeugen hinzuzuziehen.

4. Falls noch nicht erfolgt, ist spätestens nach wiederholter Aufforderung zur Arbeit PAr zu verständigen.

5. Wird der Aufforderung wieder nicht gefolgt, betreffende Belegschaftsmitglieder namentlich erfassen mit genauer Uhrzeit der Arbeitsniederlegung und eine Durchschrift der Liste an PAr weiterleiten.

6. Streikende Belegschaftsmitglieder zum unverzüglichen Verlassen des Werksgeländes auffordern mit Hinweis auf den Tatbestand des Hausfriedensbruchs bei Nichtbefolgen.

7. Verlassen Streikende daraufhin nicht das Werksgelände, so ist - falls nicht schon geschehen - PAr zu verständigen, die weiteres Vorgehen mit Vorstand abstimmt.

8. Belegschaftsmitglieder, die zunächst die Arbeit niedergelegt haben, jedoch im Laufe der Abwehrmaßnahmen die Arbeit wieder aufnehmen, mit Uhrzeit der Arbeitsniederlegung und Wiederaufnahme der Arbeit namentlich erfassen und Durchschrift der Liste an PAr leiten.

9. Erkennbare Ursachen der Arbeitsniederlegung, vorgebrachte Streikgründe schriftlich festhalten und Durchschrift an PAr leiten.

b) Maßnahmen zur Aufrechterhaltung der Produktion bzw. der Sicherheit und Erhaltung der Betriebsanlagen

1. Bei kleinerem Umfang der Arbeitsverweigerung Ersatz der streikenden Belegschaftsmitglieder durch Arbeitswillige.

2. Bei größerem Umfang, wenn Weiterarbeit im Betriebsbereich unmöglich, Notdienst nach Plan einteilen.

3. Evtl. Einsatz von Vorarbeitern und Meistern in Schlüsselpositionen.

4. Notstandsarbeiten sind Arbeiten zur

   a) Erhaltung des Betriebes, Sicherung von Maschinen und im Freien lagernden Gegenständen

   b) Verhinderung von Explosionen usw. innerhalb des Betriebes

   c) Versorgung der Bevölkerung mit Gas, Wasser und Elektrizität (z. B. Aakerfähre).

5. Notbelegschaft nach betrieblicher Zweckmäßigkeit auswählen und schriftlich festlegen, Durchschrift der Listen an PAr leiten.

6. Prüfung der Einsatzmöglichkeit arbeitswilliger Belegschaftsmitglieder.

7. Auswirkung auf vor- und nachgeschaltete Betriebe prüfen, die Abteilung Produktionsplanung (Tel. 4103) und die betroffenen Betriebe sofort unterrichten.

- 3 -

8. Tagebuchmäßige Aufzeichnung aller Vorkommnisse und Sicherung von Beweismaterial (Anschläge, Flugblätter, Namen von Zeugen), Durchschrift an PAr leiten.

9. Genaue Registrierung des Produktionsausfalls und sonstiger Schäden, die durch die Arbeitsniederlegung entstanden sind (wichtig für spätere Schadensersatzklage).

B) Individuelle Arbeitsverweigerung

Arbeitsverweigerungen, d. h. Ablehnung einer bestimmten Arbeit, sind weniger häufig bei Belegschaftsgruppen als bei einzelnen Belegschaftsmitgliedern. In den meisten Fällen wird die Weigerung ihren Grund in einer befürchteten Lohnminderung bzw. in der Vorstellung haben, eine schwerere oder schmutzigere Arbeit übernehmen zu müssen.

Die Weigerung, eine andere als die betriebsübliche Arbeit auszuführen, muß nicht in jedem Fall eine Arbeitsverweigerung sein, da das Direktionsrecht des Arbeitsvorgesetzten gewissen Einschränkungen unterliegt. Es ist daher - gegebenenfalls durch Einschaltung von PAr - zu prüfen, ob der Arbeitsvertrag die geänderte Beschäftigung zuläßt. Bei dringenden betrieblichen Erfordernissen sind Arbeitnehmer laut Tarifvertrag verpflichtet, auch zumutbare andere Arbeiten zu verrichten.

Im Hinblick darauf, daß bei der Beurteilung der Rechtslage eine Vielzahl arbeitsrechtlicher, tariflicher und betriebsverfassungsrechtlicher Vorschriften beachtet werden muß, ist für den Fall einer beabsichtigten Disziplinarmaßnahme PAr (Tel. 4533/4522) einzuschalten. Damit soll vermieden werden, daß eine rechtlich nicht haltbare Maßnahme des Vorgesetzten rückgängig gemacht werden muß.

Unabhängig von der Einschaltung der PAr ist bei der Weigerung, eine andere als die betriebsübliche Arbeit zu übernehmen, die Aufforderung in aller Ruhe in Gegenwart eines neutralen Zeugen mehrfach zu wiederholen. Weiterhin ist das betreffende Belegschaftsmitglied entsprechend A) a) Zif. 2 auf die arbeitsrechtlichen Folgen aufmerksam zu machen. Bleibt das Belegschaftsmitglied trotzdem bei der Arbeitsverweigerung, so ist ihm zu erklären, daß der Fall umgehend im Personalausschuß behandelt werden wird. Nach der fernmündlichen Vorabunterrichtung ist PAr eine eingehende Schilderung der Umstände mit Angabe der Zeugen zur Behandlung im Personalausschuß zuzuleiten.

Bei einer eindeutigen Arbeitsverweigerung in Verbindung mit grobem ungebührlichen Benehmen gegenüber Vorgesetzten kann das Belegschaftsmitglied bis zur Behandlung im Personalausschuß dem Arbeitseinsatz zu anderweitiger Verwendung zur Verfügung gestellt werden. Diese Maßnahme sollte jedoch nur in Ausnahmefällen angewandt werden und ist in jedem Fall mit dem Betriebsrat abzustimmen.

HÜTTENWERK OBERHAUSEN
Aktiengesellschaft

A/Anlage 9

## Zusatz

zur Richtlinie für das Verhalten bei Arbeitsniederlegungen bzw. Arbeitsverweigerungen

Auf Grund inzwischen eingetretener organisatorischer und gesetzlicher Änderungen ist die Richtlinie in verschiedenen Punkten wie folgt zu berichtigen:

Auf Seite 1:

Unter Punkt I. A) a)

1. Tel. 4400 ändern in 5601
   Tel. 4522 und Tel. 4533 sind zu streichen
   PAr ist in PL zu ändern

2a. § 123,3 GewO ändern in § 626 BGB

Auf Seite 2:

Unter Punkt

4. PAr ändern in PL
5. PAr ändern in PV
7. PAr ändern in PL
8. PAr ändern in PV
9. PAr ändern in PL

b) 7. Abteilung Produktionsplanung ändern in Technische Betriebswirtschaft/Erzeugungsplanung
   Tel. 4103 ändern in 4420

Auf Seite 3:

PAr ist in allen Fällen in PV zu ändern

Unter Punkt B:

Im 3. Absatz ist die Tel. 4522 zu streichen

Der Begriff Personalausschuß ist in "Ausschuß für Personalfragen" zu ändern

# IX

# Kampf gegen Revisionismus und Verleumdung

## Ein Zwischenspiel — internationale Solidarität

Im November 1965 gaben meine Frau Luise und ich auf eigene Kosten (825 DM Druckkosten und dazu Versandkosten) das Flugblatt »Vietnam in Flammen« heraus. Das war zu einer Zeit, als die Sowjetunion die vietnamesischen Kämpfer noch wenig mit Kriegsmaterial versorgte und die KPD den Befreiungskampf des vietnamesischen Volkes kaum durch Flugschriften und anderes moralisch unterstützte.

Wir ließen zunächst rund 10 000 Flugblätter drucken. Nach einem festgelegten Verteilerschlüssel wurden die Päckchen von einem Genossen mit PKW und mir zu den vorgesehenen Genossen und Sympathisanten gebracht mit der Aufforderung, die Flugblätter noch am gleichen Tag zu verteilen. Viele Genossen sagten erfreut: »Endlich tut die Partei mal was!«, denn sie meinten, wir kämen im Auftrag der Partei. Viele glaubten auch, daß das Flugblatt von der »Westdeutschen Frauenfriedensbewegung«, in der Luise aktiv war, herausgegeben worden sei, weil Luise als Impressum auf der letzten Seite stand. Die Verteilung ging so rasch vonstatten, daß der Kreissekretär Sbosny erst Wind davon bekam, als bereits alle Flugblätter unters Volk gebracht worden waren.

Einen Teil der Auflage schickten wir mit der Post. Luise hatte nämlich viele Adressen von Frauen, meist bürgerlichen, die in der »Frauenfriedensbewegung« aktiv waren. Diese wurden mit kleinen Päckchen zu 25 Stück beliefert und erhielten folgenden Begleitbrief:

*»Luise Dickhut* *November 1965*
*Solingen-Ohligs*
*Ulmenstr. 10*
*Lieber Friedensfreund!*

*Der Vietnamkrieg ist zu einem entscheidenden Weltproblem geworden. Das hat mich veranlaßt, einen neuen Rundbrief* (der erste Rundbrief zu Vietnam war ein doppelseitiges Din A 4-Flugblatt gewesen — W. D.) *zu diesen Fragen zu schreiben. Lesen Sie bitte diesen Brief in Ruhe durch und, falls Sie mit dem Inhalt einverstanden sind, überlegen Sie, ob es Ihnen möglich ist, diesen Brief in Ihrem Bekanntenkreis zu verbreiten. In diesem Falle teilen Sie mir bitte mit, wieviele Exem-*

# Vietnam in Flammen

**Helft dem tapferen vietnamesischen Volk im Kampf gegen die amerikanischen Aggressoren!**

"It's a goddamm'd dirty war", sagt der amerikanische Leutnant Petersen, ein gottverfluchter dreckiger Krieg. Und man glaubt ihm auf's Wort, daß es so ist..." (Aus H. W. von Stockhausen: "Vietnam, Dynamik eines Konfliks")
Präsident J o h n s o n behauptet, daß die Amerikaner für die Freiheit und Selbstbestimmung des vietnamesischen Volkes gegen eine kommunistische Aggression kämpfen. Das ist eine Verhöhnung der Tatsachen.

"Niemand kann behaupten, daß die US-Streitkräfte dort die Freiheit verteidigen, ohne schamrot zu werden..,"schreibt Egon Lutz in der Gewerkschaftszeitung "druck und papier" vom 15.2.65, und er fährt fort: "Jeder muß zugeben, daß die USA eine Oberschicht verteidigen, deren Lebenslicht längst schon ausgeblasen worden wäre, wenn nicht jährlich dreihundert Millionen Dollar Militärhilfe dahinterstünden."

**S o sieht die amerikanische F r e i h e i t aus !**

Durch Masseneinsatz von Flugzeugen werfen die Amerikaner und ihre südvietnamesischen Marionettentruppen Hunderttausende von Spreng- und Napalmbomben (Brandbomben großen Kalibers mit einer Füllung aus leichtentzündlicher, geleeartiger Masse aus Benzin und Natriumpalmitat) auf die Bevölkerung und lassen Vietnam in Flammen aufgehen. Durch diese Terrorangriffe soll das vietnamesische Volk zur Kapitulation gezwungen werden.
"Die Freiheit kann man nicht durch Napalmbomben in die Welt tragen", konstatiert der oben zitierte Egon Lutz in der Zeitung der Gewerkschaft Holz "Der Mitarbeiter", August 1965, und er erklärt unmißverständlich, daß "die Vereinigten Staaten eine nackte Aggressionspolitik" betreiben. Und die "Frankfurter Rundschau" vom 9.1o.65 ergänzt in einem Bildtext:
"...Häufig endet eine derartige 'Säuberungsaktion' damit, daß das gesamte Dorf systematisch niedergebrannt wird..."
Mit Hilfe von Millionen Dollar Korruptionsgelder unterhalten die Amerikaner in Südvietnam eine volksfeindliche Militär- und Regierungsclique, die das Volk - das sind Bauern, Arbeiter, Intulektuelle, Buddhisten, Anhänger religiöser Sekten und nationale Minderheitengruppen - durch grausamen Terror blutig unterdrückt. Nach dem Abzug der französischen Kolonialtruppen im Jahre 1954 aus Vietnam, setzten die Amerikaner den katholischen Mandarin Ngo dinh D i e m als Regierungschef in Saigon ein.
Die im Genfer Abkommen von 1954 vorgesehenen freien Wahlen fanden durch Eingreifen von Diem, auf Anweisung der Amerikaner, nie statt. Der damalige Präsident der USA, E i s e n h o w e r, hat in seinen Memoiren "Mandat für Verständigung" selber die Ursache für die Ablehnung freier Wahlen aufgedeckt: "Niemand, mit dem ich gesprochen oder korrespondiert habe und der sich in der Angelegenheit Indochina auskannte, war nicht der Meinung, daß, wenn die Wahlen stattgefunden hätten..., möglicherweise 80 % der Bevölkerung für Ho chi Minh (Präsident der Demokratischen Republik Vietnam) gestimmt haben würde!" Das war also der tiefere Grund.

Südvietnamesische Marionettentruppen stecken Häuser der Bauern in Brand und vertreiben die Bevölkerung aus ihren Dörfern.

---

**S o verstehen die Amerikaner die S e l b s t b e s t i m m u n g der Völker!**

Bereits zwölf Tage nach der Unterzeichnung des Genfer Abkommens ließ Diem in eine riesige Demonstration jubelnder Menschen in Saigon, die das Genfer Abkommen feierten, rücksichtslos schießen. Das war der Beginn eines grausamen Terrors, einer blutigen Unterdrückung, die das Volk zur Verzweiflung trieb. Eine neue politische und militärische Etappe in Südvietnam begann.

Ein unschuldiger Bauer wird beim Verhör, die Hände am Rücken gefesselt, in einen Wasserbehälter getaucht.

---

Der australische Schriftsteller Wilfred G. B u r c h e t t ("Partisanen contra Generale", Brückenverlag GmbH, Düsseldorf 1965 Preis DM 11,2o), der in den letzten Jahren monatelang Südvietnam kreuz und quer durchzog, ließ sich von Augenzeugen von dem

furchtbaren Terror der amerikanischen Marionettentruppen

berichten. Hier nur einige Beispiele:

"Kurz nach dem 2o. Juli, dem Tag, an dem die Wahlen stattfinden sollten, wurden in einem Dorf fünfundzwanzig Menschen verhaftet. Andere Einwohner mußten einen tiefen Graben ausheben. Gegen Mitternacht wurden die Fünfundzwanzig an den Rand des Grabens geführt und zu zweien oder dreien zusammengebunden. Die Posten stießen sie in den Graben und schaufelten Erde auf sie; die Leute wurden lebendig begraben. Dumpfe, beinahe tierische Schreie, drangen aus dem Graben. Eine Weile wogte die Erde, dann war alles still..."
"In diesen sechs Monaten wurde Dieban vom finstersten Terror heimgesucht. Das einzige, was man hörte, war das Stöhnen und Schreien der Menschen, waren die dumpfen Schläge, weil wieder einmal die Bevölkerung ausgepeitscht, geschlagen oder mit elektrischem Strom gefoltert wurde. Wahrhaft barbarische Szenen spielten sich ab".

"Unser Stamm sollte ausgerottet werden wie die Fische in einem trockengelegten Teich. So schnell wie man unsere Leute umbringt, werden gar keine neuen geboren..."
Der bekannte englische Philosoph und Wissenschaftler Bertrand R u s s e l l schrieb in einer Artikelserie unter dem Originaltitel "War and Atrocity in Vietnam" über die südvietnamesischen Konzentrationslager: "Die große Mehrheit der Bauern unterstützte die Vietcong. Man schätzt, daß 160 000 umgekommen sind und an die 700 000 verstümmelt wurden. Um die Unterstützung durch die Bevölkerung zu bekämpfen, richteten D i e m und die Amerikaner die sogenannten "Strategischen Dörfer" ein, in welche die Bewohner landwirtschaftlicher Gebiete und bestehender Dörfer unter grausamen Umständen auf kurzfristige Bekanntmachungen hin gebracht wurden. "Strategische Dörfer" waren in Wirklichkeit Gefängnisse. Diejenigen, welche gewaltsam in sie gebracht wurden, konnten nicht mehr herauskommen. Diese "Dörfer" wurden von spitzen Eisen, Wassergräben und Stacheldraht umgeben und wurden von Wächtern mit Hunden patroulliert. Sie haben alle den Charakter von Konzentrationslagern."

Diese furchtbare Unterdrückung des südvietnamesischen Volkes geschah und geschieht unter Augen und unter Duldung, wenn nicht gar durch Anweisung der Amerikaner.

Die Amerikaner haben den südvietnamesischen Marionetten die "Freiheit" gegeben, das Volk zu terrorisieren.

Die Regierung in Saigon ist ein faschistisches Regime. Ihr jetziger Ministerpräsident C a o K y erklärte dem Korrespondenten der Londoner Zeitung "Sunday Mirror" gegenüber, Adolf Hitler sei sein einziges Vorbild, dem er nacheifern wolle, Fürwahr, der grausame Terror steht dem der Hitlerfaschisten nicht nach. Entsprechend der verzweifelten Lage wünsche er sich fünf Hitler in Vietnam!!!

Unmenschlich grausame Foltermethoden - Bauchaufschlitzen und Herausschneiden innerer Organe - wurden unter Duldung der Amerikaner bei Verhören der Bauern angewandt.

## Der heldenhafte Widerstand des vietnamesischen Volkes.

"Es gab für uns nur zwei Wege: Entweder wir griffen zu den Waffen oder ließen uns wie Hühner abschlachten", sagte Quyet-Thang, ein Bauer, der heute Regimentskommandeur der Volksbefreiungsarmee ist (aus Burchett: "Partisanen contra Generale"). Buchstäblich mit nackten Fäusten überrumpelten die gepeinigten Bauern Militärstützpunkte der südvietnamesischen Marionettentruppen und holten sich deren amerikanische Waffen.
Aus Partisanengruppen wurde die südvietnamesische Volksbefreiungsarmee, die mit heroischem Heldenmut den Amerikanern und ihren Marionettentruppen Niederlage auf Niederlage zufügte.

Die Marionetten-Regierung in Saigon ließ nach amerikanischen Plänen viele Tausende von Bauernfamilien in "Strategische Dörfer", eine Art Konzentrationslager, einsperren.

Sie befreite drei Viertel des Landes mit zwei Drittel der Gesamtbevölkerung Südvietnams.
Die Volksbefreiungsarmee kämpft um wirkliche Freiheit und Selbstbestimmung ihres Volkes!

Die Amerikaner schikken immer mehr Truppen nach Südvietnam und greifen mehr und mehr selber in die Kämpfe ein. Sie dehnten den Luftkrieg auf Nordvietnam aus und glauben in einem Orkan von Bomben und Granaten sich das freiheitliebende Volk gefügig machen zu können.

Ohne die Amerikaner hätte das Volk längst Frieden und Freiheit!

## Um was geht es den Amerikanern in diesem schmutzigen Krieg ?

Bereits am 12.2.5o ließ die "New York Times" die Katze aus dem Sack, als sie mit bemerkenswerter Offenheit schrieb: "Indochina" - der frühere Name für die französische Kolonie, die Vietnam, Laos und Kambotscha umfaßte - "ist ein Preis in einem großen Hasardspiel. Im Norden gibt es Zinn, Wolfram, Zink, Mangan, Kohle, Holz und Reis für den Export, im Süden gibt es Reis, Kautschuk, Tee, Pfeffer, Vieh und Häute... Indochina und Birma sind die Reisschalen Südostasiens."

Es geht den Amerikanern also nicht um Freiheit und Selbstbestimmung des vietnamesischen Volkes; es geht ihnen um handfeste materielle Werte. Dazu kommt die militärstrategische Bedeutung Vietnams in dem weltweiten militärischen Stützpunktsystem der Amerikaner. Darum geht es den Amerikanern.
Es geht in Wirklichkeit um die Aufrechterhaltung des Kolonialzustandes in Vietnam !

Die amerikanische Freiheit ist nichts anderes als die Freiheit der Kolonialherren, die Reichtümer des Landes und die billige Arbeitskraft des vietnamesischen Volkes auszubeuten, um Riesenprofite einzuheimsen, gleichzeitig das Land als Aufmarschgebiet für weitere Eroberungen zu benutzen. Dagegen wehrt sich das vietnamesische Volk. Darum der grausame Terror und der Bombenhagel gegen das Volk. Und darum neuerdings wieder der Einsatz von Gasbomben unter der verlogenen Propaganda, dies sei "humaner", nachdem durch den weltweiten Protest die amerikanischen Gasangriffe vorübergehend zurückgestellt wurden. Die Amerikaner wollen den Vietnamkrieg weiter ausdehnen.
Sie wollen die Bombenangriffe auf Nordvietnam verstärken und drohen China mit Atombomben anzugreifen.
Welche Folgen wird eine solche Aggressionspolitik für den Weltfrieden haben?

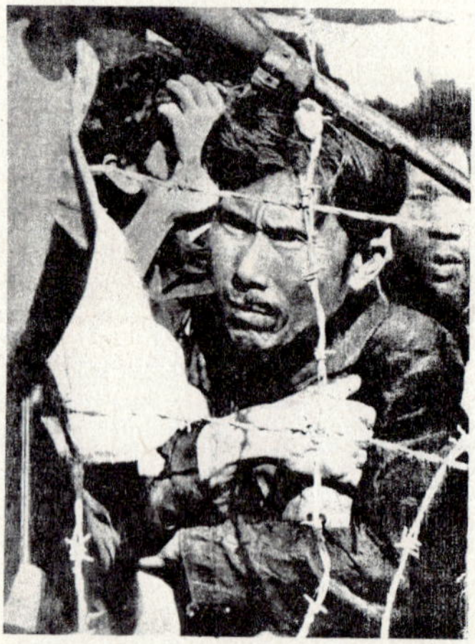

Massenverhaftungen und blutiger Terror kann die südvietnamesische Bevölkerung nicht von ihrem gerechten Kampf um Freiheit und Selbstbestimmung abhalten.

Appell: Helft Ihnen ! Unterstützt die Hilfsaktion für die Opfer des vietnamesischen Krieges, unterzeichnet von Weltkirchenpräsident D.Martin Niemöller, Oberkirchenrat Dr. H. Kloppenburg, Pfarrer G. Wandersleb u. etwa 1500 Bürgern

## Heute steht Vietnam in Flammen, morgen kann die ganze Welt in Flammen stehen wenn der amerikanischen Aggression nicht Einhalt geboten wird!

"Ein ungeheuerliches Raubtier hat seine Pranken erhoben und schlägt zu. Auf der ganzen Erde tönt ein lautes Stöhnen der gepeinigten, unterdrückten Völker, die zum Kampf um ihre Freiheit erwacht sind. Erschütternd war es, daß dieses Raubtier überall den gleichen Namen trägt: Es ist der amerikanische Imperialismus und Neokolonialismus, an dessen Seite sich zur Unterstützung die Bundesrepublik Deutschland stellt. Zu unserem Schmerz und zu unserer Schande mußten wir das fast aus jedem Bericht anklagend hören", berichteten die Frauen Doris Hinnenthal und Grit Weisberg in der Zeitschrift "Frau und Frieden" Nr. 9/65 vom Weltfriedenskongress Juli 1965 in Helsinki.

Die Bonner Regierung unterstützt moralisch und materiell die aggressive Politik der Amerikaner in Vietnam. Wann werden die ersten Bundeswehreinheiten nach Südvietnam geschickt??? Die Frage ist keineswegs abwegig.

"Not our boys - Germans to the Front!!!"

Bereits am 27.11.49, als es noch keine Bundeswehr gab, zitierte die "New York Times" den demokratischen Senator Elmer Thomas aus Oklahoma: "Deutschland war eine große Militärmacht. Die Deutschen sind große Kämpfer. Wenn die Vereinigten Staaten wieder in einen Krieg verwickelt werden, haben wir Kämpfer nötig. In diesem Kriege wollen wir Deutschland an unserer Seite haben."

Noch deutlicher erklärte der amerikanische General Collins im Mai 1950: "Es gibt genug Deutsche, die für die USA-Interessen sterben können!"

Voller Zynismus schrieb fünf Monate später die "New York Times": "Es wird ganz besonders notwendig sein, neue Quellen für Menschenreserven zu finden, die nur aus Deutschland kommen können. Amerika hat ein Recht, für jeden Dollar, den es ausgibt, Kampfkraft im Werte eines Dollars zu erwarten."

Gerade vom Gesichtspunkt aus, daß immer mehr auch nichtamerikanische Truppeneinheiten nach Südvietnam entsandt werden, kommt der Erklärung des amerikanischen Senators Taft vom Mai 1951 größere Bedeutung zu: "Es ist billiger, den Krieg mit Soldaten fremder Nationen zu führen - sogar wenn wir sie ausrüsten müssen - als mit amerikanischen Boys, und vor allen Dingen sparen wir dabei amerikanische Menschenleben." (New York Times" vom 20.5.51)

Im nördlichen wie auch im südlichen Teil Vietnams wurden Hunderte von amerikanischen Flugzeugen bei ihren Terrorangriffen gegen die Bevölkerung abgeschossen, beschädigt oder am Boden zerstört. Hier der gefangene Pilot Hayden Lockhart.

---

## Es gilt den Weltfrieden in Vietnam zu verteidigen, indem die Amerikaner durch eine weltweite Protestbewegung gezwungen werden, den schmutzigen Krieg in Vietnam zu beenden und das Land zu verlassen.

Durch den heldenhaften Kampf leistet das vietnamesische Volk einen großen Beitrag zur Erhaltung des Weltfriedens, und das bei größten Opfern.

Wollen wir tatenlos zusehen, bis die Flammen des Krieges auch über uns zusammenschlagen? Niemand soll sagen, Vietnam ist weit entfernt und geht uns nichts an.

## Helft dem tapferen vietnamesischen Volk!

Immer stärker werden die Protestaktionen gegen die aggressive Kriegspolitik der Amerikaner in Vietnam und in anderen Teilen der Welt - selbst in den Vereinigten Staaten wird die Empörung immer größer.

Darum protestiert gegen den grausamen Krieg der Amerikaner in Vietnam, fordert laut und vernehmlich: Heraus mit allen fremden Truppen aus Vietnam!

Hände weg von Vietnam! Vietnam den Vietnamesen!

---

Herausgegeben und verantwortlich: Luise Dickhut, Solingen-Ohligs, Ulmenstr. 10 (Nov/65) *plare Sie benötigen. So helfen Sie mit, die Wahrheit über den Freiheitskampf des vietnamesischen Volkes zu verbreiten.*

*Im Bestreben, einen kleinen Beitrag für die Erhaltung des Weltfriedens zu leisten, grüßt Sie freundlichst*
*Luise Dickhut«*

Die Reaktion auf das Flugblatt war bei allen Frauen positiv. Viele Nachbestellungen und Geldspenden waren das Ergebnis. Im folgenden bringe ich einige Auszüge aus der großen Anzahl eingegangener Briefe.

**Emma Th., Köln**
*»Heute brachte mir die Post Ihre neue Vietnam-Schrift. Gut! Die Bilder sind auch gut gewählt. Gut, daß Sie die Quellen Ihrer Aufzeichnungen angaben. Vermißt habe ich — und das könnte auffallen — die Angaben über die Fotos. Woher stammen sie?* (Die Fotos stammten aus einer Bildbroschüre, die ich aus China geschickt bekommen hatte — W. D.) *Schicken Sie mir bitte zunächst 500 Exemplare? Bitte nicht als Drucksache.«*

**Käthe B., Neustadt**
*»Ihr Schreiben mit vielem Dank erhalten. Den Rundbrief haben mehrere Friedensfreunde und ich gelesen. Wir haben ihn für sehr gut befunden und beschlossen, ihn weiter zu verteilen. Aus diesem Grunde bitte ich Sie, wenn es möglich ist, mir 100 Stück des Rundbriefes zu senden. Wir überweisen einen kleinen Betrag* (25 DM — W. D.) *für den nächsten.«*

**»Die andere Zeitung«, Vertrieb Hamburg**
*»Wir danken Ihnen für Ihr Rundschreiben ›Vietnam in Flammen‹ vom November 1965, und wir sind gern bereit, Anfang nächsten Jahres in einem Teil unserer Auflage ca. 5 000 Stück kostenlos unserer Zeitung beizulegen.«*
**Luise** antwortete folgendermaßen:
*»Für Ihr freundliches Angebot vom 2. Dezember 1965, meinen Rundbrief ›Vietnam in Flammen‹ in ca. 5 000 Exemplaren Ihrer Zeitung beizulegen, danke ich herzlich. Da ich mit einer Nachbestellung in einer solchen Höhe nicht gerechnet hatte, muß ich einen entspre-*

*chenden Nachdruck vornehmen lassen. Die Anlieferung kann demnach Ende dieser Woche erfolgen.«*

**Richard K., Hamburg**

*»... dürfte ich Sie wohl um Zusendung von 20 Exemplaren ›Vietnam in Flammen‹ gegen Erstattung der Unkosten bitten ...«*

**Beppo R., Lüdenscheid**

*»Senden Sie mir vorerst 10 Exemplare Ihres Rundbriefes.«*

**Olga, Prinzessin ..., Wiesbaden**

*»Senden Sie mir bitte 10 Exemplare Ihres ›Vietnam in Flammen‹, das einen sehr packt.«*

**Anna B., Bremen**

*»Herzlichen Dank für die Zusendung Ihres Rundbriefes ›Vietnam in Flammen‹. Ich habe sie bereits verteilt. Weil eine bevorstehende Weihnachtsfeier unter dem Zeichen der Solidarität mit Vietnam steht, möchte ich Sie bitten, mir noch 50 Stück Ihrer Rundbriefe zu schicken, die ich dort verteilen möchte.«*

**Herta St., Hagen**

*»Hab herzlichen Dank für die Zusendung des Blattes über Vietnam, das ich sehr gut finde. Kannst Du mir bitte umgehend noch 100 Stück schicken? Wir haben in den nächsten Tagen eine Weihnachtsfeier und könnten diese Blätter gut brauchen.«*

**Maria K., Gelsenkirchen**

*»Habe Ihren Brief erhalten. Bin auch mit dem Inhalt einverstanden. Ich habe meine Briefe schon weg und bitte noch um 30 Stück.«*

**Hilde Sp., Wansbeck**

*»Haben Sie Dank für die Übersendung! Die Rundbriefe sind ein ausgezeichnetes Material, um über Vietnam aufzuklären. Bis auf einige wenige, die ich mir für besondere Zwecke aufbewahrt habe, sind alle verteilt.«*

**Ingeborg B., Hamburg**

*»Ihren Rundbrief habe ich gerade zur rechten Zeit erhalten. Wir hatten eine Veranstaltung mit Mrs. Perl aus London. Sie gab uns*

*einen Bericht über ihre Reise im Juni nach Vietnam. Überaus interessant und auch politisch überaus klar und durchdacht. Die Veranstaltung war gut besucht und den Brief konnten wir verteilen, und er ist sehr gut aufgenommen worden. Wenn wir noch nicht zu spät kommen, möchte ich Sie bitten, uns noch einmal 200 Exemplare zu schicken. Rechnung anbei.«*

**Grit W., Gelsenkirchen**

*»Vielen Dank für Ihr erschütterndes, gutes Flugblatt. Bitte schicken Sie mir 50 Exemplare. Ich werde sie mit der Dezember-Nummer ›Frau und Frieden‹ verschicken.«*

**E. R., Mülheim/Ruhr**

*»Wir bitten Sie um Zusendung von 100 Stück ›Vietnam in Flammen‹ (November 1965). Schicken Sie uns bitte diese per Drucksache und teilen Sie uns bitte den Preis per Karte mit.«*

**Jütte B., Elversberg**

*»Wäre es Ihnen möglich, mir umgehend 1 000 Stück ihres Vietnam-Flugblattes — vielleicht per Eilpost — zu senden? Wir Frauen führen in der kommenden Woche mehrere Aktionen innerhalb der internationalen Vietnamwoche durch. Bitte teilen Sie uns mit, was wir Ihnen dafür schuldig sind.«*

**Gisela W., München**

*»Vielen Dank für Ihren Brief nebst Beilagen, von denen Sie mir gern noch zehn senden können.«*

**Erna D., Hamburg**

*»Es liegt mir sehr am Herzen, mich — auch im Namen meiner Freunde — für das aufrüttelnde Blatt ›Vietnam in Flammen‹ zu bedanken . . . Meine Freundin Frau C. und ich überwiesen inzwischen jeder 20 DM auf die Bank für Gemeinwirtschaft.«*

# Ein übles Intrigenspiel und der Kampf zweier Linien

In meinen beiden Briefen vom 26. September und 26. Oktober 1968 an die Ortsverwaltung der IG Metall Solingen hatte ich begründet, warum ich meine Funktionen in der Gewerkschaft niederlegte. Diese Gründe waren zwar wichtig. Doch vor allem waren es die ständig wachsenden Widersprüche in der KPD, die bis hin zu meinem Ausschluß führten, die mich zu diesem Schritt veranlaßten.

Als die Bezirksleitung Anfang 1963 Fritz Sbosny zum Kreissekretär der illegalen KPD einsetzte, ahnte ich noch nicht, was für ein **Intrigenspiel** bereits **gegen mich begonnen hatte.** Die positive Gewerkschaftsarbeit, die ich nach dem Verbot der KPD in Solingen eingeleitet hatte, war erfolgreich. Das paßte Fritz Sbosny, der mit seiner negativen

Fritz Sbosny, ein Intrigant

Gewerkschaftsarbeit 1951 dem IG-Metall-Vorstand die Handhabe gegeben hatte, alle unsere Genossen in der Ortsverwaltung, einschließlich der zwei hauptamtlichen Funktionäre, auszuschließen, überhaupt nicht. Als er nun 1963 wieder in Solingen eingesetzt wurde, bemühte ich mich, ihn trotz aller vorher gemachten Fehler zu respektieren. Doch das war ein hoffnungsloser Versuch und bewirkte eher das Gegenteil. Er legte mein Verhalten als Schwäche aus.

Erst später wurde ich gewahr, daß er von der Bezirksleitung beauftragt worden war, meine Frau und mich mundtot zu machen. Unter dem Deckmantel der Konspiration wurde ein übles Intrigenspiel gegen uns eingeleitet. Sbosny hatte als Kreissekretär ja Verbindung zu allen illegalen Gruppen, was er weidlich ausnutzte, um gegen uns zu hetzen. Uns aber verboten die Regeln der Konspiration, mit anderen Gruppen oder Genossen über unsere kleine Gruppe hinaus in Verbindung zu treten. Wir konnten uns weder gegen die Angriffe von Sbosny wehren noch mit den Genossen über die derzeitige politische Situation, besonders über die Folgen des XX. Parteitags der KPdSU, diskutieren und entsprechende Schlußfolgerungen ziehen.

1965 gaben die chinesischen Kommunisten die 650 Seiten umfassende Schrift **»Polemik über die Generallinie der internationalen kommunistischen Bewegung«** in deutscher Sprache heraus. Das war eine ausgezeichnete Auseinandersetzung mit dem modernen Revisionismus der sowjetischen Führung, insbesondere Chruschtschows, und eine große Hilfe in der internationalen ideologisch-politischen Diskussion. Statt diese Hilfe aufzugreifen und den Inhalt der Polemik mit dem sowjetischen Material — Rechenschaftsbericht vom XX. Parteitag der KPdSU, Reden Suslows, Briefwechsel zwischen den Führungen der KPdSU und der KP China usw. — zu vergleichen, so wie meine Frau und ich das taten, wurde ohne Kenntnis alles, was aus China oder auch Albanien kam, verdammt und verunglimpft. Wir wurden beschimpft als die »Schlitzaugen« und »Chinesen«. Allmählich drangen Gerüchte über uns, Verleumdungen und miese Hinterhältigkeiten bis zu uns vor. Aber auch, wer der Urheber dieser Verunglimpfungen war: Fritz Sbosny.

Als unsere Nachprüfungen die Bestätigung dieses unglaublichen Vorgehens, noch dazu unter dem Deckmantel der Konspiration, ergab, erklärte ich: »Ich betrachte Fritz Sbosny nicht mehr als Parteigenosse, er ist in meinen Augen ein Lump. Und mit einem Lumpen setze ich mich nicht mehr an einen Tisch.« Das war natürlich eine kolossale Herausforderung. Aber Sbosny hat sie geschluckt und hat es nicht mehr gewagt, zu erscheinen, wenn ich eine Besprechung hatte. Was kann man von einem so charakterlosen Burschen auch anderes erwarten?

Jetzt blieb der illegalen Bezirksleitung nichts anderes übrig, als einzugreifen. So erschien eines Tages Gustav Trambowsky mit einem mir unbekannten Genossen der Bezirksleitung bei uns. Wir diskutierten zuerst über meine positive Gewerkschaftsarbeit und über die Schwierigkeiten der Arbeit in der Illegalität. Gustav lobte unsere Arbeit, doch dann kam die Gretchenfrage: »Wie stehst du zur KP Chinas?« Ich legte ihnen die verhängnisvolle Politik Chruschtschows, die er auf dem XX. Parteitag der KPdSU eingeleitet hatte, und die nachfolgende Reaktion der KP Chinas auseinander. Offen vertrat ich, daß die KP Chinas grundsätzlich recht habe und daß die KPdSU den modernen Revisionismus propagiere. Gustav sagte zu, daß wir die strittigen Fragen in der Gruppe diskutieren würden. Im Laufe eines halben Jahres kamen wir dann mehrmals zusammen. Von der Kreisleitung war Willi Engels bei unseren Sitzungen dabei.

Unsere Auseinandersetzung begann mit der Frage des »**friedlichen Wegs zum Sozialismus**«. Gustav berief sich in seiner Kritik an uns auf Marx, der in den siebziger Jahren des 19. Jahrhunderts die Möglichkeit eines friedlichen Wegs für England und Amerika nicht ausschloß. Ich entgegnete, daß man die Situation historisch betrachten müßte. Damals herrschte ein Kapitalismus, der erst über einen schwach entwickelten Staatsapparat verfügte. Lenin schälte in der Auseinandersetzung mit Kautsky den grundsätzlichen Unterschied in der Entwicklung des Kapitalismus heraus:

*»Der ›Historiker‹ Kautsky fälscht die Geschichte so schamlos, daß er das Grundlegende vergißt: der vormonopolistische Kapitalismus — dessen Höhepunkt gerade die siebziger Jahre des 19. Jahrhunderts waren — zeichnete sich infolge seiner grundlegenden* ***ökonomischen*** *Eigenschaften, die in England und Amerika besonders typisch zum*

*Ausdruck kamen, durch eine verhältnismäßig sehr große Friedens- und Freiheitsliebe aus. Der Imperialismus dagegen, d. h. der monopolistische Kapitalismus, der erst im 20. Jahrhundert seine volle Reife erlangt hat, zeichnet sich infolge seiner grundlegenden* ***ökonomischen*** *Eigenschaften durch eine sehr geringe Friedens- und Freiheitsliebe, und durch eine sehr große, überall zu verzeichnende Entwicklung des Militarismus aus. Das bei der Beurteilung, inwieweit eine friedliche oder eine gewaltsame Umwälzung typisch oder wahrscheinlich ist, ›nicht bemerken‹, heißt zu einem ganz alltäglichen Lakai der Bourgeoisie herabzusinken.«* (Lenin, Werke, Band 28, S. 237/238)

Man darf also historisch bedingte Situationen nicht einfach auf heute übertragen. Es muß schon eine ganz besondere Situation entstehen, die den friedlichen Übergang zum Sozialismus möglich macht, so wie es in Rußland von der Februarrevolution bis zum Kornilowputsch im Jahre 1917, zur Zeit der Doppelherrschaft, war. Lenin stellte in dem Artikel »Zu den Losungen« die Bedingungen auf, unter denen eine friedliche Entwicklung der Revolution möglich ist:

*»Damals, in dieser entschwundenen Periode der Revolution, bestand im Staate die sogenannte ›Doppelherrschaft‹, die materiell wie formal den unbestimmten Übergangszustand der Staatsmacht zum Ausdruck brachte. Vergessen wir nicht, daß die Frage der Macht die Grundfrage jeder Revolution ist. Damals befand sich die Staatsmacht in einem schwankenden Zustand. In die Staatsmacht teilten sich, auf Grund eines freiwilligen gegenseitigen Übereinkommens, die Provisorische Regierung und die Sowjets. Die Sowjets waren Delegationen der Masse der freien, d. h. keiner Gewalt von außen ausgesetzten und bewaffneten Arbeiter und Soldaten. Daß die Waffen in den Händen des Volkes waren, daß jede Gewalt von außen über das Volk fehlte — eben darin bestand das* ***Wesen*** *der Sache. Das war es, was der ganzen Revolution den Weg einer friedlichen Vorwärtsentwicklung eröffnete und sicherte. Die Losung: ›Übergang der gesamten Macht an die Sowjets‹ war die Losung des nächsten Schrittes, des unmittelbar durchführbaren Schrittes auf diesem Weg einer friedlichen Entwicklung. Das war die Losung der friedlichen Entwicklung der Revolution.«* (Lenin, Werke, Band 25, S. 181/182)

Gustav war nicht in der Lage, das zu widerlegen. Im Grunde seines Herzens war er ein Revolutionär, dem die revisionistische Linie aufgepfropft wurde. Es war für ihn schwer, die revisionistische Linie der Partei zu verteidigen. Und auch Willi Engels war ihm da keine Hilfe. Es war ja so: Kein Revolutionär ist an sich gegen eine friedliche, unblutige Revolution. Aber ihre Durchführung ist so begrenzt und in der Geschichte nur durch ein einziges Beispiel vorübergehend belegt (Februar 1917 in Rußland). Wie kann das als Grundlage einer politischen Linie dienen?

In der ideologisch-politischen Auseinandersetzung zwischen der KPdSU und der KP Chinas gab es auch in der Frage der **friedlichen Koexistenz** grundlegende Meinungsverschiedenheiten. Auch hierüber diskutierten wir in unserer Gruppe. Lenin hatte herausgestellt, daß die Länder des Sozialismus und Kapitalismus in friedlicher Koexistenz trotz grundsätzlicher Gegensätze leben können, wenn dem Kapitalismus auf wirtschaftlichem Gebiet Vorteile geboten werden.

*»Solange es den Kapitalismus neben dem Sozialismus gibt, können sie nicht in Frieden leben. Der eine oder der andere wird zuletzt siegen. Entweder wird man die Sowjetrepublik oder den Weltkapitalismus zu Grabe tragen. Das hier ist ein Aufschub des Krieges. Die Kapitalisten werden nach Vorwänden für einen Krieg suchen. Wenn sie unseren Vorschlag annehmen und auf Konzessionen eingehen, wird ihnen das schwerer fallen.«* (Lenin, Werke, Band 31, S. 452)

Gustav meinte, daß dies doch genau die gleiche Politik sei, wie die jetzige Führung der KPdSU sie betreibe. Oh nein, widersprach ich. Die Führung der KPdSU hat die Politik der friedlichen Koexistenz zum grundlegenden Prinzip der Außenpolitik eines sozialistischen Staates gemacht und leugnet damit die Aussage Lenins, daß Kapitalismus und Sozialismus nicht auf Dauer in Frieden nebeneinander leben können. Nach wie vor muß das grundlegende Prinzip der Außenpolitik eines sozialistischen Landes der **proletarische Internationalismus** sein. Und genau das vertritt die KP Chinas. Willi Engels wollte wissen, woher ich das wüßte. Ich erklärte offen, daß die KP Chinas ein grundsätzliches Buch über die Meinungsverschiedenheiten zwischen der KPdSU und der KP Chinas herausgegeben habe, in deutscher

Sprache mit dem Titel »Die Polemik über die Generallinie der internationalen kommunistischen Bewegung«, und daß ich dieses Buch besäße. Hier hieß es zum Beispiel über die Prinzipien der friedlichen Koexistenz:

*»Die chinesische Regierung hat im Jahr 1954 die bekannten Fünf Prinzipien der friedlichen Koexistenz initiiert. Sie lauten: gegenseitige Achtung der territorialen Integrität und Souveränität, gegenseitiger Nichtangriff, gegenseitige Nichteinmischung in innere Angelegenheiten, Gleichberechtigung und gegenseitiger Vorteil, friedliche Koexistenz. Auf der Bandung-Konferenz vom Jahre 1955 legte China, zusammen mit den Ländern Asiens und Afrikas, auf Grund der Fünf Prinzipien, Zehn Prinzipien fest.«* (S. 300)

In neun Kommentaren wurde die sowjetisch-revisionistische Politik, die seit dem XX. Parteitag der KPdSU begonnen hatte, gründlich widerlegt.

# Der Ausschluß aus der KPD und der Beginn der Verleumdungskampagne

Die Meinungsverschiedenheiten, die in den letzten Monaten vor unserem Ausschluß mit dem späteren DKP-Bezirksvorsitzenden Gustav Trambowsky und mit Willi Engels ausgetragen wurden, waren bis zum Schluß sachlich. Was sollten sie auch sagen, wenn wir Marx, Engels und Lenin ins Feld führten? Doch wie wenig die grundsätzliche Bedeutung des Kampfes zweier Linien von den Vertretern der Kreis- und Bezirksleitung begriffen wurde, zeigte ihr praktisches Verhalten. Als man keine stichhaltigen Argumente mehr hatte, wurde von mir nur eins verlangt: »Bestelle das Material aus China ab, dann kannst du in der Partei bleiben.« Doch ich erkärte entschieden und unwiderruflich: »Ich lasse mir von niemandem verbieten, sowjetisches Material zu lesen, und ich lasse mir von niemandem verbieten, Material der KP Chinas zu bestellen, und ich lasse mir vor allem von niemandem verbieten, unsere Klassiker zu studieren.« Daraufhin wurden meine Frau und ich im Sommer 1966 aus der KPD ausgeschlossen.

Die anderen Genossen unserer Gruppe wurden in Nachbarzellen überwiesen. Aber weil sie sich auch da nicht den Mund verbieten ließen, wurden sie stillschweigend fallengelassen. So bekamen sie beispielsweise einfach keine Einladungen mehr zu den Gruppensitzungen. Die Parteiführung gab als Grund für unseren Ausschluß die Weigerung, das Material aus China abzubestellen, an. Doch selbst wenn wir der Forderung nachgegeben hätten, was wäre damit gewonnen gewesen? Der Kampf zweier Linien wäre trotzdem weitergegangen, denn die Widersprüche waren bereits antagonistisch und damit unüberbrückbar geworden.

Natürlich führten wir den ideologisch-politischen Kampf gegen den Revisionismus der KPD und später der DKP (die sich 1968 mit Billigung des Verfassungsschutzes gründete) weiter. Das hat uns den Haß der DKP-Führung eingetragen. Zu welchen Abwegen das führte, zeigt das Beispiel der Herausgabe des Buches »Widerstand in Solingen« durch Inge Sbosny (Frau von Fritz Sbosny) und Karl Schabrod.

Inge Sbosny
Karl Schabrod

**Widerstand in Solingen**

**Aus dem Leben antifaschistischer Kämpfer**

RV

Röderberg-Verlag Frankfurt/Main

Letzterer war während der ganzen Zeit der Nazi-Herrschaft eingesperrt und kandidierte wie ich 1958 zur Landtagswahl als »Unabhängiger«, wofür er auch entsprechend bestraft wurde. Nachdem ich das Buch gelesen hatte, schrieb ich Karl Schabrod den nebenstehenden Brief.

Herrn Karl Schabrod
Düsseldorf
Gottfried-Keller-Str.29 26.3.76

Lieber Karl!

Ich wollte Dir schon längst mal geschrieben haben, nachdem ich das Buch "Widerstand in Solingen" gelesen hatte. Warum hast Du Deinen Namen dafür hergegeben? Das Buch ist durch und durch subjektivistisch. Wenn die Bezeichnung "Widerstand" im allgemeinen gebraucht wird, muß man, wenn man objektiv sein will, auch alle Widerstandgruppen berücksichtigen, ob sie einem passen oder nicht. So waren die Brandleristen als starke Gruppe illegal tätig und es gab auch eine bürgerliche Widerstandsgruppe, Organisation A genannt, von der ich einen Tätigkeitsbericht und die Mitgliederliste habe.

Wenn der Titel noch lautete: "Widerstand in Solingen von 1933-35", dann stimmte das zeitlich noch in etwa überein. Die illegale Arbeit von Februar 1935 bis 1945 (Kriegsende) wird in dem Buch mit einer eleganten Handbewegung weggezaubert. Warum? Weil ich während dieser ganzen Zeit in der Leitung der illegalen Organisation war und mit mir Willi Lohbach bis er zum Schluß noch eingezogen wurde. Als Dritter war anfänglich Rudi Leupold, später Albert Müller in der Leitung. Nach Ausscheiden von Willi Lohbach wurde Ignatz Tippkötter einbezogen, mit dem ich bis Kriegsende von meinem illegalen Versteck aus die illegale Organisation weiterleitete. Von 1941 bis Kriegsende habe ich Informationsmaterial von insgesamt über 600 Schreibmaschinenseiten geschrieben, das ich heute noch habe.

Auch die politische Tätigkeit und die Ereignisse in Solingen (Verbot der ANTIFA-Bewegung durch die Amerikaner) wurden entscheidend von meiner Arbeit beeinflußt. Ich habe als einziger zahlreiche Orginaldokumente, die keine Partei und nicht einmal das Stadtarchiv besitzt, z.B. Richtlinien über die Zusammenarbeit mit der SPD, die auch die Unterschrift von Ernst Gnoß tragen, sowie Berichte, Protokolle usw. Studenten, die ihre Doktorarbeit über die damalige Zeit machen wollten und auch die Leiterin des Stadtarchivs haben sich bemüht, die Dokumente von mir zu bekommen. Wenn ich mal Zeit habe, werde ich das Material verarbeiten; das sieht dann etwas anders aus als Euer Buch.

Kaum einer der Genossen, die mit mir illegal gearbeitet haben (die heute meistens Mitglied der DKP sind) wird in dem Buch erwähnt, selbst bei Willi Lohbach wird die illegale Tätigkeit von 1935-45 geschlabbert bzw. wie folgt umschrieben: "Doch erst am 31.Januar 1935, nach fast zweijähriger Haft, konnte Willi Lohbach nach Solingen zurückkehren, wo er seine Pflichten als Arbeiterfunktionär und Antifaschist wieder wahrnahm." Eine solche Berichterstattung ist unehrlich, denn seine"Pflicht" bestand in einer ununterbrochenen illegalen Arbeit in der Leitung der illegalen Organisation, die aus drei Mann bestand. Wenn das wahrheitsgemäß geschildert würde, könnte man nicht umhin dies im Zusammenhang mit unserer gemeinsamen Illegalen Arbeit zu erwähnen. Das wollte man nicht, darum wurden auch Willi Lohbachs Verdienste totgeschwiegen. Dagegen werden in dem Buch Randfiguren hochgespielt, andere als Helden gefeiert, die nach 1935 eine weitere illegale Arbeit rundweg abgelehnt haben. Immerhin bin ich heute noch Mitglied der VVN, aber ich lege keinen Wert darauf in dem Buch genannt zu werden, nur ist es mir unverständlich, warum Du dafür Deinen Namen hergeben konntest. Immerhin hast Du mich nicht verleumdet, das war Robert Steigerwald vorbehalten wie Du aus der blauen Beilage ersehen kannst.

Trotz allem mit kommunistischem Gruß

Willi

Doch Karl Schabrod hat nie geantwortet — auch eine Antwort. Das bedeutet, daß er für das Buch nicht nur seinen Namen hergegeben hat, sondern wohl auch an der Erstellung des Textes aktiv beteiligt war. Schade, ich kannte ihn seit den zwanziger Jahren und schätzte ihn immer hoch ein.

Der Verleumdungsfeldzug seitens der revisionistischen KPD/DKP-Führung gegen mich erinnert in seiner üblen Art und Weise an die **Verleumdungskampagnen der Liquidatoren in Rußland**, die den Marxismus revidiert hatten, und die zwischen 1911 und 1913 Lenin und andere verleumdeten. Lenin berichtete über vier Fälle, der erste Fall betraf ihn selbst. In dem »Bericht an das Zentralkomitee der Sozialdemokratischen Arbeiterpartei Rußlands (SDAPR) zur Brüsseler Konferenz« wandte sich Lenin entschieden gegen die Verleumder:

*»Ich muß zum Schluß noch einen Punkt berühren, der sehr unangenehm ist, der sich aber bei einem loyalen und offenherzigen Meinungsaustausch über die Frage der Einheit der Sozialdemokratie Rußlands nicht umgehen läßt.*

*Es handelt sich um folgende Sache:*

*Unsere Gegner, die Liquidatoren, führen in ihrer Presse eine erbitterte persönliche Kampagne gegen einige Mitglieder unserer Partei, wobei sie sie öffentlich, vor den Massen, einer Menge ehrloser, niedriger und krimineller Handlungen bezichtigen oder in ihrer Zeitung ›Gerüchte‹ über solche Handlungen mitteilen. Die Presse unserer Partei antwortet auf diese Ausfälle, indem sie die Liquidatoren — und besonders zwei ihrer Führer, Dan und Martow — direkt, bestimmt, im Namen des ZK unserer Partei als Verleumder bezeichnet.*

*Man kann sich leicht vorstellen, was für eine Desorganisation und Demoralisierung eine solche ›Kampagne‹ der Liquidatoren, auf die wir nach dem Prinzip ›à corsaire — corsaire et demi‹ (Fußnote: aus dem Französischen: auf einen Schelm anderthalbe) antworten und immer antworten werden, in die Massen hineinträgt. Wir verweisen kurz auf vier Beispiele:*

*Im Jahre 1911 veröffentlichte L. Martow in Paris die Broschüre ›Retter oder Zerstörer‹, deren Hauptinhalt in Beschuldigungen gegen Lenin wegen ehrloser und krimineller Handlungen bestand. Martow schickte eine deutsche Übersetzung dieser Broschüre an Kautsky, der damals in einer Streitfrage der Sozialdemokratie Rußlands Schiedsrichter war. In einem Brief an Lunatscharski (Gruppe Wperjod) bezeichnete Kautsky diese Broschüre Martows als ›widerwärtig‹, und dieses Urteil wurde in der russischen sozialdemokratischen Presse von Plechanow bekanntgegeben. Gegenwärtig beginnt die Zeitung der Liquidatoren, den Inhalt dieser Broschüre nach und nach in Form von Andeutungen unter das russische Publikum zu bringen.«* (Lenin, Werke, Band 20, S. 535/536)

Ein beliebter Vorwurf der DKP-Führung gegen mich war der der Feigheit. Doch das nahmen viele DKP-Mitglieder ihrer Führung nicht ab und äußerten offen ihre Zweifel. Deshalb versuchte die DKP-Führung eine neue Masche. Sie ließ in der Mitgliedschaft verbreiten, daß Willi Dickhut 1965 nach Berlin hätte kommen sollen, was er abgelehnt habe. So wollte ich mich ihrer Meinung nach einem Parteiverfahren entziehen, was meine Feigheit angeblich beweise. Nun, mit größtem Vergnügen gebe ich den tatsächlichen Sachverhalt wider, denn es stellt sich da die Frage, wer nun wirklich feige ist.

Tatsächlich hatten meine Frau und ich eine Einladung erhalten, zur Parteileitung nach Ostberlin zu kommen. **Von einem Parteiverfahren war allerdings nicht die Rede.** Ich selbst lehnte den festgesetzten Zeitpunkt aus gesundheitlichen und beruflichen Gründen ab und schlug vor, die Angelegenheit in Solingen zu regeln. Darauf ging die Parteiführung nicht ein. Meine Frau Luise fuhr dennoch nach Ostberlin und nahm an einer Besprechung unter Leitung Jupp Ledwohns teil. Wie sich Jupp Ledwohn hier aufspielte, war einfach lächerlich, und es soll hier nicht näher darauf eingegangen werden. Auf jeden Fall kam dort zum ersten Mal der Vorwurf der Feigheit auf.

Doch dieser Vorwurf trifft in vollem Umfang auf Jupp Ledwohn zu. Warum kam er denn nicht nach Solingen, um an Ort und Stelle die ideologischen, politischen und persönlichen Differenzen zu besprechen? Scheute er die ideologisch-politische Diskussion in der Grundeinheit der Partei? Oder hatte er Angst, von der Polizei erwischt zu werden, weil er als Mitunterzeichner des »Programms zur nationalen Wiedervereinigung« (1952) mit den anderen Unterzeichnern zu drei Jahren Gefängnis verurteilt worden war, aber nicht mehr zum Termin der Urteilsverkündung erschien, sondern sich rechtzeitig in die DDR abgesetzt hatte? Die Verurteilung erfolgte hauptsächlich, weil in diesem Programm der »revolutionäre Sturz der Adenauerregierung« gefordert wurde. Sollte er vor einer illegalen Rückkehr Angst gehabt haben, dann fragen wir, warum man denn Emil Bechtle, der als Unterzeichner die gleiche Strafe bekommen hatte, zwecks illegaler Arbeit in die Bundesrepublik zurückgeschickt hatte, wo er nach einigen Monaten verhaftet und dann verurteilt wurde? Und warum konnte Hugo Paul nach Solingen kommen und eine Besprechung mit uns und anderen durchführen, obwohl er auch eine Strafe zu erwarten hatte, wenn er gefaßt werden würde? Nein, Jupp Ledwohn, für dich gibt es keine Entschuldigung.

Außerdem frage ich, wie es eigentlich kam, daß er und andere unbehelligt in die Bundesrepublik zurückkommen konnten, nachdem 1968 hinter den verschlossenen Türen des Bundesinnenministeriums die Zulassung der DKP als Partei ausgehandelt worden war? Warum hüllt sich die DKP-Führung stets in strenges Schweigen, wenn die Frage gestellt wird: **Welche Zugeständnisse hat die KPD-Führung gemacht, um die Strafaussetzung von Jupp Ledwohn und anderen zu erreichen?** Damit will ich nicht etwa sagen, daß ich für die Bestrafung der Betreffenden wäre, im Gegenteil. Doch ich bin für Öffentlichkeit der Vorgänge gegenüber der gesamten Arbeiterklasse. Die DKP-Führung dagegen scheut das Licht, weil sie zu feige ist, offen vor die Arbeiterklasse zu treten und den Schleier zu lüften, hinter dem sie sich versteckt.

Bei den vielen Diskussionen, die wir später in der KPD/ML über den Revisionismus der KPD und DKP führten, meinte einmal ein Genosse, daß es doch auch in der DKP ehrliche und aufrichtige Genossen gäbe, die doch nicht alle Revisionisten sein könnten. Darauf antwortete ich im Juni 1969 im »Roten Morgen«, dem Zentralorgan der KPD/ML:

*»Wenn Genossen der DKP nicht merken, wie sie revisionistisch ›verschaukelt‹ werden, dann kann man nicht sagen, daß sie Marxisten-Leninisten sind, mögen sie noch so ehrlich und aufrichtig sein.*

*Die Verwandlung einer ehemals revolutionären Partei in eine revisionistische ist jedoch nur zu begreifen, weil eine jahrelange Vernachlässigung der ideologischen Arbeit, eine Mißachtung der Prinzipien des Marxismus-Leninismus stattgefunden hat, wodurch das theoretische Niveau der Partei äußerst niedrig gehalten wurde. Denn wer die Grundbegriffe des Marxismus-Leninismus erfaßt hat, für den ist es nicht schwer, die revisionistische Linie, wie sie zum Beispiel in den letzten Programmen der KPD/DKP zum Ausdruck kommt, zu erkennen. Ein Marxist-Leninist läßt sich nicht revisionistisch ›verschaukeln‹, er kämpft gegen den Revisionismus in und außerhalb der revisionistischen Partei.«*

Um den Mitgliedern der DKP die Erkenntnis über die grundsätzlich falsche Linie ihrer Führung zu erleichtern, hatte ich den nachfolgenden offenen Brief verfaßt. Diese Gegenüberstellung der revisionistischen und marxistischen Linie machte die KPD-Führung wütend, besonders den Chefideologen des Revisionismus, Robert Steigerwald, wie ich später noch ausführen werde.

# Offener Brief
## des Genossen Willi Dickhut an die Mitglieder der DKP

*Liebe Genossen!*

*Die Führung der DKP hat zum II. Parteitag 44 Thesen vorgelegt, die ein revisionistisches und reformistisches Programm beinhalten. Wenn es in der Einleitung heißt: "Die DKP gründet ihre Tätigkeit auf die Theorie von Marx, Engels und Lenin", so ist das eine Verhöhnung des Marxismus-Leninismus durch die DKP-Führung und eine Spekulation auf die theoretische Unkenntnis der Mitglieder.*

*Die "Thesen" bedeuten eine Revision des Marxismus-Leninismus in einigen grundlegenden Fragen, was jeder anhand der Klassiker der Arbeiterbewegung selber nachprüfen kann. Stellen wir gegenüber:*
*Die revisionistische Führung der DKP verkündet den "friedlichen Weg zum Sozialismus". Sie lehnt den gewaltsamen Sturz der Macht des Monopolkapitals ab und verleugnet die proletarische Revolution.*
*Der Marxismus-Leninismus jedoch lehrt, daß im Zeitalter des Imperialismus mit seinen gewaltigen Machtmitteln und der Beherrschung der Massenmedien (Presse, Rundfunk, Fernsehen) zur Beeinflussung der öffentlichen Meinung ein friedlicher Weg nicht mehr möglich ist.*

*Die revisionistische Führung der DKP verbreitet die Illusion der allmählichen "Zurückdrängung der Macht des Monopolkapitals" ohne Anwendung der Gewalt.*
*Der Marxismus-Leninismus jedoch lehrt, daß das Monopolkapital, das mit dem Staatsapparat verschmolzen ist, von der Macht nicht freiwillig abtritt, sich auch nicht einfach von der Macht "zurückdrängen" läßt, sondern al-*

le zur Verfügung stehenden Machtmittel zur Erhaltung der Macht einsetzen wird.

Die revisionistische Führung der DKP ersetzt die Diktatur des Proletariats durch eine "antimonopolistische Demokratie".
Der Marxismus-Leninismus jedoch lehrt, daß nur derjenige ein Marxist ist, der die Anerkennung des Klassenkampfes bis zur Diktatur des Proletariats verficht.

Die revisionistische Führung der DKP proklamiert "die demokratische Erneuerung von Staat und Gesellschaft", d.h. Erhaltung der bürgerlichen Demokratie, des kapitalistischen Staates und der kapitalistischen Gesellschaftsordnung.

Der Marxismus-Leninismus jedoch lehrt, daß selbst die fortgeschrittenste bürgerliche Demokratie nicht die Ausbeutung und Unterdrückung der Arbeiterklasse beseitigt, daß das nur durch die sozialistische Demokratie, die gleichbedeutend ist mit der Diktatur des Proletariats, durch eine sozialistische Gesellschaftsordnung möglich ist.

Die revisionistische Führung der DKP will "auf der Basis des Grundgesetzes" ihre "antimonopolistische Demokratie" erringen.

Der Marxismus-Leninismus jedoch lehrt, daß die Grundgesetze der modernen kapitalistischen Staaten nichts als Heuchelei der bürgerlichen Demokratie sind. Außerdem ist das Grundgesetz der Bundesrepublik mit dem Notstandsgesetz gekoppelt; sie bilden zusammen eine einheitliche Basis.

Die revisionistische Führung der DKP geht noch weiter als der alte Reformist Bernstein und betrügt die Arbeiterklasse, indem sie versichert, daß "der Kampf um Reformen allmählich das Kräfteverhältnis zugunsten der demokratischen Kräfte verändert", daß "durch Reformen erreichte Teilerfolge nur dann von Dauer sind, wenn sie für grundlegende Änderungen genutzt werden".

*Der Marxismus-Leninismus jedoch lehrt, daß der Kampf um Reformen nicht gesellschaftsverändernd sein kann, sondern nur als Schule des Klassenkampfes angesehen werden darf, durch den die Arbeiterklasse Erfahrungen im Kampf sammelt, die für den politischen Kampf um die Macht eine wichtige Vorbedingung sind.*

*Die revisionistische Führung der DKP erweckt Hand in Hand mit der reformistischen Führung der Gewerkschaften die Illusion, daß eine echte "Mitbestimmung und demokratische Kontrolle" im Zeitalter des Monopolkapitalismus möglich sei.*

*Der Marxismus-Leninismus jedoch lehrt, daß die Arbeiterklasse nur dann "mitbestimmen und kontrollieren" kann, wenn sie die Macht dazu hat. Das setzt eine Doppelherrschaft voraus, die aber nur unter besonderen Bedingungen einer revolutionären Situation, so wie 1917 in Rußland, als die Räte und die provisorische Regierung zwei Machtfaktoren nebeneinander darstellten, möglich ist.*

*Das sind nur einige wesentliche Punkte der "Thesen", die den revisionistischen und reformistischen Standpunkt der DKP-Führung kennzeichnen. In einer Rede über Propagandaarbeit erklärte Mao Tsetung: "Die Grundprinzipien und die allgemeingültigen Wahrheiten des Marxismus verleugnen - das heißt Revisionismus. Der Revisionismus ist eine Art der bürgerlichen Ideologie. Die Revisionisten verwischen den Unterschied zwischen dem Sozialismus und dem Kapitalismus, den Unterschied zwischen der proletarischen und der bürgerlichen Diktatur. Das, wofür sie eintreten, ist in Wirklichkeit nicht die sozialistische Linie, sondern die kapitalistische."*

*Und das ist bei der Führung der DKP der Fall; sie sind Revisionisten!*

*Genossen!*

*Ich war über 40 Jahre Funktionär der KPD. Meine Funktionen reichten von der kleinsten Zellenfunktion bis zum Verantwortlichen der Kaderabteilung beim Parteivorstand.*

Zehntausende von Kadern wurden in Parteischulen und Kursen mit dem Marxismus-Leninismus vertraut gemacht. Muß Euch die revisionistische Linie der DKP-Führung nicht zu denken geben? Was ist von der revolutionären Linie der alten KPD noch übrig geblieben? Die DKP-Führung hat sich in den Sumpf des Opportunismus begeben. Es ist genau so wie das, was Lenin über die alten Revisionisten vom Schlage Kautskys sagte; "daß man dem Marxismus in Worten seine Reverenz erweist, sich in der Tat aber dem Opportunismus verschreibt."

Wollt Ihr Euch auch dem Opportunismus verschreiben oder mit dieser revisionistischen Linie Schluß machen?

Wollt Ihr den Verrat am Marxismus-Leninismus sanktionieren oder den Marxismus-Leninismus verteidigen?

Wollt Ihr weiter den revisionistischen Weg der Führung gehen oder den revolutionären Weg einschlagen?

IHR STEHT AM SCHEIDEWEGE - WOHIN ?

E N T S C H E I D E T  E U C H !

Mit revolutionärem Gruß

Willi Dickhut, Solingen

## Robert Steigerwald, Chefideologe des Revisionismus und Kopf der Verleumder

Robert Steigerwald vom Parteivorstand der DKP galt als der Chefideologe des Revisionismus. Am 22. Januar 1976 eröffnete er den Verleumdungsfeldzug gegen mich auf einer öffentlichen Versammlung in Heilbronn. Hemmungslos zog er vom Leder:

»*. . . Und ebenso wirkt die Taktik der Peitsche. Sie führt bei einem Teil dazu, daß er den Schwanz einzieht und verschwindet, so wie — ich weiß, daß einige Anhänger von Willi Dickhut hier im Saal sind — Willi Dickhut, den wir in der Illegalität wegen Feigheit aus der Partei ausgeschlossen haben. Willi Dickhut, der als Stellvertretender Leiter der Kaderabteilung der KPD abgelöst werden mußte, weil durch seine Schuld dem Gegner die wichtigsten Kaderunterlagen in die Hände gefallen sind. Ich bin im Bundesgerichtshof in Karlsruhe faktisch zu vier Jahren Gefängnis verurteilt worden auf der Grundlage des Verhaltens von Willi Dickhut, denn nur durch sein Verhalten hatte der Gegner die Unterlagen, um mich verurteilen zu können. Äh, es ist auch interessant, daß in dem Ding, das hier verteilt worden ist (gemeint ist eine Broschüre der Heilbronner KABD-Genossen), über die Rolle von Willi Dickhut von 1950 bis 1972 in der illegalen KPD nichts drin steht. Ich kenne ihn aus der Zeit persönlich als Kreissekretär von Solingen, wo er nach seiner Ablösung als Kaderleiter gewesen ist. Also, ich möchte schon mal den Leuten sagen: guckt euch mal eure Führer genauer an, es wird vielleicht ganz interessant, wenn man dann sieht, daß der ultralinke Schwätzer im Grunde genommen einen ganz normalen rechtsopportunistischen Hintergrund hat.*« (»Was ist die DKP-Führung?«, S. 56)

Als Robert Steigerwald in der Heilbronner Versammlung die Verleumdungen gegen mich begann, ermahnten ihn die Zuhörer, doch mal sachlich auf meine Schriften und die dort vertretenen ideologisch-politischen Auffassungen einzugehen. Doch das tat er nicht, sondern wich einer Auseinandersetzung aus, indem er erklärte: »Ich bin bereit, meine Vorwürfe über Dickhut schriftlich zur Verfügung zu stellen . . .« Aber das hat er wohl »vergessen«. Völlig zu Recht wurde ihm

Robert Steigerwald, Chefideologe des Revisionismus und Konkursverwalter der DKP

vorgeworfen, daß er in den ganzen Jahren keine Auseinandersetzung mit dem REVOLUTIONÄREN WEG, dem theoretischen Organ der KPD/ML und später des KABD (Kommunistischer Arbeiterbund Deutschlands), bei dem ich Redaktionsleiter war, geführt hat. Jetzt aber startete er wüste Verleumdungen. Die Diskussionsredner forderten Steigerwald auf, doch einmal seinen Lebenslauf zu veröffentlichen, so wie ich das im REVOLUTIONÄREN WEG 5 gemacht hatte. Das berührte ihn sichtlich unangenehm, und er antwortete: »Mein Lebenslauf ist in einem Prozeß im Bundesgerichtshof in Karlsruhe öffentlich dargestellt worden. Ich halte mein Leben nicht für so wichtig, um es zu schildern.«

Da muß man ihm allerdings beipflichten, das Leben eines Revisionisten und Verleumders ist sicher nicht wichtig, allerdings entbindet ihn das nicht, der Forderung der Versammlung nachzukommen, was er bis heute nicht getan hat. Soll er doch auch einmal seinen politischen Lebenslauf, besonders die Jahre von 1950 bis 1968, wo die DKP zugelassen wurde, schildern und offen erklären, welche Zugeständnisse die DKP für die Strafaussetzung einiger führender Mitglieder gemacht hat. Am Schluß der Veranstaltung wiederholte Steigerwald seine Verleumdungen und erklärte: »Ich bin bereit, meine Vorwürfe über Dickhut schriftlich zur Verfügung zu stellen, das macht mir nix aus. Soll Dickhut sich doch mal stellen, er ist ja bis jetzt jeder Auseinandersetzung aus dem Weg gegangen.«

Das war ja nun der Gipfel. Wer wich denn der politischen Auseinandersetzung, die ich durch den Artikel »Der revisionistische Schwindel mit der antimonopolistischen Demokratie« in der ROTEN FAHNE vom August 1972 begonnen hatte, aus? Obwohl das eine direkte Kritik an der Politik von Gerns und Steigerwald war, haben sie bis heute nicht darauf geantwortet.

Um Steigerwald Paroli zu bieten, war ich gezwungen, einige interne Vorkommnisse aus der KPD zu veröffentlichen, was ich zum damaligen Zeitpunkt bedauerte. Doch die Verantwortung dafür trug Steigerwald selbst. In einer **Stellungnahme**, die breit veröffentlicht wurde, ging ich sachlich auf einige seiner Verleumdungen ein.

*»Es gehört viel Beherrschung dazu, gegenüber solch einem Verleumder sachlich zu bleiben. Ich will es versuchen . . .*

***Feigheit vor dem Feind!*** *Ich habe während der ganzen Zeit der faschistischen Diktatur illegal gearbeitet, ganz gleich ob illegal oder in ›Freiheit‹. Die letzte Verhaftung 1944 führte zur Anklage beim Volksgerichtshof Berlin, nach der es nur Todesurteil gab. Während dem Bombenangriff amerikanischer Flugzeuge gelang mir die Flucht (was Steigerwald durchaus als Feigheit vor dem Feind werten darf). Aber ich bin nicht ins Ausland geflüchtet, sondern habe die illegale Organisation von meinem illegalen Versteck aus weiter geleitet.*

*Steigerwald behauptet, ich sei in der Illegalität (damit meint er die Zeit nach dem Verbot der KPD 1956) wegen Feigheit aus der Partei ausgeschlossen worden. Diese Illegalität war im Vergleich zur Illegalität während der faschistischen Diktatur ein ›illegaler Kindergarten‹. Wer in der faschistischen Diktatur illegal arbeitete, hatte stets bildlich gesprochen ›den Kopf unterm Arm‹. Wer ›hochflog‹, mußte damit rechnen, totgeprügelt oder am Ende erhängt zu werden. Wer diesen illegalen Kampf 12 Jahre lang gewagt hat, der soll sich vor dem ›illegalen Kindergarten‹ nach 1956 fürchten und aus Feigheit kneifen? Ein bißchen Logik hätte ich Robert Steigerwald doch zugetraut. Entweder verwechselt er mich mit einem anderen, was immerhin vorkommen kann, oder er benimmt sich wie eine abgefeimte Kanaille, die wider besseres Wissen einen Arbeiter, der seit 50 Jahren als Kommunist aktiv ist, politisch herunterreißt und verleumdet.*

*Ich bin nach 1956 in den Betrieb gegangen, um die Betriebs- und Gewerkschaftsarbeit zu organisieren, und zwar mit Erfolg. Ich habe 1958 auf Anweisung der Leitung als ›Unabhängiger‹ zur Landtagswahl in NRW kandidiert, wohl wissend, daß wir ›Unabhängige‹ nachher unter Anklage gestellt würden. Wieviel ›Feigheit‹ muß nach Meinung Steigerwalds wohl dafür vorhanden gewesen sein. Für diese Kandidatur wurde ich mit anderen Genossen zu acht Monaten Gefängnis bestraft (auf Bewährung) und im Anschluß daran als ›Verfolgter des Naziregimes aberkannt‹. Alles aus ›Feigheit‹. Ohne mich durch den Prozeß auch nur im geringsten beeinflussen zu lassen, habe ich die illegale Tätigkeit nicht für einen Tag unterbrochen . . .*

*Steigerwald behauptet, daß er auf Grund bestimmter Unterlagen, die der Ablage der Kaderabteilung entstammen sollten, zu vier Jahren Gefängnis verurteilt worden wäre. Davon ist mir nie etwas gesagt worden, und ich muß auch daran zweifeln, weil die Kaderablage nur unmittelbare Arbeitsunterlagen enthielt. Alle entscheidenden Unterlagen wurden in der Kaderabteilung ›West‹ der SED aufbewahrt. Die beschlagnahmten Unterlagen spielten nicht einmal beim Verbotsprozeß eine Rolle . . . Ich bezweifle die Behauptung Steigerwalds, daß er durch Unterlagen aus der Ablage der Kaderabteilung bestraft worden ist. Darum soll er aus der Urteilsbegründung ein Faksimile veröffentlichen, um die Behauptung zu beweisen . . .«* (ebenda, S. 56 ff)

Auch auf diese Stellungnahme von mir reagierte Steigerwald nicht. Die Zentrale Leitung des KABD (Vorläuferorganisation der MLPD) richtete deshalb am 20. Februar 1976 an den Parteivorstand der DKP die folgende Aufforderung:

*An den Parteivorstand der*
*Deutschen Kommunistischen Partei*
*Prinz-Georg-Straße 77*
*4000 Düsseldorf*

*Beiliegend erhaltet Ihr fünf Exemplare einer Beilage der ROTEN FAHNE Nr. 4/76. Wir fordern Euch auf, die Verleumdungen von R. Steigerwald, die er auf einer Veranstaltung in Heilbronn über unseren Genossen Willi Dickhut verbreitet hat, öffentlich zu widerrufen. Wir werden diese Stellungnahme unseres Genossen Willi Dickhut breit veröffentlichen, vor allem auch unter Mitgliedern der DKP, um aufzuzeigen, mit welchen Methoden die DKP-Führung die Auseinandersetzung führt.*
*Wir fordern Euch weiterhin auf, zu der ideologischen Auseinandersetzung, die wir mit Euren revisionistischen Positionen in unserem Organ REVOLUTIONÄRER WEG und in der ROTEN FAHNE geführt haben und führen, endlich öffentlich Stellung zu nehmen.*

*Mit kommunistischen Grüßen*
*Sekretariat der*
*Zentralen Leitung des KABD*
*(Unterschrift)*

Doch auch der Parteivorstand der DKP reagierte nicht. Weder antwortete er auf den Brief noch nahm er die Verleumdungen zurück. Also stellte er sich hinter die Verleumdungen. Nicht wenige Mitglieder der DKP wurden angesichts der üblen Methoden ihrer Führer unruhig. Steigerwald sah sich veranlaßt, am 6. März 1976 ein innerorganisatorisches Rundschreiben zur »Information« in die Organisation zu geben. Er glaubte, es genüge, wenn er seine Genossen in einer schnoddrigen Art und Weise über mich »belehrte«. Eine solch geringe Meinung hatte er also von den Mitgliedern der eigenen Organisation!

Über dieses »Rundschreiben« berichtete die ROTE FAHNE 11/1976 unter der Überschrift »DKP scheut das Licht« unter anderem:

*»Kein Wunder also, daß Steigerwald in seinem Papier ausführlich versucht, uns zu widerlegen. Zunächst zitiert er fast die ganze Textstelle über die Diktatur des Proletariats aus der Beilage, doch dann kommt die Gaunerei, indem er behauptet: ›Dickhut benutzt eine manipulierte Tonbandaufnahme, denn gerade das sagte ich, daß Marx das Wesen seiner Entdeckung von dem abhob, was bürgerliche Öko-*

*nomen, Historiker und Theoretiker der Politik von ihm bereits wußten. Daran fügte ich meinen Kommentar, den ich mit dem Hinweis auf Lenins ›Staat und Revolution‹ begründete. Das läßt Dickhut weg, um sich die Möglichkeit des Herummäkelns an meinem ›Gestottere‹ zu verschaffen. Aber selbst mäkelt er nur am Detail herum (ich hätte gesagt Marx, nicht Lenin behauptet ...) und sieht dann die entscheidende Differenz zwischen einem Revolutionär und einem Opportunisten im ... Übergang von der lateinischen zur deutschen Sprache.‹*

*Das ist eine unverschämte Lüge! Sowohl die wahrheitsgetreue Niederschrift als auch die unveränderte Tonbandaufnahme der Veranstaltung sind vorhanden. Die Echtheit dieser Dokumente kann jederzeit nachgewiesen werden. Auch Mitglieder der DKP Heilbronn, die auf der Veranstaltung anwesend waren, scheinen die Echtheit der Tonbandaufnahmen nicht zu bezweifeln. Sonst wären sie wohl kaum an uns in Heilbronn mit dem Wunsch herangetreten, diese anhören zu dürfen.*

*Steigerwald ruft ›Manipulation‹, doch der Fälscher ist er selbst. Das ist nach wie vor die Methode ›Haltet den Dieb‹, die ihm schon in der ROTE-FAHNE-Beilage nachgewiesen wurde.*

*Doch nicht nur das. Er behält auch seinen unsachlichen Stil bei. Nach wie vor versucht er, Willi Dickhut persönlich zu diffamieren, versucht er, ihn lächerlich zu machen. Daß unser Genosse Willi Dickhut in der Beilage nicht auf die Kritik des KABD am revisionistischen DKP-›Arbeitsplatzsicherungsprogramm‹ eingegangen ist — was er auch gar nicht beabsichtigte —, nimmt Steigerwald zum Anlaß für folgende Behauptung: ›Ein typisches Beispiel einer echten Clownerei ... Und was sagt Willi der Große dazu? Buchstäblich nichts.‹*

*Daß der KABD diese Auseinandersetzung in seinen Veröffentlichungen längst geführt hat, daß Genossen des KABD auf der Veranstaltung ausführlich darauf eingingen, verschweigt Steigerwald absichtlich. Vor allem ignoriert er völlig unser theoretisches Organ, den REVOLUTIONÄREN WEG. Aber ›Ignoranz ist kein Argument‹, dieser Ausspruch Steigerwalds auf der Veranstaltung fällt auf ihn selbst zurück.*

*Doch das gibt Steigerwald natürlich nicht zu, sondern er steigert seine unsachliche Polemik noch:*

*›Meister Dickhut sagt mit erhobenem Zeigefinger, er habe 1972 eine Kritik an Steigerwald (er meint Gerns und Steigerwald) geschrieben, auf die wir nicht geantwortet hätten. In der Tat gab es damals mehr als ein Bäckerdutzend Maoten mit Zentralorganen und allem Drum und Dran. Hätten wir all den Unsinn verfolgen wollen, der damals verzapft worden ist, hätte der Tag 48 Stunden haben müssen, und vom Hauptfeld des Klassenkampfes wären wir fein abgelenkt worden. Aber unser Willi ist nun mal so eitel, auch heute noch zu meinen, damals was Hochwichtiges geschrieben zu haben.‹*

*Eine feine Ausrede hat sich Steigerwald da zusammengebastelt. Als ob es sich hier um ein Zeitproblem handeln würde! Wenn es darum geht, mit Hilfe von Veröffentlichungen der Sektierer gegen den Marxismus-Leninismus und den KABD vorzugehen, ist die DKP doch auch schnell bei der Hand.*

*Aber je notdürftiger es ihm gelingt, die revisionistische Theorie und Praxis zu verteidigen, desto mehr tritt die unsachliche Polemik bei Steigerwald in den Vordergrund. Schließlich bezeichnet Steigerwald den Genossen Willi Dickhut gar als ›begriffsstutzigen Revisionistenjäger‹ und hämisch als ›unvergleichlich großen Arbeiterführer unserer Tage‹. Doch weit wird Steigerwald mit dieser Methode nicht kommen. Schon jetzt wurden zahlreiche DKP-Mitglieder nachdenklich über das Vorgehen der DKP-Führung. Steigerwalds erneute Diffamierungen werden weiteren DKP-Mitgliedern zu denken geben.*

*Am Schluß seines Papieres kommt Steigerwald dann auch nicht drum herum, seinen unverschämten Vorwurf der Feigheit Willi Dickhuts zurückzunehmen. Er schreibt:*

*›In Heilbronn bezichtigte ich Dickhut der Feigheit und des leichtfertigen Umgangs mit Kaderunterlagen der alten KPD. Der letzte Vorwurf stützt sich auf Vorgänge in meinem Prozeß vor dem Bundesgerichtshof 1956 (und in anderen Prozessen). Den Vorwurf der Feigheit kann ich, weil unzutreffend, nicht mehr aufrechterhalten.‹*

*Die Art und Weise, wie er die untragbare Anschuldigung zurücknimmt, wirft ein Licht auf die Haltung Steigerwalds. Vor allem die Tatsache, daß der kurze Abschnitt nachträglich angehängt wurde, was aus einer anderen Schrifttype geschlossen werden kann. Von ehrlicher Selbstkritik keine Spur!*

*Steigerwald stellt selbst bürgerliche Lügenpropagandisten in den Schatten: In der Öffentlichkeit erhebt er ungeheuerliche Anschuldigungen und Verleumdungen, die er selbst erfindet. Aber dementiert werden sie klammheimlich innerorganisatorisch, und das nur formal und wahrscheinlich auf Druck von der Basis. So verhalten sich Verräter an der Sache der Arbeiterklasse, aber keine wirklichen Marxisten-Leninisten.*

*Das völlig unmarxistische Verhalten der DKP-Spitze zeigt sich in der Ablehnung einer korrekten Selbstkritik genauso wie in der Ablehnung der öffentlichen Auseinandersetzung mit der ideologisch-politischen Linie des KABD. Warum? Weil sie die Auseinandersetzung fürchten, weil sie genau wissen, daß ihre revisionistischen Theorien einer Kritik auf marxistisch-leninistischer Grundlage nicht standhalten. Aus diesem Grund geht die DKP gerade unserem theoretischen Organ, dem REVOLUTIONÄREN WEG, aus dem Weg. Wenn die DKP die Auseinandersetzung führt, dann mit opportunistischen Organisationen wie dem KBW oder dem KB (Nord), denen sie leicht Abweichungen vom Marxismus-Leninismus nachweisen kann — um ihren eigenen Revisionismus zu vertuschen.«*

Es gab noch weitere Verleumder aus den Reihen der DKP-Führung, die Steigerwald Schützenhilfe gewährten.

An einen dieser Verleumder, Heinz-Günther Hornung, damals Bezirkssekretär der DKP von Baden-Württemberg, der in Fellbach wohnte und in Stuttgart einen Buchladen betrieb, schrieb ich den folgenden Brief.

*»6. Dezember 1976*

. . .

***Betrifft Verleumdung meiner Person***

*Wie mir berichtet wurde, haben Sie am 29. Oktober 1976 auf einem Bildungsabend der DKP in Filderstadt (Bernhausen) Verleumdungen über mich, die von Steigerwald, Mitglied des Parteivorstands der DKP, Anfang dieses Jahres in einer öffentlichen Versammlung in Heilbronn ausgesprochen wurden, sinngemäß wiederholt und in noch üblerer Art und Weise verschärft. Sie sollen die ungeheure Behauptung aufgestellt haben, Dickhut sei ein übler Verräter und Feigling, der die eigenen Genossen dem Verfassungsschutz ausgeliefert habe. Dann wörtlich: ›Ein feiger Hund, der die Koffer gepackt und seine Genossen im Stich gelassen hat ... Steigerwald hat nur die Form zurückgenommen, sonst nichts.‹*

*Sie behaupteten ferner, eindeutige Beweise für den Verrat Dickhuts zu haben. Da ich weiß, daß Sie derartige ›Beweise‹ gar nicht haben können, weil Ihre Behauptungen gemeine Lügen sind, fordere ich Sie auf, Ihre Verleumdungen öffentlich und schriftlich zurückzunehmen, und zwar bis zum 31. Dezember 1976.*

*Ich mache Sie darauf aufmerksam, daß ich mir die Verleumdungen seitens führender DKP-Mitglieder nicht bieten lasse und Roß und Reiter nennen werde, die Verantwortung können Sie sich selbst zuschreiben.*

*Wenn die DKP-Führung unfähig ist, sich ideologisch-politisch mit meiner Auffassung im theoretischen Organ des KABD, REVOLUTIONÄRER WEG, u. a. auf sachlicher Grundlage auseinanderzusetzen, dann nehme ich das zur Kenntnis. Aber wer glaubt, er dürfe mich ungestraft in skrupelloser Weise verleumden, dann schlage ich zurück, und zwar mit echten Beweisen, was Steigerwald bereits erfahren hat.*

*Willi Dickhut«*

Wie nicht anders zu erwarten war, kniff auch dieser Verleumder feige. Beweise für seine Behauptungen konnte er nicht bringen, aber er war auch zu erbärmlich und schuftig, seine Verleumdungen öffentlich zurückzunehmen. Es soll den Mitgliedern der DKP und der Arbeiterklasse überlassen bleiben, das Urteil über solche »Arbeiterführer« zu fällen. Allerdings billigten nicht alle DKP-Funktionäre das Vorgehen Steigerwalds. Darüber berichtete die ROTE FAHNE 10/1976, wie in nebenstehendem Artikel nachzulesen ist.

Es gibt auch Leute, die ich nicht den bewußten Verleumdern zurechne, die aber bedenkenlos Angaben bzw. Fakten von ihnen übernehmen, ohne sie vorher nachzuprüfen. So veröffentlichte Georg Fülberth, Professor der Politikwissenschaft an der Universität Marburg, jüngst ein Buch mit dem Titel »KPD und DKP 1945—1990«. In diesem Buch werde auch ich erwähnt:

## DKP-Funktionär kritisiert Steigerwald

Das DKP-Präsidiumsmitglied Steigerwald hat seine in Heilbronn erhobenen und in einer ROTE-FAHNE-Beilage widerlegten Lügen gegen Genossen Willi Dickhut immer noch nicht öffentlich zurückgenommen. Aber es gibt schon Anzeichen dafür, daß die DKP-Spitze Rückzieher machen muß. Genossen der KSG sprachen auf dem Jugendfestival in Dortmund mit dem Vorsitzenden des Bezirkes Rheinland-Westfalen der DKP, Gustav Trambowsky. Sie berichten:

„G. Trambowsky meinte, W. Dickhut sei in der KPD ein aufrechter Kämpfer gewesen: zuverlässig, konsequent und ausdauernd im Kampf gegen den Faschismus, selbst im KZ. Er erwähnte auch Willis Tätigkeit als illegaler Leiter der KPD in Solingen nach 1935. Deshalb sei es nicht erlaubt, ihm Feigheit vorzuwerfen, wie es Steigerwald getan habe. Auf dieser Ebene dürfe man sich nicht mit Dickhut auseinandersetzen, damit würde man ihm nicht gerecht werden. Er habe jedoch einen entscheidenden Fehler: Weil er die kleinbürgerliche Linie aus Peking vertritt. Er sagte, Willi sei nicht wegen der Kaderangelegenheit aus der KPD ausgeschlossen worden, sondern weil er sich, indem er chinesische Parteiliteratur gegen den Willen der Parteiführung in der KPD verbreitet habe, von der Linie der KPD entfernt habe."

Die „kleinbürgerliche Linie aus Peking" ist in Wirklichkeit die Linie des Marxismus-Leninismus, die W. Dickhut im Gegensatz zu anderen nicht verraten hat. Nicht umsonst vermeidet es die DKP-Führung nach wie vor, sich damit *politisch* in der Öffentlichkeit auseinanderzusetzen.

»*Ernst Aust beteiligte sich an der Gründung einer Kommunistischen Partei Deutschlands/Marxisten-Leninisten (KPD/ML), die am 31. Dezember 1968 stattfand. Ihr schloß sich auch Willi Dickhut an. Dieser war während des Faschismus im Konzentrationslager gewesen und leitete in den 50er Jahren die Kaderabteilung der KPD. Als im Zusammenhang mit der behördlichen Kommunisten-Verfolgung jener Jahre bei ihm Personal-Unterlagen beschlagnahmt wurden, verlor er diese Funktion und war nur noch erster Kreissekretär in Solingen. Nach dem Verbot lehnte er es ab, sich in den illegalen Apparat einbauen zu lassen. Er trennte sich nach der CSSR-Intervention von der KPD, ging zur KPD/ML und beteiligte sich danach an der Gründung eines ›Kommunistischen Arbeiterbundes Deutschlands‹ (KABD).*« (S. 118/119)

Was hier geschrieben steht, ist, gelinde gesagt, nicht korrekt:

1. Während des Faschismus war ich nicht nur im Konzentrationslager, sondern ich war die ganze Zeit der faschistischen Diktatur

illegal tätig und Herausgeber von Informations- und Schulungsmaterial. (Diese Materialien sind in zwei Bänden unter dem Titel »Proletarischer Widerstand gegen Faschismus und Krieg« veröffentlicht.)

2. Die Kaderunterlagen wurden nicht bei mir beschlagnahmt, sondern eine Ablage außerhalb des Parteibüros wurde von unserer Stenotypistin verraten.
3. Der Satz ›Nach dem Verbot lehnte er es ab, sich in den illegalen Apparat einbauen zu lassen‹ ist unwahr. Wahr ist dagegen, daß ich vom ersten Tag des Parteiverbots im illegalen Apparat der KPD tätig war.
4. Ich habe mich auch nicht nach der CSSR-Intervention (1968) von der KPD getrennt, sondern wurde bereits 1966 aus der KPD ausgeschlossen, weil ich es abgelehnt hatte, die Beziehungen zu China abzubrechen.

Beruht die Unkorrektheit des Autors auf Mangel an Information? Seit 1969 bis heute erschienen 24 Ausgaben des theoretischen Organs REVOLUTIONÄRER WEG, 1985/86 die »Geschichte der MLPD« und zahlreiche andere Schriften. Genug, um sich ausreichend zu informieren.

# X

# Aufbau einer Marxistisch-Leninistischen Partei

## Ausgangslage: Revisionismus und Antiautoritarismus

Als meine Frau Luise und ich im Sommer 1966 aus der Partei ausgeschlossen wurden, war mir von Anfang an klar, **daß diese revisionistisch versumpfte KPD nicht mehr auf den Boden des Marxismus-Leninismus zurückgebracht werden konnte**. Die revisionistische Verwandlung einer revolutionären Partei, der KPD vor 1956, in eine kleinbürgerliche Reformpartei fand dann auch ihren Ausdruck in der Gründung der DKP 1968. In ihrer Grundsatzerklärung hieß es:

*»Die DKP erstrebt diese Umgestaltung auf der Basis der im Grundgesetz verkündeten demokratischen Prinzipien und Rechte.«*

Damit stand objektiv der **Aufbau einer neuen revolutionären Partei** auf der Tagesordnung. Doch es mußten bestimmte ideologisch-politische und organisatorische Voraussetzungen vorhanden sein, wollte man mit dem Parteiaufbau beginnen. Luise und ich waren plötzlich isoliert. Den Mitgliedern der KPD war von der Parteileitung untersagt worden, weiter mit uns in Kontakt zu bleiben. Das gipfelte darin, daß alte Freunde und Bekannte uns nicht mehr grüßten oder auch verschämt die Straßenseite wechselten, begegneten sie uns zufällig. Nur wenige hatten den Mut, auch weiterhin losen Kontakt zu halten.

Allerdings waren wir nicht die einzigen, die sich Gedanken um den Aufbau einer marxistisch-leninistischen Partei machten. So erschien im Juni 1969 die erste Ausgabe der Zeitung »Roter Morgen«, im Juli/August folgte die zweite Nummer. Als Herausgeber war anonym eine KPD/Marxisten-Leninisten angegeben. Dahinter verbarg sich Ernst Aust, KPD-Mitglied und bis 1966 verantwortlich für die KPD-Zeitung des Küstengebietes mit dem Titel »Blinkfüer«. Vor einer offenen ideologischen Auseinandersetzung in der Partei wich er zurück. (Dieser Opportunismus begleitete ihn übrigens auch bei späteren Auseinandersetzungen.) Erst als nach der zweiten Nummer herauskam, daß Ernst Aust der tatsächliche Herausgeber des »Roten Morgen« war, schrieb er im Oktober 1967 einen »Offenen Brief«, in dem er seinen Austritt aus der KPD begründete. Rasch scharten sich um den »Roten Morgen« verschiedene vereinzelt arbeitende Gruppen. Der

Wunsch nach einem »schnellen Aufbau einer revolutionären marxistisch-leninistischen Kampfpartei« (»Roter Morgen«, Mai 1968) prägte diese Treffen. Und auch Luise und ich wurden, besonders von Klaus Schaldach, bestürmt, doch die geplante Gründung der KPD/ML am 31. Dezember 1968 mitzuvollziehen. Aber ich lehnte ab, denn eine solche Gründung, geboren aus Wunschdenken, war verfrüht. Es fehlten einfach entscheidende Grundlagen. So war zum Beispiel nur der zum Aufbau einer neuen revolutionären Partei berechtigt, der der alten KPD den Revisionismus grundsätzlich nachweisen konnte. Aust und Ackermann hatten sich dieser Aufgabe in ihrem Gründungsrausch jedoch entzogen; nur einzelne Artikel hatten sie gegen den Revisionismus der KPD veröffentlicht. In der »Geschichte der MLPD« wird die damalige Situation und die sich daraus ergebenen Aufgaben so dargestellt:

*»Die Ausgangslage für den Parteiaufbau Ende der sechziger Jahre stellte den proletarisch denkenden Genossen folgende Aufgaben:*

1. *Wissenschaftliche und massenwirksame Entlarvung des revisionistischen Verrats, der die Gründung einer marxistisch-leninistischen Partei erst notwendig machte. Zurückdrängung des sich entwickelnden Linksrevisionismus, dessen Dogmatismus und Sektierertum die Arbeiter vom Parteiaufbau abstieß.*
2. *Anknüpfend an den Erfahrungen der Arbeiter, durch zähe Kleinarbeit Zurückdrängung des reformistischen Einflusses und Entwicklung des Klassenbewußtseins.*
3. *Ausarbeitung einer politischen Linie für die Entfaltung und Höherentwicklung des proletarischen Klassenkampfes in Verbindung mit der Praxis der Arbeiterkämpfe und Zurückdrängung der rechts- und linksopportunistischen Strömungen, die DKP und kleinbürgerliche Intellektuelle in die Arbeiterbewegung hineintrugen.*
4. *Gewinnung und Entwicklung proletarischer Kader durch Konzentration der Arbeit auf die Hauptkampflinie der Betriebs- und Gewerkschaftsarbeit und Umerziehung der Genossen kleinbürgerlicher Herkunft. Bekämpfung des Sich-Anhängens an die spontane Arbeiterbewegung und die spontane kleinbürgerliche Bewegung.*
5. *Aufbau einer proletarischen Partei mit dem Demokratischen Zen-*

*tralismus als Organisationsprinzip und Bekämpfung des Festhaltens an unverbindlichen Zirkeln wie des Parteiaufbaus mit bürokratischem Zentralismus.*

6. *Kritische Aneignung, lebendige Weiterentwicklung und konkrete Anwendung des Marxismus-Leninismus und der Maotsetungideen als Anleitung zum Handeln auch im Kampf gegen Dogmatismus, Rechtsopportunismus und ultralinkes Wunschdenken.*
7. *Verteidigung und Festigung der proletarischen Denkweise im Kampf gegen die kleinbürgerliche Denkweise. Entschiedener Kampf gegen jedes Liquidatorentum, das den Parteiaufbau hemmen oder die Partei zerstören will.* ***Liquidatorentum ist immer ein extremer Ausdruck der kleinbürgerlichen Denkweise.«*** (Teil I, S. 19/20)

Ende Januar 1969, einige Wochen nach der Parteigründung der KPD/ML, führte Ernst Aust in Düsseldorf eine Leserversammlung des »Roten Morgen« durch. Ich nahm daran teil und legte meinen Standpunkt in einem Referat dar. Ernst Aust gab mir wohl recht, bat mich aber, da die Gründung nun einmal vollzogen sei, doch beim Aufbau der Partei mitzuhelfen. Ich erklärte daraufhin: »Ich bin nur dann bereit mitzuarbeiten, wenn die **ideologischen, politischen und organisatorischen Voraussetzungen** mit aller Kraft nachgeholt werden.« Dazu war als erstes **ein theoretisches Organ notwendig,** und ich erklärte mich bereit, die Redaktion zu übernehmen. Überglücklich stimmte Ernst Aust zu, denn er selbst war theoretisch schwach. Wir überlegten einen Namen für das theoretische Organ. Vorschläge wie »Der Kommunist« oder »Bolschewik« wurden verworfen. Im Titel mußte bereits der Kampf gegen die revisionistische Politik zum Ausdruck kommen. Deshalb schlug ich »Revolutionärer Weg« gegenüber »Friedlicher Weg« bzw. »Parlamentarischer Weg« der Revisionisten als treffender vor. Darauf einigten wir uns und auch auf die Festlegung, daß die erste Nummer unseres theoretischen Organs bereits im April 1969 erscheinen sollte.

Ich machte mich gleich an die Arbeit. Kurz nach meinem Parteiausschluß hatte die Parteiführung der KPD ein Wirtschaftsprogramm herausgegeben, ein durch und durch revisionistisches Pamphlet. Ich hatte es damals gleich ideologisch zerpflückt, um es später einmal gegen die Revisionisten zu verwenden. Dieser Zeitpunkt war jetzt da. Der REVOLUTIONÄRE WEG 1 entlarvte das vom ZK der KPD herausgegebene Wirtschaftsprogramm »Für eine stabile Friedenswirtschaft zum Wohle des Volkes« als ein »durch und durch sozialdemokratisches, reformistisches Programm«, den Entwurf des Parteiprogramms der KPD vom Februar 1968 als ein »revisionistisches, opportunistisches Programm« und den Entwurf der Grundsatzerklärung der DKP als ein »mehr oder weniger getarntes, ebenfalls revisionistisches Programm«. Mit ihrem »Wirtschaftsprogramm« betätigte sich die KPD als »Arzt am Krankenbett des Kapitalismus«. Sie verbreitete Illusionen über eine »Demokratisierung der Wirtschaft« und eine mögliche »Einschränkung der Macht der Konzerngewaltigen«.

Bis Ostern 1969 war das Manuskript fertig. Ernst Aust, Klaus Schaldach, Ezra Gerhardt und ich nutzten die Osterfeiertage zu einer Fahrt nach Wien, wo wir den Vorsitzenden der Marxistisch-Leninistischen Partei Österreichs (MLPÖ), Franz Strobl, besuchten. In einer Etage eines massiven Hauses waren die Büroräume und eine Druckmaschine, mit der die »**Rote Fahne**« gedruckt wurde. Finanziert wurde das ganze von der albanischen Botschaft in Wien. An einem der Ostertage hatten wir eine Unterredung mit zwei Genossen aus der Botschaft, einem älteren, der uns viele Fragen stellte, und seinem Sekretär, der dolmetschte. Auf die Frage, wieviele Mitglieder unsere Partei hätte, antwortete Klaus Schaldach ohne mit der Wimper zu zucken: »Etwa 500 Mitglieder!« Ich war perplex. Zwar hatte ich mich bisher nicht um die organisatorische Seite gekümmert, aber das konnte doch wohl nicht stimmen. Wieder zu Hause, prüfte ich die Angabe und stellte dann Klaus zur Rede. Wie konnte er nur einen alten albanischen Genossen so belügen?

An einem anderen Tag kamen wir in Strobls Wohnung mit der Parteileitung zusammen. Als wir in das große Wohnzimmer eintraten, forderte Frau Strobl uns auf, unsere Schuhe auszuziehen, um den Teppich zu schonen. Wie im Museum bot sie uns dann Filzpantoffeln an. Das kam uns doch recht kleinbürgerlich vor.

Auf der Rückfahrt nahmen wir im Kofferraum einige hundert Broschüren mit, einen Nachdruck der »Spartakus-Briefe« von Klaus

P. b. b. / Erscheinungsort Wien / Verlagspostamt Wien 1150

PROLETARIER ALLER LÄNDER UND UNTERDRÜCKTE VÖLKER DER GANZEN WELT, VEREINIGT EUCH!

# Rote Fahne

ZENTRALORGAN DER MARXISTISCH-LENINISTISCHEN PARTEI ÖSTERREICHS (MLPÖ)

NUMMER 106 MITTE MÄRZ 1969 EINZELPREIS S 3,-

# Lehren aus dem Olah-Prozess

### Aus einem Referat auf dem MLPÖ-Parteitag

Ein ganz besonderes Licht auf die im bürgerlich-demokratischen Österreich herrschenden Verhältnisse hat der Fall Olah geworfen, der einer der aufschlußreichsten Vorfälle in der Geschichte der 2. österreichischen Republik überhaupt ist. Jeder arbeitende Mensch unseres Landes sollte die Ergebnisse der Verhandlungen im Olah-Prozeß gründlichst überdenken und seine Schlußfolgerungen daraus ziehen, wobei es freilich notwendig ist, auch zwischen den Zeilen der offiziellen Berichte, Aussagen und Kommentare zu lesen, zu erkennen, wo hier enthüllt und wo verhüllt wird, was aufgedeckt und was zugedeckt werden soll.

Der Fall Olah hat zunächst ganz unwiderlegbar gezeigt, daß der ÖGB und seine Gliederungen, die eine überparteiliche Klassenorganisation des österreichischen Proletariats sein sollten, zu einer Art Kolonialbesitz der SPÖ-Führung geworden sind, in dem jede wirkliche Kontrolle durch die Mitglieder ausgeschaltet ist und mit dem ganzen Vermögen der Organisation wie mit einem Privateigentum einiger Spitzenfunktionäre umgegangen wird. Die dutzenden Millionen Schilling Gewerkschaftsgelder, die aus den Taschen vieler hunderttausender schwer arbeitender Menschen fließen, werden in der frechsten Weise dazu mißbraucht, die SPÖ und ihre Machinationen zu finanzieren, Schweige- und Bestechungsgelder nach den verschiedensten Seiten zu verteilen, üble Spekulationen durchzuführen und die Taschen politischer und anderer Geschäftemacher zu füllen. Jetzt wird das aufgedeckt, teils infolge der ständigen Rivalität zwischen den Führern der SPÖ selber, teils infolge des Kampfes, den ÖVP und SPÖ um die "Beute" führen. Schon in diesem Zusammenhang muß man allerdings zwei Tatsachen sehen: Erstens, daß diese

**Gruss dem 1. Parteitag der MLPÖ !**

Schaldach. Die Ostertage waren dank des regen Reiseverkehrs zum Abholen sehr günstig, weil die Kontrollen an der Grenze sehr lässig waren.

Zurück in Solingen begab ich mich gleich wieder an die theoretische Arbeit. Auf dem XX. Parteitag der KPdSU hatte Chruschtschow als Kernstück des Revisionismus den »friedlichen Weg zum Sozialismus« verkündet. Der REVOLUTIONÄRE WEG 2, »Der Weg zum Sozialismus«, der Mitte 1969 erschien, nahm kritisch Stellung zu der Auffassung der Revisionisten über den Weg zum Sozialismus. Die Gründung der KPD/ML war ohne ideologische, politische und organisatorische Vorbereitung vollzogen worden. Erst mit der Erarbeitung der beiden REVOLUTIONÄRE WEGE 1 und 2 wurde die revisionistische Entartung der KPD/DKP nachgewiesen und damit die Notwendigkeit des Aufbaus einer neuen revolutionären Partei.

Die **Ereignisse in Chile 1973** beendeten mit einem Schlag die Illusion des friedlichen Wegs. Das Beispiel war so wichtig als Lehre für den Kampf der Arbeiterklasse, daß wir Anfang 1974 eine zweite erweiterte Auflage des REVOLUTIONÄREN WEGS 2 herausgaben. Im Vorwort dazu schrieb ich:

*»Als wir 1969 den REVOLUTIONÄREN WEG 2 ›Der Weg zum Sozialismus‹ herausgaben, gab es das Beispiel Chile noch nicht. Nach dem Wahlsieg Allendes im September 1970 wurde ein großes Reformprogramm von der Regierung, gestützt durch die Unidad Popular (Volkseinheit), schrittweise durchgeführt: Enteignung der ausländischen Konzerne und zum Teil der inländischen Monopolbetriebe, der Banken und Großgrundbesitzer und Durchführung der Bodenreform.*

*Der Wahlsieg der Unidad Popular und die Durchführung des Reformprogramms wurde von den Revisionisten aller Länder als die Bestätigung der revisionistischen Linie des ›parlamentarischen und friedlichen Weges zum Sozialismus‹ herausgestellt und propagiert. In Chile waren die Revisionisten von dem Erfolg ihrer Politik so überzeugt, daß sie auf die Loyalität der bewaffneten Streikräfte bauten, die den ›friedlichen Weg zum Sozialismus‹ sichern sollten und die Sabotage der reaktionären und faschistischen Kräfte verhindern würden.*

# REVOLUTIONÄRER WEG

**Probleme des Marxismus-Leninismus**

**Gemeinsames theoretisches Organ von KPD (ML) und KAB (ML)** **2/69**

# DER WEG ZUM SOZIALISMUS

**Die Möglichkeit des friedlichen Weges**

**Marx, Engels und Lenin zu dieser Frage**

**Formen des Klassenkampfes**

*Diese verhängnisvolle Illusion — genährt und verbreitet durch die chilenischen Revisionisten, unter dem Beifall der Revisionisten in der ganzen Welt — schläferte die revolutionäre Wachsamkeit der Arbeiter und Bauern ein. Sie erlebten im September 1973 ein entsetzliches Erwachen, als die Soldateska der bewaffneten Streitkräfte durch blutigen Terror dem ›friedlichen Weg zum Sozialismus‹ ein Ende bereitete und das Reformprogramm zerschlug.*

*Der von den Revisionisten aller Länder gepriesene ›parlamentarische und friedliche Weg zum Sozialismus‹ in Chile hat nicht die Richtigkeit der revisionistischen Politik bewiesen, sondern im Gegenteil die Richtigkeit des revolutionären Weges zur Eroberung der Macht bestätigt. Wir haben darum einige Stellen im REVOLUTIONÄREN WEG 2 durch auf Chile bezogene Bemerkungen in Klammern ergänzt . . . Die hier . . . untersuchten zwei Wege zum Sozialismus beweisen: Nicht der Revisionismus, sondern der Marxismus-Leninismus ist wahrhaftig und darum allmächtig!«*

Der Ausgang der kleinbürgerlichen antiautoritären Studentenbewegung 1967/68 zeigte mit aller Deutlichkeit, daß die kleinbürgerliche »Revolte« gegen den bürgerlichen Staat, gegen die »Autoritäten« scheitern mußte, weil nicht die revolutionäre Kraft der Arbeiterklasse dahinter stand. Rasch zerfiel die Studentenbewegung wieder. Die aktiven Kräfte wandten sich der Arbeiterklasse zu, studierten mehr oder weniger den Marxismus-Leninismus und gründeten etliche marxistisch-leninistische Gruppen. In ihrer kleinbürgerlichen Denkweise vermischten sie kleinbürgerlichen Revolutionarismus und Antiautoritarismus, Trotzkismus und Anarchismus, Marxismus-Leninismus und Linksopportunismus. Aus diesem Sammelsurium entstand die sogenannte »ml-Bewegung«. Es war notwendig, außer dem Revisionismus auch den Antiautoritarismus zu bekämpfen, der vielen noch von der Studentenbewegung her anhaftete. Aus dieser Situation heraus entstand der REVOLUTIONÄRE WEG 3, »Antiautoritarismus und Arbeiterbewegung«.

Auch die KPD/ML drohte durch Überwucherung kleinbürgerlicher Elemente zu ersticken. So ergab eine Untersuchung in Nordrhein-Westfalen im August 1969, daß 43 Prozent der Mitglieder Arbeiter und Betriebsangestellte, dagegen 57 Prozent Schüler, Studenten, Lehrkräfte und Selbständige waren. Und eine weitere Verschiebung zugunsten der kleinbürgerlichen Intellektuellen zeichnete sich ab. Aus diesem Grunde stellte ich auf dem **Septemberplenum** des Zentralkomitees, **1969**, den folgenden Antrag, der einstimmig angenommen wurde:

»*1. Die Verhandlungen bezüglich der Fusion mit führenden SDS-Genossen sind einzustellen und in Zukunft nicht zu führen.*
*2. Auf bestimmte Zeit ist eine Kandidatensperre für Studenten, Schüler und Lehrkräfte die Regel. Ausnahmen beschließt jeweils das ZK.*
*3. Die systematische Werbung von Arbeitern und Betriebsangestellten ist die derzeitige Hauptaufgabe der Partei.*« (»Organisations-Mitteilung« Nr. 1 vom 13. 9. 1969)

Diese Beschlüsse galten ausdrücklich nicht für die Jugendmassenorganisation Rote Garde und betrafen auch nicht das Bündnis des Proletariats mit der kleinbürgerlichen Intelligenz.

An den »Septemberbeschlüssen« entzündeten sich die Widersprüche zwischen den proletarischen und den kleinbürgerlichen Elementen in der KPD/ML. Es ging darum, sowohl die besten Kräfte der Arbeiterklasse in der Partei zu sammeln als auch eine richtige proletarische Linie zu entwickeln, um die führende Rolle der Arbeiterklasse zu sichern. Keineswegs sollte hiermit eine grundsätzliche Abneigung gegen Intellektuelle entwickelt werden. Die »Septemberbeschlüsse« waren nicht gegen solche Intellektuelle gerichtet, die den Marxismus-Leninismus vertraten und es verstanden, sich aufs engste mit den Massen der Arbeiter und Bauern zu verbinden. Sondern sie richteten sich allein gegen solche Intellektuelle, die ihre individuelle Einstellung unter dem Deckmantel des Marxismus-Leninismus in die Partei hineinzutragen versuchten.

Im Rechenschaftsbericht zur 1. Landesdelegiertenkonferenz von Nordrhein-Westfalen am 8. März 1970 wurde geschildert, wie sich die proletarischen Kräfte den Anforderungen stellten:

*»Anfang März 1969, als die Partei noch kaum in der Lage war, die ersten zaghaften politischen Schritte zu machen, wurde sie durch ein weltweites Ereignis herausgefordert: die* ***sowjetischen Grenzprovokationen gegen China,*** *besonders durch den blutigen Überfall auf die chinesische Insel Dschenbao im Ussurifluß.* ***Jetzt mußte die Partei politisch in die Öffentlichkeit treten.*** *Sie mußte sofort grundsätzlich auf dieses Ereignis reagieren, trotz aller Schwäche und trotz ungenügender Information. Die Landesleitung NRW druckte sofort ein Flugblatt ›Hände weg von China!‹, das zentral übernommen wurde. Das Flugblatt hat mobilisierend auf die Mitglieder und herausfordernd auf die DKP gewirkt.«*

# HÄNDE WEG VON CHINA!

## Zum sowjetisch-chinesischen Grenzkonflikt

Seit dem 2. März dringen sowjetische Grenzsoldaten in chinesisches Hoheitsgebiet ein. Sie besetzten die im Grenzfluß Ussuri gelegene chinesische Insel Tschenpao (russisch unter Damanskiy bekannt) und eröffneten das Feuer auf die chinesischen Grenzsoldaten, die daraufhin tapfer und unter großen Opfern ihre Heimaterde verteidigten. Liest man die sowjetischen Greuelberichte, glaubt man sich in die Nazizeit beim Ausbruch des 2.Weltkrieges zurückversetzt und nicht nur formal an die Provokation von Gleiwitz erinnert, die der unmittelbare Anlaß zum Kriege war.

Die jetzige Grenze am Amur und Ussuri ist das Ergebnis der Annektion chinesischer Gebiete, die das zaristische Rußland im vorigen Jahrhundert dem damals ohnmächtigen China raubte und diese Annektion durch ungleiche Verträge zu "legalisieren" versuchte. Selbst in diesen aufgezwungenen Verträgen wurde die Insel Tschenpao am Ussuri nicht von China getrennt. Darum ist das Eindringen in dieses Gebiet durch Waffengewalt nicht nur eine klare Grenzverletzung, sondern ein Akt der Aggression, der noch über die Ziele der zaristischen Eroberungspolitik hinausgeht.

## Was sind die Hintergründe der sowjetischen Grenzprovokation?

Pressestellen der Sowjetunion scheuen sich nicht, zu behaupten, daß dieser Grenzkonflikt, der sich einwandfrei auf chinesischem Hoheitsgebiet abspielte, von China herbeigeführt worden wäre, um zum Zeitpunkt der Präsidentenwahl in Berlin der Bundesrepublik Schützenhilfe zu leisten. Auf solch eine absurde Argumentation wäre wohl noch nicht einmal ein Goebbels gekommen.

Tatsächlich besteht ein Zusammenhang - aber anderer Art. Es ist klar, daß die Sowjetunion im Rahmen ihrer Globalstrategie von ihrer internationalen Blamage in der Westberlin-Frage zum Zeitpunkt der Bundespräsidentenwahl ablenken mußte. Weder ein Kuhhandel um Passierscheine im Austausch auf den Verzicht Westberlins als Wahlort, noch Panzergerassel oder leere Drohungen sind geeignete Mittel, die Westberlin-Frage zu lösen und der Einheit Deutschlands auch nur einen Schritt näher zu kommen. In demselben Moment, da sich die US-Imperialisten, vertreten durch Nixon, hinter die Bonner Regierung stellten, war der Ofen aus. Auf keinen Fall sollte das infame internationale Zusammenspiel der beiden imperialistischen Supermächte USA - SU gefährdet werden. Auch die Grenzzwischenfälle am Ussuri können nicht davon ablenken, daß dieses Zusammenspiel der beiden imperialistischen Großmächte letzten Endes auf Kosten aller Völker und nicht zuletzt des deutschen Volkes betrieben wird.

Ein weiterer entscheidender Hintergrund dieser Grenzprovokationen und für die sofort einsetzende breite Hetze gegen die Volksrepublik China nach der Methode "Haltet den Dieb" ist die Vorbereitung des Gipfeltreffens der sich zwar noch "kommunistisch" nennenden, aber vollkommen revisionistisch gewordenen Parteien. Die jahrelangen Versuche seitens der revisionistischen Führung der KPdSU, durch ein internationales Treffen eine einhellige Verurteilung der KP Chinas herbeizuführen, scheiterten bisher. Jetzt soll durch vorherige Diskreditierung Chinas, das sich zum Zentrum der Weltrevolution entwickelt hat, eine einstimmige Verurteilung auf der kommenden Weltkonferenz der revisionistischen Parteien erreicht werden. Dazu ist der sowjetischen Führungs-Clique jedes Mittel recht.

Das sowjetisch-amerikanische Zusammenspiel trat ganz offensichtlich zutage, als die Johnson-Regierung stillschweigend die militärische Besetzung der Tschechoslowakei durch die Truppen des Warschauer Paktes duldete, nachdem sie vorher, wie Kiesinger enthüllte, von diesem Aggressionsakt unterrichtet worden war. Jetzt soll durch den sowjetisch-chinesischen Grenzkonflikt auch der neue US-Präsident Nixon in verstärktem Maße zur Zusammenarbeit ermuntert werden. Fleißig zimmern die sowjetischen Sozial-Imperialisten an einer Anti-China-Front. Nicht nur, daß zum Zeitpunkt des Konfliktes "zufällig" der sowjetische Verteidigungsminister sich bei der reaktionären indischen Regierung aufhält, um sie ebenfalls zur Aggression gegen das sozialistische China zu treiben, auch die sonst nicht gerade sanft behandelten deutschen Imperialisten sind eine Aussprache wert geworden. Zarapkin, der in allen, den nationalen Interessen des deutschen Volkes anstehenden Fragen keinen Muck von sich gibt, suchte schleunigst Kiesinger auf, um mit ihm speziell den China-Konflikt durchzusprechen, um auch von dieser Seite die Anti-China-Front zu stärken.

Dieses schmutzige Zusammenspiel muß vor allen Völkern entlarvt werden. Eine breite antiimperialistische Einheitsfront aller Völker muß sich zur Verteidigung Chinas bilden. Die Angriffe, denen heute China ausgesetzt ist, sind gegen alle unterdrückten Völker, nicht zuletzt gegen das deutsche Volk mit seinen berechtigten nationalen Interessen gerichtet.

Proletarier und unterdrückte Völker aller Länder vereinigt Euch !

Nieder mit dem US/SU-imperialistischen Komplott !

Hände weg von China !

Kämpft mit der KPD/ML gegen Imperialismus und Krieg !

# KPD/ML

Kommunistische Partei Deutschlands / Marxisten-Leninisten

# Die 1. Landesdelegiertenkonferenz der KPD/ML in NRW: Vorprogrammierung der ersten Spaltung

Die erste Landesdelegiertenkonferenz der KPD/ML in NRW fand am 8. März 1970 statt. Hier wurde die Anfangsphase des Parteiaufbaus abgeschlossen, gleichzeitig kündigte sich aber auch das reinigende Gewitter der ersten Spaltung der Organisation an. Ich trug den Rechenschaftsbericht vor, in dem die bis dahin durchlaufene Phase folgendermaßen charakterisiert wurde:

»*Wir haben also nur die erste Phase des Aufbaus der Partei hinter uns, so wie ein Kind gerade erst das Gehen gelernt hat — nicht mehr!* . . .

***Ideologisch*** *ist die Partei auf den Marxismus-Leninismus und auf die Ideen Mao Tsetungs ausgerichtet; sie hat sich entschieden abgegrenzt von dem Revisionismus, Antiautoritarismus und Trotzkismus* . . .

***Politisch*** *ist die Partei, wenn auch noch schwach, durch Flugblätter, Demonstrationen und Diskussionen in der Öffentlichkeit aufgetreten.*

***Organisatorisch*** *ist die Partei von einem verschwommenen Organisationsgebilde zu einer einigermaßen gefestigten, wenn auch noch nicht straffen, auf jede Situation schnell reagierenden Kaderpartei herangewachsen* . . .

*Aber wenn ich eingangs sagte, daß wir gewissermaßen erst die untere Grenze erreicht haben, dann bedeutet das,*

1. *daß die Entwicklung der Partei bis jetzt nur soweit gediehen ist, um den bisherigen provisorischen Zustand der Leitungen zu beenden* . . .
2. *daß die Gefahr eines Rückschlags noch keineswegs beseitigt ist, daß wir nicht sorglos sein dürfen, sondern die ideologische, politische und organisatorische Festigung der Partei weiter intensiv betreiben müssen.*« (»Geschichte der MLPD«, Teil I, S. 102/103)

Diese letzte Bemerkung hatte durchaus ihre Berechtigung, war doch gerade am Tag vor der Konferenz ein Blitz durch die Organisation gezuckt in Form der Nullnummer des theoretischen Organs der

# ROTER MORGEN

Zentralorgan der Kommunistischen Partei Deutschlands / Marxisten-Leninisten KPD/ML

Proletarier aller Länder und unterdrückte Völker, vereinigt Euch!

1. Jahrgang — März/April-Ausgabe 1970 — Preis 80 Pfg.

# PLATTFORM DES ZK DER KPD/ML

## ZUR AUSEINANDERSETZUNG UM DIE PROLETARISCHE LINIE BEIM AUFBAU DER PARTEI UND DER ROTEN GARDEN

### 1. Die Funktion der marxistisch-leninistischen Partei

Augenblicklich gibt es bei vielen Genossen der KPD/ML Unklarheiten über die Rolle der marxistisch-leninistischen Partei im Klassenkampf. Allgemein gesprochen, hat die marxistisch-leninistische Partei die Aufgabe, das Proletariat im Kampf um seine Befreiung und die der gesamten Gesellschaft zu führen. Dazu reicht jedoch der subjektive Wille und die Begeisterung der Parteimitglieder nicht aus, denn der Verlauf der Geschichte richtet sich nicht nach den subjektiven Wünschen und Hoffnungen der Menschen. Er folgt vielmehr objektiven Gesetzen, die durch die Entwicklung der Produktivkräfte und Produktionsverhältnisse bedingt sind. Deshalb muß sich die marxistisch-leninistische Partei die Kenntnisse dieser objektiven Gesetzmässigkeiten aneignen. Sie muß fähig sein, die Bewegung der Klassen und der Revolution im voraus zu überblicken, um daraus die Etappen des Kampfes des Proletariats zu bestimmen. Die Erfüllung dieser Bedingung ist unbedingt notwendig, um die Partei zur Vorhut des Proletariats werden zu lassen.

Deshalb ist unser Sozialismus keine Illusion oder Utopie, sondern wie uns Marx, Engels, Lenin, Stalin und Mao Tsetung lehren, wissenschaftlicher Sozialismus. Die marxistisch-leninistische Partei verkörpert daher die Verbindung von wissenschaftlichem Sozialismus und Arbeiterbewegung - das heißt proletarische Linie.

Die Unkenntnis der objektiven Gesetzmässigkeiten der gesellschaftlichen Entwicklung hat in der Geschichte der Kämpfe des Proletariats immer zu schweren Niederlagen und zur Demoralisierung der Arbeiterklasse geführt. Die katastrophalen Niederlagen der deutschen Arbeiterbewegung 1918 und 1933 mit ihren Blutopfern sind hierfür ein warnendes Beispiel. Die Verachtung des wissenschaftlichen Sozialismus, der seinem Wesen nach kritisch und revolutionär ist, ist daher eine große Verantwortungslosigkeit dem Proletariat gegenüber, ist Verbrechen an der Arbeiterbewegung. Es ist eine zynische Haltung gegenüber dem Proletariat, das auch noch als proletarische Linie anzusprechen. Wenn augenblicklich immer mehr Arbeiter und Jungproletarier sich hoffnungsvoll an uns wenden und uns ihr

Roten Garde, »**Bolschewik**«, mit einem Aufruf: »Das Hauptquartier bombardieren!«. Während sich unter Führung der Genossen der Landesleitung der KPD/ML die Rote Garde in NRW ideologisch, politisch und organisatorisch rasch festigte und entwickelte, ging es in Hamburg und Berlin mit den Roten Garden bergab. Schuld daran war die dem Marxismus-Leninismus zuwiderlaufende Führung durch die regionalen Parteileitungen. So verweigerte die Gruppe um Aust in Hamburg der Roten Garde den Demokratischen Zentralismus. Auch in Berlin hob die Gruppe um Ezra Gerhardt die Selbständigkeit der Roten Garde auf. Klar und völlig richtig, daß die Jugend hiergegen Sturm lief. Die Spaltung der KPD/ML schien vorprogrammiert, denn das ZK der KPD/ML betrachtete seine ideologischen Standpunkte und seine Politik nicht selbstkritisch, sondern verschärfte die Widersprüche. So wurde diese Entwicklung durch die sogenannte »Plattform des ZK der KPD/ML zur Auseinandersetzung um die proletarische Linie beim Aufbau der Partei und der Roten Garden« beschleunigt.

Bei der auf der Konferenz stattfindenden Wahl hatte ich nicht wieder für den Landesvorsitz kandidiert, wohl aber zum Vorsitzenden der Landeskontrollkommission. Mir war klar geworden, daß sich in der kommenden Zeit der Kampf zweier Linien enorm verschärfen und der Kontrollkommission entscheidende Bedeutung zukommen würde.

Das ahnten wohl auch einige kleinbürgerliche Elemente in der KPD/ML. Als die Spaltung vollzogen war, dauerte es keine zwei Monate und eine **üble Verleumdungskampagne**, eingeleitet von Günter Ackermann, setzte **gegen mich** ein. Das veranlaßte mich, eine persönliche Erklärung in der Öffentlichkeit abzugeben.

***»Persönliche Erklärung und Lebenslauf***

*Der Leitartikel in der August-Nummer des ›Roten Morgen‹, betitelt ›Der Kampf um die proletarische Linie‹, veranlaßt mich, diese persönliche Erklärung abzugeben . . . Der Artikel im ›Roten Morgen‹ ist so persönlich diffamierend gehalten, daß sich eine sachliche Erwiderung erübrigt . . . Damit diese Leute aber keine Gelegenheit mehr haben, Märchen über meine politische Vergangenheit zu erfinden und zu verbreiten, bringe ich hier meinen Lebenslauf:*

*1904*
*wurde ich als Sohn des Fuhrunternehmers Friedrich Dickhut geboren . . .*
*1918*
*Nach achtjährigem Besuch der Volksschule trat ich eine dreijährige Lehre als Schlosser und Dreher an.*
*1920*
*beteiligte ich mich als Lehrling an dem Generalstreik gegen den reaktionären Kapp-Putsch.*
*1921*
*(Januar) organisierte ich mich im Deutschen Metallarbeiter-Verband.*
*1924*
*wurde ich zum ersten Mal wegen Teilnahme an dem großen Streik um den Acht-Stunden-Tag gemaßregelt.*
*1927*
*wurde ich wegen Organisierung eines Streiks wieder gemaßregelt und auf die ›Schwarze Liste‹ des Arbeitgeberverbands gesetzt.*
*1926—30*
*war ich im Deutschen Metallarbeiter-Verband Mitglied der Leitung der Schlosserbranche . . .*
*1926 (März) trat ich in die Kommunistische Partei Deutschlands ein und wurde aktiver Funktionär: Aufbau von Betriebsgruppen und Herausgabe von Betriebszeitungen.*
*1928/29*
*war ich acht Monate in der Sowjetunion (Ural) als Spezialist zur Einrichtung der Haarschneidemaschinen-Produktion tätig. In dieser Zeit war ich Mitglied der KPdSU.*
*Nach meiner Rückkehr war ich bis 1933 arbeitslos.*
*1929—33*
*Kampf gegen die rechte Brandler-Gruppe, die sich von der Partei abspaltete; Teilnahme an dem ersten Lehrgang der Parteischule des Bezirks Niederrhein; Unterbezirks-Agitprop-Leiter; dann Leiter des illegalen Apparats der Partei im Bergischen Land; dann Unterbezirks-Organisations-Leiter.*
*1933*
*bei der Terrorwahl zum Stadtverordneten gewählt.*

***1933—35***
*Schutzhaft in Solingen, Anrath, KZ Börgermoor, Düsseldorf und KZ Esterwegen. 1934 fünf Monate Verhörung durch die Gestapo in Solingen, Leverkusen und Düsseldorf — schwere Mißhandlungen. Einleitung von drei gerichtlichen Verfahren, die 1935 niedergeschlagen wurden.*

***1935***
*Nach der Haftentlassung habe ich mit anderen Genossen sofort die illegale Partei in Solingen, die kurz vorher von der Gestapo weitgehend zerschlagen war, neu aufgebaut und sie bis 1945 geleitet. Außerdem war ich seit 1940 Instrukteur für die illegale Partei im westlichen Teil des Ruhrgebiets.*

***1938***
*Neun Monate Untersuchungshaft in Düsseldorf. Vom Sondergericht Hamm wurde ich dann zu einem Jahr, neun Monaten Gefängnis wegen Vorbereitung zum Hochverrat (illegale Betätigung 1931) verurteilt (verbüßt durch Untersuchungshaft und Schutzhaft).*

***1944***
*(August) erneut verhaftet, nach drei Monaten erhielt ich die Anklageschrift vom Volksgerichtshof Berlin. Anklage: Vorbereitung zum Hochverrat und Feindbegünstigung (darauf gab es nur Todesstrafe, besonders nach meiner Vorstrafe). Während des schweren Bombenangriffs auf Solingen (4./5. 11. 1944) flüchtete ich aus dem Gerichtsgefängnis und hielt mich außerhalb der Stadt verborgen.*

***1945***
*Kurz vor dem Einmarsch der Amerikaner kam ich illegal nach Solingen zurück, um die ›Antifaschistische Aktion‹, Antifa, zu organisieren, deren Sekretär ich war bis zum Verbot durch die amerikanische Militärpolizei.*

***1945—46***
*Aufbau der KPD, zuerst auf halblegaler Grundlage, dann (Oktober 1945) offizielle Gründung; in dieser Zeit war ich 1. Kreissekretär der Partei.*

***1946/47***
*Leiter der Wirtschaftsabteilung der KPD im Bezirk Niederrhein.*

***1949—52***
*Leiter der Kaderabteilung der Landesleitung Nordrhein-Westfalen, dann stellvertretender Leiter der Kaderabteilung beim Parteivorstand.*
***1952—54***
*1. Kreissekretär in Solingen, dann kurze Zeit Leiter der Landesparteischule.*
***1955/56***
*1. Kreissekretär in Hagen*
***1957—68***
*Betriebs- und Gewerkschaftsfunktionen: Vertrauensmann, Vertreter der IG Metall, Vorsitzender der Wohnbezirksgruppe, Delegierter des Orts- bzw. Kreisausschusses des DGB und zwei Jahre Mitglied der Ortsverwaltung der IG Metall und des Ortsvorstands des DGB.*
***1958***
*bei der Landeswahl als Unabhängiger kandidiert, die Kandidatur wurde verboten, und ich wurde 1961 zu acht Monaten Gefängnis verurteilt mit Bewährung und Aberkennung des aktiven und passiven Wahlrechts für fünf Jahre. Folge: Aberkennung der Rechte als Verfolgter des Naziregimes.*
***1966***
*Wegen politischer Differenzen aus der KPD ausgeschlossen.*
***1969***
*(Januar) Mitglied der KPD/ML, Begründer und Verantwortlicher des theoretischen Organs REVOLUTIONÄRER WEG, Landesvorsitzender von NRW bis März 1970.*
***1970***
*Ab März Vorsitzender der Landeskontrollkommission von Nordrhein-Westfalen.*

*Soweit mein Lebenslauf. Zum Schluß fordere ich die ›Genossen‹ des ZK und der Redaktion des ›Roten Morgen‹ auf, ebenso offen vor der Arbeiterklasse ihren Lebenslauf im ›Roten Morgen‹ zu veröffentlichen. Wenn sie das nicht tun, haben sie alle Ursache, vor der Arbeiterklasse ihre Vergangenheit zu verbergen.«*

Nach der ersten Landesdelegiertenkonferenz in Nordrhein-Westfalen fuhren Luise und ich in den Urlaub. Wir waren auf Madeira, wo

Luise elf Jahre lang gelebt hatte. Als wir am 25. April 1970 zurückkamen, holte uns Franz W. abends am Flughafen ab. Er teilte uns mit, daß am nächsten Morgen um zehn Uhr eine Landeskonferenz in Köln stattfände. »Du mußt unbedingt kommen«, sagte er zu mir, »ich hole dich ab.« Am nächsten Morgen kurz vor zehn Uhr erreichten wir das Tagungslokal, das noch geschlossen war. Zwei Gruppen, etwa 30 Meter voneinander entfernt, standen auf der Straße und diskutierten heftig, bis der Wirt das Lokal öffnete.

Auf dieser Konferenz prallten die widersprüchlichen Meinungen aufeinander. Die Anhänger des ZK verteidigten ihre kleinbürgerliche »Plattform« und stellten einen Ausschlußantrag gegen Peter Weinfurth, der die »Opposition« führte. Nach längerem Hin und Her wurde jedoch in einem Antrag mehrheitlich die kleinbürgerliche »Plattform« des ZK verworfen und dem ZK das Mißtrauen ausgesprochen. Daraufhin verließ die Minderheit die Konferenz, die **Spaltung** war **faktisch vollzogen**.

Ich selbst beteiligte mich an dieser Auseinandersetzung nicht. Zum einen, weil ich mich noch nicht hatte informieren können, was sich während meiner Abwesenheit abgespielt hatte. Zum anderen, weil mich die Zusammensetzung der Konferenz stutzig machte. Viele Teilnehmer kannte ich gar nicht. Was waren das für Leute? Und was war während meines Urlaubs geschehen?

## Trotzkistische Unterwanderung: Gerd Genger und die B1

Während meines Urlaubs hatte Peter Weinfurth den Trotzkisten **Gerd Genger** mitsamt seiner **Gruppe B1** in die Rote Garde aufgenommen. Gerd Genger war ein Student der Sozialwissenschaften, der sich anschickte, einer der Hauptspalter der marxistisch-leninistischen Bewegung in Westdeutschland zu werden. Unter seiner Führung hatten sich etwa 30 Studenten, die während der Aktionen gegen die Notstandsgesetze mit Arbeitern und Lehrlingen in Kontakt gekommen waren, zu sogenannten »Komitees Sozialistischer Arbeiter und Studenten« zusammengetan. Sie konzentrierten sich auf drei Betriebe: Bochumer Verein, Opel Bochum und Henrichshütte Hattingen. Die stärkste Gruppe (Bochumer Verein) nannten sie B1 (Betriebsgruppe 1). Ich hatte Gerd Genger einmal kennengelernt, ohne zu wissen, wen ich vor mir hatte. Die damalige Wuppertaler Gruppe der KPD/ML hatte mich zu ihrer Gruppensitzung eingeladen, um gemeinsam einige Fragen zu klären. Allerdings sagten mir die Genossen nicht, daß unter den Anwesenden zwei Trotzkisten waren: Achim Klein und Gerd Genger. Angeblich wollten sie sich nur mal informieren, doch dann stellten sie merkwürdig verfängliche Fragen. Ich wurde mißtrauisch und hakte nach. Da gaben sie zu, daß sie der B1 angehören würden und hergekommen seien, um mit der Partei zu sprechen. Das war aber nur vorgeschoben. Genger ging es um mehr, und zwar um die Führung der KPD/ML. Mit seiner Aufnahme und dem Eindringen in die Partei- und Jugendorganisation war er nun diesem Ziel ein gewaltiges Stück näher gekommen. Jetzt baute er seine bereits bestehende Fraktion mit Peter Weinfurth, Oliver Thomkin und Richard Claus weiter aus, und die Leute der B1 übernahmen immer mehr wichtige Funktionen. Entsprechend ihrer kleinbürgerlich-intellektuellen Grundeinstellung brachten die B1-Leute es fertig, Trotzkismus, Sozialdemokratismus, Ökonomismus und Antiautoritarismus zu vermischen und Prinzipienlosigkeit und Phrasendrescherei zur Grundlage ihres Liquidatorentums gegenüber der KPD/ML einzusetzen.

Warnung
B1
Das
Arojan Azkistische
Pferd
in den Mauern der KPDml

Nach der Spaltung der KPD/ML im Frühsommer 1970 war es notwendig geworden, den Parteiaufbau neu anzupacken, die proletarischen Genossen aus den verschiedenen Bundesländern zusammenzufassen und eine Koordinierungsstelle einzurichten. Auf einer Bundesdelegiertenkonferenz sollte daher ein zentrales Büro gewählt werden mit den Aufgaben der ideologisch-politischen und organisatorischen Anleitung, der Herausgabe eines Zentralorgans, der Herausgabe eines theoretischen Organs und der Vorbereitung eines Parteitags. In diesem **Zentralbüro** sah Genger seine große Chance, an die Spitze der Partei zu gelangen. Die Delegiertenkonferenz vom 14. Juni 1970 erschien ihnen geeignet, ihr Zentralbüro-Konzept einzubringen und sich gleichzeitig selbst an die Spitze der Organisation zu stellen. Doch gegen ihre Überrumpelungstaktik erhob ich als Vorsitzender der Kontrollkommission Einspruch und stellte folgenden Antrag:

*»Die Thesen sind so, wie sie hier bekanntgegeben worden sind, nicht in die Organisation zu geben, sondern vom Sekretariat zu überarbeiten. Der überarbeitete Entwurf wird in die Gruppen zur Diskussion gegeben. Abänderungsvorschläge der Gruppen zu dem Entwurf werden dann vom Sekretariat, soweit es zweckmäßig ist, in dem Entwurf verarbeitet und einer neuen Landesdelegiertenkonferenz zur Diskussion vorgelegt, die dann darüber Beschluß faßt.«*

Dieser Antrag wurde mehrheitlich angenommen und war so eine klare Anweisung des höchsten Organs der Partei im Landesmaßstab und für alle Mitglieder und Leitungen bindend. Nicht jedoch für die Trotzkisten um Genger. Die vier Genossen maßten sich an, die Linie der Partei zu bestimmen. In ihrer Überheblichkeit und Arroganz — typische Eigenschaften kleinbürgerlicher Intellektueller — schalteten sie die Mitarbeit vor allem der proletarischen Mitglieder aus, bestimmten nach ihrem Gutdünken und schafften in der Organisation vollendete Tatsachen, die sich verhängnisvoll auswirkten. Sie bildeten auf der Grundlage ihrer nicht beschlossenen Thesen ein **zentrales Büro**, usurpierten die Führung und reisten in der ganzen Bundesrepublik herum, wobei sie vertraten, daß die von ihnen verfaßten Thesen die offizielle Linie der KPD/ML seien. Gerd Genger ernannte sich selbst zum »Politischen Leiter des Zentralbüros«. Bereits im Juli 1970 gaben sie als Zentralbüro die erste Nummer ihrer »**Roten Fahne**« heraus. Einen Monat später erschien »Der Parteiarbeiter, Funktionärsorgan der KPD/ML«. Es war deshalb notwendig, daß die Landeskontrollkommission Mitte August 1970 ein Untersuchungsverfahren gegen Gerd Genger, Richard Claus, Oliver Thomkin und Peter Weinfurth eröffnete. Doch statt endlich selbstkritisch die eigene Haltung zu hinterfragen, griffen die vier das »fraktionistische Verhalten der Landeskontrollkommission« an, »welches darauf abzielt, die Partei zu spalten und das Zentralbüro zu liquidieren«. In einem »Offenen Brief« forderten sie: *»Die Beschlüsse der Landeskontrollkommission werden nicht anerkannt ... Die Mitglieder, gegen die aus diesen Gründen ein Parteiverfahren eingeleitet wurde, werden in ihre alte Funktion wieder eingesetzt und führen die laufende Arbeit weiter.«* (»Geschichte der MLPD«, Teil I, S. 169)

Mit diesem Beschluß spalteten die in Panik geratenen Kleinbürger die Partei und trennten sich endgültig von den Arbeitern; die zweite Spaltung der KPD/ML innerhalb weniger Monate durch kleinbürgerliche Intellektuelle.

Das Ende der KPD/ML (Zentralbüro) war von Anfang an vorprogrammiert. Als erstes setzte sich noch Ende 1970 Peter Weinfurth ab. Ende 1972 zerbröckelte dann die »Zentralbüro-Organisation« immer mehr, im Januar war sie total zusammengebrochen. Zurückblickend muß ich mich fragen, wie eine solche Entwicklung möglich war. Es war nicht nur der schwache proletarische Anteil der jungen Partei. Die aus der zerfallenden Studentenbewegung einströmenden Studenten hatten durchweg ein umfangreiches Buchwissen und auch organisatorische Fähigkeiten. Rasch eigneten sie sich Grundsätze des Marxismus-Leninismus und der Maotsetungideen an, ohne jedoch von diesen wirklich durchdrungen zu sein. Dazu war ihre kleinbürgerliche Denkweise nicht fähig.

Es gab noch etliche Organisationen bzw. »Parteien«, die von ihrer Gründung an vom Untergang gekennzeichnet waren. So bildeten sich aus der zerfallenden Studentenbewegung auch solche Organisationen ohne proletarische Elemente wie die KPD/AO als reine Studentenorganisation heraus, gegründet von Horlemann und Semler. Auf ihrem 3. Parteitag im März 1980 beschlossen sie die Selbstauflösung.

1970 entstanden in Norddeutschland mehrere Gruppen aus Trümmern der Studentenbewegung, die sich »Kommunistischer Bund« nannten. In Bremen wurden auch Jungarbeiter und Lehrlinge erfaßt. Eine zweite Vorläufergruppierung entstand in Heidelberg unter Führung von Hans Gerhard Schmierer aus der Studentenbewegung. 1973 wurden diese Gruppen zum »Kommunistischen Bund Westdeutschlands« (KBW) vereinigt. Aber auch sein Untergang war vorprogrammiert. Im weiteren Verlauf ging die KBW-Führung zu offenen Angriffen auf den Marxismus-Leninismus über. Jetzt ging es rasch bergab. Anfang 1985 wurde der KBW offiziell beerdigt.

Viele Genossen befanden sich bei der damaligen Zersplitterung der Organisationen in heilloser ideologischer Verwirrung. In der »Geschichte der MLPD« wird geschlußfolgert:

»*Viele junge, im Klassenkampf und ideologischen Kampf unerfahrene Genossen konnten nicht unterscheiden, wo denn nun eigentlich die richtige proletarische Linie war. Aber vor diesem Dilemma stand die gesamte marxistisch-leninistische Bewegung. Das Entscheidende dabei war die eigene Haltung: Unterwirft man sich bescheiden den Erfordernissen des Klassenkampfes und prüft die Richtigkeit der Linie anhand der Praxis, oder hält man sich und seine eigenen Ideen für der Weisheit letzten Schluß und kämpft für die persönliche Anerkennung als ›proletarischer Held‹?*« (Teil I, S. 258)

Aus den Erfahrungen des bisherigen Parteiaufbaus mußten die Lehren gezogen werden. Sowohl die Ezra/Aust-Gruppe als auch die »Zentralbüro-Organisation« von Weinfurth/Genger mußten scheitern, weil sie grundlegende Seiten des Parteiaufbaus nicht begriffen und darum mißachtet haben. Als Leiter der Redaktion unseres theoretischen Organs habe ich anschließend an den totalen Zusammenbruch der »Zentralbüro-Organisation« durch eine gründliche Analyse den REVOLUTIONÄREN WEG 10 erstellt mit dem Titel »Einige Grundfragen des Parteiaufbaus«.

## Die grundsätzlichen Seiten des Parteiaufbaus

*»Beim Aufbau der revolutionären Partei der Arbeiterklasse sind folgende grundsätzliche Seiten zu beachten:*

*1. Der Marxismus-Leninismus, die ideologische Grundlage der Partei.*

*2. Das Programm, die politische Linie der Partei.*

*3. Die Organisation, das Instrument der praktischen Tätigkeit der Partei.*

*4. Der demokratische Zentralismus, das Organisationsprinzip der Partei.*

*5. Kritik und Selbstkritik, das Entwicklungsgesetz der Partei.*

*Diese fünf prinzipiellen Seiten bilden eine dialektische Einheit, in der die eine oder andere Seite jeweils zur Hauptseite werden kann. Aber keine dieser Seiten darf man voneinander trennen oder auch nur eine einzige ignorieren. Wer das nicht beachtet, sogar eine Trennung bewußt oder unbewußt versucht, der zerstört die Einheit der Partei und untergräbt die Grundlagen der Partei.«* (REVOLUTIONÄRER WEG 10, »Einige Grundfragen des Parteiaufbaus«, S. 5)

Nach diesen Grundsätzen wurde bereits 1970 der Parteiaufbau erneut in Angriff genommen. Nachdem nämlich die zweite Spaltung im August 1970 durch die Weinfurth/Genger-Gruppe vollzogen wurde, nahm die organisatorisch geschwächte proletarische Gruppe der KPD/ML (Revolutionärer Weg) die Verbindung mit dem Kommunistischen Arbeiterbund (Marxisten-Leninisten), die von den Trotzkisten torpediert worden war, wieder auf. Der KAB(ML) war in Süddeutschland aus der Revolutionären Jugend (Marxisten-Leninisten) hervorgegangen.

*»Die der proletarischen Linie folgenden Genossen aus Süddeutschland formierten sich in der Folge um den REBELL. In mehreren Städten bildeten sich Jugendgruppen, die sich am REBELL orientierten und bald darauf die RJ(ML) — Revolutionäre Jugend (Marxisten-Leninisten) — gründeten. Im Laufe der politischen Arbeit, der propagandistischen Erfolge und der Fortschritte in der Kaderentwicklung wurde es notwendig, eine proletarische Kaderorganisation, den Kommunistischen Arbeiterbund (Marxisten-Leninisten) als Fundament für*

*die spätere kommunistische Partei zu schaffen. Im KAB(ML) hat die proletarische Linie im süddeutschen Raum ihren organisatorischen Niederschlag gefunden.«* (»Geschichte der MLPD«, Teil I, S. 173/175)

Die RJ(ML) war im September 1969 zur Jugendmassenorganisation des KAB(ML) geworden. Die führenden Genossen des KAB(ML) hatten die Auseinandersetzung in der KPD/ML um die »Septemberbeschlüsse« verfolgt und anerkannten die Notwendigkeit eines »Intellektuellenstopps«. Die rebellierenden Studenten, die sich dem Marxismus-Leninismus zuwenden wollten, wurden deshalb in extra Gruppen erfaßt. Im Januar 1971 wurden diese Gruppen zu einer einheitlichen Organisation, den Kommunistischen Studentengruppen, zusammengefaßt. Seit Mitte 1970 gab der KAB(ML) die ROTE FAHNE als Zentralorgan heraus.

In den von Zeit zu Zeit durchgeführten Zusammenkünften kamen sich KPD/ML(RW) und KAB(ML) ideologisch-politisch immer näher. Ich machte den Vorschlag: Wir von der KPD/ML(RW) verzichten in Nordrhein-Westfalen auf eigene Agitationsorgane, also ein eigenständiges Zentralorgan, der KAB(ML) verzichtet dagegen auf die Schaffung eines eigenen theoretischen Organs. Beide Seiten arbeiten auf einheitliche Organe hin mit einheitlicher Redaktion und gemeinsamem Vertrieb. Und so wurde verfahren.

In den ersten Monaten des Jahres 1971 arbeitete ich an dem REVOLUTIONÄREN WEG 6, »Dialektische Methode in der Arbeiterbewegung«. Als ich das fertige Manuskript der Leitung des KAB(ML) zum Drucken übergab, machte mir ein Genosse den Vorwurf, ich hätte sie über das Thema vorher gar nicht unterrichtet. Doch ich konnte ihnen nachweisen, daß ich die Leitung in mehreren Briefen sehr wohl über den jeweiligen Stand der Arbeit informiert hatte. Bei einem Gespräch stellte sich dann heraus, daß die Genossen einfach keine rechte Vorstellung über die Bedeutung der dialektischen Methode gehabt hatten, und sie nahmen ihren Vorwurf, ich hätte eigenmächtig gehandelt, zurück.

Gemeinsam bereiteten wir den Vereinigungsparteitag vor. Jede der beiden Organisationen verfaßte ihren eigenen Rechenschaftsbericht.

Der Entwurf der Grundsatzerklärung wurde vom Politischen Leiter des KAB(ML), Emil G., ausgearbeitet. Ich hielt den Entwurf noch nicht für ausreichend und erstellte einen neuen Entwurf, der auch die Zustimmung der Leitung des KAB(ML) fand. Damals wunderte ich mich, daß Emil als Intellektueller ohne Einwände meinem Entwurf zugestimmt hatte. Erst später erfuhr ich die Ursache: Ein von allen KAB(ML)-Genossen, auch von Emil, hochgeschätzter Genosse namens Luis hatte Emils Entwurf samt und sonders verworfen. Das hatte Emil respektiert, und er war froh, meinen Entwurf vorlegen zu können.

Im August 1972 fand der Vereinigungsparteitag von KPD/ML(RW) und KAB(ML) statt, der ein voller Erfolg war. Vereinigung und Gründung des KABD (Kommunistischer Arbeiterbund Deutschlands) wurden einstimmig beschlossen. Emil wurde zum Parteivorsitzenden und ich zum Leiter der Zentralen Kontrollkommission gewählt. Außerdem blieb Emil Leiter der Redaktion der ROTEN FAHNE so wie ich Leiter der Redaktion des theoretischen Organs, REVOLUTIONÄRER WEG, blieb. Ich hatte mich oft gewundert, daß der KAB(ML) in den Grundzügen eine proletarische Linie vertreten hatte, obwohl Emil im Grunde genommen eine kleinbürgerliche Denkweise hatte. Erst im nachhinein fiel mir auf, daß er mich jedes Mal, wenn wir in Tübingen gemeinsame Besprechungen hatten, zu sich nach Hause zum Übernachten mitnahm. Viel zum Schlafen kamen wir allerdings nicht, denn bis spät in die Nacht hinein wurde dann noch weiterdiskutiert. Emil stellte immer Fragen über Fragen: zur Arbeiterbewegung; über die alte KPD, ihre Politik, ihre Erfolge und Fehler; über Strategie und Taktik usw. Seine Fragen waren sehr gezielt, und ich gab bereitwillig Antwort, hatte ich doch viele Erfahrungen. Emil war klug genug, all das zu verwerten und eine im großen und ganzen richtige Linie zu entwickeln.

Und doch brach etwa ein Jahr nach der Gründung des KABD die kleinbürgerliche Denkweise bei Emil durch. Ein Genosse, der als Schulungsleiter sein Schulungsmanuskript nicht rechtzeitig abgegeben hatte, wurde deswegen von der Zentralen Leitung seiner Funktion enthoben. Die Zentrale Kontrollkommission erklärte diesen Beschluß mit folgender Begründung für ungültig:

*»Dieser Beschluß (der Zentralen Leitung) wurde gefaßt, ohne das Statut und die Richtlinien für die Kontrollkommission zu beachten. Es wurde weder ein Untersuchungsverfahren eingeleitet, noch wurde der Genosse W. B. zu den Beschuldigungen gehört. Damit war ihm das Recht der Verteidigung genommen. Nach der Beschlußfassung wurde ihm der Inhalt ohne nähere Begründung zwar mitgeteilt, aber er wurde nicht auf sein Einspruchsrecht hingewiesen ...*

*Daß die Zentrale Leitung insgesamt in so unbedachter Weise einen solch weittragenden Beschluß einer Parteistrafe gegenüber einem bewährten Genossen gefaßt hat, ist auf einen schlechten Arbeitsstil zurückzuführen. Es wird notwendig sein, diesen Arbeitsstil gründlich zu überprüfen ...«* (»Geschichte der MLPD«, Teil II.1, S. 61/62)

Alle Leitungsmitglieder respektierten diesen Beschluß der ZKK. Nicht jedoch Emil, der im Gegenteil nur noch neue Beschuldigungen gegen den Schulungsleiter hervorbrachte, die sich jedoch als haltlos herausstellten. Emil wurde deshalb aufgefordert, seine Beschuldigungen schriftlich zu formulieren. Das versprach er zwar, »vergaß« es dann aber trotz Ermahnung immer wieder. Emil hatte ein falsches Verständnis von Kritik und Selbstkritik. Er nahm wohl für sich das Recht in Anspruch, andere zu kritisieren, aber Kritik an seiner Person lehnte er ab. Selbstkritik war ihm völlig unbekannt. Schon einige Monate vorher hatte ich eine ähnliche Erfahrung mit ihm gemacht. Für die »blaue Beilage« der ROTEN FAHNE hatte ich einen längeren Artikel gegen den »Roten Morgen« geschrieben, in dem auch die Partei der Arbeit Albaniens, auf die sich der »Rote Morgen« berief, kritisiert wurde. Diese Kritik wollte Emil als Chefredakteur streichen. Daraufhin schrieb ich an die Redaktion der ROTEN FAHNE einen Brief, aus dem ich wegen seiner grundsätzlichen Bedeutung nachfolgend zitiere.

*»14. 9. 72*
*Liebe Genossen der Redaktion Rote Fahne!*

*G. teilte mir mit, daß aus meinem Artikel ›Die 'ultra'linke Politik der KPD/ML (Roter Morgen)‹ der kritische Hinweis über die albanischen Genossen gestrichen werden sollte. Damit bin ich ... nicht einverstanden:*

*... Wir sind genauso Marxisten-Leninisten wie auch die albanischen Genossen. Es gibt keine Marxisten-Leninisten erster und zweiter Klasse. Es gibt nur einen einzigen Marxismus-Leninismus, und für jeden Marxisten-Leninisten gilt das Entwicklungsgesetz einer marxistisch-leninistischen Partei: Kritik und Selbstkritik. Wir wären schlechte Marxisten-Leninisten, wenn wir auf eine notwendige und sachliche Kritik verzichten würden, nur weil es albanische Genossen sind. Entweder sind diese Genossen Marxisten-Leninisten, dann müssen sie eine Kritik anerkennen, die zur Aufdeckung von Fehlern führt, um sie rasch zu korrigieren; oder es sind keine, und sie beharren darum auf ihrer Fehleinschätzung. Entweder sind wir Marxisten-Leninisten, dann sind wir verpflichtet, offen und ehrlich Kritik zu üben, wenn andere Genossen offensichtlich Fehler machen; oder wir sind keine und schweigen, nur weil es sich um den größeren Bruder handelt.*

*Warum kritisieren wir dann die KPD/ML (Roter Morgen)? Wenn die ›ultra‹linke Politik von uns verurteilt wird und diese Linie von den albanischen Genossen unterstützt würde, dann trifft unsere Kritik folgerichtig auch die albanischen Genossen und nicht nur die Aust-Clique. Wollen wir die albanischen Genossen schonen, dann können wir auch gleich die Aust-Clique schonen ...*

*Verurteilen wir nicht die Kritiklosigkeit in den revisionistischen Parteien? Hätte die Kulturrevolution in China durchgeführt werden können, wenn gewisse Genossen geschont worden wären? Überlegt, Genossen, was ich hier anschneide, ist eine grundsätzliche Frage von großer Bedeutung. Das Entwicklungsgesetz der Partei gilt für alle ohne Unterschied, oder es wird aufgehoben. Das will doch wohl niemand.*

*Rot Front!*

*Willi*« (»Briefwechsel über Fragen der Theorie und Praxis des Parteiaufbaus«, S. 47/48)

In den Gruppen bzw. Zirkeln auf kleinbürgerlicher Grundlage, die sich nach dem Zerfall der Studentenbewegung gegründet hatten, entwickelte sich in der Regel der Fähigste zum »Zirkelkönig«. Im Grunde fühlte sich Emil als ein solcher Zirkelkönig. Die Zirkelmentalität ließ nur zurückhaltende Kritik zu, und diese wurde dann auch noch persönlich aufgefaßt. Seine persönliche Einstellung zu Kritik und Selbstkritik und seine Ignorierung der Richtlinien der Kontrollkommission mußten am Ende zum Bruch mit der Organisation führen. Ich bedauerte diesen absehbaren Gang der Dinge und versuchte, Emil durch einen kameradschaftlich gehaltenen Brief vom 26. Juli 1973 für den weiteren gemeinsamen Kampf zu erhalten:

*»Leider habe ich noch keine Antwort und auch noch nicht Deine Stellungnahme. Ist es denn so schwer, den Rest der kleinbürgerlichen Eierschalen abzustreifen? Das ist doch im Grunde die Ursache Deines Verhaltens. Emil, wir dürfen nicht in einer Zirkelmentalität verharren, wenn wir uns den Aufbau einer wirklichen Partei vorgenommen haben. Im Zirkel hat der leitende Genosse kraft seiner Persönlichkeit Autorität. Die anderen sind ihm gegenüber unkritisch. Es gibt hier keine eiserne Organisationsdisziplin. Falsches Autoritätsdenken, falsche Auffassung vom Demokratischen Zentralismus, Unverständnis gegenüber echter Kritik und Selbstkritik, persönliche Empfindlichkeit — das ist Zirkelmentalität. Damit kann man keine revolutionäre Partei aufbauen. Parteiaufbau verlangt: ehrliche, offene, sachliche Kritik, ohne Rücksicht auf führende Genossen, sie muß kameradschaftlich und nicht verletzend sein, d. h. immer die Sache im Auge behalten und nicht subjektiv herangehen. Dadurch wird falsches Autoritätsdenken beseitigt — nicht die Autorität als solche. Diese beruht auf theoretischem Wissen, verbunden mit praktischen Erfahrungen, Aktivität, Einsatzfreudigkeit, Opferbereitschaft, Diszipliniertheit, kritischem und selbstkritischem Verhalten, Kameradschaftlichkeit, Hilfsbereitschaft, stets für andere Genossen ein offenes Ohr haben, sie in ihrem Denken und Handeln verstehen lernen. Lieber Emil, alle Genossen erkennen Deine hervorragende politische Arbeit an, so wie sie auch meine anerkennen. Das gibt uns aber nicht die Berechtigung, mehr für uns zu beanspruchen als jeder andere Genosse auch. Jeder hat die gleichen Rechte und Pflichten, aber nicht jeder hat die gleiche Verantwortung. Es gibt zwei Seiten von Verantwortung. Eine Leitung hat insgesamt eine kollektive Verantwortung und jedes Leitungsmitglied zusätzlich eine persönliche Verantwortung, die um so größer ist, je wichtiger die Funktion ist. Die Verantwortung ist eine schwere Last*

*und keine Bevorzugung. Sie zwingt immer wieder, uns selbst zu überprüfen, ob wir ihr, der Organisation und den anderen Genossen gegenüber, auch gerecht geworden sind. Du weißt, daß ich es nach Möglichkeit vermieden habe, eine Kadersache zu einer Angelegenheit der Zentralen Kontrollkommission werden zu lassen. Nicht um mich vor der Verantwortung zu drücken, sondern um durch die zuständige Leitung die Kaderangelegenheit regeln zu lassen. Wird aber die Sache zu einer Aufgabe der Zentralen Kontrollkommission, dann muß diese den Dingen auf den Grund gehen und darf sie nicht oberflächlich erledigen. Dabei muß sie die Angelegenheit allseitig behandeln. Ich hoffe, Du verstehst mich.*« (»Geschichte der MLPD«, Teil II.1, S. 64/65)

Doch Emil war bereits so verbohrt, daß er auch auf diesen Brief nicht reagierte. Daraufhin beschloß die Zentrale Kontrollkommission am 31. August 1973 die Einleitung eines Parteiverfahrens gegen Emil. Einem Genossen gegenüber äußerte er seine Vorstellungen: »Es kann zu ernsthaften Kämpfen und Auseinandersetzungen kommen, und wir müssen uns darauf einstellen, daß es zu einer Spaltung des KABD kommen kann.« Am 9. November 1973 beschloß die ZKK, ihn wegen organisationsschädigendem Verhalten auszuschließen. Emil war überzeugt, daß der KABD innerhalb eines Jahres auseinanderbrechen würde; doch wurde er enttäuscht. Als Ende Oktober 1974 der 2. Zentrale Delegiertentag des KABD im Zeichen von kameradschaftlicher Kritik und Selbstkritik auch die organisatorische Festigkeit prüfte, zeigte sich eine Stärkung des proletarischen Elements. Das spiegelte sich an der klassenmäßigen Zusammensetzung der Delegierten wider, von denen 81 Prozent der Arbeiterklasse angehörten. Im Schlußwort wurde unter anderem betont: »*Unser 2. Zentraler Delegiertentag war geprägt von der Entschlossenheit und Überzeugung, daß wir den Sprung zum Organisationszustand schaffen können und daß wir die Partei aufbauen können und werden . . .*«

Allerdings verlief der Kampf um den weiteren Parteiaufbau nicht reibungslos. Ein Jahr nach dem 2. Delegiertentag, im September 1975, wurde in Tübingen der »gemeinsame Brief der drei Ortsleitungen« des KABD, RJVD und KSG verbreitet, der einen Angriff auf die ideologisch-politische Linie des KABD zum Inhalt hatte. Ich fuhr mit einem weiteren Genossen der Zentralen Kontrollkommission nach Tübingen, um die Sache zu untersuchen. Steckten bewußt handelnde Organisationsfeinde dahinter oder war es ideologisch-politische Unklarheit, die zum »Kampf zweier Linien« herausforderte und die Linie des KABD als ökonomistisch hinstellte? Die Untersuchung wurde erschwert, weil wir anfangs auf Proteste und Ablehnung stießen. Wir mußten erst einmal eine intensive Erziehungs- und Überzeugungsarbeit leisten. Mit jedem Genossen der drei Leitungen diskutierten wir einzeln, danach sollte jeder eine schriftliche Stellungnahme abgeben. Der Hauptherd der falschen Auffassungen lag in den Kommunistischen Studentengruppen, die das »Drei-Ortsleitungs-Papier« auch außerhalb Tübingens verbreiteten und Angriffe auf die ZKK starteten. Im Auftrag des Sekretariats der Zentralen Leitung des KABD schrieb ich die Broschüre »Was bedeutet der Kampf zweier Linien«. Ich begann mit der grundsätzlichen Seite des »Kampfes zweier Linien«.

*»In diesem Kampf um die Durchsetzung der richtigen Linie kommt es stets auf den ideologisch-politischen Inhalt an. Je stärker die Linie vom lebendigen Geist des Marxismus-Leninismus durchdrungen ist, d. h. nicht mit abstrakter Theorie vollgeladen, sondern durch enge Verbindung der Theorie mit den praktischen Erfahrungen verbunden ist, um so unbesiegbarer wird sie sein. Je gründlicher sich jeder Genosse diese vom Marxismus-Leninismus durchdrungene Linie aneignet, um so stärker und überzeugender kann er den ideologischen Kampf mit den Mitgliedern anderer Gruppen führen. Eine solche ideologisch-politische Linie fällt natürlich nicht vom Himmel, sondern muß erarbeitet werden, und zwar grundsätzlich wie gründlich. Dazu ist zweierlei notwendig: die Aneignung und Konkretisierung des Marxismus-Leninismus und ein Schatz von gesammelten praktischen Kampferfahrungen. Da ein einzelner in den seltensten Fällen über beides verfügen kann, müssen die Erfahrungen und das theoretische Wissen aller Mitglieder zusammengefaßt werden zur Erstellung und Weiterentwicklung der ideologisch-politischen Linie. Das geht nicht ohne Meinungsverschiedenheiten, nicht ohne Kampf der verschiedenen Auffassungen und Vorstellungen der Genossen vor sich. Das ist der*

*Kampf* ***um*** *die ideologisch-politische Linie, das ist ein wesentlicher Unterschied gegenüber dem Kampf* ***gegen*** *die ideologisch-politische Linie. Im ersteren lösen sich die Widersprüche als ›Widersprüche im Volk‹, im zweiten treten die Widersprüche antagonistisch auf.«*

Selbstkritisch stellte ein an dem »Drei-Ortsleitungs-Papier« beteiligter Genosse fest: *»Im Brief herrscht über weite Strecken unsachliche Kritik vor. Es wird nur oberflächlich untersucht und dann alles in Frage gestellt . . .«*

Nach Abschluß der Untersuchungen rief die Zentrale Kontrollkommission zur äußersten Wachsamkeit auf:

*»Liquidatoren haben in unseren Reihen nichts zu suchen! Die Zentrale Kontrollkommission ruft zur äußersten revolutionären Wachsamkeit, zum unerbittlichen Kampf gegen alle Abweichungen von unserer ideologisch-politischen Linie und vom Marxismus-Leninismus auf. Führt einen ständigen und konsequenten Kampf gegen das Liquidatorentum und den Liberalismus, die gefährlichsten kleinbürgerlichen Erscheinungen in unseren Organisationen.«*

Durch diesen ideologischen Kampf hatten nicht nur die beteiligten Genossen viel gelernt, sondern die ganze Organisation war erzogen worden.

Und doch setzte um die Jahreswende 1975/76 bei der Zentralen Leitung des KABD ein ideologisch-politischer Rückfall ein, der die noch schwache Partei in die bisher schwerste Krise stürzte. Auf der im September 1975 einberufenen erweiterten Plenumssitzung hatte der Jugendbeauftragte Bruno die ideologisch-politische Linie angegriffen, so daß die ZKK ein Untersuchungsverfahren einleiten mußte. Zum neuen Jugendbeauftragten wurde Günther Jacob gewählt, ein gerissener Karrierist. Als die Zentrale Leitung vom 25. bis 28. Dezember 1975 eine Klausurtagung einberief, ahnte niemand — auch die Zentrale Kontrollkommission nicht —, daß hier der bisher gefährlichste Angriff auf die ideologisch-politischen Grundlagen des KABD gestartet wurde. Unter dem Motto der »Neuorientierung« legte Günther Jacob sogenannte »Thesen zum weiteren Parteiaufbau« vor, die eine Revision des Marxismus-Leninismus bedeuteten. Als ich gleich am Tag nach der Klausurtagung durch zwei Genossen der Zentralen Leitung informiert wurde, war ich betroffen, daß sämtliche Leitungsmitglieder auf die falsche Linie von Jacob hereingefallen waren. Mit jedem einzelnen Leitungsmitglied begann die ZKK den ideologischen Kampf. Gleichzeitig gab sie den Aufruf »Kampf gegen das Liquidatorentum und Liberalismus« heraus. Als Vorsitzender der ZKK unterrichtete ich die Mitglieder über die Rechte und Pflichten der ZKK in einem Artikel im innerorganisatorischen Organ »Lernen und Kämpfen« 2/1976:

*»Die Zentrale Kontrollkommission ist neben der Zentralen Leitung ein selbständiges Organ, das die Kontrolle über alle drei Organisationen ausübt. Sie ist nur dem Zentralen Delegiertentag verantwortlich, der sie gewählt hat. Die Wahl erfolgte also nach den Prinzipien des Demokratischen Zentralismus, wobei die Auswahl nach strengen Regeln erfolgt wie die der Zentralen Leitung. Um die Kontrolltätigkeit ausüben zu können, dürfen die Mitglieder der Zentralen Kontrollkommission keinerlei gewählten Leitungen angehören. Sie können von der Zentralen Leitung für andere Arbeiten eingesetzt werden (im Rahmen des Möglichen), dann unterstehen sie den Anweisungen der Zentralen Leitung. Nicht aber bei der Durchführung ihrer Zentralen Kontrollkommissions-Tätigkeit. Niemand, auch nicht die Zentrale Leitung, hat das Recht, in die Tätigkeit der Zentralen Kontrollkommission einzugreifen oder sie zu behindern. Nur in dem Fall, wenn die Zentrale Kontrollkommission grob gegen die im Statut und den Richtlinien für die Tätigkeit der Zentralen Kontrollkommission aufgestellten Aufgaben verstoßen würde, kann die Zentrale Leitung eingreifen und durch Einberufung eines außerordentlichen Delegiertentages die Zentrale Kontrollkommission zur Rechenschaft zwingen. Umgekehrt kann die Zentrale Kontrollkommission Beschlüsse der Zentralen Leitung, die gegen das Statut oder gegen die Richtlinien verstoßen, aufheben . . .*

*Dadurch hat die Zentrale Kontrollkommission eine sehr große Verantwortung, die schwer zu tragen ist, denn niemand kann ihr die Verantwortung abnehmen. Andererseits hat sie eine gewisse Machtposi-*

*tion, die dann gefährlich werden kann, wenn ihre Mitglieder nicht restlos mit der Sache der Arbeiterbewegung verbunden sind. Darum ist es notwendig, daß die Zentrale Kontrollkommission von den Mitgliedern in ihrer Tätigkeit kontrolliert wird, und zwar mittels Kritik und Selbstkritik. Hier taucht allerdings eine Schwierigkeit auf, weil die Zentrale Kontrollkommission bei Untersuchungen gegen parteifeindliche Bestrebungen ihre Methoden nicht von vornherein offenlegen kann. Dann kann es Augenblicke geben, wo die Zentrale Kontrollkommission unsachlich angegriffen wird, ohne sich wehren zu können, weil der Stand der Untersuchung es nicht zuläßt. Das sind die schlimmsten Stunden für die Mitglieder der Zentralen Kontrollkommission, die eine äußerste Standhaftigkeit verlangen. Hier wäre ein Vertrauen zur Zentralen Kontrollkommission wirklich angebracht.*

*Die Hauptaufgabe der Zentralen Kontrollkommission ist Erziehungsarbeit. Selbst Genossen, die objektiv organisationsfeindlich gehandelt haben, werden von der Zentralen Kontrollkommission geduldig umerzogen (zum Beispiel die drei Ortsleitungen von Tübingen u. a.). Nur wer sich nicht umerziehen lassen will, wird als subjektiver Organisationsfeind ausgeschlossen. Diese Erziehungsaufgabe sollten alle Leitungen und Mitglieder durchführen, nur wenn sie nicht fertig werden oder die Sache zu umfangreich oder zu schwierig ist, sollte die Zentrale Kontrollkommission eingreifen. Hier fühlen sich noch allzuoft die Leitungen überfordert und verunsichert. Sie sollten das nicht sein, sondern mehr Mut zur Verantwortung haben. Selbst wenn Fehlentscheidungen getroffen werden, haben die Betroffenen immer noch das Recht des Einspruches bei der Zentralen Kontrollkommission . . .*

*Die richtige Anwendung der Methoden (die bei jedem einzelnen anders angewandt werden müssen, d. h. individuelle Behandlung) ist allerdings nicht so leicht zu lernen. Meine jüngeren Mitarbeiter haben eine harte Schule durchmachen müssen, was um so notwendiger ist, weil ich zum nächsten Zentralen Delegiertentag ausscheiden will, um mich wieder mehr der theoretischen Arbeit zu widmen.«*

Durch den »Aufruf zur revolutionären Wachsamkeit« mobilisierte die ZKK die Mitglieder zum ideologisch-politischen Kampf. Ich hatte volles Vertrauen in die Urteilskraft der Mitglieder, so daß ich ohne

Bedenken die volle Publizität einführte nach dem Prinzip Lenins: *»Ohne Publizität und dazu eine Publizität, die sich nicht nur auf die Mitglieder der Organisation beschränkt, wäre es lächerlich, von Demokratismus zu reden.«* (Lenin, Werke, Band 5, S. 495)

Auf dem Januarplenum der Zentralen Leitung kam es zu harten Auseinandersetzungen der ZKK mit den Genossen der Zentralen Leitung über die Jacob-Thesen. Nachfolgend diskutierte ich mit jedem einzeln und überzeugte so nach und nach einen Genossen nach dem anderen bis auf wenige Ausnahmen. Die »Geschichte der MLPD« berichtete darüber:

*»Die Zentrale Kontrollkommission stand vor einer schweren Entscheidung. Sie war nach ihren Richtlinien und aufgrund der Angriffe auf die ideologisch-politische Linie des KABD verpflichtet, gegen die* ***gesamte*** *Leitung ein Untersuchungsverfahren einzuleiten. Dann hätte aber die Organisation plötzlich ohne Zentrale Leitung dagestanden. Konnte die Zentrale Kontrollkommission das verantworten? Nein! Zunächst mußte der Kampf zweier Linien in der Zentralen Leitung unter Führung der Zentralen Kontrollkommission erfolgreich ausgetragen werden. Durch kompromißlose Haltung und Überzeugungsarbeit mußte sie versuchen, die einzelnen Mitglieder der Zentralen Leitung von der falschen, gefährlichen Linie der Klausurtagung loszulösen und auf die korrekte Linie zurückzuführen. Das war ein zähes und hartes Ringen um jeden Genossen.*

*Es gab für die Zentrale Kontrollkommission nur eine Lösung zur Vermeidung eines Untersuchungsverfahrens gegen die Zentrale Leitung: die Einbeziehung der Mitglieder aller drei Organisationen in den Verlauf der Untersuchung gegen die falsche Linie der Zentralen Leitung durch Entfaltung einer* ***Kritik-Selbstkritik-Bewegung*** *zuerst im KABD und später auch in den beiden Jugendorganisationen.«* (Teil II.1, S. 212)

Die ZKK wandte sich am 9. März 1976 in einem Rundschreiben an die Mitglieder und klärte sie über den Kampf zweier Linien in der Zentralen Leitung auf. Nur die offene Darlegung der ideologisch-politischen Differenzen konnte eine Spaltung verhindern. Und genau dies beabsichtigte ja Günther Jacob, der jetzt dazu überging, die ZKK anzugreifen. Am 10. April beschloß die ZKK, ein Untersuchungsverfahren gegen Jacob einzuleiten. Das machte ihn nervös und er verbreitete, die ZKK wolle die Organisation durch seinen Ausschluß spalten. Gleichzeitig mit der Eröffnung des Untersuchungsverfahrens veröffentlichte die ZKK einen Aufruf zur »Kritik-Selbstkritik-Bewegung« im KABD. Hier hieß es:

*»Die Zentrale Kontrollkommission erwartet von jedem Mitglied der Zentralen Leitung eine selbstkritische Stellungnahme zu den grundsätzlichen Fehlern, die auf der Klausurtagung ihren Ausgang nahmen. Die Zentrale Kontrollkommission erwartet von der Zentralen Leitung als ganzer, daß sie endlich die längst fällige Analyse der Leitungstätigkeit und -fähigkeit seit dem 2. Zentralen Delegiertentag erstellt. Diese Analyse muß die Grundlage für den Rechenschaftsbericht der Zentralen Leitung sein.«*

Als Günther Jacob versuchte, einen Teil der Verbandsleitung der Jugendorganisation des KABD gegen die ZKK aufzuwiegeln, beschloß die ZKK am 17. Mai: *»Günther wird ohne weiteres Verfahren mit sofortiger Wirkung aus dem KABD ausgeschlossen.«* (Mitteilung Nr. 6 der ZKK)

Jetzt ging Jacob zur offenen Spaltung über, wobei er eine wüste Hetze gegen die ZKK, vor allem gegen mich, entfaltete. Ich mußte mir etwas Außergewöhnliches, etwas Besonderes einfallen lassen. Was noch nie von einer Kontrollkommission unternommen wurde, wurde jetzt praktiziert: Etwa jeden dritten Tag schickten wir von der ZKK einen vertraulichen Rundbrief an die Mitglieder. Insgesamt 40 Mitteilungen von je dreieinhalb Seiten im Durchschnitt. Die ZKK unterrichtete die Mitglieder nicht nur über den Verlauf der ideologisch-politischen Auseinandersetzungen innerhalb der Zentralen Leitung des KABD, sondern brachte auch alle Stellungnahmen der Grundeinheiten unserer drei Organisationen und informierte über den Verlauf der Kritik-Selbstkritik-Kampagne. Noch nie gab es eine solche vollständige Publizität. Die Mitteilungen wirkten auf die Spalter wie pausenlose Schläge, auf die Masse der Mitglieder dagegen ermutigend. Bei der Mitteilung 18 heulte Jacob auf wie ein getretener Hund. Mit der

KOMMUNISTISCHER ARBEITERBUND DEUTSCHLANDS
Zentrale Kontrollkommission 10.5.76

ZKK-Mitteilung Nr. 1 (vertraulich)

An alle Leitungen des KABD, RJVD und der KSG

Liebe Genossen!

Die ZKK hat einen Aufruf zur Kritik-Selbstkritik-Bewegung an alle Mitglieder des KABD herausgegeben, der den Kampf zweier Linien in der ZL des KABD zum Inhalt hat. Inzwischen haben die Mitglieder der ZL selbstkritisch Stellung genommen und die falschen Ansichten als Angriffe auf unsere ideologisch-politische Linie verurteilt. Nur das ZL-Mitglied und Jugendbeauftragter Gü. lehnte diese selbstkritische Stellungnahme ab und beharrte auf der von ihm weitgehendst erstellten falschen Linie. Aus diesem, aber auch aus weiteren Gründen, hatte die ZKK am 10.4. ein Untersuchungsverfahren gegen Gü. eingeleitet und ihm den Gegenstand der Untersuchung bekanntgegeben. Er bekam den Auftrag, eine Stellungnahme zu den einzelnen Punkten zu erstellen, wobei er den Aufruf zur Kritik-Selbstkritik-Bewegung mit berücksichtigen solle. Er zögerte die Erstellung hinaus, um die Untersuchung der ZKK zu erschweren.

Inzwischen führten einzelne Mitglieder der VL Angriffe auf die ZKK, deren Rundbrief vom 9.3. von einem VL-Mitglied als "Giftküche" bezeichnet wurde. Zwei Sekretariatsmitglieder hatten Rundbriefe verfaßt, die inhaltlich die falsche Linie weiterhin vertraten. Sie waren im Begriff, diese in die Organisation zu schicken. Die ZL des KABD hat diese Rundbriefe zurückgehalten, weil sie gegen die ideologisch-politische Linie und gegen den Beschluß der ZL betreffs Nichtdurchführung eines zentralen Zeltlagers gerichtet waren. Die ZKK hat gegen die beiden Sekretariats-Mitglieder Fe. und Go., die für diese Sache verantwortlich waren, ein Untersuchungsverfahren eingeleitet.

Auch andere Vorkommnisse, über die wir noch Mitteilung machen werden, zeigen, daß der RJVD für ehrgeizige Pläne auf der Grundlage der linksopportunistischen Linie, die mit rechten Fehlern vermengt ist, mißbraucht werden soll. Obwohl Genossen aus verschiedenen Ortsgruppen die VL eindringlich gewarnt haben, glauben diese einzelnen VL-Mitglieder, sich darüber hinwegsetzen zu können, und begeben sich auf eine objektiv organisationsschädigende Bahn. Wie weit sie sich subjektiv dessen bewußt sind, wird ihr weiteres Verhalten zeigen.

Die ZKK hat in ihren Aufruf zur Kritik-Selbstkritik-Bewegung erklärt, daß sie die Mitglieder mit allen wichtigen Vorkommnissen vertraut machen wird. Sie hat Vertrauen zu den Mitgliedern und baut auf ihre Unterstützung. Sie fordert alle Leitungen und Mitglieder auf: Seid wachsam gegen Liquidatoren in den Reihen unserer drei Organisationen. Was sich jetzt abspielt, ist der bisher gefährlichste Angriff nicht nur auf unsere korrekte Linie, sondern auch auf unsere Organisation. Teilt der ZKK sofort alle Bestrebungen mit, die unsere drei Organisationen schädigen. Und bedenkt eines, es geht um die Sache, nicht um einzelne Personen.

Die ZKK macht darauf aufmerksam, daß von Genossen, gegen die ein Untersuchungsverfahren läuft, keine Mitteilungen oder Stellungnahmen weitergeleitet oder ohne Zustimmung der ZKK veröffentlicht werden dürfen. Das ist im Interesse der Untersuchung unbedingt notwendig und weil niemand die Folgen mangels Untersuchungsunterlagen übersehen kann.

Nummer 40 beendeten wir das Bombardement. Eine solche Methode war nur anwendbar, weil die ZKK das größte Vertrauen in die Mitglieder setzte. Zu Recht, mit 120 Resolutionen aus den Grundeinheiten unterstützten die Mitglieder die Maßnahmen der ZKK. So wurde eine Spaltung der Organisation verhindert und Jacob mit seinen wenigen Anhängern isoliert. Hier der Text der letzten ZKK-Mitteilung, Nummer 40 vom 29. Juli 1976:

*»Die Verleumdung der Jacob-Gruppe gegen den Genossen Willi Dickhut hat helle Empörung ausgelöst. Beispielsweise die Stellungnahme der Grundeinheit Hohe, KSG Stuttgart:*

*›Das Hetzpamphlet aus der Jacob-Giftküche, das uns in der ZKK-Mitteilung Nr. 23 veröffentlicht wurde, hat uns zutiefst empört. Woher nehmen diese Spalter das Recht, gegen unseren Genossen Willi in der Art und Weise zu hetzen und seine Verdienste in den Dreck zu ziehen? Sie müssen es, denn wenn jemand wichtige Grundprinzipien des Marxismus-Leninismus verrät, muß er den Marxismus-Leninismus und seine Verfechter angreifen. Dafür ist Günther Jacob nicht das erste Beispiel: Als Chruschtschow auf dem XX. Parteitag der KPdSU grundlegende Prinzipien des Marxismus-Leninismus aufgab und verfälschte, kam er nicht umhin, gegen Stalin zu hetzen und seine Verdienste in den Dreck zu ziehen. Doch genauso wenig wie Chruschtschow wird Günther Jacob das Rad der Geschichte aufhalten können, selbst wenn er die Dreistigkeit besitzt, alle positiven Entwicklungen im KABD und die im langjährigen Kampf unter Anstrengung aller Mitglieder entwickelte politisch-ideologische Linie auf seine Fahnen zu schreiben. Aus unserer eigenen Erfahrung können wir sagen, daß wir uns freiwillig und bewußt zur Linie des KABD bekennen und daß uns Genosse Willi weder besucht noch bedroht noch bevormundet hat. (Obwohl wir es begrüßen würden, wenn uns Willi einmal besuchen würde.) Dasselbe gilt auch für alle Delegiertentage unter Einschluß derer, wo Günther Jacob selber dabei war, und er kann dies auch nicht bestreiten. Mit seiner Beschimpfung des Genossen Willi beschimpft er letztlich niemand anderes als die Mitglieder aller drei Organisationen.*

*Die Forderung von Günther Jacob nach Freiheit der Kritik ist uns nicht neu: Wir haben Anfang des Jahres einen Vertreter derselben kleinbürgerlichen Linie ausgeschlossen; von ihm klingt uns diese Forderung noch in den Ohren. Auch er wollte die Freiheit der Kritik gegen die Organisation einsetzen und damit seinen kleinbürgerlichen Führungsanspruch durchsetzen.*

*Die ZKK hat den Mitgliedern voll vertraut — handelt Günther Jacob nicht viel eher wie der Herrscher eines Königreiches, wenn er die Massen für dumm, sich selbst aber für unfehlbar hält? Dieser Stein, den die Jacob-Clique erhoben hat, wird auf ihre eigenen Füße zurückfallen, wenn sie auch ihre letzten Anhänger verlieren, weil sie nur an sich selbst glauben. Diese Entwicklung werden wir nach besten Kräften unterstützen!‹*

*Die Jacob-Gruppe hat sich nicht nur ideologisch-politisch, sondern auch moralisch selber erledigt. Das bedeutet natürlich nicht, daß der Kampf gegen die Liquidatoren beendet sei. Der Kampf geht weiter bis zur restlosen Zerschlagung der Jacob-Gruppe!*

*Die ZKK wird hiermit von weiteren Mitteilungen Abstand nehmen, sie haben ihren Dienst getan und den Liquidatoren pausenlos Schläge versetzt. Im weiteren werden ZL und ZKK gemeinsam die Organisation über den Verlauf und die Ergebnisse der Kritik-Selbstkritik-Bewegung unterrichten.*

*Wir sprechen allen Genossen unserer drei Organisationen und den Sympathisanten für ihre tatkräftige Unterstützung der ZKK und der Schaffung einer geschlossenen Front im Kampf gegen die Liquidatoren unseren herzlichen Dank aus. Gerade die Stellungnahmen aus den Ortsgruppen, Grundeinheiten und Zellen haben den Jacob-Liquidatoren den tödlichen Schlag versetzt. Das spürt niemand besser als Jacob selbst.*

*Rot Front*
*ZKK des KABD«*

Nach Beendigung des innerparteilichen Kampfes gab das Redaktionskollektiv den REVOLUTIONÄREN WEG 15, »Kampf dem Liquidatorentum«, heraus. Hierin wurde die grundsätzliche Seite des Kampfes gegen alle Erscheinungen des Liquidatorentums aufgezeigt. Die Jacob-Gruppe wurde mit der Hydra aus der griechischen Sage verglichen, die von Herakles besiegt wurde. Erst nachdem die wichtigsten

# DIE FRANKFURTER HYDRA

Köpfe der Frankfurter Hydra ausgeschlossen oder ausgetreten waren, war diese erledigt.

Am Ende des ereignisreichen Jahres 1976 fand der 3. Zentrale Delegiertentag des KABD statt. Nach der Diskussion und Beschlußfassung des Rechenschaftsberichts der Zentralen Leitung wurde der Tätigkeitsbericht der Zentralen Kontrollkommission bekanntgegeben. Hierin wurden die Fehler und Mängel der Zentralen Leitung folgendermaßen beurteilt:

»*Die Mitglieder der Zentralen Leitung haben manche Mängel aufzuweisen, sie haben entsetzliche Fehler gemacht, haben die ideologisch-politische Linie des KABD angegriffen und eine linksopportunistische Linie mit rechten Fehlern in die Organisation getragen. Das muß entschieden verurteilt werden. Die Zentrale Kontrollkommission hat aber auch festgestellt, daß mit Ausnahme von Günther Jacob keiner der Beteiligten* ***bewußt*** *organisationsschädigend gehandelt hat.*« (Tätigkeitsbericht der ZKK auf dem 3. ZDT des KABD, S. 55/57)

Aufgrund der Erfahrungen — besonders in dem hinter uns liegenden Jahr des Kampfes gegen die Jacob-Liquidatoren — zeigte der Tätigkeitsbericht die richtigen Methoden bei der Durchführung von Untersuchungsverfahren auf:

»*1.* ***Prinzipielle Auseinandersetzung statt Liberalismus.*** *Die Eröffnung eines Untersuchungsverfahrens durch die Zentrale Kontrollkommission beendete meist einen Zustand des Zurückweichens, Nachgebens, Vertuschens usw. von grundsätzlichen Verstößen und Fehlern. Es wurde sozusagen die Tür aufgerissen und die dicke Luft des Liberalismus hinausgewirbelt. Ausreden und Beschönigungen wurde die prinzipielle, sachliche Auseinandersetzung entgegengestellt.*

*2.* ***Unvoreingenommenheit und strenge Objektivität*** *statt subjektives, persönliches Urteil: Bei gegenseitigen Beschuldigungen der Genossen untereinander wäre jede voreilige Stellungnahme schädlich gewesen. Geduldig die Tatsachen zu untersuchen, posi-*

*tive und negative Faktoren gleichermaßen zu berücksichtigen, förderte hingegen das Vertrauen der Genossen in das Verfahren und gewann letztlich ihre Unterstützung.*

3. ***Kein Zwang zur Selbstkritik.*** *In keinem Fall hat die Zentrale Kontrollkommission in der Vergangenheit Genossen dazu aufgefordert, Selbstkritik zu üben. Vielmehr hat sie die Verstöße und zum Teil schweren Angriffe zum Anlaß genommen, unsere ideologisch-politische Linie überzeugend zu erläutern und gute Erziehungsarbeit zu leisten. Selbstkritik muß vollkommen freiwillig sein, denn sie setzt Erkenntnis voraus, die nicht erzwungen werden kann.*
4. ***Kein Schematismus bei den Untersuchungen*** *— und bei der Festlegung der Strafen. Das Vorgehen der Zentralen Kontrollkommission folgte nicht dem ›Schema F‹, sondern war einmal härter, einmal geduldiger, einmal abwartend, einmal blitzschnell, je nachdem, um welche Art von Verstößen, beteiligten Genossen und allgemeinen Umständen es sich handelte. War eine Strafe notwendig, so richtete sich diese nicht nur nach der Schwere des Vergehens und seiner Auswirkung, sondern auch nach der Einstellung des betreffenden Genossen und dem Maß seiner wirklichen Verantwortlichkeit, was unter anderem abhängt von seinen Erfahrungen, Kenntnissen und Fähigkeiten.«* (ebenda, S. 25)

Auf dem 3. Zentralen Delegiertentag kandidierte ich nicht mehr für die Zentrale Kontrollkommission. Einmal deswegen, weil ich mich auf die theoretische Arbeit konzentrieren mußte. Aber auch, weil meine jungen Mitarbeiter inzwischen viel gelernt hatten, besonders auch im Kampf gegen die Jacob-Liquidatoren.

Anfang 1977 begann ich mit der Analyse des »Staatsmonopolistischen Kapitalismus in der BRD«, dem bisher kompliziertesten Thema. Es wurde mit zwei Bänden und insgesamt 892 Seiten das bisher umfangreichste meiner theoretischen Bücher und kann durchaus als mein Hauptwerk bezeichnet werden. Zwei Jahre lang dauerte die Erstellung.

Standardwerk der MLPD
2 Bände: zahlreiche Abbildungen, Dokumente und Tabellen, 892 Seiten

Inzwischen hatte sich der KABD ideologisch-politisch weiterentwickelt und organisatorisch gefestigt, vor allem durch die Einbeziehung von mehr Arbeitern und durch die verstärkte Umerziehung von Intellektuellen. So wurden nach und nach die Voraussetzungen zur Gründung einer marxistisch-leninistischen Partei auf allen drei Gebieten — ideologisch, politisch und organisatorisch — erfüllt. Im Juni 1982, direkt im Anschluß an den 5. Zentralen Delegiertentag des KABD, konnte die Marxistisch-Leninistische Partei Deutschlands (MLPD) gegründet werden. Es ist dies das einzig erfolgreiche Beispiel in der Bundesrepublik, daß sich aus den aus der zerfallenden Studentenbewegung heraus entstandenen »marxistisch-leninistischen Gruppen« eine wirkliche marxistisch-leninistische Partei entwickelte. Ausnahmslos alle von kleinbürgerlichen Studenten gegründeten Organisationen dagegen zerfielen.

## Erst der Sieg über die kleinbürgerliche Denkweise eröffnete den proletarischen Weg des Parteiaufbaus

Warum mußten alle diese sich »marxistisch-leninistisch« nennenden Gruppen untergehen? Weil die Träger, die Organisatoren, mit einer kleinbürgerlichen Denkweise an den Aufbau einer proletarischen Partei herangingen. Weil sie sich wohl zum Teil ein beträchtliches Buchwissen angeeignet hatten (was ihnen als Intellektuelle nicht schwer fiel), aber das **Wesen des Marxismus-Leninismus nicht begreifen konnten.**

Nur wer vollständig aufgeht in schöpferischer Anwendung der Lehren des Marxismus-Leninismus in der politischen Arbeit, der täglichen marxistischen Praxis und in den Kämpfen der Arbeiterklasse, hat das Wesen des Marxismus-Leninismus begriffen. Dazu befähigt aber nur eine proletarische Denk- und Arbeitsweise. **Proletarische Denkweise ist identisch mit proletarischem Klassenbewußtsein.** Ein Arbeiter, der noch kein Klassenbewußtsein hat, besitzt aber Klasseninstinkt, er handelt oft unbewußt klassenmäßig. Die Organisierung in einer Gewerkschaft ist der erste Schritt zum Klassenbewußtsein bzw. die erste Stufe. **Das Klassenbewußtsein entwickelt sich stufenweise bis zur höchsten Stufe — dem sozialistischen Bewußtsein.** Dieses ist die dialektische Einheit der Theorie des Marxismus-Leninismus und der praktischen Erfahrungen des Klassenkampfs. Zwischen dem Klasseninstinkt, der sich in spontanen Aktionen, wie zum Beispiel bei den Maschinenstürmern der Anfangsperiode des Kapitalismus, äußerte, und dem sozialistischen Bewußtsein liegen zahlreiche Zwischenstufen der Entwicklung des proletarischen Denkens. Je höher das Klassenbewußtsein, um so fester die proletarische Denkweise.

Die Aneignung der Theorie ist für einen Arbeiter schwieriger als bei einem Intellektuellen, umgekehrt ist die Praxis als sein ureigenstes Klassenelement die tägliche Grundlage der Sammlung von Erfahrungen. Arbeiter mit theoretischem Sinn und praktischen Erfahrungen sind den Intellektuellen immer überlegen. Solche Arbeiter brauchen wir an der Spitze der revolutionären Partei. Damit soll nichts gegen unsere intellektuellen Genossen gesagt sein, sondern es bedeutet, daß sie es viel schwerer haben, sich das proletarische Denken anzueignen und auf dieser Grundlage praktische Erfahrungen zu sammeln. Der Schlüssel hierzu ist die Anwendung der dialektischen Methode. Dazu sind Lenins Elemente der Dialektik eine große Hilfe.

**Jede Denkweise ist klassengebunden,** die proletarische Denkweise an die Arbeiterklasse, die bürgerliche Denkweise an die Bourgeoisie und die kleinbürgerliche Denkweise an den schwankenden Charakter der Zwischenschichten, indem sie einmal der bürgerlichen Denkweise zuneigt und ein andermal von der proletarischen Denkweise angezogen wird.

Die kleinbürgerliche Denkweise tritt besonders bei Intellektuellen in der einen oder anderen Form verschiedener Merkmale auf. Bei dem einen treten diese, bei dem anderen jene in Erscheinung. Wir nennen einige dieser Merkmale:
Überheblichkeit und Arroganz
Karrieretum und individueller Führungsanspruch
Intrigantentum und Hinterhältigkeit
Egoismus und bürgerlicher Ehrgeiz
Liberalismus und Revisionismus
Demagogie und Phrasendrescherei
Diffamierung und Schmeichelei
Prinzipienlosigkeit und Schwätzerei
Disziplinlosigkeit und »Unabhängigkeit«
»Ultra«-Demokratismus und »Freiheit der Kritik«
Massenfeindlichkeit und Sektierertum

**Alle diese Merkmale einer kleinbürgerlichen Denkweise sind unvereinbar mit dem Marxismus-Leninismus und einer revolutionären proletarischen Partei.** Nur mit einer proletarischen Denkweise ist der Marxismus-Leninismus der Veränderung der Situation entsprechend schöpferisch anzuwenden.

Mit dem »Bücherlesen« verstärkte sich sogar bei vielen dieser Genossen die kleinbürgerliche Denkweise; sie fühlten sich mit ihrem »Privileg der Kopfarbeit« zu Führern und Lehrern der Arbeiterklasse auserkoren; schließlich glaubten sie, statt die Wissenschaft des

Marximus-Leninismus im Dienste der Arbeiterklasse anzuwenden, sie für ihre kleinbürgerlichen Ziele mißbrauchen zu können.

Eine andere Form des Mißverständnisses des Marxismus-Leninismus bestand bei den kleinbürgerlichen »Bücherlesern« darin, daß sie nicht unterschieden, welche Aussagen allgemeine Wahrheiten und Gesetzmäßigkeiten enthielten, die für die ganze Periode des Kapitalismus gültig sind, und welche Aussagen und Taktiken zeitbedingt waren, sich nur auf die konkret beschriebene Situation bezogen. Das spiegelte sich bei diesen Genossen in Form von Dogmatismus wider. Sie übertrugen dogmatisch Aussagen eines »Klassikers« auf die heutige Klassenkampfsituation, ohne die genauen Umstände der Situation zu analysieren.

Das größte Problem ergab sich aber bei Genossen mit überwiegend kleinbürgerlicher Denkweise daraus, daß sie nicht in der Lage waren, die Theorie für den heutigen Stand des staatsmonopolistischen Kapitalismus *höherzuentwickeln.* Gerade Genossen, die immer wieder die »Hauptseite Theorie« propagierten — was sich von Anfang an durch die marxistisch-leninistische Bewegung zog —, bewiesen, daß sie unfähig waren und sind, den Marxismus-Leninismus zu begreifen oder gar höherzuentwickeln. Durch das Auseinanderreißen der dialektischen Einheit von revolutionärer Theorie und Praxis entfernten sie sich immer mehr von der Praxis des Klassenkampfes und beraubten sich damit selbst des Kriteriums der Wahrheit. Schon allein mit der Propagierung der »**Hauptseite Theorie**« oder »**Erst Theorie, dann Praxis**« bewiesen solche Genossen, daß sie das Wesen des Marxismus-Leninismus nicht begriffen hatten.

Auch kleinbürgerliche Intellektuelle sind in der Lage, den Marxismus-Leninismus in seinem Wesen zu erfassen und Hervorragendes bei der Umgestaltung der Welt zu leisten. Das gelingt aber nur den Genossen, die bereit sind, sich von der Arbeiterklasse umerziehen zu lassen, mit der Arbeiterklasse zu verschmelzen, kurz: die bereit sind, ihren kleinbürgerlichen Klassenstandpunkt zu verraten. Bei vielen Intellektuellen besteht die Beziehung zur Arbeiterklasse lediglich darin, daß sie deren Kraft gebrauchen wollen, um ihre kleinbürgerlichen Ziele durchzusetzen, oder daß sie den ausgebeuteten Arbeitern »helfen« wollen, ohne sich aber der Führung der Arbeiterklasse zu unterwerfen. Sie verlassen sich mehr auf ihre eigenen Ideen und versuchen, den

Marxismus-Leninismus nach ihren Wunschvorstellungen zurechtzuzimmern. Diesen Genossen bleibt das Wesen des Marxismus-Leninismus immer verschlossen.

Auch Arbeitern — wie etwa Ernst Aust — geht es so, wenn sie nicht bereit sind, sich den Marxismus-Leninismus gründlich anzueignen und den Kampf gegen die kleinbürgerliche Denkweise ständig zu führen. Wird dieser Kampf vernachlässigt, wird sich die kleinbürgerliche Denkweise spontan auch bei Arbeitergenossen durchsetzen.

**Mit einer kleinbürgerlichen Denkweise läßt sich keine proletarische Partei aufbauen!**

Für die Gründung und den Aufbau einer marxistisch-leninistischen Partei war es erste Voraussetzung, die revisionistische Entartung der KPD und ihrer Nachfolgeorganisation DKP zu beweisen. Andernfalls hätte sich jeder Marxist-Leninist dort organisieren müssen. Keine der opportunistischen Organisationen hat sich bei ihrer Gründung dieser Aufgabe unterzogen. Das zeigt, daß bei ihren Gründern die kleinbürgerliche Denkweise vorherrschend war.

Erst die proletarischen Genossen in der KPD/ML haben mit der Herausgabe des theoretischen Organs REVOLUTIONÄRER WEG 1 und 2 diesen Beweis nachgeholt. Damit stand von Anfang an der proletarische Weg für den Aufbau der Partei im Widerstreit mit dem kleinbürgerlichen Weg, der Gründungshektik und Selbsternennung zu Führern der Arbeiterklasse. Alle sich marxistisch-leninistisch nennenden Organisationen, in denen der Kampf zwischen der proletarischen und der kleinbürgerlichen Denkweise nicht von Anfang an bewußt geführt wurde, waren kleinbürgerliche Organisationen und blieben es auch bis zu ihrem bitteren Ende.

Auch die Ausarbeitung einer politischen Linie für die Entfaltung und Höherentwicklung des proletarischen Klassenkampfs konnte nur in Verbindung mit der Praxis des Klassenkampfs gelingen, wobei rechts- und linksopportunistische Strömungen zurückgedrängt werden mußten. **Die proletarisch denkenden Genossen hatten alle Hände voll zu tun, die von den kleinbürgerlich denkenden Genossen ausgeheckten Theorien — die zum Teil schon vor Jahrzehnten großen Schaden in der kommunistischen Bewegung angerichtet hatten — zurückzuweisen.**

Ein sicheres Kriterium, ob eine proletarische Organisation von der kleinbürgerlichen oder proletarischen Denkweise beherrscht ist, ist das Vorhandensein und Funktionieren des **Organisationsprinzips des Demokratischen Zentralismus.** Da dieses Prinzip dem kleinbürgerlichen Karrierismus und Machtdenken völlig zuwiderläuft, konnten die selbst ernannten Zirkelkönige und »Führer der Arbeiterklasse« den Demokratischen Zentralismus nicht zulassen. Mit Theorien wie »Parteiaufbau von oben nach unten« versuchten sie ihre Alleinherrschaft »marxistisch-leninistisch« abzusichern, bis die Genossen von ihrem undemokratischen Führungsstil die Nase voll hatten und davonliefen.

In diesem Zusammenhang steht die Frage der Disziplin, ohne die keine proletarische Partei aufgebaut werden kann. **Einer kleinbürgerlichen Denkweise ist jede Art Disziplin zuwider.**

Während der ideologische Kampf ein fortwährender Prozeß ist, ist die Organisation die Form, die den Inhalt umhüllt. Beide Seiten bilden eine dialektische Einheit, stehen in Wechselwirkung zueinander, wobei mal die eine, mal die andere zur Hauptseite werden kann.

Arbeiter sind tagtäglich einer Produktionsdisziplin unterworfen, ohne die eine fabrikmäßige Produktion nicht möglich ist. Aus dieser Erkenntnis entwickeln sie eine Klassendisziplin, die in harten Klassenkämpfen gestählt wird und die sie auf ihre Organisationen übertragen. Sie wissen aus praktischen Erfahrungen, im Gegensatz zu den kleinbürgerlichen Intellektuellen, daß ohne eiserne Disziplin keine proletarische Partei aufgebaut werden kann.

**Mit einer kleinbürgerlichen Denkweise kann man eine proletarische Partei zerstören!**

In der Geschichte der marxistisch-leninistischen Bewegung Westdeutschlands gab es eine Fülle von Spaltungen und Organisationsauflösungen. Demgegenüber konnten die proletarischen Genossen als einzige mit der Gründung des KABD 1972 die Vereinigung zweier proletarischer Organisationen, des KAB(ML) und der KPD/ML(REVOLUTIONÄRER WEG), auf marxistisch-leninistischer Grundlage herbeiführen.

Angetrieben vom kleinbürgerlichen Ehrgeiz, erhoben Leute wie Aust, Genger, Schmierer, Semler usw. einen kleinbürgerlichen Führungsanspruch und betätigten sich schließlich als Liquidatoren. Sie sind *objektiv* Agenten der Bourgeoisie im Lager der Arbeiterklasse geworden. Zwischen ihnen und der proletarischen Partei kann es nur einen klaren Trennungsstrich geben.

Hier liegt auch die Erklärung, daß sich in all der Wirrnis der marxistisch-leninistischen Bewegung Anfang der siebziger Jahre doch die proletarische Denkweise durchsetzen konnte. Dies ist nicht zuletzt der unerschütterlichen proletarischen Denkweise erfahrener Genossen zu verdanken. Diese Genossen bemühten sich mit großer Geduld, die noch kleinbürgerlich denkenden Genossen im proletarischen Sinne zu erziehen, um sie für den systematischen Parteiaufbau zu gewinnen, auch wenn es dabei zu Mißerfolgen kam, weil die kleinbürgerliche Denkweise immer wieder durchbrach.

**Die bürgerliche Ideologie, die in der kapitalistischen Gesellschaftsordnung vorherrscht, beeinflußt über die Massenmedien die kleinbürgerliche Denkweise.** Diese wirkt durch verschiedene Kanäle auf die Arbeiterbewegung ein und trägt Zersetzung bis in die Reihen der proletarischen Partei. Um dieser Gefahr entgegenzutreten, muß die proletarische Denkweise durch die Anwendung der dialektischen Einheit von Theorie und Praxis ständig gestärkt und muß das Klassenbewußtsein der Arbeiterklasse geweckt und höherentwickelt werden bis zum sozialistischen Bewußtsein.

**Gewinnt die kleinbürgerliche Denkweise in einer proletarischen Organisation die Oberhand, wirkt sie derartig zersetzend, daß die Organisation zerstört wird.** Die Erscheinungsformen der kleinbürgerlichen Denkweise sind vielfältig und wirken verschieden. Einzelne Merkmale bilden noch keine Gefahr, wenn sie rechtzeitig erkannt und durch proletarische Erziehung bekämpft und beseitigt werden. Treten mehrere Erscheinungen der kleinbürgerlichen Denkweise zugleich auf, wirken sie liquidatorisch bis zur Zerstörung der Organisation. **Liquidatorentum und kleinbürgerliche Denkweise sind identisch!**

Die Geschichte der »marxistisch-leninistischen Bewegung« zeigt, wie kleinbürgerliche Gruppen oder einzelne Kleinbürger in die aufzubauende proletarische Partei eindrangen, sie durch ihre kleinbürgerliche Denkweise zersetzten und schließlich liquidierten. Wie die Geschichte der »marxistisch-leninistischen Bewegung« zeigt, waren sie nicht fähig, eine proletarische Partei aufzubauen, sie mußten folglich scheitern. Sie entstellten die ideologische Grundlage und die proletarische Linie und erzeugten Verwirrung. Ihre Tätigkeit war gekennzeichnet durch Hektik und Zerfahrenheit. In ihrem kleinbürgerlichen Führungsanspruch unterdrückten sie Kritik, zerstörten den Demokratischen Zentralismus und spalteten die Partei. So blieb am Ende nur die Auflösung ihrer Organisation.

Ganz anders gingen die Genossen mit einer proletarischen Denk- und Arbeitsweise an den Parteiaufbau heran. Sie hielten sich streng an die fünf Seiten des Parteiaufbaus und führten den ideologischen Kampf gegen alle Abweichungen vom Marxismus-Leninismus und verteidigten die proletarische Linie.

Wir leben mitten in einer bürgerlichen Gesellschaft, die bürgerliche Ideologie beherrscht das gesamte gesellschaftliche Leben auf materiellem und kulturellem Gebiet. Die bürgerliche Ideologie wirkt natürlich am leichtesten auf die kleinbürgerlichen Schichten und erzeugt und nährt ein kleinbürgerliches Denken — ein Spiegelbild der Schwankungen der Kleinbürger.

**Die kleinbürgerliche Denkweise macht vor der Arbeiterklasse und ihrer Vorhut, der proletarischen Partei, nicht halt.** Von der Bourgeoisie ruinierte kleinbürgerliche Existenzen werden immer wieder ins Proletariat hinabgestoßen, ihre Denkweise dringt in die Arbeiterklasse ein und beeinflußt sie negativ. Systematisch verbreiten zudem die Massenmedien die kleinbürgerliche Denkweise, um das Bewußtsein des gemeinsamen Kampfes zu zersetzen.

**Die Entstehung und Höherentwicklung des proletarischen Klassenbewußtseins der Arbeiter hängt von zwei Faktoren ab:**

1. Die kollektive Produktion in der Fabrik und die Klassenkämpfe wirken auf das Denken der Arbeiter. Es entsteht das proletarische Denken im Gegensatz zum bürgerlichen Denken. **Das proletarische Denken entwickelt sich zum Klassenbewußtsein.**
2. **Intensives Studium des Marxismus-Leninismus,** der Theorie der Arbeiterklasse, die konkrete Anwendung im Klassenkampf und die Wechselwirkung zueinander **entwickelt sich zum proletarischen Klassenbewußtsein immer höher bis zum sozialistischen Bewußtsein,** aber nur dann, wenn man **das Wesen des Marxismus-Leninismus begreift.**

# Beurteilung der Persönlichkeit Lenins

Aus großer Verehrung für Lenin schrieb ich anläßlich seines 50. Todestags für die ROTE FAHNE 1/1974 einen grundsätzlichen Artikel über die Persönlichkeit Lenins, des hervorragenden Führers des Proletariats der ganzen Welt (siehe S. 512 ff.). Dabei ging ich vom proletarischen Standpunkt aus an die Beurteilung Lenins heran. Mit einer kleinbürgerlichen Denk- oder Herangehensweise läßt sich das Wesen dieser großen Persönlichkeit nicht erfassen. In einem Briefwechsel mit der Redaktion der ROTEN FAHNE wird das deutlich:

*»Lieber Willi,* *19. 4. 74*

*ich habe es versäumt, auf Deinen letzten Brief vom 26. 2. schnell zu antworten. Das liegt vor allem daran, daß wir in der Redaktion erst die ersten Schritte auf dem Weg zu einem planmäßigen Arbeitsstil gemacht haben. Unsere Redaktionsarbeit ist noch zu sehr darauf eingestellt, Artikel fertigzustellen, und noch nicht in der Lage, den großen Berg der Briefe und Korrespondenzen zu verarbeiten. Aber wir haben das Problem — auch noch ein Relikt aus dem Zirkelwesen — erkannt, und wir bemühen uns, es möglichst schnell zu lösen. Die Korrespondententagung im Mai soll ein erster Schritt dazu sein, den Kontakt mit den Genossen in den Ortsgruppen herzustellen. Wir haben in der Redaktion und im Mitarbeiterstab Deine Analyse gelesen und sie in der Diskussion für richtig und für viel tiefgehender erkannt, als unsere vorherige Meinung über die allgemeine Krise des Kapitalismus war . . . Viel Kritik kam zu dem Lenin-Artikel, vor allem von Studenten. Sie kritisieren vornehmlich, daß er zu hoch und phrasenhaft sei, verstehen aber den Kern des Artikels nicht, der gerade für Intellektuelle wichtig ist: daß Lenins Genialität gerade darin bestand, daß er auf die Massen vertraute, aus ihnen schöpfte und nicht auf Buchwissen und Dogmen vertraute. Auch von der in China lebenden Lisa N. haben wir eine Kritik erhalten: ›Nur ist man hier über den ›**genialen**‹ Führer Lenin gestolpert, und das besonders jetzt im Zuge der Bewegung zur Kritik an Lin Biao und Konfuzius. Wir haben einen ›**bedeutenden**‹ Führer daraus gemacht!‹ . . .*

*Viele Grüße! Karl«*

*»Lieber Karl!* *24. 4. 74*

*Deinen Brief vom 19. 4. dankend erhalten. Du hast sicher in der ›Peking Rundschau‹ 14 den kurzen Wirtschaftsbericht über die BRD gelesen. Die Redaktion hat einige Zahlen aus dem Zusammenhang genommen und falsche Schlußfolgerungen daraus gezogen. Ich hatte in meinem Brief vom 26. 2. davor gewarnt: ›Wir sollen uns nicht von bürgerlichen Argumenten verblüffen lassen.‹ Die Redaktion der ›Peking Rundschau‹ hat sich verblüffen lassen. Die Gesamtproduktion 1973 ist um 11,9 Prozent gestiegen. Alle großen Konzerne melden Umsatzsteigerungen von durchweg 15—20 Prozent. Wo keine Steigerung gemeldet wird, hat das bestimmte Ursachen . . .*

*Was den Lenin-Artikel betrifft, haben wohl einige Studenten sonderbare Ansichten. Daß er für sie ›zu hoch‹ erscheint, liegt wohl daran, daß sie den Kern nicht verstehen oder ihn nicht verstehen wollen. Allerdings ist der Artikel in konzentrierter Form geschrieben, aber das liegt daran, daß der Umfang vorgeschrieben war. Wer ihn aufmerksam studiert, wird feststellen, daß in jedem Absatz eine wichtige Lehre steckt. Von diesen Lehren fühlen sich wohl einige kleinbürgerliche Intellektuelle getroffen, sie sträuben sich dagegen, weil sie die Lehren nicht annehmen wollen. Wenn aber jemand behauptet, der Artikel sei phrasenhaft, dann soll er es mir mal beweisen. Phrasenhaft heißt: hochtönende Worte ohne Inhalt. Ich möchte den mal sehen, der behauptet, der Artikel sei inhaltsleer. Gerade kleinbürgerliche Intellektuelle aus den ultralinken Gruppen haben bewiesen, was phrasenhaft ist.*

*Auch wenn einige chinesische Genossen um Lisa N. anderer Meinung sind: Stalin war ein ›bedeutender‹ Führer, Lenin war ein ›genialer‹ Führer. Die Oktoberrevolution war ein großes Risiko, die Situation wurde durch den Verrat von Sinowjew und Kamenew, die den Aufstandsplan an die Menschewiken verrieten, bedrohlich. Nur ein Abenteurer oder ein Genie konnte unter diesen Umständen den Befehl zum Aufstand geben, ein Abenteurer, weil er das Kräfteverhältnis nicht richtig einschätzen konnte und trotzdem zum Aufstand aufruft, der dann scheitern muß. Aber Lenins Genie lag darin, daß er mit Sicherheit die verwickelte Lage durchschaute, die Kräfte des Feindes und die eigenen genau einschätzte, den Aufstandsplan in allen Einzel-*

*heiten erarbeitete und den unerschütterlichen Glauben an die revolutionäre Kraft der Massen hatte, den gerade Sinowjew und Kamenew nicht hatten. Diese kleinbürgerlichen Intellektuellen waren zaghaft, sie glaubten weder an die Massen noch an den Sieg, darum liefen sie in ihrem Kleinmut zu den Menschewisten über.*

*Wir können die Bedeutung Lenins nicht hoch genug einschätzen. Das müssen wir gerade jetzt im Kampf gegen die Revisionisten beachten. Übrigens: Was ist ein Genie? Höchster Grad schöpferischer Begabung — das kann man doch wohl von Lenin sagen. Wer das Gegenteil behauptet, kennt Lenin nicht und unterschätzt die gewaltige Bedeutung des Leninismus für den Kampf der Arbeiterklasse . . .*
*Herzlichen Gruß*
*Willi«*

# Lenin, der geniale Führer des Proletariats

Lenin hat uns selber die Waffe des Kampfes gegen den Revisionismus, Reformismus und Opportunismus gegeben: seine Prinzipientreue und Prinzipienfestigkeit. Die Grundsätze des Marxismus waren für ihn unanfechtbar; trotzdem betrachtete er den Marxismus nicht als Dogma. Als sich nach dem Tode von Marx und Engels der Kapitalismus der freien Konkurrenz zum Monopolkapitalismus, zum Imperialismus entwickelte, hat Lenin dieser veränderten Situation Rechnung getragen und den revolutionären Kampf des Proletariats den neuen Bedingungen angepaßt und die Theorie des Marxismus weiterentwickelt. Lenins theoretisches Werk bedeutet keine Veränderung des Marxismus, sondern seine Weiterentwicklung und Bereicherung.

## Marxistische Prinzipienfestigkeit

Die Revisionisten aller Schattierungen verkündeten wohl den Marxismus in Worten, aber sie waren weder fähig noch willens, ihn in die Tat umzusetzen. Lenin führte unerbittlich den Kampf gegen jede Abweichung vom Marxismus. In scharfen Worten verurteilte er die Auffassung der Ökonomisten, der Menschewisten und Liquidatoren. Als die Revisionisten vorübergehend die Mehrheit in der Partei hatten, wandte sich Lenin gegen diese Mehrheit. Er, der stets die Mehrheit in der revolutionären Partei achtete, schätzte die Prinzipien des Marxismus höher ein als die formale Einheit, die keine prinzipielle Grundlage hatte. Die Spaltung der Partei 1903 in einen bolschewistischen (Mehrheit) und einen menschewistischen (Minderheit) Flügel war das Ergebnis einer prinzipiellen Auseinandersetzung zur Verteidigung des Marxismus durch Lenin und seine Anhänger.

Der Menschewismus beinhaltet eine Politik der kleinbürgerlichen Intellektuellen und kleinbürgerlichen Schichten. Lenin kämpfte prinzipienfest gegen die verschwommene Politik der kleinbürgerlichen Intellektuellen und deren laschen Organisationsbrei, die im Grunde die Arbeiterpartei zu einem Anhängsel der liberalen Bourgeoisie machen wollten.

## Glaube an die Massen

Als von 1909 bis 1911 die zaristische Konterrevolution wütete, waren es meist die kleinbürgerlichen Intellektuellen, die die Partei fluchtartig verließen und sie liquidieren wollten. Lenin wandte sich prinzipiell gegen die Liquidatoren und sammelte die zersplitterten Arbeitergruppen erneut zu einer festen Organisation und vollzog, ohne zu zögern, die organisatorische Trennung von der menschewistischen Fraktion. Lenin war durchdrungen von dem Gedanken, daß nur eine prinzipienfeste Arbeiterpartei die Massen zum Siege führen kann.

Die Kraft, die Lenin im prinzipiellen Kampf gegen alle Feinde des Volkes so siegessicher machte, war sein tiefer Glaube an die Massen des werktätigen Volkes. Die kleinbürgerlichen Intellektuellen haben im Grunde Furcht vor den Massen, weil sie sie nicht verstehen, weil sie ihnen fremd sind, weil sie sich nicht mit ihnen verbunden fühlen.

Lenin war auch Intellektueller, aber er hat sich mit den Massen verbunden, er wurde zu einem Teil der Arbeiterklasse, die als fortschrittlichste und führende Klasse allein fähig ist, die menschliche Gesellschaft weiterzuentwickeln.

Als junger Revolutionär stellte sich Lenin die Frage, wie die Befreiung der Arbeiterklasse möglich sei. Die Antwort hat er durch das Studium des Marxismus erhalten. Aber er ist nicht an Marx herangegangen, um sich mit Buchwissen vollzustopfen, sondern um Antwort auf dringende Fragen seiner Zeit zu erhalten. Und er hat sie erhalten. Mit dieser marxistischen Erkenntnis trat er vor die Arbeiter. Das war 1893, als er nach Petersburg ging, wo er seine revolutionäre Tätigkeit unter den Arbeitern begann. Seine ersten literarischen Arbeiten waren Flugblätter über die Lage der Arbeiter, die damals unter furchtbaren Bedingungen ausgebeutet wurden.

Gespräch mit einem Putilower Arbeiter

Lenin war mit den Arbeitern eng verbunden. Kein anderer Intellektueller konnte so in die Gedankenwelt der Arbeiter, die vielfach noch einen bäuerlichen Einschlag hatten, eindringen wie Lenin. Er bemühte sich, ständig aus den fortgeschrittensten Arbeitern künftige Führer der russischen Revolution zu machen. Die Arbeiter und Bauern verloren vor Lenin jede Scheu, und sie berichteten ihm über alle Einzelheiten ihres schweren Lebens. Aber Lenin war nicht nur ein guter Zuhörer, sondern er verstand es, sich so in die Gedankenwelt eines jeden Werktätigen hineinzuversetzen, daß deren Gedanken und seine Gedanken ineinander übergingen. So wurde er zu einem Teil der Arbeiterklasse; die Welt der Arbeiter wurde seine Welt.

## Bescheidenheit und Schlichtheit

Wie war es möglich, daß die einfachen Arbeiter und Bauern ein so grenzenloses Vertrauen zu Lenin hatten, daß sie ihn trotz seiner geistigen Überlegenheit als einen der Ihren ansahen? Weil seine Bescheidenheit, seine persönliche Schlichtheit jeden tief beeindruckte, der mit ihm in Berührung kam. Ihm war jegliche Überheblichkeit fremd. Die Massen glaubten an ihn, wie er an die Massen glaubte.

Marxistische Prinzipienfestigkeit und unerschütterlicher Glaube an die Massen — das war die Grundlage, die Lenin zum hervorragenden Führer der Arbeiterklasse und aller werktätigen Schichten machte. Er verband das Große mit dem Kleinen. Er erstrebte die Macht für die Arbeiterklasse, weil er das Proletariat als die grundlegende Kraft der Revolution erkannte. Darum betrachtete Lenin den Moskauer Aufstand des Jahres 1905 als ein Ereignis von großer historischer Bedeutung. Seine Schrift »Die Lehren des Moskauer Aufstandes« ist auch heute noch von großer Wichtigkeit. Während die Menschewisten lamentierten: »Man hätte nicht zu den Waffen greifen sollen«, erklärte Lenin voll geballter Energie: *»Im Gegenteil, man hätte entschlossener, energischer und offensiver zu den Waffen greifen, hätte den Massen die Unmöglichkeit eines bloß friedlichen Streiks und die Notwendigkeit eines furchtlosen und rücksichtslosen bewaffneten Kampfes klarmachen müssen.«*

Immer wieder mußte die Arbeiterklasse in ihrem Kampf Niederlagen einstecken. Wenn Niedergeschlagenheit um sich griff, ermunterte Lenin die Arbeiter: *»Laßt euch nicht unterkriegen durch Niederlagen, auf die letzte Niederlage folgt der Sieg!«* Er war die Seele der Avantgarde des Proletariats. Seine wesentliche Tätigkeit richtete sich darauf, aus der Arbeiterklasse die ergebensten Söhne für die Sache der Befreiung, die fähigsten, ehrlichsten und entschlossensten für die revolutionäre Partei der Arbeiterklasse zu gewinnen, zu entwickeln, ihr Klassenbewußtsein zu heben und zu stärken.

## Organisator der Revolution

Lenin war der geniale Organisator der proletarischen Revolution. Ein Führer der Arbeiterklasse muß eine umfassende Kenntnis der Geschichte der Arbeiterbewegung, des Klassenkampfes und der Theorie der Arbeiterklasse haben, so wie ein Feldherr die Geschichte der Kriege und der Militärstrategie beherrschen muß. Die Kenntnis der Geschichte der Arbeiterbewegung setzt aber die Kenntnis der Geschichte und der Theorie des Kapitalismus voraus. Lenin beherrschte beides in hervorragender Weise.

Lenin hat den Marxismus bis in die Tiefe studiert und durchdacht. Aber Lenin war kein Stubengelehrter, sondern stand mitten in der Wirklichkeit des Klassenkampfes in Rußland. Die enge Verbindung von Theorie und Praxis — nicht als starre Einheit, sondern als dialektischer Prozeß — befähigte Lenin, die allgemeine Strategie der Arbeiterbewegung in konkreter Weise in der russischen Revolution zu verwirklichen. Bei der Umsetzung der Strategie der Arbeiterbewegung, der Theorie des Marxismus, in die revolutionäre Praxis wandte Lenin eine ungewöhnliche Überzeugungskraft an. Seine Beweisführung war einfach und klar, von unüberwindlicher Logik. Ihm waren effektvolle Phrasen fremd. Jeder, auch der einfachste Arbeiter und Bauer, verstand Lenin.

Wenn Lenin vor der Lösung einer großen Aufgabe stand, dachte er nicht an irgendwelche abstrakten Kategorien, sondern an die Menschen. Er stellte sich vor, wie sie konkret reagieren würden, das heißt, wie eine bestimmte Maßnahme auf sie wirken würde. Danach richtete er die Taktik des Kampfes aus, wobei er die Fähigkeit und den Mut besaß, eine taktische Maßnahme, die gestern entsprechend der Situation angebracht war, sofort zu verwerfen, wenn durch die sich ändernde Wirklichkeit neue Maßnahmen notwendig wurden. Im Laufe des Kampfes setzte er sich Ziele, die haargenau der Wirklichkeit entstammten.

## Genialer Führer der Massen

Lenin entwarf nicht nur den Feldzugsplan, der logisch durchdacht war, sondern auch die Organisation zur Durchführung dieses Plans. Dabei beachtete er jede geringste Einzelheit, jede scheinbar unwichtige Kleinigkeit. Er griff kühn an, wenn die Stunde es erforderte, aber er zog sich rechtzeitig zurück, wenn die Situation ihn dazu zwang, um sich ohne große Opfer auf neue Angriffe vorzubereiten. Besonders durch Gefahren, die die Revolution bedrohten, entfaltete sich Lenins Genie. Seine schöpferischen Kräfte wurden angespornt, seine Geistesgegenwart, seine Schlauheit konzentrierten sich gegen die Feinde der Arbeiterklasse. So führte er die Partei mit fester Hand, mit Kaltblütigkeit und Mut. Er verabscheute Panikstimmung, Verwirrung und Zerfahrenheit.

Lenin verwarf abstrakte Formeln, seine Taktik war beweglich, kühn und voller Risiko. Auch die Oktober-Revolution 1917 war ein großes Risiko, besonders deshalb, weil der Aufstandsplan kurz vorher von Sinowjew und Kamenew verraten worden war. Trotzdem scheute Lenin das Risiko nicht, weil er mit hellsichtigem Blick erkannte, daß der bewaffnete Aufstand unvermeidlich war und dem Kräfteverhältnis entsprechend siegen würde. Lenins Fähigkeit, die herannahenden Ereignisse in ihrer inneren Entwicklung rasch zu erfassen, sein Scharfblick zu erkennen, was jeweils getan werden mußte, machte ihn zu dem genialen Organisator der proletarischen Revolution.

Sein Vermächtnis, den Prinzipien der internationalen Arbeiterbewegung die Treue zu bewahren und den Glauben an die Massen nie zu verlieren, muß allen Revolutionären heilige Verpflichtung sein, mögen die Feinde der Arbeiterklasse auch noch so geifern, mögen sie den Marxismus-Leninismus und die Maotsetungideen noch so sehr verunglimpfen und bekämpfen.

**Lenin ist tot, aber der Leninismus lebt!**

Willi Dickhut
So war's damals ...
Erinnerungen eines Solinger
Arbeiters 1926—1948
564 Seiten
ISBN 3-88021-042-X

Der erste Teil von Willi Dickhuts Lebenserinnerungen umfaßt drei Stationen:

- Den Kampf der Arbeiter gegen Ausbeutung und Willkür und die Politik der KPD in der Weimarer Republik;
- den illegalen Widerstand während der faschistischen Diktatur, geschildert aus der Sicht eines aktiv Beteiligten;
- den Wiederaufbau nach dem Krieg, die Neugründung von Parteien und Gewerkschaften und den Kommunalwahlkampf 1946, beispielhaft in Solingen aktiv miterlebt. Vom Druck der Besatzungsmächte und dem Beginn der Adenauerära.

Auch dieser Band ist mit vielen Fotos, Zeichnungen und Originaldokumenten ausgestattet.

Verlag Neuer Weg

## II. Teil:
## Die wirtschaftliche Macht im staatsmonopolistischen Kapitalismus

- Die Wiedererrichtung der wirtschaftlichen Macht der Monopole durch eine sprunghafte Entwicklung der ökonomischen Basis
- Die Schwankende Stagnation als neue Erscheinung im Krisenzyklus des staatsmonopolistischen Kapitalismus
- Die Rolle des Staates und der Banken

## III. Teil:
## Die politische und militärische Macht im staatsmonopolistischen Kapitalismus

- Die Organe der politischen Macht im staatsmonopolistischen Kapitalismus
- Die Ausübung der politischen Macht
- Die staatlich-militärische Macht

## IV. Teil:
## Staatsmonopolistischer Kapitalismus, Sozialismus und moderner Revisionismus

- Der staatsmonopolistische Kapitalismus als Vorstufe des Sozialismus und was die Revisionisten daraus machten
- Ideologischer Kampf gegen die Verfälschung der Theorie vom staatsmonopolistischen Kapitalismus
- Der Sozialimperialismus — ein staatsmonopolistischer Kapitalismus neuen Typs

Verlag Neuer Weg

Willi Dickhut
Gewerkschaften
und
Klassenkampf
Verlag Neuer Weg